suhrkamp taschenbuch
wissenschaft 2337

Netzwerke durchdringen heute nahezu jeden gesellschaftlichen Bereich, und lange Zeit galt: je vernetzter, desto besser! Diese Vernetzungseuphorie ist aber inzwischen ein Stück weit verflogen. Die ständige Erreichbarkeit fordert ihren Preis, Open-Office-Architekturen geraten zunehmend in die Kritik und neue Sicherheitsrisiken sorgen für Unruhe. Ausgehend von solchen Krisendiagnosen denkt Urs Stäheli in diesem Buch auf dreifache Weise über die Grenzen der Vernetzung nach – als Kritik an relationalen Sozialtheorien, als kultursoziologische Analyse von Figuren der Entnetzung und als genealogisch angelegte Untersuchung von Praktiken der Entnetzung in verschiedenen Feldern.

Urs Stäheli ist Professor für Allgemeine Soziologie an der Universität Hamburg. Im Suhrkamp Verlag erschienen: *Spektakuläre Spekulation. Das Populäre der Ökonomie* (stw 1810) und *Soziologie der Nachahmung und des Begehrens. Materialien zu Gabriel Tarde* (stw 1882, hg. zus. mit Christian Borch).

Urs Stäheli
Soziologie der Entnetzung

Suhrkamp

Bibliografische Information der Deutschen Nationalbibliothek
Die Deutsche Nationalbibliothek verzeichnet diese Publikation
in der Deutschen Nationalbibliografie; detaillierte bibliografische Daten
sind im Internet über http://dnb.d-nb.de abrufbar.

2. Auflage 2021

Erste Auflage 2021
suhrkamp taschenbuch wissenschaft 2337

Umschlag nach Entwürfen
von Willy Fleckhaus und Rolf Staudt
Druck und Bindung: C. H. Beck, Nördlingen
Printed in Germany
ISBN 978-3-518-29937-1

Inhalt

IV. Felder der Entnetzung

Einleitung

Die Fäden der Netzwerke, die einst die Befreiung aus starren sozialen Beziehungen versprochen haben, entpuppen sich immer deutlicher als Fallen. *Trapped in the Net* ist etwa der bezeichnende Titel eine der vielen populären netzkritischen Interventionen.[1] Das Versprechen der Netzwerke hat sich in die Furcht verwandelt, sich nicht mehr aus ihren Fängen entwinden zu können, ja, sogar langsam von diesen stranguliert zu werden. Solche Krisendiagnosen betreffen nicht nur die Sozialen Medien, die schon lange mit dem Vorwurf konfrontiert sind, ihre User*innen so zu vereinnahmen, dass diese nicht mehr von ihnen loskommen. Auf ähnliche Kritiken stoßen wir in nahezu allen gesellschaftlichen Bereichen. Hatte etwa die netzwerkförmige Organisation die Figur des umtriebigen Netzwerkers als Ideal der Selbstbestimmung hervorgebracht, so wird ihm inzwischen die Vernetzungsarbeit immer mehr zur Last.[2] Wurden kritische Infrastrukturen wie Kraftwerke und militärische Kommandozentren zunächst gerade durch ihre Vernetzung vor konzentrierten Angriffen geschützt, so ist diese heute zum drängenden Sicherheitsproblem geworden. Dass die Netzwerksemantik viele ihrer politischen Versprechen nicht gehalten hat, wird auch an der Neucodierung von politischem Widerstand deutlich. Die identitätspolitische Forderung nach Anerkennung – und damit die Integration in ein hegemoniales Netzwerk – erhält nun Konkurrenz durch die Suche nach Taktiken des Entzugs und der Unwahrnehmbarkeit. Die Frage, wie stark und auf welche Weise Gesellschaften vernetzt sein sollen, eröffnet ein heftig umstrittenes Terrain, auf dem sich auch neue Formen der Souveränität abzeichnen.

Ohne eine Kulturkritik der Netzwerkgesellschaft entwerfen zu wollen, möchte ich diese Kritiken ernst nehmen, denn sie weisen auf eine Erschöpfung des Netzwerkdenkens und Netzwerkhandelns hin – auf eine Erschöpfung, die sich, lange bevor sie in der

1 Gene I. Rochlin, *Trapped in the Net. The Unanticipated Consequences of Computerization*, Princeton 1997.

2 Die unterschiedlichen Figuren (wie der Netzwerker oder der Schüchterne) werden der Lesbarkeit zuliebe nur in der männlichen Form genannt; in nichtgenerischen Ausdrucksweisen verwende ich den Genderstern.

Sozial- und Medientheorie registriert worden ist, als drängendes praktisches Problem geäußert hat. Während Netzwerktheorien unentwegt von der unendlichen Erweiterbarkeit auch als politisches Projekt träumen (wie zum Beispiel in Bruno Latours Forderung nach einem »Parlament der Dinge« deutlich wird[3]), erscheint diese Forderung den vernetzten Subjekten mehr und mehr als Zumutung. Die Sehnsucht danach, nicht kommunizieren zu müssen, nicht erreichbar zu sein und nicht beobachtet zu werden, nimmt Zuflucht in nostalgischen Figuren einer besseren Welt jenseits der Vernetzung. Bemerkenswert ist, dass es sich hierbei nicht nur um den erschöpften Netzwerker handelt, sondern dass das Management des Netzwerks selbst mit dieser *net fatigue* konfrontiert ist – und dies keineswegs aus romantisierenden Gründen, sondern um die Überlebensfähigkeit von Netzwerken sichern zu können. Netzwerke drohen sich mit sich selbst zu verstricken, bis hin zur Paralyse, und suchen Abhilfe in neu zu entwickelnden Techniken der Entnetzung.

In diesem Buch verfolge ich drei Ziele: Erstens soll eine *Soziologie der Vernetzungskritik* skizziert werden; zweitens soll Entnetzung als theoretische Herausforderung für relationale Theorien ausgewiesen werden, um *theoretische Figuren des Arelationalen* entwickeln zu können; und drittens soll exemplarisch auf unterschiedlichen Feldern (Organisation, digitale Netzwerke, kritische Infrastrukturen) eine *Genealogie des Entnetzungsdenkens und von Entnetzungspraktiken* entworfen werden. Auch wenn diese Analysen an einigen Stellen zu zeitdiagnostischen Beobachtungen führen, so will dieses Buch weder besorgte Zeitdiagnose noch Entnetzungsratgeber sein. Sein Ausgangspunkt war vielmehr meine Beobachtung, dass einerseits Kritiken an der Vernetzung sich häufen, andererseits aber kein theoretisches Vokabular zur Verfügung steht, um Entnetzung verstehen und analysieren zu können. In der Tat hat das Buch einen seiner Anfänge in einem Projekt zu neuen Formen der Vernetzung – dem Graduiertenkolleg »Lose Verbindungen: Kollektivität im digitalen und urbanen Raum«, das von 2015 bis 2017 an der Universität Hamburg angesiedelt war. Das Kolleg interessierte sich dafür, wie sich durch neue netzwerkförmige Verbindungen Formen der Kollektivität verändern, vielleicht sogar neue bewegliche

3 Bruno Latour, *Das Parlament der Dinge*, Frankfurt/M. 2010.

Kollektivitäten entstehen. Es operierte damit innerhalb eines recht euphorischen Netzwerkdenkens, markierte aber mit dem Titel »Lose Verbindungen« bereits auch dessen Grenzen: Was würde es bedeuten, wenn Verbindungen dermaßen deintensiviert und abgeschwächt würden, dass kaum noch von Verbindungen die Rede sein kann? Warum soll die Verbindung in den Vordergrund gestellt werden, und nicht die Distanz, die Unaffizierbarkeit oder der verbindungslose Rest des Verbindungsgeschehens? Die Genese dieses Buches inspirierte auch dessen Organisation: Von einer Analyse der Vernetzungskritik bewegt es sich hin zu ersten Analytiken einer Soziologie der Entnetzung.

Soziale und kulturelle Kritiken der Übervernetzung sind also der Ausgangspunkt meines Unterfangens, die ich als Spuren für ein Unbehagen am Netzwerken selbst lese. Zu diesem Zweck werde ich in Teil I ein Panorama der Vernetzungskritik in unterschiedlichen sozialen Feldern entwerfen, das von der übervernetzten Organisation über den ängstlichen Überwachungsstaat bis hin zu kritischen Infrastrukturen reicht. Die Heterogenität dieser Felder ist bewusst gewählt, da ich davon ausgehe, dass die Kritik an der Übervernetzung keineswegs auf einen sozialen Bereich beschränkt ist, sondern sich in nahezu allen gesellschaftlichen und kulturellen Bereichen etabliert hat. Das Vokabular der Kritik wird sich allerdings stark unterscheiden; es umfasst ebenso technokratische wie humanistische Register, widerständige Losungen ebenso wie souveräne. Ich werde die These entwickeln, dass diese durchgängige, wenn auch im Detail sehr unterschiedliche Kritik auf die Selbstbezüglichkeit von Vernetzung reagiert – auf die Vernetzung um ihrer selbst willen. Damit ist bereits angedeutet, dass die Krise der Vernetzung nicht allein auf Digitalisierungsprozesse zurückzuführen ist, da sich die Selbstreferenz der Vernetzung bereits um 1900 zu installieren beginnt. Man denke etwa an die Diskurse über Neurasthenie, Geselligkeit und Schüchternheit.

Kritiken an der Übervernetzung darzustellen, bedeutet, ihren Impuls aufzunehmen, ohne ihnen in allen Hinsichten zu folgen. In der Tat mögen diese Kritiken manchmal nachgerade hilflos in ihrem Ringen um eine Sprache der Entnetzung wirken; auch suchen sie häufig Zuflucht in nostalgischen und romantisierten Vorstellungen einer »echteren« oder »authentischeren« Welt. Wie ich zeigen möchte, sollte man diese affektive und imaginäre Aufladung der Entnetzung als Sehnsuchtsort nicht nur als naive ideologische Täuschung abtun, und zwar deshalb, weil diese zur Funktionsweise von Entnetzung dazugehört. Es scheint kaum ein Entrinnen von diesem Effekt zu geben – sobald man von Entnetzung spricht, werden entsprechende Phantasmen angeregt. Dies mag im ersten Augenblick ärgerlich sein, zumindest dann, wenn man solcherart Romantisierungen kritisch gegenübersteht. Auf den zweiten Blick zeigt sich allerdings, dass diese Aufladung nicht bloß ein Erkenntnishindernis ist, macht sie doch darauf aufmerksam, dass die Rede von Entnetzung keine neutrale oder objektive sein kann – dass es also keinen reinen Zustand der Entnetzung geben kann. Aus diesem Grund werde ich argumentieren, dass die imaginäre Dimension notwendigerweise den Praktiken und Techniken der Entnetzung innewohnt und es ein analytischer Fehler wäre, sie beseitigen zu wollen, um so einen bereinigten Begriff der Entnetzung zu gewinnen.

Die Lektüre der Übervernetzungskritiken ist ein gutes Fundament, um über den Status von Vernetzung nachzudenken. Übervernetzung suggeriert die Möglichkeit einer angemessenen Vernetzung – sei es eine, die menschlichen Vernetzungsbedürfnissen entspricht, oder eine, die effizient und sicher ist. Es wird sich jedoch herausstellen, dass solche Annahmen einer angemessenen, »normalen« Vernetzung fatal sind, weil sie Übervernetzung zu einem vermeidbaren Übel machen. Übervernetzung kann dann auf vielfache Weise pathologisiert und problematisiert werden, ohne das eigentliche Problem in den Blick zu bekommen, das mit der Vernetzung selbst zu tun hat. Ich werde dagegen vorschlagen, das Überborden der Vernetzung nicht als Ausnahme, Fehler oder Unfall anzusehen, sondern als konstitutiven Bestandteil des Netzwerkens. Netzwerke haben per se einen exzessiven Charakter, sind immer schon von einem Netzwerkfieber befallen, immer schon vom Verlangen geprägt, neue Verbindungen zu schaffen und Muster zu identifizieren. In die Netzwerke schreibt sich damit, wie ich argumentieren werde, ein Moment der Apophänie – der unkontrollierten Lust am Muster – ein. Dies bedeutet, dass der Begriff des Netzwerks ebenso wenig ein neutraler Begriff ist wie jener der Entnetzung. Wir sind mit der nahezu umgekehrten Situation konfrontiert: So schwer es fällt, Entnetzung nicht nur als Fluchtbewegung in übersichtlichere Zusammenhänge zu sehen, so schwer fällt es auch, das Netzwerk nicht nur als technische Beschreibung von Beziehungen zu verstehen. Während bei der Entnetzung die imaginäre Aufladung zu verdecken droht, dass gerade mit ihrer Hilfe konkrete Praktiken und Techniken der Entnetzung entworfen und ausprobiert werden, so tendiert der Begriff des Netzwerks dazu, seine eigene imaginäre Grundlage auszublenden, um auf diese Weise einen Objektivitätseffekt zu erzielen. Die Notwendigkeit einer solchen Entobjektivierung des Netzwerkbegriffs kündigt sich also indirekt bereits in den Kritiken der Übervernetzung an. Daher muss der Begriff des Netzwerks entnaturalisiert werden: Er darf nicht als bloße sozialstrukturelle Beschreibung begriffen werden, sondern ist als imaginär strukturierte Ordnungstechnik zu verstehen, die mit eigenen politischen Rationalitäten und Kontrollformen verbunden ist.

Die Analyse der Vernetzungskritik wirft also bereits eine Reihe von theoretischen Fragen auf. Das, worauf diese Kritiken indirekt aufmerksam machen, ist das Netzwerkfieber, das heißt die fatale Unentrinnbarkeit des Netzwerkens. Genau diese Unentrinnbarkeit charakterisiert jedoch auch die Architektur von relationalen Theorien, wenn auch nicht durchgängig. Ich werde zu zeigen versuchen, wie sich an den Rändern dieser Theorien *Momente der Arelationalität* formieren, die sich nicht vollständig in Relata eines Beziehungsgefüges auflösen lassen. Es geht darum, Begriffe für diesen hartnäckigen Rest zu finden; mehr noch, über die Begrifflichkeit des Restes hinauszukommen, um Entnetzung nicht nur als Nebeneffekt oder Unfall des Vernetzungsgeschehens denken zu können. Eine Soziologie der Entnetzung ist demzufolge nicht als Soziologie der Störung angelegt, sondern richtet sich auf jene Praktiken, Techniken und Imaginationen, mit deren Hilfe ein entnetzter Zustand geschaffen werden soll.

So verstanden, operiert Entnetzung notwendigerweise paradox, da sie mit den Mitteln der Netzwerke an deren Auflösung arbeitet. Es ist daher nötig, Entnetzung gleichzeitig als *Ver*netzungsgeschehen und als *Ent*netzungsgeschehen zu denken. Sobald man sich begrifflich von dieser Ambivalenz löst, läuft man Gefahr, das zu verlieren, was Entnetzung ausmacht. Gibt man die Ambivalenz zugunsten der Vernetzungsseite auf, müssen alle Phänomene der Entnetzung als ebenso vergebliche wie naive Versuche gelesen werden, der allumfassenden Logik der Vernetzung zu entkommen. Entnetzung wäre dann lediglich eine nicht einmal besonders raffinierte

Ideologie, nicht mehr als ein Eskapismus der Netzwerkgesellschaft. Höhnisch mag man dann den Entnetzungspraktiker*innen und -theoretiker*innen vorwerfen, dass sie bereits das grundlegendste Axiom der Netzwerkgesellschaft nicht verstanden haben: dass es kein Außen von Netzwerken gibt und dass daher jede Form der Entnetzung eine naive subjektivistische Selbsttäuschung ist. Wenn man jedoch umgekehrt diese begriffliche Ambivalenz zugunsten der Entnetzungsseite auflöst, dann drohen romantisierende Vorstellungen eines unvernetzten Außen, das unabhängig vom Netzwerkgeschehen existiert und durch individuelle Askese und individuelle Praktiken des Ausstiegs erreichbar wäre. Das Entnetzte figuriert dann als ein Sehnsuchtsort, dessen soziale und technologische Verfasstheit aus dem Blick gerät. Ein derart naturalisiertes Entnetztes entzieht sich systematisch einer kritischen Analyse der disziplinierenden und kontrollierenden Effekte von Entnetzung.

Es gilt also, Denkfiguren zu entwickeln, mit deren Hilfe sich diese begriffliche Ambivalenz erkunden und erfassen lässt. Zu diesem Zweck untersuche ich in Teil II fünf konsequent relationale Sozialtheorien im Hinblick darauf, ob und, falls ja, wie sich in ihnen Grenzen der Relationalität bemerkbar machen: Die Akteur-Netzwerk-Theorie (ANT) Bruno Latours, die Systemtheorie Niklas Luhmanns, die Rhizomatik Gilles Deleuze', die poststrukturalistische Diskurstheorie von Ernesto Laclau und Chantal Mouffe sowie Georg Simmels Soziologie der Wechselwirkungen. All diesen ansonsten sehr unterschiedlichen Sozialtheorien ist gemeinsam, dass sie antiessentialistisch gebaut sind, das heißt sämtliche sozialen Entitäten als Produkte oder Effekte relationalen Geschehens denken. Diese Relationalität hat unterschiedliche Namen: Assoziation (Latour), Konnektivität (Luhmann), rhizomatische Konnektion (Deleuze), Artikulation (Laclau/Mouffe) und Wechselwirkungen (Simmel).

Das Problem, mit dem die genannten Theorien konfrontiert sind, besteht darin, auch Gegenbegriffe für das Beziehungsgeschehen entwickeln zu müssen – und sei es nur, um diese sogleich wieder aus der Analyse auszuschließen. So finden sich einzelne Hinweise auf ein Denken der Arelationalität als soziomaterielles Phänomen: bei Latour die Figur des Plasmas als dasjenige, das den Netzwerken entgeht; bei Luhmann die Anschlussunfähigkeit als eine spezifische Fähigkeit, es nicht zur Verbindung kommen zu lassen; bei Deleuze die Vakuolen als dem rhizomatischen Geschehen enthobene Orte des Nichtgeschehens; und bei Laclau die diskursiven Ruinen als Ergebnisse von Disartikulationspraktiken oder die Indifferenz (Simmel) als Moment der Nichtadressierbarkeit inmitten sozialer Wechselwirkungen.

Entscheidend ist für mich, dass in diesen Figuren oder Begriffen die oben thematisierte Ambivalenz weiterlebt. Denn sie bezeichnen nicht ein unzugängliches Außen relationaler Gefüge, sondern befinden sich inmitten von diesen und entfalten durch diese Positionierung erst ihre eigentümliche Faszinationskraft. Auf der Grundlage dieser Lektüren unternehme ich einen ersten Anlauf einer Analytik der Entnetzung – nicht angelegt als eine große Metatheorie, sondern eher als eine Bricolage unterschiedlicher Momente, mittels deren sich Entnetzung genauer erfassen lassen soll. Um Entnetzung von bloßen Störungen und Unfällen abzugrenzen, werde ich von »Taktiken« und »Strategien« der Entnetzung sprechen. Auf diese Weise soll die Gerichtetheit von Praktiken der Entnetzung in den Blick geraten, ohne diese subjekttheoretisch zu erklären.

Da es mir in diesem Buch nicht darum geht, einen abstrakten begrifflichen Rahmen zu entwerfen, um ihn dann unterschiedlichen Phänomenen überzustülpen, handelt es sich bei meiner Analytik der Entnetzung um eine Zwischenstation, die einerseits bereits von den danach folgenden exemplarischen Analysen informiert ist, andererseits aber noch so im Fluss ist, dass sie durch diese Analysen weiterentwickelt wird. Als Bindeglied zwischen den feldspezifischen Genealogien der Entnetzung und meinen theoretischen Lektüren fungiert Teil III, in dem es um Sozialfiguren der Entnetzung gehen wird. Ich werde dazu den Begriff der Sozialfiguren entpersonalisieren, um eine subjekttheoretische Zuspitzung der Entnetzungsproblematik zu vermeiden. Anhand der Figuren des Schüchternen, des Ladenhüters und des Bufferings werde ich fragen, wie Entnetzung in populären Diskursen verhandelt wird. Diese Figuren stehen exemplarisch für drei unterschiedliche Entitäten der Entnetzung: der Schüchterne für entnetzte Subjekte, der Ladenhüter für entnetzte Dinge und das Buffering für entnetzte Daten. Wie ich argumentieren werde, stellt sich dadurch aber auch die konzeptuelle Frage, welchen Status entnetzte Einheiten haben, bzw. wie diese gefasst werden könnten, ohne eine atomistische Perspektive zu verfolgen.

Schließlich möchte ich in Teil IV exemplarisch aufzeigen, wie sich in Auseinandersetzung mit der Kritik an der Übervernetzung ein praktisches Wissen der Entnetzung formiert und welche Praktiken und Techniken es hervorbringt. Ich werde mich auf drei unterschiedliche exemplarische Felder der Entnetzung konzentrieren: Organisationen, digitale Netzwerke und kritische Infrastrukturen. Zwar überlappen diese drei Felder auf vielfältige Weise – man denke nur an die Digitalisierung von Organisationen und deren Sicherheitsinfrastrukturen –, aber dennoch handelt es sich insofern um distinkte Felder, als sie unterschiedliche Traditionen der Reflexion herausgebildet haben: die Organisationstheorie, die Medientheorie und die Infrastruktur- beziehungsweise Security Studies. Auch wenn sich diese Diskussionen wechselseitig kaum beachten, formulieren sie ähnliche Problemlagen der Übervernetzung. Wir werden aber sehen, dass sich die Kriterien für dieses »Über«, also dafür, was wann als »zu viel« gilt, je nach Feld beträchtlich voneinander unterscheiden. Ich gehe bewusst von Feldern aus, um nicht ein überlastetes, zu entnetzendes Subjekt als Ausgangspunkt zu nehmen. Nur so kann es gelingen zu verstehen, wie Entnetzung im Zusammenspiel mit Vernetzung zustande kommt – als Bündel taktischer und strategischer Praktiken, die auf Problemlagen in den jeweiligen Felder bezogen sind.

Die bereits in Teil III geleistete Analyse der Sozialfiguren gibt zwar wichtige Hinweise auf die jeweilige Problematisierung von Übervernetzung, bedarf aber der Ergänzung durch andere Wissensformen, die das Entwerfen von Entnetzungspraktiken begünstigen und anregen. Zu diesen gehören fiktionale populärkulturelle Thematisierungen von Entnetzung, künstlerische Projekte sowie konkrete Versuche, Entnetzungstechniken zu etablieren. So wird zum Beispiel das Konzept des organisatorischen *Slacks*, das für fehlallokierte, überflüssige Ressourcen steht, auf die populärkulturelle Figur des Slackers bezogen; künstlerische Installationen zu Datenabfall stoßen auf medientechnische Diskussionen zum Löschen; Techniken zur Sicherung von Daten in IT-Diskursen begegnen Johnny Mnemonic, einem frühen Helden der Cyberpunkliteratur. Die Einbettung in fiktionale Materialien erlaubt es, den Experimentalcharakter der Entwicklung von Entnetzung deutlicher herauszuarbeiten. Wenn es richtig ist, dass Entnetzungspraktiken immer auch Imaginationen der Entnetzung mitproduzieren, dann kann diese imaginäre Dimension durch Fiktionen besonders gut erfasst werden. Das bedeutet aber keineswegs, dass ich von einer strikten Trennung zwischen Fiktion und Realität ausgehe, ganz im Gegenteil: Auch konkrete Versuche der Entnetzung werden von fiktionalen Darstellungen der gewünschten Entnetzungseffekte begleitet und entwickeln Bilder der Übervernetzung. Dadurch, dass sich unterschiedliche Materialtypen begegnen, können die imaginären Aspekte akzentuiert werden, genauso wie die fiktionalen Darstellungen auf die in ihnen entworfenen Praktiken hin lesbar werden.

Mit Blick auf die vielgestaltige und reiche Geschichte der Entnetzungspraktiken muss meine Analyse der drei Felder notgedrungen exemplarisch bleiben. Ich biete keine große Erzählung der Entnetzung, sondern konzentriere mich auf einzelne Episoden, Konstellationen und Figuren, die als Vignetten für unterschiedliche Aspekte dienen sollen. In diesem Sinne arbeitet meine Analyse des Organisationsfelds im ersten Kapitel von Teil IV heraus, wie erste Vorstellungen und Konzepte von Entnetzung noch vor der heutigen Netzwerkorganisation entwickelt worden sind – als gleichsam präadaptive Antworten auf künftige Probleme. Die fraglichen organisationstheoretischen Konzepte werden dadurch attraktiv, dass sie nicht nur als Deskriptionen fungieren, sondern dass sie auch neue Managementtechniken ermöglichen. Der in diesem Zusammenhang zu diskutierende Begriff der losen Kopplung ist beispielsweise sowohl deskriptiv als auch präskriptiv angelegt; er hilft bei der Diagnose der Beziehungsdichte und ist Grundlage von Techniken zu ihrer Lockerung bis hin zum *decoupling*. Die Analyse von organisationstheoretischen Konzepten ergänze ich durch typische Phänomene der Organisationsentnetzung, wie sie etwa die Gegenbewegungen zum Ideal offener Kommunikation im Open Office hervorgebracht haben. Das Entnetzungswissen in Organisationen wirft auch ein Schlaglicht auf einen wichtigen allgemeinen Aspekt von Entnetzung. Entnetzung geschieht nicht einfach, sondern sie muss organisiert werden – sei es durch wohlüberlegte Strategien, sei es durch Ad-hoc-Taktiken.

Ich habe schon erwähnt, dass sich erste Formen der Entnetzung im Feld der Organisation vor dem Einzug der Digitalisierung etabliert haben; und selbst in der modernen Organisation zeigt sich Übervernetzung nicht nur als Problem der digitalen Vernetzung im engeren Sinne (etwa in Gestalt der Überforderung durch permanente Erreichbarkeit), sondern auch unabhängig davon in der generellen Steigerung von Vernetzungsaktivitäten (etwa durch die Zumutungen der forciert zwanglosen Teamarbeit). Nebenbei zeigt sich dadurch, dass eine Analyse der Digitalisierung, welche diese als Virtualisierung denkt, deren soziale Relevanz unterschätzt. Denn sie ist blind dafür, dass auch durch digitale Medientechniken geformte Vernetzungsanforderungen sich nicht mehr um die Unterscheidung zwischen Online und Offline scheren. Dies ist der Einsatzpunkt des zweiten Kapitels in diesem Teil IV, in dem eine doppelte Perspektive auf Entnetzung eingenommen wird, um die Grenzen digitaler Anschlussfähigkeit zu diskutieren: Einerseits geht es um Entnetzung auf der Ebene von Medientechniken, andererseits um Entnetzung auf der Ebene subjektiver Erfahrung. Der Blick auf die Medientechniken interessiert sich für die Entnetzung von Daten innerhalb digitaler Infrastrukturen. Auf welche Weise leben Daten, die ihre Anschlussfähigkeit verloren haben, weiter? Dies wird mich zur Diskussion verlorener Datenpakete, ihres Fortlebens als »schmutzige« Daten und der Datenhygiene führen. Die Beschreibung dieser anschlusslosen Daten nutzt häufig organische Metaphern, beispielsweise die der Zersetzung oder des digitalen Verfalls. Mit dem Begriff der internalisierenden Analogisierung verstehe ich diese Metaphern als Versuche, im Inneren von digitalen Netzwerken ein Außen zu schaffen und die Endlichkeit digitaler Verbindungen denkmöglich zu machen. Beim Blick auf die subjektiven Erfahrungen interessieren mich die Strategien der externalisierenden Analogisierung, die einen analogen Ort außerhalb digitaler Netzwerke schaffen sollen. Exemplarisch diskutiere ich dies am Beispiel des Digital-Detox-Tourismus und an den Kämpfen um ein »Recht auf Diskonnektion« in Unternehmen. Dabei betont mein Begriff der Analogisierung, dass das Analoge zwar auch, aber eben nicht nur ein Phantasma ist. Es existiert nicht immer schon, sondern muss durch spezifische Praktiken erst hergestellt werden.

Schließlich befasse ich mich im letzten Kapitel von Teil IV mit dem Feld der Sicherheitsdiskurse und Sicherheitstechniken zum Schutz kritischer Infrastrukturen. Wie kann gezielt Anschlussunfähigkeit hergestellt werden, um wichtige Daten und Server zu schützen? Zwei Schauplätze, die gleichermaßen in der IT-Community und in der Populärkultur prominent geworden sind, dienen mir als Ausgangspunkt: die Idee eines *Air Gaps* (das heißt eines Luftgrabens in Netzwerken), mit dessen Hilfe eine perfekte Isolierung von Infrastrukturen möglich sein soll; und das *Sneakernet* (buchstäblich ein Turnschuhnetzwerk), welches menschliche Körper gerade wegen ihrer digitalen Anschlussunfähigkeit in eigenständigen Botennetzwerken einsetzt. Mich interessiert weniger, ob etwa das Air-Gap-Modell funktioniert, sondern ich stelle die Frage, welche Vorstellungen der Entnetzung sich in solchen Modellen äußern. Es geht also zum einen und zunächst um Entnetzungsstrategien, welche Netzwerke durch Isolierungsmaßnahmen schützen sollen, ohne sie zu zerstören, und zum zweiten um Entnetzungstaktiken und -strategien, welche unmittelbar in das Netzwerkgeschehen eingreifen. Die Figur des *Kill Switch* (Ausschalters) soll gefährlichen Netzwerkdynamiken als letzte Option dadurch begegnen, dass ein Netzwerk ausgeschaltet werden kann. Wiederum ist es müßig, darüber zu streiten, ob ein solches Ausschalten möglich ist, sondern es geht um die diskursiven und praktischen Effekte eines solchen Schalters. Ich werde das Problem erneut aus zwei Perspektiven diskutieren: als präemptiven nationalstaatlichen Internet-Kill-Switch und als reaktiven Kill Switch zur Eindämmung eines feindlichen Virenangriffs. In den Sicherheitsdiskursen wird die Frage der Entnetzung häufig so stark radikalisiert, dass sich die Entnetzung als neue Grenzziehung entpuppt: sei es als Isolation, sei es als Ausschalten. Solche Grenzziehungsprojekte sind aber gerade wegen ihrer Unmöglichkeit für eine Soziologie der Entnetzung interessant. Denn das, was sie zu bewirken imstande sind, kommt nicht erst dann zum Tragen, wenn es erfolgreich durchgeführt wurde, sondern bereits dadurch, dass sie mediale Infrastrukturen und Akteure auf die mögliche Abschaltung des Internets vorbereitet. In diesem Kapitel zeigt sich besonders deutlich der politische Charakter von Entnetzung: Die Fähigkeit zur Entnetzung könnte neue Formen der politischen Souveränität ankündigen. Der Teil schließt mit einer kurzen Analyse von Cyberapokalypsen, die jenen Zustand imaginieren, der viele Sicherheitsfantasien implizit anleitet: den vollständigen Zusammenbruch digitaler Infrastrukturen durch einen Virenangriff. Dabei geht es mir nicht so sehr um die Katastrophe selbst, sondern ich versuche, diesen Szenarien ihr apokalyptisches Pathos zu nehmen, um sie als ein weiteres diskursives Terrain zu lesen, das Praktiken der Entnetzung inspiriert.

***

Die letzten Seiten dieses Buch wurden während der Corona-Pandemie geschrieben, zu der bereits erste soziologische und kulturtheoretische Analysen erschienen sind. Dennoch habe ich mich dagegen entschieden, aus diesem Buch auf den letzten Metern ein »Pandemiebuch« zu machen. Ich teile mit McKenzie Wark die Vorbehalte gegenüber einer zeitnahen Einordnung unvorhergesehener Ereignisse in etablierte theoretische Modelle, sei es das des Ausnahmezustands oder das der funktionalen Differenzierung.[4] Theorie droht dann schnell, töricht und selbstverliebt dazustehen, die Position eines allwissenden Erzählers einzunehmen, der entweder die Erfüllung der eigenen Diagnosen erschreckt feiert oder eilig nach Gründen sucht, warum es doch anders gekommen ist als vom eigenen Ansatz prognostiziert, ohne diesen selbst in Frage zu stellen. Damit will ich nicht sagen, dass theoretische Analysen nichts zu den gegenwärtigen Entwicklungen zu sagen hätten und sagen könnten.

Gewiss gehören Pandemien zu jenen Phänomenen, in denen sich globale Anschlussfähigkeit kristallisiert: Globale Vernetzung wird plötzlich als Gefährdung sichtbar und sich selbst zum Problem. Die Logik der Ansteckung als unkontrollierte Form der Vernetzung hat viele der Positionen, die ich in diesem Buch diskutiere, geprägt: von den sich über Ansteckung fortsetzenden Nachahmungsketten bei Gabriel Tarde bis hin zur viralen Logik der rhizomatischen Netzwerke bei Deleuze. Diese Logik steht für die Eskalationsdynamik von Netzwerken und für ihre Unkontrollierbarkeit. Wie schon angedeutet, sind genau solche Dynamiken zum Gegenstand von Kritiken geworden und haben zur Entwicklung von Praktiken der Entnetzung geführt. Einige der hier diskutierten Figuren erscheinen im Lichte der Pandemie allerdings in einem neuen Licht oder haben eine unerwartete Prominenz gewonnen. Die Figur des Schüchternen wird nun nicht mehr nur als defizienter Netzwerker gesehen, sondern als kompetenter Praktiker des »social distancing«; das Buffering hat sich durch die verstärkte digitale Vernetzung im Home Office und beim E-Learning zu einem Bandweitenproblem gesteigert, das mit neuen Politiken der Regulierung von Datenströ-

4 McKenzie Wark, »Theory in a Pandemic«, in: *Identities Journal*, 2020, ⟨https://identitiesjournal.edu.mk/index.php/IJPGC/announcement/view/20⟩, letzter Zugriff 19. 10. 2020.

men einhergeht; und der Ladenhüter, die unbewegte Ware, ist zum deutlich sichtbaren, massenweisen Ausdruck von ins Stocken geratenen Zirkulationsströmen geworden.

Die gegenwärtigen Diskurse um die erzwungene Entnetzung während der Pandemie teilen mit der Geschichte des Entnetzungsdenkens das Oszillieren zwischen Romantisierung und Kontrollvisionen. So werden Momente der Entschleunigung als neue Resonanzerfahrungen verklärt, wird eine geradezu anthropologische Opposition zwischen Sozialität und Distanz aufgemacht oder von der managerialen Kontrollierbarkeit von Entnetzung geträumt. Der Blick auf die Genealogie des Entnetzungsdenkens mag auf die Schwierigkeiten solcher Diagnosen hinweisen und die notwendige Ambivalenz von Praktiken und Vorstellungen der Entnetzung betonen, aber er kann nicht einer sorgfältigen Analyse der sich neu abzeichnenden Formen der Entnetzung samt ihrer Effekte vorgreifen. Entnetzung bedarf gleichermaßen der grundbegrifflichen Arbeit wie auch der Historisierung; sie muss in je konkreten Konstellationen freigelegt und in ihrer Spezifizität verstanden werden. Damit will ich mich aber keinesfalls in den Chor jener pompösen Stimmen einreihen, die behaupten, nun müsse alles radikal neu gedacht werden. Auch dies scheint mir ein Symptom theoretischer Selbstüberschätzung zu sein sowie das Kennzeichen einer aktivistischen Soziologie, die das Neue prämiert und das Obsolete schnell auszuklammern sucht. Ich werde in diesem Buch versuchen, einen behutsameren Weg einzuschlagen: den der Entwicklung einer provisorischen und gewiss auch brüchigen Analytik der Entnetzung, die sich nicht einfach von der Tradition des relationalen Denkens freischwimmen kann, sondern ihrer bedarf, um überhaupt erst über Entnetzung nachdenken zu können.

I.
Netzwerkfieber: Zeitdiagnosen der Übervernetzung

Entnetzung tritt nicht von außen an netzwerkförmige Gesellschaften heran, sondern wird von diesen selbst produziert. Erst die sichtbare Krise der Übervernetzung – das »Netzwerkfieber«[1] – hat dazu geführt, dass gegenüber den zunächst technischen, später auch emanzipatorisch anmutenden Netzwerkrhetoriken ein Unbehagen formuliert werden konnte. Die Rede von Netzwerken ist meist von einer bemerkenswerten Doppelung geprägt, da sie gleichzeitig eine theoretische und eine empirische Logik des Netzwerks benennt.[2] Ein solches Zusammenfallen von Analytik und Gegenstand mag zwar ein Zeichen großer Passgenauigkeit sein, worauf nicht zuletzt der Erfolg von Netzwerktheorien fußt. Gleichzeitig läuft die Analyse auf diese Weise jedoch Gefahr, die nötige Distanz zum Gegenstand zu verlieren. Befindet sich, so fragt etwa Marieke de Goede,[3] die Sprache der Netzwerktheorie nicht vielleicht bereits so nahe an ihrem Gegenstand, dass es zu einer unbeabsichtigten und unerwünschten Komplizenschaft kommt? Es mag also gerade der Erfolg von Netzwerksemantiken sein, der uns zweierlei ausblenden lässt: die immanente Steigerungslogik von Netzwerken und den Verlust eines Außen von Netzwerken. Wenn aber weder die immanente Krisenhaftigkeit noch die Grenzen von Netzwerken denkbar sind, dann wird auch der Blick auf das Zerschneiden von Verbindungen, auf Verbindungen, die ins Leere laufen, oder auf Taktiken des Entzugs – also auf das, was ich »Entnetzung« nennen werde – verstellt. Indem ich von Entnetzung spreche, lasse ich mich unweigerlich ein Stück weit auf die Netzwerksemantik und die damit einhergehenden Techniken ein. Die Herausforderung wird darin bestehen,

1 Mark Wigley, »Network Fever«, in: *Grey Room* 4 (2001), S. 82-122. (So keine deutschsprachigen Quellen angegeben sind, stammen alle Übersetzungen von Zitaten in diesem Buch von mir, U. S.)

2 Christopher M. Kelty, »Against Networks«, in: *Journal for Digital Cultures* 1, 2014, ⟨http://spheres-journal.org/against-networks/⟩, letzter Zugriff 19. 10. 2020.

3 Marieke de Goede, »Fighting the Network. A Critique of the Network as a Security Technology«, in: *Distinktion. Scandinavian Journal of Social Theory* 13, 3 (2012), S. 215-232.

sich mit Netzwerken zu beschäftigen, ohne die beiden genannten Ausblendungen zu übernehmen – also, von Netzwerken als Gegenstand und als Logik zu sprechen, ohne sich davon vollständig affizieren zu lassen.

Dazu wird es nötig sein, die Tautologie von Netzwerkanalysen gleichzeitig zu nutzen und zu verunreinigen. Wenn es richtig ist, dass die Netzwerkkonzepte an der Herstellung ihres Gegenstandes – den zu analysierenden Netzwerken – beteiligt sind, dann handelt es sich dabei nicht (nur) um eine Analyse aus der Perspektive eines allwissenden soziologischen Erzählers, die das Netzwerken zum Ursprung ihres Narrativs macht; vielmehr geht es um die Einsätze und Effekte, welche das gesellschaftliche Reden über Netzwerke hervorbringt. So hat Annelis Riles zum Beispiel ethnographisch aufgezeigt, welchen Beitrag diese Semantik für die Herstellung politischer Netzwerke spielt;[4] andere Studien heben die performativen Effekte der Netzwerkrhetorik für die Herausbildung einer vernetzten Politik (*networked policy*) und von Sicherheitsdiskursen hervor.[5] Wenn ich im Folgenden von Netzwerken spreche, dann also nicht im Sinne einer nichthinterfragbaren Gegebenheit, nicht im Sinne einer soziologischen Zeitdiagnose (wie sie beispielsweise Manuel Castells vorlegt hat[6]), aber auch nicht im Sinne einer beliebigen theoretischen Heuristik. Vielmehr nehme ich ein Ensemble diskursiver, affektiver und medientechnologischer Elemente in den Blick, durch die Netzwerke als selbstreflexiver Gegenstand erst hervorgebracht werden.

Die Frage, ob wir tatsächlich in einer Netzwerkgesellschaft leben oder nicht, lässt sich aus dieser Perspektive nicht beantworten – sie ist letztlich aber auch theoretisch unergiebig, zehrt sie doch von der Privilegierung des eigenen Vokabulars und der soziologischen Lust an der Vervielfältigung von Gesellschaften. Der Einsatz der Netzwerksemantiken und Netzwerktechniken produziert aber dennoch reale »net effects«,[7] die weit über den Bereich der Theorie hi-

4 Annelis Riles, *The Network Inside Out*, Ann Arbor 2001.

5 Martin Coward, »Network-Centric Violence, Critical Infrastructure and the Urbanization of Security«, in: *Security Dialogue* 40, 4-5 (2009), S. 399-418.

6 Manuel Castells, *Der Aufstieg der Netzwerkgesellschaft. Das Informationszeitalter. Wirtschaft, Gesellschaft, Kultur. Band 1*, Wiesbaden 2017.

7 Richard Coyne, »The Net Effect. Design, the Rhizome, and Complex Philosophy«, in: *Futures* 40, 6 (2008), S. 552-561.

nausreichen. Netzwerke sind Beobachtungs- und Machttechniken, mittels derer Verbindungen aufgespürt oder hergestellt werden. Gewiss, unter der Netzwerkmetapher versammeln sich ganz unterschiedliche Typen von Netzwerken, von Transportinfrastrukturen über soziale Gruppen bis hin zu Mediennetzwerken, und je nach Netzwerktheorie werden diese auch unterschiedlich gefasst. Sie reichen von den klassischen *Node-edge*-Konzeptionen bis hin zu heterogenen Liniengefügen.[8] Ich werde auf einige dieser Konzeptionen ausführlicher zu sprechen kommen, aber beanspruche nicht, einen Überblick über die Netzwerkkonzepte zu geben. Ein Zeichen des praktischen Erfolgs der Netzwerksemantiken besteht auch darin, dass diese sich begrifflich teilweise ausschließenden Konzeptionen sich inzwischen sogar miteinander vermischt haben. Das Netzwerk hat damit seine engen Bereiche verlassen und ist zu einer totalisierenden Metapher und einer ebensolchen Technik geworden: »[D]as holistische Modell des Netzwerks kann weder auf eine Verzerrung reduziert werden noch sollte es als Fehlinterpretation abgetan werden [...].«[9] Ungeachtet seiner empirischen Angemessenheit hat sich dieses Modell zu einer im Foucault'schen Sinne politischen Rationalität entwickelt: »Diese politische Rationalität hat eine zeitgenössische ›Wahrheit‹ der Netzwerke hervorgebracht, die uns anhält, Konnektivität und die Aufrechterhaltung von Strömen als die angemessene Nutzung von Freiheit in einer durch Netzwerke bestimmten Welt zu betrachten.«[10] Damit ist bereits angedeutet, dass Technologien des Netzwerkens keineswegs neutral sind und dass es zu kurz gegriffen wäre, den Netzwerkbegriff rein deskriptiv zu verwenden. Vielmehr fördert die Technologie des Netzwerkens ein netzwerkförmiges Verhalten, das ich als Ethos der Konnektivität bezeichnen werde. Netzwerke lassen sich nur dann erfolgreich herstellen, wenn der Flow der Kommunikation nicht versiegt, wenn einzelne Aktanten die Fähigkeit mitbringen, selbst zu leistungsstarken Leitmedien zu werden. Die Attraktivität dieser Technologien und und dieser Semantik liegt gerade in der Doppelung des Netzwerkbegriffs. Einerseits beschreibt er heterogene und konkrete Ver-

8 Zur Geschichte der Netzwerktheorien siehe Sebastian Gießmann, *Netze und Netzwerke. Archäologie einer Kulturtechnik, 1740-1840*, Bielefeld 2015.

9 Grant Bollmer, *Inhuman Networks. Social Media and the Archaeology of Connection*, New York 2016, S. 12.

10 Ebd.

bindungsbewegungen (wie etwa in der von Bruno Latour entwickelten Akteur-Netzwerk-Theorie, kurz: ANT), andererseits bietet er eine Formalisierung des Sozialen an (wie etwa in topologischen Netzwerkmodellen). Theoretisch befinden sich diese beiden Positionen häufig in einer widersprüchlichen Beziehung, als politische Rationalität allerdings ziehen sie in der Überhöhung und Ethisierung eines Verbindungsbegriffs am selben Strang. Dies mag auch erklären, warum die Netzwerkmetapher gleichermaßen für die Vermessung des Sozialen durch immer neue Formen der Kontrolle wie auch für antihegemoniale Bewegungen von Bedeutung ist.

Mit dieser Historisierung von Netzwerktechnologien möchte ich mich aber nicht nur in einer Beobachtung zweiter Ordnung üben. Die Tautologie der Netzwerkgesellschaft zwingt uns auch dazu, die theoretischen Begrifflichkeiten der Analyse zu überdenken. Man mag, wie bei Riles, dieses *doing* von Netzwerken selbst wiederum in affinen Begrifflichkeiten analysieren,[11] oder man könnte für größtmögliche Distanz optieren und sich für die inkongruente Perspektive einer anderen Theorie entscheiden. Damit kann zwar die tautologische Verweisungskette unterbrochen werden, aber zugleich droht das theoretische Potential, das im Gegenstand steckt, damit verloren zu gehen. Eine dritte Möglichkeit skizziert Martin Coward in seinem programmatischen Aufsatz »Against Network Thinking«,[12] der einerseits eine scharfe Kritik an den politischen Implikationen von Netzwerkkonzepten entwickelt, gleichzeitig aber an Elementen der Netzwerktheorie (hier vor allem der ANT) festhält, um diese zu erweitern. Man muss Cowards Erweiterungsversuch nicht vollständig teilen, um ihr Potential zu sehen: Er schlägt vor, Begriffe der Gemeinschaft, der Atmosphäre und der Kultur in die Netzwerktheorien einzuführen. Fruchtbar an dieser Doppeloperation ist, dass die Kritik der empirischen Netzwerke hier nicht einfach zu deren theoretischer Verabschiedung führt, sondern zu einer Verschiebung innerhalb der jeweiligen Netzwerkkonzeption inspiriert. Stefan Helmreich hat in seiner großen Studie *Alien Ocean* eine ähnliche Doppelbewegung vorgeführt:[13] Konzeptionen des Wassers sind ihm

11 Riles, *The Network Inside Out.*

12 Martin Coward, »Against Network Thinking. A Critique of Pathological Sovereignty«, in: *European Journal of International Relations* 24, 2 (2018), S. 440-463.

13 Stefan Helmreich, *Alien Ocean. Anthropological Voyages in Microbial Seas*, Berkeley 2009.

zufolge selbst performative Kräfte, welche in Netzwerken zum Einsatz kommen, zugleich fungieren sie aber auch als Modelle für die eigene Theoretisierung des Gegenstands – Modelle, die auf diese Weise sowohl historisiert als auch theoretisch aufgeladen werden. Es mag sich dabei um ein buchstäbliches Lavieren auf rutschigem (weil nassem) Grund handeln, das sich einer theoretischen Rahmung entzieht. Das heißt aber nicht, dass dieses Lavieren theoretisch enthaltsam sein muss; vielmehr regen bei Helmreich die Metaphern des Wassers die theoretische Einbildungskraft an. Ähnlich wird hier mit Blick auf die Netzwerke verfahren.

Es ist diese vorsichtige Aneignung von Metaphern und Modellen für die theoretische Arbeit, welche die zuvor erwähnte Tautologie der Netzwerkgesellschaft zwar nicht auflösen kann, aber auch nicht mehr reibungslos funktionieren lässt. So können auch die Effekte des tautologischen Sprechens über Netzwerke sichtbar gemacht werden. Denn der Erfolg der Tautologie selbst führt zu einer Übersteigerung der Netzwerksemantik, die im Zuge der politischen und ökonomischen Hoffnungen, welche in Vernetzung gelegt wurden, häufig übersehen worden ist, nicht zuletzt, weil die Übersteigerung ihrerseits Teil des »Netzwerkfiebers«[14] ist. Dieses Fieber befällt die Netzwerke nicht von außen, sondern ist konstitutiver Teil von diesen,[15] und zwar sowohl auf ihrer operativen als auch imaginären Ebene. Netzwerke sind immer mehr als die bloße Verbindung zwischen zwei Knotenpunkten oder Ereignissen, mehr als eine bloße Assoziation von menschlichen und nichtmenschlichen Akteuren. Sobald Netzwerke zu einem selbstreflexiven Prinzip und Ethos geworden sind, sind sie auch von der Vorstellung eines perfekten Netzwerks geprägt, »wo alles miteinander verbunden und das Netzwerk allgegenwärtig ist«.[16] Diese Fantasie der eigenen Perfektion und Universalität funktioniert als Triebkraft der Vernetzung; sie stachelt die Suche nach noch nicht Verbundenem und weiteren zu überschreitenden Grenzen an. Zugleich ist das Netzwerkimaginäre von einem tiefen Misstrauen geprägt: Die Macht des Netzwerks »wird als mangelhaft befunden – faul und unzureichend,

14 Wigley, »Network Fever«; Tung-Hui Hu, *A Prehistory of the Cloud*, Cambridge 2015.

15 Hu, *A Prehistory of the Cloud*, S. 18.

16 Ebd.

sich immer schon zersetzend«.[17] Denn je stärker sich Netzwerke ausbreiten, umso beunruhigender wird die Vermutung, dass einzelne Knotenpunkte nicht funktionieren könnten. Daher ist für Tung-Hui Hu die grundlegende Struktur des Netzwerks – von den frühen Transportnetzwerken bis zu den Clouds – intrinsisch paranoid. Das Netzwerk ist sich selbst nie transparent. Die Vermutung der Abweichung und Illoyalität und damit das Eingeständnis in die Brüchigkeit der eigenen Macht begleitet es von Anfang an. Diese paranoide Struktur[18] ist keineswegs ein Hindernis für die Ausbreitung von Netzwerken, vielmehr liegt in ihr die grundlegende Dynamik der Übersteigerung begründet. Wenn es illoyale Knotenpunkte oder ins Leere laufende Verbindungen gibt, müssen noch mehr Verbindungen geschaffen werden, um diese Ausfälle zu verhindern. Eine kritische Analyse von Netzwerktechniken, Netzwerksemantiken und Netzwerkaffekten müsste also dazu in der Lage sein, das »Zuviel«, das durch die Übersteigerung geschaffen wird, zu erfassen.

Damit erhält eine soziologische Analyse einen ungewohnten Ausgangspunkt. Es geht nicht um die Knappheit von Verbindungen oder um den Mangel an Informationen, sondern um einen Überfluss, der zum normalen Funktionieren von Netzwerken gehört. Es gilt also, eine Soziologie des Überflusses und nicht eine des Mangels zu betreiben.[19] Die Netzwerktechnologien produzieren immer mehr Verbindungen, erhöhen die an Mensch und Technik gestellten Anforderungen in Sachen Verbindungsfähigkeit, erweitern ständig den Bereich des Verbindbaren. Wir haben es mit einer ebenso exzessiven wie paranoiden Logik zu tun. Der Begriff der Übersteigerung oder der Übervernetzung mag selbst etwas irreführend sein, nämlich dann, wenn er so verstanden wird, dass es unter geeigneten Bedingungen ein gemäßigtes, wohltemperiertes und ausgeglichenes – kurz: normales – Netzwerk geben könnte. Genau dies wird denn auch eine der Visionen sein, welche die unterschiedlichen Kontroll- und Regulierungsvorstellungen von Netzwerken bestimmen werden: Netzwerke zu bändigen, sie zu normalisieren

17 Ebd.

18 Wendy Hui Kyong Chun, *Control and Freedom. Power and Paranoia in the Age of Fiber Optics*, Cambridge 2006.

19 Andrew Abbott, »The Problem of Excess«, in: *Sociological Theory* 32, 1 (2014), S. 1-26.

und sie zu heilen, das heißt von ihrem Fieber zu befreien.[20] Solche Vorstellungen werden sich in einigen Hinsichten als fatal erweisen, da sie das Netzwerkfieber nur als Krankheit, nicht aber als konstitutiven Teil der Netzwerklogik erkennen – und dadurch nicht selten selbst zur Steigerung des Fiebers beitragen.

Der Begriff der Übersteigerung soll also nicht anzeigen, dass es eigentlich um die Rückkehr zu einem normalen Netzwerk geht; vielmehr geht es darum, die Normalität von Übersteigerung zu sehen. Ein Netzwerk, das nicht immer wieder neue Verbindungen herstellt, das Unverbundene nicht als Ressource für die eigene Dynamik versteht, sich nicht immer weiter ausbreitet und vervielfältigt, kann letztlich als Netzwerk nicht weiterbestehen. In diesem Sinne hat die ANT als ebenso konsequentes wie leidenschaftliches soziologisches Symptom des Netzwerkfiebers diese Logik sehr genau erfasst. Sie interessiert sich vornehmlich für die Fälle, in denen Netzwerke erweitert werden (gelegentlich auch für deren vorläufige Dissoziation, zum Beispiel bei Unfällen), nicht aber für das langweilige Dasein von Netzwerken, für ihre Routinen oder für Momente der Ereignislosigkeit. Denn streng genommen gibt es für Latour in diesen Situationen keine Aktivität und damit kein Netzwerk. Ein Netzwerk, das seiner spektakulären Übersteigerungslogik scheinbar entkommen ist, gilt ihm dadurch als langweilig, inaktiv und vernachlässigbar.[21]

Dadurch dass Netzwerktheorien und Zeitdiagnosen der Netzwerkgesellschaft wie selbstverständlich von der Logik der Übersteigerung ausgehen, neigen sie dazu, auf eine Analyse der Übersteigerung und der mit ihr einhergehenden Ambivalenzen zu verzichten. Es sind weniger die avancierten Netzwerktheorien als anwendungsbezogene und populäre Analysen, die ein Problembewusstsein für das »Zuviel« entwickelt haben. Ich werde mich in diesem Teil des Buches insbesondere mit Strategien der Vernetzungskritik beschäftigen, in denen die Übersteigerung des Netzwerks sich selbst zum Problem wird. Die Netzwerksemantik wird dann zu einer Krisendiagnose, die auf ein »Zuviel« hinweist sowie darauf, dass dieses

20 Abbott sieht denn auch in der Reduktion von Überschuss neben der Skalierung eine der wichtigsten Antworten auf das Problem des Exzesses.

21 Siehe unten, Teil II, Kap. 1, in dem ich den theoretischen Aktivismus der ANT diskutiere.

»Zuviel« neue Probleme erzeugt: dass Vernetzung zur Übervernetzung wird.

Die Diagnosen der Übervernetzung entwerfen aber nicht nur Bilder des »Zuviel«, sondern ermöglichen auch die Frage nach dem »Weniger« der Vernetzung. Dieser Wunsch, die Übersteigerung zurückzunehmen und zu einem imaginären normalen Netzwerk zurückzukehren, mündet in den häufig verzweifelten Versuch einer Bändigung von Netzwerklogiken. Die dabei in Anschlag gebrachten Maßnahmen oszillieren zwischen Techniken der Normalisierung und dem Experimentieren mit alternativen Formen der Vernetzung. In meiner Analyse der Entnetzung geht es weniger um die quantitative Reduzierung von Vernetzung, sondern vornehmlich um die unterschiedlichen Modi, nicht dermaßen vernetzt zu sein: um die Phantasmen, Praktiken und Infrastrukturen, die Netzwerkverbindungen unterbrechen oder überhaupt nicht erst zustande kommen lassen sollen. In diesem Foucault'schen Sinne stellen sich die Diagnosen der Übervernetzung als Problematisierungen des Netzwerkdiskurses dar, welche Vorstellungen und Praktiken der Entnetzung möglich machen. Entnetzung ist in diesen Diagnosen mehr als ein formallogisches Problem (etwa im Sinne von: Wo es Vernetzung gibt, muss es auch Entnetzung geben) und auch mehr als eine abstrakte Utopie des Ausstiegs. Aufschlussreich ist an den gegenwärtigen Krisendiskursen, dass Entnetzung in ihrer Konkretion entworfen wird und dass damit experimentiert wird, wie Entnetzung zur Praxis *innerhalb* von Vernetzung werden könnte. Darin liegt einer der Reize, sich alltagsnahen Semantiken der Übervernetzung zuzuwenden. Die in den Kapiteln dieses Teils skizzierten Kritiken der Übervernetzung sollen das Möglichkeitsfeld für die spezifischen Formen der Entnetzung umreißen, denen ich mich danach zuwenden werde.

1. Hypertrophie der Netzwerke: Vernetzen um der Vernetzung willen

Die Steigerung von Vernetzung war lange Zeit mit einem Glücksversprechen verbunden. Durch Vernetzung sollten klassische Hierarchien abgebaut, demokratische Partizipation gefördert und isolierte Wissensbestände miteinander verbunden werden. Die Grenzenlosigkeit des Netzwerkbegriffs findet ihr Äquivalent in der Grenzenlosigkeit von Netzwerkpraktiken, die durch die Hoffnung auf eine beständige Erweiterung von Netzwerken geprägt sind. Mit dieser Hoffnung geht die Verselbständigung des Netzwerkens einher: die Herstellung von Vernetzung um ihrer selbst willen. Während die bloße Existenz von Netzwerken keineswegs ein neues, nicht einmal ein genuin modernes soziales Phänomen ist, gilt die Selbstbezüglichkeit des Netzwerkens als zentrales Charakteristikum der »Netzwerkgesellschaft«. Für Manuel Castells setzt diese Selbstbezüglichkeit mit den Anfängen der Digitalisierung gesellschaftlicher Kommunikation ein:

> Netzwerke bilden die neue soziale Morphologie unserer Gesellschaften [...]. Zwar hat es Netzwerke als Form sozialer Organisation auch zu anderen Zeiten und in anderen Räumen gegeben, aber das neue informationstechnologische Paradigma schafft die materielle Basis dafür, dass diese Form auf die gesamte gesellschaftliche Struktur ausgreift und sie durchdringt. Außerdem möchte ich behaupten, dass diese Vernetzungslogik zu einer sozialen Determination auf höherer Ebene führt, als jener der spezifischen gesellschaftlichen Interessen, die in den Netzwerken zum Ausdruck kommen: die Macht der Ströme gewinnt Vorrang gegenüber den Strömen der Macht.[22]

Vernetzung hat sich für Castells in der Moderne von ihrer untergeordneten Stellung als sekundäre Tätigkeit emanzipiert, indem sie sich selbst als zentrale Logik der Moderne installiert hat. Diese Eigendynamik von Netzwerken wird mit der Metapher des Flows unterstrichen, welche eine natürliche, hindernislose Verbindungsfähigkeit evoziert.[23] Aber diese Metapher macht, wenn auch von

22 Castells, *Der Aufstieg der Netzwerkgesellschaft*, S. 567.

23 Die Metapher des Flows oder »Flusses« nimmt auch eine zentrale Stelle in Globalisierungstheorien ein, zum Beispiel ist von globalen Informations-, Waren- oder Menschenflüssen die Rede. Die Metapher naturalisiert globale Prozesse und

den klassischen Netzwerktheorien kaum beachtet, implizit auch darauf aufmerksam, dass der Flow zum Overflow werden könnte, dass Netzwerke sich selbsttätig wie von selbst vermehren und verbreiten können.

Die Loslösung der Netzwerke von äußeren, selbst nicht netzwerkförmig verfassten Instanzen (zum Beispiel von individuellen oder kollektiven Interessen, Zielen und Motivationen, so Castells) verschafft ihnen eine eigene soziale, aber auch normative Wertigkeit, die von der Entstehung eines Netzwerkdiskurses flankiert wird, der mit der Etablierung des Netzwerks als soziale und kulturelle Metapher einhergeht.[24] Diese eigenständige Wertigkeit des Netzwerks bestimmt bei Luc Boltanski und Ève Chiapello den »neuen Geist des Kapitalismus«.[25] Neu ist dabei nicht die Existenz ökonomischer und politischer Netzwerke, sondern die Metamorphose des Netzwerkbegriffs in ein eigenständiges »sozietales Projekt« und »normatives Modell«.[26] Diese Verschiebung, die Boltanski/Chiapello am Beispiel von Managementdiskursen sowie der Sozialwissenschaften und der Philosophie herausarbeiten, zeichnet sich dadurch aus, dass sich die »Mittlertätigkeit, die Kunst, noch so verschiedene und entfernte Kontakte zu knüpfen und fruchtbar zu machen, *autonomisiert* und von anderen Tätigkeitsformen löst [...]. Erst jetzt wird sie identifiziert und als eigenständiger Wert anerkannt.«[27] Mit der Autonomisierung des Netzwerkens einher geht dessen weite Verbreitung auch außerhalb von Unternehmen, insbesondere in urbanen und digitalen Kontexten; zudem wird die Tätigkeit des Netzwerkens institutionalisiert und sogar zum eigenständigen Produkt, wie zum Beispiel in Networking-Events und -Ratgebern.[28]

Die Autonomisierung des Netzwerkens macht nicht nur dessen

blendet Asymmetrien, Barrieren und Versickerungsprozesse aus. So spricht James Ferguson kritisch von einem »globe-hopping«. Siehe James Ferguson, *Global Shadows. Africa in the Neoliberal World Order*, Durham 2006, S. 38.

24 Tobias Schlechtriemen, *Bilder des Sozialen. Das Netzwerk in der soziologischen Theorie*, Paderborn 2014.

25 Luc Boltanski, Ève Chiapello, *Der neue Geist des Kapitalismus*, Konstanz 2003.

26 Luc Boltanski, Ève Chiapello, *The New Spirit of Capitalism*, London 2005, S. xxii.

27 Boltanski/Chiapello, *Der neue Geist des Kapitalismus*, S. 153 (meine Hervorhebung).

28 Andreas Wittel, »Toward a Network Sociality«, in: *Theory, Culture & Society* 18, 6 (2001), S. 51-76.

eigenständige Handlungslogik sichtbar, sondern treibt auch dessen Selbstbezüglichkeit und die damit einhergehende Übersteigerung an. Die äußeren Ziele des Netzwerkens (beispielsweise eine flexible und profitable Unternehmensstrategie, die Verfolgung politischer Ziele oder die kollektive Herstellung von Kunst) begleiten es zwar noch, geraten aber angesichts seiner erfolgreichen Eigendynamik immer mehr in den Hintergrund. So konnte sich zum Beispiel in der Büroarchitektur lange Zeit das Modell des Open Office als ideale Team- und Vernetzungsarchitektur behaupten, ohne dass dessen betriebswirtschaftliche Profitabilität oder dessen betriebsklimatischer Nutzen überhaupt zur Debatte stand.[29] Nicht nur hier strahlt die Tatsache, dass die Tätigkeit des Netzwerkens eine eigene Wertigkeit erzeugt, gleichsam auf deren Einbettung in äußere Zwecke ab.

Im Zuge seiner Autonomisierung und sich ausprägenden Selbstbezüglichkeit entwickelt das Netzwerken ein eigenes Ethos: das Knüpfen von Kontakten, das Schaffen von immer neuen Verbindungen um ihrer selbst willen. Auf nahezu ideale Weise verkörpert die Figur des Netzwerkers dieses Ethos und die damit verbundenen Anforderungen. Der versierte Netzwerker brilliert dadurch, dass er scheinbar mühelos neue Verbindungen knüpft – ja, dass er die ganze Welt als potentielle Erweiterung seines Netzwerks sieht. Für ihn ist, so Boltanski/Chiapello, jeder kontaktierbar, für ihn gibt es keine Grenzen, sein Erfolg zeigt sich gerade darin, ehemals als getrennt oder gar als unvereinbar geltende Bereiche zusammenzubringen.[30] Das Verknüpfen ist sein Existenzmodus. Durch ihn strömen Informationen und Kontakte, die er ständig zu vermehren sucht. Dazu muss er selbst zum Medium der Verknüpfung werden. Offenheit ist sein Gebot. Ein Netzwerker soll für alles empfänglich sein, möglichst vorurteilslos handeln und flexibel denken. Dies schlägt sich auch auf seine emotionale Konstitution nieder: Weder schüchtern noch arrogant darf er sein. Er darf, so Boltanski/Chiapello weiter, keine Angst vor Zurückweisungen haben, und er darf nicht zu stolz sein, einen Kontakt zu initiieren, weil andernfalls der beständige Fluss von immer neuen Verknüpfungen ins Stocken geraten könnte. Der Netzwerker entwickelt eine monokulturelle

29 Siehe zur Krise des Open Office unten, Teil IV, Kap. 1.

30 Boltanski/Chiapello, *Der neue Geist des Kapitalismus*, S. 176.

Kompetenz der beständigen und unendlichen Vernetzung. Er folgt einem unumstößlichen Diktat, Netze nicht nur zu pflegen, sondern sie beständig zu vergrößern, um selbst zum obligatorischen Knotenpunkt (*obligatory passage point*)[31] zu werden.

Dieses neuartige Ethos des Netzwerkens verdrängt zunehmend die älteren Semantiken des sozialen Netzwerks, die vor allem für illegale und illegitime Verbindungen, zum Beispiel für Korruptionsnetzwerke, benutzt worden sind. Dieser normative Diskurs des Netzwerkens hat inzwischen nicht nur die Managementratgeber erobert, sondern nahezu alle gesellschaftlichen Felder erreicht. Besonders an dem der Computertechnologie und Neurobiologie entstammenden Begriff der Konnektivität wird diese positive Bewertung des Vernetzens deutlich. Ist eine Position »anschlussfähig«, so wird das nicht nur in der soziologischen Theorie als Pluspunkt verbucht;[32] aber auch jenseits des Theoriediskurses, insbesondere im Bereich der Managementliteratur, steht der Begriff der Anschlussfähigkeit für Flexibilität und Offenheit – und fungiert zugleich als versteckte Warnung, sich vor nichtanschlussfähigen Ideen und Projekten zu hüten.

Die Entwicklung digitaler Kommunikationstechnologien und des Internets hat die Möglichkeiten und Formen der Vernetzung entscheidend verändert und gesteigert; es ist daher kaum überraschend, dass seit einigen Jahren sogar von Hyperkonnektivität die Rede ist[33] und dass viele Analysen der Netzwerkgesellschaft diese mit der Digitalisierung von Gesellschaften gleichsetzen. Es wäre allerdings verkürzt, die Selbstbezüglichkeit des Netzwerkens direkt von der gesellschaftsweiten Durchsetzung von Informationstech-

31 Michel Callon, »Elements of a Sociology of Translation. Domestication of the Scallops and the Fishermen of St Brieuc Bay«, in: *The Sociological Review* 32, 1 (1986), S. 196-233.

32 In Luhmanns Systemtheorie erscheint Anschlussfähigkeit manchmal geradezu als Gebot. Siehe dazu meine Diskussion von Anschluss(un)fähigkeit in Teil II, Kap. 2.

33 Der Begriff wurde ursprünglich innerhalb von Netzwerktheorien geschaffen, um die Digitalisierung von Arbeit in Organisationen zu analysieren. Siehe Barry Wellman, »Physical Place and Cyber Place. The Rise of Networked Individualism«, in: *International Journal of Urban and Regional Research* 25, 2 (2001), S. 227-252. Schnell wurde er aber zum allgemeinen Schlagwort insbesondere in der Management- und Security-Literatur, siehe z. B. Luciano Floridi, *The Onlife Manifesto. Being Human in a Hyperconnected Era*, Heidelberg, New York 2015.

nologien abzuleiten, als brächten neue Medientechniken automatisch neue soziale Formen hervor. Vielmehr wird die Entwicklung von Netzwerkmedien durch frühere Formen der selbstbezüglichen Vernetzung vorbereitet.

Die Idee von Verbindungen um ihrer selbst willen prägte bereits die soziologischen Analysen des städtischen Lebens um 1900. Besonders prägnant wird dies in Georg Simmels Abhandlung »Soziologie der Geselligkeit«.[34] Hier beschreibt Simmel, welche Kunstfertigkeit für ein gelungenes geselliges Zusammensein – sei es in Salons, Kaffeehäusern oder auf Festen – nötig ist.[35] Die Kommunikation muss von all jenen Themen befreit werden, welche das leichtfüßige Konversationsspiel behindern könnten wie zum Beispiel die Rede von Krankheiten und die Erörterung religiöser oder politischer Fragen. Etablierung und Pflege des kommunikativen Flows – eine Leitsemantik für die späteren Netzwerkgesellschaften – stehen im Vordergrund des gelungenen geselligen Zusammenlebens. Für Simmel scheint dieses zwecklose Zusammensein schon fast eine der optimistischen Grundintuitionen der jungen Wissenschaft der Soziologie zu erfüllen: ein sich selbst regulierendes, anstrengungslos erscheinendes Spiel sozialer Wechselwirkungen. Die Soziologie als Wissenschaft vom sozialen Zusammensein scheint in der Geselligkeit auf ihren Begriff zu kommen, auch wenn das gesellige Leben in dieser Form zunächst weitgehend den aristokratischen und bürgerlichen Eliten vorbehalten war. Allerdings werden auch schon bald die Schattenseiten dieser Perfektionierung von Geselligkeit thematisiert. Mit den um 1900 einsetzenden medizinischen und psychologischen Diskursen zur Schüchternheit[36] geraten jene Subjekte und Praktiken in den Blick, die im Spiel der Geselligkeit versagen, diejenigen also, die den Flow der Konversation durch ihre verschämten Blicke, ihr Erröten, ihr Stottern und Schweigen und ihre übergroße Ernsthaftigkeit ins Stocken bringen. Die Selbstbezüglichkeit von Vernetzung wird damit zu einem Problem – allerdings, von wenigen Ausnahmen abgesehen, zu einem, das nicht primär auf die Logik der Vernetzung, sondern auf das Ungenü-

34 Georg Simmel, *Soziologie der Geselligkeit* [1910], in: ders., *Gesamtausgabe*, Bd. 12, hg. von Rüdiger Kramme und Angela Rammstedt, Frankfurt/M. 2001, S. 177-193.

35 Zu einer Simmel'schen Perspektive auf Entnetzung siehe unten, Teil II, Kap. 5.

36 Zur Figur der Schüchternheit siehe unten, Teil III, Kap. 1.

gen der beteiligten Subjekte zurückgeführt wird. Aber auch diese subjektzentrierten Semantiken können als Zeitdiagnosen gelesen werden, artikulieren sie doch an ihren Rändern erste Probleme von neuen Vernetzungsdynamiken.

Der Rückgriff auf Kritiken der Vernetzung um 1900, die sich noch nicht der Semantik des Netzwerks bedient haben, macht darauf aufmerksam, dass nicht nur Vernetzung, sondern auch Entnetzung aus dem Zusammenspiel unterschiedlicher sozialer und technischer Faktoren hervorgeht. Damit Vernetzung möglich ist, muss es sowohl Infrastrukturen der Konnektivität (wie zum Beispiel die Salons oder die städtischen Verkehrsnetze) geben als auch entsprechende Praktiken des Sich-Entnetzens (etwa die bereits von Simmel beschriebenen Distanzierungstechniken der Großstädter). Es liegt auf der Hand, dass beides, Infrastrukturen der Konnektivität und Praktiken der Vernetzung, kein Alleinstellungsmerkmal von heutigen Netzwerkgesellschaften sind:

> Bevor es Netzwerkgesellschaften gibt, die sich als solche sehen, beschreiben und bewusst auf das Netzwerken abstellen, gibt es all diejenigen räumlichen, sozialen, wirtschaftlichen, wissenschaftlichen und künstlerischen Praktiken, mit denen größtenteils unbewusst »vernetzt« wird.[37]

Dieses selbstverständliche, »unbewusste« Vernetzen mag schon immer mit entsprechenden Problemen (häufig technischer und handwerklicher Art) verbunden gewesen sein. Was sich aber um 1900 andeutet, ist zum einen die Transformation der Hilfstechnik des Vernetzens zu einem sozialen und kulturellen Prinzip, das dem Netzwerken eine eigenständige Wertigkeit zuschreibt (wie in der Geselligkeit); zum anderen kommt es mit diesem veränderten Status des Netzwerkens zu einer expliziten Problematisierung der genuinen Netzwerkeffekte, und damit auch zu ersten Entwürfen von Techniken und Praktiken der Entnetzung. Vernetzung und Entnetzung verwende ich in einem engeren Sinn als im obigen Zitat beschrieben, aber in einem breiteren Sinn, als es Analysen

37 Gießmann, *Netze und Netzwerke*, S. 8 f.; siehe auch die historische Analyse von Netzwerken bei Niall Ferguson, *The Square and the Tower. Networks and Power, from the Freemasons to Facebook,* London 2019; und Andrew L. Russell, »Histories of Networking vs. the History of the Internet«, in: *SIGCIS Workshop* 7 (2012).

von digitalen Kulturen der Konnektivität nahelegen.[38] Gewiss, die Selbstreferentialität der Vernetzung erfährt ihre gesellschaftsweite Ausbreitung erst ab den späten 1980er Jahren mit der Etablierung des Internets. Der Blick zurück in die Zeit um 1900 macht aber deutlich, dass die Logik des Vernetzens nicht mit der Logik des Internets oder der heutigen Sozialen Medien gleichgesetzt werden sollte, auch wenn sie nie medienfrei zu denken ist.[39]

Die euphorische Semantik der Vernetzung hat zunächst für das Auflösen von Verbindungen – für Entnetzung – blind gemacht, da sie diese nur als Fehler oder Mangel erfassen konnte. In den letzten Jahren werden jedoch Diagnosen der Übervernetzung lauter. Sie nehmen häufig die Form von resignativen Problembeschreibungen an, nicht selten mit kulturkritischen Untertönen. Es gibt aber auch pragmatisch angelegte Problematisierungen, die nach Praktiken und Techniken der Entnetzung rufen – am häufigsten in der Ratgeberliteratur, die mit Techniken der Nichterreichbarkeit und des Digital Detox aufwartet. Ohne Anspruch auf Vollständigkeit möchte ich in diesem Teil einige paradigmatische Krisendiagnosen der Vernetzung vorstellen und die entsprechenden Einsatzpunkte für ganz unterschiedliche Aufrufe zur Entnetzung herausarbeiten.

38 Z.B. José van Dijck, *The Culture of Connectivity. A Critical History of Social Media*, Oxford 2013.

39 Siehe auch Bruno Latours Kritik einer zu engen Fassung des Netzwerkbegriffs als digitales Netzwerk: Bruno Latour, *Eine neue Soziologie für eine neue Gesellschaft. Einführung in die Akteur-Netzwerk-Theorie*, Frankfurt/M. 2007, S. 223 f.

2. Erschöpfendes Netzwerken

Der Aufstieg der Burnoutsemantik von einer etwas ratlosen psychologischen Diagnose in den 1970er Jahren zu einem zeitdiagnostischen Dachbegriff für ein ganzes Bündel von Symptomen einer erschöpften Moderne steht für eine Netzwerkdynamik, die immer stärker außer Kontrolle gerät.[40] Das Gegenbild zum agilen Netzwerker, der nach permanenter Vernetzung strebt und unermüdlich auf der Jagd nach immer neuen Projekten ist, ist nun der Erschöpfte, der jedes Engagement und Interesse an seiner Tätigkeit verloren hat. Die frühe, auch heute noch häufig verwendete Burnoutbestimmung von Christina Maslach und Kolleg*innen sieht in der emotionalen Erschöpfung, der Entpersonalisierung und der Ineffizienz der Arbeitstätigkeit die Kerncharakteristika der Krankheit.[41] Gerade die Beschreibung der Entpersonalisierung verweist auf das Fehlen oder Abhandengekommensein von Eigenschaften, die für den erfolgreichen Netzwerker zentral sind. Der ausgebrannte Arbeitnehmer entwickelt eine große Distanz und Indifferenz zu seiner Arbeit; ja, er wird als kalte und zynische Person beschrieben.[42] Ist der Netzwerker von einer schier unerschöpflichen Lust am Knüpfen neuer Verbindungen angetrieben, so hat der Ausgebrannte kein Interesse mehr an der flexiblen Beziehungsarbeit und zieht sich sogar aus bestehenden Beziehungen zurück.[43] Das Burnout macht sich also gerade im Kernbereich des Netzwerkens, nämlich dem Herstellen und der Pflege von Verbindungen, bemerkbar. Für die Kommunikationsberaterin und -wissenschaftlerin Miriam Meckel stellt sich in ihrem autobiographischen Krankheitsbericht Burnout

40 Siehe Alain Ehrenbergs erfolgreiche Zeitdiagnose *Das erschöpfte Selbst. Depression und Gesellschaft in der Gegenwart*, Frankfurt/M. 2004; zum Zustand der Erschöpfung: Gilles Deleuze, Anthony Uhlmann, »The Exhausted«, in: *SubStance* 24, 3 (1995), S. 3-28; und Pierre Fédida, *Des bienfaits de la dépression. Éloge de la psychothérapie*, Paris 2001.

41 Christina Maslach u. a., *Maslach Burnout Inventory*, Palo Alto 1986 [1981].

42 Anna K. Schaffner, *Exhaustion. A History*, New York 2016, S. 213 f.

43 Siehe Beverly A. Potter, *Overcoming Job Burnout. How to Renew Enthusiasm for Work*, Berkeley 1998, zit. nach: Dimitrios Belias, Konstantinos Varsanis, »Organizational Culture and Job Burnout. A Review«, in: *IMPACT International Journal of Research in Business Management* 2, 1 (2014), S. 43-62, hier S. 50.

als Krankheit einer »gestörten Kommunikation« dar.[44] Schon fast als Epiphanie erweist sich für sie die Einsicht, dass sich die Störung des sozialen Kommunikationsverhaltens in der eigenen neurobiologischen Konstitution spiegelt. Die »körpereigenen Botenstoffe« fungierten als »Medien der chemischen Kommunikation«, deren Leistungsfähigkeit beim Burnout jedoch gestört sei und daher keine reibungslose Kommunikation zulasse.[45] Hier findet sich implizit eine interessante Wiederaufnahme der klassischen Bestimmung von Neurasthenie, die für Georg Simmel symptomatisch für das städtische Leben war: Auch die Neurasthenie war eine Überlastungskrankheit, eine pathologische Reaktion auf eine Vielzahl von Reizen und Kontakten. Die Neurasthenie wird als Störung des Nervensystems verstanden, das analog zu einem Stromkreislauf modelliert wird (so bei George Beard).[46] In gegenwärtigen Diskursen findet eine Übersetzung in ein informations- und kommunikationstechnisches Vokabular statt, wobei weiterhin an einem Modell von einer ins Stocken geratenen Zirkulation (sei es von Energie oder Informationen) festgehalten wird. Damit kommt in den Blick, dass die Steigerung von Konnektivität selbst paradoxer Natur ist: Ein Übermaß an Konnektivität kann letztlich zu ernsthaften Störungen von Konnektivität führen, indem die individuellen Knotenpunkte ihre Durchleitfähigkeit verlieren.

Die heutige Figur des Burnoutpatienten ist weit entfernt von früheren Vorstellungen des an seinen Arbeitsverhältnissen leidenden Arbeitnehmers. In ihm stauen sich keine Wut und kein Veränderungswille auf, kein revolutionärer Funke könnte den Erschöpften zum Kampf für Veränderungen bewegen. Der Ausgebrannte kann schlicht nicht mehr und verfügt daher auch über keine Energie für kritische Interventionen. Dieses Nicht-mehr-Können wird der einzelnen Person als individuelles Versagen vorgehalten. Der typische Burnoutpatient hatte sich zwar häufig mit großem Elan auf das Ethos der Netzwerkgesellschaft eingelassen, ja, er war nicht selten ein besonders begnadeter und erfolgreicher Netzwerker. Gerade die Tatsache, dass er sich ganz der Netzwerklogik verschrie-

44 Miriam Meckel, *Das Glück der Unerreichbarkeit. Wege aus der Kommunikationsfalle*, Hamburg 2008, zit. nach: Patrick Kury, *Der überforderte Mensch. Eine Wissensgeschichte vom Stress zum Burnout*, Frankfurt/M. 2012, S. 282.

45 Ebd.

46 Ebd., S. 40-47.

ben hat, bringt aber seine eigenen Kontrollmechanismen durcheinander: Er versagt beim Management der eigenen Ressourcen.[47] Er ist ein gefallener Held der Netzwerkgesellschaft, dessen Energie durch eigenes Unvermögen erloschen ist. Ihm ist es nicht gelungen, der immanenten Übersteigerung von Netzwerklogiken mit einer individuellen Mäßigung und einer Pflicht zur Selbstsorge zu antworten. Kulturkritische Zeitdiagnosen sprechen sogar von einer »Müdigkeitsgesellschaft«,[48] in der ein Zuviel an Aktivität und Information (also von Konnektivität) zum Zusammenbruch führt. Einer solchen Gesellschaft drohe die Gefahr nicht mehr primär durch das Fremde; sie orientiere sich nicht mehr am Modell der Ansteckung und Virologie, sondern am Infarkt, an einer immanent produzierten Überlastung, die durch die ständige Bereitschaft und Aktivität zustande komme.[49]

Die journalistischen und soziologischen Lektüren von Burnout als einer gesellschaftlichen Krankheitsdiagnose (vor allem in Deutschland und in Frankreich) wenden sich gegen eine individualisierende und psychologisierende Lesart. Dennoch verbleiben sie häufig im Gegensatz von Individuum und Gesellschaft gefangen. Die Ursache von Burnout wird in einer beschleunigten und sich selbst zerstörenden Wettbewerbsgesellschaft,[50] in einem lagerähnlichen Neoliberalismus[51] oder in der unersättlichen Maximierungslogik eines Technokapitalismus[52] gesehen – alles abstrakte und katastrophisch anmutende Dynamiken. Burnout als Zivilisationskrankheit markiert in diesen Diagnosen das subjektive Leid und die Selbstverzehrung gerade der engagiertesten Wirtschaftssubjekte. Die Analyse bewegt sich trotz effektvoller Aufbietung kapitalismus-

47 Sighard Neckel, Greta Wagner (Hg.), *Leistung und Erschöpfung. Burnout in der Wettbewerbsgesellschaft*, Berlin 2013.

48 Byung-Chul Han, *Müdigkeitsgesellschaft*, Berlin 2015.

49 Man mag bezweifeln, ob das Ansteckungsmodell tatsächlich an sein Ende angelangt ist, verweist doch bereits die Burnoutmetapher auf die Gefahr, dass die erlöschenden Flammen übergreifen und die Krankheit selbst ansteckend werden könnte. Siehe Ulrich Bröckling, »Der Mensch als Akku, die Welt als Hamsterrad. Metaphern im Burnout-Diskurs«, in: *Merkur* 67, 768 (2013), S. 400-411, hier S. 403. Zudem ist gerade die Ansteckung durch eine Logik der gesteigerten Konnektivität geprägt.

50 Zum Beispiel Neckel/Wagner (Hg.), *Leistung und Erschöpfung.*

51 Han, *Müdigkeitsgesellschaft.*

52 Pascal Chabot, *Global Burnout*, New York 2018.

kritischer Figuren aber immer noch nahe an der psychologischen Ratgeberliteratur. Sie ergänzt die individuelle Krankheitsdiagnose durch eine symptomatische Lektüre, die Burnout als gesellschaftliche Metapher versteht. Aus dem Blick gerät damit, dass bereits die frühen Diagnosen Burnout unmittelbar mit der Vernetzungsarbeit in Verbindung gebracht haben. Burnout hat ursprünglich vor allem Pflegekräfte und Sozialarbeiter*innen betroffen – also jene Berufe, die besonders viel und besonders engagiert mit Menschen (»people work«)[53] arbeiten.

Unter der Hand eröffnet der Burnoutdiskurs damit die Frage, was es für die Netzwerke bedeutet, wenn diese über ›ausgebrannte‹ Knotenpunkte verfügen. Schon fast in Analogie zu informationstechnischen Netzwerken weist die Burnoutmetapher darauf hin, dass Netzwerke als Energiehaushalte zu verstehen sind. Kommunikationsnetzwerke sind darauf angewiesen, Informationen mit möglichst niedrigen elektrischen Spannungen zu transportieren, wozu hoch konduktive Materialien benötigt werden. Man kann sich also durchaus fragen, ob nicht die klassischen soziologischen und kulturkritischen Deutungen von Burnout (trotz ihrer Kritik an der Psychologie!) zu individualisierend vorgehen, wenn zum Beispiel die Adjustierung der eigenen Optimierungsarbeit oder nachhaltige Veränderung des individuellen Energiemanagements angemahnt werden. Gewiss, der ausgelaugte, sich im Hamsterrad drehende Burnoutpatient mag das subjektive Leiden an einem beschleunigten Kapitalismus zum Ausdruck bringen. In diesem Sinne beschreibt Burnout die Krise der Figur des Netzwerkers. Aber gleichzeitig greift eine isolierte Analyse der Figur des Netzwerkers beziehungsweise des sich selbst durch Mäßigung optimierenden Arbeitskraftunternehmers zu kurz. Denn sie verstellt den Blick darauf, was Burnout für die jeweiligen Netzwerke bedeutet, also auf die Effekte, welche die Existenz von erloschenen Knotenpunkten für das jeweilige Netzwerk zeitigt. Solange der unter Burnout leidende Angestellte noch arbeitet, fällt dieser als Knotenpunkt nicht einfach weg, sondern die Modi der Konnektivität verändern sich. Der Ausgebrannte wird – entsprechend der Metapher – zu einer kalten Person und damit zu einem schlechten Durchleitmaterial im

53 Céleste M. Brotheridge, Alicia A. Grandey, »Emotional Labor and Burnout. Comparing Two Perspectives of ›People Work‹«, in: *Journal of Vocational Behavior* 60, 1 (2002), S. 17-39.

Unternehmensnetzwerk, ja, er mutiert zu einem regelrechten Energiefresser. Dies wiegt deshalb besonders schwer, da dieser als nun generalisierter *people worker* nicht nur besonders vielen Kontakten ausgesetzt ist, sondern selbst auch einen wichtigen Beitrag für die Konnektivität des Netzwerks liefern sollte. Wenn wir also den Burnoutdiskurs nicht nur als Individualdiagnose, sondern auch als Diagnostik ganzer Netzwerke lesen, dann treten jene Praktiken in den Vordergrund, welche dem Konnektivitätsethos der Netzwerke im Weg stehen – zum Beispiel ein distanziertes und desinteressiertes Verhalten, dem alles gleichgültig ist, sowie mangelndes Engagement und fehlende Flexibilität. Schon die festgestellte Existenz solcher schlecht leitenden Knotenpunkte bedeutet ein Problem für die Steigerung von Netzwerkkonnektivität, das aber durch die Latenz des Burnouts weiter verschärft wird. Denn der klassische Burnoutpatient gilt als guter, besonders engagierter Mitarbeiter, der selbst dann noch für einige Zeit auf Hochtouren weiterarbeitet, wenn er bereits nahezu ausgebrannt ist. Auf diese Weise verzehrt der Burnoutpatient nicht nur seine eigene Energie auf unökonomische Weise, sondern auch die des Netzwerks.

Die Beschäftigung mit der Netzwerkstruktur eines Unternehmens fördert ein anderes, strukturelles Verständnis von Burnout zutage, das über das gerne zitierte Modell des Arbeitskraftunternehmers hinausgeht. Managementratgeber scheinen hier einen klareren Blick auf die Effekte von Netzwerkstrukturen zu haben als die meisten soziologischen Analysen. Die amerikanischen Unternehmensberater Michael Mankins und Eric Garton führen in ihrem Buch *Time. Talent. Energy* hohe Burnoutraten weder auf abstrakte Makrokategorien wie den Neoliberalismus noch auf die Psychologie der betroffenen Arbeitnehmer*innen zurück.[54] Und Eric Garton führt an anderer Stelle aus, dass sich Unternehmen mit großen Burnoutproblemen typischerweise durch exzessive Kollaboration auszeichnen:

> Exzessive Kollaboration stellt ein häufiges Leiden in Organisationen mit zu vielen Entscheidungsträger*innen und zu vielen Entscheidungsknotenpunkten dar. Sie zeigt sich in endlosen Runden von Meetings und Telefonkonferenzen, um sicherzustellen, dass jeder Stakeholder gehört und

54 Michael C. Mankins, Eric Garton, *Time. Talent. Energy. Overcome Organizational Drag and Unleash Your Team's Productive Power*, Boston 2017.

berücksichtigt wird. Viele Unternehmenskulturen erfordern eine Kollaboration, die weit über das hinausgeht, was zur Erfüllung der Aufgabe erforderlich ist.[55]

Die Vernetzung ist hier zum Selbstzweck geworden, was sich nicht nur an der Menge unnötiger Meetings, sondern auch an der unkonzentrierten Teilhabe daran erkennen lässt. Während der Sitzungen werden E-Mails geschrieben, es wird ohne Unterlass gesimst und getwittert und bereits das nächste Meeting geplant. Die Krisendiagnose der Unternehmensberater interessiert sich also nicht primär für das individuelle Scheitern der Angestellten, sondern für die organisatorischen Voraussetzungen und Effekte von Burnout.[56] Dabei taucht ein interessantes, für hochgradig vernetzte Gefüge so typisches wie zentrales Problem auf. Eine Organisation hat in der Regel keine genauen Kenntnisse darüber, wie viel Zeit für die unterschiedlichen Formen der Vernetzung (Meetings, Teamarbeit, E-Mail-Kommunikation usw.) aufgewandt wird. Die Diagnose der Übervernetzung führt hier daher nicht zur klassischen Forderung, das Selbstmanagement zu verbessern, sondern zur Forderung nach einem überindividuellen Zeitmanagement. Die Schablonen der üblichen Neoliberalismuskritik versagen hier, denn die Techniken der Selbstoptimierung geraten bei Übervernetzung schnell an ihre Grenzen. Gerade weil aber das Wissen über die zeitliche Organisation fehlt, müssen zuerst spezifische Medien der organisatorischen Kartographierung entwickelt werden (wie zum Beispiel das von der Ford-Stiftung entworfene Organizational Mapping Tool [OMT] oder Ryan Fullers von Google übernommenes Workplace Analytics),[57]

55 Eric Garton, »Employee Burnout is a Problem with the Company, Not the Person«, in: *Harvard Business Review* 4, 2017, ⟨https://hbr.org/2017/04/employee-burnout-is-a-problem-with-the-company-not-the-person⟩, letzter Zugriff 05.04.2020. Empfohlen wird unter anderem der Abbau von überflüssigen Knotenpunkten in einer Organisation: »Eine Wucherung von Knotenpunkten ist ein Zeichen von unnötiger organisatorischer Komplexität, und die Knotenpunkte fungieren als organisatorische Bremsen, welche das Geschehen verlangsamen und der Organisation Zeit und Energien stehlen.« (Ebd.)

56 Trotz des inzwischen unüberschaubaren Umfangs der Forschungsliteratur zum Thema Burnout widmen sich nur wenige Untersuchungen dem Effekt von Burnout auf ein Unternehmensnetzwerk (von allgemeinen Verweisen auf die durch Burnout verursachten Kosten abgesehen).

57 Ford Foundation (Hg.), *Organizational Mapping Tool (OMT)* (Softwareanwendung), 2019, ⟨https://oe.packard.org/resource/the-ford-foundations-organization

um so Energie- und Zeitfresser identifizieren zu können. Übervernetzung lässt sich nicht einfach anhand von formellen Organigrammen lokalisieren, sondern bedarf der Beobachtung und Analyse alltäglicher, häufig informeller organisatorischer Rhythmen. Der Erfolg der vernetzten Organisation liegt nicht zuletzt darin, dass eine offene Umgebung geschaffen wird, in der Vernetzung spontan und von unten geschehen kann. Vernetzung ist überall immer schon latent – wo und wie sie aktualisiert ist, entgeht aber den offiziellen Parametern der Selbstbeobachtung. Die Diagnose der Übervernetzung fußt daher nicht nur auf explizit festgestellten konkreten Problemstellen, sondern bezieht auch Stimmungen und vage Ahnungen ein. Daher setzt die Problematisierung der Übervernetzung die Schaffung eines Vernetzungswissens auf Grundlage einer affektiven Beunruhigung durch das »Zuviel« voraus.

Die drei kurz skizzierten Burnoutdiskurse – der psychologische, der soziologisch-kulturkritische Diskurs und der Managementdiskurs – formulieren unterschiedliche Kritiken der Vernetzung. Zwar gehen alle zunächst vom Problem der Hyperkonnektivität aus, arbeiten dabei allerdings mit voneinander abweichenden Problematisierungsstrategien. In der formalen Sprache der Netzwerktheorie können wir den kulturkritischen und den psychologischen Diskurs als knotenzentriert (*node centric*) verstehen, da sie sich primär für die Effekte von Hyperkonnektivität auf die einzelnen Knoten (also: auf die ausgebrannten Subjekte) interessieren. Der soziologische Diskurs erbt diese Fokussierung von der Sozialpsychologie, wenn er Burnout primär in Begrifflichkeiten der gescheiterten Subjektivierung analysiert. Durch diesen *node centrism* wird jedoch im Grunde eine nostalgische Kritikperspektive entworfen, aus der danach gefragt wird, ob es zu viel Konnektivität für *einzelne Knotenpunkte* geben kann. Implizit wird damit auf zweierlei Weise eine humanistische Kritik am Netzwerkdenken formuliert: Erstens wird psychologisierend auf die Eigenständigkeit der vernetzten Individuen verwiesen; zweitens ist dies aber nicht mit einer grundlegenden Kritik des Netzwerkdenkens verbunden, sondern mit einem Aufruf zur Mäßigung, zur Vorsicht vor zu viel Konnektivität (worin die Annahme steckt, dass Menschen in »normalen« Beziehungen

al-mapping-tool/⟩, letzter Zugriff 05.04.2020; Microsoft (Hg.), *Microsoft Workplace Analytics* (Softwareanwendung), ⟨https://www.microsoft.com/microsoft-365/partners/workplaceanalytics⟩, letzter Zugriff 05.04.2020.

per se florieren). Damit steht die subjektzentrierte Zeitdiagnose des Burnoutproblems für eine zentrale Kritikstrategie an der Hyperkonnektivität, die wir auch in vielen anderen Bereichen antreffen: die Normalisierung von Konnektivität auf Grundlage humanistisch-anthropologischer Kriterien der »natürlichen« Verbundenheit des Menschen.[58]

Diese Strategie steht in Kontrast zu Netzwerktheorien, welche die Relationalität der Knotenpunkte betonen. Sobald man diese Relationalität akzeptiert, kann man jedoch nicht mehr umstandslos von einem leidenden oder sich selbst kontrollierenden Subjekt als einer vom Netzwerk unabhängigen Einheit ausgehen. Vielmehr muss das Problem umformuliert werden, indem danach gefragt wird, was ein Übermaß von Beziehungen sowohl für die Konstitution von Knotenpunkten als auch für die Funktionsweise des gesamten Netzwerks bedeutet.[59] An genau dieser Stelle setzen die gerade zitierten, am Netzwerkmodell orientierten Organisationstheorien und Unternehmensberatungen an. Sie gehen für ihre Krisendiagnose nicht vom einzelnen *node*, sondern von der Netzwerktopologie aus. Wie viel Konnektivität braucht ein organisatorisches Netzwerk, und welche Probleme entstehen durch die Übersteigerung von Konnektivität? Indem sie das Netzwerk selbst als Ausgangspunkt nimmt, vermeidet diese Kritikstrategie eine einfache Gegenüberstellung von Subjekt und Vernetzungsforderung. Hyperkonnektivität wird nun nicht primär als Gefahr für ein Subjekt gesehen, sondern als ambivalente Eigenschaft einer Netzwerkstruktur: einerseits als erwünschte Steigerung der Leistungsfähigkeit von Netzwerken, andererseits als selbstinduzierte Störung. Die paradoxe Logik lautet, dass sich das Netzwerk durch seine Übersteigerung selbst zu gefährden beginnt, diese Gefährdung aber durch ein optimistisches Vertrauen in die Normalität dieser Steigerung relativiert wird.

58 Bollmer, *Inhuman Networks*.

59 Netzwerktheorien weisen darauf hin, dass in demokratischen »random networks« übermäßig viele Verbindungen durch »promiske Knotenpunkte« zustande kommen. Siehe Tony D. Sampson, *Virality. Contagion Theory in the Age of Networks*, Minneapolis 2012, S. 109. Hier treffen übersteigerte Individualität und konnektive Promiskuität aufeinander. Man mag den Burnoutpatienten, wenn man ihn nicht psychologisieren möchte, als einen solchen »promisken Knotenpunkt« bezeichnen – also zugleich als ein Produkt und eine Eigenschaft der jeweiligen Netzwerktopologie.

3. *Information overload* in der frühen Managementtheorie

Die Vervielfältigung von Beziehungen, welche zu Überlastungserscheinungen führen kann, steht auch in einem zweiten wichtigen Diskurs im Vordergrund: der Krisendiagnose des *information overload*, der Informationsüberflutung.[60] Im Gegensatz zum Burnoutdiskurs werden hier explizit die medientechnischen Bedingungen der Informationsverarbeitung thematisiert.

Die Klage über die Entstehung eines überbordenden, nicht mehr zu bewältigenden Wissens ist keineswegs neu. Historiker*innen sprechen zum Beispiel vom 16. Jahrhundert als einem Jahrhundert der Informationsüberflutung, die durch den Erfolg des Buchdrucks bewirkt wurde.[61] Auch die Neurastheniediskussion um 1900 thematisiert einen Überfluss von Reizen, der durch das einzelne Individuum nicht mehr verarbeitet werden kann und, wie in Simmels Analysen des städtischen Verhaltens, zu neuen Formen des Schutzes wie Techniken der Indifferenz Anlass gibt.[62] Die explizite Semantik des *information overload* entsteht allerdings erst zu Beginn der 1960er Jahre, geprägt durch informationstheoretische und kybernetische Diskurse. Sie begleitet die gleichzeitig aufkommende Rede von der »Informationsgesellschaft« – eine Vorläuferfigur der Netzwerkgesellschaft – als immanente Krisensemantik. Für die Funktionsweise von Informationsüberlastung macht es in der populären Kritik keinen Unterschied, ob der Informationsbegriff theoretisch korrekt benutzt wird, sondern entscheidend ist, dass ein Amalgam von massenmedialen, wissenschaftlichen und persönlichen Informationen unter einem Etikett verhandelt werden kann. Diese Semantik nimmt damit eine Formalisierung vor, die für die Entwicklung der Netzwerksemantik wichtig werden wird: die Möglichkeit, sehr unterschiedliche Typen von Kommunikati-

60 Alvin Toffler, *Future Shock*, New York 1970.

61 David M. Levy, »Information Overload«, in: Kenneth Einar Himma, Herman T. Tavani (Hg.), *The Handbook of Information and Computer Ethics,* Hoboken 2008, S. 497-516; Sebastian Groes, »Information Overload in Literature«, in: *Textual Practice* 31, 7 (2007), S. 1481-1508.

62 Siehe die Diskussion der Indifferenz in Teil II; Kap. 5.

on und Wissen unter einem Begriff – dem der Information – zu verhandeln. Die Debatte um *information overload* erschafft das von ihr beklagte »zu viel« nicht zuletzt durch diese Formalisierung und Synthetisierungsleistung; also dadurch, dass unterschiedliche Kommunikationsformen doch alle darin übereinkommen, dass es sich bei dem, was in diesen geschaffen wird, stets um Informationen handelt und dass über diesen definitorischen Zuschnitt die Menge von Informationen vergrößert wird. Damit deutet sich schon an, was zum Charakteristikum digitaler Medien werden wird: die Übersetzbarkeit unterschiedlichster analoger Ausdrucksweisen in eine einheitliche Sprache digitaler Information.[63] Diese Semantik macht von Anfang an auf die Medialität von Informationen aufmerksam, indem metaphorisch etwa von der begrenzten Leistungsfähigkeit von Kommunikationskanälen gesprochen wird. Allerdings geht es jedoch selten darum, dass die Bandbreite der Kanäle überschritten wird. Vielmehr sind es dann doch (wie im Burnoutdiskurs) die individuellen Empfänger*innen, die weder über ausreichende kognitive Kapazitäten noch über die nötige Zeit für die Verarbeitung der riesigen Informationsmengen verfügen.

Die organisationssoziologischen Diskurse sind hier auch über ihren spezifischen Bereich hinausgehend von Belang, da deren Krisendiagnosen, ähnlich wie die Burnoutsemantik, zu Gesellschaftsdiagnosen verallgemeinert werden. Sie übernehmen geradezu eine Vorreiterrolle für das Erkennen der Krisen von Vernetzung, nicht zuletzt, weil sie an der Optimierung von Organisationsstrukturen auch in praktischer Hinsicht interessiert sind. Das Beziehungsgeflecht einer Organisation wird so zum Managementproblem, stets verbunden mit der Hoffnung, produktive Antworten auf die überbordende Informationsmenge zu finden.

Interessant ist nun, dass der *Information-overload*-Diskurs nicht nur älter als die Semantik der Netzwerkorganisation ist, sondern auch wesentlich zur Herausbildung des Netzwerkdiskurses beigetragen hat. Man könnte fast sagen: Die Krisendiagnose des *information overload* wird mit der Erfindung der Netzwerksemantik beantwortet, mit dem paradoxen Effekt einer Verschärfung ebenjener Krisendiagnose. Noch bevor das entstanden ist, was wir heute Netz-

63 Lev Manovich spricht von der Transcodierung durch digitale Medien: Lev Manovich, *The Language of New Media*, Cambridge 2001, S. 45 f.

werkorganisation nennen, hat zu Beginn der 1960er Jahre der Organisationtheoretiker Bertram Gross in *The Managing of Organizations* von einem *information overload* gesprochen, von dem insbesondere Manager*innen betroffen sind.[64] Entscheidungsträger*innen werden mit so zahlreichen und schnell einströmenden Informationen konfrontiert, dass ihr Entscheidungsvermögen an seine Grenzen kommt.

Gross übernimmt die Figur des *information overload* von Vannevar Bush, der bereits in den 1940er Jahren diesen Begriff eingeführt hatte. Für Bush, dessen Konzepte zur Wissensorganisation häufig als frühe Visionen des Internets gelesen werden, sind Organisationen mit riesigen Wissensmengen konfrontiert, welche die individuelle Verarbeitungs- und Gedächtnisfähigkeiten überlasten.[65] Sein Memex-System sollte durch personalisierte Filter- und Speichertechnologien dabei helfen, diese Informationsflut zu meistern. *Information overload* bezeichnet hier zunächst einmal die Spannung zwischen individuellem Verarbeitungsvermögen und der Existenz übergroßer Datenmengen – fast schon eine moderne Tragödie der Kultur –, zu deren Ordnung neue mediale Techniken geschaffen werden müssen. Die Organisationstheorie der 1960er Jahre verknüpft diese Diagnose mit einer an praktischen Problemen orientierten Analyse von Informationsflüssen und Informationsverarbeitung. Sie sieht, so der Ökonom Kenneth Boulding, sich selbst als Schutzwall: »Managementwissenschaft [...] ist eine alternative Verteidigung gegen Information Overload.«[66] Die Arbeiten von Gross sind hier besonders aufschlussreich, weil er, angeregt von Bush, nach der Möglichkeit einer globalen Organisation von *information retrieval* – dem Abrufen oder Wiederfinden von Informationen – fragt. Mit der übersichtlichen und zuverlässigen Verarbeitung des ständig anwachsenden Wissens sind einzelne, noch so kompetente Akteure überfordert. Nötig ist nicht nur die Nutzung neuer Medientechniken (zu seiner Zeit reichten diese von der Fotokopie bis hin zur gerade entstehenden IT), sondern vor allem die Entwicklung einer neuen Organisationsform. Die orga-

64 Bertram Myron Gross, *The Managing of Organizations. The Administrative Struggle*, New York 1964.

65 Vannevar Bush, »As We May Think«, in: *The Atlantic Magazine* 176,1 (1945), S. 101-108.

66 Kenneth Boulding, zit. nach: Levy, »Information Overload«, S. 1502.

nisatorische Form eines solchen *retrieval systems* kann nicht mehr klassischen hierarchischen Modellen folgen: »Die wichtigste Idee ist die eines ›Rasters‹ oder eines ›Netzwerks‹ von miteinander verbundenen Organisationen.«[67] Diese visionäre Empfehlung führt also die Notwendigkeit einer neuen Organisationsform – eben der netzwerkförmigen Organisation – auf das kommunikationstechnische Problem des *information overload* zurück. Gerade vor dem Hintergrund der heutigen Krisendiagnosen der Netzwerkorganisation mag dieser Vorschlag überraschen, wenn auch zu beachten ist, dass Gross vor allem die netzwerkförmigen Beziehungen zwischen und nicht innerhalb von Organisationen interessieren.[68]

Informationsüberflutung ist damit nicht nur ein Ergebnis von (über)vernetzten Organisationsprozessen, sondern auch die Grundlage für die Entwicklung der vernetzten Organisation. Diese sollte nicht zuletzt Informationsflüsse verbessern, wie zum Beispiel Stockungen beseitigen, die durch die Informationsüberlastung von einigen wenigen Entscheidungsträger*innen zustande kommen. Dazu sollte die hierarchische Kontrolle von Information aufgeweicht, ja sogar »demokratisiert« werden. Mit dem Abbau von Hierarchien war die Hoffnung verbunden, unnötige Zwischenstationen (Staustufen) von Informationsflüssen abzubauen und auf diese Weise den Zugang und die Verbreitung von Information effizienter zu gestalten. Allerdings schafft die erfolgreiche netzwerkförmige Organisation damit einen eigenen Informationsüberfluss – also gerade das Übel, dessen Bekämpfung sie sich eigentlich zum Ziel gesetzt hatte.

Die Stärke der Netzwerkvision lag darin, Engstellen bei der Distribution von Wissen zu vermeiden, indem eine heterarchische Netzwerkstruktur geschaffen wird. Dies geht mit der Reduktion von Kontrolle einher, indem zum Beispiel selbstständige Teams eingerichtet werden. Informationen zirkulieren nun nicht mehr nur über einen zentralen Verbindungsweg, sondern – wie später im Internet – auf verschiedenen Wegen und auch auf Nebenpfaden. Diese neue netzwerkförmige Struktur erhöht die Konnektivität von Organisationen zum einen durch die Vervielfältigung von Verbindungen und zum anderen durch deren Intensivierung.

67 Gross, *The Managing of Organizations*, S. 80.

68 Vgl. Castells, *Der Aufstieg der Netzwerkgesellschaft*, der die klassische Organisation durch organisatorische Netzwerke ersetzt sieht.

Waren in der traditionellen Organisation hierarchisch positionierte Entscheider*innen immer größer werdenden Informationsmengen ausgesetzt, so »demokratisiert« sich nun der *information overload.* Damit nimmt die Entwicklung der netzwerkförmigen Organisation einen ähnlichen Weg wie Vannevar Bushs Speicher- und Suchtechniken. Diese etablierten, wie David Levy mit Verweis auf Bush schreibt, ein komplexes Verweisungssystem zur Organisation von Wissen:

> Das innovativste Merkmal des Memex war die Einrichtung von »assoziativen Indizes« zwischen Teilen von Texten auf Mikrofilm – was wir heute Hypertext-Links nennen – so dass die Forscher*innen »Pfade« [*trails*] nützlicher Information durch die Masse der Literatur verfolgen konnten. Bush hat nie vorhergesehen, dass ein weltweites System digitaler Links selbst zu einer Quelle weiterer Überlastung werden würde, oder dass ganz neue Methoden und Technologien erforderlich sein würden, um die Links zu verwalten, von denen er dachte, sie würden helfen, das ursprüngliche Problem zu lösen.[69]

Analog zu diesem Problem der netzwerkförmigen Organisation von Wissen ist das netzwerkförmige Unternehmen mit der Komplexität eines Netzwerks konfrontiert, das eigentlich dazu dienen sollte, Informationsüberlastungen zu verhindern. Dieses Problem ist doppelseitig. Erstens ist die Netzwerklogik so erfolgreich (nicht zuletzt dann, wenn informelle Netzwerkbildung angeregt wird), dass sie sich immer mehr der Beobachtung entzieht. Die Vernetzung zeichnet sich durch dieses Wuchern, durch eine »unerkennbare Verbreitung«[70] aus. Dies macht die oben erwähnten neuen Wissensinstrumente erforderlich, die durch ein Mapping die häufig verborgenen Netzwerkaktivitäten in einer Organisation überhaupt erst sichtbar machen sollen. Netzwerken als Mittel zur Komplexitätsreduktion wird damit zum Gegenstand neuer Transparenz- und Wissenstechniken. Das ist aber nur die eine Seite des Problems. Die zweite besteht darin, dass die Auflösung der klaren, hierarchischen Informationswege darauf angewiesen ist, die Konnektivität im gesamten Netzwerk zu erhöhen; auch die beteiligten Personen müssen also ihre Informationsoffenheit intensivieren. Denn nur

69 Levy, »Information Overload«, S. 1508.

70 Darl G. Kolb, »Exploring the Metaphor of Connectivity. Attributes, Dimensions and Duality«, in: *Organization Studies* 29, 1 (2008), S. 127-144, hier S. 129.

dadurch kann ein neuer *information waste* verhindert werden sowie das Versickern von Wissen in Sackgassen, wie es für bürokratische Organisationen typisch ist.

Diese Steigerung der Konnektivitätsanforderungen kommt seit Anfang der 2000er Jahre in der Semantik der Hyperkonnektivität besonders gut zum Ausdruck. Mit dem Präfix »Hyper-« wird auf die Steigerung einer normalen Konnektivität verwiesen[71] – eine Steigerung, die mit der zunehmenden Digitalisierung der Arbeit verbunden wird. Der Begriff der Hyperkonnektivität bezeichnete zunächst die »Verfügbarkeit von Personen für Kommunikation immer und überall«.[72] Diese permanente Offenheit und Erreichbarkeit führt dazu, dass das Netzwerk dichter wird, dadurch aber auch Folgeprobleme des Netzwerkens entstehen: Die erhöhte Vernetzung »hindert sie daran, ihre ›eigene Arbeit‹ zu erledigen«.[73] Die frühen Analysen von durch digitale Medien ermöglichter Konnektivität konnten das Ausmaß heutiger Vernetzungen noch nicht erkennen, aber haben bereits einen Topos etabliert, der noch heute wichtig ist. Die Vernetzungsarbeit tritt zur »eigentlichen« Arbeit hinzu, die sie optimieren soll, wird nun aber zunehmend zur kräftezehrenden Belastung. Ähnlich hat schon Ende der 1990er Jahre Geoff Mulgan argumentiert, dass häufig »zu viel Zeit und Energie« für die Steigerung von Konnektivität eingesetzt werde.[74] Aus ökonomischer Sicht wird Hyperkonnektivität in solchen Fällen als ineffizient gesehen, da wichtige Ressourcen – die Zeit und die Energie der Mitarbeiter*innen – verschwendet werden: »Jenseits einer bestimmten Schwelle führt Konnektivität zu Zerstreuung, Ineffizienz und Burn-out.«[75] Diese Entwicklung ist durchaus paradox, wie auch Unternehmensberater*innen feststellen. Denn wenn für Netzwerkunternehmen Informationen das höchste Gut sind, wie kann es dann zu viel davon

71 Auch die Normalität von Konnektivität ist nicht einfach technisch gegeben oder definiert, sondern selbst ein sozialer Prozess. Siehe ebd.

72 Anabel Quan-Haase, Barry Wellman, »Hyperconnected Net Work. Computer-Mediated Community in a High-Tech Organization«, in: Charles Heckscher, Paul Adler (Hg.), *The Firm as a Collaborative Community. The Reconstruction of Trust in the Knowledge Economy*, New York 2006, S. 285.

73 Ebd., S. 305.

74 Geoff Mulgan, *Connexity. How to Live in a Connected World*, London 1997, zit. nach: Jan van Dijk, *The Network Society*, London u. a. 2012, S. 188.

75 Darl G. Kolb u. a., »States of Connectivity. New Questions and New Directions«, in: *Organization Studies* 33, 2 (2012), S. 267-273, hier S. 270.

geben? Gerade weil Konnektivität und die Vermehrung von Informationen einem spezifischen Ethos unterliegen, fällt es Unternehmen schwer, das Problem zu erkennen: »Viele Unternehmen verleugnen noch immer das Problem […]. Und obwohl die Menschen leiden, wehren sie sich nicht, weil Kommunikation angeblich gut für dich sein soll.«[76] Verschiedene Maßnahmen, etwa technologische Lösungen zur Fokussierung von Kommunikation und Auszeiten, sollen den Informationsüberschuss quantitativ reduzieren. Gleichzeitig liegt die große Herausforderung aber darin, durch diese Gegenmaßnahmen nicht die Konnektivität an sich aufs Spiel zu setzen: »Der heilige Gral besteht natürlich darin, die Vorteile der Konnektivität zu bewahren, ohne sich davon zu sehr ablenken zu lassen.«[77]

Hatte sich die Krisendiagnose der Hyperkonnektivität zu Beginn noch an der Verarbeitungs- und Aufmerksamkeitsfähigkeit von Individuen festgemacht, so wird die übersteigerte Vernetzung nun auch als Problem für die Entwicklung von Netzwerken gesehen. Man könnte hier von einem emergenten Effekt der Verbindungsdichte sprechen. An den Kybernetiker Stuart Kauffmann anschließend, betont Jan van Dijk, dass »zu viel Konnektivität die Anpassungsfähigkeit vermindert«.[78] Die Vernetzung wird hier buchstäblich zu einem Netz, in dem die Akteure gefangen sind und sich gegenseitig blockieren, bis sie nahezu unbeweglich werden: »[S]ie sind in einer Art Stasis gefangen, wobei jeder Knoten den Einfluss jedes anderen einschränkt und selbst eingeschränkt wird.«[79] Nicht nur droht die Immobilisierung des Netzwerks, sondern auch die Qualität der Beziehungen verändert sich. Netzwerke sollten, so die ursprüngliche Vision, neue und intensivere Formen der Kooperation ermöglichen. Aber auch hier führt die Übersteigerung der Vernetzung dazu, dass diese in ihr Gegenteil verkehrt wird. Je

76 Nathan Zedes (Ingenieur bei Intel), zit. nach: Paul Hemp, »Death by Information Overload«, in: *Harvard Business Review* 9 (2009), ⟨https://hbr.org/2009/09/death-by-information-overload⟩, letzter Zugriff 16. 12. 2019.

77 Derek Dean, Caroline Webb, »Recovering from Information Overload«, in: *McKinsey & Company*, 2011, ⟨https://www.mckinsey.com/business-functions/organization/our-insights/recovering-from-information-overload⟩, letzter Zugriff 16. 10. 2019.

78 van Dijk, *The Network Society*, S. 188.

79 Duncan Watts, *Six Degrees. The Science of a Connected Age*, London, New York 2003, zit. nach: van Dijk, *The Network Society*, S. 208.

höher die Konnektivität in einem Netz ist, desto stärker nimmt die Kooperationswilligkeit ab. Auf diese Weise werden lokale Vertrauensbeziehungen entwertet, denn hohe Konnektivität bedeutet immer auch, alternative – und möglicherweise bessere – Verbindungen aktivieren zu können.[80] Die Verbindungen werden gerade durch ihre hohe Verfügbarkeit gelockert, lokale feste Verbindungen werden relativiert.

Galt die netzwerkförmige Organisation ursprünglich als Markenzeichen flexibler und anpassungsstarker Unternehmen, so sind wir nun mit einem paradoxen Gegeneffekt konfrontiert, den wir schon kennengelernt haben. Die Probleme für das Netzwerk werden nicht von außen an dieses herangetragen, sondern von ihm selbst, durch seinen Erfolg kreiert. Infolgedessen kommt es zu einer Anpassung des Ethos der Konnektivität, beispielsweise vonseiten der Organisationstheorie, die mit der Abstufung von unterschiedlichen Stärken der Konnektivität reagiert: *hypo-connectivity* bezeichnet ungenügende Konnektivität, *hyper-connectivity* ein für die Leistung des Netzwerks schädliches Konnektivitätsniveau; Ziel müsse die Schaffung einer *requisite connectivity* sein.[81] Konnektivität soll auf diese Weise modulierbar werden und wird damit zum Gegenstand von Managementtechnologien der Temperierung, die sich letztlich am Ideal eines (imaginierten) Gleichgewichts orientieren. Diese Problematisierung ersetzt den Glauben, dass die bloße Steigerung von Konnektivität automatisch positive Effekte hervorrufen könne.

Hyperkonnektivität bringt Effekte hervor, die sich nicht nur in internen Unternehmensnetzwerken beobachten lassen, sondern auch in übergreifenden Netzwerken etwa in der Finanzökonomie. Eine zu starke und zu dichte Vernetzung kann zur systemischen Instabilität führen, indem das Netzwerk überreizt wird und so auch nebensächliche oder sogar zufällig zustande gekommene In-

80 Dirk Helbing, *Thinking Ahead. Essays on Big Data, Digital Revolution, and Participatory Market Society*, Heidelberg, New York 2015, S. 41.

81 Kolb u. a., »States of Connectivity«, S. 269. Das Argument ist implizit am Modell der »requisite complexity« angelehnt; das ist eine keineswegs unproblematische Figur, da sie, wie Luhmann in Bezug auf Systeme aufgezeigt hat, Systeme (oder Netzwerke) zu überlasten droht. Siehe Niklas Luhmann, *Soziale Systeme. Grundriß einer allgemeinen Theorie*, Frankfurt/M. 1984.

formationen mit großer Geschwindigkeit verbreitet werden.[82] Es fällt auf, dass hier eine Semantik wiederaufgenommen wird, die bereits die Neurastheniediskurse gekennzeichnet hat, welche von einer Überreizung des Nervensystems sprach. Allerdings ist das Nervensystem, von dem jetzt die Rede ist, nicht mehr Teil eines menschlichen Individuums, sondern einer allumfassenden soziotechnischen Struktur. Solche Netzwerke befördern unvorhersehbare Kaskadeneffekte und werden so zur idealen Infrastruktur für virale Ansteckungsprozesse.[83] Dirk Helbing ruft daher zur Regulierung von Netzwerkverbindungen auf, dazu, »den Grad der Vernetzung auf ein gesundes Maß zu beschränken«,[84] indem etwa eine Verbindungssteuer (*link-based tax*) eingeführt wird. Zudem werden unterschiedliche Entkopplungsstrategien vorgeschlagen, wie zum Beispiel ein partielles Herunterfahren von Prozessen (*graceful degradation*) und verschiedene Verlangsamungsmechanismen.

Wurde bereits beim einzelnen Unternehmen Konnektivität zum Gegenstand von neuen Kontroll- und Regulierungstechniken, so können wir im Fall organisationsübergreifender Netzwerke eine ähnliche Problematisierung feststellen. Diese schätzen problematische Formen der Vernetzung nicht pathologisierend als »anormal« ein, sondern als Normalfall. Aus der Sicht dieser Krisendiagnosen handelt es sich daher nicht um ein qualitatives Problem aufgrund falscher Formen der Vernetzung (wie zum Beispiel Korruptionsnetzwerke), sondern um ein quantitatives und topologisches Problem: Netzwerkstrukturen tendieren immer schon zur Produktion von zu vielen Verbindungen, wodurch die Konnektivität auf unkontrollierbare Weise beschleunigt und so zur kontraproduktiven Hyperkonnektivität wird.

82 Helbing, *Thinking Ahead,* S. 40.

83 Es ist denn auch bezeichnend, dass heute das Vokabular der Epidemiologie für die Analyse von Finanzkrisen wiederentdeckt wird.

84 Helbing, *Thinking Ahead,* S. 41.

4. Analognostalgie

Auch wenn zahlreiche Topoi der Kritik an Hyperkonnektivität – von den Burnoutdiagnosen bis hin zum *information overload* – zu einer Zeit entwickelt worden sind, als die Digitalisierung gerade erst einsetzte, verdichtet sich diese Kriktik seit Mitte der 1990er in den populären Problematisierungen des Internets, insbesondere von Sozialen Medien und der Smart City. »Was ist falsch gelaufen mit dem Internet?« lautete die Frage, die das *New York Magazine* im Jahr 2018 führenden Internetpionier*innen und Manager*innen gestellt hat – darunter auch Katherine Losse, Facebook-Mitarbeiterin der ersten Stunde, ehemalige Redenschreiberin für Mark Zuckerberg und mittlerweile eine entschiedene feministische Kritikerin ihrer ehemaligen Firma.[85] Losse beschreibt die hippieske Aufbruchstimmung, die in den Anfangszeiten im Unternehmen herrschte. Es gab einen »moralisierenden Geist der Mission: Menschen zu verbinden, die Welt zu verbinden. Es ist schwer, etwas dagegen zu sagen. Was ist verkehrt daran, Menschen zu verbinden? Nichts, oder?«[86] Auch im Rückblick hält sie an der ursprünglichen Vision fest: Alles mit allem zu verbinden gilt ihr nach wie vor als zu verteidigendes Ethos. Die Ursachen für das Scheitern dieses Projekts sieht sie nicht in einer Kultur der Konnektivität, sondern in deren Instrumentalisierung für Unternehmensgewinne, ihrer Einbettung in eine frauenfeindliche *boys' culture* und darin, dass Soziale Medien zu Überwachungs- und Kontrollwerkzeugen geworden sind. Aber ist die Idee, alles mit allem zu verbinden, wirklich so unschuldig und fraglos, wie sie Losse und viele andere Internetpionier*innen im Rückblick darstellen? Könnte es nicht sein, dass der ursprüngliche Traum eines hyperkonnektiven, »smarten« Planeten schon immer eine albtraumhafte Seite in sich barg?

85 Noah Kulwin, »›There's a Little Bit of Well, We're All Just at Harvard, So What Could Happen?‹. A conversation with former Zuckerberg speechwriter Kate Losse on how the Facebook founder thinks and what is hardest for him to wrap his mind around«, in: *New York Magazine*, 2018, ⟨http://nymag.com/intelligencer/2018/04/kate-losse-former-zuckerberg-speechwriter-interview.html⟩, letzter Zugriff 03.12.2019.

86 Ebd.

Der Internetdiskurs ist reich an Kritiken, nicht jede Kritik ist neu, und nur selten wird die Logik der Konnektivität selbst zum Gegenstand. Ein überaus populärer Kritikstrang konzentriert sich beispielsweise wie beim knotenzentrierten Burnoutdiskurs auf die subjektiven Folgen digitaler Vernetzung, verschärft aber die Pathologisierung von »falschen« und »zu vielen« Verbindungen. Durch den Druck der ständigen Erreichbarkeit werden auch hier Erschöpfungs- und Entsubjektivierungserscheinungen konstatiert. Die digitale Netzwerkgesellschaft hat den »homo connectus« geschaffen, so Miriam Meckel in ihrem Bestseller *Das Glück der Unerreichbarkeit*.[87] Ein neuer Cyborg ist entstanden, für den die technischen Devices wie Smartphone und Tablet nicht nur mediale Hilfsmittel, sondern fester Bestandteil des Subjekts sind. Entsprechend wird davon berichtet, dass deren Abwesenheit – der Ausfall von Konnektivität – zu regelrechten physischen Schmerzen führt. Der Verzicht auf das Smartphone fühlt sich so an, als sei ein Körperteil amputiert worden.[88] Das Elixier dieses »neuen Menschen« ist die ständige Verbundenheit, die ihm erst ein Gefühl der Lebendigkeit verleiht. Dieser Wunsch nach Verbundenheit ist nicht primär fokussiert auf einzelne Inhalte oder Personen, sondern auf den Prozess des Verbindens. Das ungeduldige Aktivieren des Pull-Buttons oder Reloading-Pfeils, das ständige Ausschauhalten nach der nächsten Information symbolisieren diese persistierende Erwartungshaltung. Nur das Eintreffen neuer Botschaften bestätigt die permanente Verbundenheit. Kritisch diagnostiziert wird die schwindende Aufmerksamkeit – eine Diagnose, die von populären Kommentator*innen bis hin zur aktuellen Kulturphilosophie reicht. Das Subjekt, so die Klage, habe die Fähigkeit zur Konzentration, zum *deep reading* verloren – ja, das bürgerliche Ideal des autonom reflektierenden, kritischen Subjekts scheint sich einmal mehr aufzulösen. Gehetzt von Informationen und immer neuen Nachrichten, regrediere es auf die Stufe eines nur mehr reflexhaften Verhaltens.[89] Das Subjekt weiß, dass es unter den Zumutungen

87 Miriam Meckel, *Das Glück der Unerreichbarkeit. Wege aus der Kommunikationsfalle*, Hamburg 2008, S. 38.

88 Susanna Paasonen, »As Networks Fail. Affect, Technology, and the Notion of the User«, in: *Television & New Media* 16, 8 (2014), S. 701-716.

89 Zum Beispiel bei Nicholas Carr, *The Shallows. How the Internet Is Changing the Way We Think, Read and Remember*, London 2010; und Frank Schirrmacher,

digitaler Kommunikation leidet, kann sich aber nicht aus eigener Kraft davon befreien. Es gilt als krankes und süchtiges Subjekt, das ohne fremde Hilfe nicht mehr gesunden kann. Als besonders perfide gilt den Kritiker*innen dabei, dass durch digitale Medien ein als natürlich unterstelltes menschliches Begehren nach Kontakten und Verbindungen ausgebeutet wird.[90]

Diese Kritiken fügen sich in eine alte Tradition der Pathologisierung von neuen Medien ein, ja, sie scheinen nachgerade typische Topoi der Medienkritik wiederzuverwerten, die zum Beispiel auch schon in Bezug auf die Feminisierung der Lesesucht beim Aufkommen des Romans in Anschlag gebracht wurden.[91] Typischerweise formuliert diese kulturkritische Medienauffassung keine grundlegende Kritik an der Vernetzung, sondern versucht eine »gesunde« von einer »kranken« Vernetzung zu unterscheiden. So ist das Motto des Digital-Detox-Tourismus zum Beispiel »Disconnect to Reconnect«: Der Verzicht auf digitale, das heißt entfremdete Verbindungen soll den Raum frei machen für echte Verbindungen, sei es zum eigenen Selbst oder zu echten Freund*innen.[92] Diese Vernetzungskritik arbeitet mit einer einfachen Gegenüberstellung, welche zum Kampf zwischen zwei Verbindungstypen dramatisiert wird. Zu diesem Zweck werden alle Register des Authentizitätsvokabulars affirmativ gezogen. Immer geht es um die Bedrohung des Eigentlichen, Echten und Wahren durch die Künstlichkeit, Oberflächlichkeit und Beliebigkeit digitaler Kommunikation.

Für die Inszenierung dieser Kritik wird die Unterscheidung zwischen einer echten Welt und einer virtuellen Welt mobilisiert, auch in der akademischen Medienkritik, wie man etwa an einem neueren Buch von Sherry Turkle sehen kann.[93] In der medienthe-

Payback. Warum wir im Informationszeitalter gezwungen sind zu tun, was wir nicht tun wollen, und wie wir die Kontrolle über unser Denken zurückgewinnen, München 2010. Ich folge hier Lovinks Rekonstruktion dieses Kritiktypus: Geert Lovink, *Das halbwegs Soziale. Eine Kritik der Vernetzungskultur*, Bielefeld 2012.

90 Zur Kritik dieser problematischen Anthropologie: Bollmer, *Inhuman Networks*.

91 Andreas Huyssen, »Mass Culture as Woman. Modernism's Other«, in: Tania Modleski (Hg.), *Studies in Entertainment. Critical Approaches to Mass Culture*, Bloomington 1986, S. 188-208.

92 Urs Stäheli, Luise Stoltenberg, *Digital Detox Tourism. Practices of Analogization*, Hamburg 2020 (unveröffentlichtes Ms).

93 Sherry Turkle, *Alone Together. Why We Expect More from Technology and Less from Each Other*, New York 2012.

oretischen Debatte ist die Annahme eines gesonderten virtuellen Raums in den letzten Jahren allerdings unter heftigen Beschuss geraten. Längst kann Digitalisierung nicht mehr auf einen bestimmten Bereich eingeschränkt werden, sondern durchzieht nahezu alle gesellschaftlichen Bereiche. Merkwürdigerweise ändert das aber nichts am hartnäckigen Fortbestand der klassischen Kritikmuster, obwohl sich damit eigentlich die Krisendiagnose verschärft. Denn der Vernetzungsimperativ kümmert sich nicht mehr um die Grenze zwischen *In Real Life* (IRL) und Künstlichkeit. Heterogene Assemblagen, wie sie etwa in der Smart City gang und gäbe sind, machen es im sozialen Leben unmöglich, die klassische Sortierung in »gute« und »schlechte« Verbindungen aufrechtzuerhalten. Eine darauf bauende Kritik wird so zunehmend zu einer nostalgischen Geste, die einem verlorenen, vorgeblich »echten« Zustand nachtrauert. Eines ihrer Symptome ist die gegenwärtige Analognostalgie, also die nachträgliche Verzauberung analoger Erfahrungen und Medien als solcher. Aber auch diese Nostalgie ist nur vor dem Hintergrund einer allumfassenden Digitalität möglich, sie nimmt eine Remediatisierung der alten Medien vor.[94]

Vertreter der politischen Medienkritik wie Geert Lovink lehnen solche nostalgischen Kritikstrategien ab und argumentieren mit guten Gründen gegen eine Moralisierung und Pathologisierung von Hyperkonnektivität.[95] Aus ihrer Sicht setzt ein solcher pathologisierender Diskurs Dispositive der Responsibilität frei, indem die Subjekte zum verantwortungsvollen, souveränen und »nachhaltigen« Umgang mit Medien aufgerufen werden. Demgegenüber interessiert sich die objektivierende Kritik an den Sozialen Medien nicht so sehr für die Effekte auf einen letztlich als extern gedachten, im Prinzip unversehrten Menschen, sondern entwirft ein internalisierendes Kritikmodell, das diejenigen Netzwerkeffekte thematisieren kann, die genuin mit der Wirkungsweise von digitalen Medien verknüpft sind. Die Steigerung von Konnektivität ist keine äußere Kraft, die die überforderten User*innen heimsucht, sondern auch

94 Dominik Schrey, *Analoge Nostalgie in der digitalen Medienkultur*, Berlin 2017. Für ein Verständnis von Analognostalgie als Praxis des »Nostalgierens« siehe: Clara Wieghorst, *Analognostalgie in Kritiken sozialer Medien. Zur Funktionsweise einer kulturkritischen Argumentationsfigur*, Hamburg 2018 (unveröffentlichte Master-Thesis).

95 Lovink, *Das halbwegs Soziale.*

Ergebnis von deren immaterieller Arbeit.[96] User*innen generieren andauernd und häufig, ohne dass es ihnen bewusst ist, Daten und Verbindungen, die zur ökonomischen Ressource für Big-Data-Unternehmen wie Google oder Facebook werden. Diese Kritik problematisiert nicht prinzipiell die Übervernetzung, sondern die damit verbundenen Macht- und Ausbeutungsstrukturen. Symptomatisch ist hier etwa die Unterscheidung zwischen einer im Prinzip wünschenswerten »connectedness«, die vor der Etablierung des Web 2.0 etwa in Userforen und anderen Formen neuer Gemeinschaften gepflegt worden ist, und deren ökonomische und automatisierte Transformation in »connectivity«.[97]

Eng verbunden mit dieser Kritikstrategie ist die Behauptung, dass sich im Zeitalter der Konnektivität auch die Qualität der Netzwerke verändert. Diese immanente Veränderung, so wird beklagt, besteht in einer zunehmenden Homogenisierung von Netzwerken. Prominenteste Belege für diese Behauptung sind die »Filterblasen«,[98] welche als kybernetische Rückkopplungsmechanismen zu einer vorgeblichen Homogenisierung der jeweils wahrgenommenen Netzdiskurse führt. Diese Behauptung ist von medienwissenschaftlicher Seite in Frage gestellt worden,[99] aber auch hier hat dies kaum Effekte auf den öffentlichen politischen Diskurs. Andrew Keen spricht beispielsweise von einem »Kult des Amateurs«, der letztlich zu einer allgemeinen Verdummung führe.[100] Es werden aber nicht nur die homogenisierenden und nivellierenden Effekte des Netzes beklagt, sondern auch dessen Manipulationsanfälligkeit. In der breiten Debatte zu Fake News, *alternative facts* und Bots wird kritisiert, dass zunehmend die Grenze zwischen »echten« und »falschen« Nachrichten unterlaufen, in vielen Bereichen nicht mehr zwischen Fakten und Fiktionen unterschieden werde, wobei häufig mit einem an den Kriterien des klassischen Qualitätsjournalismus der Printmedien orientierten Fake-Begriff gearbeitet wird. Unter Gesichtspunkten der Hyperkonnektivität sind Fake News insofern

96 Christian Fuchs, *Digital Labour and Karl Marx*, Abingdon 2014.
97 van Dijck, *The Culture of Connectivity*.
98 Eli Pariser, *The Filter Bubble. What the Internet Is Hiding from You*, London 2011.
99 Seth Flaxman u. a., »Filter Bubbles, Echo Chambers, and Online News Consumption«, in: *Public Opinion Quarterly* 80, 1 (2016), S. 298-320.
100 Andrew Keen, *The Cult of the Amateur*, New York 2007. Zu einer Kritik siehe Lovink, *Das halbwegs Soziale*.

von Belang, als sie sich ähnlich wie eine Epidemie durch Ansteckung verbreiten.[101] Fake News sind insofern ein Ergebnis von Hyperkonnektivität, als ihre Verbreitung auf einer in Soziale Medien eingeschriebenen Logik der *shareability* beruht. Dafür ist nicht per se der (nur in seltenen Fällen klar zu bestimmende) Fake-Charakter entscheidend, sondern ob etwas neu, erstaunlich oder interessant ist.[102] Die Krisendiagnose der Hyperkonnektivität betont, dass zu schnelles und einfaches Teilen von Botschaften zum Verlust klassischer Wahrheitskriterien führe – dass Reflexionsfähigkeit zugunsten des schnellen Genusses und der Bestätigung aufgegeben werde.

101 Adam Kucharski, »Post-truth. Study Epidemiology of Fake News«, in: *Nature* 540, 7634 (2016), S. 525.

102 Simeon Yates, »›Fake News‹ – Why People Believe It and What Can Be Done to Counter It«, in: *The Conversation*, 2016, ⟨https://theconversation.com/fake-news-why-people-believe-it-and-what-can-be-done-to-counter-it-70013⟩, letzter Zugriff 03.12.2019.

5. Sicherheit und Datenexzesse

Was sich bereits am Beispiel von Organisationen abgezeichnet hat, ist besonders für übergreifende Vernetzungslogiken von Bedeutung: Vernetzung schafft nicht nur Flexibilität und als deren Kehrseite Ineffizienz, sondern auch Sicherheitsprobleme. Es gehört zum umstrittenen Mythos, der sich um die Erfindung des Internets rankt, dass die distribuierte Organisationsstruktur des World Wide Web mögliche Angriffe erschweren sollte und Informationen auch dann noch zirkulieren könnten, wenn einzelne Kommunikationswege blockiert sind. Die gegenwärtigen Debatten zur Cybersicherheit und zu *hyper-risks* sehen aber gerade in der Hyperkonnektivität von Netzwerken eines der größten Sicherheitsprobleme:

> Es ist die von allen gewollte Vernetzung, die paradoxerweise als eine der größten Gefahren angesehen wird; denn die Vernetzung erhöht das Potential für eine Superkatastrophe, indem sie die Voraussetzung dafür schafft, dass lokale Schadensereignisse globale Konsequenzen haben können.[103]

Hochgradig vernetzte Systeme schaffen durch ihre komplexen wechselseitigen Abhängigkeiten neue, unvorhersehbare Risiken.[104] Damit wird eine paradoxe, sich selbst steigernde Dynamik der Konnektivität freigesetzt:[105] Einerseits findet eine *securitisation* von Konnektivität statt, wird doch gerade wegen der allgegenwärtigen Verwundbarkeit der Schutz und die Aufrechterhaltung von Konnektivität zu einem kollektiven Gut. Andererseits muss aber nicht nur Konnektivität abgesichert werden, sondern diese wird ihrerseits zur Grundlage, um im Ernstfall wieder Sicherheit herstellen zu können. Dabei werden sich die Vorstellungen von Konnektivität als ambivalent erweisen, da die präemptive Politik von der Einsicht

103 Langdon Winner, »Trust and Terror. The Vulnerability of Complex Sociotechnical Systems«, in: *Science as Culture* 13, 2 (2004), S. 155-172, zit. nach: Myriam Dunn Cavelty, »Gesellschaft im Daueralarm. Gefahrendarstellungen im Cybersecurity-Diskurs«, in: Christopher Daase u. a. (Hg.), *Verunsicherte Gesellschaft – überforderter Staat. Zum Wandel der Sicherheitskultur*, Frankfurt/M. 2013, S. 133-150, hier S. 143.

104 Helbing, *Thinking Ahead.*

105 Mareile Kaufmann, »Emergent Self-Organisation in Emergencies. Resilience Rationales in Interconnected Societies«, in: *Resilience* 1, 1 (2013), S. 53-68.

lebt, dass Konnektivitätsprobleme nicht verhinderbar sind. Die Störung ist immer schon erwartet und die Sicherheitstechniken konzentrieren sich darauf, Mittel und Umgebungen zu schaffen, welche die Resilienz (das heißt die Selbstreparaturfähigkeit von Systemen) steigern sollen.[106]

Gerade im Bereich der Cybersicherheit werden von Wissenschaftler*innen, Sicherheitsberater*innen und Autor*innen von Science-Fiction-Literatur apokalyptische Szenarien eines digitalen *Pearl Harbors* gezeichnet. Im Vergleich zu diesen Szenarien nehmen sich die bisher diskutierten Krisenbilder geradezu harmlos aus; gewiss, sowohl die Burnoutproblematik als auch die übervernetzte Organisation werden zwar als Pathologien beschrieben, aber als solche, die mit den richtigen Formen des Managements bearbeitbar oder sogar verhinderbar sein sollen. Die Szenarien der digitalen Apokalypse zielen nun aber aufs Ganze. Gleichgültig, ob diese durch selbstinduzierte Systemprobleme oder durch Cyberterrorismusangriffe ins Werk gesetzt werden: Alle Szenarien gehen von der nichtvermeidbaren Störbarkeit der vernetzten Welt aus, und zwar auf der Grundlage der Diagnose einer hyperkonnektiven Welt.[107]

Diese Krisendiagnosen der Hyperkonnektivität leben von einer zweifachen Faszination. Durch den Angriff auf gut gewählte Knotenpunkte in Netzwerken lassen sich kaum noch beherrschbare Kaskadeneffekte in Gang setzen. Diese Faszination durch die Disproportionalität von Angriff und Wirkung führt unmittelbar zur zweiten Faszination, die der Ansteckung. Denn solche Störungen lassen sich nicht mehr lokal begrenzen, sondern breiten sich im Stile einer Epidemie in Windeseile aus, und zwar auf Wegen, die wegen der dezentralen globalen Konnektivität kaum noch berechenbar und simulierbar sind.[108] Es handelt sich um universale

106 Ebd.

107 Diese zeichnet sich durch drei Dimensionen aus: Quantitativ wird eine Steigerung der Menge von Verbindungen und damit geschaffenen Abhängigkeiten festgestellt. Räumlich wird die Ubiquität von Vernetzung, die keine entnetzten Inseln mehr übrig lässt, betont. Zeitlich wird die Geschwindigkeit von Vernetzungen in nahezu Echtzeit diagnostiziert. Siehe Christian O. Fjäder, »National Security in a Hyper-connected World«, in: Anthony J. Masys (Hg.), *Exploring the Security Landscape. Non-Traditional Security Challenges*, Basel 2016, S. 31-58, hier S. 39.

108 Sven Opitz, »Regulating Epidemic Space. The Nomos of Global Circulation«, in: *Journal of International Relations and Development* 19, 2 (2016), S. 263-284.

Störungen und Zusammenbrüche, die sich nicht mehr auf spezifische Datennetzwerke begrenzen lassen, sondern die (immer schon künstliche) Grenze zwischen Datenräumen und sozialen Räumen, zwischen Online und Offline überschreiten. Gerade in Diskursen über kritische Infrastrukturen (wichtige militärische Einrichtungen, Krankenhäuser, zentrale Transportinfrastrukturen und dergleichen) fasziniert diese Aufhebung der Grenze zwischen der Online- und der Offline-Welt. Ein Datenvirus legt nicht nur Rechner lahm, sondern kann dazu führen, dass Atomkraftwerke gestört werden, Elektrizitätsnetzwerke ausfallen und militärische Kommandozentralen funktionsuntüchtig werden. Es ist also die unmittelbare Verbindung von Datenströmen, physikalischen Infrastrukturen und sozialen Prozessen, welche die Implosion der Online-Offline-Unterscheidung so bedrohlich wie faszinierend macht. Die klassische Vorstellung einer klaren Unterscheidung zwischen immateriellen Datenströmen und einer »realen« Welt kollabiert. In den apokalyptischen Szenarien wird ein fiktionales Krisenexperiment durchgeführt, das die unaufhebbare Verwobenheit von Daten-, Waren- und Menschenströmen sichtbar macht. Während normalerweise der Computer als Interface technische und soziale Räume auf unsichtbare Weise miteinander verknüpft,[109] wird in den Fiktionen des apokalyptischen Krisenfalls dieses Interface im Moment seiner Zerstörung wieder sichtbar.

Die um das Problem der Hyperkonnektivität konzentrierten Sicherheitsdiskurse sind durch mehrere Paradoxien charakterisiert. Mit der oben erwähnten *securitisation* von Konnektivität geht keineswegs deren präventive Einschränkung einher, obwohl sie als Grundlage für apokalyptische Kaskadeneffekte gilt. Da Konnektivität nun als öffentliches Gut gilt, muss dieses nicht nur geschützt, sondern auch ausgeweitet und gesteigert werden. Die »Konnektivitätsdoktrin«[110] geht davon aus, dass eine Ausweitung von Konnektivität ein probates Mittel zur Reduzierung von globalen Störungen ist. Dieser Glaube an die heilsamen Wirkungen der Vernetztheit beruht auf der Behauptung, dass von kaum verbundenen oder gar unverbun-

109 Alexander R. Galloway, *The Interface Effect*, Cambridge 2012.
110 Geoffrey S. Pettys, *The Connectivity Doctrine. A Critique of Techno-Utopian Discourse, Liberal Governmentality, and the Colonization of Cyberspace*, Chicago 2012 (Dissertation).

denen Elementen die größte Gefahr ausgeht.[111] Wer nicht verbunden ist – sei es als Individuum oder Organisation –, macht sich automatisch verdächtig. Wenn etwa beim Grenzübertritt in die USA Einsicht in die eigenen Social Media Profile gegeben werden muss, löst bereits deren Nichtvorhandensein ein Verdachtsmoment aus. Der Unverbundene zeigt nicht nur ein »anormales« Verhalten, sondern verfügt gerade durch seine Unverbundenheit über eine wichtige Ressource, mit deren Hilfe sich Netzwerke angreifen lassen. Denn der Unverbundene ist für die Sicherheitstechniken nur schlecht, gegebenenfalls sogar gar nicht beobachtbar und wird von den Netzwerkzusammenbrüchen weniger tangiert.

Hatte sich meine bisherige Diskussion der Sicherheitskrisendiskurse auf das Problem der Störung und der Angreifbarkeit konzentriert, so ist es spätestens an dieser Stelle nötig, auf eine weitere, eng damit zusammenhängende Krisensemantik einzugehen. Hand in Hand mit der *securitisation* von Konnektivität geht die Schaffung von bis vor kurzem noch unvorstellbaren Methoden der Überwachung und Kontrolle. Nick Couldry stellt in einem Aufsatz die suggestive Frage, wie eine Prä-Internet-Gesellschaft auf folgendes Angebot reagiert hätte:

> Stellen Sie sich vor, in dieser fernen Zeit wäre der Bevölkerung eines jeden Landes ein neuer Plan angeboten worden. Dieser Plan hätte die Verknüpfung aller sozialen Interaktionsbereiche vorgesehen, der meisten Arbeitsplätze, eines erheblichen Teils privater Gedanken und familiärer Interaktionen. Einmal auf wundersame Weise miteinander verbunden, würden all diese verschiedenen Bereiche des menschlichen Lebens auf eine einzige nahtlose Archivierungs-, Überwachungs-, und Verarbeitungsebene übertragen.[112]

Couldrys Szenario macht das, was wir als Hyperkonnektivität bezeichnet haben, zu einer entscheidbaren Utopie (und reagiert damit auf die Frage, ob das öffentliche Gut namens Konnektivität in dieser Weise überhaupt erwünscht ist). Denn zu den Konsequenzen

111 Julian Reid, »Politicizing Connectivity. Beyond the Biopolitics of Information Technology in International Relations«, in: *Cambridge Review of International Affairs* 22, 4 (2009), S. 607-623.

112 Nick Couldry, »The Price of Connection. ›Surveillance Capitalism‹«, in: *The Conversation*, 2016, ⟨https://theconversation.com/the-price-of-connection-surveillance-capitalism-64124⟩, letzter Zugriff 05. 12. 2019.

gehören nicht nur neue, bisher unvorstellbare Formen vernetzten Wissens, sondern auch die Möglichkeit, alles und jeden von jedem Standpunkt aus zu beobachten, zu kontrollieren und zu manipulieren. Der hypothetische Demos, den Couldry anruft, würde wohl diesen Tausch allgemeiner Vernetzung gegen allgemeine Überwachung ablehnen. In ähnlicher Weise, wie wir dies schon bei den Netzpionier*innen gesehen haben, versucht Couldry seine Kritik an dieser Überwachungsmaschinerie in Grenzen zu halten, um den Begriff der Verbindung doch noch retten zu können: »Wenn ich den Preis der Verbindung [*price of connection*] hervorhebe, so deshalb, um deutlich zu machen, dass nicht sie selbst das Problem ist. Wir müssen das, was mit Verbindungen einhergeht, abwägen; besonders ihre Überwachungsinfrastruktur, die auf einem faustischen Pakt beruht.«[113] Man darf bezweifeln, ob eine derartige Trennung so einfach möglich ist. Denn sie würde voraussetzen, dass Verbindungen und Vernetzungen unabhängig von ihrer Materialität gedacht werden können. Implizit ist hier ein schon mehrfach erwähntes humanistisches Unbehagen an der Vernetzungskritik am Werk: Gehören Verbindungen etwa nicht zur Grundausstattung des Menschen als soziales Wesen? Damit wäre das Begehren nach Konnektivität anthropologisch gegeben und müsste gegen »falsche« Infrastrukturen der Konnektivität verteidigt werden. Eine solche Argumentation dreht aber letztlich nur die Strategie von Vernetzungstechnokrat*innen um. Denn diese gehen ebenfalls davon aus, dass der Mensch immer schon ein vernetztes Lebewesen ist; und die Rolle der Technologie bestehe darin, dem Menschen zu ermöglichen, dieses Begehren endlich vollständig zu entfalten.[114]

Die sich immer stärker ausbreitende Überwachung ist aber nicht nur auf die intrinsische Paradoxie der *securitisation* zurückzuführen, also nicht nur als Reaktion auf die Verwundbarkeit technologischer Netzwerke zu verstehen. Selbst ohne die Bedrohungsszenarien der Sicherheitsdiskurse kann heute von einem *Überwachungskapitalismus* gesprochen werden.[115] Die globalen Vernetzungsinfrastrukturen verbinden nicht nur unterschiedlichste Akteure, sondern sie

113 Ebd.

114 Dazu kritisch: Bollmer, *Inhuman Networks*.

115 Shoshana Zuboff, *Das Zeitalter des Überwachungskapitalismus*, Frankfurt/M. 2018.

erzeugen Metadaten über diese Verbindungen. Bereits um 1900 hatte der französische Soziologe Gabriel Tarde vom Traum einer Gesellschaft gesprochen, in der jedes Nachahmungsereignis unmittelbar in statistische Daten übersetzt würde.[116] Dieser (Alb-) Traum scheint heute weitgehend Wirklichkeit geworden zu sein. Die von den Verbindungen produzierten Daten und Metadaten werden häufig als Datenspuren verstanden, wobei diese Metapher irreführend sein kann, da sie die arbiträre Beziehung zwischen dem Verbindungsgeschehen und den Daten übersieht. Die Akkumulation dieser Daten ist in der *corporate surveillance* zu einer der primären ökonomischen Kräfte geworden. Ihre Sammlung, Extraktion, Filterung, Prozessierung und Manipulation ermöglichen neue Formen der ökonomischen Wertschöpfung.[117] Wurde im Sicherheitsdiskurs Konnektivität zum öffentlichen Gut, so werden die Daten nun zu privatisierten Gütern. Etwas nostalgisch sieht José van Dijck in der Transformation von »connections« (die ursprüngliche, gemeinschaftsorientierte Verbindung über soziale Netzwerke) in »connectivity« ein Hauptcharakteristikum des gegenwärtigen Kapitalismus.[118] Diese Transformation beruht wesentlich auf der Mitwirkung der Individuen. Sie werden gleichsam als Opfer einer ökonomischen Verführung gesehen, in der ein Tausch der eigenen Nutzungsdaten gegen freie Dienste (wie zum Beispiel Suchmaschinen) und Annehmlichkeiten (wie zum Beispiel Uber) angeboten wird. Die Subjekte des Überwachungskapitalismus sind also selbst aktiv an ihrer Überwachung beteiligt, leisten immaterielle Arbeit bereits durch die bloße Nutzung oder durch Sortierleistungen wie zum Beispiel Tagging.[119]

Die Überwachungs- und Kommodifizierungskritik unterscheidet sich signifikant von den zuvor skizzierten Kritiken der Hyperkonnektivität: von der Managementperspektive auf das Burnoutsyndrom, die die Entstehung von schlechten Knotenpunkten bemängelt; von der *Information-overload*-Perspektive, die die Grenzen der Leistungsfähigkeit von Informationsverarbeitung themati-

116 Gabriel Tarde, *Die Gesetze der Nachahmung* [Orig. 1890], Frankfurt/M. 2003.

117 Siehe dazu die Beiträge in David Lyon (Hg.), *Surveillance as Social Sorting. Privacy, Risk, and Digital Discrimination*, London 2003.

118 van Dijck, *The Culture of Connectivity*.

119 Mark Andrejevic, *iSpy. Surveillance and Power in the Interactive Era*, Lawrence 2007.

siert; und auch vom Sicherheitsdiskurs, der die immanente Angreifbarkeit von Netzwerken kritisiert. Zwar findet auch die Analyse der Überwachungskritik in der Hyperkonnektivität ihren Ausgangspunkt, ist aber meist nicht an immanenten Dysfunktionalitäten der Überwachung interessiert. Vielmehr zeichnet es die journalistische, aber auch die akademische Kritik aus, dass von einer perfekten Funktionsweise der Überwachungsmaschinerie ausgegangen wird. Für die Vernetzungslogik schafft Überwachung auf den ersten Blick keine Probleme, ja, sie steigert über Plattformen, welche unterschiedliche Gruppen miteinander verbinden (zum Beispiel in der Share-Ökonomie), und gezielte Werbung oder Propaganda sogar ökonomische und diskursive Anschlussfähigkeit. Für das Ethos der Konnektivität stellt die Überwachungskritik zunächst nicht im gleichen Maße ein Problem dar wie die zuvor diskutierten Kritiken der Hyperkonnektivität. Das zeigt sich bereits daran, dass sich die beständige Steigerung der Überwachung zwar netzwerk- und konnektivitätstheoretisch beschreiben, aber nur mit Mühe kritisieren lässt. Es ist denn auch kein Zufall, dass gegenwärtige Kritiken von Surveillance und *dataveillance* auf andere theoretische Ressourcen zurückgreifen, etwa auf neomarxistische Positionen. Die klassischen politischen Kritiken der Surveillance lassen sich durch die Rhetoriken von Unternehmen und Sicherheitsapparaten verführen. Sie teilen damit, was als »Dataism« bezeichnet worden ist – den Glauben daran, dass in den gesammelten Daten ein objektives prädiktives Wissen versammelt ist.[120] Zu Recht kritisiert José van Dijck diese Ideologie, indem sie darauf hinweist, dass auch das Sammeln und Auswerten von Daten in bestimmten Kontexten stattfindet und Interessen unterliegt – dass es also keine *Raw Data* gibt.[121] Diese Einsicht ist ein wichtiger Schritt, um über die immanenten Grenzen unterschiedlicher Typen von Surveillance nachzudenken – Grenzen, die sich nicht erst auf der Ebene von Überwachungseffekten und der Ausbeutung immaterieller Arbeit bemerkbar machen, sondern schon im puren Gebrauch von Big Data. »Daten sind keine Fakten, sie sind ›das, was vor dem Argument gegeben ist‹, um eine rhetorische Grundlage zu schaffen. Daten können gut oder

120 José van Dijck, »Datafication, Dataism and Dataveillance. Big Data Between Scientific Paradigm and Ideology«, in: *Surveillance & Society* 12, 2 (2014), S. 197-208.

121 Lisa Gitelman (Hg.), *»Raw Data« Is an Oxymoron*, Cambridge 2013.

schlecht, besser oder schlechter, unvollständig und unzureichend sein.«[122] Darin steckt auch eine Kritik an der Auffassung von Daten als Spuren, unterliegt die Datenproduktion doch Plattformlogiken und der spezifischen Funktionsweise von Algorithmen. Hyperkonnektivität produziert zwar eine Unmenge von Daten, aber deren Nutzen und Brauchbarkeit geht nicht aus diesen selbst hervor, sondern beruht auf komplexen Auswertungs- und Interpretationsverfahren, die auch erfolglos sein können. Eine Tendenz zum Dataismus ist sowohl bei den Verfechter*innen der Sicherheits- und Datenindustrie als auch bei vielen ihrer Kritiker*innen zu beobachten. Erscheint den Verfechter*innen die ständige Vergrößerung von Datenmengen als utopische Vision, weil sie es ermögliche, prädiktive Aussagen über zukünftige Terroranschläge oder Konsumverhalten zu machen, sehen die Kritiker*innen darin den ersten Schritt zur Verwirklichung ihrer dystopischen Vision von der totalen Kontrollgesellschaft.

Es gibt aber noch eine andere, kaum beachtete Krise der auf Grundlage von Hyperkonnektivität geschaffenen Datenmengen. So argumentieren Claudia Aradau und Tobias Blanke überzeugend gegen die Ideologie des *dataism*, indem sie das Phantasma einer immer schon gelingenden Überwachung in Frage stellen.[123] Der *dataism* zeichnet ein allzu perfektes Bild der Datengewinnung und -auswertung. So sind informationstechnisch größere Datenmengen keineswegs automatisch zuverlässiger; ja, zu große Datensätze können sogar gegenteilige Effekte haben: »Wenn die Datenmenge übermäßig groß wird, steigt sowohl das scheinbare Risiko eines Terroranschlags als auch die Zahl der verdächtigen Personen.«[124] Problematisch wird hier eine andere Form des Zuviel – eine Form, die uns auf die intrinsischen Grenzen der Möglichkeit von Datenverarbeitung hinweist. Es geht um ein Zuviel von möglicherweise unbrauchbaren Daten. Treffend bringen die Unternehmensberater*innen von McKinsey dieses Zuviel der Daten auf den Punkt: Big Data »bezieht sich auf Datensätze, deren Größe die Fähigkeit herkömmlicher Datensoftwaretools zur Erfassung, Speicherung, Verwaltung und Analyse von

122 Ebd., S. 7.

123 Claudia Aradau, Tobias Blanke, »The (Big) Data-Security Assemblage. Knowledge and Critique«, in: *Big Data & Society* 2, 2 (2015), S. 1-12.

124 Ebd., S. 8.

Daten übersteigt […]«.[125] Der Datenüberfluss bemisst sich an den jeweiligen technischen Möglichkeiten und ist daher in seiner exzessiven Struktur immer schon relativ. Die schier unendlichen Datenmengen nähren die Hoffnung auf ein zukünftiges Weltwissen und verweisen zugleich auf die Notwendigkeit, sie auf ein verarbeitbares Maß zu reduzieren. Datenmengen müssen beschnitten werden (*cut off*), damit deren Verarbeitung sich selektiv auf spezifische kritische Verbindungen fokussieren kann. Damit kündigt sich eine andere, eine immanente Krise der Surveillance an, die den zunächst kontraintuitiven Verzicht auf Daten erfordert. Besonders gravierend sind die Folgen des *dataism* für den Bereich staatlicher Überwachung. Zunächst ist die Sammlung von Daten über das Verhalten der Bevölkerung durch ein Sicherheitsversprechen legitimiert. Wenn die Sicherheitsorgane aber bei der Auswertung dieser Datenmengen versagen, wird deren Legitimationsgrundlage prekär. Dies führt zur »Staatsangst« (*»state anxiety«*):[126] Die Unsicherheit über die Lesbarkeit und Brauchbarkeit der großen Datenmengen erzeugt ihrerseits einen noch größeren Datenhunger, wodurch sich die politische Lähmung des Überwachungsstaats weiter verstärkt.[127]

Die Krise der Hyperkonnektivität hat mit den unendlichen Datenmengen, gespeichert in riesigen, meist privatwirtschaftlich betriebenen Datenzentren, ein eigenes Produkt geschaffen. Dieses Produkt erschöpft sich nicht mehr in der häufig übergroßen Menge und hohen Frequenz von Verbindungsereignissen und den damit einhergehenden Ängsten. Die Flüchtigkeit der Verbindungen, die etwa für die frühen soziologischen Vorstellungen der Geselligkeit ebenso elegant wie beruhigend wirkten, schwindet dahin. Jede Verbindung schafft neue Daten, die ihren Wert gerade dadurch erhalten, dass sie aus ihren Entstehungszusammenhängen herausgelöst werden können. Nur so können sie in riesigen Datenfarmen gesammelt, gepflegt und verarbeitet werden. Es wäre im Prinzip vorstellbar, einen Großteil der Daten dort, wo sie zunächst aus rein technischen Gründen anfallen, um das Verbindungsgeschehen

125 Zit. nach: Wolfie Christl, Sarah Spiekermann, *Networks of Control. A Report on Corporate Surveillance, Digital Tracking, Big Data & Privacy*, Wien 2016, S. 11.

126 Sarah Logan, »The Needle and the Damage Done. Of Haystacks and Anxious Panopticons«, in: *Big Data & Society* 4, 2 (2017), S. 1-21, hier S. 1.

127 Ebd.

steuern zu können, sofort wieder zu löschen. Die doppelte Logik der Surveillance – Sicherheitsdispositive zur staatlichen und transnationalen Überwachung, privatwirtschaftliche Prädiktionsdispositive zur Steuerung ökonomischen Verhaltens – macht dies aber unmöglich, da diese Datenmengen ihren Nährboden darstellen. Wir haben aber auch gesehen, dass die Datenakkumulation keiner einfachen Steigerungslogik folgt, in der mehr Daten automatisch mehr Verwertungschancen bedeuten. Vielmehr ergeben sich intrinsische informationstechnische Grenzen der Datenverarbeitung. Die Produktion großer Datenmengen beruht jedenfalls auf einem komplexen Verhältnis zwischen Addition und Subtraktion. Erst die Subtraktion von Daten macht diese nutzbar und so weiterhin addierbar.[128]

128 Dazu Vanessa Weber, *Filtern. Eine mediale Praxis*, Hamburg 2020 (unveröffentlichtes Dissertationsprojekt).

6. Apophänie: Die Lust am Muster

Mit der Menge der Daten geht die Hoffnung einher, dass sich mittels dieser Daten Informationen produzieren lassen, dass also zum Beispiel Personen, die einen Terroranschlag vorbereiten, aufgespürt werden können.[129] Dies kann nur durch die Identifikation von Mustern beziehungsweise von Abweichung von Mustern, die sich in den Daten abzeichnen, geschehen. Mustererkennung (*pattern recognition*) bedeutet auf basaler Ebene, dass Ähnlichkeiten festgestellt und kategorisiert und dass regelmäßig auftretende Zusammenhänge (Korrelationen) identifiziert werden.[130]

Um das unstillbare Begehren, Verbindungen herzustellen, besser zu verstehen, lohnt es sich, dessen Genese vor den heutigen Möglichkeiten der Datenverarbeitung in der Psychologie nachzugehen. Die Lust am Muster findet mit dem Begriff der Apophänie in der Gestaltpsychologie eine ihrer prägnantesten Formulierungen. Auch wenn die Apophänie zunächst in einem klinischen Kontext formuliert worden ist, hat sie sich schon früh als wichtige Metapher in Netzdiskursen erwiesen – man denke hier insbesondere an danah boyds gleichnamigen Blog *Apophenia*.

Der gestaltpsychologische Psychiater Klaus Conrad hat in den 1950er Jahren in seinen Studien zur Schizophrenie Apophänie als überbordende Herstellung von Beziehungen bestimmt. Als erste Phase einer schizophrenen Erkrankung ist die Apophänie durch die krankmachende Lust an der Herstellung von immer neuen Verbindungen charakterisiert. Es handelt sich, im Anschluss an Hans Walter Gruhle, um eine »Beziehungssetzung ohne Anlaß«.[131] Für den Apophäniker gibt es keine Kontingenz und kein zufälliges Zusammentreffen von Ereignissen. Eine Patientin berichtet: »Alles, was geschieht, ist miteinander verbunden [...].«[132] Um kein

129 Logan, »The Needle and the Damage Done«.

130 William Gibson, *Pattern Recognition*, New York 2003.

131 Hans Walter Gruhle, zit. nach: Klaus Conrad, *Die beginnende Schizophrenie. Versuch einer Gestaltanalyse des Wahns*, Stuttgart 1958, S. 46.

132 Peter Brugger, »From Haunted Brain to Haunted Science. A Cognitive Neuroscience View of Paranormal and Pseudoscientific Thought«, in: James Houran, Rense Lange (Hg.), *Hauntings and Poltergeists. Multidisciplinary Perspectives*, Jefferson 2001, S. 195-213, hier S. 205.

möglicherweise wichtiges Detail zu übersehen, das zum Schlüssel eines neuen Musters werden könnte, wird der Apophäniker zum besonders aufmerksamen Beobachter. Der Psychiater Werner Janzarik spricht daher von einer »Entzügelung des impressiven Wahrnehmungsmanagements«.[133] Dabei findet jedoch keine Gewichtung von wichtigen und unwichtigen Daten statt – es sind gerade die als nebensächlich erscheinenden Daten, die durch Verbindungen bedeutsam werden können (was an bestimmte Verfahren der Texthermeneutik oder subtile ethnographische Beobachtungstechniken erinnert). Auf der Grundlage dieser Sinnesdaten werden für den Apophäniker latente Muster offenbar, die eigentlich immer schon vorhanden waren.[134] Um es kommunikationstheoretisch auszudrücken: Für ihn ist der Lärm der Kommunikation immer schon sinnhaft aufgeladen – und nie reiner, unverstehbarer Lärm. Sein Datenhunger lässt ihn offener für Sinnesreize werden, um keinesfalls eine wichtige Verbindung zu übersehen. Für ihn haben ansonsten unbeachtete Details und noch so nebensächliche Alltagserfahrungen Signifikanz; jedes Zusammentreffen von zwei Ereignissen verfügt über eine geheime Bedeutung. Seine Annahme, dass nichts existieren kann, was nicht verbunden wäre,[135] bringt ihn in eine erstaunliche Nähe zu Bruno Latours ANT. Diese gesteigerte Empfänglichkeit für Sinnesdaten geht mit einer »Desaktualisierungsschwäche«[136] einher, also mit der Unfähigkeit, unwichtige Sinneseindrücke sogleich wieder zu vergessen und zu löschen.

Die Apophänie ist die Kehrseite der Indifferenz, welche Georg Simmel als zentrale Strategie im Umgang mit der Reizüberflutung ausgewiesen hat. Der Patient ist mit einer ständigen Datenüberflutung konfrontiert und versucht nun, Ordnung in diese Daten zu bringen, ja, die Herstellung von Ordnung ist seine Antriebskraft. Dazu muss Zufälliges, das gleichzeitig geschieht, aufeinander bezogen werden. Wäre ich Apophäniker, so würde beispielsweise die Tatsache, dass ich heute Morgen meinen Schlüssel verloren habe, unmittelbar mit der Absage auf eine Bewerbung zusammenhängen, die ich kurz darauf aus dem Briefkasten gezogen habe.

133 Zit. nach: Andrea Moldzio, *Schizophrenie – eine philosophische Erkrankung?*, Würzburg 2004, S. 91.

134 Conrad, *Die beginnende Schizophrenie*, S. 21.

135 Ebd.

136 Ebd.

Wie aber schafft es der Apophäniker, ein solches Maß von häufig überraschenden Verbindungen herzustellen? Die Herstellung von Mustern setzt zunächst einmal lose, neu kombinierbare Elemente voraus. Conrad spricht von einem »Übergewicht des Physiognomischen« gegenüber dem »Strukturellen«.[137] Eine möglicherweise in kleinsten Details steckende Eigenschaft eines Gegenstands wird hinsichtlich ihrer Ähnlichkeit mit einer Eigenschaft eines anderen Gegenstandes untersucht. Ausgangspunkt ist also zunächst die Isolierung von Dingen, deren Herauslösen aus dem »Strukturellen«, das heißt aus ihren ursprünglichen Verbindungsgefügen: »Die Lockerung des Wahrnehmungszusammenhangs ist so weit fortgeschritten, daß die ›Wolke von Wesenseigenschaften‹ freigesetzt wird, die jedes Ding enthält; eine Überflutung von ›Wesen‹ ist die Folge, eine völlige Asyntaxis von Bildern überschwemmt das Gesamtfeld.«[138] Der Apophäniker orientiert sich also in einem ersten Schritt an den Dingen selbst, und nicht an den bestehenden Beziehungen. Dazu gehören auch die Atmosphären, die durch ein Ding geschaffen werden (Conrad berichtet von einem Patienten, der eine Schlachthofatmosphäre wahrnimmt, die durch einen weißen Kittel heraufbeschworen wird).[139] Die neuere neuropsychologische Forschung verweist auf einen ähnlichen Sachverhalt. Für die Apophänie ist die linke Seite des Gehirns ausschlaggebend, in der Wissen weitgehend unverbunden gespeichert wird.[140] Der Apophäniker benötigt ein ausreichendes Maß von scheinbarer Unverbundenheit, damit er nun selbst Verbindungen schaffen kann – und zwar mit Vorliebe zwischen weit auseinanderliegenden Sachverhalten.[141] Er schafft auf diese Weise außergewöhnliche Verbindungen.[142] Peter Brugger weist darauf hin, dass diese Fähigkeit zur Schaffung ungewohnter Verbindungen keineswegs nur pathologisch ist, sondern gleichzeitig auch eine Bedingung für Kreativität und Innovation. Die Meisterschaft des Apophänikers zeige sich gerade darin, ausgetretene Pfade zu verlassen und selbst noch dort Verbindungen zu entdecken, wo diese bisher als undenkbar galten.

137 Ebd., S. 70.
138 Ebd., S. 160.
139 Ebd., S. 70.
140 Brugger, »From Haunted Brain to Haunted Science«.
141 Ebd., S. 196.
142 Ebd., S. 207.

Die psychiatrische Diagnose der Apophänie im Kontext der Schizophrenieforschung wurde lange nur in fachwissenschaftlichen Kreisen wahrgenommen. Dann veröffentlichte der Science-Fiction-Autor William Gibson im Jahr 2003 den Roman *Pattern Recognition*, in dem nicht nur die Suche nach der Identifizierung von Mustern eine wichtige Rolle spielt, sondern auch der Begriff der Apophänie auftaucht (unter anderem als Kapitelüberschrift). Gibson beschreibt eine Netzsubkultur, die sich mit Überwachungsmaterial beschäftigt und in den zufällig gesammelten Videos Verbindungen und Muster sucht. Die Apophänie dient in dem Buch nun als Metapher für ein Zeitalter der unendlichen Datenproduktion und den Wunsch, die unerträgliche Kontingenz dieser Daten zu kontrollieren:

> Man muss stets den Zufall mit einkalkulieren, hatte Win betont. Wenn man das nicht tut, leidet man vermutlich schon an Apophänie, weil man dann alles als Teil eines übergreifenden Musters einer Verschwörung wahrnimmt. Während man sich an der Symmetrie des Ganzen freut, so glaubte er, besteht die allzu reale Möglichkeit, die echte Gefahr zu übersehen, die stets weniger symmetrisch und weniger perfekt ist. Diese war jedoch, wie er immer schon wusste, gegenwärtig.[143]

Apophänie wird hier als Antwort auf ungeordnete Datenmengen beschrieben – von jemandem, der die Kontingenz der Daten nicht erträgt und diese durch die Herstellung von Verbindungen zu überwinden versucht. Mit diesem Streben nach vollständiger Verbundenheit gehen häufig Verschwörungstheorien einher, die in ihrer paranoiden Logik scheinbare Zufälligkeiten als Ausdruck einer tieferen Logik sehen.

Gibsons fiktionaler Entwurf der Apophänie zeigt, dass das Problem der Mustererkennung nicht nur eine individualpsychologische Pathologie ist, sondern dass auch ein direkter Zusammenhang mit der Ausweitung der Datenmenge unter anderem mittels Überwachungstechnologien besteht. Der Schlachtruf der Internet- und Smart City-Utopien gleicht denn auch auf erstaunliche Weise der Grundeinstellung des Apophänikers: »Schon bald wird jeder auf der Erde [mit jedem] verbunden sein.«[144] Dass alles mit allem ver-

143 Gibson, *Pattern Recognition*, S. 235.

144 Eric Schmidt, Jared Cohen, *The New Digital Age. Reshaping the Future of People, Nations and Business*, London 2013, S. 13.

bunden ist, ist zum Mantra des Netzwerkdenkens und auch des neuen ökologischen Denkens geworden.[145] Apophänie ist inzwischen weit mehr als eine individuelle Wahrnehmungsstörung oder besondere Begabung, sondern ist zum generalisierten Modus der Bedeutungsproduktion in digitalen Gesellschaften geworden. Die Medientheoretikerin danah boyd greift in ihrer Diskussion digitaler Mustererkennung den Begriff der Apophänie kurz nach Erscheinen von Gibsons Roman in ihrem einflussreichen Blog *Apophenia* auf.[146] Der Schritt von der menschlichen Verarbeitung von Sinneseindrücken zum automatisierten Umgang mit digitalisierten Daten verändert bei allen Unterschieden die Funktionsweise der Mustererkennung nicht grundlegend, denn in beiden Fällen geht es darum, Verbindungen zu schaffen. Biometrische Mustererkennung (etwa Beispiel Gesichtserkennung) setzt wie die Gegenstandsfixierung des Schizophrenen beim einzelnen Objekt und seinen Eigenschaften an. Biometrie wird bestimmt als »statistische Analyse physikalischer Eigenschaften«[147] zum Zwecke des Musterabgleichs, wie beispielsweise bei der Entriegelung eines Smartphones über einen Fingerabdruck, oder, darüber hinausgehend, zum Zwecke der Musterherstellung zwischen einzelnen Eigenschaften. In beiden Fällen kann es passieren, dass ein »falsches« Muster erkannt wird:

> Zu oft ermöglicht Big Data die Praxis der Apophänie: Muster zu sehen, wo eigentlich keine existieren, einfach weil enorme Datenmengen Verbindungen aufweisen können, die in alle Richtungen strahlen. In einem bemerkenswerten Beispiel zeigte David Leinweber, dass Data-Mining-Techniken eine starke, aber falsche Korrelation zwischen den Veränderungen des S & P 500 Aktienindex und der Butterproduktion in Bangladesch aufzeigen können.[148]

145 Siehe zum Beispiel der populäre Bestseller von Albert-László Barabási, *Linked. The New Science of Networks Science of Networks*, New York 2002.

146 danah boyd, »Love to Apophenia«, in *Apophenia*, 2004, ⟨http://www.zephoria.org/thoughts/archives/2004/02/27/love_to_apophenia.html⟩, letzter Zugriff 12.12.2019.

147 Harold F. Tipton, Micki Krause, *Information Security Management Handbook*, Boca Raton 2007, S. 1303.

148 danah boyd, Kate Crawford, »Critical Questions for Big Data. Provocations for a Cultural, Technological, and Scholarly Phenomenon«, in: *Information, Communication & Society* 15, 5 (2012), S. 662-679, hier S. 668.

Allerdings haben wir ja schon in Zusammenhang mit der psychiatrischen Diskussion gesehen, dass das Herstellen von überraschenden oder auf den ersten Blick abseitigen Verbindungen nicht ausschließlich als Fehler oder Pathologie zu sehen ist, sondern auch als kreatives Prinzip. Auch bei boyd behält der Begriff diese Ambivalenz:

Oh, eine Vorgeschichte dazu, warum ich die Apophänie liebe: Leute fragen mich oft, wie meine Forschung abläuft, und es erinnert mich an Leute, die mich fragen, wie ich Set spiele – ich starre lange genug auf ein Problem und etwas springt heraus. Das war viel relevanter, als ich so seltsame Dinge tat wie Verbindungen zwischen Tiefenwahrnehmung und Sexualhormonen herzustellen. Dennoch, meine Forschung rührt immer noch von diesem seltsamen Zustand her, wo in meinem Gehirn plötzlich zwei Dinge zusammengebracht werden – oft in kleinen mentalen Visualisierungen. Und dann versuche ich wie besessen, festzustellen, ob es wirklich eine Verbindung gibt, ob meine Vermutungen überhaupt gültig sind.[149]

Während beim Apophäniker die klinische Diagnose zwischen richtigen und falschen Verbindungen unterscheidet, fehlt bei der Datenanalyse diese souveräne äußere Instanz. Immer schwingt ein Moment des Zweifelns mit, ob es die vermutete Verbindung überhaupt gibt. Mustererkennung ist daher mehr als ein bloßes technisches Problem, sondern ist selbst von einem überbordenden Verbindungsbegehren gekennzeichnet. Denn jede Mustererkennung muss mit der Hypothese starten, dass sich im Unverbundenen bedeutungsvolle Verbindungen entdecken lassen – und dass die so hergestellten Muster wertvolles Wissen, sei es politisches, ökonomisches oder künstlerisches, generieren können. Je unverbundener, chaotischer und komplexer die Umwelt erscheint, desto nötiger wird dieses Herstellen von Verbindungen. Entsprechend sieht Benjamin Bratton in der Apophänie das Charakteristikum des Postanthropozäns:

So etwas wie eine »geopolitische Ästhetik« in Jamesons Sinne [...] ist notwendigerweise eine Übung in Apophänie, im Ziehen von Verbindungen und Schlussfolgerungen aus Quellen, die außer ihrer unlösbaren Wahrnehmungsgleichzeitigkeit keine direkte Verbindung haben. Diese Apophänie, das Sehen von Mustern, die eigentlich nur Rauschen sind, ist weder ein

149 boyd, »Love to Apophenia«.

Versagen der Vorstellungskraft noch eine Tugend, sondern eine unvermeidliche Fähigkeit für unsere missliche Lage.[150]

Aus der individualisierten Pathologie von Schizophreniekranken der 1950er Jahre ist eine Diagnose der gegenwärtigen epistemischen Situation geworden – ein gewiss seltsamer Siegeszug der Schizoanalyse, die bei Gilles Deleuze noch als emanzipatorisches Projekt angelegt war.

Apophänie lässt sich heute nicht mehr eindeutig bestimmten politischen Positionen zuordnen. Politisches Handeln jedweder Couleur benötigt ein Mapping der gegenwärtigen Situation, das unsichtbare Verbindungen und Interessen offenbart. Gerade antihegemoniale Bewegungen sind darauf angewiesen, das aufzuzeigen, was nicht sichtbar ist, was verschwiegen wird – und dies gelingt ihnen mit Mitteln der Apophänie, welche nicht selten zu paranoiden Verschwörungstheorien führen. Die Apophänie ist aber auch Teil von etablierten Regierungstechniken etwa im Bereich der Sicherheitspolitik geworden: »Das offizielle US-Handbuch für Aufstandsbekämpfung fordert die Truppen auf, sich um ›immaterielle Aspekte zu kümmern‹ – um die Stimmung auf den Straßen, die An- oder Abwesenheit von fußballspielenden Kindern, Mikroereignisse und ihr eigenes Bauchgefühl. ›Wir sind angehalten, hypersensibel gegenüber der „Atmosphäre" zu sein‹.«[151] Das Atmosphärische fungiert hier als Sammelbegriff für die Vielzahl von alltäglichen Begebenheiten, die dem Soldaten widerfahren. Es geht um die affektive Wirksamkeit von verschiedenen Einzelereignissen, die auf den ersten Blick keinen Zusammenhang haben, aber nun im Modus einer gesteigerten Aufmerksamkeit daraufhin beobachtet werden. Schizophreniepatient*innen unter den Soldat*innen berichten davon, wie anstrengend und erschöpfend dieser Wahrnehmungsmodus ist. Ganz ähnlich wie die dynamischen Modelle der Mus-

150 Benjamin Bratton, »Some Trace Effects of the Post-Anthropocene. On Accelerationist Geopolitical Aesthetics«, in: *E-Flux Journal* 46 (2013), ⟨http://www.e-flux.com/journal/46/60076/some-trace-effects-of-the-post-anthropocene-on-accelerationist-geopolitical-aesthetics/⟩, letzter Zugriff 05. 12. 2019.

151 Katy Waldman, »It's All Connected. What Links Creativity, Conspiracy Theories, and Delusions? A Phenomenon Called Apophenia«, in: *Slate*, 2014, ⟨http://www.slate.com/articles/health_and_science/science/2014/09/apophenia_makes_unrelated_things_seem_connected_metaphors_paranormal_beliefs.html⟩, letzter Zugriff 20. 12. 2019.

tererkennung in Sicherheitsdispositiven, die sich ohne konkreten Anfangsverdacht entwickeln,[152] verfügt auch die apophänische Beobachtung über keinen spezifischen Anfangsverdacht, der mühselig erhärtet werden soll. Insofern handelt es sich auch nur noch im entfernten Sinne um eine Hermeneutik des Verdachts, denn der Verdacht hat jede Konkretion verloren, ist dynamisch und allumfassend geworden. Dies zeigt sich darin, dass es nur noch einen abstrakten Gegenstand des Verdachts gibt: Verbindungen, die auf die Existenz von Mustern verweisen. Die Hypertrophie von Konnektivität hat hier eine Steigerung erfahren, gegen die das »Zuviel« an Konnektivität, wie wir es in Zusammenhang mit der Figur des vom Burnout bedrohten Netzwerkers kennengelernt haben, verblasst. Während der Netzwerker durch die Vielzahl von Verbindungen an seine Grenzen gerät, so hat sich nun das Ethos der Konnektivität als atmosphärisches Prinzip der Sinngenese installiert. Der Netzwerker leidet an zu vielen Verbindungen, für den Apophäniker kann es davon gar nicht genug geben. Das Aufdecken übersehener Korrelationen ist seine Berufung. Fehlende Verbindungen sind für den Apophäniker die Aufforderung, welche herzustellen, zu identifizieren – immer im Bewusstsein der Gefahr, dass das Nichterkennen von Verbindungen fatale Folgen haben könnte.

Ein Nebeneffekt dieser Haltung besteht darin, dass sie dazu verführt, fiktive Verbindungen zu schaffen – auch dort, wo es für andere Beobachter keine gibt. Hyperkonnektivität bringt hier die Grenze zwischen realen und fiktiven Verbindungen zur Implosion und setzt gerade dadurch ein gesteigertes Verbindungsbegehren frei. Der Apophäniker vermag nicht mehr zwischen wahnhaften und »realen« Verbindungen zu unterscheiden. Korrigiert wird er von seiner Umwelt, die seine Muster zum Wahn erklärt. Der algorithmischen Apophänie fehlt dieses Korrektiv.[153] Wir sehen, dass sich der Gegenstand der Kontrolltechniken verschoben hat: Ging es beim klassischen Netzwerker darum, die Menge von »realen« Verbindungen zu kontrollieren, so geht es im Reich der apophänischen Hyperkonnektivität darum, exzessiv Verbindungen zu generieren und gleichzeitig zu prüfen, welche Verbindungen real sind.

152 Louise Amoore, »Data Derivatives. On the Emergence of a Security Risk Calculus for Our Times«, in: *Theory, Culture & Society* 28, 6 (2011), S. 24-43.

153 Brugger, »From Haunted Brain to Haunted Science«, S. 212.

7. Modi der Übervernetzungskritik

Voraussetzung für die dargestellten Krisendiskurse der Übervernetzung ist, dass Vernetzung *erstens* als übergreifendes gesellschaftliches Prinzip verstanden wird, sich *zweitens* in die medialen Infrastrukturen einschreibt, *drittens* selbstbezüglich wird und *viertens* ein eigenes Ethos hervorbringt. Diese vier Charakteristika beschreiben die Strukturmerkmale von Vernetzung auf ihrem historischen Höhepunkt. Sie münden durch die Selbstbezüglichkeit des Netzwerkens in einer immanenten Steigerungsbewegung, die Anlass für ganz unterschiedliche Krisendiagnosen gibt. Luc Boltanski und Ève Chiapello haben die Entstehung eines neuen Geistes des Kapitalismus, der wesentlich vom Ethos der Konnektivität geprägt ist, auch auf die produktive Einverleibung von Kapitalismuskritiken zurückgeführt. Und in der Tat: Die Kreativitäts- und Singularitätssemantik der Künstlerkritik konnte mit großem Erfolg nicht nur integriert, sondern zu einer treibenden Kraft von Netzwerkgesellschaften werden. Ebenso konnten zahlreiche Momente der Sozialkritik durch die Vision offener und inklusiver Netzwerke aufgenommen werden.[154]

Die hier präsentierten Kritiken sind jedoch anders gelagert: Nicht Kreativität wird angemahnt, sondern Erschöpfung beklagt; nicht der exzentrische, widerständige Künstler gilt als kritische Figur, sondern der Unauffällige und Unwahrnehmbare; nicht die Öffnung von Netzwerken wird gefordert, sondern über die Reduktion von Verbindungen nachgedacht. Viele dieser Kritiken sind nicht aus einer Fundamentalopposition gegen die Netzwerkgesellschaft entstanden, sondern häufig aus der praktischen Auseinandersetzung mit ihren immanenten, praktischen Problemen, wie wir am Beispiel der Organisationstheorie gesehen haben, die in dieser Hinsicht als eine Art Frühwarnsystem fungierte. Selbst viele Kulturkritiker*innen (sieht man von den romantisierenden Analognostalgiker*innen ab) verstehen ihre Kritik nicht als grundlegende Infragestellung von Konnektivität. Das heißt wiederum, dass solcherart »konstruktive« Kritik durchaus einen Beitrag zur

154 Boltanski/Chiapello, *Der neue Geist des Kapitalismus.*

Optimierung von Netzwerken leisten und in diesem Sinne eine ähnlich integrative Funktion wie die Künstler- und Sozialkritik einnehmen könnte. Allerdings trifft diese funktionalistische Lesart nur einen Typus der Kritik. Überraschender ist ein zweiter Typus, und zwar gerade deshalb, weil dieser nicht »radikal« vorgeht. Thematisiert werden hier die Grenzen von Vernetzung, problematisiert wird die Frage, was als ein Übermaß von Vernetzung gelten kann. Damit wird aber eine konstitutive Eigenschaft des Ethos der Vernetzung in Frage gestellt. Die Vorstellung, dass die Steigerung von Vernetzung per se erstrebenswert sei, gerät nämlich ins Wanken. Gleiches gilt dann auch für die Utopie einer durch und durch vernetzten Gesellschaft. Die zweite Seite der genannten Kritiken macht den Traum der frühen Netzeuphoriker*innen zunichte: Er entpuppt sich aus dieser Sicht zusehends als Wahnwelt des Apophänikers.

Zur Funktionsweise von Kritik gehört es, dass sie negative Effekte auf einen ursächlichen Zusammenhang zurückführt. Bezogen auf unseren Zusammenhang, können wir fragen, was oder wer durch die Übervernetzung zu Schaden kommt: eine Instanz außerhalb des jeweiligen Netzwerks (netzwerkextern) oder das Netzwerk (netzwerkintern) selbst. Diese Verortung bestimmt wesentlich die Strategie der Kritik. Auch wenn die beiden Strategien sich nicht grundsätzlich ausschließen, so hat meine Analyse doch gezeigt, dass meist eine davon überwiegt, nämlich die externalisierende. Sie fragt danach, welche Effekte Netzwerke auf nichtnetzwerkförmige Entitäten haben. So interessiert sich der Burnoutdiskurs für die psychische und körperliche Befindlichkeit von Individuen, die durch die Anforderungen der Netzwerkgesellschaft überlastet sind. Ähnlich fragt die kulturkritische Netzkritik danach, welche Effekte die »virtuelle Welt« auf die »wirkliche Welt« hat und wie sich Letztere gegen die Zumutungen der Vernetzung verteidigen lässt. In all diesen Fällen wird eine normativ positiv konnotierte, häufig als anthropologisch gegeben geltende Vernetzung einer falschen technischen Vernetzung gegenübergestellt.

Diese Anlage der Kritik hat weitreichende Folgen dafür, wie man sich Entnetzung vorstellt. Die Kritik evoziert im Grunde einen nostalgischen Impuls der Wiederherstellung einer im Verschwinden begriffenen Welt, nämlich der ausgewogenen, »ruhigen«, »humanen« Welt vor der Übervernetzung. Sie ist geprägt von einer Sehnsucht nach einer natürlichen, maßvollen Vernetzung und geht häufig mit romantisierenden Ausstiegsfantasien einher – mit der Sehnsucht nach »Inseln« der Entnetzung und mit der Hoffnung auf die Wiedereinsetzung echter sozialer Beziehungen. Da die meisten dieser Kritiken wissen, dass diese Vorstellungen und Träume nicht realisierbar sind, betreiben sie Grenzarbeit: Wenn wir schon akzeptieren müssen, dass wir den »digitalen Kapitalismus« nicht in toto aus der Welt schaffen können, dann müssen wir wenigstens die Grenze zwischen den übervernetzten und den natürlich vernetzten Gebieten stabilisieren, schützen, ja verteidigen. In diesem Sinne »sichert« die Detox-Bewegung die Grenze zwischen dem »wirklichen Leben« und der Virtualität, damit die Wirklichkeit zumindest als Fluchtort überlebt. In eine ähnliche Richtung nostalgischer Kritik des Netzwerkers geht die Forderung, die Grenze zwischen Freizeit und Arbeit wieder zu stabilisieren, um den Burnout der Arbeitnehmer*innen zu verhindern.

Die verschiedenen Varianten der externalisierenden Kritikstrategie sind öffentlich sehr präsent und einflussreich. Und doch führen sie in eine Sackgasse, weil sie beides zugleich sind: zu dramatisch und zu undramatisch. Sie sind zu dramatisch, weil sie von einem nahtlosen Funktionieren des Vernetzungsgeschehens ausgehen. Geradezu überwältigt von der Selbstdarstellung der spektakulärsten Vernetzungsakteure – seien es Internetunternehmen wie Google oder Planer*innen von Smart Cities –, machen sie sich deren Visionen von geglückter umfassender Vernetzung zu eigen, wenn auch nur ex negativo, das heißt, um sie als Entwürfe einer düsteren Welt von morgen darzustellen – als Dystopien. Sie sind aber auch zu undramatisch, weil sich Online und Offline heute nicht mehr in zwei Welten separieren lässt und die Dynamik der Vernetzung schon viel umfassender und deutlich dynamischer ist, als sie es sich vorstellen. Die heile unvernetzte Welt ist längst und für immer verloren.

Die zweite, die internalisierende Kritikstrategie fragt demgegenüber danach, welche Effekte Übervernetzung für das Funktionieren von Netzwerken hat. Obwohl es sich hier häufig um Positionen handelt, die an der Verbesserung und an der Effizienz von Netzwerken interessiert sind, gerät das Problem übersteigerter Konnektivität aus dieser Perspektive viel deutlicher in den Blick. Konstatiert wird eine Veränderung der Netzwerkstrukturen, welche die erhofften und gewünschten Eigenschaften von Netzwerken unterminiert. Die Strukturmerkmale unterscheiden sich je nach sozialem Bereich. Die auf die Ökonomie bezogenen Varianten dieser Kritikstrategie beklagen, dass Hyperkonnektivität Netzwerke zu engmaschig werden lässt, was zu Einschränkungen seitens der Flexibilität führe, die doch gerade durch Netzwerke erhöht werden sollte. Sichtbar wird nun, dass das Netzwerken seinerseits Arbeit ist, die in Organisationen Ressourcen verschlingt, oder auf die immaterielle Arbeit von User*innen angewiesen ist. Damit wird auch die Auffassung konterkariert, dass Netzwerke sich automatisch und anstrengungslos erweitern. Selbst wenn das Netzwerk nicht zum die Organisation lähmenden Gefängnis oder zum energetischen schwarzen Loch wird, werden Problematiken der neuen Gelegenheitsstrukturen thematisiert: An die Stelle von Kooperation tritt zum Beispiel ein opportunistisches Ausnutzen von momentanen Kontaktchancen, wodurch die Bildung von Vertrauen erschwert wird.

Eine weitere wichtige Variante der internalisierenden Kritik betrifft die epidemische Struktur von hyperkonnektiven Netzwerken. Netzwerke werden latent immer schon als ansteckend verstanden – als ideales virales Medium, das die schnelle und potentiell unkontrollierbare Verbreitung von Informationen begünstigt. Dies wird nicht nur von Kritiker*innen der Sozialen Medien hervorgehoben, wenn etwa die Verbreitung von Fake News moniert wird, sondern insbesondere auch in Debatten zur Finanzökonomie. So wird die globale Banken- und Finanzkrise, die 2007 begann und nach Meinung vieler bis heute anhält, nicht zuletzt auf die enge Vernetzung der Finanzwirtschaft und die Homogenität von Methoden des Risikomanagements zurückgeführt.[155] Auch hat sich die ursprüngliche Hoffnung, dass Netzwerke größere Heterogenität erlauben, offensichtlich nicht erfüllt. Die Angst vor der Homogenisierung zeichnet im Übrigen bereits Gabriel Tardes Entwurf globaler Nachahmungsstrahlen aus und ist mittlerweile zu einem bestimmenden Thema der Kritik von Sozialen Medien – wie etwa im Modell der Filterblase – geworden, häufig begleitet von einem Lamento auf den Niedergang der Qualitätspresse.

155 So der ehemalige Präsident der Federal Reserve Bank of New York, E. Gerald Corrigan, zit. nach: Andrew G. Haldane, »Rethinking the Financial Network«, in: Stephan A. Jansen u. a. (Hg.), *Fragile Stabilität – Stabile Fragilität*, Wiesbaden 2013, S. 243-278, hier S. 246.

Anhand der Surveillance-Semantiken lässt sich eine weitere Spielart internalisierender Kritik herauspräparieren, gleichwohl die populäre Überwachungskritik sich häufig externalisiernder Figuren bedient, indem sie zum Beispiel auf den Kontrast zwischen globaler Überwachung und der zu verteidigenden Freiheit der Bürger*innen abhebt. Viel fruchtbarer und bedeutsamer sind jedoch die internalisierenden Positionen auf diesem Gebiet, in denen Hyperkonnektivität als infrastrukturelle Grundlage für die permanente Produktion großer Datenmengen in den Blick gerät. Während die Datenindustrie wie auch interessanterweise viele Datenkritiker*innen einem *dataism* anhängen, der die prädiktive Kraft großer Datenmengen betont, macht die einschlägige internalisierende Kritik auf die Probleme dieser Datenmengen aufmerksam. Ihr Ausgangspunkt ist nicht nur die Bedrohung der Privatsphäre durch *data surveillance*, sondern sie verweist auch auf die Probleme der informationstechnischen Verarbeitung dieser Daten. Zwei davon seien hier nochmals hervorgehoben: Erstens kann die Vergrößerung von Datenmengen zu weniger verlässlichem Wissen führen als kleinere Samples. Daher werden Entscheidungen über die Reduktion von Daten notwendig, mit Methoden, die von der Datenaufbereitung bis hin zur Filterung dieser Daten reichen. Zweitens werden große Datenmengen zum Treibstoff der apophänischen Versuchung, immer mehr und neue Muster zu identifizieren. Damit erreicht die Hyperkonnektivität ein neues Stadium, da sich nun Verbindungen im Modus der Fiktion auf ungeahnte Weise vermehren. Auch hier sind Kontroll- und Reduktionstechniken angezeigt. Diese »Verbindungssucht« setzt zugleich eine paradoxe Steigerung der Datengewinnung in Gang. Gerade die Figur des ängstlichen Staates hat gezeigt, dass die Nichterfüllung der Präventionsversprechen – wenn etwa Muster übersehen oder falsch interpretiert werden, die für die Verhinderung von Terroranschlägen relevant gewesen wären – das Bedürfnis nach immer größeren Datenmengen befeuert. Die vernetzungsimmanente Logik des Zuviel dreht hier sozusagen hohl: Die Probleme, die durch Hyperkonnektivität entstanden sind, werden registriert und mit der Steigerung von Hyperkonnektivität beantwortet.

Im Gegensatz zur externalisierenden Kritikstrategie gibt es bei der internalisierenden Perspektive kein Außen, das als Ankerpunkt für die Kritik dienen könnte. Daher können Praktiken und Techniken der Entnetzung nicht mehr als Ausstiegsoptionen oder als Grenzbefestigungen konzeptualisiert werden. Vielmehr haben wir es nun mit einem recht unübersichtlichen Problem zu tun, da Versuche der Entnetzung nur innerhalb der Vernetzung stattfinden können. Dazu muss aber, sei es im vernetzten Unternehmen, sei es in den Surveillance-Organisationen, überhaupt erst einmal ein Mapping der Vernetzung stattfinden. Während die externalisierende Kritikstrategie die Funktionsweise und Topologie der Vernetzung immer schon zu kennen glaubt, ist Übervernetzung aus der Perspektive der internalisierenden Kritik latent, eher affektiv erfahrbar als bereits kognitiv erfasst. Paradoxerweise werden aber erst auf dieser Grundlage Operationen der Entnetzung möglich: die Beschneidung und Isolierung von Netzwerken (wie bei »Bad Banks«), die Reduktion von Verbindungsintensität (wie bei der *link-based tax*) oder sogar alltägliche Praktiken der Indifferenz.

Das Spektrum der externalisierenden und internalisierenden Kritikstrategien strukturiert ganz wesentlich die Problematisierung der Übervernetzung. Je nach Kritikstrategie verschiebt sich der Maßstab, anhand dessen überhaupt erst bestimmt werden kann, was in Sachen Vernetzung als »zu hoch«, »zu intensiv« oder schlicht als »zu viel« gelten kann. Der Maßstab kann das Wohl des vernetzten Subjekts sein oder die Funktionsweise von Netzwerken. Die externalisierende Kritikstrategie transformiert, wie gezeigt, die Frage nach der Entnetzung in Kultur- und Medienkritik. Eine Auseinandersetzung mit der immanenten Übersteigerungslogik von Netzwerken muss sie durch ihre einfachen Antworten verpassen. Die internalisierende Kritikstrategie ist sich hingegen dieser Übersteigerungslogik bewusst, sei es als Epidemiologie von Netzwerken, sei es als affektive Logik der Mustererkennung. Für eine Soziologie der Entnetzung ist sie deutlich ergiebiger, weil sie die zwar schwierigere, aber auch interessantere Frage danach stellt, wie netzwerkimmanente Formen der Entnetzung entstehen oder entwickelt werden können. Es geht also darum, Entnetzung nicht als Ausstiegsoption zu denken, sondern als Bündel soziotechnischer Praktiken, als etwas, das in der Vernetzung gegen diese operiert. Entnetzung ist dann mehr als die schlichte Negation von Vernetzung, denn sie verfügt über ein eigenes Repertoire an Praktiken und Infrastrukturen. Offen ist bislang, ob und wie sich der für die externalisierende Kritik so typische gesellschaftskritische Impetus in den Rahmen der internalisierenden Kritik übersetzen lässt. Vielleicht, so die Hoffnung, beinhalten die pragmatischen Formen der Entnetzung, wie sie von Organisationsberater*innen und Sicherheitsspezialist*innen entworfen werden, auch Momente einer Kritik am Ethos der Konnektivität. Denn immerhin haben diese Akteur*innen die Apophänie – das Netzwerkfieber – von innen kennengelernt.

II.
Die Grenzen der Relationalität: Entnetzung in der Sozialtheorie

Wir haben gesehen, dass das Netzwerkfieber in immer mehr gesellschaftlichen Bereichen ein Unbehagen erzeugt, das längst nicht mehr nur in den engen Gefilden der Kulturkritik artikuliert wird. Es ist gerade auch aus der Perspektive der Praxis zu einem drängenden Problem geworden. Deutlich ist aber auch geworden, wie schwierig sich die Formulierung einer solchen Kritik gestaltet, etwa weil auf romantisierende Bilder einer echten Konnektivität oder einer realeren Welt zurückgegriffen werden muss, um den Netzwerkimperativen ein nostalgisches Anderes gegenüberstellen zu können; oder weil die Kritik den Universalisierungsgestus der Netzwerktechnologien und Netzwerksemantiken beim Wort nimmt und auf schon fast apokalyptische Weise die Annahme eines nahtlosen Funktionierens von Vernetzung zur eigenen Prämisse macht.

Die Krise der Vernetzung ist in Teil I dieses Buches zunächst als zeitdiagnostisches Problem in den Blick geraten, bei dessen Bearbeitung darum gerungen wird, Begriffe nicht nur für die Krise der Übervernetzung zu finden, sondern auch für jene Formen des Sozialen, die nicht vernetzt sind und die nicht im Dienste der Steigerung von Konnektivität stehen. Ich möchte in diesem Teil II meinen Blick weg von den spezifischen sozialen Feldern der Vernetzungskritik und hin zur Sozialtheorie wenden – in der Hoffnung, auf diese Weise begriffliche Anhaltspunkte dafür zu erhalten, was Entnetzung bedeuten könnte. Dabei werde ich keinen direkten Weg einschlagen können, und zwar aus dem einfachen Grund, dass es keine Sozialtheorien der Entnetzung gibt. Ich muss daher einen Umweg einschlagen und jene Sozialtheorien, die selbst vom Konnektivitätsbias mehr oder minder stark geprägt sind, auf das von ihnen Marginalisierte hin befragen. Die Stärke dieser Theorien ist ihr subtiles Verständnis für Logiken der Vernetzung und der Konnektivität; ihre Schwäche ist ihre mangelnde Distanz zu diesen Grundbegriffen, so dass sie selbst an dem zuvor dargestellten Netzwerkfieber teilhaben. Ich werde zunächst dieses Konnektivitätsbias herausarbeiten, es aber nicht bei einer bloß kritischen Diskussion belassen. Vielmehr gehe ich von der Vermutung aus, dass sich an den Rändern jener Theorien, die über eine große Sensibilität für

Phänomene der Vernetzung verfügen, ihr – noch genauer zu bestimmendes – Anderes bemerkbar machen wird; dass sich also fast beiläufig Momente des Unbehagens, vielleicht sogar Figuren der Entnetzung abzeichnen. Dieser Umweg ist aus meiner Sicht unvermeidlich, wenn die Begriffe der Entnetzung nicht mittels einer Rückwendung auf eine imaginäre nichtnetzwerkförmige Gesellschaft gewonnen werden sollen. Entnetzung lässt sich nicht als ein Jenseits der Netzwerke denken, sondern nur in ihrem Zusammenspiel mit Vernetzung. In diesem Sinne wird sich Entnetzung als ein paradoxer Begriff erweisen, der nicht auf ein imaginäres Außen verweist, sondern auf Versuche, sich in der Vernetzung zu entnetzen.

Meine Diskussion wird mit Bruno Latours Akteur-Netzwerk-Theorie (ANT) beginnen, die wie keine andere Theorie für den Erfolg des Vernetzungsdenkens steht. Gerade dadurch, dass sie Netzwerke nicht auf digitale und technische Netzwerke einschränkt, sondern zu einem umfassenden und allgemeinen Prinzip der Assoziation macht, repräsentiert sie die Universalität des Netzwerkdenkens. Auf diese Weise konnte die ANT zahlreiche moderne Dualismen (etwa von Kultur und Natur, von menschlichen und nichtmenschlichen Akteuren) auflösen und einen neuen Kategorienapparat für heterogene Formen der Vernetzung entwickeln. Diese Dekonstruktion der klassischen modernen Dichotomien bleibt auch eine der Voraussetzungen für meinen Begriff der Entnetzung. Denn es geht mir darum, über Entnetzung nach dem Zusammenbruch dieser Dichotomien nachzudenken, und nicht um eine Rückkehr in eine vorgeblich authentische Welt, in der »Natürliches« und »Künstliches« klar voneinander getrennt sind. Es wird sich jedoch herausstellen, dass diese Dekonstruktion ihren theoretischen Preis hat: das Wuchern der Assoziationen und damit auch der Netzwerke. Ich werde mich daher im ersten Kapitel auf das Problem konzentrieren, wie sich Latour'sche Akteure Netzwerken entziehen können, ohne sie ganz zu verlassen, das heißt, wie Dissoziationen möglich sind. Daraus ergeben sich nicht nur taktische Fragen, sondern auch Fragen danach, wie ein Akteur zu denken ist. Anders gesagt: Wenn die Nichtpartizipation in Netzwerken nicht einfach einer Exklusion oder einer Exit-Option gleichkommt, dann muss die Anwesenheit der Nichtpartizipation gedacht werden. Nachgehen werde ich dieser Problematik am Beispiel des Schweigens in Netzwerken.

Während für Latour die Entwicklung einer allumfassenden Logik des Sichvernetzens und Vernetztwerdens im Vordergrund steht, hat Niklas Luhmanns Systemtheorie, mit der ich mich im zweiten Kapitel dieses Teils beschäftigen werde, Konnektivität (in seiner Terminologie: Anschlussfähigkeit) zum theoretischen Programm erhoben. Es wäre sicherlich falsch, die Systemtheorie als Netzwerktheorie zu bezeichnen, aber das Prinzip der Konnektivität teilt sie mit dem Netzwerkdenken. Genauso wie ein Akteur bei Latour seine Wertigkeit erst dadurch erhält, dass er in Netzwerkrelationen eingelassen ist, die ihn zum Handeln bringen, wird bei Luhmann ein kommunikatives Ereignis erst dadurch, dass es an andere kommunikative Ereignisse anschließt, konstituiert. Ich lese Luhmann als Konnektivitätstheoretiker, ungeachtet der großen theoretischen Unterschiede zur ANT, insbesondere hinsichtlich der Grenzen und Geschlossenheit von sozialen Systemen. Genauso wie ich mich bei Latour für den Gegenbegriff zur Assoziation interessiere, nämlich die Dissoziation, stelle ich bei Luhmann den selten theoretisierten Gegenbegriff zur Anschlussfähigkeit in den Vordergrund, die Anschlussunfähigkeit. Während die Systemtheorie diesbezüglich klar kartiert, indem sie die Anschlussfähigkeit der Systemseite und die Anschlussunfähigkeit der Umweltseite zuschlägt, nehme ich die potentielle Destabilisierung dieser Grenzziehung in den Blick, um zu zeigen, wie sich Anschlussunfähigkeit in Systemen bemerkbar macht und worin diese Un*fähigkeit* liegt.

Ein besonders euphorisches Verständnis von Konnektivität findet sich in der theoretischen Position, der ich mich im dritten Kapitel widmen werde: die Feier von exzessiven Verbindungen in der Sozialtheorie von Gilles Deleuze (und Félix Guattari). Konnektivität verlässt hier die geregelten und erwartbaren Bahnen und wird »wild« und dysfunktional. Die Rhizomanalyse von Deleuze/Guattari wurde von den frühen Netzutopien begeistert aufgenommen; vielfach gilt sie, gewiss manchmal auch zu vereinfachend, als theoretischer Unterbau einer Hoffnung auf herrschaftskritische, sich stets verändernde und erweiternde Netzwerke. Allerdings begnügen sich die beiden Autoren nicht mit dieser Feier, sondern entwerfen zumindest am Rande auch Figuren der Nichtanschlussfähigkeit. Besonders aufschlussreich erscheint hier die Figur der Vakuole, die einen Modus der Nichtkommunikation inmitten des kommunikativen Geschehens bezeichnet. Ich werde sie als eine Figur der Entnetzung lesen.

Standen bisher Netzwerke und Systeme im Vordergrund, so konzentriert sich das vierte Kapitel auf Diskurse als artikulierte Netzwerke am Beispiel der Hegemonietheorie von Ernesto Laclau und Chantal Mouffe. Auch wenn sich der Diskursbegriff von dem des Netzwerks klar unterscheidet, treffen wir auf das Postulat der Anschlussfähigkeit, wenn es darum geht, die Schaffung von politischer Hegemonie zu erklären. Die Hegemonietheorie, ursprünglich entwickelt am Beispiel des populistischen Diskurses des Peronismus in Argentinien, möchte herausarbeiten, wie politische Forderungen, die bislang voneinander isoliert waren, in populistischen Hegemonialprojekten durch Äquivalenzketten miteinander verbunden werden können. Damit ist die Hegemonietheorie ebenfalls von einem normativ aufgeladenen Ethos der Konnektivität geprägt, das sich im Projekt eines demokratischen Populismus kristallisiert. Allerdings stoßen wir auch hier am Rande des theoretischen Programms auf ein Moment der Diskonnektivität, das Laclau und Mouffe als Heterogenität bezeichnen. Ich werde argumentieren, dass eine Politik der Artikulation, die bisher im Vordergrund gestanden hat, durch eine Politik der Disartikulation zu ergänzen ist – und dass für eine solche Politik nicht nur der Akt des Schnitts eine zentrale Rolle spielt, sondern das, was durch den Schnitt als Heterogenität hergestellt wird.

Mein Durchgang durch einflussreiche Sozialtheorien der Vernetzung schließt im fünften Kapitel mit Georg Simmels Überlegungen zu den Grenzen von Relationalität. Simmel gilt in der Regel als Vorläufer heutiger Netzwerk- und Interaktionstheorien. Um 1900 war die Entdeckung dessen, was wir heute »das Soziale« nennen, noch keineswegs selbstverständlich, weshalb dieses Konzept auch immanente Zweifel hervorgerufen hat. Simmel wird neben seiner Zelebrierung des modernen Lebens auch ein Unbehagen an der beständigen Steigerung sozialer Wechselwirkungen formulieren. Ich werde dieser begrifflich produktiven Sorge in zweierlei Hinsicht nachgehen. Wie bereits in Teil I kurz angedeutet weist Simmels auf das städtische Leben und die Neurasthenie bezogene Zeitdiagnose eine erstaunliche Ähnlichkeit mit den heutigen Burnoutsemantiken auf – mit dem Unterschied allerdings, dass Simmel seine Diagnose zum Ausgangspunkt für neue Begriffsbildung macht. Simmel hat nicht nur von der Überforderung des Großstadtsubjekts gesprochen, sondern sich auch für dessen Überlebenstechniken interessiert, also dafür, wie sich der Einzelne der permanenten Reiz- und Informationsüberflutung erwehren kann. Zentral wird hier der Begriff der Indifferenz, und ich werde der Frage nachgehen, ob sich mit Hilfe dieses Begriffs auch gegenwärtige Formen von Entnetzung denken lassen. Simmel führt den Begriff der Indifferenz nicht nur als Werkzeug seiner Sozialdiagnostik ein, sondern auch als ontologischen Begriff. Die Fundierung von sozialen Wechselwirkungen in einer ihnen vorgängigen Indifferenz diskutiert Simmel an der Figur der Vornehmheit, was zunächst überraschen mag. Ich schlage vor, Vornehmheit nicht einfach als Feudalsehnsucht zu verstehen, sondern als nichtrelationale Voraussetzung von Sozialität.

An dieser Stelle wird auch deutlich, dass es beim Denken von Entnetzung nicht nur um eine Zeitdiagnose geht, sondern dass damit auch sozialtheoretische Fragen aufgeworfen werden. Man könnte auch sagen: Entnetzung fordert die Soziologie in ihren Grundbegriffen heraus, zumindest dann, wenn sie sich als relationale Soziologie versteht. Meine Lektüren schließen mit Überlegungen dazu, wie sich auf deren Grundlage begriffliche Motive für eine Soziologie der Entnetzung gewinnen lassen können.

1. Dissoziation (Bruno Latour)

Konnektivität – die Fähigkeit, Verbindungen herzustellen – steht im Mittelpunkt des theoretischen, aber auch des politischen Projekts der Akteur-Netzwerk-Theorie (ANT). Damit gerät das Nichtverbundene automatisch in den Hintergrund, ja, es erscheint möglicherweise als Störfall. Demgegenüber werde ich in diesem Kapitel die These entwickeln, dass Nichtverbindungen keineswegs belanglos für das Funktionieren von Netzwerken sind und dass es wichtige soziale und politische Implikationen hat, wenn wir sie in den Blick nehmen. Wie aber kann eine auf Verbindungen spezialisierte Theorie das Nichtverbundene erfassen? Auf welche Weise lässt sich eine unbeabsichtigte Komplizenschaft zwischen der ANT und den von ihr analysierten Netzwerken vermeiden?[1] Es geht also darum, Netzwerke zu denken, ohne den soziotechnischen Konnektivitätsbias zu teilen. Dazu ist es zum einen notwendig, das Ethos der Konnektivität zu historisieren und so der Kritik zugänglich zu machen. Zum anderen müssen aber auch die Formen der Nichtverbindung – im Horizont von Latours Assoziologie: die Dissoziationen – sichtbar und damit analysierbar gemacht werden. Geprägt durch Latours Fokussierung auf Aktanten, stellt sich das Problem der Entnetzung hier als eines der Dissoziation von Aktanten in Netzwerken dar. Für die ANT sind Assoziation (Verbindung) und Dissoziation (Trennung) unmittelbar mit der Frage der Partizipation verbunden. Erst durch Assoziationen werden die Aktanten geschaffen, die an den Netzwerken, durch welche sie ihren Aktantenstatus überhaupt erst gewonnen haben, teilhaben. Was bedeutet dies aber für die Möglichkeit, Dissoziation als Nichtpartizipation zu denken?[2]

1 Vgl. Marieke de Goede, »Fighting the Network. A Critique of the Network as a Security Technology«, in: *Distinktion. Scandinavian Journal of Social Theory* 13, 3 (2012), S. 215-232; Dimitris Papadopoulos, »Alter-Ontologies. Towards a Constituent Politics in Technoscience«, in: *Social Studies of Science* 41, 2 (2010), S. 177-201, hier S. 186.

2 Der Begriff der Nichtpartizipation ist hier weiter gefasst als in der häufig sehr individualistisch verfahrenden Medienabstinenzforschung. Siehe: Nathalie Casemajor u. a., »Non-Participation in Digital Media. Toward a Framework of Mediated Political Action«, in: *Media, Culture & Society* 37, 6 (2015), S. 850-866.

Nichtpartizipation setze ich nicht (wie auch insgesamt Entnetzung) mit Exklusion gleich, da diese ein Nichthandeln beschreibt, das innerhalb eines Netzwerks stattfindet. Die damit bezeichnete Spannung wird bei meiner Suche nach Formen der Entnetzung mein ständiger Begleiter sein. Es wird um ein Nichthandeln gehen, das ins Handlungsgefüge eingelassen ist; um eine passive, häufig kaum wahrnehmbare Präsenz inmitten des aktivistisch gedachten sozialen Geschehens. Die ANT verortet sich ganz auf der Seite dieses Aktivismus, also der Bevorzugung des Handelns gegenüber dem Nichthandeln, der Aktivität gegenüber der Passivität, dem Überraschenden gegenüber dem Routinierten. Ich werde mich auf den folgenden Seiten der Frage der Nichtpartizipation aus zwei Perspektiven widmen: einerseits theorieimmanent, indem ich danach frage, auf welche Weise die ANT Nichthandeln in Handeln umwandelt; andererseits von einem epistemologischen Standpunkt, indem ich frage, wie Momente des Nichthandelns beobachtet werden können.

1.1 Szenen der Nichtpartizipation

Ich möchte mit der Gegenüberstellung zweier sehr unterschiedlicher Szenen beginnen, um mich so der Rolle von Nichtpartizipation in Bruno Latours Theorieentwurf anzunähern. Zunächst werde ich Latour in sein vertrautes Terrain begleiten, nämlich ins Labor. Denn wenn man davon ausgeht, dass Akteure als solche nicht gegeben sind, sondern zu solchen gemacht werden müssen, dann interessiert die entsprechende Genese. Für Latour handelt ein Aktant[3] nie allein, sondern ist immer schon in ein Netzwerk eingebunden, das ihn überhaupt erst handeln lässt.[4] In *The Pasteurization of France* analysiert Latour, wie wissenschaftliche Dinge im Labor hergestellt und damit zu Aktanten werden. Nachdem Louis Pasteur es geschafft hatte, Mikroben zu isolieren und sie zu vermehren,

3 Latour entleiht den Begriff des Aktanten der Semiologie (Greimas) und bezeichnet damit alle Einheiten, die in einem Netzwerk einen Effekt haben. Akteure sind zur Gestalt geronnene Aktanten und sind so als Figuren adressierbar. Siehe Bruno Latour, *Eine neue Soziologie für eine neue Gesellschaft. Einführung in die Akteur-Netzwerk-Theorie*, Frankfurt/M. 2007, S. 94.

4 Ebd., S. 92.

setzte ein regelrechter Folterprozess ein: »Er war nun in der Lage, das Kulturmedium zu verändern, die Mikroben auszuhungern, sie mit Antiseptika zu töten, sie alles Mögliche fressen zu lassen, kurz gesagt, sie auf unzählige Arten zu foltern, um jedes Mal etwas über sie zu erfahren.«[5] Latour geht es aber nicht nur darum, Pasteurs Praktiken zu beschreiben, sondern er entwickelt auf deren Basis ein theoretisches Modell dafür, wie die Herstellung von epistemischen Dingen zu denken ist. Aus Latours Sicht sprechen diese nämlich weder einfach für sich, noch sind sie arbiträre Konstruktionen von Wissenschaftler*innen. Vielmehr werden Dinge fabriziert, und zwar in einem Prozess, der einem gewaltsamen und unbarmherzigen Verhör gleicht:

> Um den spezifischen Modus der Äußerung zu verstehen, den man im Kern des Labors vorfindet, muss man sich mit der Folter, der Geschichte des Verhörs oder den subtilen Künsten der Inquisition beschäftigen; das heißt mit genau den Praktiken, die das moderne Recht heute als beschämend und archaisch ansieht […].[6]

Ein Anwalt und vielleicht sogar eine Soziologin wären, wie Latour anmerkt, wahrscheinlich schockiert angesichts dieser unbarmherzigen Methoden. Ein Geheimnis der modernen Wissenschaft ist enthüllt, und, so möchte ich hinzufügen, auch eines der ANT: Die Inquisition befindet sich inmitten moderner epistemischer Praktiken. Das wirft die Frage auf, wie die Pluralisierung von insbesondere nichtmenschlichen Aktanten, die wir normalerweise als einen Akt der Befreiung wahrnehmen, als ein Herunterreißen der für die Moderne charakteristischen Mauer zwischen Natur und Kultur, wie also dieses freiheitliche (oder gar emanzipatorische) Moment der ANT zu ihren inquisitorischen Methoden passt. Welchen Status hätte ein »Ding«, das sich diesen gegenüber als indifferent erweist? Dass sich dem erzwungenen Handeln entzieht und »schweigt«? Gibt es, sogar im Labor, die Möglichkeit, sich dem Handeln zu entziehen – ja vielleicht sogar ein Recht zu schweigen?

Wenden wir uns, bevor wir diesen Fragen nachgehen, einer zweiten Szene zu: dem Fall *Miranda v. Arizona* aus dem Jahr 1966,

5 Bruno Latour, *The Pasteurization of France*, Cambridge 1988, S. 82.

6 Bruno Latour, »Scientific Objects and Legal Objectivity«, in: Martha Mundy, Alain Pottage (Hg.), *Law, Anthropology and the Constitution of the Social. Making Persons and Things*, Cambridge 2004, S. 9.

einem der populärsten Fälle der US-amerikanischen Rechtsgeschichte. In diesem Fall wurde auf besonders eindringliche Weise eine Variante des Schweigerechts verhandelt. Grundlage der Auseinandersetzung ist der aus dem Jahr 1791 stammende fünfte Verfassungszusatz:

> Niemand darf wegen eines Kapitalverbrechens oder eines sonstigen schimpflichen Verbrechens zur Verantwortung gezogen werden, es sei denn auf Grund eines Antrages oder einer Anklage durch ein Großes Geschworenengericht. [...] *Niemand darf in einem Strafverfahren zur Aussage gegen sich selbst gezwungen* noch des Lebens, der Freiheit oder des Eigentums ohne vorheriges ordentliches Gerichtsverfahren nach Recht und Gesetz beraubt werden.[7]

Im Miranda-Fall legte der wegen Raubes, Entführung und Vergewaltigung festgenommene Ernesto Arturo Miranda während des Polizeiverhörs ein Geständnis ab, ohne zuvor über sein Recht zu schweigen belehrt worden zu sein. Der Fall landete vor dem Obersten Gerichtshof, der das allein auf dem Geständnis beruhende vorinstanzliche Urteil (20 bis 30 Jahre Gefängnis) gegen Miranda aufhob, weil dass Geständnis aufgrund der fehlenden Belehrung nicht gültig sei: »Vor jeder Befragung muss die Person gewarnt werden, dass sie das Recht hat, zu schweigen, dass jede Aussage, die sie macht, als Beweis gegen sie verwendet werden kann und dass sie ein Recht auf die Anwesenheit eines Anwalts hat, der entweder gestellt oder ernannt wird.«[8] Nimmt die verdächtige Person im Gewahrsam das Aussageverweigerungssrecht nach dieser »Miranda-Warnung«, wie sie seitdem heißt, in Anspruch, muss das Verhör unterbrochen werden. Wird der Verdächtige nicht über sein Recht zu schweigen aufgeklärt, dürfen seine ihn selbst belastenden Aussagen später im Prozess nicht verwendet werden.[9]

7 Verfassung der Vereinigten Staaten von Amerika, Zusatzartikel V; Christian Lammert u.a. (Hg.), *Handbuch Politik USA*, Wiesbaden 2016, S. 697 (meine Hervorhebungen).

8 384 U.S. 436, *Miranda v. Arizona* (No. 759), abgehalten vom 28. Februar bis zum 1. März 1966. Zur Diskussion und heutigen Handhabung des Rechts zu schweigen in den USA siehe Lawrence Wrightsman, Mary L. Pitman, *The Miranda Ruling Its Past, Present, and Future*, Oxford 2010.

9 Das Recht zu schweigen war historisch ein Versuch, um die Methoden der Inquisition zu vermeiden; es geht um »unsere Präferenz für ein akkusatorisches statt eines inquisitorischen Systems der Strafjustiz«, vgl. *Murphy v. Waterfront*

Die auf dem fünften Zusatzartikel zur US-Verfassung beruhende Miranda-Warnung festigte das Recht auf partielle Nichtpartizipation im rechtlichen System der Vereinigten Staaten. Dadurch produziert das Recht zu schweigen eine doppelte Dissoziation: die temporäre Nichtbeteiligung des Verdächtigen in der Ereigniskette des Verfahrens (Nichtpartizipation der Person) und die rückwirkende Ausgliederung von Äußerungen, die unter formal falschen Voraussetzungen getätigt wurden (Nichtpartizipation von diskursiven Ereignissen). Das bedeutet, dass die Aussagen, die nach der Miranda-Warnung geäußert wurden, rechtlich nicht mehr anschlussfähig sind, obwohl sie getätigt worden sind und beständig dazu verführen, gebraucht und interpretiert zu werden. Daher versucht die amerikanische Rechtsprechung sicherzustellen, dass dieses Schweigen nicht nachträglich interpretiert wird, sei es als Zeichen der Schuld oder der Nichtkooperation. In der späteren Rechtsprechung wurde das Schweigen nach einer Miranda-Warnung als »unauflösbar ambigue« bezeichnet, weshalb es in einem Prozess weder als implizites Geständnis interpretiert werden darf, noch zur Infragestellung der Glaubwürdigkeit des Angeklagten genutzt werden darf.[10] Durch dieses Interpretationsverbot wird deutlich, wie prekär dieses Schweigen ist und wie außergewöhnlich die Existenz dieses höchst umstrittenen Rechts.

Das Recht zu schweigen führt ein Paradox in die rechtliche Sphäre ein. Um die Rechte eines Tatverdächtigen zu schützen, ist es nötig, ihm die Möglichkeit einzuräumen, unter gewissen Umständen nicht am rechtlichen Netzwerk zu partizipieren. Wie einzigartig diese Institutionalisierung der Nichtbeteiligung ist, wird bereits durch die schiere Menge an Aufsätzen deutlich, die sich mit diesem Grundsatzurteil auseinandergesetzt haben. Rechtswissenschaftler*innen haben dieses Phänomen als »ein ungelöstes Rätsel gewaltigen Ausmaßes, einen gordischen Knoten im Zentrum unserer *Bill of Rights*«[11] bezeichnet. Dieses Paradox der Nichtbeteiligung

1964, 378 U.S. 52, zit. nach: Sara Ciarelli, »Pre-Arrest Silence. Minding the Gap between Fourth Amendment Stops and Fifth Amendment Custody«, in: *Journal of Criminal Law and Criminology* 93, 2 (2003), S. 656.

10 Meaghan Elizabeth Ryan, »Do You Have the Right to Remain Silent. The Substantive Use of Pre-Miranda Silence«, in: *Alabama Law Review* 58 (2006), S. 903-918, hier S. 913.

11 Akhil Reed Amar, Renee Lettow Lerner, »Fifth Amendment First Principles. The

(oder das Recht der einen Seite, nicht zu antworten, und das für die andere Seite geltende Verbot, dieses Schweigen zu interpretieren) mag auch der Grund für seinen Erfolg in der Populärkultur sein. Es gibt kaum einen Polizeifilm, der das Aussageverweigerungsrecht nicht zitiert, wenn auch nicht immer in der für den jeweiligen Bundesstaat richtigen Form.

1.2 Paradoxien des Schweigens

Die beiden Szenarien – Pasteur und Miranda – haben auf den ersten Blick sicherlich nicht viel miteinander zu tun und sind in unterschiedlichen Feldern situiert: das eine im Feld der Wissenschaft, das andere im Feld des Rechts. Trotzdem verbindet sie, dass sie beide auf Vernehmung und Beteiligung fokussiert sind – und darauf, wie eine Vernehmung oder ein Verhör wissenschaftliche beziehungsweise juristische Wahrheiten produziert. Es wird deutlich, dass die Wissenschaft eine buchstäblich gesetzlose Sphäre ist, eine, in der die Inquisition bis zum heutigen Tage kein Ende gefunden hat. Entitäten werden noch immer »gefoltert«, sie werden einer Vielzahl von Prozessen ausgesetzt, in denen sie ihre Stärke und Widerstandsfähigkeit beweisen müssen, in denen sie immer wieder Bewährungsproben bestehen müssen.[12] Aber was geschieht, wenn eine Entität dennoch »schweigt«, das heißt nicht agiert oder reagiert? Die Laborstudien formulieren hier eine klare Antwort: Wenn die Entität »schweigt«, existiert sie einfach nicht. Nichts passiert, und dieses Nichtpassieren kann und soll von der ANT nicht erfasst werden. Denn wir wissen ja: Aktanten werden durch ihre Fähigkeit zu handeln definiert, weshalb ein Aktant, der nicht handelt, keiner ist; er hat als solcher keine Realität:

Self-Incrimination Clause«, in: *Faculty Scholarship Series* 1 (1995), S. 857, zit. nach: Ciarelli, »Pre-Arrest Silence«, S. 654. Das Recht zu schweigen hat inzwischen in den USA zahlreiche Einschränkungen erfahren: Janet Ainsworth, »Silence, Speech, and the Paradox of the Right to Remain Silent in American Police Interrogation«, in: Michael Freeman, Fiona Smith (Hg.), *Law and Language. Current Legal Issues* 15 (2013), S. 371-385.

12 Ontologisch mag man sich fragen, ob es sich aus Latours Perspektive überhaupt schon um Entitäten handeln kann, bevor diese zum Sprechen und Handeln gebracht wurden.

Die Realität, wie das lateinische Wort *realitas*, das auf *res* verweist, anzeigt, ist das, was widerständig ist [*resist*]. Wem gegenüber widersetzt sie sich? *Kraftproben*. Wenn in einer gegebenen Situation kein Andersdenkender in der Lage ist, die Form eines neuen Objekts zu verändern, dann ist es passiert; es ist Realität, zumindest solange die Kraftproben nicht verändert werden.[13]

Das heißt: Was einer Vernehmung nicht standhalten kann oder sich ihr entzieht, ist nicht von Interesse; weder für die Wissenschaftler*innen im Labor noch für die ANT. Die Entitäten im Labor mögen schweigen, jedoch nehmen sie damit ihre Nichtexistenz in Kauf. Soziologie wird so zu einer positivistischen und aktionistischen Wissenschaft, die ganz darauf ausgerichtet ist, dass etwas geschieht – die also über ein Bias für das Handeln verfügt. Mit derart verengtem Blick auf das Handeln kann sie jedoch nur jene menschlichen und nichtmenschlichen Akteure beobachten, die eine aktive Rolle bei der Herstellung von Dingen einnehmen.

Im Gegensatz dazu befindet sich das rechtliche Schweigen einer befragten Person in einer bemerkenswerten Doppelposition. Dieses Schweigen ist nicht außerhalb der juristischen Sphäre situiert, sondern ist stark reguliert und umstritten; zudem handelt es sich um ein Schweigen, das ständig Gefahr läuft, doch als rechtliche Äußerung interpretiert zu werden. Sicherlich ist dieses Schweigen noch immer Teil des rechtlichen Netzwerks, aber es unterbricht die Vernehmung, zumindest vorläufig. In diesem Moment dürfen keine weiteren Aussagen hinzugefügt werden; dem Verdächtigen ist es gestattet, nicht zu partizipieren. Insofern führt das Schweigen eine Pause ein, und zwar sowohl in den Prozess der Fabrikation rechtlicher Fakten als auch in den Prozess der Schaffung neuer Ereignisse, die rechtliche Fakten produzieren. Gewiss handelt es sich, wie bereits angedeutet, um ein paradoxes Schweigen – ein Schweigen, das beobachtet wird, das rechtlich kodifiziert ist und das in das Polizeiprotokoll eingehen wird. Insofern ist es kein reines Schweigen, aber ein solches ist ohnehin nicht denkbar. Schweigen wird als Schweigen benannt und ist damit selbst eine Äußerung, wenn auch eine, die selbst behauptet, keine zu sein. Trotzdem erbringt das Recht zu schweigen eine einzigartige Leistung. Es erkennt an, dass es möglich und nötig sein kann, die Produktion neuer Äußerungen anzuhalten, eine temporäre Pause in den permanenten Kommuni-

13 Bruno Latour, *Science in Action. How to Follow Scientists and Engineers Through Society*, Cambridge 1987, S. 93.

kationsfluss einzuführen. Auch wenn diese Pause den Rechtsprozess für eine gewisse Zeit zum Erliegen bringt, befindet sie sich nicht im Widerspruch zum Recht, im Gegenteil: Sie trägt zur Legitimation des Rechts bei, indem sie dessen Grenzen deutlich macht.[14] Eine solche Pause sorgt dafür, dass die Art und Weise, wie ein Geständnis zustande kommt, im Einklang mit rechtlichen Standards steht. Die »Miranda-Warnung« ergeht nicht nur an den Verhörten, sondern auch an die Verhörenden, die dadurch angehalten werden, existierende rechtliche Protokolle einzuhalten. Sie benennt ein Schweigen und ist insofern eine Kommunikation über die Möglichkeit zu schweigen, die ihrerseits notwendig ist, rechtliche Netzwerke aufrechterhalten zu können. Das Schweigen selbst oszilliert also zwischen rechtlicher Indienstnahme, rechtlichem Hindernis und einer rätselhaften Leerstelle in der rechtlichen Kommunikation.

Das Schweigen im Labor und das Schweigen im Verhörraum zeigen uns unterschiedliche Arten des Sammelns und Fabrizierens von Aktanten und differierende Rollen der (partiellen) Nichtbeteiligung in wissenschaftlichen und rechtlichen Netzwerken. Im Labor ist die Nichtpartizipation einer unsichtbaren Dissoziation geschuldet; streng genommen wird hier nicht eine vorherige Assoziation aufgelöst, sondern ein Existenzrecht jenseits der Assoziation – der nicht zum Handeln gebrachten Entitäten – verwehrt. Im Verhörraum dagegen wird ein gut sichtbares Recht eingeführt, das es erlaubt, Aussagen zu dissoziieren, sie selbst dann, wenn sie getätigt worden sind, als nichtexistent zu behandeln.

1.3 Politik der Konnektivität

Auch im Feld des Politischen stellt sich die Frage nach der Rolle von Beteiligung und Nichtbeteiligung: nach einer Beteiligung, die gleichzeitig eine Nichtbeteiligung ist, das heißt einer Diskonnektivität innerhalb des Flusses von Konnektivität.[15] Aus dieser Perspek-

14 Vgl. Marianne Constable, *Just Silences. The Limits and Possibilities of Modern Law*, Princeton 2005.

15 Interessanterweise enthält sogar Habermas' Theorie kommunikativen Handelns

tive möchte ich nun Latours Konzepte des Politischen betrachten,[16] wobei es mir nicht um die unterschiedlichen Fassungen geht, die Latour dem Politischen gegeben hat – von der Dingpolitik bis hin zur Kosmopolitik. Stattdessen möchte ich die diese Konzepte begründende Vorstellung von Konnektivität herausarbeiten. Erneut sei hervorgehoben, dass generell mit Konnektivität kein Phänomen gemeint ist, das ausschließlich bei digitalen Netzwerken anzutreffen wäre. Und speziell bei Latour ist Konnektivität das Grundprinzip seiner Soziologie, die für ihn eine »Assoziologie« ist, sich also mit der Frage beschäftigt, wie Assoziationen –Verbindungen, Konnexionen – hergestellt werden können.[17]

Es wird sehr schnell klar, dass in dieser Soziologie Politik und Wissenschaft in starker Affinität zueinander stehen. In seinem Buch *Das Parlament der Dinge* macht Latour diese Affinität deutlich:

das Recht, sich aus einem Gespräch zurückzuziehen: »Deshalb läßt sich die private Autonomie eines Rechtssubjekts wesentlich als die negative Freiheit verstehen, sich aus dem öffentlichen Raum gegenseitiger illokutionärer Verpflichtungen auf eine Position wechselseitiger Beobachtung und reziproker Einwirkung zurückzuziehen. Die private Autonomie reicht so weit, wie das Rechtssubjekt *nicht* Rede und Antwort stehen, für seine Handlungspläne *keine* öffentlich akzeptablen Gründe angeben muß. Subjektive Handlungsfreiheiten berechtigen zum *Ausstieg* aus dem kommunikativen Handeln und zur Verweigerung illokutionärer Verpflichtungen; sie begründen eine Privatheit, die von der Bürde der gegenseitig zugestandenen und zugemuteten kommunikativen Freiheit befreit.« Jürgen Habermas, *Faktizität und Geltung. Beiträge zur Diskurstheorie des Rechts und des demokratischen Rechtsstaats*, Frankfurt/M. 1992, S. 153. (Ich danke Peter Niesen für diesen Hinweis.)

16 »Konzepte« im Plural, weil sich unterschiedliche Ideen des Politischen in Latours Werk finden lassen.

17 Diese hervorgehobene Rolle von Konnektivität findet sich auch in ANT-Studien, die bereits in den 1990er Jahren versucht haben, den Netzwerkbegriff um weitere Formen zu ergänzen. Man denke z. B. an Annemarie Mol, John Law, »Regions, Networks and Fluids. Anaemia and Social Topology«, in: *Social Studies of Science* 24, 4 (1994), S. 641-671, die u. a. den topologischen Begriff der Flüssigkeiten – *fluids* – einführen. Die ganze Metaphorik der Flüssigkeiten und Ströme ruht ihrerseits auf einem starken Kontinuitätsbegriff (ebd., S. 662), welcher Konnektivität als beständige Transformation fasst. So vielversprechend eine solche topologische Wendung der ANT erscheint, mit dem oben diskutierten Konnektivitätsimperativ bricht sie damit keineswegs; vielmehr können topologische Modelle durch ihre Kontinuitätsannahme diesen zusätzlich verstärken.

Als wir uns weigerten, die Politik mit Menschen, Subjekten und Freiheit zu verbinden und die Wissenschaft mit Objekten, Natur und Notwendigkeit, haben wir die gemeinsame Arbeit von Politik und Wissenschaft entdeckt: die Entitäten des Kollektivs zusammenzumengen, um sie artikulierbar zu machen und *zum Sprechen zu bringen*. Nichts ist politischer als diese Aktivität, nichts ist wissenschaftlicher.[18]

Demnach sind der politischste und der wissenschaftlichste Akt in einem essentiellen Aspekt identisch: Es geht darum, Entitäten zum Sprechen zu bringen. Und sprechen können sie nur, wenn sie Teil eines netzwerkförmigen Kollektivs werden. Deswegen ist Politik eine lärmige Angelegenheit.[19] Alle Gruppen, egal, ob sie aus Buchhalter*innen, Soziologen*innen oder Winzer*innen bestehen, versammeln viele Stimmen: »Gruppen sind keine stummen Dinge, sondern eher das provisorische Produkt eines ständigen Lärms von Millionen widersprüchlichen Stimmen, die zum Ausdruck bringen, was eine Gruppe ist und wer zu ihr gehört.«[20] Schon diese noch rudimentäre Auffassung des Politischen arbeitet mit zwei Annahmen, die der genaueren Betrachtung bedürfen: (a) Entitäten werden zum Sprechen gebracht; und (b) Entitäten versammeln sich.

(a) Eines der wichtigsten Momente des Politischen ist für Latour die Produktion von Aktanten, wobei er das Aktanten-Konzept erheblich erweitert hat, um auch nichtmenschliche Aktanten zu berücksichtigen, was den Kreis möglicher Mitglieder eines Kollektivs signifikant vergrößert. Dem entsprechenden politischen Vorschlag, ein Parlament der Dinge einzurichten, wurde häufig mit dem Einwand begegnet, dass damit einem exklusiven Expertentum Vorschub geleistet würde, indem in diesem Parlament Expert*innen für den Wald, das Klima, die Tiere etc. sprechen würden.[21] Aus meiner Sicht folgt die Kritik an der Expertokratie ihrerseits noch zu sehr den Latour'schen Vorgaben – und übersieht deshalb ein grundlegendes Problem in dieser Konzeption des Politischen: das Erfordernis, dass nichtmenschliche und menschliche Akteure spre-

18 Bruno Latour, *Das Parlament der Dinge. Für eine politische Ökologie*, Frankfurt/M. 2010, S. 125.

19 Vgl. Andrew Cole, »The Call of Things. A Critique of Object-Oriented Ontologies«, in: *Minnesota Review* 80 (2013), S. 106-118, hier S. 111.

20 Latour, *Eine neue Soziologie für eine neue Gesellschaft*, S. 58.

21 Vgl. Gesa Lindemann, »Bruno Latour. Von der Wissenschaftsforschung zur Expertokratie«, in: *Zeitschrift für Kulturwissenschaften* 6, 2 (2009), S. 113-118.

chen müssen, um überhaupt erst Bürger*innen zu werden und dadurch an politischen Prozessen teilzuhaben. Daher fungiert die ANT auch als eine Art Coaching der noch immer stillen Masse: »[S]pezifische Tricks [mußten] erfunden werden, um *die Objekte zum Reden zu bringen*, das heißt Beschreibungen ihrer selbst anzubieten, *Skripte* von dem zu produzieren, wozu sie andere – Menschen oder Nicht-Menschen – bringen.«[22] Aber wie verhält es sich mit der Weigerung zu sprechen? Könnte es nicht auch die Möglichkeit geben, auf die Tricks nicht anzuspringen, nicht zu reagieren, stumm zu bleiben? Fest steht, dass die ANT nicht daran interessiert ist, das Schweigen zu hören. Aber warum?

Das bringt uns wieder zurück zu Latours performativem Verständnis von Aktanten. Wie alle anderen Aktanten müssen auch politische Aktanten etwas tun, um zu einem Aktanten zu werden. Ein Aktant, der in seinem Netzwerk verstummt oder unsichtbar ist, ist in diesen Situationen keiner mehr: »Sie [Objekte] bleiben stumm und sind nicht länger Akteure, sie können nicht in Betracht gezogen und nicht dargestellt werden.«[23] Ein unbenutztes Buch in der Bibliothek, der Müll in der Tonne, der Schlüssel, den ich gestern vergessen habe, aber auch der verborgene Geheimagent oder der Schläfer – all diese vernachlässigten Dinge werden nicht beachtet und produzieren keinen »sichtbaren Effekt auf andere Handlungsträger«.[24] Latours Soziologie ist eine höchst aktivistische Soziologie, und zwar primär auf der Ebene der Theorie. Sie verfügt über ein nur sehr beschränktes Vokabular, um das zu beschreiben, was keinen »sichtbaren Effekt« produziert. Sedimentierte Praktiken, materialisierte Gewohnheiten, das Funktionieren von Infrastrukturen, Atmosphären – all diese Phänomene sind für Latour nur dann von Interesse, wenn etwas Außergewöhnliches oder Unvorhergesehenes passiert, so dass sie die Aufmerksamkeit der Ethnographin-Theoretikerin auf sich ziehen, die sich in einem permanenten Zustand der Anspannung zu befinden scheint. Die ANT fußt analytisch in einer sozialen Ästhetik der Überraschung. Sie nimmt primär Momente des Neuen und Überraschenden wahr, zum Beispiel einen Unfall, Reparaturarbeiten oder das Hinzufügen

22 Latour, *Das Parlament der Dinge*, S. 137.
23 Ebd., S. 136.
24 Ebd.

neuer Aktanten zu einem existierenden Netzwerk, wohingegen ihr jene Momente systematisch entgehen, in denen nichts passiert. Für Phasen der Stille oder jene seltsamen Präsenzen, die noch keine Aktanten sind, aber dennoch, auf welcher Weise auch immer, da zu sein scheinen, hat sie kein Sensorium.

Solche Momente der Unverbundenheit entgehen der ANT zwar auf der analytischen Ebene, werden aber in ontologischen Begriffen als Voraussetzung des Vernetzungsgeschehens thematisiert:

> Anstatt von universellen Gesetzen auszugehen [...] und anstatt örtliche Kontingenzen als ebenso viele absonderliche Partikularitäten zu betrachten, die man entweder beseitigen oder beschützen sollte, geht sie von *nicht-reduzierbaren, inkommensurablen, unverbundenen Orten aus, welche dann manchmal, mit hohen Kosten, in vorläufig kommensurablen Verbindungen enden.*[25]

Das Noch-nicht-Verbundene und das Unverbundene sind Teil eines ontologisch gegebenen, nichtsozialen Hintergrunds. Mit dem Begriff des Plasmas versucht Latour, dieses Unverbundene – also das, was durch die Maschen der Netzwerke fällt – zu fassen.[26] Er muss diese riesige »fehlende Masse« postulieren, um erklären zu können, dass es zur Netzwerkbildung kommt. Aber über diese theoriestrategische Setzung hinaus entfaltet der Begriff des Plasmas keine Effekte – oder wie Laurent de Sutter es ausgedrückt hat: »Latour kümmert sich einen Dreck um das Plasma.«[27] Und dies obwohl seine ganze soziologische Metaphysik ihre Dynamik vom Plasma bezieht. Dieses beruht auf dem Ausschluss von allem, was keine Spuren erzeugt und dennoch das Geschehen affiziert.[28] Das Plasma gilt ihm lediglich als Startpunkt für den Imperativ, sich zu verbinden, diesem Hintergrund aus unverbundenen Orten immer neue Verbindungen abzuringen. Das Plasma ist »*noch* nicht

25 Bruno Latour, »Über Akteur-Netzwerk-Theorie. Einige Klarstellungen«, in: Lore Knapp (Hg.), *Literarische Netzwerke im 18. Jahrhundert*, Bielefeld 2019, S. 45-66, hier S. 48 (meine Hervorhebung).

26 Ulises Ali Mejias konzeptualisiert die Löcher in Netzwerken mit Deleuze als Virtualität, vgl. *Off the Network. Disrupting the Digital World*, Minneapolis 2013.

27 Laurent de Sutter, »Plasma! Notes on Bruno Latour's Metaphysics of Law«, in: Kyle McGee (Hg.), *Latour and the Passage of Law*, Oxford 2015, S. 197-208, hier S. 204.

28 Ebd.

formatiert«,[29] das Unverbundene erscheint primär als »Ressource«[30] für Netzwerkbildung – und am Rande als geheimnisvolle Instanz, mit deren Hilfe man ansonsten unerklärliche Veränderungen von Netzwerken erklären kann. Das Plasma fungiert bei Latour wie eine riesige »Müllhalde«, auf die alles gekippt wird, was die ANT (noch) nicht fassen kann, was aber dennoch irgendwie präsent ist.[31]

(b) Latours Konzeption des Politischen zufolge ist es niemals möglich, für sich selbst zu sprechen; man benötigt immer ein Kollektiv, um überhaupt sprechen zu können. Aus diesem Grund wird Latours Politik zu einer der Mediatoren, Fürsprecher und Verräter. Dabei bleibt allerdings unthematisch, dass diese »Politik des Sprechens« gleichzeitig eine Explosion der Diskurse hervorbringt. Von Michel Foucault haben wir gelernt, dass die moderne Macht den Diskurs nicht beschränkt, sondern vielmehr Äußerungen multipliziert und wuchern lässt. Macht gründet nicht zuletzt in der beständigen Produktion von immer neuem Wissen; sie macht das, was noch nicht gesagt wurde, zum Objekt neuer Techniken der Wissensproduktion.

Es ist kein Zufall, dass es in autoritären Regimen kein Recht zu schweigen gibt. Das bedeutet nicht, dass Latour für eine totalitäre Politik plädiert, deutet aber darauf hin, dass es nicht notwendigerweise ein emanzipatorischer Akt sein muss, Menschen und Dinge qua Vernetzung zum Sprechen zu bringen. Solch eine Politik hat immer schon Anteil an der unendlichen Wucherung neuer Verbindungen, Aktanten und Äußerungen, und ist Teil einer Logik, die davon ausgeht, dass eine Verbindung herzustellen per se besser ist als sich zurückzuziehen, unsichtbar zu werden oder eine Verbindung zu lösen. Diese Politik unterstellt, dass die Universalisierung des Sprechens ein normatives Ziel von Politik sein sollte. Zwar fügt Latour die Bedingung hinzu, dass diese Universalisierung so viel Heterogenität wie möglich zulassen sollte, wodurch sich sein Ansatz von anderen normativen Demokratietheorien unterscheidet. Aber er bleibt dem Deliberationsgebot solcher Ansätze treu, ja radikalisiert dieses sogar. In gewisser Weise ist die ANT eine höchst

29 Latour, *Eine neue Soziologie für eine neue Gesellschaft*, S. 419 (meine Hervorhebung).

30 Ebd., S. 421.

31 Ebd., S. 203.

beeindruckende Lärmmaschine. Sie versucht, eine Kakophonie heterogener Stimmen zu kreieren, und stellt den Raum für ein improvisiertes Konzert dieser Stimmen bereit, wobei die Komposition erst während der Aufführung entsteht. Es handelt sich um einen festlichen Lärm, um eine Feier, die den Zusammenbruch der Geräuschkontrolle der »Verfassung der Moderne« zelebriert (wie Latour in *Wir sind nie modern gewesen* analysiert[32]).

Diese kompositionale Politik wird von der Logik einer potentiell universalen Inklusion geleitet. Gewiss, nicht jeder Aktant wird Teil eines Kollektivs sein, sondern das Kollektiv wird selbst darüber entscheiden, wie es zusammengesetzt sein wird. Prinzipiell könnte aber jeder Aktant Teil eines jeden Kollektivs sein – ganz im Sinne der symmetrischen Anthropologie, die Latour entwickelt. Die Menge der möglichen Teilnehmenden muss vergrößert und diversifiziert werden, um die Zusammensetzung potentiell demokratischer zu machen – um also den Kardinalfehler der Modernen nicht zu wiederholen, denen es um eine Politik der Reinigung und um eine repressive Politik der Ausschaltung von Lärm gegangen sei. Zu diesem Zweck hätte die »Verfassung der Moderne« die Unterscheidung zwischen der Natur und dem Sozialen stabilisiert und purifiziert, um die Natur in ein stilles Objekt zu verwandeln, über das zwar gesprochen wird, das aber selbst nicht am Gespräch teilnimmt. Latours Abneigung gegenüber dem Schweigen steht also im Kontext seines Kampfes gegen die Verfassung der Modernen, welche die Natur zum Schweigen bringen wollten und auch gebracht haben.

Die neuen Kollektive sollen das einschließen, was bisher ausgeschlossen wurde. Auch soll diese erweiterte und heterogene Versammlung der Mitglieder mit größerer Freiheit einhergehen,[33] wobei unter Freiheit nun nicht die Autonomie der Aktanten verstanden wird, sondern in der Fähigkeit von Netzwerken liegt, die Elemente auf unterschiedliche Weise zu kombinieren. Sie wird damit direkt mit dem Ethos der Konnektivität verknüpft. Um frei zu sein, muss eine Assemblage größtmögliche Flexibilität erreichen. Alternative Konnotationen von Freiheit, zum Beispiel die Fähigkeit, bestimmten Kräften zu widerstehen, gehen in diesem Konzept

32 Bruno Latour, *Wir sind nie modern gewesen*, Frankfurt/M. 2008, S. 22 ff.

33 Latour, *Das Parlament der Dinge*, S. 121.

zugunsten einer gesteigerten und flexiblen Konnektivität innerhalb von Kollektiven verloren.

Obwohl Latour politische Kollektive für nichtmenschliche Akteure geöffnet hat – seien es Wälder, Steine, Hunde oder Bakterien –, folgt seine politische Theorie noch immer dem Ideal der Deliberation in öffentlichen Diskursen.[34] Wie viele andere Demokratietheorien, die Latour ansonsten ablehnt, privilegiert er die hör- und verstehbare Stimme als den Schlüssel zu demokratischer Politik. Politik ist eine Versammlung, die aus denjenigen besteht, die in der Lage sind, öffentlich Stellung zu nehmen, zu verhandeln. In einem gewissen Sinne ist die ANT der Aktivator für diejenigen, die noch nicht inkludiert sind, die bisher als passiv angesehen wurden. Diejenigen, die der Verhandlung noch nicht fähig sind, sollen in sprechende und damit kompetente Aktanten transformiert werden, indem sie dazu gebracht werden, sich mit einem Netzwerk zu verbinden und dadurch erst zu dem werden, was sie sind. Kurz gesagt: die wahre Bürger*in ist eine, die spricht, und keine, die gleichgültig ist.[35] Für eine materialistischere Lesart des Politischen, die sich für die nichtrepräsentationalen, affektiven Aspekte interessieren würde, ist in diesem Bild kein Platz.[36]

Im Gegensatz zu Bruno Latour haben andere Vertreter*innen der ANT das Schweigen nicht ignoriert, sondern es explizit zum Thema gemacht. In einem aufschlussreichen Aufsatz aus dem Jahr 2004 dokumentieren beispielsweise Michel Callon und Vololona Rabeharisoa eine denkwürdige Begegnung mit einem Patienten namens Gino, die sie im Rahmen einer Studie über eine genetische

34 Siehe Joel Wainwright, »Politics of Nature. A Review of Three Recent Works by Bruno Latour« in: *Capitalism, Nature, Socialism* 16, 1 (2005), S. 115-122, hier S. 119.

35 Das Gegenmodell dazu ist Jean Baudrillards zwischen Utopie und Dystopie schwankende Konzeption der schweigenden und indifferenten Masse, vgl. Jean Baudrillard, *Im Schatten der schweigenden Mehrheiten*, Berlin 2010.

36 Siehe für alternative Konzeptionen des Politischen die Diskussion, die an Walt Whitmans Konzept der *sentimental democracy* anschließen, Mary Esteve, *The Aesthetics and Politics of the Crowd in American Literature*, Cambridge 2003. Jason Frank erarbeitet ein Konzept der ästhetischen Demokratie und des demokratisch Erhabenen, das durch die Erfahrung des Werdens der Menschen charakterisiert ist – ein Prozess, der niemals abgeschlossen ist. Siehe Jason Frank, »Aesthetic Democracy. Walt Whitman and the Poetry of the People«, in: *Review of Politics* 69, 2 (2007), S. 402-430.

Krankheit (Gliedergürtel-Muskeldystrophie) gemacht haben.[37] Gino leidet unter der Krankheit, ist aber in vielerlei Hinsicht ein untypischer Patient. Er weigert sich, Medikamente zu nehmen, an Selbsthilfegruppen teilzunehmen und zu erfahren, ob seine Kinder dieselbe Krankheit haben. Eine vierte Weigerung erschreckt die Forscher*innen besonders: Gino ist nicht daran interessiert, mit ihnen zu sprechen. Seine Antworten sind denkbar knapp, manchmal ist sein Murmeln kaum zu verstehen. Gino ist ein radikaler Fall von Nichtbeteiligung: Er nimmt nicht am einschlägigen medizinisch-sozialen Netzwerk teil und beteiligt sich nur minimal an dem soziologischen Forschungsprozess. Diese Weigerung lässt sich nicht ohne weiteres in eine ANT-Perspektive integrieren. Würden die beiden Soziolog*innen Latours Äußerungen über Aktanten, die keine sind, weil sie nicht handeln, ernst nehmen, müssten sie ihr unergiebiges Interview mit Gino dem Papierkorb überantworten. Jedoch sind sie von seiner radikalen Nichtbeteiligung derart fasziniert, dass sie ihm eine eigene Studie widmen. Sie lesen seine Verweigerungshaltung als eine Ablehnung von Netzwerken und Öffentlichkeiten, die ihn dazu zwingen wollen, sich bloßzustellen.[38] Mit der Absicht, der Weigerung einen analytischen Ort zu geben, identifizieren Callon und Rabeharisoa »einen Raum, in dem diese Verweigerung ihn nicht daran hindert, andere Entscheidungen zu treffen, andere Verpflichtungen einzugehen und andere Formen der Handlungsfähigkeit [*agency*] zuzulassen«.[39] Sie verstehen die Ablehnung als eine, die spezifisch gegen bestimmte Netzwerke gerichtet ist, dadurch aber zugleich die Möglichkeit für neue, andere Verschränkungen eröffnet: »Er entscheidet sich für eine andere Form der Bindung [*attachment*], die in seinen Worten mehrfach zum Ausdruck kommt, vor allem wenn er sich auf Fußball und seine Schwarzarbeit bezieht.«[40] Die theoretische Strategie, die hier von den Autor*innen angewendet wird, besteht darin, Ginos soziale Existenz zu retten, indem anerkannt wird, dass er trotz seines gegenwärtigen Nichthandelns ein Aktant ist, nur eben in anderen

37 Michel Callon, Vololona Rabeharisoa, »Gino's Lesson on Humanity. Genetics, Mutual Entanglements and the Sociologist's Role«, in: *Economy and Society* 33, 1 (2004), S. 1-27.

38 Ebd., S. 19.

39 Ebd., S. 15.

40 Ebd., S. 19.

Bereichen. Ungeachtet der zugrunde gelegten starken Annahme, dass Ginos personale Identität über verschiedene Kontexte hinweg stabil bleibt, zeigt das Argument, dass Ginos Schweigen in ein aktives Schweigen transformiert werden muss, damit die ANT es überhaupt analysieren kann.

Paolo Palladino und Tiago Moreira haben argumentiert, dass die ANT Ginos Schweigen einem Kalkül unterordnet.[41] Um das Schweigen anzuerkennen, müssen Callon und Rabeharisoa es in einen kalkulierten Akt der Nichtbeteiligung umwandeln. In Anlehnung an Jacques Rancière verweisen sie darauf, dass sich Politik »nicht aus der Notwendigkeit ableite[t], Menschen in Gemeinschaften zu versammeln«.[42] Obwohl ich nicht Rancières gesamtem Argument folgen möchte, teile ich seine Einsicht, dass aus analytischer Perspektive auch dasjenige für ein Netzwerk von Gewicht sein kann, was für dieses von keinerlei Nutzen ist und es auch nicht unmittelbar stört. Weder verweist ein Schweigen (als Form der Nichtbeteiligung) lediglich auf eine individuelle Weigerung noch handelt es sich (wie bei Callon/Rabeharisoa) um die stille Repräsentation all jener, die mit einem aktuellen Diskurs unzufrieden sind. Letzteres verwandelt die stille Figur in einen Sprecher – ihr Schweigen geht als Schweigen verloren und wird in ein aktivierendes Ereignis einer neuen Kollektivität umgewandelt. Es ist sicher richtig, dass ein Schweigen diese Rolle übernehmen kann, aber wir sollten in der Lage sein, den Moment des Schweigens auszuhalten und anzuerkennen, bevor er eine neue Kollektivität kreiert, zumal das in der Schwebe bleibende Schweigen uns etwas darüber sagt, wie Kollektive konstituiert werden. Es verweist nämlich auf eine radikale immanente Dissoziation, von der jedes Kollektiv heimgesucht wird. Wenn wir dieses Schweigen aus unseren Epistemologien ausschließen, können wir Politik nur mehr als eine der Produktion von immer mehr und immer heterogeneren Verbindungen denken, was aus meiner Sicht den Begriff der Politik verkürzt.

Es ist aufschlussreich, dass Callon und Rabeharisoa das Schwei-

41 Paolo Palladino, Tiago Moreira, »On Silence and the Constitution of the Political Community«, in: *Theory & Event* 9, 2 (2006), ⟨https://muse.jhu.edu/article/198811⟩, letzter Zugriff 05. 03. 2020.

42 Jacques Rancière »Ten Theses on Politics«, in: *Theory & Event* 5, 3 (2001), S. 18, ⟨https://muse.jhu.edu/article/32639⟩, letzter Zugriff 05. 03. 2020, zit. nach: Palladino/Moreira »On Silence and the Constitution of the Political Community«.

gen Ginos nur aus dessen Perspektive thematisieren, und nicht aus der Perspektive des medizinischen und akademischen Netzwerks, in dem dieses Schweigen stattfindet. Dadurch entgeht ihnen jedoch die Provokation, die von Momenten der Diskonnektivität innerhalb von Netzwerken ausgeht – also von der bloßen Gegenwart einer nichthandelnden Entität in einem Netzwerk, die sich aber nicht am Verbindungsgeschehen des Netzwerks beteiligt und sich gegenüber dessen Mobilisierungsstrategien indifferent zeigt. Erneut wird die paradoxe Verfassung des Schweigens deutlich: Wird es als Provokation benannt, dann wird es ein für das Netzwerk lesbares Schweigen und damit in einer gewissen Weise auch handlungsfähig – als ein Problem, mit dem irgendwie umzugehen ist. Aber dieses Schweigen war schon vor seiner Artikulation präsent, wenn auch noch unbestimmt, ja sogar noch ein Stück weit ontologisch ungewiss. Gerade solche Momente können innerhalb eines Netzwerks einen neuen Raum kreieren, der zwar noch kein Versammlungsraum ist, aber einer werden könnte. Latour hat für solche Momente, wenn er sie überhaupt berücksichtigt, nur Verachtung übrig, betrachtet sie beispielsweise in *Existenzweisen* sogar als politisch gefährlich, wenn er von »ein[em] Volk ohnmächtiger Nörgler [*râleurs*]« spricht, »die gerade noch dazu gut sind, sich zu empören, ohne zu wissen, wogegen«.[43] Wir sollten *râleurs* wörtlich nehmen: als ein unbestimmtes Nörgeln und Röcheln, zwischen dem körperlichen Ausdruck von Unzufriedenheit und leeren Worten. Es handelt sich um eine eigenartige Form der politischen Gegenwart in Netzwerken, die sich (noch) nicht als Problem oder gar als Protest artikuliert hat, die kein Thema hat und sich der geforderten Kontroverse entzieht.

Für Latour bestimmt sich die Autonomie des Politischen dagegen dadurch, dass sie um »die Objekte, die Angelegenheiten, die Brennpunkte« kreist, die von Belang sind.[44] Gegen einen positivistischen Tatsachenbegriff (*matters of fact*) führt Latour daher die »Dinge von Belang« (*matters of concern*) ein, die im Rahmen eines

43 Bruno Latour, *Existenzweisen. Eine Anthropologie der Modernen*, Berlin 2014, S. 468. Im franz. Original heißt es: »[V]ous n'avez plus qu'un peuple de râleurs impuissants tout juste bon à s'indigner sans savoir de quoi s'indigner«, in: Latour, *Enquête sur les modes d'existence. Une anthropologie des Modernes*, Paris 2012, S. 346.

44 Latour, *Existenzweisen*, S. 472.

Disputs bestimmt werden, um politisch sein zu können.[45] Anders formuliert: Wenn man politisch sein möchte, muss man wissen, welches Thema man einbringen möchte und über welches Thema gestritten werden soll, um so eine Menge zu versammeln. Aber was ist mit den Momenten des Schweigens, des Stotterns und des Zögerns, in denen diese Themen noch nicht festgelegt sind? Diese Momente verweisen auf etwas, das noch nicht dazu bereit ist, zu einem klar umrissenen »Ding von Belang« zu werden. Dieser fluktuierende Status ist affektiv strukturiert; bevor er in eine Stellungnahme oder eine Repräsentation transformiert wird, macht er sich, so Chris Conry, etwa in Form einer Schmerzwahrnehmung bemerkbar.[46] Ein Konzept des Politischen, das sich an den Modellen der Versammlung und der Verhandlung orientiert, konzentriert sich zu stark auf die diskursive Ebene, selbst dann, wenn es nichtmenschliche Aktanten mit einschließt. Die damit einhergehende Nichtbeachtung der Momente der Nichtpartizipation – des Schweigens, des Zögerns, des Stotterns – hat ihren Preis. Er besteht darin, die wichtige affektive Dimension des Politischen, die etwa im Unbehagen des Schweigens zum Ausdruck kommt, aus dem Blick zu verlieren.

45 Latours Konzeption der Politik überführt Tatsachen (»matters of fact«) in Dinge von Belang (»matters of concern«), um auf diese Weise sowohl der Gefahr einer positivistischen Tatsachengläubigkeit wie auch einer relativistischen Beliebigkeit zu entgehen. Dinge von Belang sind selbst netzwerkförmig, sie sind umkämpfte *issues*, durch die Akteure versammelt werden. Siehe: Bruno Latour, *Elend der Kritik. Vom Krieg um Fakten zu Dingen von Belang*, Zürich 2007.

46 Chris Conry, »What Does it Mean to Not Participate?«, in: *Walkerart*, 2013, ⟨https://walkerart.org/magazine/on-nonparticipation-chris-conry-nabil-ahmed-keli-garrett⟩, letzter Zugriff 02.05.2020. Vgl. Bruno Latour, »From Realpolitik to Dingpolitik«, in: ders., Peter Weibel (Hg.), *Making Things Public. Atmospheres of Democracy*, Cambridge 2005, wo Latour kurz auf die mich hier interessierende Frage der Nichtbeteiligung eingeht, beunruhigt von Phänomenen der politischen Indifferenz. Latour fragt: »[H]ow to devise an assembly of *ways of dissembling*?« (S. 27). Um den »Dämon« des »Demontierens« (*dissembling*; das Wort wird von Latour hier als Gegenbegriff zu *assembling* eingeführt und sollte daher nahe an den Fabrikations- und Produktionsmetaphern als Demontage verstanden werden) zu bändigen, den Latour m. E. zu schnell mit »Entzweiung« (*disunity*) gleichsetzt (S. 31), müssen ihm zufolge offenere Formen des Sichversammelns entwickelt werden. Damit wird Nichtpartizipation aber nicht in ihrem eigenen Recht wahrgenommen, sondern auf ein Verfahrensproblem des Sichversammelns reduziert.

Eine Politik der Diskonnektivität interessiert sich für diese vorkonstitutionellen Momente des Politischen.[47] Während der Begriff der Dinge von Belang durch die Fähigkeit, Akteure durch gut bestimmte Anliegen zu versammeln, bestimmt wird, geht es hier um ein »mattering«, dessen *Belang* noch in der Schwebe ist. Die Stärke der Dissoziation als Politik der Entnetzung liegt in dieser Offenheit oder Unbestimmtheit, die aber nicht zu verwechseln ist mit der Unentschiedenheit zwischen unterschiedlichen Positionen in einer Kontroverse. Die Unbestimmtheit der Nichtpartizipation ist grundsätzlicher angelegt, weil sie sich nicht in die Form einer diskursfähigen Äußerung bringen lässt und daher auch klassische Begriffe des Politischen – »Freund« und »Feind« oder »Anerkennung« und »Nichtanerkennung« etc.– hier noch nicht greifen. Das entnetzende Schweigen provoziert, weil es die Imperative des Netzwerkens hinterfragt, anstatt einfach nur ein fragwürdiges Netzwerk durch ein anderes zu ersetzen. Das Schweigen, um das es geht, hat kein Anliegen. Es nimmt die Form einer Ambivalenz an, die den Imperativ, sich zu verbinden, problematisiert:

> Das Problem besteht nicht darin, die Leute zum Reden zu bringen, sondern ihnen leere Zwischenräume von Einsamkeit und Schweigen zu verschaffen, von wo aus sie endlich etwas zu sagen hätten. Die Mächte der Unterdrückung hindern die Leute nicht am Reden, im Gegenteil: Sie zwingen sie dazu. Wohltat, nichts zu sagen zu haben, Recht, nichts zu sagen zu haben – denn nur so kann sich etwas Rares oder Seltenes bilden, das es ein wenig verdiente, gesagt zu werden.[48]

Ich möchte mit zwei methodologischen Herausforderungen schließen, die sich daraus ergeben, Dissoziation innerhalb der ANT zu denken. Erstens muss ein nichtrepräsentationales Verständnis von Politik politische Formen ernst nehmen, die versuchen, dem Drang zu widerstehen, sich sichtbar zu verbinden. Dafür kann der bekannte Imperativ der ANT – »Folge dem Akteur!« – irreführend sein. Es gilt vielmehr, diejenigen Pfade zu berücksichtigen, auf denen Akteure verloren gehen, auf denen sie verblassen und sich verstecken. Demnach müssen wir aufmerksam sein für die Beziehungen, für die Bewegung und für die Energetik von Netzwerken und nicht so

47 Vgl. dazu Papadopoulos, »Alter-Ontologies«.

48 Gilles Deleuze, »Die Fürsprecher«, in: ders., *Unterhandlungen 1972-1990*, Frankfurt/M. 1993, S. 175-196, hier S. 188.

sehr für das, was Akteure tun.[49] Aber die Auflösung in Linien müsste sich nicht nur für die sichtbaren Bewegungen interessieren, sondern auch für das Versickern und Verlorengehen in diesen Linien.[50] Zweitens müsste solch ein Verständnis von Entnetzung die Obsession der ANT für das Neue und Aktive überdenken – das heißt ihre Ästhetik der Überraschung. Latour hat mehrfach betont, dass die Qualität eines guten Texts darin besteht, zu überraschen. Aber der permanente Status der Suspense macht Unverbundenes unsichtbar und wird nach einer gewissen Zeit ziemlich anstrengend. Als Antwort darauf gilt es, langweiliger werden – nicht im Sinne des immer schon Erwarteten oder einer ewigen Wiederholung. Vielmehr könnte eine langweilige ANT (in Anlehnung an Walter Benjamin) den affektiven Zustand erkunden, in dem noch nichts geschieht: »Langeweile haben wir, wenn wir nicht wissen, worauf wir warten. [...] Die Langeweile ist die Schwelle zu großen Taten.«[51]

49 Vgl. Tim Ingold, »When ANT meets SPIDER. Social Theory for Anthropods«, in: Carl Knappett, Lambros Malafouris (Hg.), *Material Agency*, Berlin 2008, S. 209-215.

50 Vgl. meine Diskussion zur Figur des Autisten und der Fluchtlinien bei Deleuze in diesem Teil, Kap. 3.2.

51 Walter Benjamin, *Das Passagen-Werk* [1940], Frankfurt/M. 1983, S. 161.

2. Anschlussunfähigkeit (Niklas Luhmann)

Für das Unverbundene gibt es in Bruno Latours Netzwerktheorie eigentlich keinen Platz, wie wir gesehen haben. Wer sich nicht mit anderen Akteuren verbindet, dem kommt mit dem Akteursstatus auch seine soziale Existenz abhanden und er verschwindet für die Soziologie. Wir haben jedoch auch gezeigt, dass das Unverbundene sich dennoch an den Rändern behauptet: sei es in Form des Plasmas als Potential für zukünftige Vernetzung, sei es als ein schwer zu fassendes Murmeln, das noch keine identifizierbare Form und keinen bestimmten Inhalt angenommen hat. Ex negativo haben sich damit erste Anhaltspunkte für ein Denken von Entnetzung abgezeichnet, und zwar in Gestalt eines stärkeren Begriffs des Nichthandelns, der dessen eigene Positivität (im Sinne einer materiellen Präsenz) ernst nimmt. Könnten nicht gerade die Paradoxien, welche ich exemplarisch am Beispiel des Schweigens diskutiert habe, auf eine Grundstruktur der Entnetzung verweisen, nämlich darauf, dass diese in Netzwerken immer beides zur selben Zeit ist: anwesend und abwesend?

Ich möchte diesen Gedanken in meiner Lektüre von Niklas Luhmanns Kommunikationstheorie weiterverfolgen. Auch hier soll das Problem der Entnetzung zunächst durch eine immanente Analyse herausgearbeitet werden, was zu einer beträchtlichen Verschiebung des theoretischen Horizonts führen wird. So treten etwa an die Stelle von heterogenen, offenen Netzwerken geschlossene Kommunikationssysteme; an die Stelle der Materialität des Sozialen tritt eine konsequente kommunikationstheoretische Formulierung. Auch wenn ich keinen Vergleich dieser so unterschiedlichen Sozialtheorien anstrebe,[52] gehe ich von einer zentralen Gemeinsamkeit aus. In beiden Fällen handelt es sich um Theorien, welche das Soziale als relationales Geschehen konzipieren. Dort, wo Latour von Assoziationen spricht, redet Luhmann von Anschlussfähigkeit.

52 Vgl. aber Andreas Christian Braun, *Latours Existenzweisen und Luhmanns Funktionssysteme*, Wiesbaden 2017; Ignacio Farías, »Virtual Attractors, Actual Assemblages. How Luhmann's Theory of Communication Complements Actor-Network Theory«, in: *European Journal of Social Theory* 17, 1 (2014), S. 24-41.

Ich möchte in diesem Kapitel ein theoretisches Experiment durchführen, indem ich erkunde, auf welche Weise Nichtanschlüsse zustande kommen und wie diese von Systemen registriert werden. Kurz: Es geht um die Frage, ob der Begriff der Anschlussfähigkeit nicht um seine vermeintliche Kehrseite – Anschlussunfähigkeit – zu erweitern wäre. Oder positiv formuliert: Könnte eine besondere Leistung von Kommunikation darin bestehen, es gerade nicht zu Anschlüssen kommen zu lassen, ohne diese Nichtanschlüsse aus dem System zu exkommunizieren? Um diese Frage zu beantworten, muss zum einen (ganz analog zu meiner Analyse des Nichthandelns bei Latour) der Status von »Fastereignissen«, die keinen Anschluss gefunden haben, geklärt werden. Zum anderen muss die Vorstellung einer *Fähigkeit* zur Verbindung genauer analysiert werden. Damit erweitert sich aber die Perspektive, denn es geht nicht bloß um die empirische Anschlusslosigkeit von Kommunikationsereignissen, sondern um deren Vorbedingungen, zu denen auch eine spezifische Anschluss*unfähigkeit* zählt. Die Frage ist dann auch, ob diese Unfähigkeit nicht selbst wiederum eine eigentümliche Form der Fähigkeit annimmt – nämlich die Fähigkeit, etwas nicht zu können.[53]

2.1 Anschlussfähigkeit als Theorieprogramm

»Keine Verbindung« – diese Fehlermeldung gehört fast schon zum Alltag medial vermittelter Kommunikation: Das Modem schafft keine Verbindung zum Netzwerk, das Navigationsgerät im Auto

53 Siehe hier auch die Diskussionen zum Begriff der *ability* in den Disability Studies, wo es ebenfalls um das Problem geht, *disability* nicht als bloßes Versagen zu fassen. So argumentiert etwa Tobin Siebers dafür, »disability als ability« zu verstehen, nicht um Erstere zu romantisieren, sondern um den Fähigkeitsbegriff und die damit einhergehenden Normalisierungsmechanismen zu profilieren. Siehe Tobin Siebers, *Disability Theory*, Ann Arbor 2008, S. 11. Ganz ähnlich kann die Fokussierung auf Anschlussunfähigkeit den wie selbstverständlich vorgetragenen Fähigkeitsbegriff problematisieren. Von den Disability Studies kann auch gelernt werden, dass (Un-)Fähigkeiten nicht essentiell Eigenschaften einzelner Subjekte oder Ereignisse sind, sondern durch je spezifische Situationen geschaffen und moduliert werden (siehe ebd., S. 14). Zu einer Kritik der Normalisierung von Disability siehe: Ingunn Moser, »Against Normalization. Subverting Norms of Ability and Disability«, in: *Science as Culture* 9, 2 (2000), S. 201-240.

findet den Satelliten nicht, das Mobiltelefon bleibt stumm. Ein Kommunikationssystem registriert mit dieser lakonischen Meldung einen nicht zustande gekommenen Anschluss und signalisiert zugleich, dass trotzdem weiter kommuniziert werden kann, weil es sich um ein nur temporäres Problem handelt, der Fehler möglichst schnell behoben sein wird, man sich nur kurz gedulden muss. Technisch mag hier die Unterscheidung zwischen Anschlüssen und Anschlussfähigkeit weiterhelfen: Die Vielzahl der empirischen Anschlussoperationen bringt es mit sich, dass einige von ihnen erfolglos bleiben werden, ohne dass dadurch die prinzipielle Anschlussfähigkeit in Frage gestellt wird.

Anschlusslose Ereignisse sind allgegenwärtig, und dies keineswegs nur in der digitalen Kommunikation. Dort, wo die Kontrollmechanismen des Digitalen fehlen, ist es wesentlich weniger wahrscheinlich, dass Instanzen von Anschlusslosigkeit entdeckt werden.[54] Unzählige angefangene Kommunikationen werden nie verstanden werden und daher nie zur Anschlusskommunikation führen: Worte verhallen ungehört, Zeichen bleiben unentziffert (vielleicht weil die Decodierungsregeln nicht bekannt sind), Mitteilungen gehen im Lärm des Kanals unter und Briefe erreichen den designierten Empfänger nicht (und warten ungelesen darauf, doch irgendwann noch zum Kommunikationsakt zu werden). Ein Nebeneffekt des erfolgreichen Kommunizierens ist denn auch die Produktion eines nicht abbrechenden Stroms verbindungsloser Ereignisse – oder genauer: von Ereignissen, die nie zum Ereignis geworden sind, aber eines hätten werden können. Diese Fastereignisse sind das Luhmann'sche Äquivalent zu Latours Plasma. Man mag dies den kommunikativen Abfall der Gesellschaft nennen, ohne die Wendung kulturkritisch aufladen zu müssen. Natürlich sind damit nicht trashige TV-Formate, schlechte Literatur und geschmacklose Filme gemeint, sondern ebenjene verbindungslosen Fastereignisse, die wir in der Regel einfach ignorieren, ja ignorieren müssen, damit wir überhaupt weiter kommunizieren können. Warum diese Fastereignisse nicht zu vollständigen Ereignissen werden konnten – warum sie unbeobachtet geblieben sind und zu keiner Anschlusskommunikation geführt haben, wissen wir in der Regel nicht.

Die Fastereignisse sind für die Systemtheorie ein gewöhnli-

54 Vgl. zu Digitalität als Kontrollprojekt etwa: Dirk Baecker, *Studien zur nächsten Gesellschaft*, Frankfurt/M. 2007, S. 69.

cher und letztlich soziologisch irrelevanter Nebeneffekt des normalen Operierens von Systemen, deren existentielle Aufgabe die Herstellung von Anschlussfähigkeit ist: »Für eine Theorie autopoietischer Systeme stellt sich [...] vorrangig die Frage, wie man überhaupt von einem Elementarereignis zum nächsten kommt; das Grundproblem liegt hier nicht in der *Wiederholung*, sondern in der *Anschlußfähigkeit*.«[55] Ein autopoietisches System muss ständig Ereignisse schaffen, um weiter existieren zu können; würden sich keine Anschlüsse finden, käme der Ereignisstrom zum Versiegen und ein System würde untergehen.[56] Wie das Wort schon sagt, ist mit Anschlussfähigkeit noch nicht der konkrete Anschluss gemeint, sondern die *Fähigkeit*, einen passenden Anschluss zu finden oder zu generieren. Noch bevor sich der zunächst hardwarespezifische Begriff der Konnektivität in der Medientheorie etablieren konnte, hatte Luhmann Anschlussfähigkeit zum Theorieprogramm gemacht.[57] Luhmann konzeptualisiert Anschlussfähigkeit sinntheoretisch, indem er den Horizont überschüssiger möglicher Bedeutungen den Rahmen von plausiblen Anschlüssen bestimmen lässt.[58] Aber Anschlussfähigkeit garantiert keineswegs, dass es auch tatsächlich zu erfolgreichen Anschlüssen – das heißt zu einem Kommunikationsereignis – kommen wird. Die gescheiterten Anschlussversuche interessieren Luhmann aber nicht sonderlich, da sie nicht in den kommunikativen Kreislauf Eingang finden. In der Grundstruktur ist für ihn die Logik von Anschlüssen digital verfasst: Entweder es kommt zum Anschluss oder es kommt nicht dazu. Es gibt keine halben Anschlüsse, keine Fast-Anschlüsse, sondern schlicht die Faktizität einer Operation, die entweder stattgefunden hat oder nicht. Entweder

55 Niklas Luhmann, *Soziale Systeme. Grundriß einer allgemeinen Theorie*, Frankfurt/M. 1984, S. 2.

56 Die Aufrechterhaltung von Anschlussfähigkeit wird zur Existenzfrage für Systeme, weil »das System in jeder, also in noch so günstiger Umwelt schlicht aufhören würde zu existieren, wenn es die momenthaften Elemente, aus denen es besteht, nicht mit Anschlußfähigkeit, also mit Sinn, ausstatten und so reproduzieren würde«. Ebd., S. 28.

57 Vgl. Johannes Berger, »Autopoiesis. Wie ›systemisch‹ ist die Theorie sozialer Systeme?«, in: Hans Haferkamp, Michael Schmid (Hg.), *Sinn, Kommunikation und soziale Differenzierung*, Frankfurt/M. 1987, S. 129-153.

58 Luhmann übernimmt den Begriff nicht aus der Kommunikationstechnik, sondern aus der phänomenologischen Philosophie seines Bielefelder Kollegen Jürgen Frese, siehe Luhmann, *Soziale Systeme*, S. 94.

wurde in einem Gespräch etwas gesagt und verstanden – oder eben nicht; entweder wird mein Geldschein akzeptiert – oder nicht.

Die Erhöhung der Anschlussfähigkeit bedeutet nun keineswegs, dass dadurch anschlusslose Operationen reduziert werden. Ganz im Gegenteil: Mit dem Sog möglicher Anschlüsse nimmt auch die Zahl der nicht anschlussfähigen Ereignisse zu. Entsprechend interessiert sich Luhmann nur insofern für Anschlussunfähigkeit, als diese zur Systemdifferenzierung beiträgt. Denn die Umweltseite eines Systems ist per definitionem nicht anschlussfähig für die Operationen eines Systems. Anschlussunfähigkeit ist für Luhmann damit eine andere Weise, die Grenze zwischen System und Umwelt zu bestimmen. Im Vergleich zu Latour, der sich gerade auch für heterogene und grenzüberschreitende Verbindungen interessiert, engt sich damit der Bereich der Anschlussfähigkeit auf das Gebiet des jeweiligen Systems ein. Anschlussfähigkeit bedeutet bei Luhmann also nicht, dass jeder Kommunikationsversuch gelingen wird. Vielmehr verschränkt er den Zwang zur Anschlussfähigkeit mit der Annahme der Unwahrscheinlichkeit von geglückten Anschlüssen.

Was bedeutet dies für eine Soziologie der Entnetzung? Wenn wir davon ausgehen, dass Entnetzung nicht außerhalb von Netzwerken – oder in diesem Fall: Systemen – geschieht, dann liegt mit Luhmanns Begriff der Anschlussunfähigkeit keine Entnetzung vor, da er die Anschlusslosigkeit aus dem System in dessen Umwelt verbannt. Dennoch denke ich, dass im Begriff der Anschlussunfähigkeit ein gewisses Potential für den Begriff der Entnetzung steckt. Es lässt sich allerdings nur bergen, wenn man den Nichtanschluss nicht nur als negativen Begriff fasst und zugleich darüber nachdenkt, wie sich Anschlussunfähigkeit im System äußert. Unbestritten ist, dass die Produktion anschlussloser Ereignisse in der Regel nicht die generelle Anschlussfähigkeit eines Systems bedroht. Dazu ist sie zu normal – genauso, wie es etwa auf der medientechnischen Ebene des Internets völlig erwartbar ist, dass ein bestimmter Teil von Datenpaketen im Übertragungsprozess verloren geht.[59] Dies ist im Übrigen eine häufig übersehene Auswirkung der Digitalisierung des Sozialen, denn nicht nur werden ständig neue Vernetzungs- und Kontrollformen entwickelt, sondern es werden auch

59 Siehe unten, Teil IV, Kap. 2, zum *packet loss* in digitalen Kommunikationsnetzwerken.

immer mehr anschlusslose Kommunikationsereignisse produziert, deren Spuren allenfalls in unendlich anmutenden Datenfriedhöfen zu finden sind. Das Problem der Anschlusslosigkeit erhält durch Digitalisierungsprozesse eine neue Relevanz, auch wenn das Problem bereits lange vor der Etablierung von Netzwerksemantiken und digitalen Medien existiert hat. Aus der Perspektive einer Soziologie der Entnetzung ist Anschlusslosigkeit jedoch kein zu vernachlässigender Seiteneffekt des normalen Prozessierens von Kommunikation, sondern analytisch relevant. Denn auch im Nichtanschluss geschieht etwas, so dass dieser damit über eine eigene, wenn auch nicht zwingend sinnhafte Existenz verfügt.

Ich möchte eine kleine Typologie der Anschlusslosigkeit und Anschlussunfähigkeit entwerfen, um dann zu fragen, was dies für eine Soziologie der Entnetzung bedeuten könnte. Zuerst wende ich mich dem Regelfall zu, der unsichtbaren Anschlusslosigkeit, die dadurch zustande kommt, dass eine nicht anschließbare Operation für ein Funktionssystem schlichtweg nicht existiert; sie ist nicht zu einem Systemereignis geworden und eben deshalb auch unbeobachtbar (1). Diese Unsichtbarkeit gilt aber nicht uneingeschränkt, wird doch unter bestimmten Umständen Anschlusslosigkeit nachträglich beobachtet (zum Beispiel als Fehlermeldung) und möglicherweise problematisiert (2). Ein Spezialfall ist hier die zögerliche Verbindung – eine Verbindung, in die eine Ungewissheit eingebaut ist, welche im Vollzug der Operation an der Operation zweifeln lässt (3). Schließlich interessieren mich zwei Typen des strategischen Umgangs mit Anschlusslosigkeit: die gezielte Verhinderung von Anschlüssen (4) und die Kommodifizierung von Anschlusslosigkeit (5).

2.1.1 Unsichtbare Anschlusslosigkeit

Ein Lächeln wird in einem Intimsystem übersehen, eine lang diskutierte Entscheidung in einer Organisation wird weder registriert noch erinnert, eine Zahlung ist wirkungslos, weil die Daten nie beim Empfänger angekommen sind, ein Aufsatz wurde für ein *Peer-review*-Verfahren eingereicht, aber ist irgendwo verloren gegangen. All diese Beispiele zeichnet aus, dass eine funktionsspezifische Operation versucht oder – auf welche Weise auch immer – begonnen wurde, ohne dass sie unmittelbar zu einem Folgeereignis geführt hat. Eine funktionssystemspezifische Episode bricht ab, führt ins Leere – manchmal nur für eine kurze Zeitspanne, die aber von der Ungewissheit beherrscht ist, ob es noch zu einer Folgekommunikation kommen wird. Dabei handelt es sich nicht um Systemkrisen, denn das System als solches steht nicht zur Disposition. Einige dieser momentanen Anschlusslosigkeiten werden womöglich später thematisiert oder sogar behoben: Das fehlende Lächeln wird im Beziehungsgespräch thematisiert, die vergessene Entscheidung bei einer geeigneten Gelegenheit erinnert, die Zahlung kommt nach einer Reklamation bei der Online-Bank doch noch an und sogar der verlorene Aufsatz wird wiedergefunden, wenn auch mit einem freundlichen Ablehnungsschreiben versehen. Diese Anschlusslosigkeiten scheinen reparierbar; sie sind wieder in Anschlüsse überführbar und fügen sich damit in die Autopoiesis des jeweiligen Funktionssystems ein. Aber weist nicht bereits die Tatsache der nachträglichen Aktivierung anschlussloser Ereignisse darauf hin, dass etwas, wie flüchtig auch immer, geschehen ist – etwas, das noch keine Kommunikation ist, aber eine Neigung zur Kommunikation hatte?[60] Im Englischen gibt es den Ausdruck *inchoate* – also etwa: unfertig, angefangen oder unvollkommen –, um solche Versuche zu charakterisieren. Genau das ist hier mit dem Begriff der Neigung gemeint. Es handelt sich um *inchoate possibilities* – um Möglichkeiten oder Potentiale, die irgendwo im Verlauf des Versuchs, zu Wirklichkeiten zu werden, steckengeblieben sind.

Systemtheoretisch mag man argumentieren, dass diese Fastereignisse zur Potentialität oder zum Sinnüberschuss eines Systems gehören. Die Frage ist aber, ob man damit nicht den spezifischen Charakter von anschlussloser Kommunikation aus dem Blick verlieren würde. Phänomenologisch scheint ein Unterschied zu bestehen zwischen einem Buch, das man schreiben könnte, und einem nie gelesenen Buch, das aber geschrieben worden ist; zwischen einer nie angekommenen, aber abgeschickten Mail und einer, die man hätte schreiben können. Fastereignisse sind noch keine Kommunikation und lassen sich nicht auf Elemente ihrer Sinnhaftigkeit

60 Siehe die Diskussion zur Neigung von Dingen, exemplifiziert durch das chinesische *Shi* bei François Jullien, *Über die Wirksamkeit*, Berlin 1999; bei Deleuze dient der Begriff der Tendenz als Alternative zu Kausalitätsannahmen, vgl. Giovanna Borradori, »On the Presence of Bergson in Deleuze's Nietzsche«, in: *Philosophy Today* 43, Supplement (1999), S. 140-145.

reduzieren – ja, sie würden im Potentialraum eines Systems gerade durch ihre Unbeobachtbarkeit keinen Sinn ergeben. Dennoch ist etwas fast geschehen, hat sich dieses Fastereignis materialisiert und ist somit mehr (und zugleich weniger) als ein bloß mögliches Ereignis. Die geglückten Operationen schwimmen in einem unendlich großen Meer unabgeschlossener Kommunikationen. Geht man wie Luhmann allzu schnell davon aus, dass Operationen entweder stattfinden oder eben nicht, dann verschwindet das Problem: Der erfolglose Kommunikationsversuch wird mit Nichtkommunikation gleichgesetzt.[61] Für die Analyse des Kommunikationssystems scheint dann die Unmenge versuchter Operationen keine Rolle zu spielen, denn sie haben schlicht nicht stattgefunden. Ich behaupte hingegen, dass diese missglückten Kommunikationsereignisse ihre Spuren im System hinterlassen.

Die unsichtbare Verbindungslosigkeit kann mindestens zwei Effekte für ein System haben. Zum einen kann sie in der Form des gerade beschriebenen Latenzraums, der zukünftige Möglichkeiten bereithält, anwesend bleiben: Das verlorene Manuskript wird vielleicht doch noch entdeckt werden und verspätet zum Bestseller; die nicht genutzten Daten werden womöglich zentral für neue Modellierungen etc. Es scheint, dass die Systemtheorie bestenfalls für diesen Typ der Verbindungslosigkeit über Begriffe verfügt. Das Verbindungslose wird als sinnvolle Möglichkeit konserviert. Wie aber wäre die Existenz einer (noch) nicht sinnhaften Verbindungslosigkeit zu fassen, etwa in Gestalt der schieren Materialität eines

61 Mit Luhmanns Kommunikationsbegriff lässt sich das Problem als unvollständige Dreifachselektion beschreiben. Eine Kommunikation kommt erst zustande, wenn drei Selektionen (Information, Mitteilung und Verstehen) durchgeführt worden sind. Beim Problem der Anschlusslosigkeit liegt eine Mitteilungsselektion vor (z. B. das Absenden einer E-Mail), eine begonnene Informationsselektion (z. B. hat Alter eine Information selegiert, aber diese hat, da sie nicht beobachtet wird, keinen Effekt auf das System und ist daher im strengen Sinne keine Information. Denn Letztere bestimmt Luhmann mit Gregory Bateson als einen Unterschied, der einen Unterschied macht). Was ausbleibt, ist die Verstehensselektion, da die angefangene Information/Mitteilungs-Unterscheidung unbeobachtet bleibt. Vgl. Luhmann, *Soziale Systeme*, S. 191 ff. Letztlich ist der Kommunikationsbegriff die theoretische Erklärung für Anschlussfähigkeit: »Die Einheit der Einzelkommunikation ist [...] nichts weiter als Anschlußfähigkeit« (ebd., S. 204); das Problem der Entnetzung stellt sich auf dieser basalen Ebene also gerade mit der Unvollständigkeit der Dreifachselektion.

angefangenen Kommunikationsversuchs? Stellen wir uns vor, dass immer mehr wissenschaftliche Publikationen keine Leser*innen mehr finden und auch nicht mehr zitiert werden. Das massenweise empirische Fehlschlagen dieser Anschlüsse würde damit implizit die Fähigkeit des Wissenschaftssystems in Frage stellen, seine Operationen mit Anschlussfähigkeit zu versorgen. Ähnlich verhält es sich mit der Unmenge von erhobenen Daten, die nie ausgewertet werden, sondern auf Serverdatenfriedhöfen schlummern, möglicherweise ihre Lesbarkeit verlieren, dennoch aber durch ihre bloße Existenz Ressourcen in Anspruch nehmen.[62] Ein ähnliches »Weiterleben« des Anschlusslosen haben wir bereits bei den Burnoutsemantiken festgestellt: Ein ausgebrannter Knotenpunkt ist nicht mehr (oder nur noch sehr reduziert) anschlussfähig und doch weiterhin im Netzwerk anwesend. Burnout wird gerade dann, wenn er nicht beobachtet wird, zu einem Energiefresser (potenziert durch die Tarnung als anschlussfähiger Knotenpunkt).[63] Möchte man die unbeobachtbare Existenz des Verbindungslosen erfassen, ist es notwendig, die insbesondere energetische Materialität von versuchten Verbindungen zu erfassen. Verbindungslosigkeit beinhaltet ein Moment der unproduktiven Verausgabung,[64] eine Energieverschwendung jenseits aller Konnektivitätskalküle. Dass das Verbindungslose als das Überflüssige nicht folgenlos für Systemabläufe sein muss, haben sich etwa Hacker zunutze gemacht und Viren geschaffen, die gezielt ein Übermaß an Verbindungsversuchen – eine Hypertrophie[65] – erzeugen, welche zunehmend energetische und technische Ressourcen eines Systems bindet. Auf ähnliche Weise arbeitet Anonymisierungssoftware, die durch die Erzeugung von informatorischem Lärm die Identifikation von Systemereignissen erschwert.

2.1.2 Nachträgliche Anschlusslosigkeit

Die ursprüngliche Unsichtbarkeit von Anschlusslosigkeit wird gelegentlich durch eine nachträgliche Beobachtung relativiert. Es ist möglich, Anschlusslosigkeit retrospektiv zu thematisieren und

62 Vgl. unten, Teil IV, Kap. 2.2

63 Siehe dazu oben, Teil I, Kap. 2

64 Vgl. Georges Bataille, *Die Aufhebung der Ökonomie* [1933], München 1985.

65 Alexander R. Galloway, Eugene Thacker, *The Exploit. A Theory of Networks*, Minneapolis 2007, S. 98.

so zumindest als Beobachtung ins Anschlussgeschehen einzufügen. Ich habe am Rande bereits darauf hingewiesen, dass eine anschlusslose Kommunikation auf dem Wege der Potentialisierung nachträglich reaktiviert werden kann. In diesem Abschnitt geht es aber nicht nur um die Wiederentdeckung, sondern um die Beobachtung des *Ereignisses* der Anschlusslosigkeit, also dessen, dass ein Anschlussversuch stattgefunden hat, aber erfolglos geblieben ist. Wenn auf dem Smartphone beim Versuch, sich in ein Netzwerk einzuloggen, die Meldung »keine Verbindung« erscheint, dann registriert ein soziotechnisches System, dass ein Verbindungsaufbau zwar versucht wurde, aber nicht zustande gekommen ist. So ärgerlich diese Meldung auch ist, normalisiert sie aber auch den Störfall. Denn sie informiert die Userin darüber, dass es sich um eine übliche Art der Verbindungslosigkeit handelt – um ein temporäres technisches Problem, an dessen Lösung gearbeitet wird.[66]

Verbindungslosigkeit muss aber nicht immer als technisches Problem beobachtet werden. Es mag nachträglich auffallen, dass ein Kommunikationspartner bei bestimmten Themen immer geschwiegen hat, ohne dass dieses Schweigen in actu als solches beobachtet worden wäre. Paar- und Familientherapeut*innen haben sich denn auch darauf spezialisiert, derartige Verbindungslosigkeiten nachträglich aufzuarbeiten – mit dem Ziel, eine bessere zukünftige Konnektivität zu erzeugen. Unternehmensberater*innen können nachträglich ineffiziente Kommunikationswege identifizieren, die zur (möglicherweise ja auch strategischen) Unsichtbarkeit von Entscheidungen geführt haben. In diesem Fall wird die Nichtkommunikation reflexiv zum Thema gemacht, sei es als die kommunikative Infrastruktur betreffendes Problem oder schlicht als überflüssige oder unpassende und daher irrelevante Ereignisse. Die Meldung »keine Verbindung« changiert daher immer zwischen einer deskriptiven Aussage (»Es funktioniert nicht«) und einer normativen Aussage (»Diese Verbindung ist nicht zulässig«).[67] Indem

66 Vgl. meine Diskussion des Bufferings, unten, Teil III, Kap. 3.

67 Implizit wird diese Normativität von Anschlussfähigkeit etwa in Luhmanns Analyse des Wissenschaftssystems deutlich: »Nur wenn das [die Gedächtnisbildung] erreichbar ist, kann das System für seine Operationen *Anschlußfähigkeit* gewinnen und gegebenenfalls Anschlußfähigkeit als Kriterium der Wahl von Operationen einsetzen.« Niklas Luhmann, *Die Wissenschaft der Gesellschaft*, Frankfurt/M. 1992, S. 392 f. Gerade indem Anschlussfähigkeit zum *Kriterium*

das Anschlusslose als kommunikationstechnisches und normatives Problem gefasst wird, eröffnet sich ein Interventionsraum für therapeutische, das heißt normalisierende Eingriffe. Diese haben das Ziel, den abweichenden Zustand zu erfassen, normativ zu reflektieren und schließlich zu reparieren (oder präventiv Maßnahmen gegen zukünftig drohende Anschlusslosigkeit zu entwickeln).

Die Existenz von solchen Reparaturmechanismen verweist jedoch auf ein grundlegendes theoretisches Problem. Wenn es richtig ist, dass anschlusslose Ereignisse unbeobachtbar sind, wie ist dann überhaupt deren nachträgliche Beobachtung möglich? Die klassische Annahme der Nichtexistenz von anschlussloser Kommunikation wird damit relativiert. Das Anschlusslose scheint auf nichtkommunikative und daher schwierig zu erfassende Weise weiterzubestehen und dadurch möglicherweise später zur Reflexion der Anschlusslosigkeit anzuregen. Wenn im Wissenschaftssystem 50 Prozent aller Publikationen nicht gelesen werden und damit im systemtheoretischen Sinne keine Kommunikationsereignisse sind, dann löst sich deren Materialität damit nicht einfach auf. Man denke an all die vergeblich geschriebenen Seiten, die dafür aufgewendete Zeit und die Hoffnungen und Ängste, mit denen das Verfassen dieser Texte verbunden war. Noch vor der sinnhaften Transformation in eine Möglichkeit ist das Anschlusslose energetisch und affektiv präsent: sei es als »verschwendete« Energie, als enttäuschte Hoffnung oder als ein vages Unbehagen ob der ins Leere laufenden Versuche.

Neben der nachträglichen Therapeutisierung ist die Strategie der Wiederentdeckung ein weiterer Modus der nachträglichen Beobachtung von Anschlusslosigkeit. Gerade in der Popkultur spielt die Entdeckung von für Kenner*innen zu Unrecht vergessenen Fundstücken eine große Rolle.[68] Streng genommen handelt es sich hier meist nicht um vollständig anschlusslose Ereignisse, sondern um solche, die ihre Anschlussfähigkeit über die Zeit verloren haben. Die Wiederentdeckung von solchen Fundstücken ist immer mehr als die bloße Aktualisierung eines Potentials. Denn mitkom-

wird, erhält sie eine normative Funktion innerhalb des betroffenen Systems. Das kann z. B. bedeuten, dass Forschungsprojekte zu esoterischen Nischenthemen wegen mangelnder zu erwartender Anschlussfähigkeit nicht gefördert und publiziert werden.

68 Siehe zur Figur des Ladenhüters unten, Teil III, Kap. 2.

muniziert wird die Tatsache, dass die entdeckte LP auf sträfliche Weise übersehen wurde. Damit findet eine Skandalisierung der Selektionsverfahren und der je spezifischen Anschlussfähigkeit eines Systems statt. Gleichzeitig vergrößert die Wiederentdeckung das kulturelle Kapital der Kenner*in.

Mit der Digitalisierung des Sozialen hat sich das Problem der nachträglichen Beobachtung von Anschlusslosigkeit weiter verschärft. Gerade dadurch, dass sich der Imperativ zur Konnektivität in die Plattformlogiken eingeschrieben hat, steht diese immer auch im Schatten der möglichen Anschlusslosigkeit. Genau das ist mit der schon erwähnten paranoiden Logik von Netzwerken gemeint. Social Media Plattformen wie Facebook entwickeln ihre Konnektivitätspolitiken im Lichte der Möglichkeit, dass sie ihre Konnektivitätserwartungen nicht erfüllen können.[69] Mit der Digitalisierung steigt nicht nur die Konnektivität, sondern diese wird auch begleitet durch immer perfektere Formen des Managements von Anschlusslosigkeit. Neu an der Digitalisierung ist gerade die technologische Systematisierung der Beobachtung von Anschlusslosigkeit. Ist in den oben genannten Beispielen Anschlusslosigkeit eher in reflexiven Ausnahmesituationen etwa der Beratung und Therapie thematisiert worden, so wird nun Anschlusslosigkeit permanent mitbeobachtet. Für die Berechnung von Responsivität (etwa auf Tweets) stehen unterdessen unterschiedliche Softwarepakete wie *Clout* oder *Twentyfeet* zur Verfügung.[70] Damit geht der kommunikative Erfolg von Botschaften direkt in die Berechnung der Reputation von User*innen ein. Aber auch auf der interaktiven Ebene prägt die Angst vor dem Nichtanschluss das Kommunikationsverhalten: »Die Betonung des Neuen am Web 2.0 führt zu unmittelbarem affektivem Austausch; ich schreibe dir eine E-Mail, du chattest mit mir. Wenn du das nicht tust, werde ich unruhig.«[71] Das bange Warten auf eine Antwort ist gewiss nicht neu, sondern begleitet seit Langem verschiedene Kommunikationstechnologi-

69 Tero Karppi, *Disconnect. Facebook's Affective Bonds*, Minneapolis 2018.

70 Carolin Gerlitz, »Acting on Data. Temporality and Self-Evaluation in Social Media«, in: *tbc*, 2012, S. 1-18, ⟨https://core.ac.uk/download/pdf/6117669.pdf⟩, letzter Zugriff 07. 02. 2020.

71 Robert W. Gehl, »The Archive and the Processor. The Internal Logic of Web 2.0«, in: *New Media & Society* 13, 8 (2011), S. 1234, zit. nach: Gerlitz, »Acting on Data«, S. 3.

en: der womöglich nicht angekommene Brief oder die verloren gegangene Antwort darauf; der erfolglose oder verpasste analoge Telefonanruf, der noch keine Spur hinterlassen hat. Neu ist aber die systematische und technische Beobachtung von Responsivität und der *response rate* als Ergebnis einer ständigen individuellen aber auch technologisch materialisierten Angst vor dem Nichtanschluss.

2.1.3 Verhinderte Verbindungen

In den bisherigen Typen der Anschlusslosigkeit ereignet sich diese nahezu beiläufig. Der Nichtanschluss wurde nicht aktiv angestrebt, sondern fiel als Nebenprodukt des normalen Operierens von Systemen an. Das muss nicht bedeuten, dass solche Anschlusslosigkeiten nicht über eine strukturelle Grundlage verfügen und in Machtverhältnisse eingebettet sind – Machtverhältnisse, die ein habitualisiertes Ignorieren gleichzeitig möglich und unsichtbar machen. Man denke hier etwa an geschlechtsspezifisches Redeverhalten in Interaktionen, wodurch Schweigen naturalisiert und so der kritischen Reflexion enthoben wird. Der nun zu besprechende Typus unterscheidet sich dadurch von der strukturellen Anschlusslosigkeit, dass Anschlusslosigkeit zum Gegenstand von Taktiken und Strategien wird.[72] Der Topos des ungeöffneten Briefs steht beispielhaft für diese strategische Anschlusslosigkeit. Man ignoriert einen Brief, um von der vermuteten Botschaft verschont zu bleiben, ihn verdrängen zu können, nicht auf ihn antworten zu müssen. Ungeöffnete und ungelesene Briefe haben eine große literarische und cinematische Verführungskraft entwickelt. In Jacques Lacans berühmter Lektüre von Edgar Allan Poes »Der entwendete Brief«[73] wird der offen versteckte Brief als *master signifier* gelesen – als ein Signifikant ohne Signifikat. Ein ungelesener Brief ist ein bloßes Mitteilungsverhalten, über dessen Informationsgehalt nur gerätselt werden kann – ja, wo nicht einmal sicher ist, ob der Inhalt sinnhaft sein wird. In Todd Louisos Film *Love Liza* von 2002 erhält die Hauptfigur nach dem Suizid ihrer Frau Liza einen Brief, den sie lange nicht lesen wird: »Sie schrieb mir einen Brief, aber ich kann

72 Vgl. hier Michel de Certeau, *Kunst des Handelns*, Berlin 1988; siehe meine Diskussion von Taktiken und Strategien in diesem Teil, Kap. 6.

73 Jacques Lacan, *Das Seminar über E.A. Poes ›Der entwendete Brief‹* [1957], in: ders., *Schriften I*, Frankfurt/M. 1975, S. 7-60.

ihn nicht lesen«. Der ungeöffnete Brief enthält ein Versprechen auf Vollständigkeit, das nur durch das Nichtlesen aufrechterhalten werden kann.[74] Ungeöffnete Briefe verraten durch ihre Form – den Umschlag, die Adresse, den Absender – unzweifelhaft, dass es sich um einen versuchten Kommunikationsakt handelt. Die Weigerung, einen Brief zu lesen, ist eine Weigerung, diesen Kommunikationsakt zu Ende zu bringen (mit Luhmann: die Mitteilungsselektion mit einer Informations- und Verstehensselektion zu verbinden).[75] Es handelt sich hier um eine Taktik, es nicht zur Kommunikation kommen zu lassen: ein mögliches Kommunikationsereignis zwar wahrzunehmen, aber sich dessen Sinnhaftigkeit zu verweigern. Das Nichtlesen des eigentlich Lesbaren ist für die hermeneutischen Disziplinen eine ständige Provokation: »Ein nicht interpretierter Traum ist wie ein ungelesener Brief«, heißt es im Talmud.[76] Eine Sinnmöglichkeit wird ausgeschlagen und steigert sich so zum überquellenden Sinnversprechen des »reinen Signifikanten«.

Auch in anderen alltäglichen Kontexten treffen wir auf diese Strategien. Eine Rechnung wird nicht geöffnet, um die Schulden verdrängen zu können; E-Mails bleiben ungelesen, um gar nicht erst in die missliche Lage zu geraten, antworten zu müssen und im schlimmsten Fall behaupten zu können, dass die Mail nicht angekommen sei. All diese ungelesenen Mitteilungen verschwinden aber dadurch nicht, sondern persistieren durch ihr bloßes Dasein, bauen, auch ohne gelesen oder entziffert zu werden, eine Spannung auf (weshalb sie so gerne von Drehbuchautor*innen eingesetzt wer-

74 Celestino Deleyto, »From Among the Dead. Identity and Truth in Filmic Letters«, in: Maddalena Pennacchia Punzi (Hg.), *Literary Intermediality. The Transit of Literature through the Media Circuit*, Bern 2007, S. 52.

75 Vgl. aber auch Slavoj Žižek, *For They Know Not What They Do. Enjoyment as a Political Factor*, London 2008, S. 1; Žižek fasst den nicht abgesandten Brief als einzigen Brief, der vollständig ankommt. Er argumentiert gegen Derridas Figur des nicht ankommenden Briefs, da der Brief erst durch sein Ankommen den Adressaten konstituiert – ohne Adressaten kann es auch kein Erreichen, ob erfolgreich oder erfolglos, geben. Damit argumentiert Žižek gegen ein teleologisches Kommunikationsmodell, ersetzt es jedoch durch die lacanianische Gewissheit, dass der Brief immer ankommen wird. Siehe auch: Slavoj Žižek, »Why does a Letter always arrive at its Destination?«, 2013, ⟨https://www.lacan.com/symptom16/why.html⟩, letzter Zugriff 15. 04. 2020.

76 »The William Davidson Talmud, Berachot 55a«, in: *Sefaria,* ⟨https://www.sefaria.org/Berakhot.55a⟩, letzter Zugriff 20. 10. 2020.

den). Mit der Etablierung von digitalen Kommunikationsmedien hat sich die Situation verändert und auch verschärft. Das Nichtbeantworten von Mails, Chats und Textbotschaften hat sich zu einer eigenständigen, wenn auch nur selten beachteten Medienkompetenz entwickelt. Es findet ein regelrechter Wettbewerb zwischen medientechnischen Strategien zur Kontrolle von Erreichbarkeit und Taktiken des Entzugs statt. Texting-Software wie *iMessage* oder *WhatsApp* machen sofort sichtbar, ob eine Botschaft angekommen und gelesen worden ist. Manche User*innen greifen daher auf umständliche Verfahren zurück, um den Lesestatus auszutricksen, versetzen etwa das Smartphone in den Flugmodus, um eine Botschaft anzuschauen, ohne dass der Sender eine Lesebestätigung erhält, oder begnügen sich mit den Textbruchsteinen aus der Vorschau. In diesen Fällen wird zwar nicht mehr, wie bei den verlorenen Mails, ganz auf die Lektüre verzichtet, aber die Lektüredaten sollen dem kybernetischen Feedbackmechanismus entzogen werden.

Mit der Fülle von Kommunikationsaufforderungen und -erwartungen wird diese Fähigkeit zur partiellen Indifferenz immer wichtiger. Allerdings handelt es sich hier um eine ambivalente Indifferenz, steigert das Nichtlesen von Kommunikationsofferten doch zugleich die hermeneutische Spekulation und die affektive Aufladung. Die Kunst der Indifferenz würde darin bestehen, sich auch vom vermuteten Inhalt nicht affizieren zu lassen.

Luhmann spricht von »gezielter Unaufmerksamkeit« in Organisationen.[77] So blenden beispielsweise Mitglieder von Organisationen ihre physischen Zustände aus, um die Arbeit nicht zu behindern: Ich ignoriere mein Hungergefühl und beteilige mich weiter am Gespräch mit meinem Vorgesetzten. Gezielte Unaufmerksamkeit wird dann zu einem Mechanismus, mit dessen Hilfe man die Grenze zwischen dem Sozialen und dem Psychischen bearbeiten kann. Dieser Mechanismus muss sich keineswegs auf die Ausblendung körperlicher Zustände beschränken. In Organisationen werden eine Unmenge Entscheidungen getroffen, die ignoriert werden – und dies durchaus auch aus strategischen Gründen. In einer Studie über das dänische Gesundheitssystem hat etwa Morten Knudsen gezeigt, wie Organisationen Entscheidungen vergessen.[78]

77 Niklas Luhmann, *Organisation und Entscheidung*, Opladen 2000, S. 116.

78 Morten Knudsen, »Autolysis within Organizations. A Case Study«, in: *Soziale Systeme* 12, 1 (2006), S. 79-99.

In öffentlichen Verwaltungen werden ständig Entscheidungen getroffen, die keine Anschlussentscheidung finden. Wir erinnern uns alle an Meetings, in denen etwas beschlossen wurde – nur: Was wurde eigentlich beschlossen? Oder wurde die Entscheidung doch aufgeschoben? Wir haben es hier mit Entscheidungen zu tun, die noch keine sind, aber zu welchen werden könnten, sobald eine weitere Entscheidung an diese anschließt. Das Ignorieren von Entscheidungen strukturiert in solchen Fällen den Kommunikationsprozess. Knudsen spricht in diesem Zusammenhang von einer permanenten Autolyse, also einer partiellen Selbstauflösung eines Systems durch die Produktion von Nichtverbindungen. Diese kann sich unbeobachtet, gleichsam hinter dem Rücken der Akteure ereignen oder zur Taktik werden. Durch »gezielte Unaufmerksamkeit« können sich Akteure neue Freiheitsgrade schaffen, indem sie Anforderungen und Erwartungen ignorieren.[79] Auch als Mobbing-Strategie kann »gezielte Unaufmerksamkeit« funktionieren: Man ignoriert kollektiv die Vorschläge und Befindlichkeiten einer Mitarbeiter*in, »vergisst«, ihr wichtige Mitteilungen weiterzuleiten, und behandelt sie als Nichtperson, also so, als sei sie gar nicht vorhanden. Die Strategien und Taktiken der »gezielten Unaufmerksamkeit« beruhen darauf, dass zwar Kommunikationsofferten kurz wahrgenommen, dann aber blockiert werden, bevor sie sinnhaft werden können.

Die Struktur dieser Unaufmerksamkeit folgt einer präemptiven Logik. Schon die kleinsten Irritationen veranlassen dazu, entsprechende defensive Kommunikationsstrukturen der Indifferenz im Sinne eines strategischen Nichtverstehens aufzubauen. Dass es sich hier um ein drängendes modernes Problem handelt, zeigen die zahlreichen – nicht zuletzt auch populärkulturellen – Subjektfiguren von Nichtverbindungsspezialisten. Man denke nur an Georg Simmels Beschreibung des Städters, der große Indifferenzfähigkeiten aufbauen muss, um in der Großstadt überhaupt überleben zu können. Weitere Figuren der Anschlussvermeidung sind etwa der Unaufmerksame und der Unkonzentrierte – beides Spezialisten im Ignorieren von Erwartungen.

79 Niels Åkerstrøm Andersen, Inger-Johanne Sand (Hg.), *Hybrid Forms of Governance. Self-suspension of Power*, London 2011; zur ökonomischen Theorie der »rational inattention« siehe: Christopher A. Sims, »Implications of Rational Inattention«, in: *Journal of Monetary Economics* 50, 3 (2000), S. 665-690.

2.1.4 Strategien des Verschwindens

Die situativen Taktiken der Anschlussvermeidung können weiter zu systematischen Strategien der Anschlussunfähigkeit verdichtet werden. Es geht nun um die gezielte Schaffung von anschlusslosen Ereignissen innerhalb von Funktionssystemen. Auch hier handelt es sich meist nicht um eine vollständige Form von Anschlusslosigkeit, sondern um temporäre Zonen der Nichtanschlussfähigkeit, die später möglicherweise wieder in die Systemlogik integriert werden. Wie Alexander Galloway und Kollegen in ihrer Konzeption der Exkommunikation betonen, handelt es sich dabei um höchst paradoxe Operationen:[80] Man kommuniziert, um anzuzeigen, dass der Kommunikationslauf an ein Ende kommen soll, dass die nie versiegende Geschwätzigkeit der Systeme in ein Schweigen überführt werden soll, das sich nicht sogleich wieder in den Kommunikationslauf einfügt. Diese Operationen der Nichtanschlussfähigkeit sind zwar codierte Operationen, freilich mit dem Ziel, keine neu anschließenden Operationen mehr zu erzeugen. Im Gegensatz zum gewöhnlichen Systemgeschehen sind sie dann erfolgreich, wenn sie keine Folgekommunikation hervorrufen. Ich möchte dies an zwei Beispielen illustrieren, von denen das erste aus dem Kunstsystem stammt, wo wir solche Operationen der Nichtanschlussfähigkeit besonders gut beobachten können.[81]

Aus dem Jahr 1969 stammt das Instruction-Kunstwerk *General Strike Piece* der amerikanischen Künstlerin Lee Lozano.[82] Die mehrstufige Performance hatte das Ziel, den graduellen Ausstieg aus dem Kunstsystem zu inszenieren. Minutiös gibt sie sich selbst Anweisungen, wie dieser zu bewerkstelligen ist. So soll sie zum Beispiel nicht mehr an Vernissagen teilnehmen, Partys meiden und nicht mehr mit bestimmten anderen Künstler*innen ausstellen. Es handelt sich hier um die graduelle Herstellung von Nichtanschlussfähigkeit, wie sich auch im weiteren Verlauf des *General Strike Piece* zeigt. Wurde die erste Version noch als Manifest in einer Kunstzeit-

80 Alexander R. Galloway u. a., *Excommunication. Three Inquiries in Media and Mediation*, Chicago 2013.

81 Siehe ausführlich zu Lozanos *Instruction Pieces* als Praktiken der Entnetzung: Urs Stäheli, »Entnetzt Euch! Praktiken und Ästhetiken der Anschlusslosigkeit«, in: *Mittelweg 36* 22, 4 (2013), S. 3-28.

82 Lee Lozano, *Notebooks. 1967-70*, New York 2010.

schrift veröffentlicht (bediente also noch ein klassisches künstlerisches Format), so werden die weiteren Schritte für das Kunstsystem immer weniger beobachtbar und finden sich schließlich nur noch als Aufzeichnungen in ihren privaten Notizbüchern als unveröffentlichtes *Dropout Piece* (1970) wieder.[83] Fluchtpunkt des *General Strike Piece* wird dann ein Alltag, der für das Kunstsystem unsichtbar ist. Gewiss, diese Performance reiht sich ein in die Aufladung des Alltags durch künstlerische Avantgarden. Im Gegensatz aber zu Strategien, die den Alltag durch die Abschaffung der Systemgrenzen selbst zum Kunstwerk machen möchten, wird hier der Alltag zum Fluchtpunkt künstlerischer Nichtanschlussfähigkeit.

Wie kaum ein anderes Funktionssystem zeigt sich das Kunstsystem von solchen Praktiken der Nichtanschlussfähigkeit fasziniert. Von Traditionen der autodestruktiven Kunst bis zur zeitgenössischen Kunst unserer Tage reichen die Versuche, die Anschlussfähigkeit der Kunst auszutesten. Man denke zum Beispiel an Hito Steyerls Videoinstallation *How not to be seen* (2013), in der sie eine Ästhetik des Verschwindens entwickelt; oder an Medienkünstler*innen, welche Apparaturen der Nichtanschlussfähigkeit entwerfen (zum Beispiel Christoph Korn in seiner *Non-Machine-Series*, 2009). Diese Versuche mögen einerseits der Logik des Kunstsystems geschuldet sein, immer unwahrscheinlichere Operationen zu ermöglichen – und dann doch wieder zur Kunst zu machen. Sie sind aber andererseits auch eine Antwort auf den ungeheuren Konnektivitätszwang in der Kunst – bereits in den 1960er Jahren exemplifiziert durch das rege Vernetzungsgeschehen im Kunstbetrieb und heute durch die auf Partizipation setzende »relational art«,[84] die selbst aber wegen ihrer Konnektivitätsbegeisterung zunehmend kritisiert wird.[85] Die Produktion von Nichtanschlussfähigkeit ist damit auch ein Austesten der Möglichkeit, Kunstwerke zu produzieren, die sich den Konnektivitäts- und Vernetzungsimperativen entziehen. Ob diese im Kunstfeld erprobten Operationen langfristig als Strategien

83 Lee Lozano, *Language Pieces*, 1969, in: *Hauser & Wirth*, ⟨https://www.hauserwirth.com/publications/22209-lee-lozano-language-pieces⟩, letzter Zugriff 08. 10. 2020.

84 Nicolas Bourriaud, *Relational Aesthetics* [1998], Dijon 2002.

85 Z. B. von Andrew Russeth, »The Fall of Relational Aesthetics«, in: *New York Observer*, 2011, ⟨https://observer.com/2011/09/the-fall-of-relational-aesthetics/⟩, letzter Zugriff 21. 10. 2020.

der Entnetzung erfolgreich sind, muss uns hier nicht interessieren. Vielmehr geht es darum, dass solche Operationen überhaupt vorkommen – und dadurch nicht zuletzt auch jene systemspezifischen Strategien wieder sichtbar werden, welche die Nicht- oder Antikunst wieder zur Kunst machen sollen.

Solche Techniken der Nichtanschlussfähigkeit beschränken sich jedoch nicht auf das Kunstsystem, sondern finden sich auch in Organisationen, die zunehmend mit dem Problem konfrontiert sind, nicht nur Konnektivität, sondern auch Anschlusslosigkeit organisieren zu müssen.[86] So ist inzwischen das Open-Office-Modell aufgrund seiner übergroßen Transparenz- und Kommunikationszumutungen in die Krise geraten.[87] Geschaffen werden sollen nun Räume des Rückzugs und der Nichtkommunikation, ja sogar Räume für »nutzlose«, organisationsfremde Tätigkeiten, um auf diese Weise die Kreativität zu steigern.[88] Im Gegensatz zu den standardmäßig anfallenden Ereignissen der Anschlusslosigkeit haben wir es hier mit einer strategischen Antwort auf Hyperkonnektivität zu tun. Anschlusslosigkeit soll in eng umgrenzten und gut kontrollierten Zonen eingehegt werden, wobei von diesen Zonen freilich erwartet wird, dass sie später für das Unternehmen nützlich werden. Das ändert aber nichts daran, dass auch in diesen Fällen Anschlusslosigkeit organisiert werden muss und spezifischer Infrastrukturen bedarf. In diesen Räumen wird die Erfahrung von Anschlusslosigkeit gesteigert erfahrbar, wie zum Beispiel in handyfreien Clubs oder in Digital-Detox-Resorts.[89] Eine derartige Anschlusslosigkeit, die sich hier als Anschlussun*fähigkeit* mit eigener Positivität äußert, kann zwar kommunikativ nicht unmittelbar beobachtet werden, schafft aber als Alltagserfahrung spezifische Atmosphären.

Diese strategische Anschlussunfähigkeit unterscheidet sich von den zuvor diskutierten Fastereignissen dadurch, dass es hier um die tatsächlich gemachte Erfahrung eines fehlenden Anschlusses und damit einer Abwesenheit geht. Diese Abwesenheit ist kein zufälli-

86 Lea Zierott, *Organizing the Absence of Technology. Techno Clubs as Unplugged Spaces*, Hamburg 2020 (unveröffentlichtes Ms.).

87 Vgl. hierzu ausführlicher unten, Teil IV, Kap. 1.3.

88 Ich werde diese Techniken in Teil IV, Kap. 1.4 detaillierter besprechen.

89 Zierott, *Organizing the Absence of Technology*; Urs Stäheli, Luise Stoltenberg, *Digital Detox Tourism. Practices of Analogization*, Hamburg 2020 (unveröffentlichtes Ms.).

ger Fehler (etwa aufgrund mangelnder Anschlusslogistik), sondern strategisch herbeigeführt in Dispositiven der Anschlussunfähigkeit. Die Anschlusslosigkeit wird dadurch selbst zu einem Ereignis, das primär affektiv erfahren und häufig als spezifische Atmosphäre beschrieben wird, die nachträglich zu einem kommunikativen Ereignis werden kann. So kann Anschlusslosigkeit sogar zum Gegenstand von Marketingstrategien und – wie beim Digital Detox – zum Produkt der Erfahrungsökonomie werden.

2.1.5 Zögerliche Verbindungen

Ich möchte diese Übersicht mit einem letzten Typus der Anschlusslosigkeit schließen, den ich als »zögerliche Verbindung« bezeichne.[90] Bei dieser ist unklar, ob überhaupt eine Verbindung stattgefunden hat. Es ist ein Zögern, das in den Kommunikationsakt selbst eingebaut ist, ein Aufschub des Verstehens, eine Ungewissheit darüber, ob etwas geschieht. Etwas Wortähnliches wurde wahrgenommen, aber waren es wirklich Worte, oder doch nur ein zufälliges Geräusch? Das Zögern bezieht sich hier darauf, dass sich etwas ereignet hat, der Sinnprozess aber ins Stocken gerät. Es könnte doch nur Lärm gewesen sein, ein zufälliges Vorkommnis, das mit zu hohen Redundanzerwartungen beobachtet wird.

Gabriel Tarde hat die Bedeutung dieses Zögerns bereits vor mehr als 100 Jahren deutlich hervorgehoben: Im Umgang mit diesem Zögern ereignen sich die Revolutionen unserer Tage, und zwar derart,

> daß der wahre soziale Grundgegensatz im Innern selbst eines jeden Individuums zu suchen ist, und zwar jedesmal dann, wenn es »schwankt«, ob es ein neues Beispiel, das sich ihm bietet, einen neuen Ausdruck, einen neuen Religionsbrauch, eine neue Idee, eine neue Kunstschule, annehmen oder verwerfen soll. Diese Unschlüssigkeit, diese innere Schlacht, die sich im Leben eines Volkes jeden Augenblick in Millionen von Malen reproduziert, ist der unendlich kleine und unendlich fruchtbare Gegensatz der Geschichte.[91]

90 Siehe Josef Vogl, *Über das Zaudern*, Zürich 2007. Man könnte auch von einem Stottern der Verbindung sprechen.

91 Gabriel Tarde, *Die sozialen Gesetze. Skizze einer Soziologie* [Orig. 1898], Marburg 2009, S. 41 f.

Auch wenn Tarde hier eine psychologische Referenz gewählt hat, denkt er als Kommunikationstheoretiker. Es handelt sich nicht um ein individualpsychologisches Zögern, sondern um ein Zögern in der Kommunikation, das sich auf die Fortsetzung der Kommunikation bezieht.

Allerdings reicht dieses Zögern noch tiefer als die von Tarde erwähnte Unschlüssigkeit. Denn zu dieser hinzu tritt ein fundamentales Lavieren: Die Ungewissheit darüber, ob überhaupt etwas vorgefallen ist. Es handelt sich um ein Zögern in der Herstellung von Sinn, an dessen Grenzen wir uns damit bewegen. Jacques Derrida hat einmal gesagt, dass eine einmalige Linie eine Monstrosität ist: »Eine Linie allein hat keine Bedeutung; es bedarf einer zweiten, um ihr Ausdruck zu geben. Großes Gesetz.«[92] Mit genau diesem Problem haben wir es zu tun: Ein nur ein einziges Mal vorkommendes Ereignis ist noch kein Ereignis – und das Zögern bezeichnet genau jenen Moment, in dem das Ereignis wiederholbar und damit auch sinnvoll werden könnte. Demnach ist das Zögern unvermeidlich – zumindest auf der grundbegrifflichen Ebene. Aufschlussreich ist, wie mit diesem Problem in der Praxis umgegangen wird. Wir treffen auf sehr viele routinisierte Kommunikationsformen, denen das Moment der Verwirrung und der Unsicherheit nicht mehr anzumerken ist. Gleichzeitig stoßen wir aber immer wieder auf Phänomene, in denen dieses Zögern auch empirisch beobachtbar ist, wenn auch nur indirekt dadurch, dass kommunikative Mittel geschaffen werden müssen, die es ermöglichen, entweder die angefangene Kommunikation zu vergessen (im Sinne meines ersten Typus) oder die Arbeit an der Kommunikation fortzusetzen, das heißt eine Anschlusskommunikation zu schaffen. Das Zögern ist damit zum einen ein theoretisches Problem, weil es Teil der Struktur von Kommunikation ist und ihrem Status als Fastereignis Ausdruck verschafft, zum anderen ist es aber auch typisch für eine ganze Gruppe von empirisch beobachtbaren sozialen Phänomenen. Beobachtbar wird hier die Kunst der prekären Verfertigung von Verbindungen – eine Kunst, die unsichtbar wird, da wir in der Regel mit der vollständigen Verbindung, also einem durch Anschluss zustande gekommenen Kommunikationsereignis, rechnen. Die Unreinheit der Operationen weist darauf hin, dass

92 Jacques Derrida, »Kraft und Bedeutung«, in: ders., *Die Schrift und die Differenz*, Frankfurt/M. 1976, S. 9-52, hier S. 29.

Verbindungen nicht zustande kommen können, dass das Zögern keine Auflösung findet.

2.2 Erfahrbarkeit der Anschlusslosigkeit

Eine klassische systemtheoretische Analyse kann aufgrund ihrer beobachtungstheoretischen Sinnfixierung Anschlusslosigkeit und Anschlussunfähigkeit nur eingeschränkt erfassen: entweder als anschlusslose Umwelt oder als nachträgliche Thematisierung. Damit erweist sich auch die Systemtheorie als vom Konnektivitätsbias geprägt. Ausschließlich auf Sinn bezogene Analytiken können nämlich gar nicht anders, als anschlusslose Ereignisse, die (noch) nicht sinnhaft sind, auszublenden.[93] Beobachtet man das, was wir als Fastereignisse bezeichnet haben, als sinnhafte Ereignisse, dann haben sie ihren prekären Status bereits verloren. Das wird in Luhmanns Konzeption des Schweigens deutlich, das entweder als sinnhaftes Schweigen oder als bloßes Umweltrauschen verstanden wird. Nur das Schweigen der Umwelt ist letztlich ein »Schweigen ohne Anschlussfähigkeit«.[94] Schweigen im System ist dagegen eine paradoxe Kommunikation, die lediglich behauptet, keine Kommunikation zu sein. Wir sind bei unserer Beschäftigung mit Latours Sozialtheorie und dem »Recht zu schweigen« bereits auf diese Paradoxie gestoßen, die sich nicht bloß sinnhaft verstehen lässt. Die Zen-Meister haben sie zu einer (Ent)subjektivierungstechnik gemacht, die ein höheres und intensiveres Erleben ermöglichen soll.[95] Dies gibt uns einen Hinweis darauf, dass bestimmte Formen des Schweigens primär als Affekttechnologie funktionieren, wohingegen die hier stilisierte Paradoxie des Schweigens in ihren Grundzügen die Paradoxie von anschlussloser Kommunikation beschreibt: gleichzeitig ein kommunikatives Ereignis und kein kommunikatives Ereignis zu sein. Damit sind wir wieder bei der Frage nach der Beobachtbarkeit von Fastereignissen gelandet, weil Beobachtbarkeit hier

93 Das Problem wird daher verkürzt, wenn man es als eines des bloßen »Sinnüberschusses« fasst, denn so muss die vorsinnhafte Materialität der Fastereignisse aus dem Blick geraten. Vgl. dazu Armin Nassehi, *Muster. Theorie der digitalen Gesellschaft*, München 2019.

94 Niklas Luhmann, Peter Fuchs, *Reden und Schweigen*, Frankfurt/M. 1989, S. 17.

95 Ebd., S. 46 ff.

weitgehend ersetzt wird durch eine nicht auf Sinn und Kommunikation zu reduzierende Erfahrbarkeit. Auch dieses Problem kennen wir schon aus dem vorangegangenen Kapitel, denn auch für die ANT war das Schweigen nur dann relevant, wenn es ein handelndes Schweigen ist oder zu einem solchen wird. Demgegenüber habe ich argumentiert, dass sich im bloßen Nichthandeln ein vorkonstitutioneller Raum des Politischen öffnet. Bei anschlusslosen Ereignissen haben wir es mit einem ähnlichen Problem zu tun. Anschlusslosigkeit lässt sich zwar allenfalls nachträglich beobachten, aber sie kann unmittelbar erlebt und erfahren werden. Es wäre also auch hier angebracht, eine Logik der Erfahrung zu denken, die sich jenseits der Konnektivitätslogik bewegt.

Meine These ist nun, dass das Persistieren dieser verunglückten Operationen einen seiner Orte im Alltag findet – ja, dass diese zuvor unsichtbaren Operationen im Alltag registrierbar werden, wenn auch nicht für einen systemtheoretischen Beobachter, weil der Alltag nicht den Differenzierungslogiken von Systemen folgt; der Alltag selbst hat keinen Systemcharakter und ist auch nicht einfach mit einer Menge aus Interaktionen gleichzusetzen. Der Alltag selbst ist alogisch organisiert und zugleich Medium für die Organisation von Erfahrungen, die ihrerseits als noch nicht individuierte gedacht werden.[96] Die meisten funktionssystemspezifischen Operationen sind in alltägliche Praktiken eingebettet, von denen dann – häufig wohl auch zu Recht – abstrahiert werden kann, um die jeweiligen Funktionslogiken herausarbeiten zu können. Luhmann hat in seiner Theorie keine Begriffe zur Verfügung, um den Alltag als nichtsystemische Versammlung von Praktiken und Erfahrungen zu denken. Vielsagend ist in diesem Zusammenhang, in welcher Form der Alltag in Luhmanns Zettelkasten auftaucht, nämlich primär auf der Rückseite der Karteikarten, auf deren Vorderseite die Theoriearbeit stattfindet. Luhmann hat jede erdenkliche Papierform als Karteikarten wiederbenutzt: Zeichnungen seiner Kinder, Einkaufszettel, Anweisungen an die Reinigungskraft, die Kellertreppe zu putzen und dergleichen.[97]

96 Niamh Stephenson, Dimitris Papadopoulos, *Analysing Everyday Experience. Social Research and Political Change*, Basingstoke 2006.

97 Paul Jandl, »Die Schublade des Soziologen ist seine verborgene Denkmaschine«, in: *Neue Zürcher Zeitung*, 2019, ⟨https://www.nzz.ch/feuilleton/niklas-luhmann-und-seine-zettelkaesten-nun-sind-sie-online-nzz-ld.1476925⟩, letzter Zugriff 08.02.2020.

Während der Alltag keinen Eingang in das verzweigte Verweissystem der Einträge findet, als Konzept oder Stichwort oder Thema nicht vorkommt, ist er doch präsent als jenes ungeordnete Material, auf dessen Grundlage erst die einzelnen Einträge und ihre Ordnung zustande kommen können. Er gleicht damit der riesigen unentdeckten Nichtwelt des Plasmas bei Latour.

Die Funktion des Alltags erschöpft sich aus meiner Sicht nicht in der Rolle einer unsichtbaren Rückseite oder eines neutralen Hintergrunds für codierte Operationen, sondern wird relevant für die Erfahrbarkeit von Nichtanschlüssen. Denn das Alltagserleben funktioniert nicht primär epistemisch, sondern über den Fluss von Erfahrungen.[98] Die Erfahrungsströme sind häufig nicht bewusst, erzeugen aber dennoch affektive Resonanzen und Atmosphären. Noch bevor die fehlenden Anschlüsse von anderen Funktionssystemen beobachtet werden – zum Beispiel, weil der verärgerte Online-Banking-Benutzer das Rechtssystem zu Rate zieht –, werden diese Anschlusslosigkeiten im Alltag affektiv als Stimmung registriert. Manches davon mag in Interaktionssystemen stattfinden, aber den Alltag auf diese zu reduzieren, würde verkennen, dass dieser aus einem heterogenen Gefüge von Praktiken und Erfahrungen besteht. Der spezifische Status des Alltags wird in Maurice Blanchots Theorie des Alltags deutlich. Der Alltag kann kein System sein; er lässt sich in seiner Flüchtigkeit mit Hilfe von Alter/Ego-Konstellationen nicht bannen. Am ehesten kann er als ein Erfahrungsraum verstanden werden, der aber ohne eigene Kohärenz ist. Der Alltag ist immer unabgeschlossen, zudem insignifikant – und damit vor jeder Sinnhaftigkeit positioniert, aber, so Blanchot, zugleich der Grund aller Sinnprozesse.[99] Statt durch Bedeutungen ist dieser geprägt

98 Stephenson und Papadopoulos fassen den Alltag als »Ort, an dem Erfahrung zirkuliert und sich verwandelt« (*Analysing Everyday Experience*, S. xi). Dieser Ort ist selbst medial verfasst: »Der Alltag ist das Medium, durch welches Erfahrung unter die Haut geht und sich materialisiert« (ebd., S. xii). Die Erfahrungen im Alltag sind präindividuell – »einzigartige Erfahrungen, die sich durch Individuen bewegen, anstatt zu ihnen zu gehören« (ebd., S. 163); aus diesem Grund können sie auch nicht mit einem kommunikationstheoretischen Modell, das wie bei Luhmann auf der Attribution von Beiträgen auf Ego/Alter beruht, erfasst werden.

99 Maurice Blanchot, »Everyday Speech«, in: *Yale French Studies* 73 (1987), S. 12-20, hier S. 14.

durch Bewegungen des Erscheinens und Verschwindens, durch eine Unmittelbarkeit (die dann selbstverständlich vom geschulten Alltagsbeobachter entlarvt werden kann), aber auch durch Routinen und gewöhnliche Affekte (»ordinary affects«).[100] Künstlerische Projekte wie Lozanos Performance des Verschwindens machen sich genau diesen Aspekt des Alltags zunutze: dessen Unsichtbarwerden für das offizielle Kunstsystem, ohne aber die Erfahrbarkeit der Praktiken im Alltag aufzugeben.

Es sind diese den Funktionssystemen fremden alogischen und nichtkommunikativen Eigenschaften des Alltags, die ihn zu einem Ort machen, an dem Anschlusslosigkeiten registriert werden können. Das systemtheoretische Desinteresse an Alltagspraktiken hängt womöglich mit genau dieser Spezifik des Alltags zusammen. Denn auch die Unmittelbarkeit des alltäglichen Erlebens interessiert sich nicht für die spezifischen Funktionslogiken. Die Flüchtigkeit des Alltags setzt geradezu voraus, dass Funktionssysteme reibungslos operieren, dass das alltägliche Leben von den Koordinationsproblemen der Funktionssysteme entlastet wird und dass symbolisch generalisierte Medien zuverlässig ihre Arbeit tun. Dies bedeutet nicht, dass der Alltag nicht durch funktionssystemspezifische Praktiken durchkreuzt würde – ganz im Gegenteil. Aber diese Praktiken sind als funktionssystemspezifische in der Regel kein Alltagsproblem, sie werden meist nicht als solche beobachtet. Gerade weil Funktionssysteme im Alltag fraglos gesetzt sind, wird der Alltag zum Resonanzraum von Anschlusslosigkeiten. Was im Alltag auffällig wird, ist die Unterbrechung oder Störung einer Kommunikationsepisode, die als Ereignis in die von Blanchot betonte Ereignislosigkeit des Alltags eindringt. Die von den Funktionssystemen meist übersehene Anschlusslosigkeit kann hier zu einem Mikroereignis der Außeralltäglichkeit werden. Diese Mikroereignisse finden in »problematischen Situationen« statt: die nicht funktionierende Zahlung wird zum Alltagsärgernis und erzwingt möglicherweise Alternativen; die übersehene liebevolle Geste mag eine unbestimmte, ungute Stimmung schaffen; eine Kopie des nichtpublizierten Manuskripts mag – nun als materialisiertes Objekt der Anschlusslosigkeit – weiter auf dem Schreibtisch liegen und an den Misserfolg erinnern; die Abgabe des Smartphones zu

100 Kathleen Stewart, *Ordinary Affects*, Durham 2007.

Beginn des Aufenthalts im Detox-Resort mag ein diffuses Unbehagen hervorrufen.

Alltägliches Handeln ereignet sich häufig allein oder in der Anonymität (der Arbeitsweg durch die Stadt, das morgendliche Schminken im Bad, die Zeitungslektüre, das Gießen der Pflanzen, das Prokrastinieren beim Schreiben eines Papers usw.). Diese einsamen alltäglichen Praktiken sollten aber wegen ihrer fehlenden Einbettung in Interaktionssysteme nicht automatisch als rein psychische Angelegenheiten betrachtet werden. Um den Alltag zu erfassen, ist es wichtig, diesen als eine heterogene Konstellation zu begreifen, zu der insbesondere auch Dinge (die man als Aktanten auffassen mag), affektive Stimmungen und Atmosphären gehören. Auf diese Weise geschieht die Erfahrung von funktionssystemspezifischen Anschlusslosigkeiten nicht primär über Kommunikation, sondern heftet sich an solche nicht ausschließlich sinnhaften Momente, die im Rahmen »problematischer Situationen« erfahren werden. Die alltäglichen Erfahrungen spiegeln somit nicht einfach die Anschlusslosigkeiten in Funktionssystemen, sondern werden zu einem Resonanzraum.

2.3. Anschlussunfähigkeit und Entnetzung

Ich habe fünf Typen der Anschlusslosigkeit eingeführt, die sich zunächst entlang von zwei Logiken ordnen lassen. Einerseits fällt Anschlusslosigkeit als Nebenprodukt des normalen Operierens von Systemen an; andererseits kann Anschlusslosigkeit selbst eine taktische und strategische Form als organisierte Anschlussunfähigkeit annehmen. Grundlage für diese beiden Logiken ist das ontologische Zögern, das in jede Operation eingebaut ist, aber selbst auch taktisch oder strategisch gewendet werden kann. Wenn ich von Entnetzung spreche, dann geht es primär um die zweite Logik – also um einen taktisch-strategischen Umgang mit der in jeder Konnektivität mitlaufenden Diskonnektivität.

In beiden Fällen steht Anschlusslosigkeit nicht in einem zufälligen Verhältnis zum jeweiligen System. Im ersten Fall geht sie mit der gesteigerten Anschlussfähigkeit von Sozialsystemen einher. Denn mit größerer Anschlussfähigkeit steigt einerseits die Wahrscheinlichkeit, dass Ereignisse Anschlüsse finden; andererseits führt dies zu einer erhöhten Produktion von potentiellen Ereignissen, so dass damit ein Überschuss möglicher Ereignisse produziert wird. Entgegen der klassischen systemtheoretischen Auffassung, dass die missglückten Kommunikationsereignisse analytisch nicht weiter von Belang sind, habe ich hier zunächst deren spezifische Existenzweise hervorgehoben. Dazu ist es aber notwendig, den Informationsbegriff zu materialisieren[101] und nicht auf die sinnhafte Anschlusslogik zu reduzieren. Dann erst kann die Materialität dieser Fastereignisse in den Blick treten. Auch ein missglücktes Anschlussereignis (sei es das Formulieren von Worten oder das Versenden von Paketdaten) braucht Energie und hinterlässt mediale Spuren, die allerdings dem systemtheoretischen Beobachter entgehen müssen, dennoch aber affektiv erfahrbar sind. Künstlerische und religiöse Praktiken (wie die Zen-Meditation) haben sich darauf spezialisiert, Kulturtechniken der Anschlusslosigkeit zu entwickeln, die an der Steigerung und Kultivierung der spezifischen Erfahrungsqualität von Anschlusslosigkeit interessiert sind.

Im zweiten Fall der taktischen und strategischen Erzeugung von Zonen der Anschlusslosigkeit verändert sich deren Status, da es sich nun nicht um Fastereignisse handelt, sondern die Anschlusslosigkeit selbst zum Ereignis werden soll. Wir haben es hier mit einem spezifischen Ensemble von Technologien der Entnetzung zu tun, die räumlich und zeitlich scharf kontrolliert werden. Man könnte mit der Systemtheorie diese Zonen (wie zum Beispiel die *hiding spaces* in Organisationen) als innere Umwelten von Systemen bezeichnen, würde damit aber den spezifischen Zusammenhang dieser Zonen mit dem jeweiligen System aus dem Blick verlieren. Denn die Anschlusslosigkeit erhält ihre Bedeutung erst in Hinsicht auf die normalisierten Anschlusserfordernisse in einem bestimmten Bereich. Erst durch diesen Kontrast kann sie eine eigene Erfahrungsqualität erlangen, gleichsam gesteigert und gerahmt durch den Bezug auf Konnektivitätserwartungen. Diese Zonen der Anschlusslosigkeit sind in ihrer Organisationsweise durchwegs soziotechnisch und artifiziell, bedürfen sie doch eines großen Repertoires kommunikativer, medientechnischer und architektonischer Mittel, um funktionieren zu können.[102]

101 Vgl. Tiziana Terranova, *Network Culture. Politics for the Information Age*, London 2004.

102 Kommunikative Mittel wären zum Beispiel Verhaltensnormen; bei den medien-

Die Möglichkeit, dass anschlusslose Ereignisse überhaupt auftreten können, beruht auf *Anschlussunfähigkeit*. Diese Unfähigkeit bezeichnet keineswegs bloß die defizitäre Kehrseite von Anschlussfähigkeit – sie ist gerade in ihrer Unfähigkeit produktiv. Luhmann spricht am Rande selbst von Anschlussunfähigkeit, aber stets auf die System/Umwelt-Differenz abzielend (also die Unfähigkeit, mit der Umwelt kommunizieren zu können). Ich habe dagegen argumentiert, dass diese Unfähigkeit (in ihrem Zusammenspiel mit Anschlussfähigkeit) innerhalb von Systemen anzusiedeln ist. Man könnte auch von einer Diskontinuität sprechen – analog zum zuvor diskutierten Zögern –, in der sich diese Unfähigkeit zeigt.[103] Diese Diskontinuitäten sind selbst nicht leer: »Aber vielleicht enthält die Leere doch etwas [...], das kein System ist und daher in der Optik der Systemtheorie nicht sichtbar ist.«[104] Anschlussunfähigkeit problematisiert damit auch die System/Umwelt-Differenz, da das Geschehen des Nichtanschlusses nicht mehr eindeutig zugeordnet werden kann.

Wird Anschlussunfähigkeit zur Entnetzungsstrategie, können wir von einer paradoxen Kultivierung dieser Unfähigkeit sprechen – paradox, weil diese zur Fähigkeit wird, Anschlüsse versiegen zu lassen, ohne sich aus dem System zu entfernen. Genauso wie Anschlussfähigkeit auf komplexen, insbesondere medialen Voraussetzungen beruht, benötigt Anschlussunfähigkeit spezifische Voraussetzungen. Eine Kultivierung der Anschlussunfähigkeit beginnt mit der Frage, wie Anschlusslosigkeit erhöht werden kann: sei es in mystischen und ästhetischen Praktiken, sei es in spezifischen Organisationszonen, sei es mittels netzkritischer Strategien exzessiver Kommunikation (zum Beispiel *denial of service attacks*). Diese Unfähigkeit ist deshalb nicht einfach die Negation von Anschlussfähigkeit, da ihre Produkte und Effekte für Systeme (und die Systemtheorie) nur partiell sichtbar sind. Sie etabliert damit auch ein anderes Register der Erfahrung und Wahrnehmung, das ich mit

technischen Mitteln könnte es sich etwa um Störsender handeln. Im Übrigen soll damit nicht gesagt werden, dass in diesen Zonen vollständige Anschlusslosigkeit herrscht. So könnten z. B. in Detox-Resorts »analoge« Verbindungen gefördert werden.

103 Ole Bjerg, »Accelerating Luhmann. Towards a Systems Theory of Ambivalence«, in: *Theory, Culture & Society* 23, 5 (2006), S. 49-68, hier S. 65.

104 Ebd.

dem von Blanchot entwickelten Begriff des Alltags umschrieben habe. Der Alltag erscheint nun als ein unsouveräner Raum der Erfahrung. Dadurch wird nicht nur Anschlussunfähigkeit denkbar, sondern der Status einer sonst normalisierten Anschlussfähigkeit problematisiert.

3. Inkommunikabilität (Gilles Deleuze)

Mit Latours ANT und Luhmanns Systemtheorie standen in den beiden vorangegangenen Kapiteln netzwerk- und systemtheoretische Konzeptionen der Konnektivität im Vordergrund. Die ANT interessiert sich für das Verfertigen und Ausweiten von Verbindungen (Assoziationen), die Systemtheorie für die Anschlussfähigkeit von Kommunikationen. In beiden Fällen habe ich die in diesen Theorien auftretenden Gegenbegriffe identifiziert, um so besser benennen zu können, wo das Phänomen der Entnetzung seinen Platz finden kann: die Dissoziation und das Plasma bei Latour und die Anschlussunfähigkeit bei Luhmann. Die marginale Position dieser Gegenbegriffe geht aus dem Konnektivitätsbias der beiden ansonsten sehr unterschiedlichen Theorieprojekte hervor. Dennoch zeichneten sich Konturen eines Denkens der Entnetzung ab, die ich zu akzentuieren und weiterzuentwickeln versucht habe. Ich möchte diese Reise durch die Sozialtheorie nun fortsetzen; meine nächste Station ist die von Gilles Deleuze und Félix Guattari entwickelte Rhizomanalyse, die einerseits die Feier der Konnektivität radikalisiert, andererseits die Gegenfiguren des Verbindens deutlicher hervortreten lässt.

3.1 Rhizomatischer Konnektivismus

Anfang der 1980er Jahre entwerfen Gilles Deleuze und Félix Guattari mit dem Rhizom eine ihrer erfolgreichsten theoretischen Figuren. Das Rhizom wird in Gegenüberstellung zum Denkmodell des Baums konzipiert. Bäume verknappen und kanalisieren Verbindungen zwischen ihren Elementen durch ihre hierarchische Organisationsweise, die auf einem letzten, stützenden Fundament beruht. Das dezentral organisierte Rhizom – ein Wurzelgeflecht ohne Zentrum – schränkt hingegen seine Verbindungen nicht ein, ja, es ist geradezu eine Maschine zur Erzeugung von Verbindungen: »Jeder Punkt eines Rhizoms kann (und muß) mit jedem anderen verbunden werden.«[105] Die eingeklammerte Bemerkung

105 Gilles Deleuze, Félix Guattari, *Tausend Plateaus. Kapitalismus und Schizophrenie*, Berlin 1992, S. 16; ganz ähnlich formulieren sie in der Zusammenfassung:

»und muß« macht deutlich, wie sehr gerade das Rhizom für das Ethos der Konnektivität steht: Nicht nur wird die Möglichkeit für Verbindungen, das heißt Konnektivität geschaffen, sondern diese Verbindungen *müssen* realisiert werden. Dies wird am Schluss von *Tausend Plateaus* noch einmal betont: »Nur *was die Zahl der Konnexionen* auf jeder Ebene der Teilung oder Zusammensetzung *vermehrt*, bleibt bestehen [...].«[106] Die Konnexionen beschränken sich nicht auf den semiotischen oder kommunikativen Raum, sondern ihre Stärke liegt gerade darin, dass ganz verschiedene, auch affektive Ströme miteinander verknüpft werden. Das Rhizom zeichnet sich nicht nur immanent durch seinen Verbindungsreichtum und Verbindungsdruck aus, sondern existiert nur dadurch, dass es sich auch mit dem Unverbundenen beständig verbindet.

Das Modell des dezentralen Rhizoms nimmt semantisch zwei wichtige Formen gegenwärtigen Netzwerkdenkens vorweg. Erstens wird ein neues Organisationsmodell entworfen, das in zahlreichen seiner Eigenschaften unterschiedliche Formen dezentraler Netzwerkorganisation indirekt informieren wird. Auch die neue Managementrhetorik lebt von der Verwerfung unflexibler und hierarchischer Organisationsweisen und fordert bewegliche, häufig teamförmige Formen nachbarschaftlicher (lateraler) Organisation; letztlich wird das rhizomatische Wuchern von Verbindungen in das Ethos des Netzwerkers übersetzt.[107] Zweitens wirkt die Beschreibung des Rhizoms wie ein Vorbote des Internets, das sich in seinen frühen Visionen als dezentrale Netzwerkstruktur präsentierte, die deswegen unter anderem gegen Angriffe zumindest partiell resistent ist.[108] Inzwischen scheint im »Internet der Dinge« die Vision einer Vernetzung ganz unterschiedlicher heterogener Strata Wirklichkeit geworden zu sein.

Gewiss wäre es allzu vereinfachend, die gegenwärtigen netz-

»[I]m Unterschied zu Bäumen oder ihren Wurzeln verbindet das Rhizom einen beliebigen Punkt mit einem anderen beliebigen Punkt, wobei nicht unbedingt jede seiner Linien auf andere, gleichartige Linien verweist.« (Ebd., S. 36)

106 Ebd., S. 703.

107 Vgl. Luc Boltanski, Ève Chiapello, *Der neue Geist des Kapitalismus*, Konstanz 2003, wo dem Rhizom-Denken sogar eine Mitverantwortung an dieser Entwicklung zugesprochen wird, dessen Einfluss gewiss überschätzend.

108 Zu einer frühen entsprechenden Lesart des Rhizombegriffs als Vorbote des Internets siehe z. B. Mark Poster, *What's the Matter with the Internet*, Minneapolis 2001, S. 27.

werkförmigen Technologien als direkten Ausdruck von Deleuze'/Guattaris Begeisterung für Konnektivität zu sehen: »Heute mag Deleuze' Sprache der Verbindungen, der Rhizome und des Netzwerks durchaus wie die Rede von neuronalen Netzen oder vom Internet klingen, aber es ist Vorsicht geboten. Denn tatsächlich hat er das Computermodell des Geistes abgelehnt. Vielmehr wollte er die durch Affekte und Wahrnehmung gegebenen Ränder des Sinns zulassen.«[109] Auch wenn es also richtig ist, dass die Figur des Rhizoms in mancherlei Hinsicht ein Denken dezentraler Netzwerke vorbereitet hat, so unterscheidet sie sich in mindestens einer wichtigen Hinsicht von klassischen Netzwerktheorien.[110] Deleuze/Guattari dynamisieren das statische Netzwerkdenken, indem sie den Dualismus von Knoten und Kanten zunächst auflösen, und zwar nicht um ihn ganz verschwinden zu lassen, sondern um ihn zu historisieren. Rhizome verwandeln verfestigte Punkte in Linien, sie sind

> Systeme ohne Zentren [...]. Netzwerke von endlichen Automaten, in denen die Kommunikation von einem Nachbarn zum anderen hergestellt wird, in denen Stränge oder Kanäle nicht schon vorgegeben sind, in denen alle Individuen untereinander austauschbar und nur durch einen momentanen *Zustand* definierbar sind, so daß die lokalen Vorgänge koordiniert werden und das Endergebnis unabhängig von einer zentralen Instanz synchronisiert wird.[111]

Ausgangspunkt ist also nicht die Annahme, dass einzelne bereits bestehende Elemente in einem Netzwerk miteinander verbunden werden. Denn die Elemente (oder Knoten) sind dem Netzwerk nicht vorgängig, sondern müssen durch Konjugationen, welche den linienförmigen Strom punktieren, erst geschaffen werden. Damit radikalisieren Deleuze/Guattari das klassische, auch die heutigen Sozialwissenschaften immer noch dominierende Netzwerkdenken. Wir haben ja gesehen, dass selbst die ANT mit ihrer methodischen Anweisung »Folge dem Akteur!« heuristisch noch von Aktanten ausgeht. Zwar sind diese Latour zufolge ebenfalls ein relationales

109 John Rajchman, *The Deleuze Connections*, Cambridge 2000, S. 11.

110 Das Rhizom ist für Deleuze kein empirischer Begriff, sondern ein Denkmodell. Vgl. Eugene B. Young u. a. *The Deleuze and Guattari Dictionary*, London 2013, S. 262 f.

111 Deleuze/Guattari, *Tausend Plateaus*, S. 30.

Produkt von Netzwerken, werden aber dennoch als epistemisch geeigneter Einsatzpunkt gesehen, um Netzwerke erkunden zu können.[112] Dagegen hat der Anthropologe Tim Ingold Linien als die basale Operationsweise von Netzwerken hervorgehoben.[113] Das hat den Vorteil, die Fabrikation von Akteuren in Netzwerken analysieren zu können, und zwar nicht nur als Versammlung von Akteuren wie in der ANT, sondern als eine spezifische Modulation von Linien. Allerdings ist mit dieser Linienförmigkeit das Konnektivitätsethos keineswegs gebrochen, ganz im Gegenteil: Das Linienmodell sieht die Knotenpunkte, die sich in Machtprozessen herauskristallisiert haben, als Blockierungen von Bewegungen durch Übercodierung. Das Freisetzen von Fluchtlinien – ein Strömen ohne Blockaden – wird so zum theoretischen wie auch zum politischen Ziel.

3.2 Fluchtlinien

Eine der theoretischen »Gründungsszenen«[114] für den Begriff der Fluchtlinien in *Tausend Plateaus* sind die Landkommunen, die der französische Psychiater Fernard Deligny für autistische Patient*innen eingerichtet hatte. Deligny stellte sich gegen die damals vorherrschende Psychoanalyse und Psychiatrie, indem er in seinen Arbeiten aus den späten 1970er Jahren Autismus nicht als Krankheit, sondern als eigenständige Art der Nichtkommunikation verstanden hat.[115] Die Verweigerung der sprachlichen Codes – der *mots d'ordre* im autistischen Verhalten weist für Deligny auf ein widerständiges, minoritäres Handeln hin, das sich den kontrollgesellschaftlichen Netzwerken zu entziehen vermag. Dies ist umso bemerkenswerter, da Deligny selbst von einer fluiden Netzwerkontologie ausgeht, welche die Basis seiner Konzeption menschlichen Verhaltens bildet. Der kritische Impetus richtet sich

112 Ganz ähnlich auch Delandas Assemblagetheorie, die von zu verbindenden Elementen ausgeht, siehe Manuel Delanda, *A New Philosophy of Society. Assemblage Theory And Social Complexity*, New York 2006.

113 Ingold, »When ANT meets SPIDER. Social Theory for Anthropods«.

114 Gründungsszenen sind konkrete Beispiele, die als Ankerpunkt für die Theoriebildung dienen. Siehe: Sina Farzin, Henning Laux (Hg.), *Gründungsszenen soziologischer Theorie*, Wiesbaden 2014.

115 Fernand Deligny, *The Arachnean and Other Texts* [1975-1980], Minneapolis 2015.

gegen die normalisierten Verbindungslogiken ökonomisierter und vermachteter Netzwerke, nicht aber gegen das Netzwerken per se.

Deligny hat aufwändige Karten der Bewegungen, »Karten von Wahrnehmungen, Karten von Gesten (Kochen oder Holzsammeln)«[116] von autistischen Kindern angefertigt, in denen er »planlose Linien« und »gewohnte Linien« voneinander unterscheidet. Ich erinnere an dieser Stelle an meine Auseinandersetzung mit Luhmanns Systemtheorie im voranstehenden Kapitel, wo ich die These entwickelt habe, dass der Alltag als Ort fungiert, an dem Entnetzung wahrnehmbar und erfahrbar werden kann. Ähnliches gilt für Deligny, der die Fluchtlinien vor dem Hintergrund alltäglicher Praktiken der Autist*innen verortet:

> Zusammen mit den Autisten und unter freiem Himmel gehörten Kochen, Abwaschen, Holzhacken, Brotbacken und der Weidegang der Ziegen zu einer einfachen und üblichen Routine. Inmitten dieser Wiederholung des Alltäglichen tauchen die Drift, die Irrungen und die Einbrüche auf, jene einzigartigen Gesten, bei denen jeder Einzelne die Initiative ergreifen kann, um unerwartete Linien zu ziehen.[117]

Dort, wo sich die routinierten Linien des Alltags mit den Fluchtlinien kreuzen, kommt es zu Überraschungen, und genau diese sind von Interesse.

Der Status des Autisten ist bei Deligny ambivalent, oszillierend zwischen der Figur einer anderen Konnektivität und einer utopischen Vorstellung des Ausstiegs, einer ultimativen Diskonnektivität. So sah Deligny im Autisten die idealisierte Figur für ein dynamisches Netzwerken, die sich gegen die Gefahr der regulierten Netzwerkhaftigkeit wendet: »Ein Netzwerk kann sich selbst vervollständigen, indem es verschwindet oder zu einer Institution wird. Die einzige Grundlage, die ein Netzwerk ermöglicht, ist ein Bruch, ein Riss.«[118] Anhand einer solchen Figur des Autisten, verstanden als der für ein Netzwerk konstitutive Riss, lässt sich zwar

116 Deleuze/Guattari, *Tausend Plateaus*, S. 277.

117 Peter Pál Pelbart, »Modes of Exhaustion. Modes of Existence«, in: *Inflexions* 10 (2017), S. 137-162, hier S. 139, ⟨www.inflexions.org/exhaustion/main.html⟩, letzter Zugriff 27. 02. 2020.

118 Deligny, *The Arachnean and Other Texts*, S. 46, zit. nach: Damian Milton, »Tracing the Influence of Fernand Deligny on Autism Studies«, in: *Disability & Society* 31, 2 (2016), S. 285-289, hier S. 287.

keine allgemeine Kritik an der Konnektivität entwickeln, jedoch unterstreicht sie die Prekarität von Netzwerken – das »Tentative« (Deligny), das gerade im Handeln der Autisten sichtbar werde.

Inspiriert von Delignys Projekt, insbesondere von seinen Karten der Irrlinien, entwickeln Deleuze und Guattari ihr Konzept der Fluchtlinie. In ihrer Lektüre von Deligny überführen Deleuze/Guattari dieses ungewöhnliche Geflecht der Linien allerdings sehr schnell in ihre gewohnten konnektivistischen Denkbahnen: »Sie verwandeln sich und können sogar ineinander übergehen. Rhizom.«[119] Die Bewegungen und Gesten des Autisten stehen exemplarisch für eine nichtsprachliche, ungeregelte Form der Äußerung – und werden so (allzu) umstandslos in die Schizoanalyse überführt.

Fluchtlinien sind aus der Perspektive einer Theorie der Entnetzung ambivalent: Sie stehen für die Steigerung von Konnektivität, allerdings für eine Konnektivität, deren Kraft im Entweichen aus gefestigten Kontrollstrukturen liegt. Es geht um eine Konnektivität der Fluchtströme,[120] die sich ihre eigenen Bahnen schafft, sowie um eine immer auch mit Verlusten einhergehende Konnektivität des Lecks.[121] Die Fluchtlinien sind kein Exzessphänomen im Sinne der Kritiken der Hyperkonnektivität, sondern begründen jedes Netzwerk: »Tatsächlich steht am Anfang eine absolute Deterritorialisierung, eine absolute Fluchtlinie der Konsistenzebenen.«[122] Daher gelten Fluchtlinien für Deleuze/Guattari auch nicht als bloße Unfälle oder Störungen, sondern bestimmen die jeweilige Konfi-

119 Deleuze/Guattari, *Tausend Plateaus*, S. 278.

120 Dimitris Papadopoulos u. a., *Escape Routes. Control and Subversion in the 21st Century*, London 2008.

121 Wendy Hui Kyong Chun, Sarah Friedland, »Habits of Leaking. Of Sluts and Network Cards«, in: *Differences* 26, 2 (2015), S. 1-28; im Französischen werden die Fluchtlinien von Deleuze/Guattari denn auch als *fuite* – also Lecks – bezeichnet. Zum Zusammenhang von Fluchtlinien und Lecks schreibt Rajchman (*The Deleuze Connections*, S. 12): »In sozialer Hinsicht sind Verbindungen keine sozialen Interaktionen zwischen bereits konstituierten Subjekten; sie sind zugleich ›kleiner‹ und ›größer‹ als Individuen und setzen eine Art von Sozialität voraus, die nicht auf den Mechanismen der kollektiven Anerkennung oder Identifizierung beruht. Deleuzes Grundprinzip ist, dass die Gesellschaft immer *en fuite* (undicht, fliehend) ist und dass sie in der Art und Weise verstanden werden kann, wie sie mit ihren *fuites* (Lecks, Fluchtlinien) umgeht.«

122 Deleuze/Guattari, *Tausend Plateaus*, S. 81.

guration gesellschaftlicher Verhältnisse.[123] Diese logische Stellung der Fluchtlinien erscheint mir auch für ein Denken der Entnetzung wichtig. Fluchtlinien besetzen einen logischen Ort zwischen bloßer Akzidentialität und Dialektik. Sie zeichnen sich durch eine Distanz zu den jeweiligen Netzwerken aus, weshalb sie von Deleuze/Guattari als tangential gefasst werden.[124] Sie lösen Elemente aus bestehenden Netzwerken heraus und gewinnen so eigenständige Bewegungsformen.

Trotz dieser bemerkenswerten logischen Positionierung von Fluchtlinien entkommen aber auch Deleuze/Guattari nicht dem Konnektivitätsethos der territorialisierten Netzwerke. Ganz im Sinne ihrer energetischen und aktivistischen Rhetorik werden Fluchtlinien primär durch ihre Geschwindigkeit und Beweglichkeit charakterisiert. Selbst dann, wenn sie stillzustehen scheinen, werden sie immer noch als gewaltsamer »Vortex« beschrieben,[125] der sich an einem Ort energetisch verausgabt. In der Regel sind die Fluchtlinien jedoch durch die Bewegung in einem glatten Raum geprägt und durch das Ignorieren von eingekerbten Grenzen. Fluchtlinien sind keineswegs automatisch emanzipativ, sie können sogar zur faschistischen und terroristischen Volte werden.[126] Nur dann, wenn es den Fluchtlinien gelingt, produktiv zu sein, eröffnen sie für Deleuze/Guattari emanzipative Möglichkeiten. Das Kriterium für diese Produktivität ist nun aber wiederum das der Konnexion (also der widerständigen Vernetzung). Eine einsame, irrende Linie, die keine Verbindung findet, wird entweder als wirkungslos oder gar als destruktiv betrachtet. Mit dem Modell der Fluchtlinie entwerfen Deleuze/Guattari keine grundlegende Kritik der Konnektivität als solcher, sondern nur die eines bestimmten Typus, nämlich der übercodierten, ökonomisierten Konnektivität,[127] die einer genuinen Konnektivität der Fluchtlinien gegenübergestellt wird. Vereinfacht

123 Im Gegensatz etwa zum Gesellschaftsmodell von Karl Marx, der soziale Dynamiken durch einen konstitutiven Widerspruch, eine antagonistische Konstellation angetrieben sieht, siehe ebd., S. 126.

124 Ebd., S. 162.

125 Ebd., S. 678.

126 Ebd., S. 293 f.

127 Also das, was van Dijck als *connectivity* im Gegensatz zu einer emanzipativen *connectedness* fasst, siehe José van Dijck, *The Culture of Connectivity. A Critical History of Social Media*, Oxford 2013.

könnte man sagen: Mit den Fluchtlinien soll die Konnektivität aus ihrem Gefängnis befreit werden – ein Strömen jenseits kybernetischer Kontrollmechanismen soll möglich werden. Fluchtlinien negieren damit keine gesellschaftlichen Verhältnisse, vielmehr schaffen sie etwas anderes – sie erfinden. Es ist das Pathos des Neuen und der Produktivität, das Deleuze'/Guattaris Vertrauen in die Fluchtlinien steuert, auch wenn dieses durch seine Aneignung in gegenwärtigen Kreativitätsdispositiven[128] viel an Attraktivität eingebüßt hat.

Diese Idee einer (zu) befreienden Konnektivität jenseits bestehender Bahnungen und Kanäle hat die frühen Internetutopien ebenso geprägt wie die Feier von dezentralen Netzwerken in Organisationen. Es mag an diesem Passungsverhältnis liegen, dass sich in der Organisations- und Medientheorie eine breite, an Deleuze/Guattari anschließende Diskussion entwickelt hat.[129] Gewiss, dies geschah (und geschieht) meist in kritischer Absicht, indem der Ökonomisierung des Internets eine Verkürzung des rhizomatischen Denkens vorgeworfen wird; angeprangert wird eine Zurechtstutzung, die zwar allseitige Konnektivität betont, dabei aber gleichzeitig die Rolle von Fluchtlinien vernachlässigt. Am Ethos der Konnektivität wird jedoch enthusiastisch festgehalten, wenn auch modifiziert durch die Figur der Fluchtlinien. Die Logik der Steigerung und der Vermehrung ist fest in dieses Konzept eingelassen: Fluchtlinien vermehren sich beständig, sie bewegen sich unermüdlich (so dass auch ihr Stillstand als Bewegung konzipiert wird) und vernetzen sich untereinander. Diese Steigerungslogik ist darüber hinaus in den an Deleuze anschließenden *affect studies* wirkmächtig geworden, denen Affizierbarkeit – wenn es denn die richtigen Affekte der Freude sind – als positive, ja zu steigernde Fähigkeit gilt.[130] Affekte faszinieren durch ihre Ortlosigkeit, ihr unbändiges Zirkulieren und Ignorieren von Sinngrenzen. Diese Freu-

128 Boltanski/Chiapello, *Der neue Geist des Kapitalismus*; Andreas Reckwitz, *Die Erfindung der Kreativität. Zum Prozess gesellschaftlicher Ästhetisierung*, Berlin 2012.

129 Einige einflussreiche Positionen sind: Ian Buchanan, »Deleuze and the Internet«, in: Mark Poster, David Savat (Hg.), *Deleuze and New Technology*, Edinburgh 2009, S. 143-160; dann die frühen Arbeiten von Alexander Galloway sowie in der Organisationstheorie z. B. Stephen Linstead, Torkild Thanem, »Multiplicity, Virtuality and Organization. The Contribution of Gilles Deleuze«, in: *Organization Studies* 28, 10 (2007), S. 1483-1501.

130 Melissa Gregg, Gregory J. Seigworth, *The Affect Theory Reader*, Durham 2010.

de am Affekt genießt die beständige Steigerung und Intensivierung von Verbindungen – und kritisiert im selben Zug die Kontrolle von Affekten etwa durch staatliche und ökonomische Institutionen.

Für eine Theorie der Entnetzung ist eine solchermaßen verfasste Affekttheorie eine Sackgasse, zumindest dann, wenn man sie als theoretisches Projekt versteht. Ich bewerte den Erfolg der Affekttheorie als eine symptomatische kulturelle Semantik für den Steigerungsimperativ der Netzwerkgesellschaft. Hatte sich klassischerweise Vernetzung auf »codierte« Beziehungen bezogen, werden nun auch noch die »uncodierten« Affekte kolonisiert, indem sie die Positionen von privilegierten Katalysatoren der Netzwerkbildung einnehmen. Mit dem vitalistischen Pathos der Affekttheorie wird ein regelrechter Konnektivitätswahn losgetreten, geleitet vom nostalgischen Glauben, dass eine (vermeintlich) aus Kontrollbeziehungen freigesetzte Konnektivität neue politische Möglichkeiten eröffnen könne. Die an Deleuze und Guattari anschließende Diskussion der Fluchtlinien hat die normative Aufladung des Autismus verschärft. So preist etwa Erin Manning die »hyperrelationality« des Autisten, der sich zwar der gesellschaftlichen Kommunikation entziehe, stattdessen aber umso intensivere nicht-sprachliche Beziehungen aufbaue.[131] Diese Verklärung des Autismus führt dann sogar zur Ausrufung des Autisten als Schizo der Postmoderne[132] oder Vorreiter des Neomaterialismus.[133]

Allerdings zeichnen Deleuze/Guattari ein ambivalenteres Bild der Fluchtlinien, als es die Rezeption der Befreiungsdeleuzianer*innen

131 David Fleming, *Unbecoming Cinema. Unsettling Encounters with Ethical Event Films*, Bristol 2017, S. 220 mit Bezug auf Erin Manning, *Always More than One. Individuation's Dance*, Durham 2013.

132 Hans Skott-Myhre, Christina Taylor, »Autism. Schizo of Postmodern Capital«, in: *Deleuze Studies* 5, 1 (2011), S. 46.

133 So wird für Amit Pinchevski und John Durham Peters eine autistische Patientin gar zur Neomaterialistin: »Baggs Behinderung [*disability*] bringt sie an die Spitze des neuen Materialismus, der Ding-Theorien und dessen, was Walter Benjamin als ›Einfühlung in anorganische Dinge‹ bezeichnete. Wie andere Menschen mit ASD könnte sie Pionierin der objekt-orientierten Ontologien sein, eine Unfähigkeit [*disability*] und eine Fähigkeit [*ability*], welche die einzigartige menschliche Fähigkeit zur Abstraktion und zur Arbeit mit Dingen nur noch verstärkt.« Siehe dies., »Autism and New Media. Disability between Technology and Society«, in: *New Media & Society* 18, 11 (2016), S. 2507-2523, hier S. 2520.

vermuten lassen würde.[134] Tatsächlich zeugt die eigentümliche logische Position der Fluchtlinien von dem begrifflichen Ringen, das die Entwicklung dieses Konzeptes begleitet hat. Ginge es nur um eine (Über-)Steigerungslogik und nur um Intensivierung, dann wäre es für Deleuze/Guattari nicht nötig gewesen, die Fluchtlinien als dritte logische Position einzuführen: als undialektische Logik des Lecks. Eine ganz ähnliche Position nimmt Simmels Figur der Vornehmheit ein, die er als eine Indifferenz bestimmt, die aber inmitten sozialer Beziehungen positioniert ist, mehr noch, die durch ihre A-sozialität auch zur Provokation für soziale Akteure geworden ist.[135] Es geht also darum, diese dritte Position nicht gleich wieder unter einer gesteigerten, wenn auch befreienden Netzwerkbildung zu begraben, sondern ihre eigentümliche Indifferenz ernst zu nehmen.

Dies erfordert aber auch, deren Möglichkeitsbedingungen zu denken – und die Existenz von Fluchtlinien, die gegenüber den gesellschaftlichen Kontrollmechanismen indifferent sind, nicht bloß ontologisch zu postulieren. Erinnern wir uns an Delignys Bewegungskarten, die nur unter ganz spezifischen Bedingungen angefertigt werden konnten. Die Karten sind in ländlichen Kommunen entstanden, die ihrerseits untereinander vernetzt waren und danach strebten, sich nicht nur vom städtischen Leben abzukoppeln, sondern auch von der Kommunikation als solcher, die mit den kontrollgesellschaftlichen Kreisläufen eines kybernetischen Kapitalismus gleichgesetzt wurde. Voraussetzung für das Entstehen der alternativen, rhizomatischen Netzwerke ist somit ein klarer Schnitt, der – den Utopien des Digital Detox nicht ganz unähnlich – Raum für eine andere Art der Verbindung schaffen soll. Deligny hat diese Diskonnektion mit Nachdruck zu bewahren versucht. So hat er nur mit großem Zögern und auf Drängen der Eltern der Kinder über seine Autisten-Kommunen geschrieben, zu groß war seine Befürchtung, dass die Versprachlichung zum Einfallstor für deren Integration in kapitalistische Zusammenhänge werden könnte.[136]

134 Vgl. David M. Berry, Alexander R. Galloway, »A Network is a Network is a Network. Reflections on the Computational and the Societies of Control«, in: *Theory, Culture & Society* 33, 4 (2016), S. 151-172.

135 Siehe zu Simmel unten in diesem Teil, Kap. 5.

136 Leon Hilton, »Mapping the Wander Lines. The Quiet Revelations of Fernand Deligny«, in: Los Angeles Review of Books, 2005, ⟨https://lareviewofbooks.org/

Diese sollten unsichtbar bleiben, wozu aber das infrastrukturelle Abkoppeln der Kommunen von den hegemonialen Netzwerken gehörte. Genau diese infrastrukturelle Voraussetzung, welche erst eine Soziologisierung und Historisierung von Fluchtlinien möglich macht, bleibt aber in Deleuze'/Guattaris konzeptionellen Erörterungen von Fluchtlinien weitgehend ausgeklammert. Das Konzept der Fluchtlinien weist auf das auch für ein Denken der Entnetzung wichtige Moment der Inkommunikabilität hin; es droht aber dann selbst in den Strudel der Konnektivität zu versinken, wenn es eine alternative Art der wilden und befreiten Relationalität verklärt.

3.3 Vakuolen der Nichtkommunikation

Konsequenter erfasst Deleuze die Verschränkung von Nichtkommunikation und ihren infrastrukturellen Bedingungen im Nachgang zur Konzeption der Kontrollgesellschaft. In seinem kurzen, einflussreichen Essay zur Kontrollgesellschaft entwirft er eine vieldiskutierte Zeitdiagnose der Transformation von Disziplinargesellschaften in Kontrollgesellschaften.[137] Derartige Kontrollgesellschaften sind hochgradig flexibel, ja, ihre Techniken der Kontrolle sind im Kern Modulationen. Wir haben es nicht mehr mit starren Disziplinartechnologien zu tun, sondern mit Techniken, die sich immerwährend verändern – die sich ihrem Gegenstand anschmiegen. Ströme werden nicht blockiert, sondern gesteuert, ohne dass es dabei einen vorher bestehenden Plan geben würde. Es scheint fast, dass sich die Kontrollgesellschaft der Logik des Rhizoms so sehr angeglichen hat, dass sogar Fangapparate in Bewegung gesetzt worden sind. In einem Gespräch mit Antonio Negri fragt sich Deleuze daher, ob der Konnektivismus der Fluchtlinien, solange diese als dynamische Bewegungen gelesen werden, noch als Widerstandsoption taugt:

> Sie fragen, ob die Kontroll- oder Kommunikationsgesellschaften nicht Formen von Widerstand hervorbringen werden, die einem Kommunis-

article/mapping-the-wander-lines-the-quiet-revelations-of-fernand-deligny/⟩, letzter Zugriff 28. 12. 2020.

137 Gilles Deleuze, »Postskriptum über die Kontrollgesellschaft«, in: ders., *Unterhandlungen 1972-1990*, Frankfurt/M. 1993, S. 254-261.

mus wieder Chancen geben könnten, verstanden als ›transversale Organisation freier Individuen‹. Ich weiß nicht, vielleicht. Aber nicht weil die Minoritäten das Wort ergreifen können. Vielleicht sind das Sprechen und die Kommunikation verdorben. Sie sind völlig vom Geld durchdrungen: nicht zufällig, sondern ihrem Wesen nach. Man muß das Sprechen kapern [*détournement*]. Schöpferisch sein ist stets etwas anderes gewesen als kommunizieren. Das Wichtige wird vielleicht sein, Vakuolen der Nichtkommunikation zu schaffen, Schalter [*interrupteurs*], um der Kontrolle zu entgehen.[138]

Während das dominierende Modell der Fluchtlinien dynamisch und produktiv angelegt ist, führt Deleuze hier ein Denkmodell des leisen Entzugs ein und wirft damit auch ein anderes Licht auf Fluchtlinien. Widerstand in der Kontrollgesellschaft kann nicht in der Vermehrung von Verbindungen und Affizierbarkeit bestehen, da dies selbst zur dominierenden Logik geworden ist. Deleuze erteilt damit auch der Diskurslastigkeit der klassischen Identitätspolitik eine deutliche Absage. Selbst die transversale Vernetzung der Unterworfenen hat ihr emanzipatives Potential verloren, und zwar spätestens seit Kontrollgesellschaften Transversalität selbst zu einem ihrer Leitprinzipien gemacht haben.

Deleuze führt hier nicht Widerstandstechniken der Steigerung ein, sondern Techniken der Entintensivierung: Er fordert »Vakuolen der Nichtkommunikation«. Dieses Bild ist nicht nur wegen der Betonung von Nichtkommunikation und wegen des Generalverdachts gegen Sprache als Kontrolltechnik bedeutsam. Vielmehr führt der aus der Botanik entliehene Begriff der Vakuole eine Logik des Wartens und Speicherns ein.

Der Begriff der Vakuole wurde 1841 von dem französischen Botaniker Félix Dujardin geprägt,[139] der bei seinen Untersuchungen pflanzlicher Zellen auf seltsame Räume gestoßen war, in denen nichts zu geschehen schien und die nicht am Stoffwechselprozess beteiligt waren. Vom lateinischen Wort für »Leere«, *vacuum*, ab-

138 Gilles Deleuze, »Kontrolle und Werden«, in: ders., *Unterhandlungen 1972-1990*, S. 243-253, hier S. 252; ders., »Contrôle et devenir« (Entretien avec Toni Negri), in: ders., *Pourparlers 1972-1990*, Paris 1990, S. 237 f. *Interrupteurs* bezeichnet zweierlei zugleich: elektrische Schalter und Unterbrechungen.

139 Philippe Matile, »Vacuoles. Discovery of Lysosomal Origin«, in: Shain-Dow Kung, Shang-Fa Yang (Hg.), *Discoveries in Plant Biology*, Singapur 1998, S. 279-286.

geleitet, bezeichnen Vakuolen leere Räume inmitten der Zelle, genauer: mit Membranen abgetrennte Hohlräume im Zytoplasma, der Grundsubstanz einer Zelle. Im Zytoplasma finden zahlreiche Stoffwechselprozesse statt, es ist der biologische Ort des zellulären Vernetzungsgeschehens, von dem die Vakuolen abgetrennt sind. Die Vakuolen dienen in erster Linie als ein »intrazelluläres Wasser- und Stoffreservoir«,[140] das bis zu 90 Prozent einer Zelle ausmachen kann. In den Vakuolen werden einerseits Stoffe, welche die Pflanze etwa zur Blütezeit nutzen kann, vorsorglich eingelagert. Andererseits dienen sie als Giftschrank und Müllhalde; es ist sogar von der »innere[n] Exkretion« der Pflanze die Rede.[141] Sie deponiert in den Vakuolen sowohl selbstproduzierte toxische Stoffe zur späteren Verwendung als auch Xenobiotika aus ihrer Umwelt – ist also ebenso Zwischen- wie Endlager.

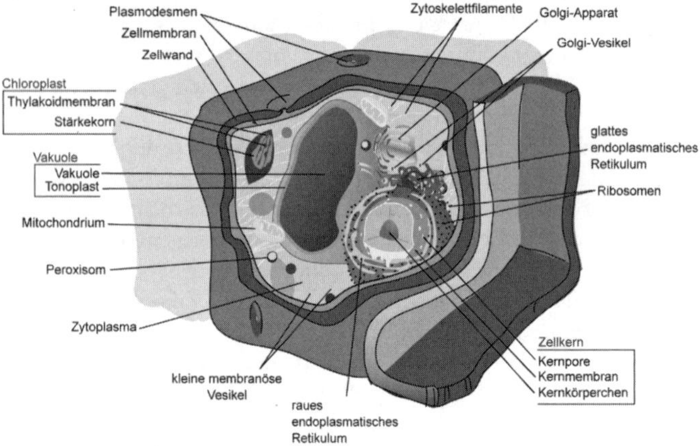

Abb. 1: Die Vakuole einer Pflanzenzelle. Quelle: ⟨https://commons.wikimedia.org/wiki/File:Plant_cell_structure_svg_vacuole.svg⟩, Mariana Ruiz Villarreal, letzter Zugriff 08. 10. 2020.

140 Gudrun Hoffmann-Thoma, »Recycling und Entsorgung in der Pflanzenzelle. Die Vakuole«, in: *Biologie in unserer Zeit* 31, 5 (2001), S. 313.

141 Ebd., S. 316.

Der angebliche Leerraum der Vakuole ist also gar nicht so leer: nur aus der Perspektive der Stoffwechselprozesse wirkt er wie ein Vakuum, da er den Zellprozessen entzogen ist. Obwohl die Vakuolen also auf den ersten Blick nutzlos erscheinen, sind sie gerade durch ihre Nichtbeteiligung von vitaler Bedeutung für eine Zelle. Die Zelle »erfordert die Durchdringung des lebenden Zytoplasmas mit nichtplasmatischen toten Räumen«.[142] Dazu gehören die erwähnten unterschiedlichen Speicherfunktionen, aber auch die Erzeugung des notwendigen Drucks (durch ihre Befüllung mit Wasser) der Zelle. Zudem kann die Vakuole, ohne dass sie selbst kommuniziert, zur pflanzlichen Kommunikation beitragen, sei es durch Farbe (Signalkommunikation) oder dadurch, dass ihr Gift zur Abwehr von äußeren Feinden eingesetzt wird.

Vakuolen sind Räume der Nichtkommunikation, die sich flexibel an ihre interne Umgebung anpassen können:

> Eine Vakuole ist für die Biologie eine Organelle, eine auf zellulärer Ebene existierende Untereinheit, die innerhalb einer Membran existiert, der eine universelle Form fehlt und die ihre Zusammensetzung so verschiebt, dass sie die Dimensionen der Zelle widerspiegelt, in der sie existiert.[143]

Die Vakuole ist damit nicht unabhängig von der Zelle, sondern passt sich dieser an, ohne selbst über eine feste Form zu verfügen. Sie unterhält nur minimale Beziehungen zur Umwelt (etwa, um Substanzen aufnehmen und abgeben zu können).[144] Vakuolen sind also nicht bloße Löcher oder Leerstellen in einem Netzwerk, sondern aufwändige Infrastrukturen der Lagerung und des Entzugs, ja, wir haben es hier mit einer Bio-Logistik des zeitweiligen Entzugs zu tun, mit deren Hilfe Zellen die Voraussetzungen für ihr Prozessieren schaffen.

Deleuze nimmt den biologischen Begriff der Vakuole als Metapher auf, deutet diese Metapher aber nur am Rande aus.[145] Gerade

142 Matile, »Vacuoles«, S. 279.

143 Edmund Berger, »Sound Hacking. Further Reflections on Noise and Noncommunication«, in: *Deterritorial Investigations*, 2014, ⟨https://deterritorialinvestigations.wordpress.com/2014/05/26/sound-hacking-further-reflections-on-noise-and-noncommunication/⟩, letzter Zugriff 12. 10. 2020.

144 Hoffmann-Thoma, »Recycling und Entsorgung in der Pflanzenzelle«, S. 313.

145 Der biologische Begriff ist selbst metaphorisch angelegt, indem er den physikalischen und philosophischen Begriff des Vakuums benutzt, um das biologische Phänomen der Vakuole benennen zu können.

im Kontrast zu den beiden anderen biologischen Metaphern, die wir bisher angetroffen haben, zeigt sich die Besonderheit der Vakuole. Latour hat, um die Löcher von Netzwerken zu denken, die Metapher des Plasmas eingeführt. Wie wir oben gesehen haben, soll auf diese Weise die Grundlage für Vernetzung konzipiert werden, eine astronomisch riesige »fehlende Masse«, die all das umfasst, »was noch nicht formatiert ist«.[146] Die Vakuolen dagegen sind gerade nichtplasmatische Formen und können nur deshalb funktionieren. Das Bild des Plasmas fügt sich letztlich in den Aktivismus der ANT ein, da Plasma als dynamisches Transportmedium funktioniert und sich damit vom Stillstand der Vakuole unterscheidet. Ähnliches gilt auch für Luhmanns Metapher der Autopoiesis, welche Anschlussfähigkeit als die Schaffung von immer neuen Ereignissen fasst, die selbst wiederum anschlussfähig sein müssen. Vakuolen dagegen werden zwar von der Zelle geschaffen, dienen aber zumindest in ihrer Funktion als Giftlager als Orte der Nichtanschlussfähigkeit. Sie sind damit weder Transportmedien noch anschlussfähige Elemente einer Zelle.

Die Vakuole, ein nur auf den ersten Blick leerer Raum, ist zwar vom Konnektivitätsgeschehen des Stoffwechsels isoliert, aber keineswegs irrelevant. Genau dies fasziniert Deleuze und veranlasst ihn, von einem Raum der Inkommunikabilität zu sprechen. In den Vakuolen überwiegen wenig spektakuläre Vorgänge des Lagerns, Speicherns, der Ruhe und des Wartens – also Prozesse, die sich durch ihre Ereignislosigkeit bestimmen. Erstaunlich ist der Weg, den Deleuze auf der Ebene der Theorie zurückgelegt hat, denn von der ursprünglichen Feier der rhizomatischen Wurzelwerke ist er zu einem unscheinbaren Teil der inneren Architektur von Pflanzenzellen gelangt.[147] Man könnte meinen, dass er anhand der Vakuole

146 Latour, *Eine neue Soziologie für eine neue Gesellschaft*, S. 420 f. Siehe dazu oben in diesem Teil, Kap. 1.

147 Berger weist darauf hin, dass Deleuze bereits im *Anti-Ödipus* die Metapher der Vakuole verwandt hat, dort allerdings noch ohne deren Potentiale als Raum der Inkommunikabilität stark zu machen: »Der Begriff taucht an anderen Stellen in Deleuze' Werk immer wieder auf; bereits im *Anti-Ödipus* finden wir die Vakuole in Verbindung mit und als organisatorische Logik des Mangels, eine ›bewusste Schaffung‹ der ›herrschenden Klasse‹ zur Sicherung der Funktionalität der Marktwirtschaft.« Berger, *Sound Hacking*; mit Verweis auf: Gilles Deleuze, Félix Guattari, *Anti-Ödipus. Kapitalismus und Schizophrenie I*, Frankfurt/M. 1977, S. 28.

jenen Momenten nachgeht, welche die Begeisterung für die Rhizome verdeckt hatte. Dies deutet aber auch auf Veränderungen der Politik der Unwahrnehmbarkeit hin, die von ihrem Dynamismus befreit wird und sich damit der Unsichtbarkeit des Nutzlosen zuwendet.

Die kurze Passage zu den Vakuolen der Nichtkommunikation ist zum Ausgangspunkt einer teils immanenten Kritik an Deleuze' Pathos der Konnektivität geworden. Richtig ist, dass diese Metapher im Werk von Deleuze nicht ganz so isoliert dasteht, wie es zunächst den Anschein haben mag. Tatsächlich ist sie bereits vorbereitet durch die eigentümliche logische Position des Konzepts der Fluchtlininen und erhält nachfolgend zumindest partielle Unterstützung durch weitere Figuren wie jene der Katatonie, des Autismus und der Bartleby'schen Indifferenz. Besonders prägnant in der Kritik des Konnektivismus ist der *Dark Deleuze*, den Andrew Culp in seinem gleichnamigen Buch mit großer Leidenschaft entwirft. Auch Culp zeigt sich vom rhizomatischen Deleuze ermüdet: »Genug mit Rhizomen!«[148], fordert er mit großer Vehemenz und wendet sich ebenfalls der Figur der Vakuole zu:

> Als ein Projekt folgt der Text stattdessen dem Ratschlag von Deleuze, unzeitgemäße, »leere Zwischenräume der Nicht-Kommunikation« [*vacuoles of non-communication*], die die Kreisläufe eher unterbrechen als erweitern, zu schaffen. Es geht nicht darum, diesen Ort zu verlassen, sondern ihn zu kannibalisieren – wir mögen *von* dieser Welt sein, aber wir sind sicherlich nicht *für* sie. Ein solches Aus-den-Fugen-Sein erfordert Distanz. Und Distanz ist das, was als das Eintauchen in die vielen Welten beginnt, die von der alten Welt verfinstert wurden.[149]

Culps Buch ist ein lautes Buch. Zwar zeigt sich die Nichtkommunikation als utopisches, oder genauer als positiv konnotiertes dystopisches Prinzip. *Dark Deleuze* ist der Versuch, den Deleuzianismus vor sich selbst zu retten im Lichte der Einsicht, dass zahlreiche Figuren von Deleuze – vom Rhizom über die Fluchtlinien bis hin zum kreativen Produktivismus – nicht zufällig eine große Nähe zur gegenwärtigen Kontrollgesellschaft haben:

148 Andrew Culp, *Dark Deleuze*, Hamburg 2017, S. 45.
149 Ebd., S. 13.

So pervers es auch klingen mag, viele Deleuzianer bewerben immer noch Konzepte, die gleichermaßen solche Slogans motivieren: transversale Linien, rhizomatische Verbindungen, kompositorische Netzwerke, komplexe Assemblagen, affektive Erfahrungen und verzauberte [*enchanted*] Objekte. Kein Wunder, dass Deleuze als der Lavalampen-Heilige des »kalifornischen Buddhismus« verspottet wird – so viele haben seine rigorose Philosophie auf eine einvernehmliche Anerkennung der Differenz, auf die Offenheit für Begegnungen in einer verstrickten Welt oder auf das wachsende Vermögen mittels Synergie reduziert.[150]

Culp formuliert zwei zentrale Einwände gegen einen solchen Deleuzianismus: eine Kritik des Konnektivismus und eine des Produktivismus. Beide finden sich letztlich in Deleuze' »Kanon der Freude« begründet, der in der Steigerung positiver Affekte und der Vergrößerung von Assemblagen gründet.[151] Die deleuzianische Affekttheorie, die ursprünglich als Kritik an territorialisierten kommunikativen Verbindungen gestartet war, ist wesentlich für einen Kurzschluss von diesen beiden Momenten verantwortlich. Mit dem Affektbegriff wird Verbindungsfähigkeit zur ontologisch nobilitierten politischen Qualität; mit der Fokussierung auf die Affekte der Freude wird eine positive, affirmative Grundhaltung geschaffen. So verstanden unterliegen Affekte, um meine Begrifflichkeiten aufzunehmen, einer Logik der Steigerung: Es geht darum, immer noch stärker affiziert zu werden, immer noch kreativer und positiver zu werden. Dies ist gewiss eine sehr verkürzte und polemische Diagnose – dennoch trifft sie auf einen Großteil der kultur- und medienwissenschaftlichen Ansätze zu, die sich euphorisch auf Deleuze berufen. Es überrascht nicht, dass Culp radikale Konsequenzen ziehen möchte. Zuallererst gilt es für ihn, die Ontologie der freudigen Affekte durch den Affekt des Hasses zu ersetzen – nur so ist ein Entkommen aus der Konnektivitätsdoktrin der Kontrollgesellschaft möglich. Eng verbunden mit dem Aufruf zum Hass ist die Verweigerung der Produktivität, die durch Destruktivität ersetzt werden soll, »einen wilden Pessimismus, der den Kosmos zertrümmert«.[152] Nicht eine andere Welt soll möglich werden, sondern ein anderes Ende der Welt.

150 Ebd. (Übersetzung leicht modifiziert).

151 Ebd., S. 8.

152 Ebd., S. 33. Interessanterweise verbindet Culp sein Argument zur Zerstörung der Welt hier mit dem Aufruf zur Verabschiedung von einem »ontologischen Deleuze«.

Erinnern wir uns: Ausgangspunkt von Culps *Dark Deleuze* waren die Vakuolen der Nichtkommunikation und Deleuze' Forderung, solche Hohlräume zu produzieren. So zutreffend Culps Kritik am konnektivistischen Deleuze ist, und so erfrischend sein Hass als Gegenmittel zur schwärmerischen Beschwörung freudiger Affekte auch sein mag: Er bleibt leider selbst in den von ihm kritisierten Figuren gefangen. Denn letztlich interessiert sich Culp nicht für die Vakuolen und deren unscheinbares, stilles und leicht zu übersehendes Funktionieren. Das Schweigen der Vakuolen ist im destruktiven Lärm von Culps Argument nicht mehr hörbar. Der »dark deleuzianism« löst sich zwar vom »Kanon der Freude« – ersetzt ihn aber bloß mit einem anderen intensiven affektiven Register, dem »Kanon des Hasses«. Auch wenn die Kritik an der häufig naiven Privilegierung positiver Affekte sehr überzeugend ist, bleibt Culp dem Steigerungsdenken, das mit dem Intensitätsbegriff bereits gegeben ist, verhaftet. Das soll keineswegs heißen, Affekte wieder aus der Analyse auszuschließen, ganz im Gegenteil: Eine Erweiterung der Affektanalyse ist durchaus geboten, allerdings ist die bloße Einführung von starken Gegenaffekten nicht hinreichend, sondern es bedarf auch Figuren der Entintensivierung – also der Abschwächung bis hin zum Indifferentwerden.[153]

153 Einen alternativen Weg zur hier entwickelten Figur der Vakuole beschreiten Deleuze/Guattari mit der Katatonie. Die Katatonie bezeichnet eine Lähmung durch widersprüchliche Kräfte, die in einen Zustand mündet, in dem es keine Verbindungen mehr gibt, oder wie Eugene Holland formuliert: einen »Zustand der Null-Intensität« (Eugene W. Holland, *Nomad Citizenship. Free-Market Communism and the Slow-Motion General Strike*, Minneapolis 2011, S. 35). Die Katatonie nimmt eine ambivalente Stelle ein: Einerseits bezeichnet sie einen vollständigen Körper-ohne-Organe, andererseits aber auch einen Zustand ohne Begehren. In *Tausend Plateaus* wird die Katatonie in die Nomadologie als ein Moment des Verharrens und der Immobilität eingefügt, der letztlich wieder zur Bewegung vorbereitet. Dies steht im Kontrast zu Deleuze' früheren Fassungen der Katatonie als eine Blockierung des Schizos in der Konfrontation mit gesellschaftlichen Strukturen: »Katatonie wäre also der Zustand, in dem sich der Schizophrene befindet, wenn er etwas blockieren will oder muss, da er dann den gesamten Affektfluss aufgrund seiner fehlenden Kodifizierung verbarrikadieren muss. Deleuze und Guattari schlagen vor, dass dies geschieht, wenn der Schizophrene gezwungen wird, eine Struktur anzunehmen, d. h. nicht durch die schizophrene Erfahrung selbst, sondern durch deren Unterbrechung.« (Julie van der Wielen, »Living the Intensive Order. Common Sense and Schizophrenia in Deleuze and Guattari«, in: *Nursing Philosophy* 19, 4 [2018], S. 1-8, hier S. 6.)

Genau dies wird mit der Figur der Vakuole angedeutet, die ein Ort ist, der sich aus dem Stoffwechselgeschehen der Pflanze hinausnimmt – ein Ort ohne feste Gestalt, der sich an die konkreten Gegebenheiten anpasst, ohne dabei aber seine aufwändig organisierte Isolierung durch Membrane zu verlieren. Wie gezeigt, übernimmt dieser Ort der Nichtkommunikation zwar auch Funktionen für das Netzwerkgeschehen, zeichnet sich aber gerade auch durch Momente der Nutzlosigkeit aus. Oder in Yves Cittons Beschreibung:

> [Vakuolen] geben mir die *Mittel, nicht an etwas teilhaben zu wollen*, das mich davon abhält, etwas anderes zu wollen als das, was mir angeboten wird. Das ist in der Tat das Bemühen um den Schutz, den die Vakuolen gegen die Kommunikationsströme bieten, die uns täglich durchqueren: das Bemühen, die notwendigen Bedingungen zu schaffen, um »etwas anderes zu sagen zu haben«, das die Fragen und Bitten, die uns täglich gestellt werden, nicht beantwortet.[154]

Entscheidend in Cittons Lesart der Vakuole ist die Nichtpartizipation, die in Begrifflichkeiten der Entintensivierung gedacht wird – Vakuolen sind *»Mittel, nicht an etwas teilhaben zu wollen«*. Es geht hier wohlgemerkt nicht um die Destruktion einer Welt des Sagens, wie es der »dunkle Deleuzianismus« fordern würde, sondern darum, das Dabei-sein-Wollen abzuschwächen. Ich werde diesem Argument in meiner Simmel-Diskussion noch genauer nachgehen, und zwar als Möglichkeit des Indifferentwerdens – als eine dritte Option zwischen *exit* und *voice*.[155] Vakuolen sind Zonen der Nichtbeteiligung, da die Partizipation selbst immer schon eine Vereinnahmung ist. Ganz ähnlich argumentiert Culp, an den Afronihilismus anknüpfend, für eine Verweigerung der Partizipation – allerdings mit dem wichtigen Unterschied, dass für ihn die Verweigerung selbst zum destruktiven Akt wird. Genauso, wie sich Fluchtlinien nicht gegen eine Assemblage richten, sondern sich von dieser *weg*bewegen, nehmen die Vakuolen keine dialektische Ge-

154 Yves Citton, *L'Avenir des humanités. Économie de la connaissance ou cultures de l'interprétation?*, Paris 2010, zit. nach: Joeri Visser, *To Believe in this World. Artaud, Deleuze and the Healing Practices of Language*, Utrecht 2011 (Master-Thesis, Universität Utrecht), ⟨https://dspace.library.uu.nl/handle/1874/206837⟩, letzter Zugriff 18.02.2020.

155 Albert O. Hirschman, *Exit, Voice, and Loyalty. Responses to Decline in Firms, Organizations and States*, Cambridge 1970.

genposition ein. Sie müssen nicht einmal ein Störkörper sein, befinden sie sich doch inmitten des Netzwerks der Pflanzenzelle. So gesehen, ist bereits Deleuze' Gleichsetzung der Vakuole mit einem Stromkreisunterbrecher etwas irreführend, da eine Vakuole zwar nicht an den Kreisläufen teilnimmt, diese aber auch nicht unterbricht. Die Stärke der Vakuolenmetapher liegt aus meiner Sicht in ihrer Anordnung jenseits der Opposition von Innen und Außen und der von Produktion und Destruktion. Sie besticht durch ihre Beiläufigkeit.

Während Culp die Vakuole auf ihre destruktiven Aspekte verkürzt, wendet Citton sie produktiv. Ihm zufolge soll der Entzug, den die Vakuole ermöglicht, ein Begehren kultivieren, »etwas anderes zu sagen zu haben«. Damit wird aber der momentane Entzug, die Entintensivierung, letztlich nur zur Vorbereitung, um doch wieder etwas Neues zu schaffen, um die kreativen Kräfte zu sammeln und sich so wieder in den Strom der Konnektivität begeben zu können – auch wenn dieser nun neu codiert worden ist. Beide Lesarten treffen Elemente der Vakuole, denn wie wir gesehen haben, kann sie durch das in ihr abgelagerte Gift, also die Exkremente der Konnektivität, einerseits eine defensive Rolle spielen. Andererseits kann die Vakuole auch als ein Speicher dienen, der wichtige Substanzen für zukünftige Verbindungen bereithält.

Diese beiden Möglichkeiten beschreiben den prekären Ort der Nichtkommunikation nicht vollständig, muss dieser doch zunächst indifferent gegenüber seiner Umgebung sein. In den Vakuolen geschieht im Entzug etwas, wenn auch häufig auf recht unspektakuläre Weise. Denken wir an die Beschreibung der biologischen Vakuolen als Zwischen- und Endlager: In ihnen wird abgewartet, nichts scheint zu geschehen. Es ist dieses Nichtgeschehen, das für Deleuze' Verwendung der Vakuole als soziales Modell entscheidend ist. Analog zur Biologie befinden sich Vakuolen – nun gefasst als Räume der Inkommunikabilität – inmitten der Gesellschaft. Sie bietet einen Raum für das Überflüssige, Übersehene und Inaktive der Kontrollgesellschaft. Telford-Anthony Pattinson betont in diesem Zusammenhang den spezifischen Status der Vakuolen jenseits des Dualismus von Teilhabe und Nichtteilhabe:

> Sie verweigern und entziehen sich der Wahl der Beteiligung, also ob man sich beteiligt oder nicht, ganz und gar. [...] Nichtkommunikation beginnt genau dann, wenn man sich von der Idee entfernt, dass die Korrekturen

der Fehlkommunikationen korrigiert und dass Kommunikationsfehler vermieden werden sollten. Hier können wir die Vakuole der Nichtkommunikation lokalisieren.[156]

Gegenüber der Frage der Teilhabe zeigen sich Vakuolen indifferent und gelassen – sie sind letztlich nicht daran interessiert, hierzu Stellung zu nehmen. Sie bezeichnen damit genau den theoretischen Ort der Entnetzung, da sich diese ebenfalls nicht auf die Frage der Inklusion und Exklusion einlässt – ja, sich orthogonal zu dieser Frage positioniert und deshalb auch so schwierig beobachtbar für hegemoniale gesellschaftliche Apparaturen ist. Freilich bedeutet dies nicht, dass diese Vakuolen bar jeglicher gesellschaftlichen Rolle sind. Deleuze' Oszillieren zwischen einer frühen kritischen Konzeption von Vakuolen als kapitalistischer Organisation des Mangels und dem späten Verständnis als Freiraum in der Kontrollgesellschaft muss nicht als widersprüchlich gelesen werden. Vielmehr zeigt sich gerade in diesem Oszillieren eine Ambivalenz der Vakuolen selbst, die bereits in ihrem biologischen Modell angelegt ist. Auch dort sind die Vakuolen keineswegs per se nutzlos, wie wir gesehen haben, auch wenn ungewiss bleibt, ob und inwiefern sie ihr Nutzenpotential ausspielen, ob also die im Modus des Wartens gelagerten Inhalte jemals in dieser oder jener Hinsicht aktiviert werden. In diesem Sinne versteht Nicholas Thoburn die Vakuolen als Ort minoritärer Politik – als Orte des »Zusammenbruchs, der Verweigerung und des *unworking*«,[157] wobei die Beziehung der Vakuole zur ihrem Host nicht die Form eines gewaltsamen Bruchs annehmen muss; sie kann auch leise – und dadurch nicht weniger herausfordernd – in und neben den gesellschaftlichen Institutionen fungieren.[158]

156 Telford-Anthony W. Pattinson, *Anti-Hermes*, Calgary 2017 (Ph.D.-Thesis, Universität Calgary), S. 197, ⟨https://prism.ucalgary.ca/handle/11023/4099⟩, letzter Zugriff 27. 02. 2020.

157 Nicholas Thoburn, »Vacuoles of Non-Communication«, in: Ian Buchanan, Adrian Parr (Hg.), *Deleuze and the Contemporary World*, Edinburgh 2006, S. 42-56, hier S. 45.

158 Man kann die Vakuole zwar als ein Verhältnis zwischen Gast und Gastgeber beschreiben, ohne damit eine parasitäre Logik zu implizieren. Zur Vakuole im Rahmen einer Ästhetik des Lärms siehe: Joseph Nechvatal, *Immersion into Noise*, London 2011.

4. Disartikulation (Ernesto Laclau/Chantal Mouffe)

Die deleuzianischen Vakuolen der Nichtkommunikation, die wir uns im vorangegangenen Kapitel genauer angesehen haben, faszinieren aufgrund ihres seltsamen Status als Teil und gleichzeitig auch Nichtteil eines Gefüges. Sie haben sich als eine Denkfigur entpuppt, mit deren Hilfe sich die Ambivalenz von Entnetzung fassen lässt. Und sie haben einen ersten Ausblick auf die potentielle politische Bedeutung von Entnetzung gegeben, trägt doch die Nichtkommunikation die Möglichkeit in sich, Kontrollkreisläufe zu verlangsamen, versickern zu lassen, desorientierende Unfindbarkeit zu organisieren.

Ich möchte der Frage nach dem Politischen der Entnetzung in diesem Kapitel genauer nachgehen, und zwar am Beispiel der Hegemonietheorie von Ernesto Laclau und Chantal Mouffe.[159] Diese poststrukturalistische Theorie ist gewiss keine deleuzianische, geht sie doch diskurstheoretisch von Hegemoniebildung als signifikatorischer Praxis aus. Mit Laclaus/Mouffes Diskursbegriff können wir aber neben den bisher diskutierten Netzwerk- und Systembegriffen eine weitere grundbegriffliche Option relationaler Theorien hinsichtlich ihres Umgangs mit Entnetzung untersuchen. Auch hier werde ich mich in einer zunächst immanenten Lektüre darauf konzentrieren, wie das Motiv der Entnetzung als das auftaucht, was ich Disartikulation nenne, welche Probleme es schafft und welche Möglichkeiten zu seiner Weiterentwicklung sich abzeichnen.

4.1 Populismus als hyperkonnektive Politik

Die Diskurstheorie von Ernesto Laclau und Chantal Mouffe ist – anders als die bisherigen Theorien – im Rahmen einer politischen Theorie der Hegemonie entstanden, die Laclau zu einer allgemeinen Sozialtheorie ausgeweitet hat. Noch bevor also ein abstrakter Diskursbegriff auf der Agenda stand, ging es um die Analyse

159 Ernesto Laclau, Chantal Mouffe, *Hegemonie und radikale Demokratie. Zur Dekonstruktion des Marxismus*, Wien 2000.

von populistischen Diskursen (am Beispiel des Peronismus). In gewisser Weise antwortet die Hegemonietheorie auf ein Problem der Verbindungslosigkeit: auf die Fragmentierung oppositioneller Gruppen, die sich nach dem Ende der Klassenpolitik nicht mehr ohne weiteres miteinander verbinden ließen. Das Grundmotiv der Hegemonietheorie liegt in der Überwindung dieser politischen Situation, indem eine politische Theorie der Verbindungen – der Artikulationen – entworfen wird. Dass dabei der Populismus eine zentrale Rolle sowohl in Laclaus Früh- wie auch Spätwerk spielt,[160] ist kein Zufall. Denn populistische Diskurse leben davon, dass sie einen Integrationssog entwickeln und die unterschiedlichsten, häufig als miteinander inkompatibel angesehenen Forderungen in sich aufnehmen. Populismus ist damit der politische Ausdruck von Hyperkonnektivität. Seine metaphorische Logik erlaubt es, unterschiedliche Forderungen gleichzusetzen, indem sie in ein Ersetzungsverhältnis gestellt werden. Laclau spricht hier von Äquivalenzketten, die durch einen leeren Signifikanten organisiert werden.[161] Diskurse bestehen aus einem Netzwerk von Signifikanten, die – anders als etwa in der ANT – ihre Einheit durch einen gemeinsamen Fokuspunkt erhalten. Indem ein Signifikant seiner spezifischen Bedeutung entleert wird, kann er für die Gesamtheit eines Diskurses stehen. Der leere Signifikant übernimmt damit eine stets prekäre, totalisierende Funktion, indem er es erlaubt, unterschiedliche Signifikanten in eine metaphorische Substitutionsbeziehung zu setzen.[162] Prekär bleibt diese Funktion einerseits, weil der Signifikant, wenn er nicht hinreichend entleert worden ist, die Möglichkeiten der Erweiterung eines Diskurses einschränkt. Eine zu starke Entleerung würde andererseits bedeuten, dass nahezu alles anschlussfähig wird und der Diskurs kaum mehr Ausschlüsse organisieren kann. Weil er durch seine Entleerung seine klassische Zeichenstruktur verliert, gründet die Prekarität des leeren Signifikanten letztlich auf einer radikalen, vom Diskurs nicht mehr erfassbaren Negativität.

160 Als Frühwerk betrachte ich z. B. Ernesto Laclau, *Politik und Ideologie im Marxismus. Kapitalismus, Faschismus, Populismus* [Orig. 1977], Hamburg 1995; als Spätwerk: ders., *On Populist Reason,* London 2005.

161 Ernesto Laclau, *Emanzipation und Differenz,* Wien 2002.

162 Ernesto Laclau, »Was haben leere Signifikanten mit Politik zu tun?«, in: ders., *Emanzipation und Differenz,* S. 65-78.

Politisches Handeln ist aus dieser Perspektive ganz wesentlich Verbindungshandeln: Hegemonieprojekte wetteifern darum, Forderungen in das eigene diskursive Relationsgefüge zu integrieren. Für Laclau/Mouffe haben mit dem Niedergang der Klassenpolitik die Möglichkeiten, neue Verbindungen zu knüpfen, rapide zugenommen, da diese nun nicht mehr essentialistisch durch vorgegebene Identitäten (Klasse, Gender, Ethnizität) beschränkt werden. Während Bruno Latour die heterogenen Verbindungen in Netzwerken feiert, geht es hier um die Herstellung von kontingenten Verknüpfungen zwischen einzelnen diskursiven Momenten.[163] Mit dem Wegfall der alten essentialisierten Verbindungsschranken in der Moderne wird die Frage, welche Verbindungen realisiert werden, zu einer eminent politischen. In dieser Perspektive haben Laclau/Mouffe bereits in den 1980er Jahren das Feld des Politischen massiv erweitert. Zugleich lässt sich ihre Analyse selbst von der neuen Verbindungsdynamik so sehr mitreißen, dass das Unverbundene allenfalls noch als Restkategorie auftaucht.

4.2 Disartikulation

Das Kernkonzept für diese Verbindungstätigkeit ist bei Laclau/Mouffe der von Sigmund Freuds einflussreichem Werk *Die Traumdeutung* entliehene Begriff der Artikulation. Ausgehend von einer Diskussion dieses Begriffs interessiere ich mich aber für dessen Kehrseite: die Disartikulation. Könnte uns eine Theorie der Disartikulation Hinweise für eine Politik der Entnetzung geben? Zwar werden Laclau/Mouffe (und andere Autor*innen der Essex School[164]) häufig von Artikulation und Disartikulation sprechen, aber nur, um sich in der Regel ganz auf das Artikulationsgeschehen zu konzentrieren.

In *Hegemonie und radikale Demokratie* bestimmen Laclau/Mouffe Artikulation als grundlegenden Begriff für die Diskurstheorie:

> Im Kontext dieser Diskussion bezeichnen wir als Artikulation jede Praxis, die eine Beziehung zwischen Elementen so etabliert, daß ihre Identität als

163 Laclau/Mouffe, *Hegemonie und radikale Demokratie.*

164 David Howarth, *Discourse*, Buckingham 2000.

Resultat einer artikulatorischen Praxis modifiziert wird. Die aus der artikulatorischen Praxis hervorgehende strukturierte Totalität nennen wir Diskurs. Die differentiellen Positionen, insofern sie innerhalb eines Diskurses artikuliert erscheinen, nennen wir Momente. Demgegenüber bezeichnen wir jede Differenz, die nicht diskursiv artikuliert ist, als Element.[165]

Hinter der artikulatorischen Praxis steht nicht die Idee einer strukturalistischen Kombinatorik (die selbst noch in Luhmanns Medium/Form-Theorie durchscheint), da die zu verbindenden Einheiten nicht unabhängig von der jeweiligen Artikulation existieren. Vielmehr ist die Praxis der Artikulation eine transformative, welche durch den Akt der Verbindung die Bedeutung der zu verbindenden diskursiven Elemente verändert. Wenn in einem neoliberalen Diskurs eine Beziehung zwischen Ökologie und Markt via Artikulation etabliert wird, dann haben diese beiden Elemente eine andere Bedeutung als in einem nationalistischen Diskurs, der Ökologie mit Volkstum verbindet. Interessant ist dennoch die Frage danach, *was* denn artikuliert wird: Wenn jede Einheit erst relational zustande kommt, wie können dann zu verbindende Einheiten gedacht werden? Diese Frage ist keineswegs nur für die Hegemonietheorie relevant, sondern für alle relationalen Theorien, die Elemente als Ergebnis des Verbindungsgeschehens denken.[166]

Laclau/Mouffe versuchen, diese Frage durch die Einführung der Unterscheidung zwischen Elementen und Momenten zu adressieren. Elemente sind frei flottierende Einheiten, die in keinen Diskurs vollständig integriert sind; Momente dagegen nehmen eine fixierte Position innerhalb eines Diskurses ein.[167] Artikulation bezeichnet nun genau die Umwandlung von Elementen in Momente, obwohl »der Übergang von ›Elementen‹ zu ›Momenten‹ niemals vollständig gelingen [kann]«.[168] Das Elementare bleibt dadurch anwesend, dass in keinem Diskurs Bedeutung vollständig fixiert werden kann – es findet sich also gleichsam im diskursiven Überschuss wieder. Die Vorstellung aber, dass es bereits vorhandene, zu artikulierende Elemente gibt, ist letztlich eine Fantasie, die erst innerhalb des Ar-

165 Laclau/Mouffe, *Hegemonie und radikale Demokratie*, S. 141.

166 Siehe etwa die Debatte zwischen Latour und Harman, z. B. bei: Peter Erdelyi, *The Prince and the Wolf, Latour and Harman at the LSE*, Alresford 2011; Graham Harman, *Prince of Networks. Bruno Latour and Metaphysics*, Melbourne 2010.

167 Laclau/Mouffe, *Hegemonie und radikale Demokratie*, S. 141.

168 Ebd., S. 151.

tikulationsprozesses geschaffen wird. Im Gegensatz zu Latour sind Verbindungen für Laclau/Mouffe materiell-semiotische Prozesse. Geglückte Artikulationen produzieren immer auch neuen Sinn, der zumindest teilweise fixiert wird:

> Die Praxis der Artikulation besteht deshalb in der Konstruktion von Knotenpunkten, die Bedeutung teilweise fixieren. Der partielle Charakter dieser Fixierung geht aus der Offenheit des Sozialen hervor, die ihrerseits wieder ein Resultat der beständigen Überflutung eines jeden Diskurses durch die Unendlichkeit des Feldes der Diskursivität ist.[169]

Inwiefern hilft uns diese Definition, nicht nur Artikulation, sondern auch Disartikulation zu denken? Die einfachste Antwort wäre: weil Disartikulation den Prozess der Artikulation einfach umkehrt, also zumindest partiell sinnhafte Fixierungen auflöst. Aber was bedeutet es für den Begriff des Moments, wenn die für ihn konstitutive Relation innerhalb eines diskursiven Gewebes in dieser Weise aufgelöst wird? Wird der Moment dann wieder zu einem Element? Noch verzwickter wird es, wenn wir bedenken, dass das, was Laclau/Mouffe unter einem diskreten Element verstehen, seinerseits eine Konstruktion ist. Welche Seinsweise hat das durch Disartikulation geschaffene Element? Letztlich befinden wir uns hier an einer Argumentationsstelle, die wir schon kennen: Es geht um die genauere Bestimmung einer funktionslos erscheinenden Einheit (der Inaktivität bei Latour, der Anschlusslosigkeit bei Luhmann, der Vakuole bei Deleuze). Wie zuvor gehe ich auch hier davon aus, dass die Bestimmung der Disartikulation von Bedeutung ist, nicht nur für das Verständnis von relationalen Gefügen, etwa Diskursen, sondern auch für unsere Frage nach der Entnetzung.

Was also bleibt nach der Loslösung oder Trennung eines sinnhaften diskursiven Moments von einem Diskurs von diesem Moment übrig? Zunächst: Die Disartikulation ruiniert zwar dessen konkrete Bedeutung, da diese durch die Einfügung in ein relationales Gewebe entsteht, aber nicht zwingend dessen Aussicht auf zukünftige sinnhafte Aufladung. Bereits hier deutet sich an, dass die partielle Sinnesentleerung uns auf die Materialität von Elementen verweisen wird. Die Loslösung eines Elements von einem Diskurs hat aber nicht nur für das jeweilige Element Konsequenzen, sondern auch

169 Ebd.

für den jeweiligen hegemonialen Diskurs. Denn nun drohen – wie in einer Kettenreaktion – auch andere Momente ihre Bedeutung zu verändern oder sogar zu verlieren. Konzentrieren wir uns aber auf das disartikulierte Element und auf die Praxis von dessen Disartikulation. Laclau gibt uns zwei Antworten auf die Frage nach dem Status der Elemente. Erstens können Elemente zu »flottierenden Signifikanten« werden, um deren Artikulation von verschiedenen hegemonialen Projekten gerungen wird.[170] Allerdings steht in Laclaus Analyse weniger das flottierende Element im Vordergrund als vielmehr die Artikulationsprozesse, die so ermöglicht werden. Was aber würde geschehen, wenn ein Element nicht sogleich wieder zum Gegenstand von diskursiven Kämpfen würde? Wie würde dessen Existenzweise zu verstehen sein?

Laclaus zweite Antwort führt uns weiter, da sie das Problem nun als grundsätzliches erkennt. Er borgt sich von Georges Bataille den Begriff der Heterogenität, um nun präziser zu beschreiben, was es heißt, nichtartikuliert zu sein. Ein heterogenes Element verfügt über keine »differentielle Verortung innerhalb der symbolischen Ordnung (es entspricht dem Lacanschen Realen)«.[171] Heterogenität bezeichnet also die Position eines internen Außen – um dessen Bestimmung Laclau aber sichtbar ringt. Mit der Gleichsetzung von Heterogenität und dem Lacan'schen Realen droht jedoch der Gewinn des Heterogenitätsbegriffs schnell wieder verloren zu gehen. Indem Heterogenität als Ergebnis eines ursprünglichen und irreduziblen Exzesses konzipiert wird, wird sie enthistorisiert und entempirisiert.[172] Heterogene Elemente haben keine Heimat, sondern bewegen sich nomadisch durch unterschiedliche Diskurse. In seiner Theorie des Populismus bestimmt Laclau Heterogenität als unerfüllte politische Forderungen – solche also, die innerhalb eines bestehenden Systems nicht formulier- und beantwortbar sind. Entscheidend ist nun aber, dass diese Elemente aus einem System zwar ausgeschlossen sind, sie dieser Ausschluss aber nicht in eine antagonistische Beziehung zum System beziehungsweise dominanten Diskurs bringt.[173] Denn das wäre das klassische hegemo-

170 Laclau, *On Populist Reason*, S. 131.

171 Ebd., S. 108.

172 Ebd., S. 221.

173 Lasse Thomassen, »Antagonism, Hegemony and Ideology After Heterogeneity«, in: *Journal of Political Ideologies* 10, 3 (2005), S. 289-309, hier S. 301.

nietheoretische Argument: Das Verworfene kehrt gleichsam wieder als das zwar nicht intelligible, dennoch aber konstitutive Außen eines Diskurses. Dies führt zur »Dislokation« von Diskursen, das heißt der Unmöglichkeit, einen Diskurs zu fixieren und zu schließen.[174] Wenn man Heterogenität mit dem Verworfenen gleichsetzt, dann landet man genau wieder beim konstitutiven Außen. Es wäre also nötig, Heterogenität jenseits einer Logik der Negation zu denken. Das würde aber unter anderem bedeuten, die beiden Relationstypen der Hegemonietheorie zu erweitern. Denn diese geht innerhalb eines Diskurses von Beziehungen sinnhafter Artikulationen aus, während die Beziehung zum Außen als eine antagonistische gedacht wird. Die beiden Logiken lassen sich nicht voneinander trennen, da die internen Beziehungen im diskursiven Differenzsystem letztlich alle durch die antagonistische Konstitution des Diskurses ermöglicht werden. Es bedarf also der Konzeption eines weiteren Beziehungstypus – einer Beziehung zu einem Außen, die nicht immer schon antagonistisch verfasst ist. Genau hier liegt der argumentative Einsatzpunkt des Begriffs der Heterogenität.

Allerdings wird der Umfang von Heterogenität sehr verengt, wenn man diese nur mit der Nichterfüllung von Forderungen seitens des hegemonialen Diskurses gleichsetzt. Diese Verengung mag der Einbettung des Begriffs der Heterogenität in die Populismustheorie geschuldet sein. Problematischer als dieses bereichsspezifische Argument ist jedoch Laclaus Kriterium der Erfüllung (*fulfillment*) zur Bestimmung der diskursiven Teilhabe. Denn jedes diskursive System integriert eine Menge unerfüllter Forderungen, ohne dadurch in Schwierigkeiten zu kommen – letztlich wäre es auch nicht ganz einfach, zu entscheiden, ob eine Forderung (zum Beispiel Chancengleichheit) erfüllt worden ist. Die Fokussierung auf das Kriterium der Erfüllung geht wiederum auf Lacan zurück, der die Zwangsstruktur des Symbolischen (das »Nein« des Vaters) gerade für die Figur des Scheiterns konstitutiv macht. Eine solche Ontologisierung macht jedoch letztlich blind für das Denken der Heterogenität, da es diese negativ funktionalisieren muss.

Daher eignet sich die Negation einer Forderung nicht als Kriterium für Heterogenität. Ein dritter Wert muss gedacht werden

174 Laclau, *New Reflections on the Revolution of Our Time*, London 1990, S. 60.

können, weil erst dann Heterogenität für das Problem der Entnetzung stehen könnte. Um zu diesem dritten Wert zu gelangen, darf Heterogenität nicht einfach als ontologischer Exzess vorgestellt, sondern muss auf spezifische Praktiken der Disartikulation zurückgeführt werden. Durch die Loslösung von einem Diskurs verliert ein Element seinen Platz in diesem Diskurs und damit auch seine Bedeutung. Diese Disartikulation schafft Heterogenität durch Akte des Trennens, des Isolierens und des Loslösens. Eine solchermaßen disartikulierte Forderung verliert damit aber nicht nur ihren spezifischen Inhalt, der auf die Bedeutungsgarantien des Diskurses angewiesen ist, sondern auch ihr Format als Forderung.[175] Denn auch dieses existiert nicht per se, sondern beruht auf diskursiven Voraussetzungen – zunächst ganz unabhängig von der Frage, ob eine bestimmte Forderung erfüllt wird. Durch die fehlende Formatierung verliert das disartikulierte Element seine Lesbarkeit und Anschlussfähigkeit. Es ist genau dieser Zwischenzustand des Unformatierten, den ich als diskursive Entnetzung bezeichnen möchte.

Mit dem Begriff der Disartikulation geht auch eine Perspektivverschiebung hinsichtlich ihrer Verortung einher. Wenn diese auf die ontologisch gegebene Unmöglichkeit eines jeden Diskurses zurückgeführt wird, dann ist es letztlich der hegemoniale Diskurs in seinem Scheitern, der sogar noch für die Produktion von Heterogenität verantwortlich ist. Im Gegensatz also zur psychoanalytisch inspirierten Fokussierung auf Verbote und Versagungen muss Heterogenität jenseits der einengenden Logik des Vaters gedacht werden. Die durch Disartikulationen geschaffene Heterogenität ist nicht zwingend ein Produkt des hegemonialen Diskurses – auch wenn sie als ein »Abfallprodukt« von diesem denkbar ist.[176] Diese Historisierung von Heterogenität wirft die Frage auf, wie und wodurch Disartikulationen geschaffen werden. Disartikulation bezeichnet nun nicht eine sich immer wiederholende und erschöp-

175 Ich verwende den Begriff des Formats in Anlehnung an David Joselit, *After Art*, Princeton 2013. Formate regulieren die Anschlussfähigkeit von kulturellen und politischen Artefakten (bei Joselit: Kunstwerken); also z. B. ihre Erkennbarkeit und Findbarkeit, die Geschwindigkeit von Anschlüssen und das Volumen (S. 52 f.).

176 Vgl. meine Diskussion der unterschiedlichen Typen von Anschlussunfähigkeit bei Luhmann, oben in diesem Teil, Kap. 2.

fende Unmöglichkeit der Gesellschaft,[177] sondern materielle Praktiken des Lösens von Verbindungen, des Zerschneidens, Kappens, Durchtrennens und ähnlicher Techniken der Herstellung einer Nichtbeziehung – ja sogar Ästhetiken des Elementaren.

4.3 Diskursive Ruinen

Kehren wir zurück zu der Frage, was es bedeuten kann, ein Element zu sein – ein aus seinen Strukturen herausgefallener Signifikant, eine ehemalige diskursive Differenz, die den Kontext ihrer Differentialität verloren hat. Laclau hat in seinen Vorträgen häufig das Bild des Schiffbruchs benutzt, um die Unterscheidung zwischen Momenten und Elementen zu illustrieren.[178] Nach einem Sturm sind die Teile des Schiffs (das Ruder, einzelne Planken, der Motor), die normalerweise in einer engen Beziehung stehen, voneinander separiert – sie sind disartikuliert –, und das Schiff sinkt. Die einzelnen Teile (Elemente) treiben nun auf dem Meer, ohne Verbindungen untereinander. In einer gewissen Weise, und damit über Laclaus Szene hinausgehend, sind sie als Elemente der Elementarität des Wassers überantwortet, was aber nicht heißt, dass sie für andere Projekte verloren sind; vielmehr sind sie das Rohmaterial für zukünftige Artikulationen. [179] Obwohl sie voneinander dissoziiert

177 So in seiner ontologisierenden Laclau-Lektüre z. B. Oliver Marchart, *Die politische Differenz. Zum Denken des Politischen bei Nancy, Lefort, Badiou, Laclau und Agamben*, Berlin 2010.

178 Zuletzt im April 2013 in einem Vortrag im Rahmen der Konferenz »Thinking the Political. The Work of Ernesto Laclau« an der University of Brighton.

179 Ganz ähnlich hatte übrigens Fernand Deligny seine Wohngemeinschaften für Autisten beschrieben, von denen im vorangegangenen Kapitel die Rede war. Deligny bezieht diese auf die Überreste sozialer Kämpfe. Die Kommunen selbst fungieren nicht als Barrikaden, sondern bestehen aus dem, was von den Barrikaden nach den Kämpfen noch übrig geblieben ist: den verbindungslosen Brettern. Mit dem Wort des Holzfloßes (*radeau*) grenzt sich Deligny von einem funktionalistischen Verständnis von Netzwerken ab. Netzwerke sind schwimmende Versuche, die immer auch fehlschlagen können: »Ich muss auf gleiche Weise über Netzwerke sprechen, wie ich gelegentlich über Holzflöße gesprochen habe. Was ich am allerstärksten fürchte, wäre, eine Sprache zu schaffen, in der Netzwerke nützlich sind.« (Deligny, *The Arachnean and Other Texts*, S. 103). Zur Beziehung zwischen Flößen und Barrikaden siehe Fernand Deligny, *Œuvres*, hg. von Sandra Alvarez de Toledo, Paris 2007, S. 23.

sind, tragen sie noch Spuren ihrer alten Artikulation, gehen also nicht vollständig im Wasser, auf dem sie treiben, auf. Die Elemente sind gleichsam eine in ihrer Materialität verkörperte Erinnerung an vergangene hegemoniale Projekte und Kämpfe. Selbst wenn die vormalige Bedeutung dieser Elemente nicht mehr lesbar ist oder schlicht uninteressant geworden ist, so bleiben sie selbst in ihrer nun kaum noch dechiffrierbaren Materialität bestehen.

Wenn wir Laclaus Szene folgen wollen, dann sind Elemente Ergebnisse von »diskursiven Schiffbrüchen« – Ruinen ehemaliger hegemonialer Projekte,[180] die für distanzierte Beobachter*innen dadurch interessant werden, dass sie zeitweilig für die an den Kämpfen Beteiligten uninteressant geworden sind. Die Metapher der Ruine ist in dieser Hinsicht aufschlussreich. Ruine ist aus dem Lateinischen *ruina* abgeleitet, das als Singularwort »Einsturz (eines Bauwerks)«, »Niederstürzen«, übertragen auch »Untergang« und als Pluralwort »Trümmer« bedeutet. »Ruine« meint nicht nur den Vorgang des Zusammenbruchs oder den Akt der Zerstörung, sondern auch die materiellen Überreste eines verfallenen Gebäudes. Genau in diesem Sinne können wir diskursive Elemente als materielle Überreste von etwas, das einst nützlich für einen Diskurs gewesen ist, bezeichnen. Diese Elemente sind nicht vollständig aus dem Blickfeld getreten, sondern bewegen sich teils noch im selben diskursiven Raum. Es ist dieses materiale und stumme Beharren des Ruinierten, sein Erinnern an den Funktionsverlust, das für ein Denken der Entnetzung wichtig wird.

Ruinen entfalten eine affektive Kraft,[181] indem sie an eine frühere Totalität erinnern, wobei diese Erinnerung nicht nur mit Trauer aufgeladen ist. Vielmehr sind wir davon fasziniert, dass wir es mit einer (wenn auch nur inszenierten) überlebenden Materialität – einem desorganisierten Element – einer (wenn auch nur imaginierten) früheren intakten Struktur zu tun haben. In dieser Desorganisation lebt nicht nur die Erinnerung an die frühere Struktur auf, sondern das Element erhält eine neue Sichtbarkeit. Gerade durch

180 Zur Faszination durch Ruinen siehe z. B. Stephen Graham, »Postmortem City«, in: *City. Analysis of Urban Trends, Culture, Theory, Policy, Action* 8, 2 (2004), S. 165-196.

181 Naomi Stead, »The Value of Ruins. Allegories of Destruction in Benjamin and Speer«, in: *Form/Work. An Interdisciplinary Journal of the Built Environment* 6 (2003), S. 51-64, S. 52.

dessen Herauslösung aus einer festen Position werden bis dahin ungesehene Aspekte sichtbar.

Allerdings darf nicht übersehen werden, dass Ruinen hochgradig fetischisierte Objekte sind. Gastón Gordillo hat auf Grundlage ethnographischer Analysen von materiellen Überresten der spanischen Kolonialherrschaft in Argentinien dafür argumentiert, Ruinen zu entmystifizieren und als Schutt (*rubble*) zu betrachten. Weit davon entfernt, ein bloßes formloses und obsoletes »Material ohne Bedeutung« zu sein, verfüge dieser Schutt über eine eigene Positivität,[182] sei also »als texturierte, affektiv aufgeladene Materie, die jedem lebendigen Ort eigen ist« zu verstehen.[183] Der Vorschlag, Ruinen aus dieser Perspektive zu analysieren, ist für meine Zwecke wichtig, weil damit *rubble* Ausgangspunkt für fetischisierte Konstruktionen werden kann. Eine ähnliche Funktion nehmen in Karl Marx' Konzept der lebendigen und der toten Arbeit die Überreste vergangener Arbeit ein – so jedenfalls laut der ökologischen Marx-Deutung von George Edmondson und Klaus Mladek.[184] Der toten Arbeit als Ruine ökonomischer Prozesse wohnt eine eigenständige Kraft der Zersetzung, Verwesung, auch Fermentierung inne.[185] An dieser Art von Ruine wird sowohl die destruktive Kraft der lebenden Arbeit als auch eine neue, eigenständige Kraft der Auflösung erkennbar.[186] Ruinen werden als eigenständiges Ergebnis materieller und sozialer Prozesse verstanden und geraten dadurch nicht nur als Abfall- oder Nebenprodukt in den Blick. Das ihnen eingeschriebene Moment der Zerstörung mag als sentimentale Reminiszenz an ein vorgeblich verlorenes intaktes Leben funktionieren, entscheidend ist aber, dass Ruinen über eine nicht nur abgeleitete Materialität verfügen, sondern über eine Materialität eigenen Rechts, auch wenn diese in der Regel nicht vollständig dechiffrierbar ist.

Fassen wir Elemente als solchen Schutt, der als Ruine fetischisiert wird, dann können wir auch die Annahme einer undifferenzierten

182 Gastón R. Gordillo, *Rubble. The Afterlife of Destruction*, Durham 2014, S. 10.

183 Ebd., S. 5.

184 George Edmondson, Klaus Mladek, »Natural History. Towards a Politics of Crisis«, in: dies. (Hg.), *Sovereignty in Ruins. A Politics of Crisis*, Durham 2017, S. 21-62, hier S. 43.

185 Siehe Elena Beregow, *Fermente des Sozialen*, Hamburg 2020 (Dissertationsprojekt).

186 Edmondson/Mladek, »Natural History«, S. 44-47.

Diskursivität als Substrat von Diskursen (oder Plasma bei Latour) vermeiden. Die Elemente sind keine formlose, unbedeutende Masse; sie lösen sich aber auch nicht in eine vitalistische Materialität auf, die durch Prozessualität und Intensitäten charakterisiert ist.[187] Die Elemente verfügen einerseits über ein materielles Nachleben, das eigene Konstellationen erzeugt, die nicht mehr den Regeln ihrer ehemaligen Diskurse folgen; andererseits muss aber auch deren Aufladung als Ruine beachtet werden, denn erst dadurch rufen sie die Erinnerung an ihre verblichene Diskretheit auf. Das bedeutet, dass sich die losgelösten Elemente nicht auf ihre Stellung im ehemaligen Beziehungsgewebe reduzieren lassen. Denn wenn dem so wäre, würden sie mit der Entfernung aus diesem Gewebe jede Spezifizität, ja sogar ihre Existenz verlieren. Die losgelösten Elemente verfügen aber über Eigenschaften, die über ihre jeweilige diskursive Verwebung hinausreichen und ihr Weiterleben in neuen Konstellationen ermöglichen. Es ist die Materialität von ruinierten diskursiven Elementen, welche diese nicht nur als Abfallprodukt permanenter Artikulationskämpfe erscheinen lässt, sondern ihre eigenständige Kraft ausmacht.

Die Bedeutungsleere dieser ruinierten Elemente ist nicht mit jener des leeren Signifikanten gleichzusetzen. Denn Letzterer nimmt die zentrale Position in einem Diskurs ein, indem er den diskursiven Raum aufspannt, innerhalb dessen ein Hegemonialprojekt formuliert werden kann. Heterogene Elemente sind weder zentral positioniert, noch besteht ihre Funktion primär darin, durch ihre Leere andere sinnhafte Artikulationen zu ermöglichen. Die Leere der Heterogenität ist nicht so sehr ein Mangel an Sinnhaftigkeit, sondern eine materielle Positivität, die durch die Energie der Ruinierung zu einer »Quelle der Kontingenz und der Überraschung«[188] werden kann – aber nicht muss.[189] Disartikulation ist damit selbst eine positive Praxis.

187 Jane Bennett, *Vibrant Matter. A Political Ecology of Things*, Durham 2010, S. 56.

188 Ian G. R. Shaw, Katharine Meehan, »Force-full. Power, Politics and Object-Oriented Philosophy«, in: *Area* 45, 2 (2013), S. 216-222, hier S. 218.

189 Laclau weist ebenfalls auf die Materialität der Heterogenität hin und sieht in ihr eine positive Kraft, die antagonistische Projekte motivieren kann; siehe Laclau, *On Populist Reason*, S. 152. Er richtet sich damit gegen das Überschätzen von Widerständigkeit, da diese nicht die positive Kraft schaffen könne, die für Heterogenität charakteristisch sei.

Um das Verhältnis zwischen disartikulierten Elementen und hegemonialen Diskursen besser zu verstehen, kann man mit Alain Badious Begriff der Subtraktion arbeiten.[190] Subtraktion bezeichnet Badiou zufolge den Prozess des Indifferentwerdens gegenüber existierenden Regeln und Gesetzen. Am Beispiel von Arnold Schönbergs Kompositionen in Zwölftontechnik zeigt er, dass diese nicht die etablierten musikalischen Regeln zerstören oder dekonstruieren wollen. Es geht auch nicht um eine Kritik an diesen Regeln oder um einen bewussten transgressiven Akt. Vielmehr geht es um die Fähigkeit, indifferent zu werden, welche die besondere logische Position der Disartikulation als Praxis der Heterogentität beschreibt. Diese Fähigkeit geht nicht aus der antagonistischen Spannung hervor; es geht nicht um Interesse (*intéressement*),[191] sondern um Desinteresse (*desintéressement*), also um die Frage, wie eine Nichtbeziehung zu dominierenden Regeln hergestellt werden kann. Genau das ist mit Laclaus Begriff der Heterogenität gemeint.

4.4 Politik der Disartikulation

Disartikulationen folgen aber nicht ausschließlich einer Logik der Indifferenz, wenn diese auch zentral für »geglückte« Disartikulationen ist. Da Disartikulationen konkrete Praktiken umfassen, müssen sich diese auf hegemoniale Diskurse einlassen – ansonsten könnte die diffizile Arbeit des Sich-Loslösens kaum bewerkstelligt werden. Wir können mit Michel de Certeau zwischen Taktiken und Strategien der Disartikulation unterscheiden.[192] Ihm zufolge haben Taktiken keinen eigenen Ort, sondern nutzen die Gunst der Situation, wohingegen Strategien institutionalisierte Programme zur Herstellung von Indifferenz und Nichtverbindungen sind.[193] Strategien der Disartikulation sind im diskurstheoretischen Sinne

190 Alain Badiou, »On Subtraction«, in: Ray Brassier, Alberto Toscano (Hg.), *Theoretical Writings. Alain Badiou*, London 2004, S. 103-118.

191 Michel Callon, »Elements of a Sociology of Translation. Domestication of the Scallops and the Fishermen of St Brieuc Bay«, in: *The Sociological Review* 32, 1 (1986), S. 196-233.

192 Michel de Certeau, *The Practice of Everyday Life*, Berkeley 1984.

193 Ich werde auf die schwierige Unterscheidung zwischen Strategien und Taktiken in Kap. 6 dieses Teils zurückkommen.

selten, werden aber für einen allgemeinen Begriff der Entnetzung wichtig, weil sie Entnetzungsformen umfassen, die Entnetzung unter funktionalen Gesichtspunkten (wie zum Beispiel Sicherheit oder Effizienzsteigerung) betreiben. Diskurse müssen dann darauf hin beobachtet werden, welche Momente sich aus ihnen herauslösen lassen. Disartikulation ist aber keine nur sinnhafte Praxis, zerstört sie doch den Sinn der so geschaffenen frei flottierenden Elemente, wobei sie sich zugleich auf die Spezifizität und Materialität der Elemente einlassen und Resonanz erzeugen muss. Die Taktiken der Disartikulation zielen nicht auf die Konstruktion eines antihegemonialen Diskurses, sondern es handelt sich um situative Versuche, Verbindungsfäden zu lösen, um auf diese Weise Elemente hervorzubringen. Eine Taktik besteht darin, unwahrnehmbar zu werden, also von der Indifferenz gegenüber diesen Elementen zu profitieren. Der Verlust von jeder hegemonialen Anschlussfähigkeit, das Desinteresse an hegemonialen Angeboten und der Verzicht, sich auf das Genre der Forderungen einzulassen, charakterisieren solche Taktiken der Disartikulation.[194] Diese Unwahrnehmbarkeit ist keine bloße Abwesenheit, sondern sie schöpft ihre positive Kraft aus ihrer unerkannten Gegenwärtigkeit. Sie nutzt spezifische Techniken wie die Camouflage oder Anonymisierung, um diese seltsame Form einer Existenz jenseits von Anerkennungskämpfen zu organisieren. Sie erinnert damit an das Moment der Flucht im Sinne von Paolo Virnos Begriff des Exodus:[195] eine hegemoniale Matrix wird verlassen, um Alternativen zu schaffen, die weder hegemonial noch antihegemonial sind. Eugene Holland zufolge ist eine solche Flucht kein bloßes passives Getriebensein, sondern es handele sich um einen »aktiven Rückzug« (*engaged withdrawal*).[196]

Für die Hegemonietheorie ist die affektive Aufladung eines Dis-

194 Papadopoulos u. a., *Escape Routes*.

195 Paolo Virno, »Virtuosity and Revolution. The Political Theory of Exodus«, in: ders., Michael Hardt (Hg.), *Radical Thought in Italy*, Minneapolis 1996, S. 189-209.

196 Holland, *Nomad Citizenship*, S. 159; zu diskutieren wären hier auch Strategien der Dekolonialität (vgl. Walter D. Mignolo, Arturo Escobar [Hg], *Globalization and Decolonial Option*, Abington 2010), die sich dezidiert von einer hegemonietheoretischen Perspektive verabschiedet haben (vgl. Jon Beasley-Murray, *Posthegemony. Political Theory and Latin America*, Minneapolis 2010) und auf Abkopplung (*de-linking*) von der westlichen kolonialen Modernität setzen.

kurses von zentraler Bedeutung, um dessen Integrationskraft zu erklären.[197] Auch die Taktiken der Disartikulation verfügen über eine affektive Dimension. Aber während die klassische antagonistische Relation durch starke Affekte wie Hass, Verachtung und Euphorie aufgeladen ist, muss Disartikulation als heterogene Relation affektiv anders organisiert sein. Denn es geht darum, die oben erwähnte Ambivalenz der Disartikulation zu erzeugen. Das heißt, dass man sich einerseits sorgfältig auf den jeweiligen Diskurs einlassen muss, sich aber andererseits von diesem buchstäblich nicht affizieren lassen darf, sondern sich immun gegenüber den affektiven Verführungen erweisen muss. Disartikulation verschiebt damit nicht nur die affektive Kathexis von einem Signifikanten auf einen anderen (das wäre klassische Hegemoniepolitik), sondern versucht, die affektiven Besetzungen herunterzufahren. Sie folgt damit letztlich einem Kalkül der Deintensivierung und des Uninteressantwerdens.

Ein Affekt ist in besonderem Maße zentral für diese Deintensivierung: die Langeweile. In der Moderne, so Elizabeth Goodsteins kulturhistorische Studie »Erfahrung ohne Qualitäten« (*experience without qualities*), ist die Langeweile zu einem Massenphänomen geworden.[198] Die Entwicklung der Langeweile antwortet auf die Reizüberflutung der Moderne. Sie ist eine »unbestimmt beunruhigende Stimmung, welche die westliche Welt sowohl als Disaffektion mit dem Alten, welche die Suche nach dem Neuen antreibt, wie auch als Misere durch das beschleunigte Leben heimsucht«.[199] Langeweile ist eine beiläufige Stimmung, die sich durch die Indifferenz der Welt gegenüber auszeichnet. Wenn sich Langeweile breitmacht, verliere ich mein Interesse an Besonderheiten; sie ist die Gegenreaktion auf die Dominanz des Interessantseins und Neuseins in der Moderne. Die Welt, so Goodstein, erscheint als grau und fade. In diesem Sinne funktioniert sie als affektives Des-

197 Vgl. Yannis Stavrakakis, »Post-hegemonic Challenges. Discourse, Representation and the Revenge(s) of the Real«, Eröffnungsrede auf der Konferenz *Thinking the Political. The Work of Ernesto Laclau. International Conference*, Brighton 2013; Laclau arbeitet in *On Populist Reason* mit einem psychoanalytischen und nicht deleuzianischen Affektbegriff.

198 Elizabeth S. Goodstein, *Experience without Qualities. Boredom and Modernity*, Stanford 2004. Ich werde dieses Argument mit der Figur der Fadheit (*bluntness*) in Kap. 6.5 dieses Teils wieder aufnehmen.

199 Ebd., S. 18.

interessieren, als eine Reduktion der Fähigkeit sich affizieren zu lassen, sei dies durch die positiven Affekte der Freude oder durch die negativen Affekte des Hasses. Durch die Langeweile – das Gefühl der Eintönigkeit infolge fehlender Anregung – gehen mein Engagement und mein Involviertsein mit der Welt immer stärker zurück. Gerade weil sich Langeweile nicht auf spezifische Gegenstände bezieht, macht sie auf spannungslose Weise eine Totalität erfahrbar. Langeweile ist in existentialistischen Deutungen das Gefühl, dass die Welt leer ist, und macht diese so aber auch erfahrbar, bevor sie mit Sinn aufgeladen ist.[200]

Normalerweise, so Laclau, sind Affekte wie Hass oder Empörung die Triebkräfte, die dazu führen, dass in einem hegemonialen Diskurs bestimmte Signifikanten ausgewählt werden und eine zentrale Stellung einnehmen.[201] Langeweile dagegen ist ein Affekt ohne Selektionskraft, ja geradezu der Verzicht auf jede Selektion, da alles als gleichermaßen uninteressant erscheint. Taktiken der Disartikulation entziehen sich der aufgeregten Skandalisierung, auch der Ersetzung von Freude durch Hass;[202] sie halten Distanz zu Affektionen und sind bestrebt, die Affektionskraft von Diskursen zu reduzieren. Dies tun sie nicht, um einem deliberativen politischen Ideal der unaufgeregten Rede zu entsprechen, sondern um die Bindungskräfte eines Diskurses zu schwächen. Aber die Langeweile ist nicht nur eine negative Figur des Entzugs und der Deintensivierung, sondern sie kann auch eine Öffnung zu etwas Unerwartetem darstellen.[203] Die »magische Kraft« der Langeweile kann selbst neue Räume der Kontingenz eröffnen[204] – oder im schlimmsten Fall zur von jeglichem Begehren befreiten Starre der Katatonie führen (Deleuze). Jedenfalls kann Langeweile hegemoniale Systeme empfindlich schwächen, entzieht sie doch dem spannungsgelade-

200 Rasmus Johnsen, »On Boredom. A Note on Experiences without Qualities«, in: *Ephemera. Theory and Politics in Organization* 11, 4 (2011), S. 482-489, im Anschluss an Heidegger.

201 Laclau, *On Populist Reason*, S. 119.

202 Culp, *Dark Deleuze*.

203 Benjamin, *Das Passagen-Werk*, S. 161.

204 Ben Anderson betont diesen Doppelcharakter der Langeweile als Erfahrung der Leere und der Ankündigung eines »noch-nichts«, siehe: Ben Anderson, »Time-stilled, Space-slowed. How Boredom Matters«, in: *Geoforum* 35, 6 (2004), S. 739-754, hier S. 747.

nen Spiel um die Besetzung des leeren Signifikanten seine Energie.[205]

Dass sich Langeweile strategisch nutzen lässt, wird häufig übersehen. Nicht so allerdings von Gabriel Tarde, der in seiner Science-Fiction-Erzählung *Fragment d'histoire future*[206] die Langeweile als politische Technik inszeniert. In dem Text geht es um eine globale Gesellschaft, die die Fehden und Konflikte um charismatische Politiker und Herrscher satt hat. An deren Stelle werden Vertreter möglichst langweiliger Berufsgruppen als politisches Personal ausgewählt – für Tarde gehörten die Banker dazu. Das Experiment scheitert zwar, zeigt aber auch, dass eine Politik des Affekts nicht immer die Schaffung spezifischer starker Affekte bedeuten muss, sondern auch als gezielte Reduktion von affektiven Aufladungen funktionieren kann. Langeweile kann durch ihre Resilienz sogar zu einer kritischen Kraft werden.[207] In der Diskussion über eine Politik der Leidenschaften (etwa im Sinne von Chantal Mouffe[208]) wird zwar zu Recht darauf hingewiesen, dass die liberale Demokratie die affektive Aufladung von politischen Projekten ernst nehmen und darauf reagieren muss. Der bloße Ruf zur Besonnenheit und der Verweis auf die eigene vermeintliche Affektlosigkeit können die Aufladung letztlich sogar bestärken. Aber aus meiner Sicht wäre es der falsche Weg, rechtspopulistischen Affektpolitiken dadurch zu begegnen, dass man ihnen eine alternative linkspopulistische Affektpolitik entgegensetzt (wie es etwa Chantal Mouffe fordert).[209] Ich plädiere stattdessen für eine Ausweitung von Politiken der Disartikulation, die Disartikulation zur Neuformatierung antagonistischer Beziehungen nutzen. Dazu muss man, wie ich zu zeigen versucht habe, Disartikulation nicht nur als Gegenbegriff zur Artikulation fassen, sondern die disartikulierten Elemente als

205 Siehe auch die Diskussion der apathischen Masse bei Jean Baudrillard, *Im Schatten der schweigenden Mehrheiten oder das Ende des Sozialen*, Berlin 2010.

206 Gabriel Tarde, *Fragment einer Geschichte der Zukunft* [Orig. 1896], Konstanz 2015.

207 Norman Jackson, Pippa Carter, »In Praise of Boredom«, in: *Ephemera Theory and Politics in Organization* 11, 4 (2011), S. 401; Anderson, »Time-stilled, Space-slowed. How Boredom Matters«.

208 Chantal Mouffe, *Über das Politische. Wider die kosmopolitische Illusion*, Frankfurt/M. 2007.

209 Siehe Chantal Mouffe, *Für einen linken Populismus*, Berlin 2018.

Schutt (*rubble*) ernst nehmen. Im Gegensatz zur gleichermaßen ontologisierenden und ausschließenden Rede vom Plasma, das als immer schon gegeben betrachtet wird, kommt auf diese Weise die häufig gewaltvolle politische Konstitution der Elemente in den Blick. Es gilt, die Aufmerksamkeit für Elemente nicht mit einem Atomismus zu verwechseln, sondern in den Elementen selbst ihre diskursive und affektive Konstitutionsgeschichte aufzuzeigen. Dass die Transformation von Momenten in Elemente keine laute und sichtbare Angelegenheit sein muss, habe ich anhand des Affekts der Langeweile deutlich zu machen versucht. Dabei hat sich die affektive Kraft der Deintensivierung als wichtige Technik der Elementarisierung – und damit der Entnetzung in Diskursen – herausgestellt.

5. Indifferenz
(Georg Simmel)

Wir sind in den vorangegangenen Kapiteln immer wieder auf den Begriff der Indifferenz gestoßen, ohne ihn selbst zum Thema zu machen. Das soll nun zum Abschluss meiner Reise durch einschlägige relationale Sozialtheorien geschehen, indem ich mich einer sehr frühen Fassung einer solche Theorie widme: Georg Simmels Soziologie der Indifferenz. Mein Interesse an Simmel ist keineswegs nur historischer Natur. Denn obwohl Simmel ein Vordenker der relationalen Soziologie ist, indem er das soziale Zusammenleben in seinen unterschiedlichen Wechselwirkungen beobachtet und analysiert hat, stößt er immer wieder an die Grenzen einer solchen Soziologie. Ich halte es für eine Stärke seiner Konzeption, dass sie sowohl eine Soziologie der Beziehung als auch eine der Nichtbeziehung ist. Simmel zeigt sich von den Grenzen einer Beziehungssoziologie fasziniert – sowohl auf begrifflicher wie auch phänomenologischer Ebene –, und diese Faszination kristallisiert sich um den Begriff der Indifferenz, der die Möglichkeit von Arelationalität inmitten des sozialen Geschehens erprobt.

Für eine Soziologie der Entnetzung verspricht dieser Begriff zweierlei. Einerseits bereitet er den Weg für eine Analyse von Techniken der Indifferenz, verstanden als Techniken, die vor weiterer Vernetzung schützen oder den Vernetzungsgrad zu reduzieren vermögen. Klassisch geworden sind hier Simmels Überlegungen zum Großstädter, insbesondere zur Figur des Blasierten, auf die wir bereits in meiner Diskussion des Burnoutsyndroms gestoßen sind. Andererseits ist Indifferenz für Simmel mehr als ein Charakteristikum des zeitgenössischen städtischen Lebens: Indifferenz bezeichnet gleichzeitig die Grenzen des Sozialen, was in Simmels Diskussion der Vornehmheit besonders deutlich wird. Indifferenz stellt damit grundsätzliche Fragen an das Denken von Beziehungen, wodurch es für eine Soziologie der Entnetzung attraktiv wird.

5.1 Indifferenz in der Großstadt

Das Problem der Indifferenz taucht für Simmel empirisch dort auf, wo sich soziale Kontakte verdichten und vervielfältigen: in der Großstadt. Indifferenz wird eingeführt als Beschreibung eines bestimmten urbanen Lebensstils wie auch als ambivalente Kritik am modernen entfremdeten Leben. Das städtische Leben erfordert die beständige Herstellung von Indifferenz:

> Wenn der fortwährenden äußeren Berührung mit unzähligen Menschen so viele innere Reaktionen antworten sollten, wie in der kleinen Stadt, in der man fast jeden Begegnenden kennt und zu jedem ein positives Verhältnis hat, so würde man sich innerlich völlig atomisieren und in eine ganz unausdenkbare seelische Verfassung geraten.[210]

Simmel beschreibt sehr treffend, was es bedeuten würde, wenn man die klassischen Interaktionsmuster für die Bewältigung dieser Unmenge von Kontakten einsetzen würde: das Individuum würde durch Hyperstimulation und Reizüberflutung in eine schwere psychische Krise geraten. Techniken einer indifferenten Lebensführung werden damit historisch dort lokalisiert, wo das heutige Netzwerkfieber seinen Ausgang genommen hat, nämlich in der Großstadt, wo an die Stelle der traditionellen, eng begrenzten sozialen Netzwerke der dörflichen Gemeinschaft eine Vielzahl sich überwuchernder, häufig anonymer Netzwerke tritt.

Simmels Analyse wird dort besonders aufschlussreich, wo Indifferenz nicht nur als Diagnose erscheint, sondern die Funktionsweise des Indifferentwerdens und damit auch die Praktiken der Indifferenz herausgearbeitet werden. Einschlägig ist Simmels Analyse des Blasierten, der sich vor den Reizen der Großstadt zu schützen sucht: »Sie [die Blasiertheit] ist zunächst die Folge jener rasch wechselnden und in ihren Gegensätzen eng zusammengedrängten Nervenreize, aus denen uns auch die Steigerung der großstädtischen Intellektualität hervorzugehen schien.«[211] Die Paradoxie der Großstadt zeigt sich darin, dass sie die intellektuelle Erkenntnisfähigkeit und die kulturelle Entwicklung steigert, gleichzeitig aber

210 Georg Simmel, *Die Großstädte und das Geistesleben* [1903], in: ders., *Gesamtausgabe*, Bd. 7, hg. von Rüdiger Kramme u. a., Frankfurt/M. 1995, S. 116-131, hier S. 122 f.

211 Ebd., S. 121.

eine solche Menge von Sinneseindrücken hervorbringt, dass das Erkenntnis- und Wahrnehmungsvermögen des Großstädters beeinträchtigt, überfordert, ja sogar gefährdet wird. Die Indifferenz des Blasierten bedeutet nicht, dass dieser seine Umwelt nicht mehr wahrnimmt, sondern beruht auf einer spezifischen Umgangsweise mit seinen Wahrnehmungen: »Das Wesen der Blasiertheit ist die Abstumpfung gegen die Unterschiede der Dinge, nicht in dem Sinne, daß sie nicht wahrgenommen würden, wie von dem Stumpfsinnigen, sondern so, daß die Bedeutung und der Wert der Unterschiede der Dinge und damit der Dinge selbst als nichtig empfunden wird.«[212] Auf der sinnesphysiologischen Ebene muss der Blasierte offen bleiben für die vielfältigen Reize, da er sich etwa dem Lärm der Stadt oder den Gerüchen der Mitmenschen nicht ohne weiteres entziehen kann. Der Schutz vor der Überlastung setzt erst auf der symbolischen Ebene ein. Der Blasierte verzichtet auf die Sinngebung der Eindrücke, lässt sie als bloßen materiellen Ereignisstrom auf sich einwirken, ohne ihnen sofort eine Bedeutung zu verleihen. Für den Blasierten verfügt alles über keine – und damit auch die gleiche – Bedeutung; er ist buchstäblich gleichgültig. Der Blasierte kultiviert die Langeweile, macht sie zu einem demonstrativ ausgestellten Lebensstil. Er erprobt soziale und kulturelle Formen der Deintensivierung, zuweilen mit dem paradoxen Ergebnis, dass gerade diese Haltung bei seinen Zeitgenoss*innen starke Affekte der Ablehnung evoziert. Auch wenn es sich um ein potentiell pathologisches Verhalten handelt, so ist die Indifferenz des Blasierten nicht bloß eine physiologische, quasi automatisch ablaufende Reaktion, sondern eine komplexe Technik der Selbstsorge.[213] Die Indifferenz resultiert aus dem Errichten einer Barriere zwischen dem Strom physiologischer Reize und ihrer Sinngebung. Auf diese Weise denkt Simmel die Begegnung mit der großstädtischen Kultur zunächst materialistisch: als ein Einströmen von Lichtreklamen, Musik und Straßenlärm; selbst die sinnhaften Gebilde entfalten ihre Wirkung zunächst auf einer sinnesphysiologischen, noch nicht sinnhaften Ebene. Selbst wenn diesen eine basale Bedeutung gegeben wird (zum Beispiel die bloße Benennung eines Reizes), so wird spätestens dann jedes weitere, komplexere Sinnprozessieren abgebremst

212 Ebd.

213 Nick Gill, *Nothing Personal? Geographies of Governing and Activism in the British Asylum System*, Hoboken 2016, S. 184.

(zum Beispiel die Bewertung dieses Eindrucks). Denn die blasierte Haltung zeichnet sich durch die Weigerung aus, Bewertungen vorzunehmen, kulturelle Hierarchien aufzubauen – der Blasierte lässt sich gar nicht erst auf das Spiel der kulturellen Distinktionen und Bewertungen ein. Dies schließt nicht aus, dass die Attitüde des Blasierten selbst zu einem Distinktionsmerkmal werden kann. Damit schafft der Blasierte einerseits Distanz zu den kulturellen und städtischen Eindrücken; gleichzeitig geschieht dies aber auf Kosten der bedeutungsschaffenden Distanz zwischen den einzelnen Eindrücken, die nun nur noch als langweiliges Einerlei wahrgenommen werden. Der Blasierte verweigert sich damit der Tätigkeit des bewertenden Vergleichs: alles steht nebeneinander, ohne dass der Gehalt der Dinge und ihr Verhältnis zueinander noch eine Rolle spielen würde. Gerade dieser Verzicht auf Bewertung ist in gegenwärtigen digitalen Netzkulturen von besonderer Brisanz. Denn Netzwerkkontakte (etwa auf Sharing-Plattformen) beruhen ganz wesentlich auf der Vertrauen generierenden Produktion eines beständigen Stroms von wechselseitigen Bewertungen. Mit dem Blasierten deutet Simmel eine Figur an, die sich dieser Leistung enthält und damit auch zur Schwächung der Konnektivität in Netzwerken beiträgt.

Mit der Figur des Blasierten extrapoliert Simmel ein Modell indifferenter Lebensführung, ohne dass damit gesagt werden soll, dass Indifferenz nur für eine kleine kulturelle Avantgarde von Bedeutung wäre. Die typisch urbane Reserviertheit belegt das Gegenteil, nämlich die weite Verbreitung indifferenter Verhaltensweisen. In der Großstadt ist es nicht ungewöhnlich, dass Nachbar*innen sich nicht kennen, sich ignorieren, ja einander mit vollkommener Indifferenz begegnen. Diese Indifferenz wird von Simmel als eine Gleichgültigkeit beschrieben, die als Selbstschutzmechanismus funktioniert. Sie bewahrt die Städter*in davor, von den zahlreichen sozialen und ästhetischen Reizen des städtischen Lebens überfordert zu werden.[214]

214 Die städtische Indifferenz beruht für Simmel auf der modernen Geldwirtschaft, die in den Städten ihre Zentren findet. Die Stimmung des Blasierten »ist der getreue subjektive Reflex der völlig durchgedrungenen Geldwirtschaft; indem das Geld alle Mannigfaltigkeiten der Dinge gleichmäßig aufwiegt, alle qualitativen Unterschiede zwischen ihnen durch Unterschiede des Wieviel ausdrückt, indem das Geld, mit seiner Farblosigkeit und Indifferenz, sich zum General-

An Simmel anknüpfend, argumentiert Rudolf Stichweh für eine »Soziologie der Indifferenz«,[215] die sich gerade für diese unscheinbaren (Nicht-)Kontakte interessiert. Konnte in homogenen Gemeinschaften noch klar zwischen Freunden und Feinden unterschieden werden, so spielt sich ein Großteil des urbanen Lebens in einer Zwischenzone der Indifferenz ab,[216] die durch das routinierte Weg- und Übersehen geprägt ist. Indifferenz bedeutet hier aber auch, dass der andere geduldet wird, ja, dass ihm sogar ein gewisses Vertrauen entgegengebracht wird.[217] Indifferenz kann nur dann funktionieren, wenn wir dem anderen unterstellen, dass er keine schlechten Absichten hegt und er mein Verhalten genauso akzeptiert wie ich das seine. Die flüchtigen Begegnungen in der Großstadt zielen nicht auf die intensiven Kontakte homogener Gruppen ab. Vielmehr wird hier die Kunst der »höflichen Gleichgültigkeit« (*civil inattention*)[218] perfektioniert. Simmel beschreibt diese Haltung des Großstädters als Reserviertheit, die ihn davor bewahrt, sich zu stark von den einzelnen Ereignissen und Kontakten affizieren zu lassen. Geht Stichweh jedoch optimistisch davon aus, dass diese Formen der Indifferenz durch ein distanziertes Wohlwollen geprägt sind, sieht Simmel die Reserviertheit ambivalenter:

> Ja, wenn ich mich nicht täusche, ist die Innenseite dieser äußeren Reserve nicht nur Gleichgültigkeit, sondern, häufiger als wir es uns zum Bewußtsein bringen, eine leise Aversion, eine gegenseitige Fremdheit und Abstoßung, die in dem Augenblick einer irgendwie veranlaßten nahen Berührung sogleich in Haß und Kampf ausschlagen würde.[219]

nenner aller Werte aufwirft, wird es der fürchterlichste Nivellierer, es höhlt den Kern der Dinge, ihre Eigenart, ihren spezifischen Wert, ihre Unvergleichbarkeit rettungslos aus« (Simmel, *Die Großstädte und das Geistesleben*, S. 121 f.); die Indifferenz des Geldes verdankt sich seiner genuinen Funktion, Unterschiedliches vergleichbar und bewertbar zu machen, alles kann mit Hilfe des Geldes in einen bestimmten Wert übersetzt werden.

215 Rudolf Stichweh, »Von der Soziologie des Fremden zur Soziologie der Indifferenz. Zur Zugehörigkeit des Fremden in Politik und Gesellschaft«, in: Harald Bluhm u. a. (Hg.), *Ideenpolitik. Geschichtliche Konstellationen und gegenwärtige Konflikte*, Berlin 2011, S. 421-432.

216 Ebd., S. 427 f.

217 Ebd.

218 Erving Goffman, *Verhalten in sozialen Situationen. Strukturen und Regeln der Interaktion im öffentlichen Raum*, Gütersloh 1971, S. 84 ff.

219 Simmel, *Die Großstädte und das Geistesleben*, S. 123.

Der Zustand der Reserviertheit ist also prekär, er kann – gerade dann, wenn die Berührungsabwehr nicht funktionieren mag – in eine Abneigung und sogar Hass umschlagen. Auch Simmels Zeitgenosse Gabriel Tarde betont, dass die Beschleunigung der Nachahmungsprozesse – heute könnten wir hier von Übervernetzung sprechen – zu einer gewissen »Menschenfeindlichkeit« führen mag,[220] in der Tarde allerdings auch ein wichtiges Gegenmoment zur permanenten Vernetzung sieht. Menschenfeindlichkeit bezeichnet jenen Aspekt der Reserviertheit, der mit der Abwehr und dem Ignorieren von Kontaktmöglichkeiten einhergeht.

Der prekäre Zustand der Reserviertheit beruht also auf der Erzeugung von Gleichgültigkeit gegenüber einem Großteil der Reize. Wenn wir an die obige Diskussion von Indifferenz zurückdenken, liegt die Vermutung nahe, dass auch die Reserviertheit durch die Abtrennung der Wahrnehmung physiologischer Reize (etwa die der Nähe anderer Menschen oder aber auch der Benachrichtungssignale des Smartphones) von ihrer Sinngebung und Bewertung zustande kommt. Es geht also um die Kunst, mediale und soziale Reize zunächst als bedeutungslosen Strom wahrnehmen und erdulden zu können. Dies erfordert ein anspruchsvolles Lavieren zwischen totaler Ignoranz und der Versuchung, Sinn herzustellen. Die Gleichgültigkeit kann übersteigert werden, wenn wir den anderen überhaupt nicht mehr wahrnehmen, über ihn einfach hinwegsehen. Indifferenz wird dann zum Ghosting. Eine solche übersteigerte Gleichgültigkeit mag vom anderen als abwertende oder aggressive Haltung ausgelegt werden. Gleichzeitig gilt es, der schon von Simmel beschriebenen Gefahr zu entgehen und zu viel Bedeutung in die Wahrnehmung des anderen zu investieren. Dies führt nicht nur zu einer Überlastung der individuellen Sinnprozesse, sondern unter Umständen auch zu misslungenen – und damit letztlich auch frustrierenden – Kontakten. Die Indifferenz, die mit der Reserviertheit einhergeht, ist also nicht einfach ein bloßes Abschalten oder ein vollständiges Unempfänglichwerden gegenüber der Umwelt. Vielmehr handelt es sich um einen prekären Zustand, der jederzeit zusammenbrechen könnte. Man denke an die eindrücklichen Beispiele, die Erving Goffman für das Fehlschlagen

220 Gabriel Tarde, *Die Gesetze der Nachahmung* [Orig. 1890], Frankfurt/M. 2003, S. 416.

der »höflichen Gleichgültigkeit« findet:[221] Ich mag jemanden etwas zu lange anstarren, und schon fühlt sich dieser angesprochen oder auch angegriffen. Im urbanen Raum hat sich ein ganzes Arsenal von Regeln und Techniken entwickelt, mit deren Hilfe dieser Zustand der Indifferenz aufrechterhalten werden kann. Es ist denn auch gerade die soziale Organisation eines Zustands verminderter, anonymer Sozialität, welche das Phänomen analytisch so interessant, sozial aber auch so prekär macht.

5.2 Ethik der Indifferenz

War bei Simmel diese Indifferenz häufig (wenn auch nie ausschließlich) kulturkritisch konnotiert, so sollte dies nicht davon ablenken, dass er wertvolle Techniken der Distanzierung und des Indifferentwerdens beschrieben hat.[222] Die britische Soziologin Fran Tonkiss knüpft an Simmels und Benjamins Analysen der Großstadt an, um die Selbsttechniken herauszuarbeiten, welche die Einzelnen in der Anonymität belassen oder überhaupt erst jene Anonymität schaffen, die charakteristisch für das urbane Leben ist.[223] Die Großstadt bietet zahlreiche Situationen, zum Beispiel im öffentlichen Personennahverkehr, beim Schaufensterbummel oder im Kino, in denen in der Anwesenheit anderer nicht kommuniziert wird und man sich aus potentiellen Interaktionssituationen entnetzt. Tonkiss schreibt: »Ich verstehe diesen Mangel an Interaktion als eine soziale Beziehung: Man orientiert sich an anderen, man nimmt ihre Anwesenheit auf, man schafft ihnen sozialen Raum, indem man sie ignoriert.«[224] Das Ignorieren ist eine kunstvolle Praxis, keineswegs nur eine blinde und herablassende Indifferenz. Es geht um Praktiken, die es möglich machen, indifferent gegenüber dem anderen zu sein, ohne ihn (oder sie) zu verletzen. Auf diese Weise lässt sich

221 Goffman, *Verhalten in sozialen Situationen*, S. 84.

222 Für das Folgende, siehe auch: Urs Stäheli, »Aus dem Rhythmus fallen«, in: Armin Nassehi (Hg.), *Kursbuch Nr. 177. Privat 2.0*, Hamburg 2014, S. 66-77.

223 Fran Tonkiss, »The Ethics of Indifference. Community and Solitude in the City«, in: *International Journal of Cultural Studies* 6, 3 (2003), S. 297-311.

224 Fran Tonkiss, »The Ethics of Indifference. An Exchange«, 2010, ⟨http://www.lse.ac.uk/sociology/pdf/Tonkiss%20-%20The%20Ethics%20of%20Indifference.pdf⟩, letzter Zugriff 09. 03. 2020.

eine wichtige Gegenposition zu gegenwärtigen Anerkennungstheorien und Identitätspolitiken entwickeln. Im städtischen Kontext ist es viel zu anstrengend – und auch potentiell konflikthaft –, andere Identitäten in all ihrer Vielfältigkeit anzuerkennen und damit immer auch zu bewerten. Vielmehr geht es um ein alltägliches Einklammern von Differenzen: »Unterschiede bleiben unbemerkt, weil unbemerkbar.«[225] Die Kunst der Indifferenz in der Stadt liegt also gerade darin, nicht bemerkenswert zu sein oder aufzufallen; dies verlangt freilich auch vom Städter, Bemerkenswertes nicht zur Kenntnis zu nehmen, sich durch das Außergewöhnliche nicht frappieren zu lassen, gelassen zu sein. In diesem Sinne ist der Städter gerade kein Tourist, der begierig nach Besonderheiten und nach dem Unbekannten sucht und dabei ironischerweise die Indifferenz des Städtischen verpasst. Tonkiss macht deutlich, dass eine solche kunstvolle Indifferenz ein wichtiger Schutzmechanismus nicht nur für den Ignorierenden ist, sondern auch für den Ignorierten. Potentiell auffällige Merkmale und Verhaltensweisen werden taktvoll übersehen; nicht gesehen zu werden, kann zur eigenen Sicherheit beitragen: »Eine Ethik der Indifferenz [...] hat mit der Fähigkeit zu tun, ungesehen zu sein, nicht außergewöhnlich zu sein, unpersönlich zu sein.«[226]

Mit der Ethik der Indifferenz meint Tonkiss die Entwicklung eines Bewusstseins für den Wert von Nichtverbindungen, das darin bestehe, »einen Spielraum für Diskonnektion zuzulassen, indem die Dissoziation als soziale Beziehung akzeptiert wird«.[227] Da diese Nichtverbindungen in einer Welt der Verbindungen stattfinden, sind sie beständigen Versuchen der Reintegration ins Verbindungsgeschehen ausgesetzt. Aus diesem Grund fasst Tonkiss diese Nichtverbindungen als ein zu schützendes Gut, als die wichtige Möglichkeit, sich zeitweise den überbordenden Interaktions- und Vernetzungsanforderungen zu entziehen. Damit wird kein Ausstieg aus dem städtischen Leben – oder gar dem Sozialen – gefordert, sondern gemeint ist die Stärkung des distanzierenden Elements in sozialen Beziehungen. Eine solche »Ethik der Indifferenz« ist weit entfernt von einem bloßen zynischen Ignorieren, sondern versteht

225 Tonkiss, »The Ethics of Indifference. Community and Solitude in the City«, S. 300.

226 Ebd., S. 299.

227 Ebd., S. 303.

sich als eine Sorge für das Unverbundene. Der andere, mit dem ich kein Gespräch beginnen möchte, mit dem ich nicht in Kontakt treten möchte, wird von mir nicht einfach übersehen, sondern als jemand angesehen, den ich gerade in seiner Unverbundenheit schätze und daher nicht anspreche.[228] Der Verzicht auf Adressierung markiert hier die Beachtung des Rechts, allein gelassen, keinem evaluierenden Blick ausgesetzt, dennoch aber in seiner Präsenz bemerkt zu werden.

Ein solches Verständnis von Indifferenz erscheint gerade in digitalen Gesellschaften, die von einem beständigen Übermaß von Verbindungs- und Bewertungsmöglichkeiten geprägt sind, von großer Bedeutung. Simmels Begriff der Indifferenz ist für gegenwärtige Analysen deshalb so attraktiv, weil dieser das Herstellen von Verbindungen denkt, ohne diese auf ihre assoziative Kraft zu reduzieren. Was Simmel exemplarisch für das städtische Leben um 1900 herausgearbeitet hat, hat sich in digitalen Gesellschaften weiter verschärft. Der »Fetisch der Konnektivität«[229] scheint das distanzierende und dissoziative Moment in Verbindungen fast vollständig vergessen zu haben oder nur noch als ein zu überwindendes Problem zu sehen.

Ein interessanter Prüfstein für das Konzept der Indifferenz ist die Smart City, in der sich das städtische Leben in ein unauflösbares Amalgam von digitalisierten und nicht digitalisierten Beziehungen verwandelt. Das Problem der Reizüberlastung liegt hier in gesteigerter Form vor, und es ist praktisch unmöglich, sich anonym und unbemerkt zu bewegen. Wo durch allgegenwärtige Überwachungstechnologien unbemerkte und unsichtbare Bewegungen kaum noch möglich sind, müssen die klassischen Techniken der Indifferenz und Distanzierung zwar versagen; zugleich ist es aber kein Zufall, dass die Frage der Unsichtbarkeit sich heute in verschärfter Form stellt und das Bedürfnis nach an die Gegebenheiten angepassten Indifferenztechniken wächst. Bei diesen medialen Indifferenztechniken handelt es sich ebenfalls nicht um Praktiken des Ausstiegs aus dem digitalisierten städtischen Leben im 21. Jahr-

228 Siehe hierzu die Analysen des Zusammenseins als Nebeneinander von Albert Piette, *Existence in the Details. Theory and Methodology in Existential Anthropology*, Berlin 2015.

229 Morten A. Pedersen, »The Fetish of Connectivity«, in: Penny Harvey u. a. (Hg.), *Objects and Materials. A Routledge Companion*, London 2013, S. 197-207.

hundert; vielmehr geht es um die Rettung der Urbanität des Digitalen. Nicht der Traum von der einsamen Offline-Insel bestimmt die Entwicklung neuer digitaler Indifferenz- und Entnetzungstechniken, sondern die Frage, wie Anonymität, Distanz und Indifferenz gerettet und neu erfunden werden können. Marshall McLuhans Wendung vom »globalen Dorf« markiert die Problemlage präzise. Mit der Digitalisierung der Städte geht deren Verdörflichung einher, der potentielle Verlust der Fremdheit, welche das städtische Leben erst ermöglicht hatte. Die ständige Erreichbarkeit suggeriert ein dezidiert nicht urbanes Leben in Communities, das von den Erfordernissen der permanenten Kommunikation mit und der Offenheit gegenüber anderen geprägt ist. Die Entwicklung von medialen Techniken, die dabei helfen, diese Anrufungen zeitweilig zu ignorieren, kann als ein Versuch gelesen werden, neue Formen der Distanzierung zu schaffen. Eine Vielzahl von Disconnection-Apps ermöglicht es, nicht auf jede neue Statusnachricht, auf jede SMS oder Mail sogleich zu reagieren. Ganz im Gegensatz (teils auch zur Selbstbeschreibung dieser Apps) ist deren Ziel nicht primär, wieder »echte« soziale Beziehungen zu ermöglichen, sondern die Indifferenz des Urbanen – und damit die Möglichkeit, sich zu entnetzen – zumindest ansatzweise wiederherzustellen.

5.3 Ontologie der Indifferenz

Simmels Analysen des Sozialen haben sich nicht damit begnügt, soziale Techniken der Distanzierung zu analysieren, sondern implizit die Indifferenz als Grenzbegriff des Sozialen eingeführt. Exemplarisch dafür ist Simmels – teils von Friedrich Nietzsche übernommene – Analyse der Vornehmheit. Die vornehme Haltung zeichnet sich durch eine Indifferenz gegenüber anderen, ja gegenüber dem sozialen Geschehen aus. Die Vornehmheit ist bei Simmel gleichzeitig eine Sozialfigur und ein ontologischer Begriff, welcher die Grenzen des Sozialen bezeichnet. Die Figur der Vornehmheit hat Simmel immer wieder beschäftigt, sie taucht in unterschiedlichen Aufsätzen immer wieder auf – und beschränkt sich keineswegs auf seine explizite Auseinandersetzung mit Nietzsche.

Um die Doppelposition dieser Figur zu verstehen – also einerseits als Beschreibung eines spezifischen sozialen Verhaltens, andererseits aber als Grenze des Sozialen – lohnt sich ein Blick in Simmels wohl berühmtestes Werk, die *Philosophie des Geldes.*[230] Es ist kein Zufall, dass Simmel es mit Überlegungen zur Distanzierung und Vornehmheit schließt. Denn mit der Vornehmheit kann er die Grenzen des Geldmediums thematisieren, indem diese sich der Vergleichbarkeit entzieht.

In seiner Diskussion des Kreditverkehrs führt Simmel die Figur der Vornehmheit ein, um eine absolute Inkommensurabilität denken zu können; ein Momentum soll erfasst werden, das eine Alternative zum ökonomischen Wert benennbar macht. Es mag zunächst überraschen, dass Simmel die Vornehmheit insbesondere im Kreditverkehr verortet. Dieser ist vornehmer als die unmittelbare Verwendung von Bargeld, weil dem Kreditnehmer Vertrauen entgegengebracht werden muss: »Es ist das Wesen der Vornehmheit, ihre Gesinnung und deren Wert nicht sowohl vorzudemonstrieren, als den Glauben daran einfach vorauszusetzen.«[231] Die Beziehung zwischen Kreditnehmer und Kreditgeber ist asymmetrisch. Der Kreditgeber muss Vertrauen schenken, wohingegen der Kreditnehmer außerhalb dieser Vertrauensbeziehung steht. Er muss weder dem Kreditgeber gegenüber Vertrauen erbringen, noch – und das ist entscheidend – ist er sich dessen bewusst, dass ihm Vertrauen gegenüber erbracht wird: »[I]n der absoluten Sicherheit über sich selbst«[232] kann er das Risiko, das andere eingehen, nicht erkennen. In der »Soziologie des Geheimnisses« wird die Besonderheit der Vornehmheit noch deutlicher:

> Die vollkommene Vornehmheit in sittlicher wie in geistiger Hinsicht verschmäht jedes Verbergen, weil ihre innere Sicherheit sie gleichgültig dagegen macht, was andre von uns wissen oder nicht wissen, ob sie uns richtig oder falsch, hoch oder niedrig schätzen; die Heimlichkeit ist ihr eine Konzession an die Außenstehenden, eine Abhängigkeit des Benehmens von der Rücksicht auf sie.[233]

230 Georg Simmel, *Philosophie des Geldes* [1901], in: ders., *Gesamtausgabe*, Bd. 6, hg. von David P. Frisby und Klaus Christian Köhnke, Frankfurt/M. 1989.

231 Ebd., S. 668.

232 Ebd.

233 Georg Simmel, *Soziologie. Untersuchung über die Formen der Vergesellschaftung* [1908], in: ders., *Gesamtausgabe*, Bd. 11, hg. von Otthein Rammstedt, Frankfurt/M. 1992, S. 444.

In beiden Passagen zeichnet sich die Vornehmheit durch eine »absolute Sicherheit« aus, und es ist diese innere Sicherheit, welche Gleichgültigkeit oder Indifferenz gegenüber anderen erzeugt. Klaus Lichtblau hat die Figur der Vornehmheit als eine »Kritik an einer reinen Soziologie« gelesen, da sich diese dem Spiel der Wechselwirkungen entzieht.[234] Dies ist ein entscheidender Punkt: Der Vornehme agiert so, als ob er sich außerhalb des jeweiligen sozialen Verhältnisses befinden würde.

Was ein Mensch nach Kraft und Vornehmheit, nach Leistungen und Harmonie der Existenz bedeutet, ist unzählige Male ohne Beziehung dazu, was er selbst oder was andere davon haben. Die Welt ist eben so viel wertvoller dadurch, daß ein in sich wertvolles, in seinem Sein vollkommenes Wesen in ihr lebt.[235]

Der Vornehme ist der Albtraum jeder interaktionistischen Soziologie, da er sich nicht für das Spiel der Wechselwirkungen interessiert. Er befindet sich zwar unter Interaktionspartnern und bezieht sich (wie etwa der Kreditnehmer) auch auf diese, aber er versetzt sich nicht in diese hinein. Für ihn gibt es keine Erwartungserwartungen, kein Alter, sondern nur die Arbeit an sich selbst. Simmel führt damit auch einen alternativen Wertbegriff ein, das heißt einen Wert, der nicht durch die Geldwirtschaft geschaffen wird, der auf keine soziale Beziehung und Differenzierung zurückgeführt werden kann, sondern vom vornehmen Individuum selbst geschaffen wird und von diesem auch gepflegt werden muss. Vornehmheit ist daher auch Verpflichtung. Das vornehme Individuum bestimmt sich nicht einfach durch seine Position in der »Kreuzung sozialer Kreise«,[236] sondern konstituiert sich in einem vorsozialen Raum. Die Haltung der Indifferenz, die auch schon für die Analyse des Blasierten entscheidend war, erhält hier eine weitere Steigerung. Ist sie beim Blasierten noch eine auf Abwehr zielende Selbsttechnik,

234 Klaus Lichtblau, »Das ›Pathos der Distanz‹ – Präliminarien zur Nietzsche-Rezeption bei Georg Simmel«, in: ders. (Hg.), *Die Eigenart der kultur- und sozialwissenschaftlichen Begriffsbildung*, Wiesbaden 2011, S. 110.

235 Georg Simmel, *Grundfragen der Soziologie* [1917], in: ders., *Gesamtausgabe*, Bd. 16, hg. von Gregor Fitzi und Otthein Rammstedt, Frankfurt/M. 1999, S. 124 (Hervorhebung weggelassen).

236 Georg Simmel, *Über sociale Differenzierung* [1890], in: ders., *Gesamtausgabe*, Bd. 2, hg. von Heinz-Jürgen Dahme, Frankfurt/M. 1989, S. 115-295, hier S. 237 ff.

so wird sie nun zu einer proaktiven Selbsttechnik, die auf die Formung der Persönlichkeit bezogen ist. Gegen die Quantifizierung des ökonomischen Lebens geht es um die Qualität der Persönlichkeit, die noch vor jeder Interaktion mit einem anderen zu denken ist.[237]

Mit der Vornehmheit macht Simmel nicht einfach einen emphatischen Begriff der Persönlichkeit geltend, sondern er interessiert sich dafür, wie dieses a-soziale Verhalten auf das Soziale zu beziehen ist. Die »absolute Sicherheit« des Vornehmen kann nur aus der Perspektive des Interaktionsgeschehens auffallen und so als Besonderheit erkannt werden. Auch wenn sich der Vornehme dessen nicht bewusst ist (ja, nicht bewusst sein darf), so wird er gegenüber sozialen Wechselwirkungen gleichgültig. Gewiss, die Indifferenz des Vornehmen, und das macht ihn als Figur so reizvoll, ist keine Negation einzelner Differenzen oder gar des Sozialen; es geht bei ihr nicht um die Störung von Interaktionen oder um eine antagonistische Haltung gegenüber anderen Interaktionsteilnehmenden. Die Indifferenz des Vornehmen erhält ihre Brisanz dadurch, dass sie *innerhalb* von Wechselwirkungen stattfindet. Man stelle sich eine Gesellschaft vor, die nur aus Vornehmen bestehen würde. Die Analyse der Indifferenz und ihrer Effekte würde sich dann sehr schnell erschöpfen, das für Simmels Soziologie entscheidende Spannungsverhältnis zwischen Indifferenz und Wechselwirkung müsste entfallen. Wir hätten es mit einer bloßen Ansammlung von selbstsicheren, aber auch sozial recht blinden Individuen zu tun. Um also die Indifferenz des Vornehmen verstehen zu können, muss diese präzise verortet werden: Der Vornehme ist indifferent gegenüber anderen sozialen Akteuren, Regeln und Erwartungen, die ihrerseits Vornehmen gegenüber keineswegs indifferent sind. Das Verhalten des Vornehmen mag als souveräne Haltung betrachtet werden, gilt jedoch in der Regel als arrogant, egozentrisch und antisozial. Bei der durch den Vornehmen verkörperten Indifferenz handelt es sich daher um eine Grenzfigur des Sozialen. Die Vornehmheit ist nicht das Außen des Sozialen, sondern lebt in diesem und von diesem, ohne es zu wissen; sie ist in Michel Serres' Sinn

237 Diese Vornehmheit – und damit schließt Simmel an Nietzsche an – steht nicht jedem offen, sondern nur wenige sind dazu befähigt, eine vornehme Haltung einzunehmen.

des Wortes parasitär,[238] da sie die sozialen Beziehungen benötigt, um als eigenständiges Phänomen überhaupt entstehen zu können.

Wenn es richtig ist, dass der Vornehme eine Grenzfigur des Sozialen ist, dann muss sich an ihm auch ein Moment sozialer Unverfügbarkeit ablesen lassen; es muss einen Rest geben, der sich nicht auf Sozialität zurückführen lässt, aber dennoch das Soziale tangiert. Simmel ist sich dieser Grenze des Sozialen sehr bewusst. In seiner großen *Soziologie* bestimmt er sie als ein soziales Apriori: »Das Apriori des empirischen sozialen Lebens ist, daß das Leben nicht ganz sozial ist.«[239] Dieses Apriori wird nicht nur als eine empirische Reserve gefasst, sondern Simmel betont konsequent formtheoretisch, dass dieser dem Sozialen entzogene Teil eigene Effekte produziert, dass er »nicht nur durch allgemeine psychologische Verknüpfungen überhaupt auf die sozialen Vorgänge der Seele ein[wirkt], sondern grade die formale Tatsache, daß er außerhalb der letzteren steht, bestimmt die Art dieser Entwicklung«.[240] Damit ist die Grenze zu einem nichtsozialen Leben für das Soziale konstitutiv – man könnte hier von einer nicht überwindbaren Distanz sprechen. Gleichzeitig aber wird die Grenze selbst sozial wirksam –, wenn dem Einzelnen, so Simmel, zum Beispiel klar wird, dass seine tiefsten Gefühle nicht Teil der Wechselwirkungen werden können. Beim Vornehmen ist es genau andersherum: Den Interaktionsteilnehmer*innen mag bewusst werden, dass die Vornehmheit sich einer vollständigen sozialen Bestimmung entzieht. Der unverfügbare Rest, der außerhalb des sozialen Lebens steht, ist für ihn der »tiefste Individualitätspunkt«.[241]

238 Michel Serres, *Der Parasit*, Frankfurt/M. 1981.

239 Simmel, *Soziologie*, S. 53.

240 Ebd.

241 Ebd., S. 48. Das scheint fast eine Parallele zu Gabriel Tardes Subjektkonzeption zu sein, die im poststrukturalistischen Überschwang zunächst rein relational gelesen wurde, wobei ein nichtsozialer »Restkern« von Individualität übersehen wurde; siehe Christian Borch, »Tensional Individuality. A Reassessment of Gabriel Tarde's Sociology«, in: *Distinktion. Scandinavian Journal of Social Theory* 18, 2 (2017), S. 153-172. Mit der Betonung dieses Moments der Unverfügbarkeit unterscheidet sich Simmel auch von der interaktionistischen Tradition, die sich ausschließlich für die Dynamik des Beziehungsgewebes interessiert. In jüngster Zeit ist der sozialwissenschaftliche Relationalismus verstärkt unter Beschuss geraten. Der französische Anthropologe Albert Piette fordert etwa eine existentialistische Anthropologie, welche das Individuum nicht nur als Produkt

Was Simmel damit betont, ist ein Moment der Arelationalität, das von sozialen Beziehungen vorausgesetzt wird, an dem diese sich abarbeiten, das von diesen aber nicht selbst geschaffen werden kann. Die Vornehmheit ist damit gleichzeitig eine Sozialfigur zur Beschreibung der vornehmen Haltung und ein ontologischer Begriff, der die Grenzen von Wechselwirkungen benennt. Diese ontologische Fundierung der Vornehmheit kommt durch deren Bezug zum Leben zustande – dadurch,

> daß all die menschlichen Qualitäten, in denen das Leben sich bejaht: Willensenergie und Vornehmheit, Denkkraft und Milde, Gesinnungsgröße und Schönheit – ihren Wert zwar dadurch gewinnen, daß durch ihr Auftreten die Menschheit aufwärts geführt wird, daß sie aber doch keineswegs bloß Mittel sind; sondern indem sie jenen allgemeinen Zweck realisieren, besitzen sie eine in sich unabhängige Bedeutung, sind absolute Werte, die ihren Wertcharakter keineswegs erst dem Zwecke entlehnen, zu dem sie Mittel sind.[242]

Durch den Selbstzweckcharakter der Vornehmheit, die von äußeren sozialen Zwecken absieht, gelangt sie in eine Gegenposition zum sozialen Leben. Simmel übernimmt zwar die Figur der Vornehmheit von Nietzsche, kritisiert aber deren Tragik, die Nietzsche nicht gesehen hat. Denn Vornehmheit, die nur von einigen wenigen und auch dies nur zeitweise erreicht werden kann, zehrt gleichzeitig von der Substanz des Lebens. Sie ist der ständigen Steigerung des Lebens unterworfen, verbraucht und unterwirft aber dennoch andere, um die Steigerungsdynamik fortsetzen zu können. Mit dieser Tragik hängt die notwendige Ungleichverteilung der Vornehmheit zusammen. Der Vornehme, der im Vergleichsdenken und in ökonomischen Wertigkeiten gefangen ist, muss sich von der Masse der Nichtvornehmen abgrenzen. Die Indifferenz der Vornehmheit schafft so eine höchstmögliche Distanz zum nur schwach individualisierten Gewöhnlichen. Sie setzt eine Vereinzelung voraus und muss diese aufrechterhalten, um die Möglichkeitsbedingungen der Vornehmheit zu bewahren. Simmel kritisiert zwar Nietzsches

sozialer Beziehungen sieht, sondern sich für Individualität jenseits des Relationengefüges interessiert, siehe Piette, *Existence in the Details*.

242 Georg Simmel, *Schopenhauer und Nietzsche* [1907], in: ders., *Gesamtausgabe*, Bd. 10, hg. von Michael Behr u. a., Frankfurt/M. 1995, S. 167-408, hier S. 349.

»Vergewaltigungslehre«[243] des Machtwillens, hält aber daran fest, dass Distanz konstitutiv für die vornehme Haltung ist. Das selbstgenügsame souveräne Individuum muss in Ruhe gelassen werden, um sein eigener »Quellpunkt« zu werden.[244]

Auch wenn sich die Vornehmheit als soziale Figur äußert, so bedeutet dies also nicht, dass das Individuelle und das Soziale auf diese Weise versöhnt würden; es bleibt eine prinzipiell unüberbrückbare Kluft zwischen beiden bestehen. Man mag Simmels Lösung für das Problem der Indifferenz ob des »unversöhnlichen« Ausgangs für unbefriedigend halten, aber ihre Stärke liegt darin, dass sie die Ambivalenz deutlich macht, die mit einer derartigen ontologischen Positionierung von Distanz und Indifferenz einhergeht. Denn sie verweist darauf, dass Indifferenz – gerade aufgrund ihrer sozialen Enthaltsamkeit – selbst zu einer Machttechnik avanciert. Simmels Begriff der Indifferenz, das zeigt nicht nur das obige Zitat deutlich, wurzelt in einem aktivistischen Begriff des Lebens, welcher der heroischen Selbstdisziplinierung und der rücksichtslosen Verzehrung der Substanz des Lebens Vorschub leistet.

Die sich aus einer vitalistischen Grundierung der Indifferenz ergebenden Probleme sind zum Gegenstand aktueller medientheoretischer Debatten geworden. Was würde es bedeuten, so lautet eine der zentralen Frage in diesen Diskussionen, wenn Indifferenz nicht durch einen aktivistischen Begriff des Lebens begründet würde, sondern durch ein grundlegendes Nicht- oder Unvermögen – dadurch also, dass soziale Beziehungen nicht durch eine vorgängige Kraft in Existenz gehalten werden, sondern als Antwort auf eine primäre Ohnmacht zu verstehen wären?[245]

243 Simmel, Schopenhauer und Nietzsche, S. 379.

244 Roger Häußling, *Nietzsche und die Soziologie. Zum Konstrukt des Übermenschen, zu dessen anti-soziologischen Implikationen und zur soziologischen Reaktion auf Nietzsches Denken*, Würzburg 2001, S. 157.

245 Die gegenwärtige Indifferenzdiskussion ist genau zwischen diesen beiden Polen eines affirmativen Lebensbegriffs, der als indifferentes Begehren gegenüber symbolischen Bedeutungen gefasst wird, und Begriffen des Entzugs angesiedelt. Für erstere Positionen stehen an Deleuze anknüpfende Affekttheorien. Gerade die Affekttheorie, auch wenn sie nicht den Nietzscheanischen Heroismus pflegt, ist vom Prinzip des »mehr Lebens« geprägt. Vgl. Simmel, *Schopenhauer und Nietzsche*, S. 378. Interessanterweise deutet Simmel in seiner Nietzsche-Diskussion eine ähnliche, von ihm aber letztlich verworfene Position an, wenn er gegen Nietzsche einen allgemeinen nichtindividualistischen Lebensbegriff

Alexander Galloways Arbeiten zur Digitalität adressieren genau diesen Punkt – also die Frage danach, was dem Wechselspiel zwischen Differenz und Indifferenz zugrunde liegt, ohne dieses aber lebensphilosophisch aufzuladen. In Anknüpfung an François Laruelles Nicht-Philosophie (*non-philosophie*)[246] ruht dieses Spiel nicht auf einer Instanz der Fülle, womit auch die kulturpessimistische Interpretation eines Seinsverlusts – oder bei Simmel: der Distanzierung vom Leben – hinfällig wird. Indifferenz wird als ein »Schwinden des Seins« und eine »Bewegung der Subtraktion« verstanden.[247] Diese in einem Unvermögen (*insufficency*) begründete Ontologie führt nun nicht mehr zu einem aristokratischen Ideal der Vornehmheit, das sich von der Menge der Gewöhnlichen notwendigerweise abgrenzen muss, sondern geschaffen wird so ganz im Gegenteil eine »radikale Anonymität«, also ein Gegenmodell zur heroischen Selbstdisziplinierung der vornehmen Singularität.[248] Als Grundlage für eine solche Anonymität kann eine individuelle Sicherheit, die für die Bestimmung des Vornehmen entscheidend war, nicht mehr dienen, diese Funktionsstelle übernimmt nun die Unsicherheit des Entzugs. Galloway zufolge kommt dies auf der Ebene des Sozialen durch Akte der Desidentifikation, des Exodus und der Verschleierung zum Ausdruck – also genau durch jene Praktiken, die in der digitalen Gesellschaft Momente der Anschlusslosigkeit oder, so Galloway, »ruhende/nicht funktionierende Beziehungen« (»not working relationships«) produzieren.[249] Aus einer solchen Perspektive ließe sich die Figur der Vornehmheit nicht mehr als Angelpunkt einer Theorie der Indifferenz bestimmen, setzt diese doch noch zu stark auf das Modell einer souveränen Identität,

hypothetisch skizziert. Leben wäre dann als eine vor-individuelle Einheit zu bestimmen: »Hier wären die Individuen nur die an sich bedeutungslosen Gefäße oder Formen, durch die hindurch oder an denen sich der allein wesentliche Prozeß des Gesamtlebens vollzieht. […] [S]o wäre ein spekulatives Bild des Lebens wohl ausdenkbar, in dem es einheitlich durch alle Einzelwesen hindurchfließt, denen es nur, solange es in ihnen verweilt, einen ihrer zufälligen Eigenform vorenthaltenen Sinn und Bedeutung gibt« (ebd., S. 379).

246 François Laruelle, *Principles of Non-Philosophy*, London 2013.

247 Alexander R. Galloway, *Laruelle. Against the Digital*, Minneapolis 2014, und ders., Jason R. LaRiviere, »Compression in Philosophy«, in: *Boundary 2. An International Journal of Literature and Culture* 44, 1 (2017), S. 125-147.

248 Ebd., S. 84 f.

249 Ebd., S. 86.

die durch diese Souveränität in Distanz zum Sozialen zu treten vermag.

Interessanterweise sind aber einige der sozialen Effekte der Indifferenz bei Galloway in einem ähnlichen Register angesiedelt wie bei Simmel. Galloway geht es darum, wie in der überbordenden Konnektivität von Netzwerkgesellschaften Momente der Nichtbeteiligung (*disengagement*) gedacht werden können, und genau dies hatte Simmel bei der Vornehmheit interessiert, nämlich die Möglichkeit einer Existenzweise an der Grenze des Sozialen, einer Existenzweise, die als Heterogenität im Sozialen stattfindet, sich von diesem aber nicht affizieren lässt, die dem Sozialen gegenüber also indifferent ist. Simmels Beobachtungen der sozialen Funktionsweise von Vornehmheit geben uns darüber hinaus auch Hinweise darauf, wie das medientheoretische Konzept der Indifferenz weitergedacht werden kann. Die Vornehmheit, so hatte ich weiter oben argumentiert, kann auf zwei Weisen gelesen werden: als Indifferenz gegenüber dem Sozialen und als soziale Beobachtung dieser Indifferenz. Bei Letzterer ist das soziale Unverständnis, das der vornehmen Haltung häufig entgegengebracht wird, heuristisch aufschlussreich, weil es auf ein soziales Unbehagen hinweist, das durch die Begegnung mit Praktiken der Distanz und Indifferenz produziert wird. Eine soziologische Analyse von medialen Praktiken der Indifferenz – der Anonymität, der Desidentifizierung, des Verschwindens – müsste demnach auch dieses Unruhepotential ernst nehmen. Die Unruhe kommt durch die Begegnung mit einem Moment des Nichtentzifferbaren zustande; nicht durch ein tiefes Geheimnis, sondern durch die Unmöglichkeit, die Praktiken des Entzugs, die sich vor unseren Augen ereignen, lesen zu können.[250]

Mit Galloway und LaRiviere habe ich grob skizziert, wie eine alternative Ontologie der Indifferenz aussehen könnte. Eine solche Ontologie würde sich dem Nietzscheanischen Exzess, der Steigerung des Lebens verweigern. Barg für Simmel der Bezug auf das Leben – exemplarisch in der Figur des Vornehmen – ein Moment der Kritik an und der Distanzierung von der kapitalistischen Gesellschaft, so scheint dieser Bezug mittlerweile sein kritisches Potential eingebüßt zu haben. Zwar sind die zeitgenössischen *Affect Studies*

250 Man könnte hier mit Galloway/LaRiviere von einem »passiven Widerstand der Opazität« sprechen, siehe ebd., S. 138.

bestrebt, das Vertrauen in einen generalisierten Lebensbegriff weiter aufrechtzuerhalten. Das geht allerdings nur um den Preis, sich von den Logiken gegenwärtiger Netzwerkgesellschaften nicht mehr distanzieren zu können. Sobald das Soziale die Logik der Steigerung, der Transgression und der permanenten Neuschöpfung in sich selbst aufgenommen hat, verliert der Lebensbegriff seine kritische Spitze. Genau deshalb optiert Galloway für einen Begriff des Unvermögens als Grundlage für das Denken von Indifferenz. Simmels Distanz- und Indifferenzsoziologie liefert durch die von ihm beschriebenen und analysierten Techniken und Figuren wichtige Anknüpfungspunkte für eine Soziologie der Entnetzung. Aber sie bedarf einer Aktualisierung, indem wir zum einen darüber nachdenken, wie Distanz- und Inddifferenztechniken in hochgradig digitalisierten Gesellschaften entstehen, und zum anderen darüber, wie sich die Grundlagen solcher Techniken in biokybernetischen Netzwerkgesellschaften verschoben haben.

6. Zwischenfazit

Mein Durchgang durch einschlägige Sozialtheorien war von vornherein nicht als systematisches Unterfangen angelegt, sondern als eine Suche nach Momenten der Entnetzung. Einschlägig für mein Thema sind die ausgewählten Theorien insofern, als sie trotz aller sonstigen Unterschiede allesamt den Verbindungsbegriff in den Vordergrund stellen. Sie sind damit zentrale Vertreter einer relationalen Auffassung des Sozialen und repräsentativ für einen Relationismus, der mittlerweile zu einem breiten und erfolgreichen Programm in den heutigen Kultur- und Sozialwissenschaften geworden ist.[251] Dies geht auf das strukturalistische Erbe zurück, das Zeichen durch ihre Differentialität – also durch ihre Beziehung zu anderen Zeichen – bestimmt (wie man exemplarisch in Ernesto Laclaus Diskursbegriff sehen kann). Wurden diese Beziehungen zunächst noch als stabil gedacht, geriet mit dem Poststrukturalismus gerade diese Stabilität in die Kritik, und ein quasiontologisches Differieren der Differenz gewann die theoretische Oberhand: sei es in der Form des unendlichen Aufschubs und des Entgleitens von Sinn, sei es mit der Annahme einer ontologisch verbürgten Vielfalt. In der Soziologie reicht die Geschichte des Beziehungsdenkens bis zu ihren Anfängen als akademische Wissenschaft Ende des 19. Jahrhunderts zurück. Lange bevor dieses Denken in die Sprache der Netzwerktheorien übersetzt wurde, hat Georg Simmel das Soziale aus dem Prinzip der Wechselwirkung erklärt und machte Gabriel Tarde die immer relational ablaufende Nachahmung zum Grundprinzip seiner Soziologie.

Die von mir diskutierten theoretischen Perspektiven stehen

251 Inzwischen klassisch: Mustafa Emirbayer, »Manifesto for a Relational Sociology«, in: *American Journal of Sociology* 103, 2 (1997), S. 281-317; für Deutschland unter Anknüpfung an Netzwerktheorien und an Pierre Bourdieu: Jan Fuhse, Sophie Mützel, (Hg.), *Relationale Soziologie. Zur kulturellen Wende der Netzwerkforschung*, Wiesbaden 2010; zur Geschichte des Relationsbegriffs in der Soziologie: Daniel Witte u. a., »Geordnete Verhältnisse? Vielfalt und Einheit relationalen Denkens in der Soziologie«, in: *Berliner Journal für Soziologie* 27, 3-4 (2017), S. 347-376; ein ganz anderes relationales Projekt verfolgt im Anschluss an Deleuze Robert Seyfert, *Beziehungsweisen. Elemente einer relationalen Soziologie*, Weilerswist 2019.

exemplarisch für drei Hinsichten der Radikalisierung des Beziehungsdenkens.[252] Ihnen gemeinsam ist *erstens* ein Verständnis von Beziehungen, das diese als konstitutiv für die miteinander in Verbindung gesetzten Momente versteht. So bringen etwa bei Bruno Latour erst die Assoziationen in Netzwerken Aktanten hervor oder werden bei Ernesto Laclau und Chantal Mouffe die als sinnhaft erlebten Momente eines Diskurses durch Artikulationspraktiken geschaffen. Solche postfundamentalen Beziehungskonzepte grenzen sich von substantiellen Verbindungsbegriffen ab. Letztere gehen (wie etwa in klassischen egozentrierten Netzwerktheorien) davon aus, dass Beziehungen zwischen Elementen geknüpft werden, die vorgängig und unabhängig von diesen Beziehungen bestehen, wie zum Beispiel Individuen. Der Postfundamentalismus (*postfoundationalism*) war überaus erfolgreich mit seiner Kritik an der essentialisierenden Setzung von vorgängigen Einheiten – ganz im Gegensatz zu vielen personenzentrierten soziologischen Netzwerktheorien, die häufig von einem naiven Subjektivismus geprägt sind. Ich habe in meiner Diskussion aber auch zu zeigen versucht, dass diese Radikalisierung, die zunächst eine Befreiung aus essentialistischen Perspektiven versprochen hat, das Denken von Entnetzung auch blockiert. Denn konsequenterweise wird so das, was jenseits der relational konstituierten Einheiten liegt, undenkbar oder analytisch irrelevant. Die Herstellung und die Aufrechterhaltung von Beziehungen, das heißt von Vernetzung, amalgamieren demzufolge zu einem Letztbegriff, der das von ihm Ausgeschlossene nur noch als von der Normalität abweichenden Fehler analysieren kann.

Zweitens geht mit dem Relationismus der hier vorgestellten Theorien eine grundlegende Entgrenzung von Beziehungen in dem Sinne einher, dass eine Beziehung stets auf weitere Beziehungen verweist. In die Relationalität ist damit immer schon eine produktive Logik der Vermehrung von Beziehungen eingelassen. Da Beziehungen nicht isoliert als einzelne beobachtbar sind, ist die Analyse darauf verwiesen, ganze Beziehungsgeflechte und deren Dynamiken zu betrachten. Damit ist der Beziehungsbegriff von einer impliziten Logik der Vermehrung geprägt, werden doch Beziehungen durch ihre Fähigkeit, weitere Beziehungen zu schaf-

252 Für einen guten Überblick zum Begriff der Relation siehe Christoph von Wolzogen, »Relation IV. 20. Jahrhundert«, in: Karlfried Gründer, Joachim Ritter, *Historisches Wörterbuch der Philosophie* 13 Bde., Basel 1992, Bd. 8, S. 602-606.

fen, definiert. Sie entfalten geradezu einen Sog der Konnektivität, der in der ANT einen besonders klaren Ausdruck erfährt, und das Ethos der Konnektivität findet in diesem ontologischen Wuchern von Netzwerken letztlich seine Grundlage.

Drittens wird mehr oder minder explizit zwischen einer grundlegenden Relationalität als ontologischer Bedingung des Sozialen und konkreten, realisierten Beziehungen unterschieden. Zur Bezeichnung dieser konstitutiven Differenz wird unterschiedliches Vokabular herangezogen. Man mag hier an die ursprünglich aus der Kommunikationstechnik stammende Unterscheidung zwischen Konnektivität (bei Niklas Luhmann: Anschlussfähigkeit) und Konnektion denken, oder an den Begriff des Plasmas bei Latour, der Diskursivität bei Laclau oder der Virtualität bei Gilles Deleuze. Diese relationale Differenz nimmt sehr unterschiedliche Formen an: bei Luhmann wird sie immer schon sinnestheoretisch gebändigt formuliert, bei Deleuze werden gerade die Momente eines nicht mehr sinnhaften Überschusses in den Blick genommen. Dies sind gewiss wichtige Unterschiede, aber dennoch lässt sich auf einer formalen Ebene festhalten, dass mit einer Radikalisierung des Beziehungsdenkens nicht nur Beziehungen gedacht werden, sondern auch ein ontologisch verbürgtes Prinzip der Beziehungshaftigkeit.[253]

Gerade diese relationale Ontologie, so habe ich zu zeigen versucht, gerät mit dem Denken der Entnetzung in Konflikt. Denn der Relationismus macht Beziehungsunfähigkeit immer schon zu einer abgeleiteten sekundären Kategorie, die letztlich für einen zu behebenden Mangel steht. Dieses Problem ist denn auch den Debatten innerhalb relationaler Ansätze vorgelagert, da es den Status von Relationalität als solche betrifft. Innerhalb relationaler Ansätze findet sich dagegen häufig ein Ringen um ein normatives Beziehungskonzept, das vor dessen technischer Vereinnahmung zu retten ist.[254] Bei aller Kritik, die sie an einer Technisierung oder Ver-

253 Vgl. etwa in der Soziologie die Abgrenzung des engeren Begriffs der »social relationship« von dem der vorgängigen und konstitutiven »social relation«: Sam Whimster, »Pure Relationality as a Sociological Theory of Communication«, in: *Frontiers in Sociology*, 2018, ⟨https://www.frontiersin.org/articles/10.3389/fsoc.2018.00001/full⟩, letzter Zugriff 16.03.2020; ganz ähnlich macht Seyfert diese vorgängige Relationalität zum lebensphilosophischen Programm seiner Soziologie: Seyfert, *Beziehungsweisen.*

254 Man denke hier etwa an Dieter Merschs emphatisches Plädoyer für einen nichttechnischen Relationsbegriff, der im Gegensatz zu technischen Begriffen der

dinglichung von Beziehungen formulieren, bleiben solche Ansätze der Steigerungslogik des relationalen Denkens verhaftet, da das Außen von kritisierten Formen der Relationalität stets ein anderer, produktiver Relationsbegriff ist.

Das Herstellen von Beziehungen bleibt in allen besprochenen Theorien keine rein technische Beschreibung, sondern wird selbst zur theoriepolitischen Direktive. Dies kann explizit geschehen: Für Latour wird die Erweiterung von heterogenen Netzwerken zum politischen Programm, wenn es darum geht, mehr und möglichst heterogene Akteure zu versammeln; für Deleuze/Guattari wohnt den unkontrollierten Verbindungen von Rhizomen ein emanzipatives Potential inne; und für Laclau/Mouffe wird die Steigerung von politischer Verbindungsfähigkeit zum politischen Programm eines demokratischen Populismus.[255] Diese Normativität des Verbindungsbegriffs kann sich aber auch, wie bei Luhmann, implizit äußern. Bei ihm wird Anschlussfähigkeit zum Theorieprogramm,[256] das in dieser Fähigkeit ein Güte- und Existenzkriterium sieht: Kommunikation ohne Anschlussfähigkeit ist schlicht keine Kommunikation mehr. Simmel schließlich macht die zwanglose Relationalität der Wechselwirkung etwa in der Form der Geselligkeit zum zentralen Kriterium bei der Bestimmung von gelungener Sozialität – und begründete damit eine Denktradition, die von vielen interaktionistischen Ansätzen weitergeführt worden ist.

Trotz ihrer Prägung durch ein epistemisch gewendetes Ethos der Konnektivität stoßen aber auch diese Avantgarden auf die Kehrseite von Verbindungen, wenn auch nicht aus originärem Interesse an einer wie auch immer zu bestimmenden Nichtrelationalität, sondern in der Regel aufgrund eines theorieimmanenten Argumentationszwangs, der im Sinne der Vervollständigung den Gegenbegriff zur Verbindung zumindest kurz thematisieren muss. Dies geschieht häufig auf ebenso flüchtige wie unbestimmte Weise. Das Nichtre-

Konnektivität in der Lage sei, Momente der Uneindeutigkeit zu bewahren. Siehe Dieter Mersch, »Kritik der Operativität«, in: *Internationales Jahrbuch für Medienphilosophie* 2, 1 (2016), S. 31-52.

255 Latour, *Das Parlament der Dinge*; Deleuze/Guattari, *Tausend Plateaus*; Laclau/Mouffe, *Hegemonie und radikale Demokratie*.

256 Die Herstellung von Anschlussfähigkeit ist eine zentrale Theorietechnik von Luhmann, da nur so die heterogenen Wissensbestände von der Logik über die Kybernetik bis hin zur Soziologie in ein konsistentes Theorieprogramm überführt werden können.

lationale erscheint als Negativfolie, die dazu dient, den eigenen Begriff der Beziehung/Verbindung zu profilieren. Das führt etwa bei Latour und Luhmann dazu, dem Nichtverbundenen schlicht die soziale Existenz abzusprechen. Was in kein Netzwerk eingefügt ist und wer nichts tut, kann für Latour nicht existieren. Ganz ähnlich verlieren auch bei Luhmann anschlusslose kommunikative Ereignisse ihre soziale Existenz.

Wäre diese Exkommunikation des Nichtverbundenen die einzige theoretische Erkenntnis aus meinen Lektüren, dann wäre deren Ertrag für mein Unterfangen, Nichtverbindungen als Entnetzung zu denken, sehr bescheiden – und man könnte sich dann mit gutem Grund fragen, ob der Aufwand gerechtfertigt war. Wie aber schon eingangs des Kapitels gesagt, habe ich zum einen Ausschau nach eigenständigen Momenten der Entnetzung gehalten – und diese zumeist an den Rändern der Theorien, häufig in der Form von fruchtbaren epistemischen Metaphern, identifizieren können. Das Ziel dieses experimentellen Isolierens bestand darin, exemplarische Denkfiguren herauszuarbeiten, etwa die der Vakuole, und für eine Soziologie der Entnetzung bereitzustellen. Zum anderen habe ich, weil sich die Verbindungstheorien häufig als recht erfolgreich in ihrer Abschattung von Entnetzung erwiesen, in einem Lektüremodus der Übersteigerung gearbeitet, der beiläufige Passagen zu den Grenzen von Vernetzung oder Konnektivität extrapoliert, um so versuchsweise Entnetzung in die jeweilige Theorie zu implantieren (etwa in meiner Auseinandersetzung mit Luhmanns Konzeption, in deren Verlauf ich ein Konzept der Anschlussunfähigkeit zu entwickeln versucht habe).[257] Die leitende Intuition meiner Suche nach Momenten der Entnetzung bestand darin, dass Nichtverbindungen immer in Bezug auf Verbindungen zu denken sind – dass also Entnetzung nicht einfach ein Außen von Netzwerken bezeichnet, sondern zumindest partiell zur immanenten Logik des Verbindungsgeschehens gehört.

In meinen Lektüren haben sich einige Elemente einer Analytik der Entnetzung abgezeichnet, die ich in diesem Zwischenfazit versammeln und akzentuieren möchte, ohne dabei behaupten zu

257 Diese ist angelehnt an die Versuche, »nicht-relationale ethnografische Momente« durch die Intensivierung von Beziehungen herauszuarbeiten: Martin Holbraad, Morten A. Pedersen, *The Ontological Turn. An Anthropological Exposition*, Cambridge 2017.

wollen oder gar zu können, dass diese sich zu einer großen Theorie der Entnetzung zusammenfügen lassen würden. Es ist bemerkenswert, dass keine der von mir durchmusterten Theorien ihren Verbindungsbegriff primär anhand von digitalen Medientechniken gewinnt; ja, Latour – dessen Theorie sich am stärksten für die Technologien der Verbindung interessiert – sieht den Erfolg des Netzwerkkonzeptes im Zuge der Etablierung des Internets sehr kritisch und fordert daher sogar dessen Rückruf.[258] Diese Beobachtung, dass sich das Problem der (Über-)Vernetzung lange vor der Ankunft digitaler Medientechniken formiert hat, ist für meine Ausgangsthese bedeutsam. Das Netzwerkfieber findet seine Ursprünge in der Gleichzeitigkeit von neuen, zunehmend selbstbezüglichen relationalen Praktiken sowie deren Reflexion in entsprechenden Theorien des Sozialen. Damit steht mit der Konzipierung von Entnetzung notwendigerweise ein doppeltes Erkenntnisinteresse im Raum: zum einen die Frage nach den Grenzen relationaler Theoriebildung, zum anderen die Genealogie und Analyse von Praktiken der Entnetzung. Letztere möchte ich nun anhand von vier Dimensionen diskutieren.

6.1 Der Zustand der Entnetzung

Für relationale Theorien bleibt das Entnetzte meist unsichtbar, da es keine Rolle für die Schaffung und Aufrechterhaltung neuer Beziehungen zu spielen scheint. Wenn man daraus nicht einfach schließen möchte, dass das Entnetzte irrelevant ist oder allenfalls als Gegenfigur zum Vernetzungsgeschehen taugt, gerät die Existenzweise des Entnetzten selbst in den Blick. Es ist wichtig in diesem Zusammenhang, die Zustände des Entnetzten nicht mit den Praktiken der Entnetzung gleichzusetzen, sondern als Ergebnis dieser

258 Siehe Bruno Latour, »On Recalling ANT«, in: *The Sociological Review* 47, 1 (1999), S. 15-25. Dass mediale Techniken keine konstitutive Rolle für diese Theorien spielen, bedeutet nicht, dass sie Verbindung/Vernetzung ohne Berücksichtigung medialer Infrastrukturen konzipieren. So denkt Luhmann Kommunikation über die Schrift, Simmel die Wechselwirkung über die Infrastrukturen der bürgerlichen Öffentlichkeit und der Stadte, Tarde uber Medien wie die Zeitung und die ANT sieht immer schon eine aktive Rolle von Verbindungstechniken vor.

Praktiken zu verstehen.[259] Diese auf den ersten Blick einfache Unterscheidung wird sich in der Folge noch verkomplizieren, eignet sich aber dennoch für eine erste Annäherung an eine Soziologie der Entnetzung. Es wird noch genauer zu klären sein, was unter solchen Zuständen verstanden werden kann. Gerade wenn es nicht darum geht, die Vorstellung einer reinen Entnetzung zu entwickeln, kann es sich bei diesen jedenfalls nicht um ein absolutes Außen von Netzwerken handeln; es ist auch davon auszugehen, dass sich solche Zustände nie als reine und unverfälschte Positivität präsentieren, sondern stets mit imaginären Vorstellungen der Entnetzung aufgeladen sind. Diese Vorstellungen sind wiederum geprägt von den jeweiligen Netzwerkimaginationen, und zwar auf zweierlei Weise: Einerseits entwickeln sich solche Zustände in Abhängigkeit von den lokalen Netzwerkkonzepten und Netzwerktechniken, andererseits werden diese erst durch die entsprechenden theoretischen Begriffe der Relationalität und Arelationalität analytisch fassbar. Ich werde auf diesen Punkt zurückkommen. Die auf diese Weise kontextualisiert zu betrachtenden Zustände der Entnetzung sind nicht als ein fertiges, fixiertes Ergebnis zu verstehen, sondern als ein Prozess mit einer instabilen Existenz. Zustände der Entnetzung sind in diesem Sinne als Tendenzen oder Bewegungen zu fassen, die wiederum eng mit Praktiken der Entnetzung verknüpft sind, ohne sich in diesen zu erschöpfen.[260]

Wenn wir unter all diesen Vorbehalten von dem Entnetzten (als tendenziellem Zustand) sprechen, dann sind wir mit der Frage konfrontiert, wie das Entnetzte in den Netzwerken existiert und wie es als Abwesenheit einer Verbindung organisiert ist. Mit Latour habe ich am Beispiel des Schweigens ein murmelndes, stotterndes, ächzendes Dingsein (*mattering*) noch ohne Belang (*concern*) herausgearbeitet; mit Laclau/Mouffe die unverbundenen Elemente als diskursive Ruinen gefasst. Dabei wurde deutlich, dass das Entnetzte nicht auf den Akt des Durchtrennens einer Verbindung reduziert werden kann, weil es als solches materiell-imaginäre Spu-

259 Siehe den ähnlichen Vorschlag von Matei Candea u. a., der in Bezug auf *detachment* zwischen einem *state of detachement* und *practices of detachment* unterscheidet: Matei Candea u. a., »Introduction. Reconsidering Detachment«, in: dies. (Hg.), *Detachment. Essays on the Limits of Relational Thinking*, Manchester 2015, S. 1-46.

260 Vgl. hier ebenfalls die Beiträge in: Candea u. a. (Hg.), *Detachment.*

ren hinterlässt. Es wäre daher irreführend, das Entnetzte bloß als ein aus einem Beziehungsgefüge herausgelöstes Element zu fassen, das trotz dieser Trennung von seinem Host seine in diesem konstituierte Einheit beibehält. Löst man also zum Beispiel aus einem Diskurs die Forderung nach sozialer Gerechtigkeit heraus, dann verliert diese Forderung nicht nur ihre vorherige Bedeutung, sondern – tiefgreifender noch – ihr vorheriges Format (in diesem Fall: als politische Forderung). Mit der Entnetzung verändert sich ihre Lesbarkeit, weil dadurch auch das Format von Einheiten affiziert wird: Dieses ist weder Aktant noch Handlung, weder sinnhaftes Moment noch politische Forderung. Mit dem Bezug auf Ruinen habe ich argumentiert, dass jedoch Spuren dieser ehemaligen Formate, die selbst ein Ergebnis der jeweiligen Netzwerke waren, überdauern mögen. Die Existenzweise des Entnetzten zeichnet sich damit einerseits durch den Verlust des vorgegebenen Formats aus, also zum Beispiel der Formatierung als Handlung oder als politische Forderung; andererseits leben Reste dieser Formatierung in materiellen und affektiven Spuren fort. Die Betonung dieser Spuren, das sollte mittlerweile deutlich geworden sein, ist eine Konsequenz meiner Kritik an einem radikalen Relationalismus, der alle Elemente eines Netzwerks auf dessen Relationen reduziert.[261] Im Extremfall würde dies bedeuten, dass die durch Vernetzung zustande gekommenen Einheiten (Zeichen, Aktanten, Kommunikationen) durch das Lösen der konstitutiven Beziehungen ihre Existenz verlieren würden – dass von ihnen jenseits ihrer Einbindung in Beziehungsgefüge nichts mehr übrig bleiben würde und sie spurlos verschwinden würden. Aus meiner Sicht darf das Entnetzte hingegen weder auf einen einfachen Elementarismus reduziert werden (also auf die Annahme, dass sich Elemente unversehrt aus einem Netzwerk herauslösen und neu kombinieren ließen), noch sollten wir davon ausgehen, dass es seiner Existenz durch die vollständige Auflösung in Relationen beraubt wird.

Die von mir favorisierte dritte Option kommt mit der zuvor erwähnten Beschädigung des Formats in den Blick; man könnte aus Perspektive der Netzwerke auch von einem Formatierungsfeh-

261 Dies ist z. B. Graham Harmans Kritik an Bruno Latour, siehe Harman, *Prince of Networks*. Auch wenn man Harmans Objektontologie als Alternative nicht übernehmen möchte, erscheint diese Kritik an der vollständig relationalen Konstitution von Elementen auch für mein Vorhaben als nützlich.

ler sprechen. Dieser Formatierungsfehler verfügt über eine eigene, häufig nicht diskursiv verfasste Wahrnehmbarkeit. Auch wenn das Entnetzte den etablierten Existenzkriterien eines Netzwerks also nicht mehr genügt, so produziert es durch seine seltsame Form der Anwesenheit dennoch Effekte, die sich häufig eher als Stimmungen, Ahnungen oder diffuses Unbehagen denn als explizites Wissen äußern. Die Wahrnehmbar- und Erfahrbarkeit des Entnetzten kann denn auch nicht durch die Netzwerke selbst gewährleistet werden, weil diese letztlich nur weitere Netzwerkeigenschaften zu sehen vermögen:

> Denken Sie darüber nach, was ein Netzwerk sieht, wenn es Sie sieht. Für manche sehen Sie aus wie ein buchhalterischer Posten, kaum mehr als ein Geldbetrag mit einer individuellen Kennnummer. Für manche sehen Sie wie eine Reihe von Pfaden aus – denken Sie an Mobilfunkmasten und die Auszahlungen am Geldautomaten. In einem medizinischen Netzwerk sehen Sie aus wie eine Reihe von Diagnosen, Vital-Statistiken und wie ein Ort, an dem die Zeit medizinischer Dienstleister und Medikamente verschwindet. So sieht das nach Ihnen ausgeformte Loch in diesem Netzwerk aus.[262]

Nun soll es aber nicht darum gehen, ein durch Netzwerke nicht erfasstes emphatisches Ich zu verteidigen, sondern die Aufgabe besteht darin, die selbst wiederum distribuierten Momente der Entnetzung zu erfassen. Zumindest in diesem Sinne kontaminiert die Netzwerklogik auch die Entnetzung, weil diese ihrerseits nicht als wiederzuentdeckende oder freizulegende Substanz gedacht werden kann. Genau dieser Versuchung folgen viele der populären Vernetzungskritiken, die ihrem Unbehagen an der beständigen Vernetzung mit einem romantisierten Bild des authentischen Individuums begegnen, zu dem man wieder zurückfinden müsse.

Ich habe daher mit und gegen Laclau/Mouffe argumentiert, dass es gilt, die Heterogenität des Entnetzten ernst zu nehmen. Der Begriff der Heterogenität erweist sich als attraktiv, weil er die Möglichkeit eines dritten Wertes zwischen Innen und Außen formuliert. Das Heterogene verfügt über eine eigene Existenzweise,

262 Quinn Norton, »Seeing Like a Network. Don't Call it Threat Modeling«, in: *Medium. The Message*, 2014, ⟨https://medium.com/message/seeing-like-a-network-114c5a13feod⟩, letzter Zugriff 16.03.2020.

die sich nicht nur als empirisches Ungenügen eines Netzwerks oder Diskurses manifestiert. Damit entzieht sich das Entnetzte einer dualistischen Logik: Es ist weder nur verbunden noch nur unverbunden, sondern findet sich dazwischen. Es befindet sich in einem Spannungsgefüge, das sich zu großen Teilen den hegemonialen Logiken des Intelligiblen entzieht. Daher hatte ich argumentiert, dass die Wahrnehmung von Entnetzung nicht primär diskursiv erfolgt, sondern affektiv. Das für den Zustand der Entnetzung typische Nebeneinander wird beispielsweise durch alltägliche Erfahrungen wahrnehmbar oder zumindest erahnbar – nicht, weil der Alltag authentische Erfahrungen ermöglicht, sondern weil er, wie ich im Anschluss an Blanchot herausgearbeitet habe,[263] weder als Netzwerk noch als System verfasst ist – und damit eine alternative Erfahrbarkeit des Entnetzten eröffnet.

6.2 Entnetzung als imaginär strukturierte Praxis

Den prekären, buchstäblich unformatierten Zustand des Entnetzten habe ich heuristisch von den Praktiken und Techniken der Entnetzung unterschieden. Zudem habe ich seine Beweglichkeit betont, ja gezeigt, wie er sich in Tendenzen der Entnetzung auflösen lässt. Eines der Charakteristika dieses Zustands ist die Herstellung eines interaktionslosen Nebeneinanders, das Albert Piette als Kopräsenz bezeichnet hat.[264] Unter Praktiken der Entnetzung fallen hingegen jene Handlungsweisen, die auf einen solchen Zustand hinweisen und/oder ihn herbeiführen sollen. Sie reichen vom Ausstieg aus sozialen Netzwerken über die Unsichtbarkeit des Schüchternen im Team bis hin zur Herstellung von organisatorischen Freiräumen durch das Auflockern von dichten Beziehungen (*organizational slack*). Auch wenn diese Praktiken über eine Richtung verfügen, sind sie kein intentionales Handeln. Ganz im Sinne von Foucaults Diskussion diskursiver Strategien kann diese Intentionalität erst nachträglich lesbar werden;[265] oder wir könnten

263 Blanchot, »Everyday Speech«.

264 Piette unterscheidet zwischen vier Typen der Kopräsenz: Ruhe, Vertrautheit, Spannung und Müdigkeit, vgl. Piette, *Existence in the Details*.

265 Vor allem in *Archäologie des Wissens* benutzt Foucault den Begriff der diskursiven Strategien: Michel Foucault, *Archäologie des Wissens*, Frankfurt/M. 1981;

es mit Praktiken zu tun haben, die sich als Entnetzungspraktiken ausflaggen, ohne aber dieses Ziel zu erfüllen.

Durch ihre Gerichtetheit unterscheiden sich die Entnetzungen von bloßen Störungen.[266] Zur Erinnerung: Entnetzung verstehe ich als eine eigenständige Praxis mit einer eigenen Positivität, die sie nicht auf einen bloßen Gegenbegriff oder eine Negation der Vernetzung reduzieren lässt. Die Gerichtetheit der Entnetzungspraktiken verweist auf deren imaginäre Dimension. Mit dem Imaginären ist hier kein übergreifender ideologischer und phantasmatischer Diskurs gemeint, sondern jene Vorstellungen und Visionen, die sich in unterschiedlichen Praktiken zeigen und gleichzeitig konstitutiv für diese sind. Es geht also, lose an die Diskussion der Science and Technology Studies um »technowissenschaftliche Imaginäre«[267] anknüpfend, um ein praxisgebundenes Imaginäres (*practice bound imaginary*, PBI): »›Gebunden‹ [*bound*] wird auch verwendet, um zu verdeutlichen, dass PBI bestimmte Arten von Vorstellungen bezeichnet, die in dem Sinne gebunden sind, dass sie in erster Linie auf eine bestimmte Praxis beschränkt sind.«[268] Auch wenn ich nicht davon ausgehe, dass bestimmte Vorstellungen von Entnetzung an

anknüpfend und erweiternd siehe Niels Åkerstrøm Andersen, *Discursive Analytical Strategies. Understanding Foucault, Koselleck, Laclau, Luhmann*, Bristol u. a. 2003.

266 Zum Störungsbegriff siehe Lars Koch u. a. »Imaginationen der Störung. Ein Konzept«, in: *Behemoth. A Journal on Civilisation* 9, 1 (2016), S. 6-23, wo auch eine Typologie von Störungen – Sollbruchstörungen, adaptive Störungen und Überlastungsstörungen – entwickelt wird. Allen drei Typen ist gemeinsam, dass sie zunächst als Störung einer Ordnung verstanden werden, wodurch sie ihre konstitutive Rolle für Sicherheitsdispositive erhalten. Praktiken der Entnetzung können zwar zu Störungen führen oder als Techniken zur Störungsbearbeitung eingesetzt werden, funktionieren aber zunächst orthogonal zu Störungen – nicht zuletzt deshalb, weil nicht die Ordnungsfrage, sondern die Frage der Verbindung ihr Referenzpunkt ist.

267 Sheila Jasanoff, Sang-Hyun Kim, *Dreamscapes of Modernity. Sociotechnical Imaginaries and the Fabrication of Power*, Chicago 2015. Ich übernehme den im deutschen ungebräuchlichen Plural von Imaginären, mit dem in der englischsprachigen Diskussion auf die Vielfältigkeit und Heterogenität von Imaginären hingewiesen wird – nicht zuletzt in Abgrenzung zum Lacan'schen Konzept des Imaginären.

268 Sampsa Hyysalo, »Representations of Use and Practice-Bound Imaginaries in Automating the Safety of the Elderly«, in: *Social Studies of Science* 36 (2006), S. 601.

nur eine spezifische Praktik eng gekoppelt sind, ist dieses entzauberte Verständnis imaginärer Dimensionen (so auch die Banalität der Entnetzung einschließend)[269] nützlich, um einzelne Praktiken auf ihre impliziten und expliziten Vorstellungen von Entnetzung befragen zu können. Nicht immer werden diese Imaginäre von den beteiligten Akteuren formuliert, sondern ihr Ausgangspunkt liegt in den entnetzenden Praktiken selbst. So mögen Taktiken der Indifferenz, wie sie Simmel für den Großstädter beschrieben hat, schon fast selbstverständliche Verhaltensweisen und Überlebenstechniken darstellen, deren Bedeutung im Normalfall nicht reflektiert wird. Gleichzeitig werden diese Praktiken aber registriert und zum Ausgangspunkt von kulturellen Semantiken und Auseinandersetzungen. Man denke an Kritiken der Anonymisierung des menschlichen Zusammenlebens, aber auch an deren Ästhetisierung und Zelebrierung etwa in der Figur des Dandys. Auch wenn es sich hier auf den ersten Blick um nachträgliche Beobachtungen handelt, so sind diese den Entnetzungspraktiken nicht äußerlich, sondern konstituieren sie retroaktiv.[270]

Mit dieser Fassung der imaginären Dimension soll eine fruchtlose Gegenüberstellung von einem (häufig als ideologisch gefassten) Imaginären und nichtdiskursiven Praktiken vermieden werden. Vielmehr materialisiert sich das Imaginäre in Praktiken und Techniken, fungiert damit nicht als bloße Rahmung oder äußere Sinngebung dieser Praktiken, sondern ist deren konstitutiver Bestandteil. Ein Vorteil eines solchen Begriffs des Imaginären besteht darin, dass damit nicht primär ausformulierte und konsistente diskursive Vorstellungen erfasst werden (etwa in programmatischen Texten), sondern vor allem partielle imaginäre Elemente. An Benedict Andersons Konzept der imaginierten Gemeinschaften (*imagined communities*) anschließend, verfügt ein solchermaßen gefasstes Imaginäres immer schon über eine mediale infrastrukturelle Grundlage;[271] es

269 Zum Begriff der Banalität siehe Michael Billig, *Banal Nationalism*, London 1995.

270 Zur Rolle der konstitutiven Nachträglichkeit von Semantiken in der Systemtheorie siehe Urs Stäheli, »Die Nachträglichkeit der Semantik. Zum Verhältnis von Sozialstruktur und Semantik«, in: *Soziale Systeme* 4, 2 (1998), S. 315-339.

271 Für Anderson war die Druckerpresse zentral für die Konstitution einer nationalen Gemeinschaft: Benedict Anderson, *Die Erfindung der Nation. Zur Karriere eines folgenreichen Konzepts*, Frankfurt/M. 1988.

geht gleichsam als »Nebenprodukt sozialer Praxis« aus dieser selbst hervor.[272] Mehr noch: Analog zur Rolle der Druckerpresse für die Konstitution eines nationalen Publikums bei Anderson entsteht das Imaginäre durch soziale und mediale »Zirkulationspraktiken«.[273] Diese Rückführung des Imaginären auf mediale Praktiken und Infrastrukturen ist für die Konzeption von Entnetzungspraktiken höchst relevant. Allerdings steht hier nicht die gelingende Zirkulation, sondern das Stocken und Stoppen von Zirkulation im Vordergrund; nicht die Konstitution eines Publikums der Entnetzten,[274] sondern das Entkommen aus den vernetzten Publika wird affektiv aufgeladen. Selbst wenn der Ausstieg aus Netzwerken vermittelt wird, so strukturiert deren medial-infrastrukturelle Verfassung nicht nur die technischen Möglichkeiten der Entnetzung, sondern wird auch zum Ausgangspunkt von Entnetzungsvorstellungen. Diese entstehen in und aufgrund der Auseinandersetzung mit je spezifischen Netzwerken und ihrer medialen Organisation; ja, sie erhalten ihre Brisanz erst durch diesen medientechnischen Bezug, was sich zum Beispiel auch daran zeigt, dass dies häufig zur Verklärung »alter« analoger Medien führt.[275]

Für die Beobachter*in von Entnetzungspraktiken zeigt sich deren imaginäre Dimension zunächst in den impliziten Annahmen über die Funktionsweise eines spezifischen Netzwerks. Sie können

272 Andreas Langenohl, »Imaginäre Grenzen. Zur Entstehung impliziter Kollektivität in EU-Europa«, in: *Berliner Journal für Soziologie* 20, 1 (2010), S. 45-63, hier S. 51.

273 Ebd., S. 52.

274 Dieses Publikum kann allenfalls eine nichtintegrierte Bruderschaft ohne Väter sein, die Deleuze in seiner Bartleby-Deutung andeutet. Eine solche Gemeinschaft muss ihre Relationalität schwächen (insbesondere das politische mimetische Begehren). In ihr steht »jedes Element für sich allein [...] und gleichwohl in Beziehung zu den anderen: Isolate und flottierende Beziehungen, Inseln und Zwischeninseln, bewegliche Punkte und gewundene Linien«; Gilles Deleuze, *Bartleby oder die Formel*, Berlin 1998, S. 51. Vor Augen steht eine »universale Brüderlichkeit« (ebd., S. 32) ohne Abstammung; eine Vorstellung, die Donna Haraway implizit mit der Formel »Make kin not babies!« wieder aufgenommen hat, siehe Donna J. Haraway, *Staying with the Trouble. Making Kin in the Chthulucene*, Durham 2016, S. 102. Allerdings führt in beiden Fällen die Schwächung von starren Relationsbegriffen (im Sinne biologischer Abstammung) nicht zu einer grundlegenden Kritik von Relationalität, sondern vielmehr zur Vermehrung von nun befreiten und flexiblen Relationsgeflechten.

275 Siehe dazu unten, Teil IV, Kap. 2.3.

die Form von Alltagstheorien annehmen, die einen Blick auf den Kontext, in dem Entnetzung stattfinden soll, eröffnen. So spricht beispielsweise in Bezug auf Soziale Medien Taina Bucher von einem »algorithmischen Imaginären«,[276] das aus Annahmen über die Handlungsfähigkeit, die Funktionslogiken und die Beeinflussungsmöglichkeiten von Algorithmen besteht. Ohne derartige Annahmen, die in den Praktiken häufig nur implizit angedeutet werden, ist keine Entnetzung möglich, bedarf diese doch entsprechender Kenntnisse des zu entnetzenden Terrains, um überhaupt operieren zu können. Allerdings handelt es sich bei diesen Annahmen nicht um Versuche einer neutralen oder objektiven Bestandsaufnahme eines Netzwerks, sondern um die situierte Herstellung eines Vernetzungswissens. Zu dessen Gegenstand wird damit die Übersteigerung von Vernetzung und Konnektivität – das Netzwerkfieber. In diesem Sinne haben wir es mit normativen Praktiken zu tun, die sich selbst (wie unbedeutend auch immer die jeweilige Situation erscheinen mag) als intervenierend, häufig auch als verbessernd, zumindest aber als auf einen Missstand reagierend verstehen.

Damit verfügen Entnetzungspraktiken, was insgesamt für »soziotechnische Imaginäre« von Belang ist, über eine spezifische Temporalität. Durch ihre Organisation als Strategien verfügen diese Praktiken über einen gerichteten, problembezogenen (im Gegensatz zu einem offenen taktischen) Zukunftsbezug. Die Gegenwart wird als problematische gerahmt und soll verändert und zumindest für einige Akteure verbessert werden – sie sind »an einen zukünftigen Zustand dieser Praxis gebunden«.[277] Hierbei handelt es sich

276 Taina Bucher, »The Algorithmic Imaginary. Exploring the Ordinary Affects of Facebook Algorithms«, in: *Information, Communication & Society* 20, 1 (2017), S. 30-44.

277 Hyysalo, »Representations of Use and Practice-Bound Imaginaries in Automating the Safety of the Elderly«, S. 601 f.: »PBIs [*practice-Bound Imaginaries*] passen Wahrnehmungen und Bewertungen im Vorfeld an und dienen als funktionale Äquivalente für Regeln, Diskurse und Imperative, die in den bestehenden Diskursen noch nicht vollständig artikuliert sind.« Allgemein betont die Diskussion über soziotechnische Imaginäre deren Zukunftsbezug. Sie strukturieren, »wie man denkt, was die Welt ist und wie man bestimmt, was sie sein soll« (Sheila Jasanoff, »Future Imperfect. Science, Technology, and the Imaginations of Modernity«, in: dies., Sang-Hyun Kim [Hg.], *Dreamscapes of Modernity*, S. 1-33, hier: S. 20 f.); es geht um »›kollektiv geteilte und gelebte Visionen einer wünschenswerten Zukunft‹ (oder den Widerstand gegen das Unerwünschte)« (ebd., S. 28).

nicht um abstrakte, kaum zu realisierende Zukünfte, sondern um solche, deren Eintreten für möglich gehalten wird. In diesem Sinne können wir zwischen übergreifenden, häufig apokalyptischen Entnetzungsimaginären und den praxisbezogenen Vorstellungen einer wahrscheinlichen und nahen Zukunft unterscheiden. Im Vordergrund dieses Buches werden die Letzteren stehen, auch wenn ich diese besonders in Teil IV, wo es um Infrastrukturen geht, in apokalyptische fiktionale Szenarien einbetten werde. Solche Entnetzungspraktiken enthalten einen Zukunftsbezug – einen zukünftigen Status, der sich von der als übervernetzt problematisierten Gegenwart unterscheidet. Meist handelt es sich dabei um Praktiken, für welche Entnetzung als erstrebenswert gilt und die daher versuchen, Zustände der Entnetzung herbeizuführen – man könnte sogar von Praktiken der Hoffnung sprechen.[278] Diese Vorstellungen geben den Praktiken eine Richtung, ohne dass freilich sichergestellt wäre, dass es tatsächlich zur Entnetzung kommen wird. Wie wir noch sehen werden, heißt dies nicht, dass es nicht auch zu zufälligen Entnetzungserscheinungen kommen kann. Um hier aber von Entnetzung sprechen zu können, darf man diese Situationen nicht als bloße Störung fassen; vielmehr muss man begreifen, dass diese nachträglich als Anlässe für die Entwicklung von entsprechenden Taktiken und Strategien dienen. So sind zum Beispiel Funklöcher in der Netzabdeckung gewiss kein Ergebnis strategischer Planung, mögen aber zum Beispiel im Rahmen von Digital-Detox-Resorts nachträglich als Entnetzung diskursiviert werden.[279]

Auch wenn ich die imaginäre Dimension von Entnetzung betone, bedeutet dies nicht, dass wir uns auf einer rein semantischen Ebene bewegen, auf der von einem anderen, entnetzten Leben geträumt wird. Entscheidend ist, dass es sich um Praktiken handelt, die entsprechend imaginär strukturiert sind. Selbst wenn diese Praktiken möglicherweise nicht zur wie auch immer zu bestim-

278 In Praktiken der Hoffnung vermischen sich utopische und nahe Zukünfte, siehe Hirokazu Miyazaki, *The Method of Hope. Anthropology, Philosophy, and Fijian Knowledge*, Stanford 2006; siehe zur affektiven Aufladung dieser Praktiken auch Urs Stäheli, »Hoffnung als ökonomischer Affekt«, in: Inga Klein, Sonja Windmüller (Hg.), *Kultur der Ökonomie. Zur Materialität und Performanz des Wirtschaftlichen*, Bielefeld 2014, S. 283-299.

279 Wie zum Beispiel die Nutzung von Funklöchern im schottischen Hochland durch Digital-Detox-Resorts.

menden Entnetzung führen (wie im Detox-Tourismus), haben sie reale Effekte in Netzwerken und strukturieren die Möglichkeit oder auch die Gefahr der Entnetzung (zum Beispiel Facebooks Ankämpfen gegen Nichtpartizipation).[280] Indem Entnetzung als Ensemble von Praktiken und Techniken gefasst wird, wird nicht das einzelne Individuum zum Ausgangspunkt der Entnetzungsvorstellungen, sondern das Netzwerk selbst. Hierin liegt ein wichtiger Unterschied zur stetig wachsenden Selbstsorge- und Digital-Detox-(Ratgeber-)Literatur, der wir im weiteren Verlauf dieses Buches immer wieder begegnen werden.[281] Dieses Schrifttum redet Responsibilisierungstechniken das Wort, die das individuelle Netzwerksubjekt nun auch noch für seine Befreiung von Netzwerkimperativen verantwortlich machen.[282] Aus meiner Sicht geht es aber nicht um das Postulat eines selbstverantwortlichen Subjekts, das sich in einer geradezu heroischen Anstrengung den netzförmigen Konstitutionsgefügen, in das es verstrickt ist, zu entreißen vermag; und ebenso wenig um die Idee eines Subjekts, das souverän über richtige und falsche Verbindungen zu entscheiden weiß, um sich so seiner eigenen, phantasmatischen präkonnektiven Identität zu vergewissern. Entnetzung, so die These, für die ich in diesem Buch argumentiere, ist nicht Aufgabe der (Netzwerk-)Subjekte, sondern ein Erfordernis, das sich innerhalb von Netzwerken (oder, je nach theoretischer Perspektive, von Systemen oder Diskursen) stellt, und zwar für diese Netzwerke selbst. Daher muss untersucht werde, wie in unterschiedlichen sozialen Bereichen Entnetzung als Problem thematisiert wird und mit welchen Mitteln Entnetzung geschaffen werden soll. Ganz im Sinne der banalen[283] und alltäglichen Entnetzungsvorstellungen präsentiert sich Entnetzung damit als praktisches Problem: Was muss getan werden, um ein Netzwerk zu entnetzen? Wie werden durch und gegen Netzwerke diese Zustände der Entnetzung organisiert?[284]

280 Siehe dazu Karppi, *Disconnect.*

281 Exemplarisch für diese Romantisierung von Entnetzung: Guido Zurstiege, *Taktiken der Entnetzung. Die Sehnsucht nach Stille im digitalen Zeitalter*, Berlin 2019.

282 Siehe dazu Laura Portwood-Stacer, »Media Refusal and Conspicuous Nonconsumption. The Performative and Political Dimensions of Facebook Abstention«, in: *New Media & Society* 15, 7 (2013), S. 1041-1057.

283 »Banal« in Anlehnung an Billig, *Banal Nationalism.*

284 Dies macht Organisationstheorien aus einer allgemeinen sozialtheoretischen Perspektive zu einem lohnenden Gegenstand, da dort ein praxisnahes Wissen über Strategien der Entnetzung entwickelt wird. Siehe unten, Teil IV.

6.3 Die Lesbarkeit des Entnetzten

Da Entnetzung immer innerhalb von Netzwerken stattfindet, kann es auch kein dem jeweiligen lokalen Geschehen enthobenes Kriterium geben, das objektiv über den Zustand der Entnetztheit entscheiden könnte. Dennoch soll folgende Einschränkung gelten, um besser eingrenzen zu können, für welche Praktiken ich mich interessiere: Entnetzung soll nicht einfach mit dem Verlassen eines Netzwerks gleichgesetzt werden, sondern es geht um Zustände, in denen Entnetzung und Vernetzung sich simultan ereignen.[285]

Um solche Zustände herbeizuführen, sind mindestens zweierlei Schritte nötig: Erstens muss in die Netzwerke selbst eingegriffen werden, ihre Konnektivität muss modifiziert werden – sei es mittels Lockern oder Durchtrennen von Verknüpfung, sei es, indem die Konnektivität von Knotenpunkten reduziert wird. Dies setzt eine Kenntnis der Topologie und der Logik des fraglichen Netzwerks voraus, um überhaupt Eingriffsmöglichkeiten identifizieren zu können. Häufig kommt es zu einem Mapping der Netzwerkstrukturen, mit dessen Hilfe das Terrain bestimmt wird, innerhalb dessen agiert werden kann. Paradox an diesen immanenten Praktiken ist, dass sie die Möglichkeiten und Ressourcen von Netzwerken nutzen, um – so zumindest die Zukunftsvorstellung – deren Konnektivitätslogik partiell entkommen zu können.

Der zweite Schritt besteht darin, die avisierten Entnetzungszustände nicht als radikales Außen zu imaginieren, sondern als kopräsente Vorkommnisse innerhalb von bestehenden Netzwerken: ein »toter« Knotenpunkt, der zwar nicht mehr voll funktionstüchtig ist, aber deshalb nicht sofort aus dem Netzwerk verschwindet (zum Beispiel inaktive Facebook-Accounts); institutionalisierte Räume der Entnetzung (etwa Rückzugsräume in Organisationen), die häufig ein komplexes Grenzmanagement entwickeln, um die

285 Vgl. dazu die Paradoxie der Exkommunikation, wie sie Galloway und Kollegen formulieren: »Es gibt bestimmte Arten von Botschaften, die besagen, dass es keine weiteren Botschaften geben wird. Warum? Die Gründe dafür können unterschiedlich sein, von der paradoxen Lyrik des Unaussprechlichen (›Es lässt sich nicht in Worte fassen‹), über die Weigerung, sich zu beteiligen (›Ich möchte lieber nicht‹), und die Streitsucht der Apathie (›Manche Dinge sind es nicht wert, gesagt zu werden‹) bis hin zum Rätsel des Schweigens (und seiner Unmöglichkeit)« (Galloway u. a., *Excommunication*, S. 10).

Übergangszone zwischen Ver- und Entnetzung zu organisieren. Ich werde zeigen, dass diese Kopräsenz durch komplexe Politiken der Sichtbarkeit und Unsichtbarkeit geprägt ist. Denn wenn es richtig ist, dass eine solche Kopräsenz wesentlich durch Indifferenz zustande kommt, wirft dies auch Fragen hinsichtlich der Beobachtbarkeit entnetzter Zustände oder Einheiten auf. Aus der auf Konnektivität ausgerichteten Perspektive von Netzwerken mag Entnetzung in einigen Fällen als Problem wahrgenommen werden, was etwa durch Ginos Schweigen deutlich wurde.[286] Seine Nichtpartizipation in den medizinischen und wissenschaftlichen Netzwerken zeichnet sich dadurch aus, dass er durchaus noch in diesen Netzwerken präsent ist, seine Aktivität aber auf ein Minimum reduziert – und damit auch mit dem theoretischen Aktivismus der ANT in Probleme gerät. In diesem Fall wird Entnetzung sichtbar und auch skandalisiert, was diverse Techniken der Neu- und Wiedervernetzung hervorruft. Häufig aber zeichnet sich die Kopräsenz von Entnetzung durch ihre Unsichtbarkeit für die Konnektivitätsperspektiven aus, was aber keineswegs zu ihrer analytischen Vernachlässigung führen sollte.

Entnetzung lässt sich aus zwei gleichermaßen relevanten Richtungen analysieren: zum einen kann man (vermeintlich chronologisch) bei den Entnetzungspraktiken beginnen, die auf einen imaginären Zustand der Entnetzung hinarbeiten; zum anderen kann man aber auch bei den Entnetzungszuständen ansetzen, die eine rückwärtsgerichtete Suche nach den entsprechenden Entnetzungspraktiken einleiten. Letzteres erweist sich als besonders komplex, da hier die Vorstellung einer linearen Kausalität zunächst ignoriert wird. Die anschlusslosen Entscheidungen in einer Organisation, auf die ich in meiner Auseinandersetzung mit Luhmann hingewiesen habe, lassen sich nicht immer unmittelbar auf Praktiken der Entnetzung zurückführen. Es wäre auch unplausibel (wenn auch nicht ausgeschlossen), davon auszugehen, dass beispielsweise in einem Business-Meeting intentional Entscheidungen getroffen werden, nur um diese möglichst schnell wieder zu vergessen. Und dennoch kommt es gelegentlich vor, dass Entscheidungen vergessen werden. Entnetzung mag hier zunächst wie ein zufälliges Ergebnis von überbordenden Vernetzungsaktivitäten erscheinen,

286 Siehe dazu oben in diesem Teil, Kap. 1.

aber die vergessenen Ereignisse können nachträglich relevant werden. Hier ist an mehrere Möglichkeiten zu denken. Die klassische systemtheoretische Auffassung ist es, diese als Potential für neue Verbindungen zu rahmen, indem die vergessenen Entscheidungen reaktiviert werden. Nachträglich erweist sich damit das Vergessen dieser Entscheidung als erfolgreiche Taktik, da es nun zum richtigen Zeitpunkt zum Beispiel skandalisiert werden kann. Die Angemessenheit dieser nachträglichen Projektion einer Entnetzungspraxis muss uns hier nicht interessieren, sondern nur, dass eine solche Projektion im Format einer vermuteten Entnetzungspraxis überhaupt vorliegen kann. Man könnte hier von einer Entnetzungspraxis zweiter Ordnung sprechen – der retroaktiven Imagination einer Entnetzungsimagination.

Es ist aber auch ein zukunftsgerichteter Umgang mit Zuständen der Entnetzung denkbar. Das ist dann der Fall, wenn die zunächst als zufällig wahrgenommenen Entnetzungsphänomene als Herausforderung interpretiert werden, entsprechende Praktiken zu entwickeln, welche die vermuteten Vorteile einer solchen Situation zu nutzen vermögen. Ja, es mag sogar dazu anreizen, Praktiken zu entwickeln, mit deren Hilfe solche Zustände zukünftig auf erwartbare Weise herbeigeführt werden können. Unternehmen mögen auf einmal entdecken, dass auf den ersten Blick verschwendete Zeit und Arbeitskraft zum fruchtbaren Boden werden können, auf dem Innovationen gedeihen.[287] Ähnliches gilt für Software und Medien, die durch ihr Veraltetsein ihre Anschlussfähigkeit im »Normalbetrieb« eingebüßt haben, dadurch aber, wie ich noch zeigen werde, zu wertvollen Sicherheitstechniken mutieren können.[288] Dass solche Formen der Anschlusslosigkeit ein gewisses Faszinationspotential haben, zeigt sich an Strategien ihrer Ästhetisierung. Ermüdet von den Konnektivitätszumutungen einer partizipativen, relationalen Ästhetik, wenden sich beispielsweise Künstler*innen der Darstellbarkeit und Performativität des Unverbundenen zu; im populären Achtsamkeitsdiskurs werden die entnetzten Zustände zur Grundlage einer Romantisierung eines anderen, weniger vernetzten und damit »authentischen« Lebens werden. Darüber hinaus werden solche Entnetzungsphänomene auch politisch aufge-

287 Siehe dazu meine Analyse des *organizational slack* unten, Teil IV, Kap. 1.5.

288 Siehe dazu meine Diskussion von Obsoleszenz unten, Teil IV, Kap. 2.

laden und fließen in die Kritik an Konnektivitätsimperativen von Netzwerkgesellschaften ein.

Entnetzung lässt sich also vorwärts und rückwärts denken: als Praktiken, die ihre Richtung durch die Vorstellung eines zu erreichenden (oder manchmal auch zu verhindernden) Entnetzungszustands gewinnen; oder als Praktiken, die ihren Ausgangspunkt in der Beobachtung von möglicherweise zufällig zustande gekommenen Entnetzungsphänomenen finden, von welchen sie sich faszinieren lassen und nun experimentell passende Techniken und Strategien der Entnetzung zu entwickeln suchen. Auf diese Weise können bestehende Entnetzungszustände gepflegt (man könnte sagen: kultiviert) werden, oder es kann die Wiederholbarkeit dieser Entnetzungszustände und Entnetzungserfahrungen in der Zukunft gesucht werden. Gewiss handelt es sich, wie ich bereits angemerkt habe, hierbei nicht um Zustände »reiner« oder »vollständiger« Entnetzung, ja, die Vorstellungen davon, was als Entnetzung gelten kann, variieren; und sie entstehen in Auseinandersetzung mit dem im ersten Teil diskutierten Netzwerkfieber, das mit der Apophänie, der so leidenschaftlichen wie ängstlichen Suche nach Mustern, einhergeht. So mag ein korrupter Knotenpunkt oder ein fehlschlagender Versuch der Musterbildung (gleichermaßen der Schrecken der Apophäniker*in, der Big-Data-Ingenieur*in und der Soziolog*in)[289] zum Ausgangspunkt für Vorstellungen jenseits der hegemonialen Konnektivitätsdoktrin werden. Entnetzung ist damit immer zugleich Schreckenszustand und Sehnsuchtsort – und dieser Ambivalenz kann sich auch eine Soziologie der Entnetzung nicht entziehen. Denn auch diese nährt sich bereits auf der theoretischen Ebene vom Staunen über die Kraft des Relationalismus und der Konnektivität in der avancierten Theoriebildung, und ist auch getragen von der Frage nach dem, was durch diese Kraft der Verbindungen unsichtbar und undenkbar gemacht wird. In diesem Sinn muss eine Soziologie der Entnetzung immer auch eine A-soziologie sein, denn nur so kann sie gegenüber ihrer eigenen Liebe zum Muster Distanz aufbauen.

289 Genau hier liegt auch das Problem einer Soziologie, die sich wegen ihrer Fähigkeit zur Mustererkennung immer schon als latente Theorie der Digitalisierung versteht; siehe z. B. Nassehi, *Muster*.

6.4 Zwischen Schnitt und Indifferenz

Wir haben festgestellt, dass in Entnetzungspraktiken eine Richtung eingeschrieben ist und dass diese Richtung durch die imaginäre Dimension von Entnetzung sichtbar wird und häufig nur nachträglich identifiziert werden kann. Damit sind aber noch nicht die Modi der Entnetzung benannt. Erst die Analyse unterschiedlicher Entnetzungsphänomene in den folgenden Kapiteln wird es mir erlauben, eine provisorische Sammlung von Modi der Entnetzung – also der Art und Weise, wie diese durchgeführt wird – zusammenzutragen. Auf Grundlage meiner Theorielektüre lassen sich aber bereits jetzt zumindest behelfsweise zwei allgemeine Modi bestimmen: der aktive Modus bezeichnet Praktiken des Zerschneidens und Durchtrennens von Verbindungen (*cutting*), welche ein machtvolles Eingreifen in Netzwerkstrukturen betonen;[290] demgegenüber umfasst der passive Modus leisere Praktiken der Indifferenz und des Nichtansprechbarwerdens.[291] Die Etikettierung als aktiv oder passiv ist keine theoretische und muss mit Vorsicht verwendet werden, weil es sich in beiden Fällen um Praktiken handelt, in denen etwas geschieht,[292] und weil in beiden Fällen Entnetzung strategisch oder taktisch funktionieren kann. Eine vorbehaltlose Kategorisierung von Praktiken als aktiv oder passiv übernimmt die Perspektive der Netzwerke, die sich vor allem aktivistisch für Veränderungen, Überraschungen, Handlungen und Kontroversen interessieren.[293] Daher gilt es zu betonen, dass Praktiken der Indifferenz zwar häufig weniger laut erscheinen mögen, sich sogar den etablierten Beobachtungsapparaten entziehen mögen, dennoch

290 Marilyn Strathern (siehe »Cutting the Network«, in: *Journal of the Royal Anthropological Institute* 2, 3 [1996], S. 517-535) hat schon früh auf Praktiken des Schneidens als Machttechnologie aufmerksam gemacht.

291 Im Sinne meiner Simmel-Diskussion ist hier nicht die epistemische Indifferenz der modernen Wissenschaften gemeint, sondern gemeint sind situative Praktiken des Indifferentwerdens.

292 Vgl. die Beiträge in Theo Jung (Hg.), *Zwischen Handeln und Nichthandeln. Unterlassungspraktiken in der europäischen Moderne*, Frankfurt/M. 2019.

293 Zur Kritik der Vernachlässigung von Passivität siehe Seyfert, *Beziehungsweisen*, sowie Joachim Fischers Vorschläge zu einer Soziologie der Passivität: Joachim Fischer, »Plessners ›vital turn‹. Ekstatik der ›exzentrischen Positionalität‹«, in: Heike Delitz u. a. (Hg.), *Soziologien des Lebens. Überschreitung – Differenzierung – Kritik*, Bielefeld 2018, S. 167-198.

aber über eine eigene Positivität verfügen. In ihnen ereignet sich etwas, und zwar nicht von selbst, sondern auf Grundlage spezifischer, distribuierter Fähigkeiten (beziehungsweise einer je spezifischen Anschluss*unfähigkeit*).

Das Zerschneiden gilt als offensichtlichstes Gegenbild zur unermüdlichen Verbindungstätigkeit in Netzwerken – entflechten statt verweben, Dissoziation statt Assoziation. Mit dem Zerschneiden sind Netzwerktheorien aber nicht nur phänomenologisch herausgefordert, sondern grundlegend in ihrer eigenen epistemischen Fantasie. Das im ersten Teil beschriebene Netzwerkfieber ist konstitutiver Teil von Konzepten des Netzwerks und der Konnektivität geworden, die von einer Logik der beständigen Erweiterung, der Addition[294] und der Steigerung – oder kurz: einer Vorstellung der Grenzenlosigkeit – geprägt sind. So interessiert sich die zeitgenössische Anthropologie im Anschluss an die Arbeiten von Marilyn Strathern für Praktiken des Zerschneidens immer auch auf der epistemischen Ebene – das heißt mit Blick auf eine Begrenzung jener Grenzenlosigkeit, von welcher das Netzwerkkonzept lebt.[295] Dennoch ist die Möglichkeit des Zerschneidens oder Durchtrennens auf phänomenaler Ebene den Netzwerk- und Konnektivitätstheorien nicht ganz fremd, steht allerdings stets unter dem Vorbehalt, dass der Schnitt im Dienste zukünftiger Konnektivität steht. Ich bin in diesem Teil auf verschiedene um die Praktik des Zerschneidens versammelte Begriffe gestoßen: auf die Disartikulation von diskursiven Momenten bei Laclau/Mouffe oder auf die Dissoziation von Aktanten bei Latour. Voraussetzung für Entnetzung ist hier eine zweite Instanz, die um Einheiten eines anderen Netzwerks ringt, da es diese in das eigene Netzwerk oder den eigenen Diskurs zu integrieren sucht: Es geht um die Einbindung von abtrünnigen Aktanten oder um die Resignifikation von diskursiven Forderungen in einem neuen Diskurs. In diesen Modellen wird eine starke Instanz vorausgesetzt, die über die Fähigkeit verfügt, andere Verbin-

294 Vgl. Latours Bezug auf Tardes Soziologie des Habens, die er einer Soziologie des Seins entgegenstellt: Bruno Latour, »Gabriel Tarde und das Ende des Sozialen«, in: *Soziale Welt* 52, 3 (2001), S. 361-376.

295 Siehe Knut Christian Myhre, »Introduction. Cutting and Connecting. ›Afrinesian‹ Perspectives on Networks, Relationality, and Exchange«, in: ders. (Hg.), Cutting *and* Connecting. *›Afrinesian‹ Perspectives on Networks, Relationality, and Exchange*, New York, Oxford 2016, S. 1-24.

dungen zu durchtrennen, um auf diesem Weg isolierte Einheiten zu gewinnen, die letztlich der eigenen Erweiterung dienen. Hierbei handelt es sich durchaus um eine wichtige Form der Entnetzung. Allerdings ist zu berücksichtigen, auf welch starken Annahmen diese beruht und was diese ausschließt. Sie muss die Souveränität einer zum Schnitt befähigten Instanz annehmen.[296] Damit ist nicht ausgeschlossen, dass es auch sich selbst zerschneidende Netzwerke geben kann. In der Tat muss man genau dies berücksichtigen, sobald man davon ausgeht, dass jede Konnektion auch eine Diskonnektion, jede Verbindung auch eine Trennung produziert.[297] Auffällig ist allerdings, dass, sobald von einer solchen Gleichursprünglichkeit von Verbindung und Schnitt ausgegangen wird, Letzterer häufig zum logisch anfallenden Nebenprodukt degradiert wird. Aber unabhängig von der Frage, wo die Fähigkeit des Schneidens verortet wird, geht bereits auf metaphorischer Ebene mit dem Zerschneiden ein aktives, ja geradezu kämpferisches Bild der Entnetzung einher. Der Schnitt setzt voraus, dass es bereits zu einer Verbindung gekommen ist, die nun wieder durch aktives Handeln aufgelöst werden muss. Die Fokussierung auf das Zerschneiden wird von einem eigentümlichen Desinteresse am Zustand des Entnetztseins begleitet, da dieses nur als Potential für alternative zukünftige Verbindungen in den Blick gerät.

Der Begriff der Indifferenz setzt dagegen anders an, indem er die Fähigkeit, sich nicht zu verbinden und dennoch präsent zu sein, benennt. Während das Bild des Schnitts sich immer auf eine konkrete Verbindung bezieht (also etwa zu einer befreundeten Person, auf eine aus einem gegnerischen Diskurs herauszulösende politische Forderung oder auf eine Renegat*in), bezeichnet Indifferenz die Fähigkeit, es erst gar nicht zu einer Verbindung kommen zu lassen (beziehungsweise eine Verbindung möglichst stark zu entintensivieren). Auch hier gilt, dass diese Fähigkeit nicht primär subjekttheoretisch zu verstehen ist, sondern als in Netzwerken distribuierte Fähigkeit – als Anschlussunfähigkeit. Diese Unfähigkeit ist generalisiert, denn sie richtet sich nicht auf eine spezifische in der Vergangenheit konstituierte Verbindung, sondern ihr Bezug

296 Ich werde im Anschluss an Karen Barad eine alternative Konzeption des Schnitts ohne die klassischen Souveränitätsvoraussetzungen entwickeln. Siehe unten, Teil III, Kap. 4.1.

297 Siehe Marilyn Strathern, *Partial Connections*, Walnut Creek 2005.

geht in die Zukunft. Es geht also um die Organisation zukünftiger Nichtverbindungen, um Verbindungen, die zwar imaginiert werden mögen, sich aber noch nicht konkretisieren lassen.

Mit Simmel und Luhmann habe ich versucht, diese Unfähigkeit als Indifferenz zu fassen. Indifferent zu werden heißt zunächst, sich der Adressierbarkeit in Netzwerken zu entziehen, ohne das Netzwerk zu verlassen. Wie wir an Simmels Diskussion der Vornehmheit gesehen haben, handelt es sich hierbei um einen Grenzbegriff des Sozialen. Denn der Vornehme agiert inmitten von Netzwerken, ohne aber deren Relationalität zu berücksichtigen. Wenn Sozialität über Verbundenheit (das heißt über interaktive Ego/Alter-Konstellationen) definiert wird, dann haben wir es hier mit einem Moment der *A*-sozialität inmitten des Sozialen zu tun, und sind somit auch mit den Grenzen relationaler Sozialtheorien konfrontiert. Natürlich gebrauche ich den Begriff der A-sozialität in deutlicher Abgrenzung zu seiner politischen Verwendung (»asoziale Subjekte«), welche einzelnen Personen oder Gruppen gesellschaftlich delegitimiert, nämlich so, dass er das (noch) nicht Verbundene und damit die Grenzen von Assoziationen bezeichnet. Eine solchermaßen a-soziale Indifferenz kann damit auch ein gutes Korrektiv zu Entnetzungsvorstellungen der Selbstsorge-Diskurse (*»disconnect to reconnect!«*) abgeben. Sie entzieht sich einem humanistischen Pathos, das hinter dem durch Vernetzungsimperative drangsalierten Subjekt eine urwüchsige Lebendigkeit und Vielheit vermutet, die selbst noch das Deleuze'sche Denken der Virtualität kennzeichnet. Indifferenz heißt dann also nicht nur – wie noch bei Simmel –, dass Individuen indifferent werden müssen oder wollen, sondern ist allgemeiner gefasst in Bezug auf alle möglichen Entitäten eines Netzwerks. Allerdings sollte auch dann Indifferenz nicht automatisch als widerständige Praxis in der Netzwerkgesellschaft betrachtet werden; sie kann ebenso zur entmenschlichenden Technik werden (wie zum Beispiel als Ghosting), wie sie neue Formen des Zusammenlebens im oben skizzierten Sinne einer Ethik der Indifferenz schaffen kann.

Wenn es richtig ist, dass Entnetzung nicht einfach geschieht, sondern über ein eigenes Arsenal von Praktiken hergestellt wird, ja, dass sie aktiv organisiert werden muss, sind auch die Techniken und Infrastrukturen der Entnetzung von Belang für eine Soziologie der Entnetzung. Im Gegensatz zu populären Vorstellungen von

Entnetzung als technikfeindliche Ausstiegsfantasie, möchte ich in diesem Buch neben den diskutierten praktischen Kompetenzen die Einrichtungen, welche Entnetzung ermöglichen, hervorheben.

Die Frage der Infrastrukturen der Entnetzung habe ich bislang nur am Rande gestreift – mit Ausnahme der Deleuze'schen Vakuolen der Inkommunikabilität, die gleichzeitig als biotechnische Entnetzungsinfrastruktur und als Metapher der Entnetzung fungieren. Wir haben gesehen, dass diese Vakuolen Räume inmitten eines Netzwerks sind, innerhalb deren Anschlussfähigkeit keine Rolle mehr spielt; es sind zwar Räume der Versammlung, in denen aber keine Beziehungen geknüpft werden und in denen nicht kommuniziert werden muss. Solche Räume der Entnetzung verfügen über eigene Grenzregime, ohne selbst ein eigenständiges Netzwerk oder ein Subsystem zu bilden. Die Herstellung solcher Räume beruht nicht primär auf symbolischen Strukturen (wie zum Beispiel Verboten), sondern auf membranhaften Einrichtungen, die den Netzwerkverkehr regulieren. Räume der Entnetzung erhalten auf diese Weise eine eigenständige materielle Struktur.

Damit zeichnen sich bereits erste Motive ab, die für die weitere Analyse von Entnetzungsinfrastrukturen von Bedeutung sind. Zum einen können die Strukturen hinsichtlich ihrer Einbettung in ihre netzwerkförmige Umgebung untersucht werden. Auf welche Weise gelingt die Schaffung eines entnetzten Raums inmitten des Netzwerkgeschehens? Welche Grenzvorrichtungen organisieren den Eintritt in diesen Raum und den Austritt aus diesem? Wie erhält sich diese Infrastruktur als Teil eines Netzwerks aufrecht? Auch stellt sich die Frage nach ihrer Funktionalität, die bei der Vakuole etwa als zeitlicher Puffer und als Depot für gefährliche Stoffen bestimmt werden konnte. In Deleuze' Lektüre der Vakuole als Raum der Inkommunikabilität wird allerdings bereits eine Relativierung einer solchen funktionalen Bestimmung angedeutet, indem die Inkommunikabilität einen Eigenwert erhält. Zum anderen, und dies ist bereits mit dem letzten Punkt angedeutet, interessiert, was innerhalb derartig entnetzter Räume geschieht. Wie ist das inkommunikative Zusammensein organisiert? Welche Zeitlichkeit prägt diese Existenzweise der Entnetzung? Die zeitliche Dimension – bei der Vakuole sind zum Beispiel Modi des Wartens und des Stillstellens bedeutsam – wird mich etwa in meiner Analyse des Datenbufferings beschäftigen.

6.5 Taktiken und Strategien der Entnetzung

Die Herstellung von Zuständen der Entnetzung beruht auf einem komplexen Zusammenspiel von Praktiken und Infrastrukturen. Um dieses Zusammenspiel analysieren zu können, möchte ich im Anschluss an Michel de Certeau von Strategien und Taktiken der Entnetzung sprechen, wobei dies einige begriffliche Revisionen nötig machen wird. Taktiken sind für de Certeau situationsbezogene, häufig listige Praktiken, die über keinen eigenen Ort verfügen: »Die Taktik hat nur den Ort des Anderen. Sie dringt in ihn ein, ohne ihn vollständig erfassen zu können und ohne ihn auf Distanz halten zu können. [...] Gerade weil sie keinen Ort hat, bleibt die Taktik von der Zeit abhängig: Sie ist immer darauf aus, ihren Vorteil ›im Fluge zu erfassen‹.«[298] Strategien dagegen bringen einen eigenen, möglichst permanenten Ort hervor, von dem aus sie rational operieren können:[299] »Ich nenne das Kalkül der Kräfteverhältnisse eine ›Strategie‹, die möglich wird, wenn ein Subjekt des Willens und der Macht (ein Eigentümer, ein Unternehmen, eine Stadt, eine wissenschaftliche Einrichtung) von einer ›Umwelt‹ isoliert werden kann.«[300] Taktiken zeichnen sich damit durch ihre Ortlosigkeit und ihr situatives Nutzen von Möglichkeiten aus, während unter Strategien langfristige, rational kalkulierte Pläne zu verstehen sind. In der manchmal die Rezeption bestimmenden vereinfachenden Leseweise stehen sich damit die Taktiken der Machtlosen und die Strategien der Mächtigen gegenüber. Zudem dient der weniger elaborierte Begriff der Strategie häufig eher als Abgrenzungsfolie, um die Beweglichkeit und Kreativität von Taktiken besser profilieren zu können. Dies hat zu einem problematischen Verständnis von Strategien geführt, gleichsam theoretisch die Strategien unterstellte Mächtigkeit reproduzierend. Implizit wird so an einem westlichen Strategieverständnis festgehalten, das durch die Möglichkeit der planerischen Beherrschbarkeit von Machtprozessen begründet ist. Man könnte aus diesem Grund für die Empfehlung argumentieren, ganz auf den Begriff der Strategie zu verzichten – zumal dann, wenn dieser innerhalb eines postfundamentalen, gegenüber totalisierenden Erklärungsansprüchen des Strategiebegriffs skeptisch

298 de Certeau, *Kunst des Handelns*, S. 23.

299 Ebd., S. 88.

300 de Certeau, *The Practice of Everyday Life*, S. xix.

eingestellten theoretischen Rahmens verwendet werden soll.[301] Wie angebracht kann unter solchen Bedingungen dann noch die Rede von Strategien der Entnetzung sein?

Trotz aller Skepsis und mit der gebotenen Vorsicht möchte ich dennoch für ein modifiziertes Festhalten am Strategiebegriff argumentieren – unter anderem auch deshalb, weil das Problem der Entnetzung häufig mit strategischen Semantiken verhandelt wird, wie man an den Strategien des Digital Detoxing als Selbstsorge (*self care*) ebenso sehen kann wie an den auf Entnetzung setzenden Cybersicherheitsstrategien. Daher gilt es, den Strategiebegriff nicht einfach zu verwerfen, sondern dessen Status neu zu denken. Einen Schritt in diese Richtung haben Alan McKinlay und Kollegen getan, indem sie Strategien aus der Perspektive von Foucaults Gouvernementalitätsstudien reformuliert haben, um auf diese Weise am analytischen Fokus auf Strategien als Machttechnologie festhalten zu können, ohne die theoretischen Unterstellungen des klassischen Strategiebegriffs zu übernehmen. Es geht dann darum, den »Gebrauch der Sprache der Strategie« zu untersuchen, wozu nicht zuletzt Post-hoc-Rationalisierungen gehören.[302] In diesem Sinne strukturieren Strategien auch das Denken und die Diskursivierung von Entnetzung, indem sie zu deren Problematisierung beitragen und so die Entwicklung von Entnetzungspraktiken ermöglichen.

Eine solche Konzeption der Strategie hat grundbegriffliche Konsequenzen für meine bisherige Diskussion von Entnetzung. Ich hatte vorgeschlagen, heuristisch zwischen Entnetzungspraktiken und Entnetzungszuständen zu unterscheiden. Diese Unterscheidung ist aber ihrerseits zumindest implizit auf Grundlage eines westlichen Strategiebegriffs gewonnen. So weist François Jullien in seiner Untersuchung des chinesischen strategischen Denkens darauf hin, dass westliche Strategieverständnisse einem planerischen »Modell-Machen« (*model making*) folgen.[303] Mit Hilfe von Modellen wür-

301 Einen nützlichen Überblick über unterschiedliche Strategie/Taktik-Verständnisse in der Organisations- und Managementtheorie verschafft: David Mackay, Mike Zundel, »Recovering the Divide. A Review of Strategy and Tactics in Business and Management«, in: *International Journal of Management Reviews* 19, 2 (2017), S. 175-194.

302 Alan McKinlay u. a., »Using Foucault to Make Strategy«, in: *Accounting, Auditing & Accountability Journal* 23, 8 (2009), S. 1012-1031, hier S. 1025.

303 François Jullien, *Über das Fade. Eine Eloge. Zu Denken und Ästhetik in China*, Berlin 1999, zit. nach: Paul Shrivastava, Sybille Persson, »A Theory of Strategy.

den Ziele für Strategien gewonnen, für die dann die geeigneten Handlungsmittel zu entwickeln seien. Das Erreichen dieser Ziele werde dann seinerseits Prozessen der Kontrolle (*auditing*) unterworfen. Strategien der Entnetzung benötigen in der Praxis ein solches zweckgerichtetes Handlungsmodell, das zwischen Zielen und Mitteln unterscheiden kann, was zur Folge hat, dass wir den Status von Praktiken und Zuständen der Entnetzung genauer bestimmen müssen. Denn letztlich ist diese Unterscheidung tief in der Zweck-Mittel-Rationalität strategischen Denkens verwurzelt. Es zeigt sich zudem, dass die Unterscheidung zwischen Entnetzungspraktiken und den mittels diesen zu schaffenden Zuständen, sobald Letztere als Ziele gefasst werden, selbst ein Ergebnis von Strategien der Entnetzung ist. In dieser Hinsicht ist die Unterscheidung ein wichtiges strukturierendes Moment von Strategien der Entnetzung, daher bei der Analyse von solchen Strategien zu berücksichtigen und auf ihre Funktionsweise hin zu untersuchen. Auch Strategien der Entnetzung erweisen sich somit als imaginativ aufgeladen: Sie entwerfen Bilder von ihren Zielen und besetzen diese affektiv.[304] Zustände der Entnetzung beschreiben also nicht ein diesen Strategien äußerliches Ziel, sondern eine immanente Dynamik, welche den strategischen Praktiken ihre Richtung gibt.

Demgegenüber wird in Taktiken der Entnetzung die klare Trennung zwischen Entnetzungspraktiken und avisierten Entnetzungszuständen destabilisiert, und zwar dadurch, dass diese Taktiken ohne die Formulierung eines klaren Ziels auskommen, dennoch aber in einem polemologischen[305] Raum angesiedelt sind. Ich werde auf diese wichtige Konsequenz noch zurückkommen, kann aber hier vorläufig festhalten, dass man diese Taktiken klassischerweise den institutionellen Konnektivitätsimperativen, die machtvolle Strategien verkörpern, gegenüberstellen würde. Wenn ich dagegen

Learning from China. From Walking to Sailing«, in *M@n@gement* 17, 1 (2014), S. 38-61, hier S. 45.

304 Siehe auch die organisationssoziologische Literatur zum imaginären Charakter strategischer Ziele und der ideologischen Struktur strategischen Denkens: John Kay u. a., »The History of Strategy and Some Thoughts about the Future«, in: Andrew Campbell, David O. Faulkner (Hg.), *The Oxford Handbook of Strategy. A Strategy Overview and Competitive Strategy*, Oxford 2006, zit. nach: Mackay/Zundel »Recovering the Divide«, S. 176.

305 Benjamin Arditi, *Politics on the Edges of Liberalism. Difference, Populism, Revolution, Agitation*, Edinburgh 2007.

von Strategien der Entnetzung spreche, teilen diese mit den Taktiken zwar das Ziel, Formen der Entnetzung zu ermöglichen, unterscheiden sich aber insofern von diesen, als sie über einen eigenen Ort verfügen, von dem aus sie operieren. Wenn also zum Beispiel kritische Infrastrukturen durch Entnetzungsmechanismen wie Air Gaps[306] geschützt werden sollen, handelt es sich um Strategien, mit deren Hilfe Probleme der Übervernetzung bearbeitet werden sollen. Solche Strategien zielen zwar auf räumlich und zeitlich begrenzte Formen der Entnetzung ab, aber nur, um auf diese Weise das langfristige Funktionieren von Konnektivität sicherzustellen. Im Gegensatz zur Vagheit von Taktiken sind Strategien häufig programmatisch ausformuliert und setzen zu ihrer Umsetzung entsprechende Machtressourcen voraus. Im Sinne von de Certeau werden sie zunächst und in der Regel von isolierbaren (und damit individuierten) Akteuren ersonnen, die über einen eigenen Ort verfügen, von dem aus sie ihre Strategien entwickeln.

Wie wir noch sehen werden, verkompliziert sich jedoch dieser souveräne Ort, der wesentlich auf der imaginären Illusion der Möglichkeit strategischen Handelns beruht, sobald wir es mit digitalen Netzwerken zu tun haben. Während de Certeau zuweilen von einem automatischen Funktionieren von Strategien ausgeht, tritt bei Strategien der Entnetzung das Problem der Unkontrollierbarkeit von Konnektivität zutage. Wie ich etwa in meiner Diskussion des nationalstaatlichen Kill Switches zeigen werde,[307] müssen solche Strategien mediale Technologien benutzen, die sich nicht vollständig souverän kontrollieren lassen. In der Netzwerkgesellschaft haben sich auch die Formen der Kontrolle dezentralisiert und verflüssigt. Dies bedeutet aber keineswegs, dass dadurch der Begriff der Strategie seine Bedeutung verliert; vielmehr steht er für das institutionalisierte und häufig auch formal organisierte Begehren nach Entnetzung, das auch dann zu untersuchen ist, wenn es seinen eigenen Ansprüchen nicht gerecht werden kann.

Ich hatte mit de Certeau betont, dass Taktiken über keinen eigenen Ort verfügen, sondern immer schon auf dem Feld des Anderen, das heißt hier: innerhalb von Netzwerken operieren müssen, ohne diesen eine eigene Logik entgegensetzen zu können, die letzt-

306 Damit ist die Isolierung von Infrastrukturen gemeint.

307 Siehe dazu unten, Teil IV, Kap. 3.4.

lich wiederum über ein Fundament verfügen müsste. Taktiken umfassen in de Certeaus Soziologie des Alltags pragmatische Formen der kleinen Aneignungen, der Bricolage und des Sich-Arrangierens. Dies hat in der de Certeau-Rezeption besonders in den Cultural Studies zu einer manchmal schon fast schwärmerischen Feier der Aneignung geführt; man denke hier an Do-it Yourself-Praktiken (DIY) und andere Formen von minoritärer Aneignung. Ebenso zeigten sich frühe netzkritische Bewegungen vom Konzept der taktischen Medien (*tactical media*) fasziniert, sollte so doch eine kritische Aneignung hegemonialer Medien und die Entwicklung disruptiver Medien(-aktionen) möglich werden. Diese Taktiken sind jedoch, wenn auch kritisch, in das Ethos der Konnektivität und der Partizipation eingebettet, ja, sie arbeiten sogar an der Steigerung von alternativen Formen der Konnektivität. Aus meiner Sicht muss diese Komplizenschaft zwischen Taktiken und Konnektivität aufgebrochen werden, zumal es nicht zuletzt die euphorische Rhetorik der Bricolage und der DIY-Produktion gewesen ist, welche eine der diskursiven Grundlagen für die Entwicklung jenes partizipatorischen Geistes gelegt hat, der sich als Web 2.0 manifestiert.[308]

Wenn ich hier von Taktiken der Entnetzung spreche, geht es jedoch gerade nicht um die Ermöglichung produktiver Aneignung oder die Etablierung neuer Partizipationsformen. Es geht um das taktische Auflösen von Netzverbindungen. Auch wenn sich die Taktiken der Entnetzung in ihren Effekten von de Certeaus Taktikbegriff unterscheiden, bleibt dessen operative Beschreibung von Bedeutung. Es sind die situativen Gelegenheiten, welche Taktiken auszunutzen wissen, die schon deshalb über eine Offenheit verfügen müssen, die den klassischen Strategien abgeht. Denn festgefügten Plänen und Zielvorgaben fehlt die Beweglichkeit, die List, aber

308 Dies betont etwa David Garcia, der zusammen mit Geert Lovink das ABC der *tactical media* verfasst hat, in einem neueren Text: »Man kann sich vorstellen, dass de Certeau anfangs darüber erfreut gewesen wäre, wie sehr sich der von ihm verfochtene taktische ›Nutzer‹ zum ›Hauptantrieb‹ der Ära Web 2.0 entwickelt hat.« (David Garcia, »From Tactical Media to the Neo-pragmatists of the Web«, in: *Leonardo Electronic Almanac* 20, 1 [2014], S. 124-135, hier S. 129.) Allerdings gehe ich nicht wie Garcia davon aus, dass die Taktiken-versus-Strategien-Dichotomie keiner Veränderungen bedarf: »Er hätte jedoch festgestellt, dass nicht nur seine Dichotomie zwischen der taktischen und der strategischen Position weiterhin intakt ist, sie geht auch weiterhin mit dem asymmetrischen Kräfteverhältnis einher.« (Ebd.)

auch die unbeteiligte Fadheit (*blandness*), um die Möglichkeiten innerhalb von spezifischen Situationen zu nutzen.[309] In Julliens Analyse der Wirksamkeit wird dieses Funktionieren von Taktiken als Modulieren von Möglichkeitsräumen am Beispiel der chinesischen Philosophie auf beeindruckende Weise entwickelt. Das, was Jullien als chinesisches Konzept der Strategie (im Kontrast zum westlichen planerischen Denken) bezeichnet, entspricht dem hier zu skizzierenden Konzept der Taktiken und erlaubt es auch, dieses über de Certeaus Vorschlag hinaus zu erweitern. Taktiken in diesem Sinne beruhen auf einer Verbindung von Situationsanalyse (*Xing*) und Tendenzen (*Shi*), die es entsprechend zu nutzen gilt.[310] Taktiken der Entnetzung beziehen sich nicht deshalb auf Konnektivitätsimperative, um sich alternative Netzwerke zu basteln, sondern um Tendenzen der Diskonnektivität aufzuspüren, diese zu nutzen und zu verstärken. Sie suchen nach »Räumen, in denen der Konnektivitätsimperativ am schwächsten ist«,[311] um temporäre Formen des Entzugs, der Unterbrechung und Indifferenz zu etablieren.

Im Gegensatz zu de Certeaus reinem Lokalismus von Taktiken, denen durch ihre situative Eingebundenheit ein panoramatischer Überblick fehlt, bedürfen solchermaßen gefasste Taktiken ihrer eigenen, häufig improvisierten und bestenfalls schwach formalisierten Verfahren des kognitiven und vor allem des affektiven Mappings – denn nur so lassen sich in den Konnektivitätskräftefeldern gegenläufige, ja irrlichternde Tendenzen ausmachen und ausbeuten. Netzwerkumgebungen und -eigenschaften sollen dafür genutzt werden, kleine Formen des Entzugs zu etablieren. Taktiken stehen dabei nicht für eine radikale Kritik an Konnektivität, sondern für ein Einnisten in Konnektivität, um sich dieser, auf welche unsaubere Weise auch immer, entziehen zu können. Sie sind das, »was den Energiefluss der Herrschaft behindert und sich

309 Jullien, *Über das Fade*.

310 Siehe die Rekonstruktion von Julliens und Deleuze' Begriff der Strategie bei Kang Cao, Jean Hillier, »Deleuzian Dragons. Thinking Chinese Strategic Spatial Planning with Gilles Deleuze«, in: *Deleuze and Guattari Studies* 7, 3 (2013), S. 390-405, hier S. 395.

311 Kate Mannell, »Technology Resistance and de Certeau. Deceptive Texting as a Tactic of Everyday Life«, in: *Platform. Journal of Media & Communication* 8, 1 (2017), S. 40-55, hier S. 44.

verflüchtigen lässt«.[312] Es wäre daher verfehlt, sie auf individuellen Widerstand oder Entzug zu reduzieren. Vielmehr geht es um das Zusammenspiel von Mikrotechniken der Entnetzung und spezifischen Situationen der Konnektivität – gleichsam um die Nutzung von Schwächen und Delirien der Netzwerke.

Taktiken der Entnetzung lassen sich entlang unterschiedlicher Dimensionen situativer Kräftefelder ordnen. Mit de Certeau bereits angesprochen wurde die *temporale* Dimension, die zumindest in digitalen Netzwerken keineswegs primär eine Steigerung von Geschwindigkeit bedeuten muss, ganz im Gegenteil: Unter Bedingungen beschleunigter Kommunikation werden Formen der Verlangsamung, des Pausierens, der Verzögerung, des Zu-Spät-Kommens und des Wartens wichtig. Wie ich in meiner Analyse des Datenbufferings zeigen werde, können hier Stockungen des Netzwerkflows taktisch genutzt werden, um Momente des kleinen Entzugs oder der Reflexion zu schaffen. In der *sozialen* Dimension lassen sich unterschiedlichste Formen der sozialen Invisibilisierung, der Nichtadressierbarkeit sowie Modi des Nicht- oder Unwahrnehmbarwerdens als Taktiken der Entnetzung darstellen. Man denke hier an die häufig verwendeten »butler-lies«,[313] mit denen man sich zeitweilig der digitalen Kommunikation entziehen, einen »sozialen Puffer« etablieren kann.[314] Aber auch Formen klandestiner Tätigkeiten, die innerhalb eines Netzwerks unsichtbar sind, gehören zu diesen Taktiken. De Certeau spricht in diesem Zusammenhang von *perruques*, das heißt getarnt »auf eigene Rechnung arbeiten«.[315] Die Erledigung privater Dinge während der Arbeitszeit ist eine klassische Taktik der Entnetzung: die Person ist zwar in einem Netzwerk anwesend, nutzt dessen Infrastrukturen aber für eigene Zwecke. Aber es muss nicht nur um die Unsichtbarkeit der Tätigkeit gehen, sondern auch seiner selbst, wie meine Analyse der Figur des Schüchternen zeigen wird. Viele dieser Taktiken ver-

312 Ben Highmore, *Everyday Life and Cultural Theory. An Introduction*, London 2002, S. 152.

313 Butler-lies sind Textnachrichten, die über die An- oder Abwesenheit einer Person täuschen, siehe Jeff Hancock u. a., »Butler Lies. Awareness, Deception and Design«, in: *CHI ,09. Proceedings of the SIGCHI Conference on Human Factors in Computing Systems* 2009, S. 517-526.

314 Mannell, »Technology Resistance and de Certeau«.

315 de Certeau, *Kunst des Handelns*, S. 77 f.

zichten auf die große Geste eines klaren Schnitts, des Abbrechens aller Kontakte oder des radikalen Ausstieges. Vielmehr haben wir es mit eher unspektakulären Formen des Verblassens zu tun, mit einem häufig zunächst gar nicht bemerkten Verschwinden.[316] In der *räumlichen* Dimension ist etwa an die Schaffung von Unerreichbarkeit zu denken, indem man nicht vor Ort ist, oder an die improvisierte und zweckentfremdende Nutzung von Orten als Rückzugsräume oder Verstecke (wie zum Beispiel Toilettenräumen in Unternehmen). Schließlich ist die *affektive* Dimension solcher Taktiken zu erwähnen, die durch Modi der Entintensivierung und des Disengagements häufig kaum wahrnehmbar Konnektivitätsimperative unterlaufen. Ich hatte bereits in meiner Burnout-Diskussion in Teil I dieses Buches auf den ausgebrannten, »toten« Knotenpunkt verwiesen, der als schwarzes Loch eine unheimliche Präsenz in Netzwerken fristet. Damit soll das Syndrom und das mit ihm verbundene Leiden der Betroffenen natürlich nicht verharmlost oder verklärt werden. Dennoch machen solche Phänomene auf ein ganzes Bündel von Taktiken der Indifferenz aufmerksam. Dass solche Taktiken zudem nicht notwendigerweise zum Entzug führen müssen, zeigt Julliens Diskussion des chinesischen *dan*: ein langweiliges, fades (*blant*) und disengagiertes Auftreten kann zur erfolgreichen Taktik innerhalb von Netzwerken werden.[317] Solche hier nur andeutungsweise skizzierten Taktiken sind dann besonders erfolgreich, wenn sie unsichtbar bleiben, nicht erkannt werden, für die Netzwerkperspektiven als banal oder irrelevant gelten. Sie erzeugen kleine, im Erfolgsfall zunächst unbemerkte Bewegungen, deren Richtung unbestimmt ist,[318] die auch ins Leere führen können und in ihrer Unscheinbarkeit als vergeblich erscheinen.

Für Taktiken der Entnetzung bedeutet dies, dass nicht im Voraus bekannt sein muss, was Entnetzung ist (im Unterschied zu den

316 Tone Sommerfelt, »From Cutting to Fading. A Relational Perspective on Marriage Exchange and Sociality in Rural Gambia«, in: Myhre (Hg.), *Cutting and Connecting*, S. 58-75.

317 Siehe hier auch die Verbindung von *dan* zur Indifferenz und Erschöpfung, die aber keine Müdigkeit ist: Cao/Hillier, »Deleuzian Dragons«, S. 396 f.; die Figur der Fadheit (*blandness*) als Eigenschaftslosigkeit, der Jullien ein ganzes Buch gewidmet hat, verweist wiederum auf die Figur der Indifferenz, siehe Jullien, *Über das Fade*.

318 Claire Colebrook, »Certeau and Foucault. Tactics and Strategic Essentialism«, in: *The South Atlantic Quarterly* 100, 2 (2001), S. 557.

strategischen Imaginären von Entnetzung). Genau dieses Nichtwissen führt häufig dazu, dass Taktiken der Entnetzung übersehen werden, dass ihnen ihr Entnetzungscharakter abgesprochen wird, weil sie notgedrungen der Idee einer radikalen Entnetzung hinterherhinken, ja diese enttäuschen müssen, um überhaupt funktionieren zu können. Die klare Unterscheidung zwischen Entnetzungspraktiken und Entnetzungszuständen wird daher im Lichte von Taktiken schwierig, wenn auch nicht hinfällig. Entnetzungszustände sind hier nicht kausal von entsprechenden Taktiken ableitbar, sie können aber als Konsequenzen taktischen Manövrierens verstanden werden.[319] Erfolgreiche Taktiken der Entnetzung implizieren Effekte,[320] ohne festen Mechanismen der Hervorbringung zu folgen. Die Konturen dessen, was ich zuvor als Entnetzungszustand beschrieben habe, werden erst durch das Operieren dieser Taktiken geschaffen. Taktiken bleiben den jeweiligen Situationen nicht äußerlich, sie operieren als Teil der Kräfteverhältnisse. In diesem Sinne sind sie nicht bloß Mittel, mit deren Hilfe ein bereits zuvor definierter Zustand geschaffen wird, sondern sie werden Teil von entnetzten Situationen.

Diese Taktiken verweisen auf eine das Soziale fundierende A-sozialität, auf ein stets unverfügbar bleibendes Moment der Anschluss*un*fähigkeit, das noch nicht im Horizont künftiger Netzwerkbildung steht. Eben weil die Taktiken die Netzwerke nicht von außen heimsuchen, sondern deren intrinsische Eventualitäten aufrufen, müssen sie ihren ontologischen Möglichkeitsgrund in den Netzwerken und Kommunikationskreisläufen selbst finden, das heißt in jenem Moment des Nichtsozialen, das jede Verbindung immer schon begleitet. Diese Möglichkeitsbedingung sagt, wie bereits betont, noch nichts über die jeweils spezifischen Formen aus, in denen sich Entnetzungspraktiken konkretisieren. Sie ist selbstverständlich auch kein Garant für eine normativ gehaltvolle, konnektivitätskritische Funktionsweise von Entnetzungspraktiken (schließt sie aber auch nicht aus!). Was sie gewährt, ist ein Blick auf Entnetzungspraktiken, der ihre konstitutive Ambivalenz zu erfassen versteht: Entnetzung beruht einerseits auf kaum planbaren, situativen Taktiken, wird aber andererseits – gerade im Kontext

319 Siehe die Darstellung von Julliens Kontrastierung von Ziel und Konsequenz in: Cao/Hillier, »Deleuzian Dragons«, S. 395.

320 Ebd.

der Ökonomie – zum Gegenstand strategischer Planung. Durch diese Funktionalisierung laufen Entnetzungspraktiken Gefahr, ihre konstitutive Ortlosigkeit zu verlieren, indem sie zu situationsenthobenen Instrumenten in einem und für einen umfassenden Plan werden. In der Tat haben viele Strategien der Entnetzung ihr Vorbild offenbar in zunächst eher randständigen Taktiken der Entnetzung gefunden: man denke an das Zeittotschlagen des Slackers, das als *organizational slack* zur Managementstrategie wurde,[321] oder an popkulturelle Vorstellungen eines Sneakernets, das in IT-Sicherheitsstrategien eingebaut wird,[322] an individuelle Taktiken der medialen Nichtpartizipation, die als Digital Detox vermarktet werden und an eine ästhetisierende Reflexion und damit auch Institutionalisierung dieser Praktiken in der Kunst. Taktiken der Entnetzung mögen also einerseits, nachdem sie anerkannt und kartiert worden sind, Anlass zur Entwicklung von Strategien geben. Diese haben es nun ihrerseits mit dem häufig kaum lösbaren Problem der Institutionalisierung von ursprünglich unplanbaren Praktiken zu tun – ein Dilemma, das gerade die Managementliteratur und die Kunst immer wieder von Neuem zu beschäftigen und begeistern weiß. Strategische Planung ist mit dem Umstand konfrontiert, dass der etwas aus der Zeit gefallen wirkende Traum, Entnetzung als souveränes Kontrollprojekt zu betreiben, letztlich den dezentralen Netzwerkstrukturen weniger gerecht werden könnte als die flexiblen und ortlosen Taktiken der Entnetzung. Die Entnetzungsstrategien mögen aus der Perspektive einer Kritik am Konnektivitätsethos ernüchternd wirken, da sie Entnetzung funktional den Erfordernissen der Konnektivität unterzuordnen versuchen. Aber selbst diese Strategien müssen Momente der Entnetzung imaginieren und Techniken entwickeln, mittels deren Vernetzung reduziert werden kann. Es mögen auch, wie in der Digital-Detox-Bewegung, sorgsam kontrollierte und kuratierte Entnetzungserfahrungen gezielt produziert werden.

Entnetzungsstrategien beinhalten somit ambivalente Momente, die über das Netzwerkfieber hinausweisen. Es wäre daher ein Fehler, wenn eine Soziologie der Entnetzung sich nur mit Taktiken und nicht auch mit Strategien auseinandersetzen würde. Sie liefe

321 Siehe dazu unten, Teil IV, Kap. 1.5

322 Ich werde das Sneakernet als Botennetzwerk in Teil IV, Kap. 3 diskutieren.

nämlich sonst Gefahr, sich romantisierend auf alltägliche Formen des Entzugs, auf individuelle Finten und Tricks, sich aus Netzen herauszuhalten, zu beziehen, anstatt die Materialitäten von Entnetzungsmomenten, die selbst in ihren kontrolliertesten Formen geschaffen werden, offenzulegen. Das klassische Vereinnahmungsargument muss in diesem Sinne korrigiert werden. Denn Taktiken der Entnetzung mögen nicht nur eine Vorlage für Versuche ihrer Strategisierung sein, sondern können selbst an die taktischen Ursprünge von Strategien erinnern: deren Vergangenheit könnte reaktiviert werden oder es könnte überhaupt erst sichtbar gemacht werden, dass auch naturalisierte Strategien der Entnetzung über taktische Genealogien verfügen.[323] Schließlich mögen Taktiken auch von der Souveränitätszumutung der Entnetzungsstrategien profitieren, indem sie sich in die Nischen von deren Misslingen einnisten und dort neue Handlungsmöglichkeiten experimentell erkunden. Die Beziehung zwischen Taktiken und Strategien der Entnetzung ist also keineswegs stabil, sondern in ständiger Bewegung. Taktiken der Entnetzung wohnen Momente des Strategischen inne, wie auch Versuche, Strategien der Entnetzung zu entwerfen, Momente des Taktischen enthalten. Damit soll nicht einer einfachen Synthese das Wort geredet werden. Vielmehr geht es darum, überhaupt erst diese innere Spannung zu erfassen, was allerdings voraussetzt, Entnetzungspraktiken sichtbar zu machen. Ein solches Unterfangen ist wiederum in eine paradox anmutende Politik der Sichtbarkeit eingebettet, denn es muss zwischen der festgefügten und sichtbaren strategischen Formulierung von dem, was Entnetzung sein soll, und der Offenheit von situativen Taktiken oszillieren.[324]

323 Colebroke, »Certeau and Foucault«, S. 558.

324 Genau diese Paradoxie hat mich bei meiner Analyse des Schweigens in der ANT interessiert, siehe oben in diesem Teil, Kap. 1.

III.
Figuren der Entnetzung

Auch wenn die gegenwärtige Sozialtheorie Entnetzung meist nur beiläufig thematisiert, konnte ich einige Denkfiguren der Entnetzung, wie zum Beispiel die Vakuole, das Plasma oder die Ruine identifizieren. Es mag an der Neuheit des Problems der Entnetzung liegen, dass dieses, noch bevor es begrifflich präzise gefasst werden kann, in Denkfiguren skizziert wird. Denkfiguren verstehe ich als plastische Verbildlichungen und Veranschaulichungen von abstrakten und formalen Argumenten in theoretischen Texten.[1] Denkfiguren sind selbst noch keine Begriffe, können aber die begriffliche Arbeit anregen, strukturieren und als argumentative Abkürzung wirkmächtig werden.[2] Für meine bisherige Analyse stand ihr experimenteller Charakter im Vordergrund. Sie dienen durch ihre Anschaulichkeit als Szenen für die weitere Theoretisierung des ansonsten Ausgeblendeten. In diesem dritten Teil des Buches möchte ich mich nun exemplarischen Sozialfiguren der Entnetzung zuwenden. Die Abgrenzung zwischen Denk- und Sozialfiguren ist gewiss nicht eindeutig. Während aber Denkfiguren aus der Spannung zwischen theoretischen und poetischen Verfahren hervorgehen und häufig sehr spezifisch angelegt sind, entstammen Sozialfiguren in der Regel praktischen Kontexten, reagieren auf Problemlagen und reflektieren gesellschaftliche Krisenerfahrungen, indem sie diese in abgrenzbaren Formen plastisch verdichten.[3] Sozialfiguren sind also zunächst nicht so sehr in epistemischer Hinsicht relevant, können dies aber im Zuge ihres Erfolges werden, indem sie zu Stützen von Zeitdiagnosen mutieren. Während Denkfiguren häufig idiosynkratisch, originell und sehr spezifisch gebaut sind, zeichnen sich Sozialfiguren durch ihre breite Generalisierbarkeit und Popularisierbarkeit aus.

1 Ernst Müller, »Denkfiguren«, in: Roland Borgards u. a. (Hg.), *Literatur und Wissen. Ein interdisziplinäres Handbuch*, Wiesbaden 2016, S. 29.

2 Caroline Torra-Mattenklott, »Denkfiguren«, in: Joachim Küpper u. a. (Hg.), *The Beauty of Theory. Zur Ästhetik und Affektökonomie von Theorien*, München, Paderborn 2013, S. 59-76.

3 Sebastian J. Moser, Tobias Schlechtriemen, »Sozialfiguren. Zwischen gesellschaftlicher Erfahrung und soziologischer Diagnose«, in: *Zeitschrift für Soziologie* 47, 3 (2018), S. 164-180.

Der Begriff der Sozialfigur mag dazu verführen, diese als typisierte Subjektformen zu verwenden;[4] dies ist aber eine anthropozentrische Verkürzung des Figurenbegriffs. Es ist zwar richtig, dass auch diese Figuren über materielle Grenzen verfügen, aber es wäre kurzsichtig, diese auf menschliche Körpergrenzen zu reduzieren.[5] Ich werde daher den Figurenbegriff entsprechend ausweiten, um auch dingliche und technische Figuren erfassen zu können. Die Funktionsweise von Sozialfiguren lässt sich durch einen Blick auf die beiden Wurzeln des Begriffs der Figur in der Literaturtheorie besser verstehen. Dort steht er sowohl für rhetorische Figuren als auch für personalisierte Gestalten.[6] Deutlich wird dann, dass Figuren ihre Reflexionsfähigkeit durch rhetorische Mittel der Verdichtung und Übersteigerung erfahren – weshalb die Metapher ein wesentlicher Modus von Sozialfiguren ist. Die Kondensationsleistung von Sozialfiguren geht jedoch über die genannte rhetorische Anlage insofern hinaus, als diese mit der Anschaulichkeit ihrer Materialität zusammenfällt. So wird sich zum Beispiel anhand der Figur des Schüchternen zeigen, dass sich die zunehmende Unfähigkeit zur geselligen Vernetzung an deren Körperlichkeit, am nichtsteuerbaren Erröten, festmachen wird.

Sozialfiguren sind immer in Figurationsprozesse eingebettet, durch welche sie ihre spätere Figuralität im Sinne eines evidenzerzeugenden Bildes erst erwerben müssen. Häufig handelt es sich, wie zum Beispiel bei der Figur des Schüchternen, zunächst um bereichsspezifische Problematisierungen, die vornehmlich für Spezialdiskurse von Interesse sind. Zu einer Sozialfigur wird der Schüchterne erst dann, wenn an ihm nicht mehr nur spezifische, sondern sphärenübergreifende Fragen – in unserem Fall: der zunehmenden gesellschaftlichen Vernetzung – verhandelt werden.[7] Sozialfiguren sind damit stets vorläufige Ergebnisse von meta-

4 So die Argumentation in ebd.

5 Rainer Leschke, »Die Figur als mediale Form. Überlegungen zur Funktion der Figur in den Medien«, in: ders., Henriette Heidbrink (Hg.), *Formen der Figur. Figurenkonzepte in Künsten und Medien*, Konstanz 2010, S. 33.

6 Daniel Müller Nielaba u. a., »Figur/a/tion. Möglichkeiten einer Figurologie im Zeichen E. T. A. Hoffmanns«, in: dies. (Hg.), *Figur. Figura. Figuration. E. T. A. Hoffmann*, Würzburg 2011, S. 7-14, hier S. 8 f. Das Verhältnis zur Rhetorik ist allerdings ambivalent, siehe Müller, »Denkfiguren«, S. 29.

7 Stephan Moebius, Markus Schroer, »Einleitung«, in: dies. (Hg.), *Diven, Hacker, Spekulanten. Sozialfiguren der Gegenwart*, Berlin 2010, S. 7-10, hier S. 8.

phorischen Verallgemeinerungen, die sich an einer menschlichen oder nichtmenschlichen materiellen Gestalt festmachen. Auf diese Weise werden transportierbare materielle Bilder geschaffen, die im Zuge ihrer Generalisierung zu zentralen Elementen von Zeitdiagnosen und Sozialkritiken werden können.[8] Sie fungieren wie Sonden, mit deren Hilfe die imaginäre Struktur von Übervernetzung und Entnetzung erkundet werden kann. Ganz im Sinne der hier verfolgten Konzeption eines an Praktiken gebundenen Imaginären ist dieser konkrete Problembezug entscheidend. Denn selbst in ihrer Verallgemeinerung bleibt die Verankerung von Sozialfiguren in partikularen praktischen Problemen als Spur präsent.

Die im Folgenden vorgestellten Figuren der Entnetzung gehören nicht dem üblichen Arsenal von Figuren der Entnetzung an – es geht also nicht um Medienaussteiger*innen oder Hacker*innen. Wenn meine These richtig ist, dass das Problem der Übervernetzung nicht ursächlich eines der digitalen Vernetzung ist, dann müssen erste Figuren der Entnetzung bereits früher aufgetreten sein. Ja, ich möchte sogar behaupten, dass die rückblickende Analyse es in vielen Fällen erst möglich macht, neuere Prozesse der Figuration herausarbeiten zu können. Man könnte fast analog zu Marx' Arbeitsbegriff sagen, dass erst die volle Entwicklung des Netzwerkens das Phänomen der Entnetzung analytisch sichtbar gemacht hat. Meine Auswahl von Figuren der Entnetzung erhebt keinen Anspruch auf Vollständigkeit, ist aber insofern systematisch angelegt, als sie unterschiedliche imaginäre Einheiten der Entnetzung zu ihrem Ausgangspunkt nimmt. So soll an der Sozialfigur des Schüchternen die Entnetzung von Subjekten, an der des Ladenhüters die Entnetzung von Dingen und an der des Bufferings die Entnetzung von Daten in den Blick genommen werden.

Die Rede von »Einheiten« der Entnetzung ist allerdings, wie wir gesehen haben, selbst problematisch, da sie aus der Sicht der Netzwerke geschieht und damit deren Bestimmung ihrer eigenen Elemente übernimmt. Ist man sich aber dieser wichtigen Einschränkung bewusst, dann können diese Einheiten als behelfsmäßige Heuristiken dienen und jedenfalls einen Einstiegspunkt in die Analyse bieten. Es geht mir nicht primär darum, die genannten Sozialfiguren zu porträtieren, sondern darum, sie als Kreuzungs-

8 Moser/Schlechtriemen, »Sozialfiguren«, S. 165.

punkte unterschiedlicher Prozesse darzustellen, die sich dadurch soziologisch analysieren lassen. Dazu gehören zum Beispiel das Kritisieren der Übervernetzung, der häufig nichtbewusste Entwurf von Praktiken der Entnetzung, Prozesse der Disziplinierung und Pathologisierung sowie die normative und normalisierende Aufladung dieser Figuren. Die Verdichtung in Figuren ist von Vorteil, um diese Verschränkung lesbar zu machen; sie ist jedoch dann irreführend, wenn sie dazu verführt, das Entnetzte selbst als statisches Produkt zu lesen.

Den drei unterschiedlichen Figuren ist gemeinsam, dass sie in ihren Entstehungskontexten keineswegs als intentionale Figuren zu lesen sind: Niemand beschließt, schüchtern zu sein, Ladenhüter werden nicht wissentlich produziert und digitale Netzwerke sind nicht darauf ausgelegt, dass Bufferingerfahrungen entstehen. Solange diese Figuren in partikulare Problemkonstellationen eingelassen sind (wie zum Beispiel in technische Bandbreitenprobleme beim Buffering), werden sie als zu vermeidende, nichtintendierte Nebeneffekte von spezifischen Vernetzungsphänomenen gefasst. Diese Figuren treten als Problematisierungen auf, welche Grundlage und Legitimation einer ganzen Reihe von Reparaturtechniken bilden. Sie mögen für soziale Pathologien oder technische Störungen stehen, an deren Therapierung und Behebung mittels der Entwicklung konkreter Maßnahmen gearbeitet wird. Erst rückblickend werden sie als Figuren der Entnetzung dechiffrierbar; so mag dann das Verhalten des Schüchternen nicht mehr nur für ein psychisches Defizit stehen, sondern (auch) für eine zukunftsweisende Technik des Entzugs. Es ist der spätere, mit ihrer Verallgemeinerung einhergehende Erfolg dieser Figuren, der diese erst als Darstellung von Praktiken der Entnetzung verstehbar macht. Mit der Generalisierung und Metaphorisierung gehen häufig normative und ethische Umcodierungen einher, wodurch das, was zunächst als Versagen und Ungenügen des Netzwerkens gegolten hat, utopische Momente annehmen kann. Gleichzeitig können diese Figuren ihre Genealogie nicht abstreifen, sie können sich der Ambivalenz zwischen Problem und Ausweg, zwischen Pathologie und Zukunftsvision oder zwischen Unfall und Strategie nicht vollständig entledigen. Sozialfiguren sind damit gleichzeitig »Schlussfiguren«[9]

9 Leschke, »Die Figur als mediale Form«, S. 32.

wie auch Öffnungsfiguren, weil sie nicht vollständig fixiert, sondern offen für retroaktive Reartikulationen sind. Sie stehen daher häufig im Mittelpunkt von Auseinandersetzungen, wird in und mit ihnen doch darum gerungen, wie mit den Krisen der Übervernetzung umgegangen werden soll.

1. Der Schüchterne: Entnetzung von Subjekten

Das Sprechen über Schüchternheit erlebt schon um 1900, also lange vor der gegenwärtigen Netzwerkgesellschaft, einen ersten Höhepunkt. Mit der Telegraphie, mit neuen Verkehrswegen und Verkehrsmitteln werden Ende des 19. Jahrhunderts die infrastrukturellen Grundlagen unserer gegenwärtigen Netzwerkgesellschaft geschaffen. Durch die zunehmende Verstädterung und die wachsende Anonymisierung sozialer Beziehungen entstanden immer häufiger Situationen, in denen außerhalb gewohnter Interaktionskontexte unter Fremden kommuniziert werden musste. Das Ideal der extrovertierten, stets für neue Kontakte offenen Person beginnt sich zu formieren – und genau zu diesem Zeitpunkt erfährt die Problematisierung der Schüchternheit einen ersten Höhepunkt. Es erscheinen immer mehr medizinische und psychologische Studien über Schüchternheit, und auch wenn es gewiss Vorläufer dieser Diskurse gab,[10] setzt jetzt eine auch wissenschaftliche Problematisierung dieses Sozialverhaltens ein. Diese zielt vor allem auf Therapeutisierung ab, da Schüchternheit als unangemessenes und krankhaftes Verhalten gefasst wurde. Zugleich finden sich aber auch schon damals erste Anzeichen für eine Reartikulation der Figur, indem der Schüchterne als ästhetische Figur – als »einsames Genie« beispielsweise – gefeiert wird. Die Figur des Schüchternen entsteht also gleichzeitig mit Georg Simmels in Teil II diskutierter Figur des Blasierten, auch wenn dem Schüchternen zu seinem Leidwesen die Coolness des Blasierten abgeht. Beide aber befinden sich in einem gemeinsamen diskursiven Raum, in dem die Probleme der frühen Netzwerkgesellschaft als Überflutung mit Sinnesreizen sichtbar werden. Der Blasierte und der Schüchterne werden gleichsam als Antworten auf diese Situation der Übervernetzung etabliert.

10 Zu den Vorformen des Schüchternheitsdiskurses siehe Georg Stanitzeks Studie zur »Blödigkeit« im 18. Jahrhundert: Georg Stanitzek, *Blödigkeit. Beschreibung des Individuums im 18. Jahrhundert*, Tübingen 1989.

1.1 Der Schock der Geselligkeit

»Schüttelt Eure Schüchternheit ab und lebt unter den Menschen!«[11] Mit dieser Ermutigung, die zugleich Ermahnung ist, beschließt der französische Psychologe Paul Hartenberg seine große Studie über Schüchternheit, *Les timides et la timidité*, die zu Beginn des 20. Jahrhunderts publiziert wird. Dass hier ein solcher Ton der Dringlichkeit angeschlagen wird, hat damit zu tun, dass der Schüchterne als verlorenes Kind der modernen Gesellschaft gilt. Er zieht sich zurück, meidet soziale Kontakte und versucht, bei geselligen Anlässen möglichst unsichtbar im Hintergrund zu verschwinden. Mehr noch, er wird häufig als Provokation wahrgenommen, als arroganter Verächter des Gemeinschaftslebens. Schüchternheit gilt bei Hartenberg und anderen nicht mehr nur als individuelles Defizit, Versagen oder Leiden, sondern als Problem einer zunehmend demokratisierten und urbanisierten Gesellschaft, in der traditionelle Gemeinschaften zerbrechen und zugleich neue Formen des Zusammenlebens entstehen, die nicht mehr auf einer lange zurückreichenden, gemeinsamen Geschichte beruhen. Der Schüchterne ist eine Provokation für diese modernen Formen des freien und geselligen Zusammenseins; diese neuen Gemeinschaftsformen – Gemeinschaften unter Fremden – werden ihm zur Qual, der er sich zu entziehen sucht, ohne dass ihm das stets bewusst sein muss. Die Figur des Schüchternen steht für diejenigen, die sich, gewollt oder ungewollt, dem Imperativ zur geselligen Vernetzung zu entziehen suchen. Der Schüchterne weist durch sein Verhalten die Anforderung zurück, ständig und mit jedem und jeder kommunizieren zu können. Er verkörpert stattdessen die »Idee der Inkommunikabiliät«[12] und wird auf diese Weise zum sichtbaren Gegenpol des modernen Ideals der permanenten Kommunikation.

Der Schüchterne ist keineswegs eine geschlechtsneutrale Figur. Zwar gibt es männliche und weibliche Schüchterne, aber Schüchternheit wird um 1900 gerade dadurch zum Problem, dass sie im Widerspruch zu einem männlich codierten Sozialverhalten steht: Ein Verhalten, das als »weibliche Zurückhaltung« und »höfliche Passivität« gerahmt werden kann, befällt plötzlich Männer. Diese

11 Paul Hartenberg, *Les timides et la timidité*, Paris 1901, S. 264.

12 Ludovic Dugas, *Les grands timides*, Paris 1922.

geschlechtsspezifische Differenz ist bis heute intakt, wie eine aktuelle Studie aus den USA zeigt. Sie weist nach, dass in Schulen schüchterne Mädchen eher akzeptiert sind als schüchterne Jungs. Weil Schüchternheit mit »typisch weiblichen Eigenschaften« wie Ängstlichkeit und Passivität assoziiert wird, gilt sie bei Mädchen in der Regel als weniger problematisch oder wird gar nicht als solche benannt.[13]

Ich habe schon angedeutet, dass die Figur des Schüchternen weit über die bloße Beschreibung einer individuellen Unfähigkeit oder gar einer Psychopathologie hinausweist und dass dies auch in theoretischen Diskussionen einen Niederschlag gefunden hat. Mein Vorschlag lautet, die psychologischen und literarischen Diskurse über den Schüchternen als Sozialfiguren zu lesen, an denen sich tiefgreifende Veränderungen des Verständnisses von Gemeinschaft ablesen lassen. Für die frühe Soziologie schien das Verhältnis von Gemeinschaft und Gesellschaft recht übersichtlich. Im Gefolge von Ferdinand Tönnies gilt die Gemeinschaft als Gegenbegriff zur gleichermaßen unpersönlichen und individualistischen Gesellschaft.[14] Klassische Gemeinschaften – Familien, Freundschaften, Dorfgemeinschaften, intellektuelle Zirkel – sind durch räumliche Nähe, geteilte Normen und eine tiefe emotionale Verbundenheit geprägt. Die Moderne wird aus dieser Perspektive als Bedrohung der Gemeinschaft gelesen, als Überhandnahme kalter gesellschaftlicher, insbesondere ökonomischer Logiken, die einer substantiellen Verbundenheit zwischen den Individuen entgegenstehen. Was bedeuten die Gemeinschafts- und Gesellschaftssemantiken für die Figur des Schüchternen? Sehr vereinfacht gesagt, hat es den Anschein, dass für traditionale Gemeinschaften Schüchternheit ein anderes oder sogar überhaupt kein Problem ist. Da die Gemeinschaftszugehörigkeit nicht frei gewählt wird, ist die Mitgliedschaft durch Tradition und Geschichte verbürgt. Sie muss nicht erst dadurch, dass man »soziabel« ist, erworben werden. Bis heute sehen wir, dass Schüchternheit in Regionen mit starken traditionalen Gemeinschaften sogar als Tugend geschätzt wird, wie zum Beispiel in Japan

13 Laura Doey u. a., »Bashful Boys and Coy Girls. A Review of Gender Differences in Childhood Shyness«, in: *Sex Roles* 70, 7-8 (2014), S. 255-266.

14 Ferdinand Tönnies, *Gemeinschaft und Gesellschaft. Grundbegriffe der reinen Soziologie* [1887], Darmstadt 2005.

als Form der Respektsbezeugung (*amae*).[15] Sie bezeichnet dann die Fähigkeit, sich der Gemeinschaft unterzuordnen und unsichtbar an ihrem Fortbestand zu arbeiten. Der Schüchterne wird jedoch dann für Gemeinschaften zum Problem, wenn er durch die Schüchternheit zu viel Individualität entwickelt und sich so aus der Gemeinschaft herauslöst.[16] Für die funktional bestimmten Bereiche der Gesellschaft stellte Schüchternheit so lange kein Problem dar, wie die Anforderungsprofile an das Rollenhandeln klar ausformuliert waren (zum Beispiel in Marktbeziehungen als Käufer und Verkäufer) und nur geringer Improvisation bedurften.

Freilich sollte man sich nicht allzu sorglos auf die klassische Gegenüberstellung von Gemeinschaft und Gesellschaft einlassen. Spätestens seit Beginn des 20. Jahrhunderts findet eine Vergemeinschaftung der Gesellschaft statt,[17] wodurch die alte, saubere Unterscheidung zwischen zwei unterschiedlichen Seinsweisen des Sozialen in Frage gestellt wird. Was ist mit dieser Vergemeinschaftung gemeint? Ursprünglich als bloß interessenbasiert gefasste gesellschaftliche Tätigkeiten wie das ökonomische Handeln werden in gemeinschaftsnahe, affektiv aufgeladene Formen übersetzt. Man denke zum Beispiel an den Erfolg der aus dem Sport stammenden Team-Semantik, die seit Beginn des 20. Jahrhunderts auch zur Beschreibung ökonomischer Gemeinschaften verwendet wird. So wird zum Beispiel 1928 erstmals von einem »Teamgeist« (*team spirit*) in Organisationen gesprochen.[18] Damit werden auch neue Anforderungen an die Team-Subjekte formuliert: Obgleich sie sich nicht in ihren vertrauten Kontexten befinden, müssen sie Vernetzungsfähigkeit demonstrieren und praktizieren – also genau jene

15 Klassisch dazu die Studie von Philip Zimbardo, *Shyness. What it is. What to Do About it* [1977], Boston 1990.

16 Carl Gustav Jung hat eine der ersten Studien zu den unterschiedlichen Welten der Introvertierten und Extrovertierten verfasst. In seiner kulturphilosophischen Interpretation gibt Jung den Hinweis, dass für den Nationalsozialismus die Introversion als Verletzung des Gemeinschaftsgefühls gesehen wurde. Carl G. Jung, »Psychologischer Kommentar zu ›Das tibetische Buch der großen Befreiung‹« [1963], in: ders., *Gesammelte Werke*, Bd. 11: *Zur Psychologie westlicher und östlicher Religionen*, Düsseldorf 1983, S. 511-549.

17 Nikolas Rose, »The Death of the Social? Re-figuring the Territory of Government«, in: *Economy and Society* 25, 3 (1996), S. 327-356.

18 Eintrag zum Begriff »team« im *Online Etymology Dictionary*, ⟨http://www.etymonline.com/index.php?term=team⟩, letzter Zugriff 20. 10. 2020.

Qualität, die für die Entstehung des Netzwerksubjekts wichtig wird.

Die Problematisierung der Schüchternheit ist eine Antwort auf diese neuen Kommunikations- und Vernetzungsanforderungen, die mit der Etablierung neuer Gemeinschaftsformen, etwa des geselligen Salonlebens, entstehen. In seiner *Apologia Diffidentis* führte der britische Kurator und Archäologe Ormonde Maddock Dalton die zunehmende Verbreitung von Schüchternheit auf die Normierungen des modernen gesellschaftlichen Lebens zurück, die er als »immerwährende Urbanität« (*everlasting urbanity*) beklagt. Der Ruf nach intrikaten sozialen Selbstdarstellungen und Performances erzeuge eine ständige Versagensangst, zumindest beim Schüchternen. Dalton sieht hier allerdings keine anonyme soziale Logik am Werk, sondern macht letztlich Frauen für diese Zumutungen verantwortlich: »Die Frau, die den rohen Mann durch konventionelle Zwänge des äußeren Erscheinungsbildes gezügelt hat, hat das soziale Geschehen glatt und schicklich gemacht, aber der Menschheit das Tragen unnatürlicher Masken auferlegt.«[19] Dies ist die Kehrseite der erwähnten Vergeschlechtlichung der Schüchternheit: Frauen werden auf misogyne Weise als die Triebkräfte einer anspruchsvollen urbanen Sozialität der Verstellungen gesehen, die den sensiblen männlichen Schüchternen überfordert.

Dass Schüchternheit typischerweise außerhalb traditionaler Gemeinschaften auftritt, wird bereits in Charles Darwins Beschäftigung mit Schüchternheit in *Der Ausdruck der Gemüthsbewegungen bei dem Menschen und den Thieren* deutlich. Darwin bestimmt Schüchternheit als genuin soziales Verhalten, genauer: als eine Art Selbstreflexion zweiter Ordnung:

> Es ist nicht der einfache Act, über unsre eigene Erscheinung nachzudenken, sondern der Gedanke, was Andere von uns denken, welcher ein Erröthen hervorruft. In absoluter Einsamkeit würde die empfindlichste Person vollständig indifferent über ihre Erscheinung sein.[20]

Zweierlei ist hier bemerkenswert: Das, was die spätere Soziologie

19 Ormonde Maddock Dalton, *Apologia Diffidentis* [1908], London, New York 2010, zit. nach: Joe Moran, *Shrinking Violets. The Secret Life of Shyness*, New Haven 2017, S. 19.

20 Charles Darwin, *Der Ausdruck der Gemüthsbewegungen bei dem Menschen und den Thieren*, Stuttgart 1877, S. 333.

als Erwartungserwartung fassen wird, wird hier nicht nur als kognitiver, sondern auch als emotionaler Zustand gesehen – als ein Zustand, in dem das eigene »impression management«[21] versagen könnte und in dem affektive und somatische Dynamiken unsteuerbar werden. Wenn ich erröte, dann wird mein zuvor souverän geplanter Auftritt empfindlich gestört und selbst meine Absicht, unauffällig im Hintergrund zu bleiben, wird durch die auffällige Farbe meines Gesichts durchkreuzt. Die Urszene des sozialen Zusammenseins wird hier wesentlich als Peinlichkeit beschrieben, noch unterstrichen durch die Beobachtung, dass in der Regel niemand allein errötet. Ist der Schüchterne allein, so verliere sich seine Schüchternheit wie von selbst, zumindest solange er sich davor hütet, sich die Gegenwart von anderen allzu lebhaft vorzustellen.

Nicht jede soziale Situation sei jedoch gleichermaßen problematisch. In der Familie und unter Freund*innen – also in einem Großteil jener traditionalen Gemeinschaften, von denen oben die Rede war – lege der Schüchterne meist seine Hemmungen ab (auch wenn Darwin besorgt beobachtet, wie seine Tochter nach längerer Abwesenheit sich sogar ihm gegenüber schüchtern verhält). Schüchternheit entstehe erst dann als modernes Problem, wenn sich der Schüchterne unter Fremden befindet, wenn er unbekannten Blicken, die er nicht einzuschätzen weiß, ausgesetzt ist. Wegen dieser Bedeutung des fremden Blicks, so Darwin weiter, richtet sich die Aufmerksamkeit des Schüchternen primär darauf, was an seiner persönlichen Erscheinung aus der Perspektive der anderen unstimmig sein könnte: Ist er falsch gekleidet? Nimmt er eine falsche Körperhaltung ein? Hat er den Gruß zu leise oder zu laut erwidert? Kurzum: Es geht um die Angst, aufzufallen und so die Indifferenz des städtischen Lebens zu stören. Andere Schüchternheitstheorien aus dieser Zeit (bis hin zur gegenwärtigen Forschung) erweitern diese Ängste um die allgemeine Sorge über das angemessene soziale Verhalten. Was all diesen möglichen Gründen gemeinsam ist, ist ihre Gegenwartsorientierung. Es handelt sich um eine präsente Auffälligkeit, die für den Fremden sofort zu entziffern ist, und nicht um ein in der Vergangenheit zurückliegendes moralisches Verhalten, das nur Vertrauten bekannt sein mag. Die Geschichten

21 Erving Goffman, *Wir alle spielen Theater. Die Selbstdarstellung im Alltag* [Orig. 1969], München 2019.

und Vorfälle aus der Vergangenheit sind dem Fremden in der Regel unbekannt: Er urteilt im Hier und Jetzt auf der Grundlage dessen, was aktuell beobachtet werden kann.

Die Sozialfigur des Schüchternen bezieht sich damit auf das gesellige Zusammensein mit Fremden und steht im Kontrast zu jenen Gemeinschaftsformen, die auf historisch verankerten Vertrauensbeziehungen beruhen. Schüchternheit fungiert als eine Problematisierung, die darauf reagiert, dass wir uns immer seltener in stabilen, klassischen Gemeinschaften befinden und immer öfter in Situationen der Vernetzung, etwa jener des Small Talks, in denen eine temporäre Verbindung unter und mit Fremden herzustellen ist. Mit der fortschreitenden Urbanisierung und Demokratisierung westlicher Gesellschaften wird das Aufeinandertreffen von Fremden zum Normalfall. Und diese Fremden begegnen sich nicht nur in fest gefügten, anonymen Rollen, sondern entwickeln auch neuartige Formen des ephemeren, temporären Zusammenseins. Weil diese Formen temporärer Gemeinschaft immer häufiger auftreten, taucht die Semantik der Schüchternheit als Indikator für ein Problem auf: Sie markiert die Unfähigkeit, sich am zwanglosen Zusammensein unter Fremden angemessen zu beteiligen. In diesem Sinne verkörpert der Schüchterne geradezu das Problem der Anschlussunfähigkeit. Georg Simmel hat dieses soziale Phänomen der gesteigerten interaktiven Vernetzung als »Geselligkeit« beschrieben: als ein Zusammensein ohne äußeren Zweck, das seine Energie aus dem Vergnügen am Zusammensein schöpft.[22] Dieses Vergnügen entgeht jedoch dem Schüchternen; für ihn ist die Geselligkeit bloße Pein. Es ist das selbstreferentielle Zusammensein um des Zusammenseins Willen, welchem der Schüchterne mit Argwohn begegnet. In klar definierten gesellschaftlichen Rollenkontexten, in denen wenig Spontaneität gefordert ist, »funktioniert« der Schüchterne dagegen häufig recht gut. Er mag als Ingenieur präzise über ein technisches Problem diskutieren können, ja sogar ein mitreißender Redner sein; sobald aber temporäre und zwanglose Ge-

22 Georg Simmel, *Soziologie der Geselligkeit* [1910], in: ders., *Gesamtausgabe*, Bd. 12, hg. von Rüdiger Kramme und Angela Rammstedt, Frankfurt/M. 2001, S. 177-193. Für Simmel sind Geselligkeit und Gemeinschaft keineswegs deckungsgleich. Allerdings wird m. E. gerade in der Geselligkeit die hier interessierende Vermischung von gemeinschaftlichen und gesellschaftlichen Logiken besonders deutlich.

meinschaftsfähigkeit erwartet wird, fühlt er sich überfordert und setzt alles daran, sich dieser Anforderung und den entsprechenden Anlässen zu entziehen. Damit ist ein Verständnis des Schüchternen als kommunikative Pathologie vorbereitet, aber auch bereits eine positiv konnotierte Ästhetik der Inkommunikabilität. Der französische Literat und Philosoph Ludovic Dugas, der nicht ohne Bewunderung für seinen Gegenstand seine große Monographie *Les grands timides* zu berühmten Schüchternen (von Jean-Jacques Rousseau über Benjamin Constant bis hin zu Stendhal) verfasst hat, weist auf genau dieses Problem hin: »Es ist die Idee der Inkommunikabilität mit anderen, die sich mit all ihren Reflexionen um diese Idee [der Schüchternheit] entwickelt.«[23]

1.2 Pathologisierung der Schüchternheit

Ich habe schon dargelegt, dass die Schüchternheit um 1900 zum Gegenstand der Psychologie wird, womit auch ihre Pathologisierung einsetzt. Der bereits erwähnte Psychologe Paul Hartenberg wird noch heute als Begründer jener Konzeption von Schüchternheit gesehen, die der amerikanischen Klassifikation psychischer Krankheiten, dem *Diagnostic and Statistical Manual of Mental Disorders* (DSM), zugrunde liegt. Dort wird seit den 1970er Jahren *social anxiety* als psychische Krankheit geführt.[24]

Grundlage der frühen französischen Diskussion ist eine sensualistische Psychologie, die interessanterweise dem heutigen *affective turn* in den Sozial- und Kulturwissenschaften nähersteht als der kognitivistischen Psychologie. Um die rätselhafte Inkommunikabilität zu erklären, werden die Emotionen und die Sensibilität des Schüchternen untersucht. Hartenberg findet im Schüchternen die Verknüpfung von zwei unterschiedlichen Emotionen: Angst und Scham. Diese Verknüpfung ist für sich genommen noch nicht bemerkenswert, sie wird erst deshalb theoretisch interessant, weil es sich in beiden Fällen um Emotionen ohne jeden »objektiven« Grund handelt. Denn der Schüchterne müsste eigentlich nicht ängstlich sein; er könnte sich darauf verlassen, dass seine

23 Dugas, *Les grands timides*, S. 21.

24 Nichole Fairbrother, »The Treatment of Social Phobia. 100 Years Ago«, in: *Behavior Research and Therapy* 40, 11 (2002), S. 1291-1304.

Interaktionspartner*innen gutwillig sind und wie er am Gelingen einer erfolgreichen Interaktion interessiert sind – dass also »höfliche Gleichgültigkeit« (*civil inattention*)[25] und urbane Indifferenz funktionieren. Und schließlich gibt es auch keine Grundlage für eine Schamempfindung, hat der Schüchterne doch (noch!) nichts getan, was ihm peinlich sein könnte – und auch keinen »skandalösen« Auftritt geplant, für den er sich schämen müsste:

> Was riskiert denn derjenige, der es nicht wagt, in ein Café zu gehen, der Herzklopfen kriegt, wenn er durch einen Salon geht, der zittert, während er an der Tür eines ihm wohlgesonnenen Menschen klopft? Nichts, absolut nichts.[26]

Der so sehr von Furcht und Scham getriebene Schüchterne wird von grundlosen Emotionen heimgesucht, von einer »falschen Angst« und einer »falschen Scham«. Die (grundlose) Angst vor dem Zusammensein – dies ist also die Definition des Schüchternen.[27] Auf die Frage, wann diese Emotion auftritt, antwortet Hartenberg:

> Unter einer einzigartigen Bedingung: in der Gegenwart eines menschlichen Wesens [...]. Sich vor anderen Menschen zu zeigen, zu sprechen, zu gehen, sich ihren Blicken auszusetzen, sie selbst anzuschauen und ihre Antworten zu erhalten; genau dies sind die Handlungen, welche den Schüchternen in Unsicherheit versetzen und denen er ausnahmslos ausweichen möchte.[28]

Zu wissen, dass andere mich beobachten, aber nicht zu wissen, wie sie mich einschätzen, ist unerträglich. Der Schüchterne ist für Hartenberg aus diesem Grund gemeinschaftsunfähig, obgleich er sich eigentlich nach Gemeinschaft sehnt: »Der Schüchterne möchte sich unter die Menschen begeben, aber er isoliert sich, er möchte sie kennenlernen, aber er verschließt sich, er möchte geliebt werden, aber er macht sich unzugänglich.«[29]

Wie lassen sich aber diese »falschen« Emotionen der Angst und der Scham erklären? Für Hartenberg werden Emotionen durch sinnliche Impulse der Außenwelt ausgelöst: Affekte gelten als kör-

25 Erving Goffman, *Verhalten in sozialen Situationen. Strukturen und Regeln der Interaktion im öffentlichen Raum*, Gütersloh 1971, S. 84 ff.

26 Hartenberg, *Les timides et la timidité*, S. 4 f.

27 Ebd., S. 9.

28 Ebd., S. 6.

29 Ebd., S. 259.

perliche Resonanzen. Beim Schüchternen wird diese Verbindung zwischen Organismus und Außenwelt prekär, da es ja eigentlich – darin liegt die »Falschheit« begründet – überhaupt keine Impulse gibt, die per se angst- oder schameinflößend sind. Zugleich ist aber durch die Grundannahmen seiner Affekttheorie ausgeschlossen, diese »falschen« Emotionen auf bloße kognitive Täuschungen zu reduzieren. Denn die sensualistische Theorie, auf die er sich stützt, geht davon aus, dass jeder mentale Wahrnehmungsinhalt eine körperliche Reaktion auf einen Stimulus voraussetzt. Kognitive Repräsentationen der Situation sind immer nachträglich und funigeren daher auch für den Schüchternen nicht als Ursache für sein Verhalten. Der Schüchterne stellt affektive Anschlüsse her, ohne dass es für diese Anschlüsse ein vorhergehendes Ereignis, das als Stimulus funktionieren könnte, gegeben hat. Man könnte schon fast sagen, dass sich im Schüchternen die »Autonomie des Affekts«[30] besonders eindrucksvoll und überraschend beweist. Für die heutige an Deleuze anschließende Affekttheorie ist das affektive Leben irreduzibel und kann nicht von Außenreizen abgeleitet werden.

Wenn es also keinen spezifischen Angstauslöser in der sozialen Situation gibt, aber dennoch eine Angst vor dem sozialen Zusammensein entsteht, dann muss die Ursache woanders liegen. Hartenberg findet die Lösung für dieses Rätsel in der Hyperästhesie: »Der Schüchterne ist vor allem eine sensible Person, und seine Schüchternheit ist nichts anderes als seine allgemeine Sensibilität.«[31] Durch seine große sinnliche Offenheit könnten kleinste Ereignisse größte Wirkungen verursachen – »der kleinste Eindruck erweckt ein ausgedehntes Echo in seiner affektiven Sphäre«.[32] In dieser Konzeption der Schüchternheit geht die reduzierte soziale Anschlussfähigkeit, die Inkommunikabilität, mit einer gesteigerten ästhetischen Rezeptivität einher. Der Schüchterne ist kommunikativ verschlossen, weil er sensorisch offen ist. Diese Offenheit ist nahezu grenzenlos, da jede Kleinigkeit, auch solche, die von anderen ansonsten übersehen werden, bereits zu intensiv und zu brutal sein kann. Die Schüchternen befinden sich wegen dieser übergroßen Rezeptivität in ständiger Schwingung: Sie sind »Vibrierende, aber jede Vibration ist

30 Brian Massumi, »The Autonomy of Affect«, in: *Cultural Critique* 31 (1995), S. 83-109.

31 Hartenberg, *Les timides et la timidité*, S. 47 f.

32 Ebd.

für sie eine Qual«.[33] Sie nehmen zu genau und zu viel wahr – und können diese Eindrücke nicht mehr einordnen. Auf diese Überlastung reagiert der Schüchterne mit einer permanenten Hermeneutik des Verdachts: ein Lächeln, ein Räuspern, ein Wort – all diese zunächst unbedeutenden Phänomene sind für ihn potentielle Hinweise darauf, dass er sich nicht angemessen verhält. Der Schüchterne ist damit das Gegenteil des Blasierten: Er beherrscht die Techniken der Indifferenz nicht, vielmehr ist er hypersensibel und lässt sich sogar von eingebildeten Reizen affizieren. Wie wir sehen werden, macht ihn diese Hypersensibilität aber nicht zum Apophäniker, der ebenfalls überall Zeichen sieht und Verbindungen ahnt, sondern sie führt ihn dazu, sich aus sozialen Beziehungen herauszunehmen und temporär zu entnetzen. Die gesteigerte soziale Angst lähmt ihn so sehr, dass er an Deleuze' Figur des Katatonikers erinnert.[34] Er erstarrt in Kommunikationssituationen durch seine beständige übersteigerte Reflexion des sozialen Zusammenlebens.

Mit dieser Grundlegung von Schüchternheit in der sinnlichen Wahrnehmung verkompliziert sich das Verhältnis des Schüchternen zu sozialen Interaktionen. Wenn es richtig ist, dass das gemeinschaftliche Zusammensein wesentlich eine Gefühls- und Erfahrungsgemeinschaft ist, dann entzieht sich der Schüchterne nicht einfach jeder Gemeinschaftlichkeit. Vielmehr ist er für die affektive Grundlage jeder Gemeinschaft mehr als offen. Er ist der ideale Resonanzboden für die sinnlichen Flows einer Gemeinschaft. In gewisser Weise ist niemand intensiver an der Gemeinschaftserfahrung beteiligt als der Schüchterne. Er lässt sich bedingungslos von ihr affizieren, und es scheint diese Bedingungslosigkeit zu sein, die ihn gleichzeitig zum Rückzug drängt. Allerdings setzt diese gesteigerte Wahrnehmung der Gemeinschaft zugleich einen Individuierungsprozess frei. Gerade weil der Schüchterne der Erfahrung von Gemeinschaft schutzlos ausgesetzt ist, baut er seine Individualität als Bollwerk gegen diese auf. Der Schüchterne wird sich seiner eigenen Hyperästhesie[35] bewusst und dadurch zum schlechten sozialen Medium. Gabriel Tarde hat im Schüchternen eine schon fast

33 So der Direktor der Comédie Française, zit. in: ebd., S. 48.

34 Siehe oben, Teil II, Kap. 3.

35 Hyperästhesie und Neurasthenie sind moderne Krankheiten, die klassisch als Überempfindlichkeiten verstanden und auf die Reizüberflutung in urbanen Kontexten zurückgeführt worden sind.

heroische Figur gesehen, die sich der beständigen Vernetzung entgegenstellt: »Schüchternheit ist eine bewusste und folglich unvollständige Magnetisierung [...]. Sie ist ein *im Entstehen begriffener sozialer Zustand.*«[36] Die Paradoxie des Schüchternen liegt also darin begründet, dass er eigentlich das ideale Medium für die affektive Gemeinschaftsbildung wäre, aber, indem er sich dieser Medialität bewusst wird, diese ins Stocken bringt. Deshalb spricht Tarde von einem Individuum, das nicht genügend sozialisiert ist, das nicht wie ein Schlafwandler der hypnotischen Stimme des Sozialen automatisch folgt. Der Schüchterne verkörpert gleichsam das Prinzip der Nichtnachahmung – und an ihm wird auch deutlich, wie viel Arbeit und welches Maß an affektiven Energien diese Nichtnachahmung freisetzt. Man sieht nun auch, auf welche Weise sich der Schüchterne entnetzt: Er ist in Interaktionssituationen gegenwärtig und abwesend zugleich: Er ist körperlich und affektiv gegenwärtig, aber interaktionsrelevante Handlungen werden auf ein Minimum reduziert. Das Angesprochenwerden des Schüchternen durch Fremde ist letztlich das Scheitern seiner Versuche, sich zu entziehen – und mag dann zu den peinlichen Interaktionssituationen führen, mit denen sich interaktionistische Theorien gerne beschäftigen.

1.3 Der Schüchterne als Parasit

Die Pathologisierung von Schüchternheit hatte in der übergroßen Sensibilität ihre erste Grundlage gefunden und wird später dadurch verstärkt, dass das Sich-Bewähren in Wahlgemeinschaften zur permanenten Anforderung wird. Susan Cain hat dies in ihrem Bestseller *Still. Die Bedeutung von Introvertierten in einer lauten Welt* für die USA auf eine Veränderung des vorherrschenden Sozialcharakters zurückgeführt.[37] Hatte bis ins 19. Jahrhundert eine »Kultur des Charakters« (*culture of character*) dominiert, die mit klassischen Tugenden wie Fleiß, Ehre und moralischer Integrität verbunden war, so wurde diese im Laufe des 20. Jahrhunderts zunehmend von

36 Gabriel Tarde, *Die Gesetze der Nachahmung* [Orig. 1890], Frankfurt/M. 2003, S. 110.

37 Susan Cain, *Still. Die Bedeutung von Introvertierten in einer lauten Welt*, München 2011.

einer »Persönlichkeitskultur« (*culture of personality*) verdrängt,[38] die heute in Gestalt des »vernetzten Selbst« ihren vorläufigen Höhepunkt erreicht hat. In dieser Kultur komme es darauf an, andere begeistern zu können, einen guten Eindruck zu machen, energetisch und originell auftreten zu können – kurz: seine Individualität zu finden und zum Ausdruck zu bringen. Diese Kultur der Persönlichkeit beruhe nicht nur auf narzisstischen Selbstinszenierungen, sondern es gehe auch um das Performen und das Sich-Bewähren in Teams und Projekten. Cain erinnert an erste Versuche zur Schaffung von Zugehörigkeitsgefühlen aus den 1930er Jahren, an die Gruppenarbeit im Schulunterricht, an die Open-Office-Kultur und das kollektive Brainstormen in Unternehmen.[39] Der Schüchterne verweigert sich diesen Anforderungen: Er schweigt in der Gruppenarbeit, er versteckt sich, so gut es geht, im Open Office, und er wagt aus Angst vor der Blamage nicht, sich mit eigenen Beiträgen am Brainstorming zu beteiligen.

Die Inkommunikabilität findet sich nun in einem Spannungsfeld zwischen Therapeutisierung und moralisch grundierter Kritik. Wie oben angedeutet, hat bereits die französische Diskussion um 1900 auf das Problem hingewiesen, dass der Schüchterne durch seinen kommunikativen Rückzug als unfreundlich und arrogant gilt – als ein Individualist, der sich über die impliziten Normen des sozialen Zusammenseins egoistisch hinwegsetzt. In ihrer mikrosoziologischen Studie zu Schüchternheit stellt Susan Scott genau diesen Zusammenhang fest.[40] Schüchterne versuchen zwar, sich unsichtbar zu machen, sind aber durch ihre bloße körperliche Präsenz ein Problem für die anderen Interaktionspartner*innen. Der schweigende »Teilnehmer« an Gesprächen und in Gruppenarbeiten wird als sozialer Parasit wahrgenommen. Er scheint die anderen schlicht zu ignorieren und verletzt durch seine Indifferenz die implizite Erwartung von Reziprozität: Er gibt der Gemeinschaft nichts und saugt doch deren Energie auf. Er nimmt an gemeinsamen Ereignissen – häufig zwar ungewollt – teil, ohne etwas dafür zu leisten. In der jüngsten Zeit werden aber auch die Kosten dieser permanenten Vernetzungsarbeit für den Schüchternen thematisiert. Jonathan

38 Ebd, S. 38, im Anschluss an Warren I. Susman, *Culture as History. The Transformation of American Society in the Twentieth Century*, New York 1984.

39 Cain, *Still*, S. 74 ff.; zum Open Office siehe unten, Teil IV, Kap. 1.

40 Susan Scott, *Shyness and Society. The Illusion of Competence*, London 2007.

Rauch beschreibt in seinem für ihn selbst überraschend erfolgreichen Essay »Caring for Your Introvert« die Verhaltensweisen des Introvertierten, ohne ihn dafür zu kritisieren: »Introvertierte sind Menschen, die andere Menschen anstrengend finden.«[41] Ein Introvertierter brauche zwei Stunden allein, um eine Stunde mit anderen verbringen zu können. Was der Introvertierte sichtbar macht, ist die große immaterielle und affektive Arbeit, welche damit einhergeht, sich in beständig wechselnden Netzwerken bewegen zu können. Denn die Wahlgemeinschaften der Netzwerkgesellschaft (so kurzfristig sie auch sein mögen) beruhen auf kommunikativer Arbeit. Die Mitgliedschaft in diesen ist von Anfang an prekär und muss durch beständiges Netzwerken erarbeitet, gesichert und erneuert werden. Solche Netzwerke sind eine permanente Aufgabe – und für den Schüchternen nicht nur eine kommunikative Zumutung, sondern mit Blick auf seine Position in diesen auch ein Problem. Die Herstellung von projektförmiger Gemeinschaft erfordert den Einsatz der ganzen Person, der auch entsprechend sichtbar werden muss. Verlangt ist, zum Vernetzungsvirtuosen zu werden – ganz so, wie ich es zu Beginn meiner Darstellung der Übervernetzungsdiskurse in Teil I dieses Buches beschrieben habe.

1.4 Die Heroisierung des Schüchternen

Bereits um die Jahrhundertwende war der Schüchterne nicht nur eine soziale Pathologie, sondern auch eine ambivalente Sozialfigur. Besonders in Tardes Soziologie der Nachahmung ist er eine der wenigen Kräfte, die sich einer beschleunigten Vernetzung zu entziehen vermögen und dadurch ein kreatives Potential entwickeln können. Diese Charakterisierung schließt an frühere Ästhetisierungen des Schüchternen an. Gerade weil dieser nicht aktiver Teil der Netzwerke ist, schafft er ein Moment der Widerständigkeit und der Reflexion. Solche positiven Deutungen von Schüchternheit haben sich in den letzten Jahren einen festen Platz (neben der nach wie vor vorhandenen Kritik) in den einschlägigen Diskursen erobert, ja sich teils zu einer Heroisierung des Schüchternen gesteigert.

41 Jonathan Rauch, »Caring for Your Introvert. The Habits and Needs of a Little-understood Group«, in: *The Atlantic Magazine*, März 2003, S. 1-2, hier S. 2.

So hat sich Ende der 1980er Jahre in der lange Zeit am Ideal der extrovertierten Persönlichkeit orientierten Rock- und Popmusik die Figur des schüchternen Stars etabliert. Despektierlich begann die englische Musikpresse zunächst vom Genre des *shoe gazing* zu sprechen, das heißt von einem Performance-Stil, bei dem der Blick der Musiker*innen nicht ins Publikum, sondern ganz auf die eigenen Schuhe gerichtet ist, weil dort die Songtexte auf dem Boden kleben oder sich die Wah-Wah-Pedale der Gitarrist*innen befinden. Diese Musiker*innen galten häufig als arrogant und intellektualistisch, aber auch als introvertiert. Auch wenn bereits in den 1990er Jahren vom Ende dieses Genre gesprochen wird, so tut dies dem popmusikalischen Erfolg von Schüchternheit keinen Abbruch. Man könnte fast von einem »Sound of Shyness« sprechen.[42] Sängerinnen wie Cat Power oder Sharon van Etten wurden auch durch ihre Sozialphobien, die bis zu Konzertabbrüchen führte, berühmt. Diese popkulturellen Ästhetiken der Schüchternheit mögen Topoi des einsamen und an der Welt leidenden Künstlers wiederverwerten, dennoch erscheint gerade deren gegenwärtiger Erfolg als ein Indikator für ein neues Verständnis von Schüchternheit.

Auch die Populärwissenschaft hat die Schüchternheit als erfolgreiches Thema entdeckt, und zwar nicht mehr nur im Format des klassischen Ratgebers, der den Schüchternen Techniken lehrt, mit deren Hilfe er die nächste Party oder den anstehenden Betriebsausflug überstehen kann. Vielmehr findet nun eine Neucodierung von Schüchternheit als soziale und ökonomische Qualität statt. Ein besonders gutes Beispiel dafür ist Susan Cains bereits erwähnter Bestseller, aber auch Florian Werners literarische Verteidigung der Schüchternheit ist hier zu nennen.[43] Cains Manifest für die Introversion hat große Aufmerksamkeit erregt; es wurde in der US-amerikanischen Presse ausführlich diskutiert – und von zahlreichen Selbsthilfeblogs mit einer gewissen Erleichterung zur Kenntnis genommen. Plötzlich gilt der Schüchterne in vielen Fällen sogar als der bessere Unternehmer, Manager und Erfinder, dessen überlege-

42 Jude Rogers, »The Sound of Shyness. The XX, winners of the Mercury Prize 2010, have invented an urban sound at once intimate and familiar«, in: *New Statesman*, 2010, ⟨https://www.newstatesman.com/music/2010/12/madley-croft-sim-band-music⟩, letzter Zugriff 02. 04. 2020.

43 Florian Werner, *Schüchtern. Bekenntnis zu einer unterschätzten Eigenschaft*, Zürich 2012.

ne Innovationskraft von einer langen Reihe berühmter schüchterner Wirtschaftshelden belegt werde – von Bill Gates bis Charles Schwab. Diese Heroisierung des Introvertierten geht allerdings mit einer recht problematischen Unterscheidung zwischen dem Introvertierten und dem Schüchternen einher: Der nun geschätzte Introvertierte verzichtet aus eigenem Willen auf soziale Geselligkeit, während der Schüchterne von sozialer Angst getrieben ist und nicht mehr Herr seines Gemeinschaftswillens ist. Nur der willensstarke Introvertierte taugt zum Helden, wohingegen der Schüchterne einmal mehr zur tragischen Figur wird, weil er zwar am Vernetzungsgeschehen teilhaben möchte, aber von seinen Ängsten daran gehindert wird.

Wie auch immer man diese diskursive Rochade einschätzen mag: in beiden Fällen gilt, dass auf den endlosen Palaver der Netzwerkgesellschaft mit Stille oder Ruhe reagiert wird.[44] In diesen Semantiken des Schüchternen kanalisiert sich das Unbehagen an der permanenten Face-to-face Kommunikation, die nahezu alle Formen von gegenwärtigen Gemeinschaften charakterisiert.[45] Im Schüchternen entdeckt die moderne Gesellschaft Inkommunikabilität als Potential und als Korrektiv – auch wenn diese mitunter (wie bei Cain) viel zu schnell in ökonomischen Kategorien übersetzt wird. Aber selbst daran sieht man, dass der Schüchterne den Bereich der Kunst längst verlassen hat und in den »harten« Bereichen der modernen Gesellschaft angekommen ist. Und in Zeiten der Corona-Pandemie werden die mit der Schüchternheit einhergehenden Praktiken der sozialen Distanzierung sogar als neue Überlebenstechniken, ja als »evolutionärer Vorteil« entdeckt: »Ich wusste, dass meine Introversion einmal praktisch werden würde. Konzert – gestrichen; Strickkurs – gestrichen; Zahnarzt – gestrichen;

44 Siehe auch Sophia Dembling, *The Introvert's Way. Living a Quiet Life in a Noisy World*, New York 2012.

45 Diese Skepsis gegenüber der übersteigerten Geselligkeit reicht bis hin zu Gemeinschaften evangelikaler Christen, in denen eine Diskussion über den Irrweg extrovertierter Glaubenspraktiken ausgebrochen ist, siehe: Adam McHugh, *Introverts in the Church. Finding Our Place in an Extroverted Culture*, Downers Grove 2009. Die Rolle von virtuellen Gemeinschaften für Schüchterne (und auch die damit verbundene Mythologie) verdient eigentlich eine ausführlichere Diskussion, für die hier aber kein Raum ist. Es scheint jedenfalls, dass virtuelle Gemeinschaften für Schüchterne zum idealen Zufluchtsort werden, weil die Nähe und die Länge des Kontaktes selbst gesteuert werden können.

Abendessen mit einem Kunden – gestrichen. [...] Es war, als ob ich den ›Abgesagte-Projekte-Jackpot‹ gewonnen hätte.«[46] Die Neigung und Kompetenz des Schüchternen, in der Öffentlichkeit nicht mit Fremden zu kommunizieren, niemandem zu nahe zu kommen sowie sein den Aufenthalt in der Öffentlichkeit abkürzender Wunsch, möglichst schnell wieder alleine zu sein, machen ihn zur perfekten und paradigmatischen Figur sozialer Distanzierung. Getragen ist diese Distanzierungskompetenz von einer affektiven Haltung, welche den Nichtkontakt genießt und die Zeiten des *social distancing* zu erholsamen macht: »Ich fühle mich wie in den Ferien.«[47] In Reddit-Introvertiertengruppen wird nicht ohne einen Anflug von Schadenfreude nach langer Herabwürdigung die Umkehrung der Ideale einer extrovertierten Kultur gefeiert: »Extrovertierte erzählen uns seit Jahren, wir sollten ›unsere Komfortzone verlassen‹ und ausgehen. Das ist möglicherweise das erste Mal, dass ihnen gesagt wird, ihre Komfortzone nicht zu verlassen und zu Hause zu bleiben.«[48] Im Schüchternen findet eine übervernetzte Gesellschaft einen Hinweis darauf, dass sie verlernt hat, Momente der Inkommunikabilität – der Reduktion und des temporären Aussetzens von Kommunikation – auszuhalten oder gar deren Möglichkeiten zu erkennen. In diesen Monaten hat sich allerdings gezeigt, dass dieser Hinweis bestenfalls temporär beherzigt wurde, denn eilig wurde an der Etablierung neuer Formen des Kommunizierens und Netzwerkens gearbeitet: »Intorvertierte haben gerade einmal einen oder zwei Tage Einsamkeit gekriegt, bevor die Extrovertierten an ihren virtuellen Türen mit Zoom-Treffen und Google-Hangouts rüttelten.«[49] In der Tat hat sich in kürzester Zeit eine überbordende Zoom-Kultur, inklusive Zoom-Happy-Hours herausgebildet, die das verlorene Vernetzungsgeschehen während der Krise ersetzen

46 Tara Woloschuk, »Social Distancing is Business as Usual for Introverts«, in: *Introvert, Dear,* 2020, ⟨https://introvertdear.com/news/social-distancing-is-business-as-usual-for-introverts/⟩, letzter Zugriff 18. 04. 2020. Siehe auch die Cartoons zur Introversion während der Corona-Pandemie: Lody Njio, Titas Burinskas, »My 9 Comics That Show How Introverts Feel Right At Home In This Pandemic«, in: *Bored Panda*, 2020, ⟨https://www.boredpanda.com/comics-funny-introverts-corona-lody-njio/⟩, letzter Zugriff 18. 04. 2020.

47 Post von Domandol@domandol, 21. 03. 2020 auf Twitter.

48 Post von RillaboomForPrez in »r/introvert« auf Reddit, zit. nach: Woloschuk, »Social Distancing is Business as Usual for Introverts«.

49 Post von ChrisEnns@iChris, vom 20. 03. 2020 auf Twitter.

soll – aber häufig nicht nur bei den Schüchternen zu großer Erschöpfung führt.[50]

1.5 Gemeinschaften der Schüchternen: »Can the Shy speak?«

Die gegenwärtige Resignifikation von Schüchternheit begnügt sich nicht mit deren Heroisierung, sondern folgt geradezu klassisch den Mustern von Identitätspolitik und verfängt sich auch in deren Paradoxien. Gefordert wird, gewiss auch etwas ironisch, eine Gemeinschaft der Schüchternen, ja sogar ein *Introverts' Rights Movement*. Wie sollen aber gerade jene, die eigentlich ihre Stimme nicht erheben wollen oder deren Stimme im nervösen Stottern untergeht, für sich selbst sprechen können? Die Bewegung für die Rechte der Schüchternen[51] ist sich dieser Paradoxie bewusst, folgt aber dennoch etwas fantasielos den identitätspolitischen Mustern der letzten Jahrzehnte. Der Schüchterne wird nun als Opfer einer extrovertierten Gesellschaft gesehen: »In einer extrovertierten Gesellschaft besteht der Unterschied zwischen einem Introvertierten und einem Extrovertierten darin, dass ein Introvertierter oft unbewusst für schuldig befunden wird, bis seine Unschuld bewiesen ist.«[52] Eine solche Sichtweise läuft jedoch Gefahr, die potentielle Stärke der Schüchternen unsichtbar zu machen, die darin besteht, an ein Moment der Inkommunikabilität zu erinnern, ja vielleicht sogar an die Notwendigkeit, neue Formen der Vernetzung jenseits von Identitätspolitik zu entwickeln, zu deren Vorreiter der Schüchterne unfreiwillig geworden ist.

Allerdings sollte man vermeiden, aus dem Schüchternen eine weitere benachteiligte Identität zu machen, einen neuen Opferdiskurs zu beginnen und für deren Rechte zu kämpfen. Denn dadurch würde gerade jene Herausforderung des Gemeinschaftsdenkens verschenkt, für welche die Figur des Schüchternen stehen könn-

50 Abby Ohlheiser, »Lockdown was Supposed to be an Introvert's Paradise. It's Not«, in: *MIT Technology Review*, 2020, ⟨https://www.technologyreview.com/020/04/02/998440/lockdown-was-supposed-to-be-an-introverts-paradise-its-not/⟩, letzter Zugriff 18.04.2020.

51 Rauch, »Caring for your Introvert«.

52 Criss Jami, »...For the Forgotten«, in: ders., *Venus in Arms*, Scotts Valley 2012.

te. Bereits Hartenberg hatte erwähnt, dass es nur einen Typus von Gemeinschaft gibt, welche den Schüchternen nicht in Schrecken versetzt: das Zusammensein mit anderen Schüchternen.[53] Es ist eine Kopräsenz, die auf dem Wissen um die Unmöglichkeit einer vollständigen Gemeinschaft beruht. Diese Gemeinschaft gleicht Deleuze' (an Bartleby gewonnener) Vision einer neuen brüderlichen, pragmatischen Gemeinschaft, die auf einen tiefen Seelenbund verzichtet.[54] In dieser Form des Nebeneinanders macht sich das Vertrauen in andere nicht mehr an der Einschätzung von deren gegenwärtig zu erfassenden Besonderheiten fest, sondern an einer singulären Existenzweise. Der unterstellte kritische Blick von anderen ist ja gerade der Auslöser der Gemeinschaftsphobie des Schüchternen. Damit verweist diese Sozialfigur auch auf eine Utopie, auf eine Gemeinschaft der Schüchternen, in der die Kunst der Nichtbeobachtung entwickelt und gepflegt wird sowie neue Formen des Zusammenseins kultiviert werden, die auf ständige Kommunikation und permanente wechselseitige Evaluation verzichten.

Möchte man beim Schüchternen also von einer neuen Form der Gemeinschaft sprechen, müsste dieser Modus der Verbundenheit erfasst werden. Der amerikanische Sozialökologe Timothy Morton hat davon gesprochen, dass wir neue öffentliche Räume der Introversion benötigen. Es gehe darum, den Seinsmodus des Schüchternen nicht nur als privates Problem oder als soziale Provokation zu sehen, sondern eine öffentliche Lebensform des Schüchternen möglich zu machen. Dies verspreche einen »introvertierten Raum der Kontemplation und Ruhe, wie Andrew Marvells Garten, statt einen Raum des extrovertierten Lärms und der Geschäftigkeit«.[55] Diese utopische Gemeinschaft der Schüchternen wäre eine buchstäblich stille Gemeinschaft, in der die Individuen dem panoptischen Blick des Kollektivs entkämen.[56] Das, was den Schüchternen für die klassischen und neuen Formen der Gemeinschaft verdächtig

53 Hartenberg, *Les timides et la timidité*, S. 6.

54 Gilles Deleuze, *Bartleby oder die Formel*, Berlin 1998.

55 Timothy Morton, »›Twinkle, Twinkle, Little Star‹ as an Ambient Poem. A Study of a Dialectical Image. With Some Remarks on Coleridge and Wordsworth«, in: *Romanticism and Ecology. A Romantic Circle Praxis Volume*, 2001, ⟨https://romantic-circles.org/praxis/ecology/morton/morton.html⟩, letzter Zugriff 02. 04. 2020.

56 Vanessa Quirk, »In Defense of Introverts«, in: *Archdaily*, 2012, ⟨http://www.archdaily.com/215055/in-defense-of-introverts/⟩, letzter Zugriff 02. 04. 2020.

gemacht hat, deutet nun auf einen neuen Typus des Zusammenseins hin: auf eine intransparente, diskrete und kontemplative Gemeinschaft, die sich ebenso der Gemeinschaft als Arbeit wie auch dem Glauben an eine innere gemeinschaftliche Identität verweigert.

2. Der Ladenhüter: Entnetzung von Dingen

Eingangs dieses Teils habe ich bereits ausgeführt, warum sich Entnetzung nicht, wie beim Schüchternen, auf Personen beziehen muss, sondern auch Dinge betreffen kann. Einem solchen Ding-Phänomen als Sozialfigur der Entnetzung werde ich mich in diesem Kapitel zuwenden: dem Ladenhüter. Auch diese Figur ist lange vor der Netzwerkgesellschaft entstanden und bezieht sich exemplarisch auf die Organisation von Warenströmen. Ladenhüter sind Dinge, die als Ware zirkulieren sollten, deren Zirkulation aber durch ihre schwere Verkäuflichkeit ins Stocken geraten ist. Sie bezeichnen eine ungewollte Grenze der Anschlussfähigkeit, ein Stocken im idealerweise reibungslosen, glattlaufenden Zirkulationsprozess. Die Unterbrechung des Flows der Dinge materialisiert sich in den bewegungslosen, unkonsumierten Dingen.

2.1 Wartende Dinge

Staubbedeckt liegt ein unverkäufliches Buch in einer dunklen Ecke des Buchladens, ein schon lange Zeit herumstehendes Möbelstück beansprucht im Möbelhaus viel Platz, in den Ramschkisten des Plattenladens stapeln sich die Flops. Sie sind allesamt Ladenhüter, das heißt Gegenstände, die einst zum Verkauf produziert worden sind, aber (bislang) von niemandem erworben wurden und daher als nutzlose Gegenstände in den Geschäften liegen – versehen mit der leisen Hoffnung, dass sich vielleicht doch noch eine Käufer*in finden mag, wenn der Preis nur niedrig genug ist. Nicht zuletzt wird der Ladenhüter deshalb auch als »Penner« bezeichnet, als eine Ware, die derzeit schläft, aber wieder aufwachen und in die Zirkulations- und Konsumsphäre der Gesellschaft eintreten könnte (deutlich weniger optimistisch ist dagegen der englische Ausdruck des *dead article*).

In seinem Roman *4321* erzählt Paul Auster die Geschichte dieses Zwischenzustands zwischen Tod und Lebendigkeit.[57] Die beiden

57 Paul Auster, *4321*, Reinbek 2017.

Schuhe Hank und Frank warten in einem Schuhgeschäft an der Madison Avenue in New York auf Käufer:

Das ist ihr Schicksal – verkauft zu werden, von einem Mann mit Schuhgröße fünfundvierzig ausgepackt und für immer aus dem Lagerraum dieses Geschäftes weggeführt zu werden –, und Hank und Frank können es kaum erwarten, ihr Leben zu beginnen.[58]

Allerdings müssen die Schuhe lange warten, und die Ungewissheit, »wann und wie sie befreit werden könnten, falls sie denn überhaupt jemals befreit würden«,[59] steigt von Tag zu Tag. Mit der Zeit befällt sie die Angst, zum Ladenhüter zu werden: »Hank und Frank [fragen] sich allmählich [...], ob sie dazu verdammt sind, für immer in dem Regal zu bleiben – unerwünscht, altmodisch, vergessen.«[60] Auch wenn die kleine Episode glücklich endet, so entwirft sie auf eindrückliche Weise die ungewisse Zeitlichkeit des Wartens, die für jeden Ladenhüter charakteristisch ist. Mit einer solchen »Alien-Phänomenologie«,[61] welche die Perspektive des Dings einnimmt, entfaltet Auster das fiktionale, geradezu melodramatische Potential des Ladenhüters. Die Aufmerksamkeit für diese ängstliche Zeitlichkeit des Ladenhüters prägt auch frühe Marketingtexte, die zuweilen auch seine Perspektive einnehmen: »Wer bin ich? Ich bin der Steckengebliebene, der Regalwärmer, das Überbleibsel [*the sticker, the shelf-warmer, the leftover*] – die namenlose Ware, die das Publikum nicht will.«[62]

Es ist genau dieser Zustand zwischen »toter« Materie und »lebendiger« Ware, der den Ladenhüter auszeichnet. Der Ladenhüter ist ein Mischwesen inmitten einer kapitalistischen Ökonomie. Er ist eine Ware ohne Nutzen – sei es für die Verkäufer*in oder die Käufer*in. Drastisch formuliert dies Petar Grubor in seinem Ratgeber zum Management von Supermärkten:

Sie [die Ladenhüter], bieten Konsumenten keinen Nutzen, schon gar keinen Zusatznutzen und auf gar keinen Fall einen Gewinn. Sie haben über-

58 Ebd., S. 370 f.

59 Ebd., S. 371.

60 Ebd., S. 375.

61 Ian Bogost, *Alien Phenomenology. Or What It's Like to Be a Thing*, Minneapolis 2012.

62 Anonym, »A Man Who has been One. Selling Talks with Clerks«, in: *Trade. A Journal for Retail Agents* 23 (1916), S. 10.

haupt kein Interesse an ihrem Marktwert, und wenn sie was für den Marktwert tun, dann diesen zu verschlechtern, also billiger zu werden; wenn sie was bieten, dann nur einen Verlust.[63]

In der Figur des Ladenhüters versammeln sich ökonomische Ängste, sehen ihre Eigentümer*innen in ihm doch nur noch einen fatalen Verlust. Dennoch heftet sich an den Ladenhüter auch die Erinnerung daran, dass er einmal mit Blick auf einen zukünftigen Nutzen produziert worden ist, sowie die Hoffnung, er könne vielleicht doch noch zur verkäuflichen Ware werden. Der Ladenhüter steht für eine ökonomische Nutzlosigkeit, die sowohl seine Brauchbarkeit als auch seine Verkäuflichkeit betrifft. Er ist eine Provokation für auf Verwertbarkeit angelegte ökonomische Kreisläufe und in der Konsumwelt ein Fremdkörper, signalisiert er doch eine Verschwendung in der Form des Nichtkonsumierbaren. Diese unspektakuläre Verschwendung taucht nicht bloß als Verlustsumme in den Bilanzen auf, sondern sie findet sich – zumindest für einige Zeit – materialisiert in den Regalen der Verkaufsräume und Lagerhäuser wieder. Als Ladenhüter hat ein Artikel weder seinen Gebrauchswert noch seinen Tauschwert realisiert. Gerade deshalb tritt seine Materialität in den Vordergrund: sei es als Staubfänger, als störendes Element in der Reihe der verkäuflichen Waren, als wertvollen Platz verschwendende Materie. Sein materielles Dasein führt dazu, dass der Ladenhüter nicht einfach ignoriert werden kann, dass er nicht ohne weiteres verschwindet. Es mag dieser materielle Verweis auf Nutzlosigkeit sein, welche den Ladenhüter auch zur verbreiteten Metapher gemacht hat. Weit über das ökonomische Feld hinaus treffen wir inzwischen auf diese Figur: in Kontexten individuellen Selbstmarketings[64] ebenso wie auf Dating- und Heiratsmärkten.

Allerdings tritt uns der Ladenhüter nie sofort als Ladenhüter entgegen. Wie alle anderen neuen Waren, heftet sich an ihn anfänglich eine Erfolgshoffnung, die Erwartung der Verkäufer*in, den Geschmack der Kund*innen getroffen zu haben. Er tritt gleichberechtigt im Wettbewerb der Waren an. In seiner materi-

63 Petar Grubor, *Der Supermarkt. 100 Prinzipien, um erfolgreich zu sein*, Norderstedt 2015, S. 102.

64 Jens Jannasch, »Bin ich Highend oder Ladenhüter?«, in: *Karriereschritte*, 2017, ⟨https://www.karriereschritte.com/highend-oder-ladenhueter/⟩, letzter Zugriff 03. 04. 2020.

ellen Beschaffenheit unterscheidet er sich zunächst nicht von den anderen angebotenen Produkten, ja, er mag sogar von besserer Qualität sein als der (spätere) Bestseller. Diese anfängliche Unerkennbarkeit des Ladenhüters hat bereits frühe Theorien der Werbung beschäftigt. Der logische Unterschied zwischen Ware und Ladenhüter, schreibt 1971 Helmut Steiner, sei durch objektive Mittel wie »Messen, Zählen oder Wiegen« nicht eindeutig zu bestimmen. »Selbst mit den feinsten Meßinstrumenten ausgestattet, wäre ein Branchenunkundiger nicht in der Lage, die Ladenhüter aus einem Lager auszusortieren.«[65] Waren- und Retail-Handbücher versuchen dennoch gerade dies: Kriterien zu entwickeln, mit deren Hilfe sich ein Ladenhüter identifizieren lässt, und sie finden im Faktor »Zeit« das zentrale Kriterium. So wird in den 1970er Jahren zum Beispiel noch recht großzügig davon ausgegangen, dass ein Produkt, das sich binnen zwölf Monaten nicht verkauft hat oder dessen Lagerbestand eine bestimmte Menge übersteigt, ein Ladenhüter sein muss.

In der Tat zeigt sich am Ladenhüter die Temporalität von Waren. Der Zustand des Ladenhüterseins lässt sich nicht ontologisch an dessen inneren Qualitäten festmachen, sondern an seinen (fehlenden) Beziehungen zu den Käufer*innen. Zeitlich gemessen wird damit seine Beziehungslosigkeit. Die Dauer dieser Beziehungslosigkeit entscheidet darüber, ob etwas zum Ladenhüter wird. Dadurch, dass er eine Ware ist, verfügt der Ladenhüter über potentielle ökonomische Konnektivität, die aber zu keiner Verbindung führt. Je länger diese Verbindungslosigkeit anhält, desto schwächer wird diese Konnektivität. Es ist genau diese temporale, relationale Bestimmung, welche die Sozialfigur des Ladenhüters für das Denken von Entnetzung interessant macht, da sie durch ihren bangen Wartezustand die Grenzen von Konnektivität aufzuzeigen vermag. Denn was den Ladenhüter letztlich zu einer provozierenden Figur macht, ist das Nichterfüllen des in ihn eingelassenen Konnektivitätsversprechens. Im Bereich der Warenwelt gilt dies als Ausweis von Nutzlosigkeit.

Die Vermutung, dass ein Artikel zum Ladenhüter werden könnte, hat für diesen häufig auch räumliche Konsequenzen. Die Position des potentiellen Ladenhüters wird verändert, je nach

65 Helmut Steiner, *Einführung in die Theorie der wirtschaftlichen Werbeleistung*, Berlin 1971, S. 102.

Einschätzung der Verkäufer*in, mag man ihm für kurze Zeit einen privilegierten Platz im Ladengeschäft einräumen, um ihn so sichtbarer und attraktiver zu machen. Oder er wird verschämt in eine versteckte Ecke geschoben, nicht nur um die zugkräftigen Verkaufsflächen für andere Produkte freizubekommen, sondern auch um die Konsumatmosphäre im Laden nicht zu stören. Insbesondere altgediente Ladenhüter werfen ein schlechtes Licht auf den Laden, ja, es gibt sogar die Befürchtung, dass andere Artikel oder gar eine ganze Marke von diesem »Verkaufsversager« angesteckt werden und sich eine Atmosphäre der Diskonnektivität im ganzen Geschäft ausbreitet. Zugleich mag die Existenz von Ladenhütern moralisiert werden. Sie sind materialisierte Zeichen fehlenden ökonomischen Sachverstands und Weitblicks: Die Einkäufer*innen haben den neuesten Trend verpasst oder den Geschmack ihrer Kund*innen falsch eingeschätzt, als sie den Artikel ins Sortiment genommen haben; die Verkäufer*innen waren unfähig, die Stärken und Vorteile des Produkts in den Kundengesprächen hinreichend überzeugend darzustellen; die Kund*innen haben sich als wenig kompetent erwiesen bei der Beurteilung der von von ihnen verschmähten Ware.

Auch die Kund*innen sind von der Angst getrieben, beim Einkauf eine Fehleinschätzung zu begehen und einen Ladenhüter statt eines »intakten«, das heißt zirkulationsfähigen Produktes zu erwerben. Darauf hat schon Theodor W. Adorno in den *Minima Moralia* hingewiesen: »Auf den technischen Fortschritt antwortet der trotzig bornierte Wunsch, ja keinen Ladenhüter zu kaufen, hinter dem losgelassenen Produktionsprozeß nicht zurückzubleiben.«[66] So unscheinbar der Ladenhüter auch auftreten mag, so sehr lässt sich an ihm die Begehrensstruktur ökonomischen Handelns ablesen. Diese reicht von der moralisierten Fehleinschätzung von Märkten und dem damit verbundenen Vorwurf der Verschwendung bis hin zum Misstrauen der Käufer*in, die ihr Konsumglück durch den Ladenhüter bedroht sieht – weil der Ladenhüter nicht leicht als solcher erkennbar ist.

66 Theodor W. Adorno, *Minima Moralia. Reflexionen aus dem beschädigten Leben* [1951], in: ders., *Gesammelte Schriften*, Bd. 4, Frankfurt/M. 2003, S. 134.

2.2 Strategien der Wiedervernetzung

Wenn es richtig ist, dass der Ladenhüter das Problem der Nutzlosigkeit verkörpert, dann lohnt die Frage nach den ökonomischen und kulturellen Strategien, mit deren Hilfe diese Nutzlosigkeit in Nützlichkeit umgewandelt werden soll. Es lassen sich hier ökonomische Strategien und Pop-Strategien voneinander unterscheiden. Aus einer ökonomischen Perspektive wird der Ladenhüter zunächst zur Aufforderung, ihn besser zu verkaufen, das heißt die Käufer*in doch noch von einem Produkt zu überzeugen, das bisher kaum Interesse gefunden hat. Die zuvor erwähnte Ladenhüter-Angst seitens der Kund*in wird durch diese weitverbreitete Strategie noch verstärkt, muss sie doch bei jedem Einkauf fürchten, einen Ladenhüter aktiv angedreht zu bekommen. Das Verkaufsgespräch steht unter dem Verdacht, einen Ladenhüter als »neu« und »besonders« erscheinen zu lassen. Von diesem Topos der rhetorisch-verkaufstaktischen Aufwertung zehrt sogar die Coaching-Literatur, wenn sie die Metapher des Ladenhüters verwendet: Ich muss vermeiden, wie ein Ladenhüter auszusehen – und mich deshalb besser vermarkten. Daran wird deutlich, was für alle Ladenhüter gilt: Mit zusätzlicher Anstrengung – mit immaterieller Arbeit – könnte aus der »toten« oder nutzlosen Materie doch noch eine begehrte Ware werden. So wird gleichzeitig der oben dargestellte Moralisierungsdruck, der immer schon auf dem Ladenhüter lag, noch verstärkt. Wer über Ladenhüter verfügt, hat nicht nur eine Fehleinschätzung des Marktes begangen, sondern sich auch zu wenig angestrengt.

Wenn die Werbung versagt oder als zu aufwändig erscheint, dann beginnt die Abwärtsspirale der Preispolitik: durch schrittweise Preissenkungen und durch Sonderangebote wird versucht, den Ladenhüter doch noch loszuwerden, bis er am Ende in der Ramschkiste landet. Selbst wenn er so nicht verkauft werden kann, ist seine Laufbahn meist noch nicht an ein Ende gekommen. Er ist zwar ein Verlust, aber nicht nur eine abstrakte Verlustgröße in der Buchhaltung, sondern in den meisten Fällen auch ein materieller Gegenstand. Es mag nicht zuletzt diese Materialität des Ladenhüters sein, welche ihn nach einer Ruhephase in den Regalen wieder in Bewegung setzt. Er mag als Remission an den Hersteller zurückgeschickt werden, oder er wird in immer neue Kreisläufe eingespeist, indem er zum Beispiel an Outlet-Stores und Billig-Läden weiterverkauft wird. Auch diese Strategie ist gewagt, denn viele Marken möchten nicht im Ramschumfeld präsent sein. Der Ladenhüter muss dann seine Identität verändern, um nicht mehr an seine Herkunft zu erinnern; er muss gesichtslos werden, indem zum Beispiel das Markenetikett entfernt wird. Trotzdem bleibt die Sorge, dass die Nutzlosigkeit auch durch noch so hektische Bewegungen nicht überwunden werden könnte – dass der nutzlose Artikel irgendwo doch liegenbleiben könnte. Den Ladenhüter, der trotz all dieser Aktivitäten am Ende immer noch keine Käufer*in gefunden hat, erwartet seine materielle Zerstörung und Beseitigung.

Die Zerstörung der Ladenhüter ist kein öffentliches Spektakel, sondern findet in der Regel verschämt und versteckt statt. Charakteristisch dafür ist der Umgang mit unverkäuflichen Büchern. Sie müssen irgendwann die Regale räumen und werden nun doch noch in Bewegung gesetzt, aber nicht um konsumiert, sondern um vernichtet zu werden.[67] Der französische Schriftsteller Pierre Jourde beschreibt im Stil einer dramatischen Reportage, wie allein in Frankreich (Stand 2008) jährlich 100 Millionen Bücher makuliert, das heißt eingestampft, geschreddert oder sonst wie vernichtet werden.[68] Diese Vernichtung gibt Anlass zu pathetischen Klagen über einen »Librizid« oder »Bibliozid«. Nicht nur erinnere, so die groteske Kritik, die Vernichtung von Ladenhütern an politische Bücherverbrennungen, sie sei auch ohne Zensurintention als Angriff auf das kulturelle Gedächtnis zu werten. Im Moment der Zerstörung wird daher von Jourde die eigentlich untadelige Qualität des zu Zerstörenden beschworen.

Ähnliches gilt für die Modebranche. Als H&M unverkäufliche Kleidungsstücke zerschnitten in den Müll geworfen hat, war die öffentliche Empörung groß.[69] Die Vorstellung, dass Artikel, die eigentlich nützlich und funktionstüchtig wären, zerstört wer-

67 Caspar Hirschi, Carlos Spoerhase, »Kommerzielle Bücherzerstörung als ökonomische Praxis und literarisches Motiv«, in: *Kodex. Jahrbuch der Internationalen Buchwissenschaftlichen Gesellschaft* 3 (2013), S. 1-23.

68 Pierre Jourde, »Le cauchemar du pilon«, in: *Nouvel Observateur,* 2008, ⟨https://bibliobs.nouvelobs.com/actualites/20081030.BIB2308/le-cauchemar-du-pilon.html⟩, letzter Zugriff 04.04.2020.

69 »Imageschaden. H&M zerschneidet unverkäufliche Winterkleidung«, in: *Der Spiegel,* 2008, ⟨https://www.spiegel.de/wirtschaft/unternehmen/imageschaden-h-m-zerschneidet-unverkaeufliche-winterkleidung-a-670932.html⟩, letzter Zugriff 04.04.2020.

den, provoziert als sinnlose, ja heimtückische Verschwendung. Die Zerstörung von Ladenhütern kann wie in diesem Fall zur PR-Katastrophe führen. An diesem Beispiel sieht man, dass sich das Ausgangsproblem des Ladenhüters plötzlich verkehrt. Lag zunächst die Hoffnung darin, dass er sich durch Werbung und Verbilligung doch noch verkaufen ließe, so muss er nun bewusst unverkäuflich gemacht werden – seine lange Reise durch Zirkulationskreisläufe muss gestoppt werden –, sonst besteht die Gefahr, dass er durch eine zweite Instanz doch noch zur Ware gemacht wird. So hält die New York City Clothing Bank fest: »Wir werden dann jedes Kleidungsstück unbrauchbar für Wiederverkäufer machen – aber nicht für diejenigen, die sie brauchen.«[70]

Der unscheinbare Ladenhüter strapaziert Nützlichkeitsvorstellungen, seine materielle Zerstörung gilt von außen nicht nur als schlechthin unökonomisch (auch wenn eine solche Zerstörung zur Schaffung neuen Lagerplatzes ökonomisch Sinn macht), sondern auch als Verletzung eines über die ökonomische Sphäre hinausreichenden Nützlichkeitsprinzips. Selbst das Verschenken der Ladenhüter an Hilfsorganisationen – wie es H&M nach dem PR-Desaster als zukünftigen Umgang mit unverkäuflicher Ware angekündigt hat – reiht sich in diese Semantik der Nützlichkeit ein, der jede Verschwendung ein Gräuel ist. Gewiss gibt es gute Gründe, Ladenhüter an Bedürftige zu verschenken. Dennoch ist die Struktur dieses Schenkens in eine Logik der unbeschränkten Nutzbarmachung eingelassen; eine Logik, für die der nutzlose Gegenstand und dessen Zerstörung – eine reine Verschwendung – undenkbar ist. Das Verschenken an eine Hilfsorganisation perfektioniert nachträglich die ökonomische Nutzlosigkeit zu einem Handeln, in dem ökonomische und soziale Nützlichkeit miteinander verwoben werden – und damit aber auch die Spur der Nutzlosigkeit tilgt.

Gerade an dieser Nutzlosigkeit macht sich die noch ungeschriebene Pop-Geschichte des Ladenhüters fest. Wenn man Pop und Populärkultur voneinander unterscheidet,[71] dann lässt sich Pop nicht durch seine Bestsellerqualitäten beschreiben. Vieles, das nahezu unverkäuflich erscheint, mag dennoch Pop sein – oder gerade,

70 So Mary Lanning, Vorstandschefin der New York City Clothing Bank, zit. nach: ebd.

71 Siehe z. B. Thomas Hecken, »Pop-Konzepte der Gegenwart«, in: *Pop. Kultur und Kritik* 1 (2012), S. 88-106.

wenn auch gewiss nicht ausschließlich, durch diese Unverkäuflichkeit charakterisiert sein. Die Pop-Diskurse der Spezialist*innen und Fans zeigen sich denn auch eigentümlich fasziniert von der Ramschkiste. In dieser befindet sich das, was dem Mainstream-Geschmack nicht entspricht, aus ihr können jene übersehenen Perlen gefischt werden, die nur auf eine Wiederentdeckung durch die Kenner*in warten. So erzählen DJs gerne davon, wie sie zufällig in der Ramschkiste oder auf dem Flohmarkt auf neue Entdeckungen gestoßen sind. Der Topos des Wiederentdeckens von Platten und Bands lebt von der Faszination, dass eine bestimmte Musik zu ihrer Zeit noch nicht verstanden werden konnte – dass erst jetzt, vermittelt durch Kennerschaft, das bis dahin Nutzlose und Vergessene einen Glanz entwickelt. Diese Faszination beschränkt sich nicht nur auf Platten, sondern bezieht sich auch auf Musikgeräte. Ganze Legenden richten sich auf solche Wiederentdeckungen, wie zum Beispiel des Roland TB-303 Analog-Synthesizers, der 1981 auf den Markt kam, den aber zunächst niemand haben wollte, so dass die Produktion schon 1984 wieder eingestellt wurde:

> Ursprünglich war die TB-303 als Basssynthesizer geplant, der Gitarristen beim Soloauftritt eine Begleitung liefern sollte. Allerdings wurde das Gerät zum Ladenhüter. Im Chicago Mitte der 80er-Jahre [genauer: 1985] fanden zwei House-Produzenten jedoch heraus, dass man ihm allerhand merkwürdige Klänge entlocken kann, wenn man nur lange genug an den Knöpfen drehte.[72]

Und so spielte der TB-303 die Hauptrolle bei der Erfindung des Acid-Sounds. Man sieht an diesem Beispiel, dass das Amalgam aus Zufälligkeit, »falschem« Zeitpunkt und Kennerschaft entscheidend für die Pop-Geschichte des Ladenhüters ist. Ladenhüter werden zu einem kulturellen Variationsmechanismus. Sie halten, mit Luhmann gesprochen, ein evolutionäres Gedächtnis für kulturelle Variationen bereit. Der Ladenhüter mag erst durch einen neuen Kontext wieder interessant werden: Die Wiederentdeckung von übersehenen Künstler*innen ist mit Erzählungen darüber

72 Felix Denk, »Voll die Hirndisco. Heilige Jahre, schräge Versionsnummern, der Club der jung verstorbenen Musiker und der Fluch der zweiten Platte. Die Popmusik pflegt ihre ganz eigene Zahlenmystik. Und wie könnte man die besser abbilden als in einer Top 10?«, in: *Fluter,* 2015, ⟨https://www.fluter.de/voll-die-hirndisco⟩, letzter Zugriff 04. 04. 2020.

verbunden, dass diese ihrer Zeit voraus waren, dass ihre Innovationskraft damals noch nicht erkannt werden konnte.[73] Es handelt sich um späte Erfolgsgeschichten, die ausgeblieben wären, wenn die Ladenhüter nicht materiell überlebt hätten und wenn es keine Kenner*innen gegeben hätte, die in der Lage gewesen sind, ihnen eine neue Qualität zu geben. Das treffgenaue Identifizieren von zu Unrecht vergessenen Ladenhütern wird damit auch zum Distinktionsmerkmal der Pop-Kenner*in. Denn die Wiederentdeckung von vergessenen Künstler*innen erfordert historisch fundiertes Pop-Wissen und eine Fantasie darüber, wie sich diese Ladenhüter neu rezipieren lassen, wie sie durch eine neue Kontextualisierung, etwa in einem DJ-Set, wieder hörbar und als Juwel erkennbar werden. In der Pop-Geschichte des Ladenhüters steht zunächst gerade die Nutzlosigkeit selbst im Vordergrund; diese mag dann zwar auch Distinktionszwecke bedienen, reduziert sich aber nicht darauf. Denn es geht auch um das Vergnügen am vermeintlich Vergessenen, um die Überraschungen, welche mit den Entdeckungen einhergehen, und um das experimentelle Spiel mit diesen.

Nicht nur die Pop-Fans haben den Ladenhüter rehabilitiert, sondern auch die digitale Ökonomie – nicht unbeeinflusst von der Pop-Begeisterung – entdeckt ihn als zentrale Figur. Der ehemalige *Wired*-Redakteur Chris Anderson veröffentlicht 2006 sein Buch *The Long Tail* – ein großes Plädoyer für die Befreiung von der Tyrannei der Hits. Dagegen sollen die Non-Hits stark gemacht werden, Erzeugnisse, für die es eigentlich keinen richtigen Begriff gibt: »Nun, wir haben keinen guten Ausdruck für solche Non-Hits. Jedenfalls nicht ›Misserfolge‹, denn die meisten strebten nicht von vornherein die Weltherrschaft an. Sie sind ›alles Übrige‹ [*everything else*].«[74] Durch das Internet verändert sich der Status dieses »Übrigen« – einer riesigen Armee von Ladenhütern – grundlegend. Wurden im Offlinehandel mit 20 Prozent der Platten und Bücher

73 Ein markantes Beispiel hierfür ist Lewis Baloue (aka Randy Duke), der in den 1980er Jahre zwei Alben herausbrachte, die auf keine Resonanz stießen und rasch vergessen wurden, bis sie 2014, nach einer Reihe von unwahrscheinlichen Begebenheiten, erneut veröffentlicht und zum Erfolg wurden. Siehe Max Rivlin-Nadler, »Looking for Lewis«, in: *Maxim*, 2015, ⟨https://www.maxim.com/entertainment/looking-lewis⟩, letzter Zugriff 21. 04. 2020.

74 Chris Anderson, *The Long Tail. Why the Future of Business is Selling Less of More*, New York 2006, S. 5.

80 Prozent des Umsatzes gemacht, so macht das Internet die Nutzung der restlichen 80 Prozent möglich. Anderson schätzt, dass bei digitalen Produkten diese bisher kaum genutzten 80 Prozent mehr als die Hälfte des Umsatzes generieren können. Durch Zentrallager und insbesondere durch die Digitalisierung von Logistik (sowie die dadurch reduzierten Verteilungskosten) können auch Ladenhüter in großen Mengen zum Kauf oder zur kostenpflichtigen Nutzung angeboten werden. Ihre bereits erwähnte Zeitlichkeit scheint nun stillgestellt. War der Ladenhüter zuvor ein Verlustbringer, machen ihn die niedrigen Lagerhaltungskosten und der billige Serverplatz wieder rentabel, indem sie ihm eine längere Lebensspanne verschaffen. In der klassischen Demokratisierungsrhetorik, die das Denken über das Internet in den 2000er Jahren beherrschte, feierte Anderson dies als eine Befreiung von den Geschmacksvorgaben der großen Konzerne. Durch die veränderte Zeitlichkeit der Ladenhüter, ihre Versammlung in zentralen Lagern und durch ihre Digitalisierung scheint das Problem der Nutzlosigkeit überwunden worden zu sein.

Jedenfalls zeigt sich der Ladenhüter neuerdings nicht mehr als im engeren Sinne greifbarer materieller Gegenstand, sondern als Posten in digitale Datenbanken und Item auf Benutzeroberflächen, die freilich über ihre eigene Materialität verfügen. Dort, wo die ehemaligen Ladenhüter noch physische Produkte sind, sind sie in den riesigen Lagern von Onlinehändlern wie Amazon dem unmittelbaren Zugriff der Kund*innen entzogen. Wurde zuvor häufig verdeckt, dass ein Produkt auf kein Interesse stößt, so wird jetzt sogar die Verkaufszahl mitpubliziert, etwa in Form des Verkaufsrangs auf Amazon oder von Download- oder Streamingzahlen auf Diensten wie Spotify. Das Schwerverkäufliche muss sich nicht mehr verstecken, es mag sogar zu einer neuen Qualität der Ware werden. Das bedeutet aber nicht, dass die Lagerlogistik auf eine Differenzierung zwischen Topseller und kaum verkauftem Artikel verzichten würde. Bei Streaming-Diensten wie Spotify befinden sich zwar alle verfügbaren Titel in einem Hauptspeicher (*master storage*), sie sind dort aber weniger schnell abrufbar als in den lokalen Nebenspeichern, welche stark nachgefragte, populäre Titel speichern.[75] Bis 2014 wa-

75 Rerngvit Yanggratoke u. a., »On the Performance of the Spotify Backend«, in: *Journal of Network and Systems Management* 23, 1 (2015), S. 210-237.

ren die User sogar selbst Teil des Lagers, da Spotify Peer-to-peer-Technologien einsetzte.[76] Der ehemalige Ladenhüter ist zwar gleichwertig im zentralen Index erfasst und insofern nicht »vergessen«, aber er ist schwerer zugänglich und unter Umständen auch langsamer abspielbar als die Bestseller. Ihm droht daher das Buffering. Schließlich ist auch festzuhalten, dass die »Long-tail«-Ware nicht per se interessant oder verkäuflich ist. Auch in der digitalen Welt bedarf es einiger Mühe, um Entdeckungen im Ozean der schwerverkäuflichen Waren zu machen. Die auf Verkaufszahlen beruhende Bestsellerliste oder die einfache Empfehlung der Platten- oder Buchhändler*in finden nun ihr Pendant in den unzähligen Empfehlungslisten und algorithmischen Empfehlungssystemen – die häufig auf der kostenlosen Arbeit der Fans beruhen. Auch hier gilt, dass der Ladenhüter nur durch zusätzliche Arbeit nützlich gemacht werden kann, selbst dann, wenn er sich uns nicht mehr unmittelbar als physischer Gegenstand präsentiert.

Auch wenn die digitale Ökonomie die Warenhäuser und Einzelhandelsgeschäfte nicht vollständig verdrängt hat und damit die klassischen Bühnen des Ladenhüters weiterbestehen, so ist bemerkenswert, wie sehr die Digitalisierung die Vorstellung von Nützlichkeit radikalisiert. Sie entwirft eine Ökonomie der Fülle, die sogar den Ladenhüter als Ressource entdeckt hat, kurzum: eine Welt ohne Ladenhüter; eine durch und durch nützliche Welt ohne Verschwendung. Damit ist der Ladenhüter nicht verschwunden, aber er hat seine Sichtbarkeit verändert, findet sich nun versteckt in den Lagern und auf den Servern der digitalen Monopolisten wieder. Seine Zeitlichkeit hat sich verändert und verschränkt sich nun mit der effizienten Nutzung von Bandbreiten; aber mehr noch als zuvor ist sein Status als Ladenhüter von den zeitlichen Rhythmen und Taktungen der ökonomischen Logistik geprägt.

Dass sich auch auf den Servern Ladenhüter finden, die wohl nie eine User*in finden werden, macht etwa die Webseite forgotify.com deutlich. Die Seite nutzt die Daten von Spotify, um Songs zu identifizieren, die bisher noch nie angehört worden sind. Im Jahr 2014 waren dies 20 Prozent des gesamten Angebots beziehungswei-

76 Ernesto Van der Sar, »Spotify Starts Shutting Down Its Massive P2P Network«, in: *TorrentFreak*, 2014, ⟨https://torrentfreak.com/spotify-starts-shutting-down-its-massive-p2p-network-140416/⟩, letzter Zugriff 04.04.2020.

se etwa vier Millionen Songs.[77] Die Webseite macht die paradoxe Logik eines solchen Unterfangens, das entnetzte Artikel sichtbar machen will, deutlich. Indem der vergessene Song als solcher identifiziert und angehört wird, verliert er seinen bisherigen Status als Ladenhüter. Denn nun wird er wieder in den Warenkreislauf der Kulturindustrie integriert, wenn auch sein einziges Nutzungskriterium seine bisherige Nutzlosigkeit gewesen ist.

2.3 Nutzlosigkeit

Dies erinnert uns daran, dass auch in digitalen Ökonomien die Nutzlosigkeit nicht verschwunden ist, ja, dass sie sogar eine eigentümliche Faszinationskraft zu entfalten weiß. Es lohnt sich daher, die Funktionsweise von Nutzlosigkeit genauer zu bestimmen. Ich habe den Ladenhüter als eine Ware bestimmt, die ihre Nützlichkeit verloren hat. Marx bestimmt den Gebrauchswert einer Ware durch ihre Nützlichkeit:

> Die Nützlichkeit eines Dings macht es zum Gebrauchswert. Aber diese Nützlichkeit schwebt nicht in der Luft. Durch die Eigenschaften des Warenkörpers bedingt, existiert sie nicht ohne denselben. Der Warenkörper selbst, wie Eisen, Weizen, Diamant usw., ist daher ein Gebrauchswert oder Gut. […] Der Gebrauchswert verwirklicht sich nur im Gebrauch oder der Konsumtion. Gebrauchswerte bilden den stofflichen Inhalt des Reichtums, welches immer seine gesellschaftliche Form sei. In der von uns zu betrachtenden Gesellschaftsform bilden sie zugleich die stofflichen Träger des Tauschwerts.[78]

Ein Buch ist nicht per se nützlich, so viel Arbeit dessen Produktion auch benötigt hat, so edel seine Materialien auch sein mögen und so exquisit dessen Inhalt ist. Zwar wird die Nützlichkeit durch die materielle Beschaffenheit des Produkts bedingt, aber erst durch den Konsumakt »verwirklicht« sich dessen Gebrauchswert, das heißt in einer sozialen Beziehung. Dadurch, dass Nützlichkeit werttheore-

77 Rebecca J. Rosen, »Forgotify. The Tool for Discovering Spotify's 4 Million Unheard Tracks. For Fans of Truly Obscure Music«, in: *The Atlantic*, 2014, ⟨https://www.theatlantic.com/technology/archive/2014/01/forgotify-the-tool-for-discovering-spotifys-4-million-unheard-tracks/283484/⟩, letzter Zugriff 04.04.2020.

78 Karl Marx, *Das Kapital* [1867], Bd. 1 (= *MEW*, Bd. 23), Berlin 2005, S. 50.

tisch gefasst wird, ist diese immer schon relational angelegt – und dies bei Marx auf zweifache Weise: einerseits durch den Bezug auf den Konsum als Verwirklichung eines Gebrauchswertes; andererseits durch die Einbettung des Gebrauchswertes in Austauschbeziehungen.[79] Formal bedeutet dies, dass Nützlichkeit stets relational bestimmt ist, das heißt also, dass ein Gegenstand (oder sogar eine Person) für jemanden oder für etwas relevant ist. Der Ladenhüter allerdings strapaziert die Relationalität von Nützlichkeit, da es sich zwar um ein stoffliches Ding handelt, das aber nicht konsumiert wird und somit dessen Gebrauchswert nicht realisiert wird. Daher bleibt seine Nützlichkeit in der Schwebe, latent, und zwar so lange, wie die Möglichkeit seiner Verwirklichung besteht. Was der Ladenhüter sichtbar macht, ist das »natürliche[] Substrat«[80] des Gebrauchswertes, das auch dann weiter existiert, wenn der Gebrauchswert nicht realisiert wird. Der Status der materiellen Stofflichkeit des Gebrauchswertes ist in der Marx-Diskussion umstritten, zuweilen ist sogar von einem »Gebrauchswertfetischismus« die Rede.[81] Denn durch die Annahme einer unmittelbaren Nützlichkeit von Waren wird deren gesellschaftliche Vermittlung ausgeblendet. Für den Ladenhüter bedeutet dies, dass er einerseits in besonderem Maße das stoffliche Substrat des Gebrauchswertes ist, dass aber andererseits diese hervorgehobene Stofflichkeit, die ihre Nützlichkeit verloren hat, nicht die Rückkehr zu einer unvermittelten und ungesellschaftlichen Materialität ist. Der eigentümliche Zwischenstatus des Ladenhüters, seine Verkörperung der Nutzlosigkeit, ist durch die jeweiligen gesellschaftlichen, ökonomischen und logistischen Verhältnisse bestimmt. Nutzlosigkeit bedeutet, dass eine Beziehung zu einer anderen Instanz (hier: zu einer Käufer*in und Konsument*in) nicht zustande kommt – dass ein Ding buchstäblich nicht beziehungsfähig ist und damit auch aus Sicht der Werttheorie seinen Wert verliert. Eine solche Nutzlosigkeit bedeutet aber nicht, dass sich das fragliche Ding verflüchtigt. Vielmehr

79 Dirk Braunstein, *Adornos Kritik der politischen Ökonomie*, Bielefeld 2011, S. 310.

80 Marx, *Das Kapital*, S. 23.

81 So z. B. Kornelia Hafner, »›Daß der Bann sich löse‹. Annäherungen an Adornos Marx-Rezeption«, in: Diethard Behrens (Hg.), *Materialistische Theorie und Praxis. Zum Verhältnis von Kritischer Theorie und Kritik der politischen Ökonomie* (= *Schriften der Marx-Gesellschaft*, Bd. 2), Freiburg, Wien 2005, zit. nach: Braunstein, *Adornos Kritik der politischen Ökonomie*, S. 309.

verbindet der Zustand des Wartens auf die Verwirklichung des Gebrauchswerts Virtualität (das heißt die zukünftige Möglichkeit der Realisierung) mit der hervorgehobenen materiellen Stofflichkeit.

Der Ladenhüter als Verkörperung der Nutzlosigkeit verweist auf schwierige theoretische Probleme, da er die Frage aufwirft, welchen Status etwas hat, das aus seinen Relationsgefügen herausgefallen ist, obwohl es zunächst über die erforderliche Konnektivität verfügt hat. Sobald der Ladenhüter nicht mehr Gegenstand von Aktivierungsstrategien ist, verliert er seinen Status als Aktant. Aus der Perspektive der ANT wäre er somit sozial inexistent, da er nicht mehr in Handlungsketten eingelassen ist. Und in der Tat: Der Ladenhüter ist inaktiv, wartet, schweigt – und trotzdem existiert er, wenn auch auf eine Weise, die nicht über seine Relationalität und die damit verbundenen Nützlichkeitskalküle bestimmt ist.

Es wäre verfehlt, Nutzlosigkeit an einem begrenzten Gegenstand allein festzumachen. Vielmehr spannt sich ein Raum der Nutzlosigkeit auf, innerhalb dessen auch die Beziehung zwischen Tausch- und Gebrauchswert nicht mehr bestimmend ist. Miguel Paredes Maldonado spricht in diesem Zusammenhang vom »obsoleten Raum«, der

> gerade deshalb als autonom identifiziert werden [kann], weil er vom Druck funktionaler Zwänge befreit wurde. Mit anderen Worten: Obsoleter Raum umgeht die marxistische Dualität zwischen Gebrauchs- und Warenwert, indem er sich verweigert, das eine oder das andere zu werden. Er kann jede formale Bindung an eine Funktion ablegen oder – beim Eintritt in den Bereich des Wiederaufbereiteten – zwischen verschiedenen, oft widersprüchlichen funktionalen Beziehungen wechseln.[82]

Was Paredes Maldonado mit Bezug auf die Architektur von Peter Eisenman formuliert, lässt sich allgemein von Phänomenen der Nutzlosigkeit sagen. Das Herauslösen aus Beziehungsgefügen ist auch hier kein Unfall, sondern wird zum kreativen Prinzip, das neue Möglichkeitsräume eröffnet.

Eine solche Nutzlosigkeit kennen wir ansonsten nur aus dem Bereich der philosophischen Ästhetik. Für die Kunst wurde Nutzlosigkeit sogar zum Kriterium für Schönheit: ein Kunstwerk ist

82 Miguel Paredes Maldonado, *Ugly, Useless, Unstable Architectures. Phase Spaces and Generative Domains*, Abington 2019, S. 52.

schön, wenn es seinen Zweck in sich selbst hat. Der Ladenhüter ist allerdings weit von einer solchen Ästhetisierung seiner Nutzlosigkeit entfernt. Denn seine Nutzlosigkeit wird im Normalfall nicht vor einem Publikum ausgestellt (auch wenn er ein nichtsahnendes Publikum haben mag); vielmehr wird sie in seiner kommerziellen Präsentation mühevoll verborgen, weil sie ökonomischen Zwecken zuwiderläuft. Erst medienkünstlerische Interventionen wie zum Beispiel forgotify.com entdecken durch Ästhetisierung die Nutzlosigkeit des Ladenhüters als eigenen Wert.

Am Ladenhüter wird deutlich, dass Nutzlosigkeit sich nicht auf eine ästhetische Kategorie reduzieren lässt. Gerade weil ihm die Möglichkeit der Zurschaustellung seiner eigenen Nutzlosigkeit fehlt, kann seine Präsenz auch zu einer Beunruhigung und möglicherweise zu einer Provokation werden. Für Marktökonomien, die den Wert in Begriffen des Nutzens bestimmen, muss der Ladenhüter eine Anomalie sein.

Durch seine bloße Existenz, ohne ein anklagendes Wort zu erheben, stellt er eine auf Nutzen basierende ökonomische Ethik in Frage. Bereits Max Webers Analyse der protestantischen Ethik hatte sich für das Problem der Zeitverschwendung interessiert. Für den Calvinismus ist die Zeitverschwendung nicht nur ein Missgeschick, sondern eine Sünde.[83] Der Ladenhüter mag aus einer solchen Perspektive als Materialisierung verschwendeter Zeit erscheinen – und dies sogar auf mehrfache Weise: die verschwendete Zeit der Produzent*innen, deren Arbeit ein nutzloses Produkt hervorgebracht hat; die verschwendete Zeit der Händler*innen, deren Verkaufsstrategien niemanden zum Kauf überzeugen konnten. Gerade die zuvor erwähnte zeitliche Definition des Ladenhüters macht auf diesen Sachverhalt aufmerksam. Ein Gegenstand wird dann zum Ladenhüter, wenn zu viel Zeit verschwendet worden ist.

Es gibt aber auch eine alte theoretische Tradition, die sich explizit für den taktischen Wert des Nutzlosen interessiert. Der chinesische Philosoph Zhuangzi – ein Zeitgenosse Platons – geht davon aus, dass jedes Denken der Nützlichkeit seinen Ausgangspunkt in

83 Ähnliches gilt auch für die frühe islamische Diskussion der Nutzlosigkeit im zehnten Jahrhundert, die darin sogar die Verkörperung des Bösen sah. Oliver Leaman, »Abd Al-Jabbar and the Concept of Uselessness«, in: *Journal of the History of Ideas* 41, 1 (1980), S. 129-131.

der Nutzlosigkeit finden muss: »Wenn du nicht verstehst, was keinen Nutzen hat, kannst du nicht anfangen, darüber zu sprechen, was man nutzen kann.«[84] Am Beispiel des schönen Baums erläutert er dieses Prinzip. Ein perfekter Baum in einem Wald wird alsbald gefällt werden, um etwa als Material für Möbel nützlich zu werden. Ein unansehnlicher, schlecht gewachsener Baum jedoch ist für niemanden von Nutzen – und gerade dieser mangelnde Nutzen garantiert dem Baum ein langes Leben. In der Nutzlosigkeit liegt damit ein häufig übersehener taktischer Wert, auf den ich in meiner Diskussion von Obsoleszenz zurückkommen werde. So erwähnt Zhuangzi auch einige Techniken der Nutzlosigkeit, welche Praktiken der Entnetzung vorwegnehmen, zum Beispiel: Indem ich meine Fähigkeiten und mein Wissen verberge, kann ich im Gewöhnlichen verschwinden.[85] Übertragen auf den Ladenhüter kann man dann sagen, dass aus dieser Perspektive sein Makel zu einer Gabe wird, das heißt zu einer Technik der Deoptimierung durch die Kultivierung von Anschlussunfähigkeit. Der Ladenhüter hat seine Nutzlosigkeit so sehr optimiert, dass er nicht einmal mehr als Gegenstand für einen Ladendiebstahl in Frage kommt, sondern für eine gewisse Zeitspanne in stiller, aber störender Präsenz verharrt.

Den Ladenhüter als Verkörperung der Nutzlosigkeit zum Gegenspieler einer vom Nutzen besessenen Ökonomie zu stilisieren, wäre allerdings zu einfach. Aber er macht deutlich, dass die Grenze zwischen dem Nützlichen und dem Nutzlosen eine bewegliche ist. Lässt sich das Nutzlose noch identifizieren und entsprechend bearbeiten, so bewegt sie sich und wird durchlässig, was einer nutzenbasierten Ökonomie als bedrohlich erscheinen muss.[86] Die ökonomische Vision der Kalkulierbarkeit wird durch den Ladenhüter mit der Möglichkeit konfrontiert, dass sich Nützlichkeit und Nutzlosigkeit nicht ohne weiteres voneinander trennen lassen. Im-

84 Zhuangzi, zit. nach: Nuccio Ordine, *The Usefulness of the Useless*, Philadelphia 2017, S. 69.

85 Siehe dazu die Taktiken der Fadheit (*blandness*): François Jullien, *Über das Fade. Eine Eloge zu Denken und Ästhetik in China*, Berlin 1999; siehe auch oben, Teil II, Kap. 6.

86 Man könnte hier von einem »Phasenraum« der »Grenzen der Nützlichkeit« sprechen, um der binären Anlage einer bloßen Gegenüberstellung von Nützlichkeit und Nutzlosigkeit zu entgehen, vgl. Maldonado, *Ugly, Useless, Unstable Architectures*, S. 96 f.

merhin ist er einst als Ware angetreten, bar jeglicher intrinsischer Merkmale der Nutzlosigkeit, sondern vielmehr mit der klaren Aussicht zukünftiger Nützlichkeit. Der Ladenhüter zeigt, dass Nutzloses wieder nützlich werden könnte, ja, dass jeder Ware ein Moment der Nutzlosigkeit innewohnt. Es ist diese ambivalente Stellung, die den Ladenhüter zu einer Sozialfigur der Entnetzung macht: Er ist partiell in die ökonomischen Netzwerke eingebunden, partizipiert aber nicht durchgängig an diesen. Durch diese Zwischenstellung rückt seine Materialität in den Vordergrund – sei es als praktisches Problem, sei es in den Repräsentationen des Ladenhüters. Obwohl der Ladenhüter zunächst als unscheinbares Ding erscheinen mag, entwickelt er eine eigenständige Insistenz und zeigt inmitten von Netzwerken deren Grenzen auf: die ungewisse Präsenz von nicht realisierten Verbindungen. Auch wenn der Ladenhüter im klassischen Sinne der ANT über keine Handlungsfähigkeit verfügt, bleibt sein stilles Insistieren nicht folgenlos für seine Gastnetzwerke. Seine stumme Existenz ist stets eine ungewisse, über eine langfristige Zukunftsperspektive verfügt er nicht. Denn jederzeit drohen neue Aktivierungsmaßnahmen, die ihn wieder in den Zirkulationsprozess integrieren und so seine Nützlichkeit wiederherstellen – oder schließlich seine wiederum netzwerkförmige Zerstörung zum Ziel haben.

3. Buffering: Die Entnetzung von Daten

Zur Entnetzung von Personen (der Schüchterne) und von Dingen (der Ladenhüter) tritt, wie schon angekündigt, die Entnetzung von Daten hinzu. Ich möchte diese anhand der Sozialfigur des Bufferings diskutieren: der Unterbrechung der Netzwerklogik durch ein Moment des Wartens. Das Buffering, so das zu entwickelnde Argument, stellt zwei zentrale Merkmale von digitalen Netzwerken in Frage: Erstens problematisiert es die Idee der Echtzeitkommunikation, also die für das Netzwerkimaginäre konstitutive Annahme, dass ohne Zeitverlust in und durch ein Netzwerk kommuniziert werden könne. Zweitens wird auch das Netzwerkideal der nahtlosen (*seamless*) Kommunikation verletzt, da gerade in Momenten des Bufferns die Friktionen von Verbindungen sichtbar werden. Auch beim Buffering handelt es sich aber nicht um eine bloße Gegenfigur zur Netzwerklogik, denn es greift Netzwerke nicht von außen an – selbst wenn es, wie wir noch sehen werden, von außen für Virenangriffe genutzt werden kann –, sondern ist in diese als Technologie zur Optimierung von Verbindungen eingelassen.

3.1 Wartende Daten

Streamingmedien, beispielsweise On-Demand-Anbieter wie Spotify und Netflix oder private Streams der Echtzeitkommunikation, beruhen auf der Schaffung einer Kontinuitätserfahrung. Entsprechend betonen klassische Definitionen des Streamings, dass dieses »in Echtzeit« Video- und Audiodateien durch digitale Netzwerke verbreite.[87] In den Streamingmedien erfährt die Semantik der Konnektivität einen Höhepunkt, da in ihrer idealen Form der Übertragungsvorgang unwahrnehmbar gemacht werden soll. So geraten die Infrastrukturen und technischen Prozesse der Datenverbreitung aus dem Blick, wodurch der Eindruck einer reibungslosen, geschmeidigen Konnektivität entsteht, die wie von selbst abläuft.

87 Eric Harvey, »Station to Station. The Past, Present, and Future of Streaming Music«, in: *Pitchfork*, 2014, ⟨https://pitchfork.com/features/cover-story/reader/streaming/⟩, letzter Zugriff 21.04.2020; Dan Rayburn, Michael Hoch, *The Business of Streaming and Digital Media*, Waltham 2005.

In diesem Narrativ gibt es keinen Raum für Entnetzung, da sich Daten immer schon zur richtigen Zeit am richtigen Ort befinden. Selbst die soziologische Medienkritik übernimmt häufig dieses Narrativ, wenn von einer beschleunigten Netzwerkgesellschaft, in der Machtprozesse *in real time* ablaufen, gesprochen wird.[88] Dabei wird allerdings das Konzept der Echtzeit unkritisch übernommen,[89] womit wir am Einsatzpunkt von Technologien des Bufferings sind, da sie gleichzeitig an der Herstellung der Kontinuitätserfahrung wie auch an ihrer Unterbrechung beteiligt sind. Ein Buffer ist ein temporärer Zwischenspeicher in Netzwerkknotenpunkten und auf dem Endgerät der User*in, der es erlaubt, Unregelmäßigkeiten im Datenempfang auszugleichen. Er wird ständig mit neuen Daten aufgefüllt, die, sobald sie prozessiert worden sind, sogleich wieder gelöscht werden, um neuen Platz zu schaffen.

Der Buffer ist eine mediale Temporaltechnologie: Er erlaubt es, die Geschwindigkeit der empfangenen Daten von jener der Datenverarbeitung zu trennen. Man könnte auch sagen: Er ist eine Art Wartehalle für zu früh angekommene Daten, um Verspätungen durch den Datenstau auf den Übertragungswegen auszugleichen.[90] Bereits die Existenz eines Buffers stellt somit die Rede von Echtzeitübertragung in Frage. Wenn alle Daten durch einen Buffer geschleust werden müssen, dann kann »Echtzeit« nicht ohne ein Moment des Wartens – und zwar zunächst einmal von Daten und lange bevor die User*in selbst davon betroffen ist – konzipiert werden. Indem Buffer Daten in einen Wartezustand versetzen, entziehen sie diese für eine geringe Zeitspanne dem Datenstrom.

88 Wayne Hope, »Global Capitalism and the Critique of Real Time«, in: *Time and Society* 15, 2-3 (2006), S. 275-302; Hartmut Rosa, *Beschleunigung. Die Veränderung der Zeitstrukturen in der Moderne*, Frankfurt/M. 2005; Manuel Castells, *Der Aufstieg der Netzwerkgesellschaft. Das Informationszeitalter. Wirtschaft, Gesellschaft, Kultur. Band 1*, Wiesbaden 2017.

89 Robert Hassan, Ronald E. Purser (Hg.), *24/7. Time and Temporality in the Network Society*, Stanford 2007.

90 Paul Williams definiert es so: »Beim Buffering werden die Daten in einen bestimmten Bereich des Speichers, den sogenannten ›Buffer‹, vorgeladen, so dass auf die Daten schneller zugegriffen werden kann, wenn eine der Verarbeitungseinheiten des Computers […] die Daten benötigt.« (Paul Williams, »What Is Buffering? A Simple Buffering Definition«, in: *Bandwidth Place*, 2013, ⟨https://www.bandwidthplace.com/what-is-buffering-a-simple-buffering-definition-article/⟩, letzter Zugriff 30.03.2020.)

Die Daten bleiben zwar im Normalfall anschlussfähig, es bleibt aber ungewiss, ob es zum Anschluss kommen wird. Daten werden zwischengespeichert, ohne dass man sicher weiß, ob sie rechtzeitig für nachfolgende Prozesse empfangen worden sind. Dieses Warten möchte ich als potentielles temporales Moment der Entnetzung von Daten fassen.

Zu Recht wird betont, dass Echtzeit zumindest auf der medientechnischen Ebene nicht existiert, auch wenn User*innen den Eindruck haben, Echtzeit zu erleben.[91] Dies schließt an Wolfgang Ernsts einflussreiche Studien zur Eigenzeit an,[92] die Mikrotemporalitäten medientechnischer Komponenten analysieren.[93] Anstelle einer letztlich zeitlosen und einheitlichen Echtzeit haben wir es mit unterschiedlichen Prozessen nicht nur der Beschleunigung, sondern auch der Verlangsamung; mit Verzögerungen und Latenzzeiten und damit der Erfahrung von »unterschiedliche[n] Geschwindigkeiten und Asynchronizität« zu tun.[94] Daher kann auf der infrastrukturellen Ebene von keinem kontinuierlichen Stream, sondern von einer Vielzahl von kleinen Schnitten oder von »Mikroentscheidungen« in der Datendistribution gesprochen werden.[95]

91 Jussi Parikka, »The Underpinning Time. From Digital Memory to Network Microtemporality«, in: Andrew Hoskins (Hg.), *Digital Memory Studies. Media Pasts in Transition*, London 2017, S. 168-184; Wolfgang Ernst, »Die Scheinbarkeit des ›Live‹. Irritationen der Gegenwartswahrnehmung durch präsenzerzeugende Medien«, in: *map. media, archive, performance*, 2012, ⟨http://www.perfomap.de/map3/kapitel4/scheinbarkeit⟩, letzter Zugriff 21. 04. 2020; Susan Leong u. a., »The Question Concerning (Internet) Time«, in: *New Media & Society* 11, 8 (2009), S. 1267-1285.

92 Wolfgang Ernst, *Chronopoetik. Zeitweisen und Zeitgaben technischer Medien*, Berlin 2012; ders., *Gleichursprünglichkeit. Zeitwesen und Zeitgegebenheiten technischer Medien*, Berlin 2012.

93 Eine Analyse von Buffering im Anschluss an Ernst bietet: Winnie Soon, »Microtemporality. At the Time when Loading-in-progress«, in: Olli Tapio Leino (Hg.), *Proceedings of the 22nd International Symposium on Electronic Art ISEA2016*, Hong Kong 2016, S. 209-215. Zur Temporalität von Algorithmen siehe Shintaro Miyazaki, »Algorhythmics. Understanding Micro-Temporality in Computational Cultures«, in: *Computational Culture* 2, 2012, ⟨http://computationalculture.net/algorhythmics-understanding-micro-temporality-in-computational-cultures/⟩, letzter Zugriff 01. 04. 2020.

94 Robert Hassan, zit. nach: Geert Lovink, *Zero Comments. Blogging and Critical Internet Culture*, New York 2007, S. 170.

95 Florian Sprenger, *Politik der Mikroentscheidungen. Edward Snowden, Netzneutralität und die Architekturen des Internets*, Lüneburg 2015.

Wie lange soll auf fehlende Daten gewartet werden? Ab wann sind Daten zu spät und müssen gelöscht werden? Die Bufferingalgorithmen müssen abwägen, ob zum Beispiel die Bildqualität reduziert werden soll, um trotz fehlender Daten weiter arbeiten zu können, oder ob weiter gewartet und damit die Geduld der User*innen strapaziert werden soll. Erscheint das Bufferrädchen auf dem Bildschirm, dann wissen wir, dass etwas nicht in Ordnung ist, allerdings auch, dass es wahrscheinlich bald behoben sein wird. Die Anzeige signalisiert, dass das System die Unregelmäßigkeiten registriert hat und dass bereits an der Lösung des Problems gearbeitet wird. Auch wenn die Ladeanzeige endlos zu rollen scheint, so ist sie doch eine Art Versicherung und Aufforderung an die User*innen, den Streamingprozess nicht abzubrechen. Der Zwischenspeicher, so das Versprechen, muss nur wieder genügend mit Daten aufgefüllt werden, damit der Datenstrom wieder in Gang kommt. Bereits hier zeigt sich, wie komplex die Temporalökonomie des Buffers ist. Der Buffer arbeitet an einer reibungslosen Zukunft, indem er sich selbst als zeitlichen Puffer zwischen Gegenwart und Zukunft setzt. In den Buffer strömen Daten für die in Kürze anstehende Verarbeitung; eine dauerhafte Speicherung ist nicht vorgesehen, ja, sie würde der Logik des Buffers widersprechen. Denn dann wäre er in kürzester Zeit überfüllt und würde seine zeitliche Ausgleichsfunktion verlieren.

Man sollte den Buffer aber nicht nur als isolierte technologische Vorrichtung begreifen, denn er operiert in einer soziotechnischen Umwelt. Dies bedeutet, dass die technologische Zeitorganisation auf das User*innenverhalten abgestimmt werden muss. Denn wenn die User*in plötzlich ihrerseits den Stream abbricht, war die ganze komplexe Zeitorganisation und -optimierung im Buffer vergeblich, ja sogar in einer gewissen Weise verschwendet. Dies spielt zwar für die einzelnen Mikroprozesse innerhalb des Buffers keine Rolle. Sie sind aber gleichzeitig in eine Streamingassemblage eingebettet, die die informationstechnischen Faktoren mit ökonomischen (wie zum Beispiel der Kund*innenbindung an den jeweiligen Anbieter), psychologischen (dem Befinden der jeweiligen User*in) und kulturellen Faktoren (etwa Erwartungen an Bild- und Streamingqualität, die als *quality of experience* gefasst werden) verbindet. Die in diese Assemblage eingeschriebene technisch-politische Rationalität ist vom Imperativ der Konnektivität geprägt, dessen Ideal ein ununterbrochener Stream ist. In diesem Sinn hat die Aufrechterhaltung des Streams höchste Priorität, wozu das kognitive und affektive Attachment der User*innen aufrechterhalten werden muss.

3.2 Affekt- und Zeitökonomie des Bufferings

Das Buffering führt eine unbestimmte Pause in den Stream ein, von welcher die User*in jedoch nicht weiß, ob, wann und wie häufig sie auftreten wird. Selbst wenn das Buffersymbol auftaucht, ist keineswegs absehbar, wie lange die Pause dauern wird.[96] Diese Ungewissheit ist nicht ohne Folgen für die User*innen. Der *Ericsson Mobility Report* aus dem Jahr 2016 hat sogar die These aufgestellt, dass Buffering krank macht.[97] Verzögerungen durch das Buffering, so die empirischen Ergebnisse der neurologischen Studie »The Stress of Streaming Delays«, erhöhen den Herzschlag durchschnittlich um 38 Prozent, und noch schlimmer sind die Effekte, wenn das Buffering nicht zu Beginn, sondern während des bereits laufenden Videokonsums auftritt.[98] Eine Pause von mehr als vier Sekunden im Videostream ist für viele Proband*innen offenbar sogar stressreicher als der Straßenverkehr in Jakarta. Der Stress lässt die Konsument*innen ängstlich und ungeduldig werden. Es sind also nicht nur spektakuläre Ereignisse (wie im Horrorfilm) oder die Farbskala der Terrorwarnungen, welche affizieren.[99] Vielmehr ist es gerade das Ausbleiben des erwarteten Ereignisses, ein Riss im Kontinuitätsstrom, der in höchstem Maße affiziert.

Eine breit angelegte Studie hat gezeigt, dass beim Streaming von Videos bereits nach zwei Sekunden Verzögerung 40 Prozent der User*innen darauf verzichten, das Video weiter anzusehen; mit jeder weiteren Sekunde, in dem der Stream stockt, geben weitere

96 Zur Ungewissheit des Wartens bei der Konfrontation mit dem Bufferingsymbol siehe Jason Farman, *Delayed Response. The Art of Waiting from the Ancient to the Instant World*, New Haven 2019, S. 79.

97 Patrik Cerwall (Hg.), *Ericsson Mobility Report*, 2016, ⟨http://mb.cision.com/Main/15448/2245189/661253.pdf⟩, letzter Zugriff 01. 04. 2020.

98 Ebd., S. 4.

99 Brian Massumi, »Fear (the spectrum said)«, in: *Positions. East Asia Cultures Critique* 13, 1 (2005), S. 31-48.

5,8 Prozent der User*innen auf.[100] Die Echtzeit-Semantik, mit der Streaming beschrieben wird, erzeugt normativ aufgeladene Erwartungen an einen reibungslosen, ja geradezu immateriellen Stream. Eine Twitter-Userin – ein Beispiel von vielen – kann es nicht fassen, dass es heute noch Bufferingprobleme geben kann: »Is buffering really a thing still like it's friggin 2017?«[101]

Beim Buffering wissen wir nie, wann das Video plötzlich zu stocken beginnt und einfriert, wie lange die Pause dauern wird und ob das erste Buffering ein schlechtes Omen für den weiteren Sehgenuss ist, etwa weil das Netz an diesem Ort und zu dieser Zeit generell überlastet ist. Über den Film legt sich ein fremder, unverständlicher Rhythmus des beständigen Aussetzens und Wiederanfangens. In der Bufferingpause vermischt sich die Hoffnung, dass es doch irgendwie weitergehen wird, mit der Angst, dass das Netzwerk oder der eigene Rechner nicht zuverlässig ist. Ja, in den Bufferingpausen zeigt sich das YouTube- oder Netflixpublikum von seiner unfreundlichen Seite. Andere User*innen werden zu Konkurrent*innen um einen Teil der beschränkten Bandbreite, Ärger über Mitbewohner*innen, Mitreisende im Zug oder Mitgäste im Hotel und deren unterstellten exzessiven Datenkonsum macht sich womöglich breit. Diese alltägliche Mikropolitik des Bufferings verweist auf infrastrukturelle Politiken. Große Streaminganbieter wie Netflix nutzen teils unsichtbare Distributionsnetzwerke (*content digital networks*), welche das Videostreaming gegen Bezahlung beschleunigen.[102] Die Bereitstellung eines kontinuierlichen Streams in guter Qualität hat somit Effekte auf die Netzneutralität, weshalb beispielsweise die Streaminganbieter während der Corona-Pandemie selbst zum Gegenstand politischer Regulationsforderungen geworden sind. Um einer allgemeinen Verlangsamung des Internets durch das weltweit erhöhte Streaming

100 Shunmuga Krishnan, Ramesh K. Sitaraman, »Video Stream Quality Impacts Viewer Behavior. Inferring Causality Using Quasi-Experimental Designs«, in: *IEEE/ACM Transactions on Networking* 21, 6 (2013), S. 2001-2014, hier S. 2008; Florin Dobrian u. a., »Understanding the Impact of Video Quality on User Engagement«, in: *Proceedings of the ACM SIGCOMM 2011 Conference*, S. 362-373.

101 Post von @PoTAToTo auf *Twitter*.

102 Christian Sandvig, »The Internet as the Anti-Television. Distribution Infrastructure as Culture and Power«, in: Lisa Parks, Nicole Starosielski (Hg.), *Signal Traffic. Critical Studies of Media Infrastructures*, Chicago 2015, S. 225-245.

begegnen zu können, werden die Streamingqualität und die Bandbreiten mitunter reduziert.[103]

Reichen die Bandbreiten nicht aus, dann sind die User*innen mit dem Bufferingsymbol konfrontiert. Nicht nur verspricht es, dass sich demnächst die Lage normalisieren wird, sondern es schlägt auch einen kleinen Pakt vor: Gib mir jetzt etwas von deiner Zeit, damit du nachher einen störungslosen Stream genießen kannst! Das Warten während der Bufferanzeige funktioniert nach der Logik des Kredits: Die gegenwärtige Wartezeit ist die Vorleistung auf die zu erwartende Gegenleistung in Form von Nichtwarten. Die gerade durchlebte, gegenwärtige Zeit wird investiert, um eine zukünftige Zeit zu bekommen. Diese Investition ist höchst spekulativ, da niemand versprechen kann, dass der implizite Vertrag auch tatsächlich eingehalten wird. Die Spezifik dieses zeitlichen Paktes wird im Vergleich mit der klassischen Kinopause besonders deutlich. Die Kinogänger*innen vergangener Zeiten befanden sich gewissermaßen noch in einem fordistischen Modell des Pausenmanagements. Pausen sind vorher eingeplant, eine Personalisierung der Pause ist nicht vorgesehen. Mit dem Streaming wird die Pause personalisiert und interaktiv: Sie hängen von meinem spezifischen Netzwerkzugang ab, auch kann ich durch Hacks das Buffering zu unterdrücken versuchen oder mich für eine schlechtere Filmqualität entscheiden. Die Art und Weise, wie ich mit der Pause umgehe, hat Auswirkungen auf die technische Qualität des zukünftigen Filmstreams. Denn beim Buffering handelt es sich nicht um einen fixierten Mechanismus, sondern um eine flexible und individualisierende Technologie. Algorithmen steuern die Auslastung von Netzwerken und reagieren auf spezifische Kontexte; sie werten Netzwerk- und Userverhalten aus, um optimale Übertragungsformen zu schaffen.[104] Für User*innen bleibt die Arbeit des Buffers

103 Daniel Herbig, »Trotz Drosselung. Netflix-Nutzer bekommen die Auflösung, für die sie zahlen«, in: *Heise Online*, 2020, ⟨https://www.heise.de/newsticker/meldung/Trotz-Drosselung-Netflix-Nutzer-bekommen-die-Aufloesung-fuer-die-sie-zahlen-4687878.html⟩, letzter Zugriff 01.04.2020.

104 Arkadiusz Biernacki u.a., »On the Influence of Network Impairments on YouTube Video Streaming«, in: *Journal of Telecommunications and Information Technology* 3 (2012), S. 83-90. Aktuelle *Deep-learning*-Algorithmen werden z. B. im Pensieve-Projekt implementiert: Hongzi Mao u. a., »Neural Adaptive Video Streaming with Pensieve«, in: *SIGCOMM. 17. Proceedings of the 2017 Conference*

allerdings eine Black Box – sie können nicht wissen, wie die Bufferalgorithmen ihre Zeitgabe verarbeiten werden. Selbst wenn man geduldig darauf gewartet hat, dass sich der Buffer wieder auffüllt, mag inzwischen das Programm abgestürzt sein oder sich der Akku entladen haben: »Wtf/Was zur Hölle… Ich saß tatsächlich einfach nur da um Stranger Things zu bingen, da bufferte Netflix und der Akku meiner LICHTERkette fing an, Geräusche zu machen.«[105]

3.3 *Buffer overflow*

Bisher sind wir von dem Szenario ausgegangen, dass der Zulieferdatenstrom so langsam sein könnte, dass Datenpakete auf den komplexen Wegen zur Empfänger*in möglicherweise verloren gegangen sind. Allerdings kann auch das umgekehrte Problem auftauchen: Zu viele und zu große Dateien treffen zu schnell ein. Dies mag zunächst erfreulich sein, da so das Auffüllen des Buffers gewährleistet ist. Aber bereits das Bild des Auffüllens macht schnell deutlich, dass damit auch eine Überfüllung einhergehen kann. IT-Spezialist*innen und Hacker*innen sprechen diesbezüglich vom Problem des »buffer overflow«.[106] Damit ist gemeint, dass ein Buffer so schnell aufgefüllt wird, dass der entsprechende Speicherplatz nicht mehr ausreicht. Das führt dazu, dass angrenzender Speicherplatz – in den *stacks* – mit dem Datenüberschuss überschrieben wird. In vielen Fällen ist dies nicht weiter problematisch, abgesehen davon, dass die am falschen Ort gespeicherten Daten nicht mehr für den ursprünglich vorgesehen Prozess verwendet werden können und unauffindbar werden. Sie befinden sich zwar noch im Speicher, aber sind durch ihre fehlende *findability* von den Datenprozessen entnetzt. Der Datenüberschuss kann auch zur Verlangsamung der Übertragung führen, werden Daten doch nicht nur bei den Endempfänger*innen gebuffert, sondern auch an den verschiedenen Stationen des Übertragungsweges.

Das Problem des *buffer overflow* wurde jedoch nicht primär aus

on the ACM Special Interest Group on Data Communication, Los Angeles 2017, ⟨http://web.mit.edu/pensieve⟩, letzter Zugriff 01. 04. 2020.

105 Post von Lan xxxxx auf *Twitter.*

106 Jason Deckard, *Buffer Overflow Attacks. Detect, Exploit, Prevent*, Amsterdam 2005.

diesem Grund berühmt, sondern weil es eine der beliebtesten und erfolgreichsten Methoden zur Verbreitung von Computerviren ist: »Eine *Buffer-flow*-Schwachstelle ermöglicht es einem Angreifer, einen Code in ein bereits laufendes Programm einzuschleusen und dann das Programm den Code des Angreifers ausführen zu lassen.«[107] Die Overflow-Daten können aus ausführbaren, sogenannten EXE-Dateien (*executable files*) bestehen, die zu Schäden oder sogar zur Übernahme des Rechners führen können. Einer der berühmtesten und frühesten Computerviren, der *Morris Worm* von 1988, nutzte *buffer overflow*, um sich erfolgreich verbreiten zu können. Mit dem *buffer overflow* verkompliziert und präzisiert sich das, was ich als die Temporalökonomie des Buffers bezeichnet habe. Die Temporaltechniken finden in einem präzise definierten Raum statt, dem Bufferspeicherplatz, der meist über eine fixierte Größe verfügt. Es ist also nicht nur die rechtzeitige Versorgung des Buffers mit Daten (und deren Abfluss) zu analysieren, sondern auch deren räumliche Verortung. Auch hier haben wir es mit einer spekulativen Kalkulation zu tun. Erstes Ziel ist es, einen störungsfreien Stream zu gewähren. Dafür müssen Daten so schnell wie möglich aufgenommen werden. Dies ist aber das Einfallstor für falsche und schädliche Codes. Interessanterweise politisiert sich hier die Sprache der IT, wie man an folgendem Zitat aus einem Sicherheitsratgeber sieht:

> Eine Lehre für die Programmiererin (oder ihren Manager) ist, dass User-Input viel zu gefährlich ist, um ihn den Usern selbst zu überlassen. Daher sollte jeder Input als böse und korrumpierend behandelt werden, sofern nicht das Gegenteil bewiesen wird. Zweitens muss eine Programmiererin vertrauenswürdige und nichtvertrauenswürdige *environments* einrichten, und Daten müssen überprüft werden, sobald sie die Grenze zwischen diesen überschreiten. Die Überprüfung ist am einfachsten, wenn es einen *choke point* für den Input gibt.[108]

Die Temporalökonomie des Buffers wird hier in deutlichen Worten zu einer politischen Ökonomie. Errichtet wird eine klare, antagonistische Grenze, die zunächst einmal *jeden* Input als bösartig

107 Christoph Stern u. a., *Foundations of Security. What Every Programmer Needs to Know*, New York 2007, S. 93.

108 Thomas Schwarz, »COEN 152 Computer Forensics. Buffer Overflow Attack«, 2004, ⟨http://www.cse.scu.edu/~tschwarz/coen152_05/Lectures/BufferOverflow.html⟩, letzter Zugriff 03. 04. 2020.

und korrupt behandelt. Ja, es wird sogar empfohlen, den gesamten Datenzugang durch einen *choke point*, das heißt durch einen obligatorischen Kontrollpunkt, zu kanalisieren und so zu überwachen. Eigentlich wäre eine offene Datenpolitik angebracht: Da die Daten zum kurzfristigen Verbrauch bestimmt sind, ist der Schaden, welchen die Daten im Buffer anrichten können, begrenzt. Dies gilt aber nur dann, wenn verhindert werden kann, dass der präzise definierte Speicherplatz des Buffers nicht verlassen wird und die fremden Codes nicht an unvorhergesehenen Orten gespeichert werden. Genau dies geschieht jedoch beim *buffer overflow*. Die Verhinderung von solchen Angriffen erfordert die permanente Kontrolle der eintreffenden Datenmengen und -arten, was wiederum ein zeit- und kostenintensiver Prozess ist.

Das Buffering als eine Ökonomie des zeitlichen Ausgleichs ist daher auf die strikte räumliche Kontrolle des Speicherns angewiesen. Im Buffer verbindet sich die Aufgabe, zeitliche Kontinuität und damit einen Echtzeiteffekt herzustellen, mit der Errichtung und Überwachung räumlicher Grenzen. Es ist diese Räumlichkeit des Buffers – also die Verortung des Wartens –, welche nicht nur seine Semantik, sondern auch die Sicherheitstechnik antagonistisch konfiguriert. Es geht um die Abwehr von zu vielen und zu fremden Daten sowie um die Eindämmung der permanenten Gefahr, dass ein fremder Code injiziert werden könnte. Der Buffer ist der Schauplatz für regelrechte infrastrukturelle Dramen.

3.4 Buffering zwischen Strategie und Störung

Bereits die Etymologie des Buffers macht auf dessen dramatisches Potential aufmerksam. Das Wort »Buffer« ist im Englischen aus dem Verb *buff* aus dem 16. Jahrhundert abgeleitet, das ein dumpfes Geräusch nach einem Schlag bezeichnet. Dies wurde im 19. Jahrhundert verallgemeinert auf eine Einrichtung, die einen Aufprall eines bewegten Körpers abfedert. Ein Buffer ist »alles, was einen Aufprall verhindert oder den Schock des Aufpralls gegensätzlicher Kräfte neutralisiert«.[109] Die Etymologie von Buffering umfasst also

109 Eintrag im *Online Etymology Dictionary* zu »buffer«, ⟨https://www.etymonline.com/word/buffer⟩, letzter Zugriff 28.09.2020. Ganz ähnlich verhält es sich mit der deutschen Etymologie von Puffer. *Buffering* ist von »puffen« beziehungs-

ein plötzliches, möglicherweise gefährliches Ereignis wie auch einen Schutzmechanismus, der räumlich etwa als Knautschzone gefasst wird. Der Buffer ist immer beides zugleich: der plötzliche Puff und das Puffern, das zu vermeidende Phänomen und sein Gegenmittel. In den Buffer als Technologie schreiben sich die Antagonismen ein, die er eigentlich abfedern soll. Die technische *safe zone* des Buffers bedarf aufwändiger Sicherheits- und Kontrollprozeduren. Die Doppelfunktion des Buffers schlägt sich auch in seiner spekulativen Logik nieder: Er ist einerseits die Verknüpfung rationaler ökonomischer Entscheidungen, allerdings unter Bedingungen des Nichtwissens. Andererseits ist das Buffering ständig mit Fehlentscheidungen konfrontiert: Daten mögen vergeblich zwischengespeichert und so nutzlos werden, bei der Datenübertragung kann also Bandbreite verschwendet werden, so dass die User*innen vergeblich darauf warten, dass der Stream wieder einsetzt.

Diese Zone des Bufferings nimmt eine bemerkenswerte Zwischenposition in digitalen Netzwerken ein. Sie ist zwar funktional auf die Optimierung der Netzwerklogik ausgerichtet (also die Herstellung von nahtloser [*seamless*] Konnektivität), in ihr selbst ereignen sich aber keine Verbindungen. Gleichzeitig ist diese Zone aber auch kein Archiv, da die versammelten Daten nach kurzer Zeit wieder gelöscht werden. In dieser Hinsicht erinnert der Buffer an die Vakuole, weil auch er ein Raum der Inkommunikabilität ist, wenn auch hochgradig temporalisiert. Wie schon oben gesagt: Es ist ein Warteraum, in dem Daten zwar versammelt werden, aber keine neuen Verbindungen hergestellt werden; die Daten harren ihrer Weiterverwendung. Wir haben es hier mit einer strategischen Form der Entnetzung im Dienste gesteigerter Vernetzung zu tun, und zwar auf infrastruktureller Ebene. Es handelt sich um technische Mikrotemporalitäten, die für die Netzwerke hochrelevant, für User*innen aber unsichtbar sind. Dennoch wird das Buffern dann erfahrbar, wenn dessen Synchronisierungsleistung an ihre Grenzen gerät – dann sind die User*innen mit stockenden Verbindungen konfrontiert. Taucht das Buffersymbol auf dem Bildschirm auf,

weise »Puff« abgeleitet: Ein Puff ist ein »Stoß, dumpfes Geräusch«; ein Puffer bezeichnet zum Beispiel die »Stoßdämpfer an Eisenbahnwagen (19. Jh.)«, oder auch eine »Knallbüchse (17. Jh.)«. Siehe Eintrag »Puff«, in: Duden-Redaktion (Hg.), *Das Herkunftswörterbuch. Etymologie der deutschen Sprache*, 12 Bde., Berlin 2014, hier: Bd. 7, S. 663.

dann handelt es sich gerade nicht um die Anzeige des normalen – unsichtbaren! – Funktionierens von Buffering, sondern um den Hinweis auf Bufferprobleme.[110]

Auch wenn zwischen der Mikrotemporalität des Bufferings und der Erfahrung des Bufferings keine Beziehung der Repräsentation besteht, antwortet das Bufferingsymbol symbolisch auf technische Probleme des Bufferings. Es taucht dann auf, wenn der Buffer seine Koordinations- und Synchronisierungsleistung nicht mehr erfüllen kann (wenn zum Beispiel zu viele Daten nicht mehr rechtzeitig eintreffen). Nun verschiebt sich das Warten der Daten im Zwischenspeicher zum Warten der User*innen auf eine Antwort des Computers. In seinem Roman *Satin Island* von 2016 erzählt Tom McCarthy den Alltag eines Firmenanthropologen in einem Beratungsunternehmen. Dieser Alltag ist durchsetzt mit einer Vielzahl von digitalen Instrumenten und Vorrichtungen, analoges und digitales Leben sind nicht mehr voneinander zu trennen, Bufferingsituationen gehören wie selbstverständlich zum Firmenalltag. Während die Kolleg*innen sich meist über das Buffering ärgern, sieht der Protagonist darin eine Chance:

> Mich störte das Buffering aber nicht; ich starrte minutenlang den kleinen rotierenden Kreis auf meinem Bildschirm an, verlor mich in ihm. Dahinter stellte ich mir Horden aus Bits und Bytes und Megabytes vor, die fieberhaft rackerten, um mir die erforderlichen Daten zu beschaffen; hinter ihnen wiederum stellte ich mir einen Mega-Server vor, irgendwo in Finnland oder Nevada oder Usbekistan untergebracht: Massen an Speichermodulen, mit Satellitenschüsseln, die um sie herum hervorsprossen und nonstop Informationen hervorpumpten […].[111]

Buffering wird hier als hypnotisierende Erfahrung beschrieben, die den Protagonisten seinen Arbeitsalltag vergessen lässt – ihn von diesem entnetzt. Die unerwartete Pause gilt ihm aber nicht nur als eine temporäre Auszeit, sondern wird zur aufklärerischen halluzinatorischen Erfahrung. Denn nun werden die ansonsten unsichtbaren materiellen Infrastrukturen des Internets intuitiv erahnbar: jene meist verborgenen Infrastrukturen also, die eine schon fast re-

110 Zum Unterschied zwischen Buffererfahrung und Buffering siehe Mathias Denecke, »Eine kleine historische Skizze zum Buffer«, Hamburg 2019 (unveröffentlichtes Arbeitspapier), u. a. mit dem Hinweis, dass das Buffersymbol ein Rebuffering bezeichnet.

111 Tom McCarthy, *Satin Island*, München 2016, S. 90.

ligiöse Erfahrung eines nie versiegenden, gewaltigen Datenstroms ermöglichen. Diese Erfahrung des Bufferings erinnert an die klassische ästhetische Funktion von Störungen (ein Argument, das die Infrastrukturstudien aufgenommen haben): Durch die Störung wird etwas wahrnehmbar, das im normalen Funktionieren zwar auch schon vorhanden ist, aber verborgen bleibt.[112] Das Buffering wird zum Ausgangspunkt für eine infrastrukturelle Einbildungskraft, die hier allerdings ganz auf den Erzähler als Fluchtpunkt bezogen bleibt. Der Protagonist ist von außen mit Bufferingprozessen konfrontiert, wodurch die Zeit des Bufferings letztlich ausschließlich als subjektive Zeit gedeutet wird.

Eine alternative Umwertung des Bufferings entwickelt die »Internet Halbgöttin« – wie sie sich selbstironisch nennt – Hannah Hart.[113] Berühmt wurde sie durch ihre YouTube-Webshow *My Drunk Kitchen*, in der sie im betrunkenen Zustand kocht. In ihrer Autobiographie *Buffering. Unshared Tales of a Life Fully Loaded* wird das Buffering nicht zum Eingangstor in die Unterwelt der digitalen Infrastrukturen, und zwar aus dem einfachen Grund, weil wir selbst schon Teil dieser Infrastrukturen sind. Das menschliche Leben sei letztlich kaum zu unterscheiden vom Leben der Daten:

> Buffering ist die Zeit, die du damit verbringst, darauf zu warten, dass sich die Pixel deines Lebens zu einem klareren Bild herauskristallisieren; es ist eine Zeit der Reflexion, eine Zeit des Innehaltens, eine Zeit, in der du deine Haltung wiedererlangst oder deinen Weg neu ausrichtest. Wir haben eine begrenzte mentale und emotionale Bandbreite, und einige der Episoden des Lebens brauchen lange, bis sie vollständig geladen sind.[114]

Konnte sich McCarthys Erzähler noch als menschliches Subjekt vom Bufferingsymbol regelrecht hypnotisieren lassen, so puffert nun der Ladevorgang des Lebens selbst. Harts Autobiographie ist

112 Klassisch: Susan Leigh Star, »The Ethnography of Infrastructure«, in: *American Behavioral Scientist* 43, 3 (1999), S. 377-391.

113 Zu einer ideologiekritischen Lektüre von Hart siehe: Neta Alexander, »Rage Against the Machine. Buffering, Noise, and Perpetual Anxiety in the Age of Connected Viewing«, in: *Cinema Journal* 56, 2 (2017), S. 1-24; Neta Alexander, »›Buffering‹ as a Cultural Metaphor. Postscript to ›Rage Against the Machine‹«, in: *cmstudies*, 2017, ⟨https://www.cmstudies.org/page/CJ_after562_Alexande#_edn11⟩, letzter Zugriff 12. 10. 2020.

114 Hannah Hart, *Buffering. Unshared Tales of a Life Fully Loaded*, New York 2016, S. 2.

von der Sehnsucht durchzogen, das Leben in vollen Zügen (*fully loaded*) zu genießen; gleichzeitig weiß sie, dass der Ladevorgang des Lebensstreams Verzögerungen und Pausen produziert. Das Buffering des Lebens ist für Hart kein unnützer Prozess, sondern schafft Momente der Reflexion und Besinnung. Man mag dies als individualistischen Umgang mit dem Konnektivitätsethos der Netzwerkgesellschaft kritisieren, als temporäre Flucht vor den überbordenden Vernetzungsanforderungen. Allerdings würde man dadurch übersehen, dass das Buffering zwar gleichermaßen Daten- und Lebensströme betrifft, selbst aber nicht in der Entscheidungsgewalt des einzelnen Individuums ist. Im Vorwort ihres Buches schreibt Hart: »Ich war einfach noch nicht bereit. Manche Dinge brauchen einfach Zeit, um verarbeitet zu werden, und dazu muss man gesunde Grenzen von Zeit und Raum haben. Einfach ausgedrückt: GRENZEN + PROZESSIEREN: BUFFERING.«[115] Das Prozessieren der Lebensdaten benötigt Zeit und ist dem Zugriff des Subjektes entzogen. Das bedeutet auch, dass ich mich nicht für oder gegen das Buffern entscheiden kann, sondern dass es einfach geschieht. Ähnlich wie der technische Buffer kann die einzelne Person für die infrastrukturellen Bedingungen des Bufferings sorgen, ohne aber zu wissen, wann die Pause auftreten wird: Er oder sie muss für »gesunde Grenzen« (*healthy boundaries*) sorgen, um das Prozessieren von Lebensdaten zu ermöglichen. Allerdings findet bei Hart eine bemerkenswerte Verschiebung der Bestimmung von Buffering statt, indem sie dieses als die Kombination von Grenzen und Prozessieren bestimmt. Was damit entfällt, ist gerade der Charakter des Buffers als Wartehalle: die Tatsache, dass das Buffering selbst primär ein kurzfristiger Datenspeicher ist, der Daten für zukünftige Prozesse bereitstellt. Die Verarbeitungszeit wäre im technischen Sinne des Bufferings daher gerade keine klassische Reflexionszeit, in der etwas geschieht und sich etwas entwickelt. Vielmehr ist es die Zeit einer temporären Unterbrechung, eine momentane Untätigkeit im Zwischenspeicher, das, was ich als die temporale Dimension von Entnetzung bezeichne.

Die beiden literarischen Darstellungen entwerfen zwei unterschiedliche Modelle des Bufferings: das eine Mal als aufklärerische Auszeit (McCarthy), das andere Mal als subjektive, reflexive Zu-

115 Ebd., S. xi.

satzzeit (Hart). War bereits der technische Buffer funktional auf die Erfordernisse der Netzwerkprozesse abgestimmt (zumindest im Idealfall), ist diese Wartezeit nun auf die Entwicklung der User*innen ausgerichtet. Auch hier bleibt Entnetzung ambivalent, da sie letztlich funktionalisiert wird: sei es im Dienste des Erkennens der unsichtbaren Infrastrukturen, sei es im Dienste des Lebens, das seine Potentiale vollständig ausschöpft. Auf diese Weise gerät Entnetzung retrospektiv aus der Perspektive ihrer Funktion in den Blick, als immer schon produktiver Umgang mit der Unterbrechung. In gewisser Weise waren die technischen Darstellungen des Buffers sensibler für die prekäre Natur des Bufferings, da es dort als zeitkritischer Prozess betrachtet wird – als ein Prozess, in den die mögliche Vergeblichkeit des Wartens immer schon eingeschrieben ist.

4. Analytiken der Entnetzung

In den vorangegangenen drei Kapiteln dieses Teils habe ich drei sehr unterschiedliche Sozialfiguren der Entnetzung umrissen, die sich festmachen an den entnetzten Einheiten, welche aber erst retroaktiv zu solchen geworden sind. Mein Zugriff über die Einheiten geht aus dem Problem der Entnetzung selbst hervor: Wenn es richtig ist, dass Entnetzung eine Bewegung des Auflösens von Beziehungen ist, dann kann die Entnetzung selbst nicht ausschließlich in Beziehungsbegrifflichkeiten beschrieben werden. Das Problem der Entnetzung zwingt uns dazu, Momente der Arelationalität zu theoretisieren. Auch wenn uns Entnetzung also an die Ränder des relationalen Denkens führt, heißt dies keineswegs, die Bedeutung von Relationen zu bestreiten. Vielmehr operiert Entnetzung immer auch in der Vernetzung, ohne in dieser aufzugehen. Anhand der analysierten Figuren der Entnetzung habe ich behelfsmäßig drei Entitäten isoliert: den Schüchternen als verschwindendes Subjekt, den Ladenhüter als obsoletes Ding und gebufferte Daten im digitalen Wartezustand. Bei aller Unterschiedlichkeit ist diesen Entitäten gemeinsam, dass sie weder außerhalb ihrer netzförmigen Kontexte stehen noch gewöhnliche Knotenpunkte sind. Sie befinden sich zeitweise in einer indifferenten Beziehung zum Vernetzungsgeschehen, wodurch sie eine gewisse Unabhängigkeit von den jeweiligen Kontexten erfahren. Ihre Einbettung in die Vernetzung möchte ich in diesem Kapitel in drei Hinsichten diskutieren: der Entstehung entnetzter Einheiten, deren Kopräsenz im Netzwerk sowie der Vernetzungspotentialität der Entnetzung.

4.1 Die Genese entnetzter Entitäten

Entnetzte Entitäten sind nicht ontologisch gegeben, sondern müssen erst geschaffen werden. Mit dieser These wende ich mich auch gegen eine atomistische Perspektive, die von unverbundenen Einheiten ausgeht, um dann beobachten zu können, wie diese miteinander in Verbindung gesetzt und – im Falle der Entnetzung – wieder voneinander getrennt werden.[116] Dies bedeutet jedoch nicht, dass Netzwerke über keine Einheiten verfügen und nur aus einem Bündel dynamischer Linien bestehen. In meiner Diskussion von Laclau/Mouffe habe ich den Status solcher Einheiten anhand der Unterscheidung zwischen Momenten und Elementen diskutiert.[117] Innerhalb von Diskursen können einzelne Momente unterschieden werden – als Relata eines Netzwerkes, die durch dieses selbst erzeugt worden sind. Aus der Perspektive der Diskurstheorie handelt es sich dabei um einzelne Zeichen oder Forderungen, aus Sicht der ANT um differentiell konstituierte Knotenpunkte (Aktanten). Werden nun Momente aus dem Netzwerk herausgelöst, gehen diese ihrer bisherigen Gestalt verlustig und werden zu Elementen in Form von diskursiven Ruinen. Solche Elemente entsprechen dem, was ich hier als entnetzte Einheiten bezeichne. Wir können damit zwischen der Differenzierung von Einheiten innerhalb eines Netzwerkes (Momentarisierung) und der Loslösung von Elementen aus einem Netzwerk (Elementarisierung) unterscheiden.

Wenn wir diesen Gedanken für die Analyse von Netzwerken fruchtbar machen wollen, müssen wir jedoch die Mechanismen der »Momentarisierung« genauer bestimmen. Dabei hilft Karen Barads Konzept des »agentiellen Schnitts« – eines Schnitts in Netzwerken, durch den deren Relata hergestellt werden:

> Eine spezifische Intra-Aktion (mit einer spezifischen materiellen Konfiguration des »Beobachtungsapparates«) führt zu einem agentiellen Schnitt […], der eine Trennung zwischen »Subjekt« und »Objekt« bewirkt. Das heißt, der agentielle Schnitt erzwingt eine lokale Lösung innerhalb des Phänomens inhärenter ontologischer Unbestimmtheit. Mit anderen Worten: Relata existieren nicht vor Relationen; vielmehr entstehen durch spezifische Intra-Aktionen Relata-in-Phänomenen.[118]

Wir müssen die Rolle des agentiellen Schnitts nicht auf Subjekt-Objekt-Beziehungen beschränken, sondern er ist auch bei Ding-Ding-Relationen relevant. Die separaten Einheiten werden durch Beobachtungsapparate geschaffen, die den Schnitt durchführen;

116 So etwa die Object-oriented-ontology von Graham Harman und anderen.

117 Siehe oben, Teil II, Kap. 4.

118 Karen Barad »Posthumanist Performativity. Toward an Understanding of how Matter comes to Matter«, in: *Signs. Journal of Women in Culture and Society* 28, 3 (2003), S. 801-831, hier S. 815.

dazu gehören nicht nur die klassischen Laborapparate, sondern auch sozial- und medienwissenschaftliche Methoden sowie alltägliche Formen der Beobachtung. Mit dem Begriff des agentiellen Schnitts wird es möglich, die Punktierung von Netzwerken in Knotenpunkte als aktiven und auch politischen Prozess zu denken. Diese Punktierung ist zentral für die Funktionsweise von Netzwerken, da erst die Schaffung von Adressierbarkeit einzelne Aktanten beobachtbar und auch kontrollierbar macht. Ein Netzwerk ohne Punktierungen wäre ein Deleuze'scher Körper ohne Organe.

Was bedeutet die Annahme des agentiellen Schnitts für die Elemente, also für jene aus einem Netzwerk sich herauslösenden, zunehmend entnetzten Einheiten? Zur Beantwortung dieser Frage müssen wir einen zweiten Schnitt einführen, so dass es also um die Analyse eines *doppelten Schnitts* geht: den bereits angesprochenen ersten Schnitt, der Relata konstituiert (Momentarisierung), und einen zweiten Schnitt, der entnetzte Einheiten herstellt (Elementarisierung).[119] Bei diesem zweiten Schnitt handelt es sich um einen Akt, durch den ein Element als entnetztes klassifiziert wird. Dies geschieht häufig auf problematisierende und pathologisierende Weise, kann aber auch zu einer Romantisierung des so fabrizierten Entnetzten führen.

Um das Verhältnis dieser beiden Schnitte zueinander zu verstehen, ist es unabdingbar, den Blick auf das zu lenken, was zwischen den beiden Schnitten geschieht. Ich nenne dies die Passage der Entnetzung und meine damit jene Strecke, auf der sich ein Moment in ein Element transformiert, oder einfacher: den Übergang von einer vernetzten zu einer entnetzten Einheit. Es ist diese Passage, die in actu häufig unbeobachtet bleibt, in der aber an der Relativierung des ersten Schnitts gearbeitet wird: an der Unidentifizierbarkeit und dem Verschleiertsein von Einheiten. Erst die nachträgliche Beobachtung der nichtwahrnehmbaren Entnetzungsgeschehnisse verdichtet diese zu einem Schnitt, der in den Sozialfiguren seinen bildhaften Ausdruck findet. Nun wird aus der Perspektive der Netzwerke benannt, was vorher nur vage präsent war: dass einzelne Einheiten nicht mehr vernetzt sind und Techniken benötigt werden, mit deren Hilfe sie wieder anschlussfähig gemacht werden

119 Dies trifft nicht nur auf den »aktiven« Schnitt zu, sondern auch auf »passiv« erscheinende Formen des Sich-Herauslösens wie die Indifferenz oder das allmähliche Verblassen in oder Verschwinden aus Netzwerken.

können. Wir werden sehen, dass diese Passage meist unbemerkt einsetzt, häufig als ein stilles Entgleiten. Der doppelte agentielle Schnitt, durch den Relata konstituiert werden, steht daher für einen dreiteiligen Prozess: für die netzwerkimmanente Punktierung, für unscheinbare Formen des Entzugs sowie für die nachträgliche Verdichtung und Problematisierung dieses Entzugs in Sozialfiguren der Entnetzung. Diese Sozialfiguren beziehen sich in ihrer Krisendiagnose auf die primäre Punktierung der Netzwerke, also auf die Einheiten des Netzwerkes, um nun deren mangelnde Anschlussfähigkeit benennen zu können.

Denken wir zurück an meine Fallbeispiele: Die Figur des Schüchternen bezeichnet ein ängstliches, unsoziales Individuum, das zwar in Interaktionssituationen gegenwärtig ist, daran aber nach Möglichkeit nicht partizipiert. Der netzwerkimmanente Schnitt bewirkt hier die individualisierende Punktierung von Interaktionssituationen. Das Entzugsverhalten des Schüchternen wird häufig in der Situation – zumindest dann, wenn es erfolgreich ist – nicht wahrgenommen. Dies bedeutet aber nicht, dass es zufällig zustande kommt, vielmehr beruht es auf unterschiedlichen Fähigkeiten des Sich-Entziehens und des Unauffälligwerdens. Erst nachträglich wird dieses Ensemble von Entzugspraktiken als Schüchternheit klassifiziert und etwa im Rahmen psychiatrischer Diskurse pathologisiert. Der zweite Schnitt ist damit vollzogen: Der Schüchterne ist nun ein Individuum, das die ansonsten konstitutive Eigenschaft des Individuums, die Soziabilität im Sinne von Beziehungsfähigkeit, eingebüßt hat. Auch die Figur des Ladenhüters ist von einer ähnlichen Logik geprägt. Ökonomische Kreisläufe werden warenförmig punktiert; die sich im Transformationsprozess zum Ladenhüter befindliche Ware entzieht sich zunehmend den Zirkulationskreisläufen und läuft Gefahr, den Status als Ware zu verlieren. Ganz im Sinne der ANT ist diese Transformation nicht einem Eigenwillen der Ware zuzuschreiben, sondern beruht auf einem komplexen Geflecht ökonomischer, logistischer und kultureller Bedingungen. Das Zum-Ladenhüter-Werden entzieht sich meist der Beobachtung; erst der zweite Schnitt stempelt eine lange unverkaufte Ware zum Ladenhüter. Dies ist nur auf Grundlage von teils aufwändigen logistischen und betriebswirtschaftlichen Beobachtungsapparaten möglich, die erst Kategorien und Kriterien für die Bestimmung einer Ware als Ladenhüter zur Verfügung stellen.

Beim Buffering ist die erste Punktierung digitaler Prozesse datenförmig angelegt. Im Unterschied zu den beiden bisher besprochenen Figuren wird durch Netzwerktechnologien der zweite Schnitt vorweggenommen: Daten müssen den Datenprozessen für eine kurze Zeit entzogen werden, damit diese reibungslos funktionieren können. Das Buffering spielt sich an einem Zwischenort ab, der weder bloß Speicher noch bloß Datenübertragung ist. Der zweite Schnitt ist nun als Entnetzungstechnologie in digitale Netzwerke integriert und wird erst dann zum Problem, wenn das Buffering nicht funktioniert.

Einheiten der Entnetzung sind daher keineswegs schon vorweg als Einheiten bestehende Entitäten, die lediglich zu »befreien« sind, sondern sie müssen mit Hilfe spezifischer Praktiken und Beobachtungstechniken hergestellt werden. Man könnte auch sagen, dass es sich zwar um bereits in den Netzwerkprozessen differenzierte Momente handelt, die aber durch die Entnetzung erst in Elemente überführt werden.[120] Die Entnetzung nutzt damit bereits existierende Punktuierungen, sei es negativ durch die Fassung als Abweichung oder die Deaktivierung dieser bestehenden Punktierungen, sei es positiv durch Intensivierung des ersten Schnitts. Indem ich diese Arbeit der Trennung – man könnte auch von der Arbeit der Elementarisierung sprechen – betone, nehme ich eine Mittelposition zwischen Relationismus und Elementarismus ein: Elemente müssen geschaffen werden und verfügen daher über eine Trennungsgeschichte. Dies bedeutet aber nicht, dass es sich dabei um rein ideologische Artefakte handeln würde, denn die Elementarisierung ist selbst sehr real, mit entsprechenden Effekten. Es wäre daher ein Fehler, die Entnetzung als bloßes Scheitern zu begreifen oder gar nichthandelnden Entitäten die Existenz zu bestreiten. Die Figuren der Entnetzung gehen aus der Spannung zwischen den beiden Schnitten hervor, die sie dramatisieren, pathologisieren oder feiern – jedenfalls findet keine rein deskriptive Darstellung des Verhältnisses statt. Von daher stehen sie nicht primär für die Vorstellungen von entnetzten Einheiten, sondern für ein figurales In-Beziehung-Setzen der beiden Schnitte. Diese Figuren erzählen Geschichten davon, wie man entnetzt werden könnte – häufig, ohne

120 Siehe meine Diskussion zur Unterscheidung zwischen Moment und Element bei Laclau/Mouffe oben, Teil II, Kap. 4.

dass die Passage der Entnetzung von den Beteiligten bemerkt wird. Aber genau dieses Nichtwissen macht den Reiz der mit Hilfe dieser Figuren geschaffenen Entnetzungsgeschichten aus. Die Passage der Entnetzung liegt jenseits der Aktiv/passiv-Dichotomie.[121] Sie fungiert als Grundlage für den agentiellen Schnitt, ohne selbst ein solcher zu sein; sie kann nur jenseits des Aktivismus von konnektivitätsorientierten Soziologien beschrieben werden, wozu sie ein alternatives, wenn auch immer noch behelfsmäßiges Vokabular benötigt. Es geht in diesem Bereich um ein unmerkliches Verschwinden, um ein ereignislos erscheinendes Verharren und Warten, um Inkommunikabilität und Indifferenz.

An meinen drei Figuren wurde deutlich, dass Entnetzung häufig mit einem stillen Unsichtbarwerden beginnt: Der Schüchterne versinkt im Raum und man vergisst, dass er noch anwesend ist; den Ladenhüter übersieht man schon aus reiner Gewohnheit; das Buffering der Daten ist, solange es zu keiner Symbolisierung kommt, ein versteckter mikrotemporaler Prozess. Die in die Figuren eingeschriebene Passage der Entnetzung verliert sich aus der Perspektive der Netzwerke im Irrelevanten, Banalen und Unsichtbaren. Die Welt aus der Sicht von Netzwerken zu beobachten bedeutet immer auch, dass die Welt als Netzwerk erscheint. Bestenfalls kann dann ganz im Sinne der Netzwerkparanoia das Entnetzte als Störung identifiziert werden, wodurch es lediglich hinsichtlich seiner fehlenden Leistung für Netzwerke und damit als Mangel, Unfähigkeit und Versagen in den Blick gerät.

Auch wenn diese Passage – dieser dritte Bereich zwischen Vernetzung und Entnetzung – also in actu meist übersehen wird, macht sie sich zuweilen, noch bevor sie als Störung wahrgenommen wird, affektiv bemerkbar. Die stille Anwesenheit des Schüchternen mag zu einer angespannten Stimmung führen, die Gegenwart des Ladenhüters nimmt der Präsentation der Waren ihren Glanz, und ein erstes Stocken im Videostream wird besorgt registriert. Ganz

121 Ich teile Robert Seyferts virtuose Kritik am »aktivistischen Bias« (z. B. S. 14) der soziologischen Theorie; allerdings verbleibt die bloße Umkehrung der Unterscheidung zwischen aktiv und passiv, um so Passivität und Interpassivität als soziologische Kategorien einzuführen, immer noch innerhalb dieser Dichotomie. Daher fasse ich Entnetzung als einen dritten Wert jenseits dieses Dualismus. Siehe: Robert Seyfert, *Beziehungsweisen. Elemente einer relationalen Soziologie*, Weilerswist 2019.

ähnlich hatte ich in der Diskussion der Rolle des Schweigens innerhalb der ANT auf die spezifische Atmosphäre hingewiesen, die eine nichthandelnde Anwesenheit schafft.[122] Noch bevor die Entnetzung benannt werden kann, wird sie affektiv erahnt. Derart affektiv vorbereitet, folgt die diskursive Benennung: Der Schüchterne wird angesprochen und ist damit adressiert, der Ladenhüter wird in die Ramschkiste gestellt und die gebufferten Daten werden durch ein Symbol vermeintlich repräsentiert. Auch wenn dieser Verlauf – also unbemerktes Unsichtbarwerden, unbestimmte affektive Bemerkbarkeit, diskursive Benennung und Problematisierung – für viele Entnetzungsphänomene typisch ist, so ist es eine historische und empirische Frage, welche konkreten Verläufe sich etabliert haben.

4.2 Die Kopräsenz des Entnetzten in Netzwerken

Entnetzung ereignet sich also in Netzwerken (und nicht außerhalb von diesen), und zwar in zwei Schritten: als die nur selten wahrgenommene Passage der Entnetzung und als deren nachträgliche Benennung. Gerade dies macht die Analyse der (Passage der) Entnetzung so schwierig, aber auch so aufschlussreich. Sie ist schwierig, weil die Präsenz der Entnetzung inmitten der Vernetzung dazu verführen mag, ihren spezifischen Status zu verkennen und auf einen besonderen Typus der Relationalität zu reduzieren; sie ist interessant, weil sie uns zwingt, alternative Begriffe zu finden, um die besondere (Nicht-)Beziehung, die für die Passage der Entnetzung charakteristisch ist, zu verstehen.

Ein erster Schritt besteht darin, dass wir uns des spezifischen Status von Entnetzung vergewissern. Hier lohnt ein neuerlicher Rückgriff auf Tardes Theorie der Nachahmung, in der die Figur des Schüchternen als ein Fremdkörper in den kontinuierlichen Strömen des Nachahmungsgeschehens profiliert wird. Der Schüchterne ist (im Gegensatz zum Schlafwandler) zu wenig mediatisiert, als dass er Impulse, Ideen oder Affekte umstandslos und geschmeidig weiterleiten könnte. Dadurch stört er die Netzwerkkommunikation, verlangsamt sie und bringt sie gegebenenfalls sogar zum Erliegen. Der Schüchterne ist für Tarde mehr als ein idiosynkratisches

122 Siehe oben, Teil II, Kap. 1.

Beispiel, steht er doch für eine Logik, die sich der Nachahmung (beziehungsweise hier: dem Netzwerken) entzieht. Im Vorwort zur zweiten Auflage von *Die Gesetze der Nachahmung* spricht Tarde davon, dass er eigentlich auch von der »Nicht-Nachahmung« hätte sprechen sollen.[123] Diese ist nicht einfach mit der »Gegen-Nachahmung« gleichzusetzen, die durch die Verneinung (Negation) von Praktiken – etwa von Moden, Stilen oder Anweisungen – sogar zu den besonders effektiven Formen der Nachahmung zählt. Denn wenn ich etwas negiere, dann ahme ich es mit einem negativen Vorzeichen auch nach und lade es affektiv auf. Man denke etwa an die antiinstitutionelle Kunst, die gerade in der Negation immer noch auf Provokation schielende Kunst produziert. Die Nicht-Nachahmung grenzt Tarde nicht nur von der Gegen-Nachahmung ab, sondern auch von der nicht stattgefundenen Nachahmung, also einer Situation, in der es »kein[en] Kontakt« gibt.[124] Eine solche nichtsoziale Beziehung gehört nicht mehr zum Gegenstandsbereich der Soziologie. Relevant ist für Tarde – und für die Soziologie der Entnetzung – dagegen die Nicht-Nachahmung: »Die Tatsache hingegen, daß man einen nahestehenden Mitmenschen nicht nachahmt, versetzt uns in eine wirklich antisoziale Beziehung zu ihm.«[125]

Dieser Verweis ist in mehrfacher Hinsicht bemerkenswert. Denn es wird die Annahme eingeführt, dass es ein noch genauer zu bestimmendes Zusammensein von Aktanten geben kann, das zu keiner Nachahmung führt. Wenn die Nachahmung der basale Begriff ist, um soziale Beziehungen zu denken, dann sind wir hier mit einer schwierigen Frage konfrontiert: Wie ließe sich eine arelationale Beziehung denken? In diesem Nebeneinander werden Andere (oder das andere Ereignis) zwar registriert, aber weder nachgeahmt noch einfach abgelehnt.[126] Es handelt sich bei der Nicht-Nachahmung

123 Gabriel Tarde, *Die Gesetze der Nachahmung* [Orig. 1897], Frankfurt/M. 2003, S. 15.

124 Ebd.

125 Ebd.

126 Das Problem der Nachahmung wird hier *avant la lettre* in die Logik von Greimas' semiotischem Viereck übersetzt. Die konträre Beziehung zwischen Nachahmung und Gegen-Nachahmung wird ergänzt durch die kontradiktorische Beziehung zwischen Nachahmung und Nicht-Nachahmung in: Algirdas J. Greimas, François Rastier, »The Interaction of Semiotic Constraints«, in: *Yale French Studies* 41 (1968), S. 86-105.

also um einen dritten Wert zwischen Nachahmung und Gegen-Nachahmung.[127] Der logische Status der Nicht-Nachahmung ist im Vergleich zu den beiden anderen Typen durch eine grundlegende Indifferenz gekennzeichnet, zumindest solange die Nicht-Nachahmung nicht doch noch ins Nachahmungsgeschehen integriert wird.

Wie aber lässt sich diese Indifferenz denken? An dieser Stelle kommen wir zurück auf Albert Piettes Konzept der Kopräsenz.[128] Piette argumentiert, dass die Präsenz des Entnetzten nicht in interaktionistischen Begriffen gedacht werden sollte, weil einer solchen Perspektive dasjenige, was sich zwar in der gleichen Situation befindet, aber nicht Teil der aktivistisch gedachten Interaktionsbeziehungen ist, zwangsläufig entgehen würde. »Kopräsenz« ist Piettes Begriff, um dieses Zusammensein zu denken – ein Zusammensein, das nicht in Netzwerk- oder Interaktionsbeziehungen eingebettet ist, sondern Raum für die Details des »nebensächlichen Modus« (*minor mode*) gibt.[129] Dieser Modus umfasst all das, was nicht unmittelbar in Interaktionsgefüge eingeht – die »unwichtigen« und »leeren« Elemente, die sich in einer heterogenen »Beziehung« zum vorherrschenden Modus der Interaktivität befinden. Von soziologischen Interaktionstheorien werden diese Elemente (Piette spricht von »Momenten«, contra Laclau) normalerweise ausgeblendet, da sie – wie zum Beispiel in Goffmans Interaktionstheorie – über keinen strategischen Wert für das Geschehen verfügen. Wenn der Schüchterne versucht, mit der Inneneinrichtung eines Raums zu verschmelzen und unsichtbar zu werden, dann ist er für eine Interaktion – solange er nicht thematisiert und angesprochen wird – irrelevant. Piette fordert eine Phänographie der Details, die etwa mit Fotos und Filmen arbeitet, um auch das zu erfassen, was den Interaktionsteilnehmer*innen entgeht oder ihnen als nicht von Belang erscheint. Es geht um die Details, die den hegemonialen Beobachtungsmodi (also hier: den netzwerkförmigen Beobachtun-

127 Tarde selbst hat dieses Programm der Nicht-Nachahmung nur kursorisch anhand einiger kurzer, nicht immer konsequent gewählter Beispiele ausgeführt; siehe dazu Urs Stäheli, »Antisoziale Beziehungen. Figuren der mimetischen Indifferenz bei Gabriel Tarde und Georg Simmel«, in: Elisa Linseisen, Friedrich Balke (Hg.), *Mimesis Expanded*, Paderborn 2020 (im Ersch.).

128 Siehe oben, Teil II, Kap. 6.3.

129 Albert Piette, *Existence in the Details. Theory and Methodology in Existential Anthropology*, Berlin 2015.

gen) entgehen müssen, die Hinweise auf das häufig wenig spektakuläre Außen von Netzwerken geben, das meist unerkannt inmitten der Netzwerke lebt. Damit einher geht eine Erweiterung des Aktivismus und Produktivismus von Netzwerktheorien, denn nun zähle nicht nur das Engagement, sondern auch das Disengagement. Piette zieht auch methodische Konsequenzen: Einerseits gelte es, den Relationismus aufzugeben und sich auf das Individuum zu konzentrieren, andererseits müssten neue Beobachtungsweisen entwickelt werden, die offen für vorgebliche Nebensächlichkeiten und die unscheinbaren Details sind.

Man muss Piettes existentielle Anthropologie des Individuums nicht teilen, um die Bedeutung des Modus der Kopräsenz zu erkennen. Mit dem Konzept der Kopräsenz können wir einerseits das relationslose Zusammensein entnetzter Einheiten erfassen, andererseits aber auch deren Verhältnis zu den Netzwerken, in deren Mitte sie sich befinden.[130] Piette liefert uns Begriffe dafür, wie wir das Nichtverbundene in unsere Analyse einbeziehen können, ohne es sogleich in Relationen zu überführen: mittels einer »beiläufige[n] Wahrnehmung dieses ›Drumherums‹ als unwichtig«.[131] Die flache Welt der Netzwerkanalyse wird nun zu einer »monde latéral«,[132] zu einer Welt des Nebeneinanders, die nicht durch funktionale Gefüge, sondern die einfache additive Logik der Konjunktion »und« charakterisiert ist. Sie nimmt damit ernst, was etwa bei Latour zum klassischen rhetorischen Inventar gehört: das Aufstellen von langen, heterogenen Listen, mit welchen die Vielgestaltigkeit und Diversität von Netzwerken und Assemblagen zum Ausdruck gebracht werden. Allerdings entgeht der ANT die Radikalität dieser Listenförmigkeit, die als Liste mit der einfachsten Minimalform der Beziehung arbeitet: dem Entwurf eines beziehungslosen Zusammenseins als Nebeneinander.[133]

130 Für ein ganz ähnliches Problem stand Simmels Figur der Vornehmheit, verstanden als ein Missachten sozialer Relationalität inmitten des Sozialen. Siehe oben, Teil II, Kap. 5.

131 Albert Piette, *Anthropologie existentiale*, Paris 2009, S. 14.

132 Ebd., S. 42.

133 Urs Stäheli, »Das Soziale als Liste. Zur Epistemologie der ANT«, in: Friedrich Balke u. a. (Hg.), *Die Wiederkehr der Dinge*, Berlin 2012, S. 83-101.

4.3 Entnetzung als Potential für Vernetzung

Situationen der Entnetzung sind nicht von Dauer, sondern episodischer Natur. Um sie aufrechtzuerhalten, braucht es ein unsichtbares *doing* der Entnetzung sowie Energie und Kraft. Die Passage der Entnetzung ist von kurzer Lebensdauer, denn alsbald droht entweder der vollständige Ausschluss oder die Reintegration ins Netzwerkgeschehen. Auch wenn Entnetzung mit den etablierten Beobachtungsmitteln zunächst nicht beobachtet werden kann und es zu ihrer Erfassung eines auf Nebensächlichkeiten spezialisierten Modus der Beobachtung bedarf, so geht das Insistieren von entnetzten Episoden an den betroffenen Netzwerken nicht spurlos vorbei. Ich hatte von einer vagen Affektivität, einer Beunruhigung und einer Ahnung, dass etwas nicht richtig funktionieren könnte, gesprochen. Diese Ahnung findet ihre Grundlage im Netzwerkfieber und in der damit einhergehenden Paranoia, die selbst in den technischen Netzwerkdiskurs ein Moment der Unruhe bringt. Gerade dieses immanente Zweifeln am eigenen Netzwerkvermögen ist aber die Voraussetzung für eine minimale Affizierbarkeit durch Entnetzungsphänomene. Die Identifikation solcher Phänomene besteht zunächst in einem Benennen und Klassifizieren dessen, was als problematisch und fehlerhaft gesehen wird: zum Beispiel der Ausfall von Knotenpunkten, die mangelnde Leitfähigkeit oder Bandbreite von Netzwerken, der Verlust von Daten oder das »leaking« von Netzwerken.[134] Politiken der Entnetzung sind daher immer auch Politiken der Sichtbarkeit und damit konfrontiert, dass die Benennung und Identifizierung Entnetzung zunächst als Problem wieder in die hegemonialen Diskurse integrieren. Diesen Benennungen geht eine Politik des Verdachts voraus, die sich an den diffusen, oft rein affektiven Beunruhigungen festmacht und diese in Diagnosen der Übervernetzung und der Pathologien der Entnetzung überführt.

Entnetzungsphänomene wie die oben genannten werden durch ihre Benennung und Klassifikation im Rahmen des zweiten agentiellen Schnitts zum Gegenstand von Strategien der Wiedervernetzung. Der Schüchterne wird als inkompetentes Subjekt, das

134 Wendy Hui Kyong Chun, Sarah Friedland, »Habits of Leaking. Of Sluts and Network Cards«, in: *Differences* 26, 2 (2015), S. 1-28.

als zur Interaktion unfähig gilt, identifiziert und soll therapiert werden, um sich wieder im Team bewegen zu können. Ladenhüter sollen, wie gesehen, durch eine ganze Reihe logistischer und betriebswirtschaftlicher Techniken wieder reaktiviert und zur zirkulierenden Ware werden. Die Unwägbarkeiten digitaler Kommunikation, welche einen kontinuierlichen Stream gefährden, sollen durch Bufferingtechnologien präventiv abgepuffert werden. Geht es beim Schüchternen und dem Ladenhüter noch darum, fehlerhafte und pathologische Entnetzung zu korrigieren, ist das Buffering in eine präventive Infrastrukturpolitik eingebettet. Ziel solcher präventiven Strategien ist nicht mehr die Vermeidung von Entnetzung. Vielmehr geht es um Formen der Kontrolle, die nicht danach trachten, Entnetzung auszuschließen, sondern innerhalb einer klar definierten zeitlich-räumlichen Zone bearbeitbar zu machen. Die Figur des Bufferings steht damit an der Schnittstelle von Strategien der Vernetzung und der Entnetzung: Das Buffering kalkuliert mit partieller temporärer Entnetzung, um Konnektivität zu sichern. Entnetzung wird nun nicht nur als zu vermeidende Gefahr imaginiert, sondern auch als wichtige Ressource für die Netzwerkgesellschaft, denn mit gut kontrollierter Entnetzung lassen sich Vernetzungsimperative abfedern oder Entnetzung kann zur Innovations- und Kreativitätstechnologie werden. Die Logik des Bufferings als gleichzeitige präventive Vernetzungs- und Entnetzungsstrategie prägt inzwischen zahlreiche, hier noch zu diskutierende Felder, vom Digital Detox (»Disconnect to Reconnect!«) bis hin zum Buffering als Kreativitätstechnik in Organisationen.[135] Ich werde im weiteren Verlauf noch zeigen, wie schwierig derartige Formen der kontrollierten Entnetzung sind, denn sie müssen deleuzianische »Vakuolen der Nichtkommunikation«[136] partiell zulassen – und damit auch eine mögliche Infragestellung des Konnektivitätsimperativs. Die Netzwerkparanoia ist mit der Erkenntnis konfrontiert, dass der Mangel des Netzwerkes sich nicht beheben

135 Hierbei wird übrigens auch deutlich, dass die üblichen netzwerkförmigen Fassungen des Kreativitätsdispositivs sich zu sehr im Bann der Managementratgeber befunden haben – für diese war lange unvorstellbar, dass Entnetzung sogar zur Kreativitätstechnik werden kann.

136 Gilles Deleuze, »Kontrolle und Werden«, in: ders., *Unterhandlungen 1972-1990*, Frankfurt/M. 1993, S. 243-253, hier S. 252.

lassen wird, sondern akzeptiert werden muss. Man mag hier schon fast davon sprechen, dass die Netzwerkparanoia die Konsequenzen aus einer lacanianischen Psychoanalyse gezogen hat, indem sie ihren eigenen Mangel akzeptiert – nur um diesen nun verwalten zu müssen. Auch wenn man auf solche Referenzen verzichten möchte, erscheint mir die Einsicht wichtig, dass solche Strategien in der Regel nicht mehr von der Unterdrückung oder gar Beseitigung von Entnetzungsphänomenen ausgehen, sondern von deren produktiver Gestaltung. Dass es sich dabei um ein riskantes Unterfangen handelt, machen die klaren Rahmungen und Kontrollen dieser Zonen der Entnetzung deutlich.

Dieser strategische Umgang mit Entnetzungsphänomenen verfügt, wie wir gesehen haben, selbst über ein taktisches Moment, das gerade an ihrem prekären Charakter deutlich wird – nicht zuletzt dadurch, dass sie sich zwischen konnektiver Funktionalität und einer Infragestellung dieser Konnektivität bewegen. In ihren Problematisierungen beziehen sie sich auf die Passage der Entnetzung, etwa auf die unscheinbaren Techniken des Entzugs des Schüchternen, von denen sie sich auch faszinieren lassen. Gerade das Schicksal der Figur des Schüchternen hat gezeigt, wie eine Sozialfigur reartikuliert werden kann. So war der Schüchterne zunächst Gegenstand von alltäglichen und psychiatrischen Strategien der Wiedervernetzung, um auf dem Höhepunkt des Netzwerkens wiederentdeckt zu werden und zum unscheinbaren Helden von Strategien der Entnetzung zu werden. Um das taktische Moment in solchen Strategien zu entdecken, bedarf es einer besonderen Analytik, die das auf den ersten Blick Unscheinbare dieser Figuren freizulegen vermag. Im »minor mode« werden die beiläufigen Details, die eigentlich offensichtlich sind und doch übersehen werden, bemerkt. Die beiläufig auftretenden Probleme des Bufferings, die sogar zu Stressreaktionen der User*innen führen können, werden zum Beispiel nun in ihrer eigenen Qualität wahrnehmbar – das untätige Warten kann dann eine eigene Faszinationskraft entfalten.

Während die strategischen Entnetzungsprogramme dem Entnetzten Sichtbarkeit zu verschaffen versuchen, indem sie es benennen, problematisieren und kontrollieren, interessiert sich der taktische Blick für diese häufig übersehenen Momente. In Umkehrung des Prozesses des *intéressement* bei Latour könnte man schon fast sagen, dass es darum geht, einen Prozess des *désintéressement* in Gang zu setzen, das heißt: uninteressant zu werden. Dies würde sowohl für den analytischen Blick gelten, der dann in der Lage wäre, auch das zu sehen, was in Netzwerken inaktiv ist, als auch für die soziale Praxis. Aber wie wird eine Einheit irrelevant für Netzwerke, ohne von diesen ausgeschlossen zu werden? Die Herstellung dieser Uninteressantheit beruht auf Techniken des Unwahrnehmbarwerdens und deren produktiver Anwendung. An diesem prekären Status des Unwahrnehmbaren macht sich eine politische Logik fest – keine Logik des Antagonismus oder der Anerkennung, sondern eine Logik, die der Etablierung eines Antagonismus vorgängig ist. Taktiken des Unwahrnehmbarwerdens setzen zwar auch die Identifizierung des Entnetzten voraus, aber nun nicht mit dem Ziel, dieses wieder verbindungsfähig zu machen. Aus diesem Grund halte ich taktische Momente der Entnetzung auch nicht für per se subversiv oder emanzipatorisch, sondern ich betrachte sie als Bestandteile eines ungesicherten Experimentierens mit Entnetzung. Im Netzaktivismus mag dies zu unterschiedlichen Formen der Anonymität oder zur Hypertrophie von Daten führen und so minoritäre Politiken der Unwahrnehmbarkeit ermöglichen.

Taktischen und strategischen Umgangsweisen mit Entnetzung ist gemeinsam, dass Entnetzung, sobald sie beobachtet wird, eine Antwort verlangt. Das Spektrum reicht hier von der nostalgischen Verklärung eines entnetzten Lebens bis hin zu genau kalibrierten Programmen organisatorischer Entnetzung. Dabei droht auch bei taktischen Politiken die prekäre Existenzweise der Entnetzung aus dem Blick zu geraten, da diese primär als Terrain für alternative Formen der Vernetzung gesehen werden. So macht zum Beispiel Tony Sampson in seiner Tarde-Studie Nicht-Nachahmung (hier: Entnetzung) zum ambivalenten politischen Programm auf der Grundlage des Affekts der Antipathie: »Antipathie und Nicht-Nachahmung könnten als solche dazu beitragen, die Ausbreitung molekularer, vorsozialer Erfindungen zu fördern, die mit der Zeit spontan und promisk zu revolutionären Ansteckungen anwachsen, welche zu groß sind, als dass sie auf irgendeine molare Organisation beschränkt werden könnten.«[137] Damit werden die Ereignisse der Nicht-Nachahmung letztlich nur als Vorbereitung von revo-

137 Tony D. Sampson, *Virality. Contagion Theory in the Age of Networks*, Minneapolis 2012, S. 192.

lutionärer Ansteckung gesehen. Die revolutionären Ansteckungen erweisen sich immer noch als dem Diktat der Nachahmung (und der Konnektivität) verpflichtet. Mehr noch, sie werden nun zum Inhalt der eigenen, nun allerdings deleuzianisch gewendeten Politik der Ströme. Erneut mag man hier Deleuze' Modell der Vakuole erinnern, die zwar ebenfalls in eine Assemblage eingebettet ist, gleichzeitig aber einen Raum der Inkommunikabilität schafft, der nicht sofort wieder aufgelöst werden soll.

Wie wir inzwischen wissen, zeichnet sich der Zustand des Entnetztseins durch ein Oszillieren zwischen Unsichtbarkeit und Sichtbarkeit aus. Dadurch, dass sich das Entnetzte nicht in einer antagonistischen Beziehung zu den Netzwerken befindet, erhält es im »geglückten« Zustand der Entnetzung nicht die Sichtbarkeit eines polemischen und möglicherweise gefährlichen Gegners. Die Politik der Entnetzung lässt damit die klassischen Politikbegriffe, die sich um Antagonismen und Deliberation gruppieren, hinter sich. Ihr Einsatzpunkt ist das Oszillieren zwischen Wahrnehmbarkeit und Nichtwahrnehmbarkeit. Aus der Perspektive der Netzwerke (oder einer Kultur der Konnektivität) muss das Entnetzte wahrnehmbar sein, um auf dieser Grundlage Techniken der Wiedervernetzung mobilisieren zu können. Das Sichtbarwerden des Entnetzten geschieht häufig durch Beobachtungstechniken von Netzwerken: Der Schüchterne muss überhaupt erst als solcher erkannt werden, um ihn auf seine Probleme ansprechen zu können; der Ladenhüter muss erst als solcher identifiziert werden, um durch Sonderangebote als Ware reanimiert werden zu können; der Datenträger muss als solcher identifiziert werden, um ihm die Daten wegnehmen zu können. Netzwerke – seien es Interaktionen, Warenkreisläufe oder Datennetzwerke – betreiben einen beachtlichen Aufwand, um an Wissen über das Entnetzte zu gelangen.

Der Sichtbarmachung des Entnetzten ist aber nicht nur eine Wiedereinfügung »verlorener« Einheiten, sondern ihr haftet häufig ein Moment des Verdachts an. So unscheinbar, unnötig und überflüssig das Entnetzte erscheinen mag, so sehr führt dieses die Grenzen von Netzwerktechniken und Netzwerkimperativen vor. Denn für die Netzwerkgesellschaft ist nicht ein feindliches Netzwerk die primäre Gefahr, sondern der Zustand des Entnetztseins. Der Politikwissenschaftler Julian Reid hat in diesem Sinne bemerkt, dass »Entnetzung« (*disconnection*) – aus welchen Gründen auch immer – per se verdächtig sei.[138] Und in der Tat: Am Schüchternen machte sich der Verdacht der Arroganz fest, am Ladenhüter der Verdacht der Verschwendung und an den Daten der Verdacht krimineller oder terroristischer Handlungen. Diese unterschiedlichen Formen des Verdächtigseins lassen sich alle darauf zurückführen, dass die bloße Idee, etwas könne nicht anschlussfähig sein, in höchstem Maße beunruhigend ist – dass die Möglichkeit von Entnetzung durch die Idee der Inkommunikabilität das Ethos der Konnektivität in Frage stellt.

Was aber ist die Grundlage dieser Inkommunikabilität? Ich möchte hier noch einmal auf den Schüchternen und den Vornehmen zurückkommen. Der Schüchterne verdankt seine Position einer existentiellen Unsicherheit, der Vornehme hingegen einer absoluten Sicherheit. Sie bilden damit die imaginären Pole oder Außengrenzen des Spektrums der Sozialität – innerhalb dessen Nachahmungen und Relationen möglich sind. Imaginär sind diese Pole deshalb, weil es weder eine reine Schüchternheit noch eine reine Vornehmheit geben kann. Warum handelt es sich bei der absoluten Sicherheit und der absoluten Unsicherheit um Außengrenzen des Sozialen? Die existentielle Unsicherheit des Schüchternen zerstört die Fähigkeit zur Nachahmung, da jede Nachahmung so stark reflexiv aufgeladen wird, dass an die Stelle der Nachahmung der sich ständig steigernde und blockierende Zweifel tritt. Die absolute Sicherheit enthebt den Vornehmen den Zwängen der Nachahmung, macht ihn zu einem vorsozialen, ja geradezu heroischen Individuum. Damit sind auch zwei Gefahren der Konzeption von Nicht-Nachahmung benannt: die Gefahr der Pathologisierung des Schüchternen, der als defizientes und krankes Subjekt problematisiert wird; und die Gefahr der übermenschlichen Heroisierung der Vornehmheit, die Simmel mit seinem Verweis auf die Tragik dieser Figur durchaus gesehen hat. Dennoch scheint mir, dass die beiden Figuren das begriffliche Terrain benennen, innerhalb dessen Entnetzung gedacht werden kann.

Was würde geschehen, wenn wir die existentielle Unsicherheit des Schüchternen nicht pathologisieren und die absolute Sicherheit des Vornehmen nicht heroisieren? Aus meiner Sicht würden wir

138 Julian Reid, »Politicizing Connectivity. Beyond the Biopolitics of Information Technology in International Relations«, in: *Cambridge Review of International Affairs* 22, 4 (2009), S. 607-623.

dann die Anschlussunfähigkeit als paradoxe Fähigkeit erkennen: als ein Unvermögen, das gerade wegen seiner Uninteressantheit für den Aktivismus der Netzwerke ein Gegenbild bereithält. Und wir könnten den Heroismus des Ausstiegs und Sich-Entziehens entsubjektivieren und in teilweise banal anmutende Techniken der Entnetzung übersetzen, wie kontrolliert und eingeschränkt diese auch immer sein mögen.

IV.
Felder der Entnetzung

Selbst Theorien, die von einem starken Konnektivitätsbias geprägt sind, stoßen an ihren Rändern auf das Problem der Entnetzung. Dies belegen einige Denkfiguren, die ich im Zuge meiner Spurensuche in Teil II dieses Buches habe identifizieren können, wie zum Beispiel jene der Indifferenz oder der Vakuole. In einem zweiten Schritt habe ich diese begriffliche Arbeit mit der Analyse von Sozialfiguren der Entnetzung verschränkt. Damit hat eine erste Terrainverschiebung stattgefunden, da nun nicht nur ein innertheoretisches Problem, sondern auch populäre imaginäre Verdichtungen von Entnetzung in den Vordergrund gerückt sind. Dies hat mich im letzten Kapitel von Teil III zu einer Analytik der Entnetzung geführt, die in diesem Teil IV exemplarisch auf drei soziale Felder angewandt wird: Organisationen, digitale Netzwerke und kritische Infrastrukturen.

Ich habe Entnetzung als Praxis mit einer eigenen Positivität eingeführt, um diese von einer bloßen Störung abzugrenzen. Zudem habe ich dafür argumentiert, Entnetzung nicht mit der Exklusion aus Netzwerken gleichzusetzen, denn sie positioniert sich als ambivalente Praxis stets zugleich inner- und außerhalb eines Netzwerks. Aus dieser Weichenstellung folgt, dass Entnetzung organisiert werden muss, ist sie doch weder bloßer Zufall noch primär Ergebnis subjektiver Wünsche. Fasst man Entnetzung als strategisches Problem, dann geraten die Techniken, Infrastrukturen und Ressourcen in den Blick, mit deren Hilfe etwas organisiert werden soll, das sich organisatorischen Logiken zu entziehen sucht. Ich werde diesem recht abstrakt anmutenden Problem zunächst auf dem Feld der Organisationen, insbesondere von Wirtschaftsunternehmen, nachgehen. Es ist gerade die Nähe von Organisationen und ihren Reflexionstheorien zu praktischen Problemen der Vernetzung, welche diese zu einem besonders ertragreichen Gebiet für die Analyse von Entnetzung macht. Entsprechend meiner Annahme, dass Entnetzung nicht erst mit digitalen Medien zum Problem wird, setzt meine Analyse von Organisationstheorien bereits in den 1930er Jahren ein und mit der Vermutung, dass sich, lange bevor das Konzept der Netzwerkorganisation geboren wird, ein Wissen über Entnetzung formiert hat, das zunächst kaum als solches wahrgenommen wurde, nun aber zunehmend von Bedeutung wird.

Am Beispiel des Feldes digitaler Netzwerke werde ich danach Entnetzung als mediale, insbesondere auch als medientechnische Frage adressieren. Auch hier interessiert mich die Vorgeschichte, indem ich untersuche, auf welche Weise Entnetzung nicht als bloßes Sich-Entziehen (etwa im Sinne eines individuellen Verzichts auf Soziale Medien), sondern als Moment der Strukturierung von digitalen Netzwerken aufzufassen ist. Das Kapitel nimmt auf diese Weise eine Verschiebung gegenwärtiger Medienkritiken vor, da Entnetzung in Bezug auf mediale Infrastrukturen zu denken ist. Ich kann hier an die Sozialfigur des Bufferings anschließen, die bereits deutlich gemacht hat, dass Entnetzung in diesem Feld auf der Ebene von Datenprozessen zu analysieren ist. Dennoch sollte Entnetzung nicht auf ein medientechnisches Problem reduziert werden, da infrastrukturelle Techniken und Praktiken eng mit Imaginären der Entnetzung verzahnt sind. Am Beispiel des frühen französischen *Cyclades*-Projekts lässt sich exemplarisch deutlich machen, welche Vorstellungen mit fehlschlagenden Verbindungen einhergehen. Ich werde mich aber auch gegenwärtigen Digital-Detox-Imaginären und den damit einhergehenden Praktiken der Analogisierung widmen.

Schließlich wende ich mich dem Feld kritischer Infrastrukturen (Energieversorger, militärische Infrastrukturen etc.) zu, die durch ihre Vernetzung in besonderem Maße gefährdet sind. Entnetzung als Sicherheitsstrategie steht nicht primär unter dem Vorzeichen der Effizienz oder der Bewahrung von Authentizität (wie in der Analognostalgie), sondern wird im Rahmen von antagonistischen, mitunter geradezu apokalyptischen Szenarien verhandelt. So fungiert Entnetzung einerseits als Schutztechnologie, welche Angriffe auf Infrastrukturen (häufig präventiv) verhindern soll, und andererseits als Angriffstechnologie, welche durch Entnetzung das infrastrukturelle Leben empfindlich stören kann. Dabei zeichnet sich eine Neucodierung von Souveränität ab, die sich nun um die Fähigkeit rankt, über Entnetzung entscheiden zu können. Gerade weil für die Sicherheitstechnologien die apokalyptische Vorstellung eines Ausfalls der infrastrukturellen Netzwerke (Cyberkrieg) eine zentrale Rolle spielt, wird sich dieses Kapitel auch mit populärkulturellen Szenarien der Entnetzung beschäftigen.

Diese drei Felder sind nicht strikt voneinander getrennt, sondern überlappen sich auf vielfältige Weise. So ist zum Beispiel die neue Störanfälligkeit von kritischen Infrastrukturen nicht ohne deren Einbettung in digitale Netzwerke zu verstehen. Dennoch handelt es sich insofern um distinkte Felder, als sie auf unterschiedliche Wissensbestände zurückgreifen: die Organisationstheorie und Beratungsdiskurse, die Medientechnik und Medienkritik sowie die Sicherheitsdiskurse und -szenarien. Gewiss wären auch andere Explorationsfelder denkbar, etwa das Feld der Kunst, auf dem Ästhetiken der Entnetzung entworfen werden, oder das der Migration, wo Formen der Unwahrnehmbarkeit etabliert werden. Anhand der drei ausgewählten Schauplätze lässt sich aber, so meine Hoffnung, exemplarisch aufzeigen, wie Entnetzung als soziotechnisches Arrangement funktioniert.

1. Entnetzung in Organisationen: Eine Genealogie

Wenn von Netzwerkgesellschaft gesprochen wird, stehen immer auch Organisationen und insbesondere Unternehmen der Wissensökonomie im Vordergrund. Hier haben sich einige der prägnantesten Figuren der Netzwerkgesellschaft herausgebildet: der Netzwerker und der Projektemacher, aber auch ihre Gegenfiguren wie der Burnoutpatient und der Introvertierte. Vernetzung in Organisationen betrifft aber nicht nur die in diesen wirksamen Sozialfiguren, sondern auch die interne und externe Struktur von Organisationen: Intern ersetzen – so geläufige Selbstbeschreibungen – flache und dezentrale Netzwerke zunehmend die klassischen pyramidenförmig aufgebauten Hierarchien;[1] extern werden durch zahlreiche, manchmal kaum noch überschaubare Netzwerkverbindungen die Grenzen einer Organisation zu ihrer Umwelt porös. Es ist daher bemerkenswert, dass das Ethos der Konnektivität gerade an dem Ort, an dem dieses besonders emphatisch in die Praxis umgesetzt wurde, mittlerweile offen kritisiert wird und Forderungen nach der Entnetzung von Organisationen laut werden. Ich hatte bereits im ersten Teil dieses Buches auf einige Topoi der Konnektivitätskritik aufmerksam gemacht, etwa darauf, dass Vernetzung als ressourcenfressende und ineffiziente Organisationslogik angeprangert wird. An der Diskussion der Figur des Schüchternen ist zudem deutlich geworden, dass der extrovertierte Netzwerker unter Verdacht gerät und Konkurrenz von dem lange als defizient beschriebenen Introvertierten erhält.

Ich werde in diesem Kapitel nachzeichnen, in welcher Form das Problem der (Über-)Vernetzung in Organisationen und in ihren Reflexionstheorien aufgetaucht ist und wie mit Taktiken und Strategien der Entnetzung darauf geantwortet worden ist. Organisationen sind hier nicht primär von organisationssoziologischem Interesse, sondern als verdichtete Schauplätze der Vernetzung und Entnetzung. Auf diesen lässt sich wie in einem Prisma beobachten,

1 Kritisch dazu: Pierre Musso, »Network Ideology. From Saint-Simonianism to the Internet«, in: José Luís Garcia (Hg.), *Pierre Musso and the Network Society*, Basel 2016, S. 19-66, hier S. 53.

wie Entnetzung aktiv betrieben wird – das *doing* der Entnetzung – und welche Techniken dabei eingesetzt werden. Die organisationstheoretische Literatur erweist sich in diesem Zusammenhang als besonders ertragreiches Material, da sie praxisnah die Probleme der Ver- und Entnetzung reflektiert und nach häufig sehr kurzfristigen und imaginären Lösungen für Vernetzungsprobleme sucht. Diese Literatur ist – im Gegensatz etwa zu künstlerischen oder zu medienkritischen Ansätzen – nicht an radikalen Lösungen interessiert. Sie will keine allgemeine Kritik der Netzwerkgesellschaft entwickeln, sondern sucht nach pragmatischen Wegen, auf lokale Probleme zu reagieren. Gerade in diesem pragmatischen Durchwursteln liegt aber auch ihr analytischer Reiz, denn sie skizziert konkrete Praktiken und Techniken, die eine Antwort auf Übervernetzung geben können. Gewiss, der Schauplatz der Organisation wird nicht die Blaupause für solche Entnetzungspraktiken liefern, dennoch kommt ihm durch seine Nähe zu alltäglichen Verbindungsproblemen eine privilegierte Rolle in der Entwicklung eines praxisorientierten Wissens der Entnetzung zu.

Bemerkenswert an den Organisationssemantiken ist, dass sich diese mit einigen wichtigen Aspekten der Entnetzung bereits zu einer Zeit auseinandergesetzt haben, als von Netzwerkorganisationen im heutigen Sinne noch längst keine Rede war. Ich setze daher nicht erst mit den in 1990ern Jahren entstehenden Netzwerkorganisationen ein, die etwa für Luc Boltanskis und Ève Chiapellos einflussreiche Kritik am Netzwerkkapitalismus die Grundlage bieten.[2] Vielmehr geht es mir zunächst um das Freilegen einer heimlichen Genealogie des organisatorischen Entnetzungsdenkens. Denn lange vor dem Siegeszug des Netzwerkdenkens hat sich die Organisationstheorie als Wissenschaft effizienter Verbindungen mit dem Problem von falschen und überflüssigen Verbindungen auseinandergesetzt. Das Problem wird – zunächst nur am Rande – in Theorien des klassischen hierarchischen Managements als eines der Organisation von Zonen der Indifferenz thematisiert. Indifferenz fungiert hier noch nicht als Entnetzungstechnik, deutet aber bereits auf dieses Potential hin. Stand Indifferenz zunächst im Dienste enger, hierarchischer Verbindungen, wird in den 1960er Jahren mit der Diskussion der »losen Kopplungen« (*loose couplings*) deutlich,

2 Luc Boltanski, Ève Chiapello, *Der neue Geist des Kapitalismus,* Konstanz 2003.

dass zu enge Verbindungen zum luftabschnürenden Strick werden können. Ich schlage vor, die Schaffung von losen Kopplungen und deren Weiterführung im Konzept der modularen Organisation als Strategien der Entnetzung zu lesen.

Das Kapitel wird sich nicht ausschließlich mit Organisationstheorien beschäftigen, sondern an zwei Fallbeispielen konkrete Formen der Entnetzung diskutieren. In den letzten Jahren hat sich eine Diskussion über die Unproduktivität von Meetings entwickelt. Das zunächst für die Netzwerkorganisation zentrale Instrument ist damit selbst in den Verdacht geraten, unnötige Vernetzungsarbeit zu produzieren. Ich werde die Forderung nach der Reduktion von Meetings als einen Versuch lesen, Vernetzung zu reduzieren. Das zweite Fallbeispiel beschäftigt sich mit der Materialisierung von Vernetzungsimperativen als Büroarchitektur. Auch hier sind wir mit einer bemerkenswerten Verschiebung konfrontiert. Sollten offene Bürokonzepte zunächst Kommunikation und Transparenz fördern, werden diese nun zunehmend als Problem wahrgenommen. Ich werde neue innenarchitektonische Modelle analysieren, welche Räume des Entzugs und Rückzugs einplanen.

Nach der Diskussion dieser beiden Beispiele, die sich mit der Abschwächung von Verbindungen und der Schaffung entnetzter Zonen beschäftigt haben, kehre ich zur Organisationstheorie zurück. Bereits in den 1960er Jahren zeichnete sich eine bemerkenswerte Wendung der Analyse überflüssiger Verbindungen, also von ins Leere laufenden Linien ab. Mit dem Begriff des *organizational slack* (einer Art Überschusskapazität) wird, wie ich zeigen werde, zunächst ein klassisches Effizienzproblem adressiert, wodurch aber eine Neubewertung des Slacks als kreativer Freiraum vorbereitet wird.

1.1 »Zonen der Indifferenz«

Noch bevor die gegenwärtige Netzwerkorganisation entstanden ist, wurde das Problem der Indifferenz zur organisatorischen Technik – freilich noch ohne Bezug auf das Problem der Entnetzung. Dennoch, so mein Argument, zeichnet sich in der managerialen Strategisierung von Indifferenz eine höchst ambivalente Form des Managens von Verbindungen ab, die typische Probleme der Netzwerkorganisation vorwegnimmt. Die klassische Organisationstheorie, für die das Funktionieren von hierarchischen Prozessen im Mittelpunkt stand, ist an der Kontrolle von Entscheidungsströmen interessiert. Indem Entscheidungswege kanalisiert und von Hindernissen befreit werden, soll eine klar strukturierte Konnektivität geschaffen werden: Anordnungen von Vorgesetzten sollen rasch bei den richtigen Adressat*innen landen und klaglos befolgt werden. Diskonnektivität kann dann nur heißen, dass Befehlsketten durch manageriales Versagen abreißen. Dieses Fehlschlagen von Konnektivität wird mich im Folgenden aber nicht interessieren, sondern mir geht es um die eigentümlichen Voraussetzungen für das Funktionieren von managerialer Autorität. Ich möchte zeigen, dass die Lösung dieses Problems zu einer Subjektivierung von Indifferenz geführt hat, die überraschende Parallelen zu Simmels Figur des Blasierten aufweist. Indifferenz erweist sich in diesem Abschnitt als eine Technologie, die zwar zunächst nicht hinsichtlich ihrer Entnetzungsfunktion entworfen worden ist, aber dennoch bereits Licht auf die Kehrseite von Konnektivität wirft.

Erstmals taucht der Begriff der Indifferenz in der Managementliteratur der 1930er Jahre auf. Chester Barnard, der heute häufig als einer der wichtigsten, aber auch problematischsten Vertreter des *managerialism* gesehen wird, möchte erklären, wie Autorität in Organisationen funktioniert.[3] Autorität sei nicht Selbstzweck, sondern ein Mittel, das die Ausführung und Umsetzung von Entscheidungen sicherstellen und beschleunigen soll. Barnard nimmt damit eine wichtige Umkehrung klassischer Autoritätsbegriffe vor. Die Autorität ruhe nicht einfach in der Manager*in, sondern sie bestimme sich dadurch, dass ihre Anordnungen befolgt werden. Ohne die Akzeptanz der Autorität könne diese nicht funktionieren, sie benötige per definitionem die Weisungsbefolgung durch die Untergebenen.[4]

Wie kommt es nun aber dazu, dass Mitarbeiter*innen diese Weisungen befolgen, selbst dann, wenn die Anordnungen nicht

3 Chester Barnard, *The Functions of the Executive* [1938], Cambridge 1968.

4 Ganz ähnlich funktioniert Max Webers Bestimmung des Charismas, das ebenfalls erst mit der Anerkennung des Charismas durch die Anhänger eines Führers zustande kommt; Max Weber, *Wirtschaft und Gesellschaft. Grundriss der verstehenden Soziologie* [1922], hg. von Johannes Winckelmann, Tübingen 1976, 1. Hlbbd., § 10, S. 140.

unmittelbar plausibel sind oder die Manager*in eine nicht besonders charismatische, sondern eine eher blasse bürokratische Figur ist? Barnard nimmt eine Abstufung unterschiedlicher Typen der Akzeptabilität von Weisungen vor: Weisungen, die auf keinen Fall akzeptiert werden, weil sie zum Beispiel den eigenen Moralvorstellungen grundlegend widersprechen; Weisungen, die sich in einem Grenzbereich zwischen Anerkennung und Ablehnung bewegen; und schließlich Weisungen, die akzeptiert und quasi automatisch ausgeführt werden. Die letzte Klasse beruht auf internalisierten Zonen der Indifferenz (*zones of indifference*):

> Es gibt in jedem Individuum eine »Zone der Indifferenz«, innerhalb deren Befehle akzeptiert werden, ohne dass ihre Autorität bewusst in Frage gestellt wird. [...] Die Zone der Indifferenz wird breiter oder enger sein, je nachdem, in welchem Maße die Anreize die Bürden und Opfer übersteigen, welche die Bindung des Individuums an die Organisation bestimmen.[5]

Dieses letztlich psychologisch fundierte Konzept geht davon aus, dass Angestellte all die Anordnungen, welche in die Zone der Indifferenz fallen, ohne eigenes Abwägen umsetzen. Sie folgen damit ihrer Rolle als Mitglied einer Organisation und akzeptieren die Autorität ihrer Vorgesetzten. Die Mitglieder sind innerhalb dieser Zone indifferent gegenüber den spezifischen Gründen der Anordnung sowie der Begründung für die Autorität der Manager*in.[6]

Wie aber funktioniert diese Indifferenz? Die Indifferenz äußert sich als Gleichgültigkeit gegenüber den konkreten Inhalten der Anordnungen, setzt doch deren Akzeptieren voraus, dass diese nicht gemäß ihrer Gültigkeit und ihrer Angemessenheit bewertet werden. Genau diese Sinngebungs- und Bewertungsabstinenz war bei Simmel charakteristisch für die Haltung des großstädtischen Dandys, der damit auf die Überflutung mit Reizen (ausgehend beispielsweise von Konsumangeboten) reagiert, um sich so zu schützen. Ähnlich würde eine Organisation, in der jede Weisung problematisiert, jede neue Anordnung kritisch hinterfragt wird, an

5 Barnard, *The Functions of the Executive*, S. 167 f.

6 Luhmanns Organisationstheorie knüpft explizit an dieses Argument an, wenn sie davon spricht, dass mit der Mitgliedschaft in einer Organisation eine Generalisierung von Motiven einhergeht. Vgl. Niklas Luhmann, *Organisation und Entscheidung*, Opladen 2000; sowie im Anschluss an Luhmann: Niels Åkerstrøm Andersen, *Managing Intensity and Play at Work*, Cheltenham 2013, S. 41.

Funktionsfähigkeit und damit an Konnektivität einbüßen. In der Zone der Indifferenz gibt es keine Unterschiede mehr, jede Weisung ist so gut oder schlecht wie alle anderen – und wird daher, so die Managementvision, klaglos befolgt.

Diese Indifferenz seitens der einzelnen Person beruht auf komplexen Voraussetzungen. Sie kommt nicht dadurch zustande, dass Organisationen bereits über autoritäre Persönlichkeiten verfügen, sondern sie stellen diese erst her. Dieses Indifferentwerden darf jedoch nicht die ganze Persönlichkeit erfassen, weil das kontraproduktiv wäre. Daher wird Indifferenz buchstäblich zonal eingehegt. Die Aufgabe der klassischen Manager*in besteht Barnard zufolge darin, diese Zone zu stabilisieren und gegebenenfalls zu erweitern. In dieser Zone des klaglosen Akzeptierens finde eine grundlegende Verschiebung ökonomischer Rationalität statt. Barnard orientiert sich an der Grenznutzentheorie, welche in der subjektiven Nutzenkurve dort Indifferenz feststellt, wo eine Wahl den Grenznutzen nicht weiter steigert.[7] Das bedeutet, dass sich die Anstrengung einer Wahl (wie zum Beispiel rationales Abwägen oder affektives Investment) nicht mehr lohnt und das ökonomische Subjekt leidenschaftslos wird. Bemerkenswert ist, dass eine solche Indifferenz nur durch die partielle Ausschaltung des Eigeninteresses, das heißt des Fundaments des *homo oeconomicus* geschaffen werden kann. Bedeutet Indifferenz doch, dass die eigenen Präferenzen und Begehren eingeklammert werden, wodurch der Akt der Wahl jede Dringlichkeit verliert, ja sogar überflüssig wird. Die Angestellte kommt erst gar nicht in die Situation, durch zu viele Wahlmöglichkeiten überlastet zu werden, weil diese ihr gleichgültig sind. Durch die Einklammerung des Eigeninteresses wird, so Barnard, die affektive Intensität des Engagements in einer Organisation reduziert, ja, die Zone der Indifferenz funktioniert überhaupt nur deshalb, weil in ihr ökonomische Affekte heruntergedimmt sind und auch das Eigeninteresses gezähmt ist.[8] Die Radikalität von

7 Mary Douglas, »Autonomy and Opportunism«, in: dies., *Risk and Blame. Essays in Cultural Theory*, London 1994, S. 187-210, hier S. 188 f.

8 Vgl. Albert Hirschmans Argument, dass die Konstruktion des Eigeninteresses eine Disziplinierung nichtökonomischer Leidenschaft war, dabei aber immer noch eine Leidenschaft bleibt, die nun aber kalkulierbar ist, in: Albert O. Hirschman, *The Passions and the Interests. Political Arguments for Capitalism Before its Triumph*, Westport 1997.

Barnards Vorschlag wird an der Relativierung des Konzeptes durch Herbert Simons »Zonen der Akzeptanz« (*zones of acceptance*) deutlich.[9] Philipp Selznick stellt die These auf, dass Simon diese Modifikation vorgenommen habe, um deutlich zu machen, dass es nur um die Gleichwertigkeit von Alternativen geht, nicht aber darum, »dass die Menschen sich nicht um den Prozess oder den Inhalt der Angelegenheit kümmern«.[10] Diese Entschärfung lässt rückblickend die erstaunliche Leistung von Barnards Konzept jedoch umso deutlicher sichtbar werden: Die Organisation einer affektiven Desinvestition führt erst zur fraglosen Befolgung.

Damit können wir die Bedeutung von Indifferenz bei Barnard genauer bestimmen. Einerseits werden die Einzelnen indifferent gegenüber ihren eigenen momentanen Interessen, andererseits werden sie indifferent gegenüber der Qualität einzelner Anweisungen. Eine seltsam paradoxe Figur zeichnet sich ab. Zur idealen Mitarbeiter*in wird man dadurch, dass das, was klassischerweise ein ökonomisches Subjekt ausmacht, größtenteils eingeklammert wird. Einem solchen Subjekt fehlt einerseits die Leidenschaft, die durch sein Interesse genährt wird, andererseits soll es aber auch nicht zum bloßen apathischen Weisungsempfänger regredieren. Das ideale Subjekt der hierarchischen und autoritären Organisation ist also durch eine hochgradig ambivalente Fähigkeit zur affektiven und evaluativen Indifferenz gekennzeichnet. Die von Barnard gezeichnete Vorstellung der gut funktionierenden, eng gekoppelten hierarchischen Organisation ist an der Optimierung der Kommunikations- und Entscheidungsflüsse interessiert und muss dazu ein seltsames, partiell entökonomisiertes und leidenschaftsloses Subjekt erfinden.

Barnards Theorie ist zu Recht als Grundlage eines autoritären Managementstils kritisiert worden; sie gilt heute als weitgehend überholt, überlebt nur teilweise in der homöopathischen Variante von Simons »Zonen der Akzeptanz« oder in Luhmanns Konzept der Mitgliedschaft. Dies hängt auch damit zusammen, dass gegenwärtige netzwerkförmige Organisationen eine neue, sich vom leidenschaftslosen Angestellten deutlich unterscheidende Fi-

9 Herbert A. Simon, *Administrative Behavior. A Study of Decision-making Processes in Administrative Organisations* [1947], New York 1997, S. 133 f.

10 Philip Selznick, *The Moral Commonwealth. Social Theory and the Promise of Community*, Berkley 1992, S. 271.

gur geschaffen haben: die Figur des Netzwerkers, der sich ebenso gelenkig wie enthusiastisch in flachen und unübersichtlichen Organisationsstrukturen zu bewegen vermag. Authentisch und kreativ zu sein, kritisch zu denken, aktiv am Organisationsgeschehen teilzunehmen – all diese typischen Eigenschaften des Netzwerkers sind in den Zonen der Indifferenz irrelevant Von dieser neuen Figur wird nicht mehr nur gefordert, die Konnektivität innerhalb von Organisation zu erhöhen, sondern sie soll auch und vor allem Netzwerke flexibel verändern und vergrößern. Das macht sie zur unversöhnlichen Gegenfigur des Typus, der Barnard vorschwebte: Gleichgültigkeit wird durch Enthusiasmus ersetzt, evaluative Praktiken werden reziprok angewandt und lassen keine Bewertungsabstinenz mehr zu.

Dennoch taucht die Figur der Indifferenz auch im Netzwerkdiskurs wieder auf, nun aber als Pathologie. Wir haben in der Diskussion des Burnoutdiskurses in Teil I gesehen, dass es gerade die Anforderungen der Vernetzung sind, welche ein ausgelaugtes, indifferentes Subjekt produzieren – ein Subjekt, dem alles gleichgültig ist, das noch nicht einmal mehr über die Kraft verfügt, eine der ihm indifferenten Handlungsoptionen zu verfolgen. In der Netzwerkorganisation offenbart sich damit die Kehrseite der Zonen der Indifferenz. Sie sind nun, nicht zuletzt als Effekt der neuen Personalisierung von Mitgliedschaft, zu einer ungewollten Figur der Gleichgültigkeit und Erschöpfung mutiert. Diese Mutation darf uns aber nicht die Ähnlichkeiten der beiden Formen der Indifferenz übersehen lassen. Beide zeichnen sich durch eine bemerkenswerte Leidenschaftslosigkeit und Gleichgültigkeit aus; beide fungieren als Grenzfiguren ökonomischer Rationalität, da in ihnen das Eigeninteresse des Einzelnen (und damit das Fundament ökonomischer Subjektkonzeptionen) seine Wirkungskraft verliert. Diese Kehrseite von Barnards Zone der Indifferenz ist zugleich deren Radikalisierung, denn sie ist nun keine begrenzte Zone mehr, sondern hat das ganze Individuum ergriffen. Sie betrifft nun nicht mehr nur eine buchstäblich uninteressierte Haltung gegenüber spezifischen Anweisungen, sondern schafft unwillentlich ein durch und durch uninteressiertes Subjekt. Barnards Theorie der Autorität hat damit zwei Seiten von Indifferenz miteinander verbunden, die bereits für Simmel wichtig waren. Einerseits kann Indifferenz Konnektivität steigern, wofür bei Simmel der generalisierende Aspekt des Geldmediums steht; andererseits ist Indifferenz die Fähigkeit zur Diskonnektivität, um sich so vor Reiz- und Informationsüberflutung zu schützen.[11] Die beiden Aspekte stehen nicht als zufällige empirische Phänomene nebeneinander, sondern verweisen konzeptuell aufeinander. Das Aufeinandertreffen von Konnektivität und Diskonnektivität kann nur durch eine strikte Kontrolle der Zonen der Indifferenz verhindert werden. Was geschieht, wenn diese Einhegung nicht funktioniert, konnten wir am Beispiel der Burnoutsemantik beobachten. Nun kommt es zu einer Überflutung mit Indifferenz, wodurch die einst fokussierende Funktion von Indifferenz in ihr Gegenteil verkehrt wird. Sie produziert jetzt gleichgültige Subjekte, die nur noch als tote Knotenpunkte im Organisationsgefüge anwesend sind.

1.2. Lose Kopplungen

Hatte Indifferenz in der Vision des klassischen *managerialism* die Rolle inne, Konnektivität durch das möglichst reibungslose Befolgen von Anweisungen zu erhöhen, so verändert sich ihr Stellenwert in den Kritiken der hierarchischen Organisation. Eine wichtige Stelle nimmt hier das von Karl Weick entwickelte Konzept der »losen Kopplung« ein.[12] Mit diesem Konzept geht eine Verschiebung von Indifferenz und ihrer Rolle für die Vernetzungsweise in Organisationen einher. Weick diagnostizierte, dass hierarchische Organisationen häufig an einer »engen Kopplung« (*tight coupling*) ihrer Elemente leiden und nimmt damit wichtige Kritikpunkte des Netzwerkdenkens an klassischen Organisationsstrukturen vorweg. Der Traum der rational geplanten Organisation (wie etwa bei Barnard) sieht jedes Element als auf nachvollziehbare und transparente Weise mit anderen Elementen verbunden. Als Elemente gelten nicht nur Personen, sondern auch Ideen oder Unternehmensstrategien und ihre Ausführung. Heute könnte man zusätzlich von der entsprechenden Integration technischer Aktanten (etwa IT-Systeme) sprechen. Eine unflexible, eng gekoppelte Organisationsform

11 Siehe dazu oben, Teil II, Kap. 5.

12 Karl E. Weick, »Educational Organizations as Loosely Coupled Systems«, in: *Administrative Science Quarterly* 21, 1 (1976), S. 1-19; J. Douglas Orton, Karl E. Weick, »Loosely Coupled Systems. A Reconceptualization«, in: *Academy of Management Review* 15, 2 (1990), S. 203-223.

erweist sich für Weick im Krisenfall als äußerst instabil. Konflikte oder Ambiguitäten lassen sich dann schlecht lösen, wenn es keine Freiheitsgrade für Abweichungen gibt und kaum Raum für Neugier und die Entwicklung von Innovationen besteht. Weicks Vorschlag besteht nun darin, die Verbindung zwischen Elementen und Teilen einer Organisation zu lockern, das heißt lose Kopplungen (*loose couplings*) zu schaffen, um auf diese Weise die Anpassungsfähigkeit und Resilienz von Organisationen zu erhöhen.

Das Konzept der losen Kopplung erweist sich mit Blick auf die Frage der Vernetzung und Entnetzung als ambivalent. Einerseits lässt sich mit ihm eine Kritik an starren Organisationsgefügen formulieren, und es bereitet insofern die Entwicklung von flexiblen Netzwerkstrukturen mit vor; andererseits stützt es noch vor der Schaffung der gegenwärtigen Netzwerkorganisation unter der Hand Managementtechniken der Entnetzung als Lockerung von Beziehungen. Daher wird am Konzept der losen Kopplung besonders eindrücklich sichtbar, inwiefern die Entstehung des organisatorischen Netzwerkdenkens mit dessen Widerpart, der Entnetzung, Hand in Hand geht. Die entscheidende Frage ist also: Wie lockert man eine Beziehung, ohne sie gleich aufzulösen und zu beschädigen? Die auch für eine Theorie der Entnetzung wichtige Einsicht in diesem Zusammenhang ist, dass es um eine Modifikation der Beziehungsqualität gehen muss und dass dazu die gezielte Erzeugung von Indifferenz notwendig ist – entweder in der Form von nur flüchtigen Verbindungen oder in der Form von jetzt modular gedachte Zonen der Indifferenz in Organisationen, die beispielsweise Entwicklungsteams ungestörtes Arbeiten erlauben sollen. Diese Reduktion der Intensität von Verbindungen ist angesichts der später entstehenden Netzwerkorganisationen bemerkenswert: Entnetzung gilt nun nicht als eine Figur des Versagens, nicht als ein Phänomen der Rückständigkeit, sondern als die zentrale Technik, mit deren Hilfe sich flexiblere Organisationen schaffen lassen. Gewiss, es handelt sich hier nicht um radikale Entnetzung, nicht einmal um ein »Entkoppeln« (*decoupling*)[13] und auch nicht um die Auflösung von Organisationen, sondern um eine Deintensivierung, Partialisierung und Lichtung von Verbindungen. *Looseness* ist hier mehr als ein wissenschaftlicher Begriff, er bezeichnet ein

13 Orton/Weick, »Loosely Coupled Systems«, S. 205.

pragmatisches Ziel, das mit Hilfe eines ganzen Arsenals von Managementtechniken hergestellt werden soll.

Die Theorie loser Kopplungen wird spätestens hier zu einem normativen Projekt, da sie nicht nur unterschiedliche Verbindungstypen beschreibt, sondern zur Lockerung von zu engen Verbindungen beitragen soll. Zur Erreichung einer flexiblen Organisation müssen Verbindungen gelockert, teilweise sogar aufgelöst werden. Es gilt, unnötige Verbindungen zu identifizieren und zu markieren, um so die Pathologien der »hochgradigen Kopplung« (*high coupling*)[14] behandeln zu können. Da der Begriff der losen Kopplung nicht personenzentriert ist, geraten auch andere, nichtmenschliche Formen möglicherweise problematischer Verbindungen in den Blick: die Vernetzung von Abteilungen,[15] strikte hierarchische Strukturen, die erstickende Verknüpfung von Strategien und Handlungen usw. Solche Elemente loser miteinander zu verkoppeln bedeutet nicht, dass die Verbindungen einfach aufgelöst und gekappt würden. Die Elemente bleiben miteinander verbunden, aber die Interaktion zwischen ihnen wird reduziert und kanalisiert: »[G]ekoppelte Ereignisse sind responsiv, *aber* jedes Ereignis bewahrt auch seine eigene Identität und enthält Hinweise auf seine physische oder logische Trennung.«[16] Damit formuliert Weick *avant la lettre* eine Kritik am Relationismus von Netzwerktheorien, der keine eigenständigen Relata vorsieht.[17] Die elementaren Ereignisse können nun nicht mehr auf ihre Beziehungen reduziert werden; es gibt eine »separateness«,[18] das heißt eine Eigenständigkeit und Materialität der Elemente, die durch die Lockerung von Beziehungen zum Vorschein kommen. Die lose Beziehung zwischen den Elementen ist durch eine gesteigerte wechselseitige Indifferenz geprägt, die den direkten kausalen Durchgriff von Ereignissen aufeinander blockiert.[19]

14 Meilir Page-Jones, *The Practical Guide to Structured Systems Design*, New York 1980, S. 131.

15 Beispielsweise in Banken, als im Zuge der Finanzkrise die Forderung aufkam, Trader*innen und Analyst*innen voneinander zu isolieren.

16 Weick, »Educational Organizations as Loosely Coupled Systems«, S. 3.

17 Graham Harman, *Prince of Networks. Bruno Latour and Metaphysics*, Melbourne 2010.

18 Weick, »Educational Organizations as Loosely Coupled Systems«, S. 3.

19 Vgl. die Rede von »kausaler Unbestimmtheit« (*causal indeterminacy*) bei Orton/Weick, »Loosely Coupled Systems«, S. 206.

Weick entwickelt eine regelrechte Phänomenologie loser Verbindungen, die deren unterschiedliche zeitliche, sachliche und soziale Dimensionen veranschaulicht – eine Phänomenologie, die auch über seinen Theorierahmen hinaus von Bedeutung ist, wenn man verstehen möchte, welche Formen partielle Indifferenz annehmen kann. Zeitlich zeichnen sich lose Verbindungen durch ein Aufbrechen des Zeitkontinuums auf: Sie funktionieren sporadisch und stockend,[20] was in der Regel durch Entschleunigung und Verlangsamung erreicht wird. Eine der Techniken dieser Verlangsamung ist das Buffering, das die direkte Weiterverbreitung von Informationen – insbesondere von Störungen – abbremst und buchstäblich puffert.[21] Erste informationstechnische Buffer wurden Ende der 1950er Jahre bei Druckern eingesetzt,[22] nun wird die Metapher des Pufferns für die zeitliche Organisation verwendet. Die Zeitlichkeit der Lockerung richtet sich damit auf eine Veränderung des Rhythmus und der Intensität des organisationalen Lebens durch den gezielten Einbau von Orten der Entschleunigung und des Wartens. Solche Buffer sind ein Dazwischen, dessen Aufgabe die Verhinderung von hoher Konnektivität ist, um die Gesamtkonnektivität einer Organisation vor Überlastung zu schützen. Die Einführung zeitlicher Diskontinuität hat nichts mit der romantisierenden Rede von der Entschleunigung zu tun: Sie dient der Eindämmung von viraler Kommunikation ebenso wie dem Auffangen von umweltlichen Reizen.

Weicks Interesse an losen Verbindungen führt ihn nicht zu deren Verabsolutierung, sondern er fordert eine dialektische Konzeption, welche das Zusammenspiel von losen und engen Verbindungen zu erfassen in der Lage ist. Lose Verbindungen sind immer noch Verbindungen, aber mit »Tendenzen zur Entkopplung« (*tendencies towards decoupling*).[23] Mit anderen Worten: Es geht um Verbindungen, die an ihrer eigenen Auflösung arbeiten, ohne dabei ihre Rela-

20 Weick, »Educational Organizations as Loosely Coupled Systems«, S. 6.

21 Orton/Weick, »Loosely Coupled Systems«, S. 213 f. Siehe zum Buffering oben, Teil III, Kap. 3.

22 Mathias Denecke, »Eine kleine historische Skizze zum Buffer«, Hamburg 2019 (unveröffentlichtes Arbeitspapier), S. 5.

23 J. Douglas Orton, Karl E. Weick, »Toward a Theory of the Loosely Coupled System«, Michigan 1988, ⟨https://deepblue.lib.umich.edu/bitstream/handle/2027.42/35964/b1411810.0001.001.pdf⟩, letzter Zugriff 22. 04. 2020, S. 10.

tionalität vollständig einzubüßen. Wir haben es mit einem Prozess des Losewerdens oder Lockerns (*loosening*) zu tun, nicht mit einem Entkoppeln (*decoupling*) – auch wenn diese Möglichkeit oder Gefahr in die Arbeit des Lockerns eingelassen ist und im Extremfall zur Entkopplung führen kann.[24] Losigkeit zu denken, bedeutet daher auch, die Partialität von Beziehungen zu erfassen, also die Tatsache, dass gerade die mannigfaltigen Formen der Unvollständigkeit von Verbindungen analytisch interessant sind.[25] Das Management von Organisationen ist nichts anderes als das Management der widersprüchlichen Tendenzen von Lockern und Festigen.[26] Losigkeit und Festigkeit als Modalitäten des Verbindungsgeschehens werden damit konfigurierbar und zum Gegenstand von entsprechenden Organisationsstrategien.

Ein Management, das daran interessiert ist, Losigkeit zu steigern, antwortet auf die in Netzwerke eingelassene Logik der Übersteigerung, also auf das Problem der Hyperkonnektivität. Epidemiologische Übertragungen von Störungen werden via Lockerung kanalisiert und so besser kontrollierbar. Dabei spielt die zeitliche Logik eine besondere Rolle, denn durch die Losigkeit wird ein Buffering zwischen Ereignissen geschaltet, wodurch »Echtzeitdynamiken« unterbrochen werden können. Schließlich, und darauf werde ich noch zurückkommen, schaffen lose Kopplungen auf zweierlei Weise die Voraussetzungen für Innovationen: einerseits durch die schützende Abkopplung einzelner experimenteller Cluster, ande-

24 Siehe auch Herbert A. Simon, »The Architecture of Complexity«, in: *Proceedings of the American Philosophical Society* 106, 6 (1992), S. 467-482, zu »decomposable systems«.

25 Vgl. in der Diskussion zu »unvollständigen Verbindungen« (*partial connections*) aus ganz anderer Perspektive: Marilyn Strathern, *Partial Connections*, Walnut Creek 2005.

26 Orton/Weick, »Toward a Theory of the Loosely Coupled System«, S. 9. Diese auf das Verbindungsgeschehen fokussierte Fassung von Orton/Weick verfügt über einen entscheidenden Vorteil gegenüber der späteren Unterscheidung zwischen losen und festen Kopplungen von Niklas Luhmann. Für Luhmann sind lose Kopplungen letztlich immer Konstrukte eines Beobachters, der ein Medium konstruiert, das als Grundlage für die Formbildung innerhalb eines Systems fungiert. Bei Orton/Weick, und das macht die Konzeption auch für die gegenwärtige Diskussion der Hyperkonnektivität bedeutsam, ist Losigkeit sowohl eine empirisch bestimmbare, operative Eigenschaft von Verbindungen als auch die normative Ausrichtung von Managementpraktiken. Siehe dazu Urs Stäheli, »The Mediality of Looseness«, in: *Cybernetics & Human Knowing* 25, 4 (2018), S. 15-24.

rerseits dadurch, dass die Losigkeit als »loose space«[27] zu einem Experimentierfeld wird.

Strategisch wird die Form der losen Kopplung im Modell der modularen Organisation weiterentwickelt und institutionell gefestigt.[28] Ein Modul ist eine weitgehend unabhängige Einheit, die intern eng, extern aber nur lose an andere Module gekoppelt ist.[29] Durch standardisierte Interfaces sollen zentrale Inputs und Outputs kanalisiert und erfasst werden. Bei nichtstandardisierten Beziehungen gestaltet sich dieses Management des Informationsflusses schwieriger, aber auch hier findet eine deutliche Verringerung von Informationen (und der Informationsdichte) statt. Diese Reduktion folgt nicht notwendigerweise dem Prinzip, dass eine Auswahl der (wie auch immer zu bestimmenden) wichtigsten Informationen stattfindet, ganz im Gegenteil: Häufig sind es eher die nebensächlichen Informationen,[30] die weiterverbreitet werden. Für die soziale Dimension bedeutet Losigkeit, dass die Responsivität der Akteure reduziert wird, um so die Kausalität von Handlungsketten abzuschwächen. Auch diese Relativierung von Responsivität fordert die Figur des Netzwerkers heraus, die von der Idee beständiger Responsivitätssteigerung (vom digitalen Kommunikationsverhalten bis hin zur persönlichen Anpassungsfähigkeit) geprägt ist.

Die modulare Organisation nutzt die oben beschriebenen Vorzüge der Losigkeit als Technik der Komplexitätsreduktion. Die Kommunikation zwischen den Modulen wird verlangsamt, und die Unmittelbarkeit kausaler Wirkmechanismen wird durch Zwischenglieder aufgebrochen – sie wird buchstäblich vermittelt. Module fungieren als »informatorische Kapseln« (*informational encapsulation*)[31] und führen neue Sichtverhältnisse ein. Transparenz – das Credo der Netzwerkgesellschaft – wird bereits in diesen Diskursen als Problem erkannt; sie wird relativiert, wenn festgestellt wird, dass Module opak sein müssen[32] und als Black Boxes

27 Karen A. Franck, Quentin Stevens. »Tying Down Loose Space«, in: dies. (Hg.), *Loose Space. Possibility and Diversity in Urban Life*, Abingdon 2007, S. 1-33.

28 Vgl. zur folgenden Diskussion der Modularität: Stäheli, »The Mediality of Looseness«.

29 Werner Callebaut, »The Ubiquity of Modularity«, in: ders., Diego Rasskin-Gutman (Hg.), *Modularity*, Cambridge 2005, S. 8 f.

30 Orton/Weick, »Toward a Theory of the Loosely Coupled System«, S. 6.

31 Jerry A. Fodor, *The Modularity of Mind*, Cambridge 1983, S. 122.

32 Ebd., S. 60.

funktionieren. Intransparenz ist damit kein störender Nebeneffekt, sondern eine Vorrichtung, die vor zu viel Beobachtung schützt sowie vor der Erzeugung von zu viel Wissen über andere und damit vor der Gefahr, zu viele potentiell lähmende oder gefährliche Kopplungen zu generieren. In dieser Hinsicht wirkt Modularisierung depotentialisierend,[33] und Unsichtbarkeit wird zum Beziehungsschutz, denn es lassen sich keine Beziehungen zu unbekannten Elementen und Vorgängen aufbauen oder wenn, dann nur mit größerem Aufwand.

Die Einführung der modularen Organisationsweise ist keine Erfindung der Organisationstheorie, sondern hat ihre Wurzeln in der Architektur und besonders in der Informationstechnologie.[34] 1964 baute IBM den ersten modularen Computer, der im Gegensatz zu integrierten Systemen sowohl Hardware als auch Software in unterschiedliche Module aufteilt. Die Unabhängigkeit der Module hat den Vorteil, dass diese flexibel kombiniert und so auf die Bedürfnisse der User*innen abgestimmt werden können. Die Opazität der Module ist eine notwendige Voraussetzung für diese Kombinierbarkeit, und zwar bereits im Zuge ihrer technischen Entwicklung. So können zum Beispiel technische Teillösungen entwickelt werden, die nicht immer schon ihre Abhängigkeit vom Gesamtsystem einkalkulieren müssen. Diese Verschränkung von Abhängigkeit und Unabhängigkeit ist der Einsatzpunkt der Indifferenz: Die Vorgänge innerhalb der Black Boxes müssen indifferent zueinanderstehen, um sich ihren Freiraum zu bewahren. Aber diese Indifferenz ist erkauft durch die Schaffung von nun strategisch wichtigen Interfaces, die als Standardisierungs- und Kontrolltechnologien zu verstehen sind. Damit hat sich die Machtdimension von Indifferenz im Vergleich zu Barnards Zonen der Indifferenz grundlegend verändert. Bestand diese Machtdimension in der hierarchischen Organisation darin, die Akzeptanz von Vorgaben zu generalisieren und so hierarchische Entscheidungsketten zu optimieren, verlagert sich nun die Ausübung von Macht. Zwar wird Modularität wegen ihrer

33 Zur Ambivalenz von Potentialisierung als Managementtechnologie siehe: Niels Åkerstrøm Andersen, Paul Stenner, »Social Immune Mechanisms. Luhmann and Potentialization Technologies«, in: *Theory, Culture & Society* 37, 2 (2019), S. 79-103.

34 Andrew L. Russell, »Modularity. An Interdisciplinary History of an Ordering Concept«, in: *Information & Culture* 47, 3 (2012), S. 257-287.

flachen Vernetzungsform häufig als Auflösung klassischer autoritärer Machtbeziehungen interpretiert,[35] aber es wäre verfehlt, dies mit einem Prozess der Demokratisierung gleichzusetzen. Vielmehr hat sich der Ort der Macht in die Interfaces und deren auf den ersten Blick recht unspektakulären Standardisierungen verschoben, welche eine minimale Integration der Module gewährleisten sollen. Man könnte hier auch von den Protokollen einer Organisation als den Orten von Kontrolle und Macht sprechen.[36]

Die modulare Organisation ist wegen ihrer Losigkeit und Flexibilität aber auch scharf kritisiert worden. Tara McPherson beklagt eine »lentikulare Logik« der Moderne,[37] da so ein allumfassendes »Apartheidsystem« aufgebaut werde: »Eine lentikulare Logik ist eine Logik des Fragments oder des Stücks, eine Art, die Welt als diskrete Module oder Knoten zu sehen, ein Modus, der Beziehung und Kontext unterdrückt.«[38] Diese Kritik macht es sich jedoch zu leicht. Gewiss, eine der klassischen Funktionen von Modularität ist die Reduzierung von Störanfälligkeit, denn fällt ein Modul aus, bedeutet dies nicht, dass das ganze System zusammenbricht. Gerade diese Sicherungsleistung wird durch die relative Unabhängigkeit der Module möglich.[39] McPherson geht davon aus, dass die Unterdrückung von Beziehungen – das, was ich als Techniken der Indifferenz bezeichnet habe – als solche problematisch ist. Das von ihr gesetzte normative Fundament besteht in der Annahme, dass die Vermehrung von Beziehungen prinzipiell anzustreben sei, ja, dass das Unverbundene miteinander in Verbindung zu setzen sei und jede Einschränkung von Verbindungen Ausdruck einer neoliberalen Ordnung sei. Eine solche Kritik unterwirft sich aber dem Ethos der Konnektivität; zudem entgeht dem Argument, dass lose Kopplungen, auf welchen Modularität beruht, ihrerseits Beziehungen

35 Ron Sanchez, Joseph T. Mahoney, »Modularity, Flexibility, and Knowledge Management in Product and Organization Design«, in: *Strategic Management Journal* 17, S2 (1996), S. 63-76.

36 Alexander, R. Galloway, *Protocol. How Control Exists after Decentralization*, Cambridge 2004.

37 Tara McPherson, »Why Are the Digital Humanities So White? Or, Thinking the Histories of Race and Computation«, in: Matthew K. Gold (Hg.), *Debates in Digital Humanities*, Minneapolis 2012, S. 144.

38 Ebd.

39 Vgl. die Diskussionen in der Katastrophensoziologie, z. B. Charles Perrow, *Normal Accidents. Living with High-Risk Technologies* [1984], Princeton 2011.

sind – wenngleich solche, welche ihre Indifferenz zu optimieren und damit ihre Anschlussfähigkeit zu reduzieren suchen. Sie können in diesem Sinne sogar probate Mittel sein, um Netzwerke zu erweitern. In der Tat geht Latours ANT davon aus, dass die von ihm analysierten Netzwerke in der Regel lose gekoppelt sind, zumindest in dem Sinne, dass dem Verbindungsgeschehen immer ein Moment der Unberechenbarkeit – der Mediation – innewohnt. Aber auch bei Latour ruht diese Annahme der Losigkeit auf dem Ethos der Konnektivität auf, da normativ die Vermehrung von heterogenen Verbindungen und Aktanten angestrebt wird.[40] Die Vergrößerung und Erweiterung von Netzwerken umschreibt somit das von der ANT verfolgte politische Projekt. Die Stärke der losen Kopplung besteht dagegen darin, dass sie – durch Indifferenz – mögliche Verbindungen ins Leere laufen lässt, die Zahl von Verbindungen reduziert und die Intensität des Verbindungsgeschehens abschwächt.

Die gegenwärtige Diskussion zur Entnetzung von Unternehmen schließt indirekt an die Leitideen der losen Kopplung an, da sich nun – dringlicher noch als in den 1960er Jahren – die Organisationsnetzwerke weiter verdichtet und ihre Konnektivität gesteigert haben. Diese Steigerung war nicht zuletzt durch die Techniken der Losigkeit ermöglicht worden, welche unproblematische Erweiterungsmöglichkeiten versprechen. Dieses als produktiv gesehene Ineinander von Ver- und Entnetzung prägt auch jüngere organisationstheoretische Positionen: »Vernetzung und Entnetzung bilden keine unvereinbaren Gegensätze: Entnetzung im Sinne einer dosierten Reduzierung des Verbindungsgrads darf deshalb nicht als das Ende der Vernetzung interpretiert werden.«[41] Ähnlich wie bereits bei Weick steht hier die wechselseitige Abhängigkeit von Ver- und Entnetzung im Vordergrund. Noch stärker betont wird nun, dass Entnetzung letztlich im Dienst der Vernetzung stehen soll, indem sie diese vor sich selbst schützt. Aber selbst ein derartiges technokratisches Verständnis von Entnetzung stößt auf die Denkzwänge des Vernetzungsimperativs, dem diese Techniken sus-

40 Bruno Latour, *Das Parlament der Dinge*, Frankfurt/M. 2010. Siehe dazu auch oben, Teil II, Kap. 1.

41 Michael Reiss, »Entnetzung. Ein Ansatz zur Netzwerkoptimierung«, Arbeitspapier, 2004, S. 1; siehe auch ders., »Entnetzung – Erscheinungsformen und Erklärungsansätze«, in: Heinz K. Stahl (Hg.), *Vernetzte Unternehmen*, Berlin 2005, S. 101-120.

pekt sind. Ihr Imaginäres, die »*Netzwerk-Ideologie*«,[42] erweist sich damit als Hinderungsgrund für das Denken von funktionalen Entnetzungspraktiken und -techniken.

Indirekt an die Diskussion zur losen Kopplung anknüpfend, entwirft Michael Reiss eine nützliche Typologie von Entnetzungsstrategien in Organisationen. Er unterscheidet strategische Entnetzung, die auf Interventionen beruht, von emergenten, ungeplanten Formen der Entnetzung. Eine erste Gruppe von Maßnahmen beschäftigt sich mit der Größenoptimierung von Netzwerken: Neben der Verkleinerung von Netzwerken stehen Techniken im Vordergrund, welche die Topologie eines Netzwerks betreffen. Durch »Entmaschung« sollen zentrale Knotenpunkte geschwächt werden; »Clusterung« soll die Grundverfassung der modularen Organisation durch »Heterogenisierung der Beziehungsdichte« stärken.[43] Zur Effizienzsteigerung kann die Isolierung von Knoten nötig werden, indem Mittler eingeführt werden[44] oder im Gefahrenfall gefährliche Knoten möglichst vollständig entkoppelt werden (zum Beispiel das Unter-Quarantäne-Stellen von schlechten Risiken im Bad-Bank-Modell).[45] Gleichzeitig können auch emergente Formen der Entnetzung entstehen, die Reiss aber vor allem als destabilisierend betrachtet. Ein Beispiel hierfür ist die »Ambiguisierung« von Verbindungen, die durch ihre Uneindeutigkeit Anschlussunsicherheiten schaffe (etwa beim Fall der Koopkurrenz).[46] Im schlimmsten Fall können Netzwerke sogar degenerieren, wenn sie durch die neuen Anschlussprobleme überfordert werden. Ich habe diese Typologie ausführlich wiedergegeben, da sie sich vor allem für die formalen und topologischen Formen der Entnetzung interessiert, für welche unter anderem Häufigkeit und Intensität von Verbindungen wichtig sind. Es mag an der Perspektive des Organisationsthe-

42 Reiss, »Entnetzung. Ein Ansatz zur Netzwerkoptimierung«, S. 1.

43 Ebd., S. 4.

44 Ebd., S. 5.

45 Vgl. die Diskussion im Rahmen epidemiologischer Finanzmarktmodelle: Andrew G. Haldane, »Rethinking the Financial Network«, in: Stephan A. Jansen u. a. (Hg.), *Fragile Stabilität – Stabile Fragilität,* Wiesbaden 2013, S. 243-278; Urs Stäheli, »Political Epidemiology and the Financial Crisis«; in: Poul F. Kjaer u. a. (Hg.), *The Financial Crisis in Constitutional Perspective. The Dark Side of Functional Differentiation*, Oxford 2011, S. 113-130.

46 Reiss, »Entnetzung«, S. 6.

oretikers und -beraters liegen, dass vereinfachend zwischen funktionalen Formen der Entnetzung auf Seiten der Interventionen und dysfunktionalen Formen auf Seiten der Emergenz unterschieden wird. Durch eine derartige dualistische Anlage entgeht der an sich vielversprechenden topologischen Analyse jedoch die Verschränkung von strategischen und taktischen Momenten der Entnetzung, werden Letztere doch nur als schädliche, unkontrollierte Effekte sichtbar. Dem Versuch einer klaren Unterscheidung wohnt denn auch die Hoffnung auf ein souveränes Meistern des Entnetzungsgeschehens inne.

Die Herstellung von Losigkeit ist jedoch keineswegs stets ein Ergebnis entsprechender Managementstrategien, sondern kann auch im Scheitern von Strategien ihre Grundlage finden. Kommt es beispielsweise zu Spannungen zwischen Management und Produktentwicklung oder zwischen Management und Belegschaft, etwa weil Entwickler*innen eine Managementvision für nicht umsetzbar halten oder Mitarbeiter*innen sich gegen eine erneute modische Innovation in Sachen innerbetrieblicher Organisation sperren, so sind das keine geplanten »Lockerungen« von Verbindungen.[47]

1.3. Reduktion von Meetings

Das Lockern von Verbindungen bedeutet nicht nur, Techniken der Indifferenz einzuführen, sondern Netzwerke durch eine andere Rhythmisierung aufzulockern. So hat in den letzten Jahren eine kritische Diskussion über Meetings eingesetzt, die sowohl deren Häufigkeit, Umfang als auch Dauer bemängelt. Das Meeting ist eine der klassischen Netzwerktechniken: In Meetings werden neue Kontakte geknüpft, neue Projekte geplant, bestehende Projekte vorangetrieben; gerade das teambasierte Arbeiten verwandelt häufig die Arbeit in eine hektische Abfolge unterschiedlicher Meetings.

47 Siehe dazu Rolland Munro, »Connection/Disonnection: Theory and Practice in Organization Control«, in: *British Journal of Management* 8 (1997), Special Edition, S. 43-63. Die Losigkeiten, die sich im Scheitern solcher managerialer Ansprüche ergeben, können taktisch sogar verschärft werden, denn Losigkeit eröffnet auch neue Handlungs- und Verbindungsmöglichkeiten, in denen sich Akteure neu positionieren können.

In zahlreichen Unternehmen verbringen Manager*innen inzwischen mehr als 50 Prozent ihrer Zeit in Meetings.[48]

Organisationstheoretiker*innen und Unternehmensberater*innen beklagen jedoch immer häufiger den »organizational drag«, der durch die Inflation von Meetings entsteht: Massen von Zeit werden in Meetings vernichtet, häufig ohne dabei irgendwelche Ergebnisse – abgesehen von der Planung neuer Meetings – zu erzielen. Die Digitalisierung des Organisationslebens erweist sich in dieser Hinsicht als verhängnisvoll. War es zuvor relativ zeitaufwändig, die unterschiedlichen Teilnehmer*innen zu einer Sitzung einzuladen, so erleichtern E-Mail-Kommunikation und entsprechende Programme wie Doodle die Organisation von Meetings enorm; sie vervielfältigt in der Regel die Teilnehmer*innen und auch die (digitalen) Interaktionen.[49] Die Netzwerkorganisation lebt von einer solchen Konnektivität prämierenden Meeting-Kultur, und die in das Netzwerkkonzept eingelassene Logik der Übersteigerung zeigt sich hier auf besonders anschauliche Weise: in der Form viel zu großer und häufiger Meetings ohne zwingende Agenden.

Entnetzung als Temporaltechnologie bedeutet hier, die zeitliche Abfolge und Struktur von Meetings zu verändern. Dazu ist es allerdings nötig, überhaupt erst ein Wissen über die wuchernde Sitzungskultur eines Unternehmens zu gewinnen. Ein ganzer Markt von Anbietern von Software zur Personalanalyse hat sich inzwischen etabliert, mit deren Hilfe die zeitliche Organisation von Unternehmensnetzwerktätigkeiten abgebildet werden kann. Microsoft Workplace Analytics nutzt zum Beispiel die alltäglich anfallenden Kommunikationsdaten (unter anderem Häufigkeit und Taktung von E-Mails, Skype-Nutzung, Daten zur Teilnahme an Meetings via Outlook etc.), um auf diese Weise Muster der Zusammenarbeit herauszuarbeiten. Ein Produktmanager beschreibt, wie die Daten gesammelt werden:

> Workplace Analytics greift auf die E-Mail- und Kalender-Metadaten von Office 365 zurück, einschließlich der Daten, Betreffzeilen und Zeitstempel,

48 Peter High, »Half Of All Meetings Are A Waste Of Time – Here's How To Improve Them«, in: *Forbes*, 2019, ⟨https://www.forbes.com/sites/peterhigh/2019/11/25/half-of-all-meetings-are-a-waste-of-timeheres-how-to-improve-them/⟩, letzter Zugriff 22.04.2020.

49 Michael C. Mankins, Eric Garton, *Time. Talent. Energy. Overcome Organizational Drag and Unleash Your Team's Productive Power*, Boston 2017.

um ein Licht auf die Zusammenarbeit und den Zeitaufwand der Organisation zu werfen. Es verwandelt diese digitale Abschöpfung – die Daten, die aus unserer täglichen Arbeit stammen – in eine Reihe von Verhaltensmetriken, die zum Verständnis der Vorgänge in einem Unternehmen verwendet werden können.[50]

Auf Grundlage dieser Daten wird die Produktivität von Meetings unter anderem dadurch modelliert, dass Multitasking-Aktivitäten wie zum Beispiel der Rhythmus des Versendens von E-Mails während eines Meetings erfasst werden. Solche Programme nehmen eine bemerkenswerte Kopplung von Vernetzung und Entnetzung vor: Einerseits nutzen sie die großen Datenmengen, die jeden Tag durch die Alltagskommunikation in einem Unternehmen anfallen. Das ist nur möglich, wenn ein Großteil der Kommunikation digitale Spuren hinterlässt – ein Meeting, das beispielsweise nicht im Outlook-Kalender erfasst ist, würde zunächst keine Daten produzieren. Mit anderen Worten: Die Nutzung dieser Daten ruht auf und optimiert letztlich Surveillance-Technologien, die auch in anderen Bereichen eingesetzt werden; das Kommunikationsverhalten ist damit einer permanenten Überwachung und Kontrolle durch die Auswertung von Metadaten ausgesetzt. Andererseits sollen diese aus der digitalen Hypervernetzung gewonnenen Daten dabei helfen, die Unternehmensvernetzung zu reduzieren, etwa durch die Identifikation unnötiger Kollaboration. Diese auf das Arbeitsverhalten gerichtete Mustererkennung soll also nicht primär ungenutzte Vernetzungsmöglichkeiten offenlegen, sondern ineffiziente Formen der Übervernetzung sichtbar und damit auch zum Gegenstand von entsprechenden Managementstrategien der Entnetzung machen.

Die Visualisierung des Zeitverbrauchs für Vernetzung vermag allein noch nicht viel über den Nutzen kollaborativer Aktivitäten auszusagen. Um etwa entscheiden zu können, welche Meetings nützlich sind, hat im August 2013 das Softwareunternehmen Dropbox (schon fast im Sinne eines soziologischen Krisenexperiments) die Maßnahme *Armeetingeddon* eingeführt. Die Mitarbeiter*innen wurden darüber informiert, dass in den kommenden zwei Wochen

50 Anthony Spadafora, »Microsoft Workplace Analytics Lets Enterprises Track Employee Productivity«, in: *BetaNews*, 2017, ⟨https://betanews.com/2017/07/07/microsoft-workplace-analytics/⟩, letzter Zugriff 19. 02. 2020.

alle wiederkehrenden Meetings gestrichen worden sind. Auf diese Weise sollte die Selbstverständlichkeit von regulären Meetings – die häufig auch dann weiterlaufen, obwohl ihre ursprüngliche Aufgabe längst erfüllt oder vergessen ist – gebrochen werden. Dropbox konnte mit dieser Vorgehensweise die Zahl von Meetings deutlich reduzieren und die verbleibenden Treffen effizienter und kürzer gestalten.[51] Andere Maßnahmen reduzieren die maximale Dauer von Meetings (zum Beispiel auf maximal 30 Minuten), schränken überbordende Teilnehmer*innenkreise ein (etwa durch eine besondere Bewilligungspflicht von Meetings mit mehr als sieben Personen), ermutigen zum schnellen Abbruch unproduktiver Meetings und sichern sitzungsfreie Tage zu.[52] Im Gegensatz zur Krisendiagnostik des Burnoutdiskurses, der häufig individualisierte Technologien der Selbstsorge entwirft und sich damit in die Logik der Responsibilisierung einreiht,[53] steht hier das Zeitmanagement der gesamten Organisation im Vordergrund – und damit auch zunächst nicht subjektivierende Kontrolltechniken. Dies schließt keineswegs aus, dass auch softwarebasierte Selbstoptimierungstechnologien zum Einsatz kommen. Die Meetingsoftware *Do.com* (die inzwischen von Amazon erworben worden ist)[54] soll nicht nur die Organisation von Meetings effizienter gestalten, sondern das Paket »Do Personal Insight« liefert täglich oder wöchentlich personalisierte Berichte darüber, wie viel Zeit in Meetings oder für das Verfassen von E-Mails eingesetzt wurde – auf Grundlage des eigenen zeitlichen Musters offeriert die Software Ratschläge zur Optimierung der eigenen Produktivität.[55] Auch solche Software steht für das sich zunehmend verschärfende Spannungsverhältnis zwischen Vernet-

51 Robb Cross u. a., »Collaborative Overload«, in: *Harvard Business Review* 94, 1 (2016), S. 74-79, hier S. 78; siehe dazu auch Rebecca Hinds, Bob Sutton, »Dropbox's Secret for Saving Time in Meetings«, in: *Inc*, 2015, ⟨https://www.inc.com/rebecca-hinds-and-bob-sutton/dropbox-secret-for-saving-time-in-meetings.html⟩, letzter Zugriff 22. 04. 2020.

52 Vgl. Mankins/Garton, *Time. Talent. Energy.*

53 Ulrich Bröckling, »Der Mensch als Akku, die Welt als Hamsterrad. Metaphern im Burnout-Diskurs«, in: *Merkur* 67, 768 (2013), S. 400-411.

54 Ingrid Lunden, Jon Russell, »Amazon's AWS Acquired Meeting Productivity Startup Do to Expand Chime«, in: *TechCrunch*, 2017, ⟨https://techcrunch.com/2017/03/08/amazon-can-do-chime/⟩, letzter Zugriff 25. 02. 2020.

55 Cross u. a., »Collaborative Overload«, S. 77.

zungsaktivität und unternehmerischer Produktivität. Vernetzung mag zwar, gerade mit Hilfe digitaler Kommunikationstechnologien, nicht teuer sein, aber gerät als Zeitvernichtungsmaschine in den Blick. Die Bemühungen um eine Reduktion von Meetings zeigen, wie komplex ein derartiges Vorhaben ist. Entsprechende Entnetzungsstrategien benötigen ein Wissen über die Vernetzungsdichte und Vernetzungsverteilung in Unternehmen, das mit Hilfe entsprechender Software gewonnen wird. Entnetzung erweist sich auch hier nicht als einfacher Verzicht auf Technologien, sondern ist auf diese angewiesen, um auf der Grundlage eines Mappings intervenieren zu können.

1.4. Vom Open Office zum Hiding Space

Dass die Netzwerkorganisation auch eine räumliche Dimension hat, wird insbesondere an der Büroarchitektur sichtbar, ja, an der Veränderung der Büroarchitektur lassen sich Aufstieg und Krise der Netzwerkorganisation hervorragend ablesen. Um 1900 stand die Büroarbeit noch ganz im Zeichen des Modells einer standardisierten Fabrik.[56] Wie am Reißbrett entworfen, standen zahlreiche Schreibtische in genau bemessenen, gleichförmigen Abständen aufgereiht in großen Hallen, die dann gegebenenfalls in zahlreiche kleinere Abeitsuntereinheiten aufgeteilt wurden. Diese Art des Großraumbüros hatte noch nichts mit den heutigen Modellen des Open Office zu tun. Zwar wurde ein gemeinsamer Raum parzelliert, aber ohne dabei laterale Kommunikationsprozesse einzuplanen. Die Architektur war darauf ausgerichtet, zentralisierte Kontrolle zu ermöglichen und die Kommunikation zwischen den Mitarbeitenden eher zu verhindern als zu befördern.

In den 1930er Jahren wurde jedoch deutlich, dass dieses Fabrikmodell der Verwaltungsarbeit den Anforderungen an die entstehende Wissensökonomie nicht gerecht wird und Großräume keine geeignete Umgebung für vernetzte Formen des Arbeitens sind. Ein frühes Beispiel für die einsetzende büroarchitektonische Trendwende ist Frank Lloyd Wrights ikonischer *Great Workroom* in der

56 Ted Prestogeorge, »We Won't Get Cubed Again. The History Of The Open Office«, in: *Fentress Blog*, 2017, ⟨http://blog.fentress.com/blog/we-wont-get-cubed-again-the-history-of-the-open-office⟩, letzter Zugriff 25.02.2020.

Johnson Wax Factory aus dem Jahr 1939, der sich mit organischen Formen bereits vom standardisierten Hallenmodell löst. Besonders wirkungsmächtig war dann aber die vom deutschen Architekturbüro Quickborner Team in den frühen 1960er Jahren entwickelte »Bürolandschaft«, etwa für den Bertelsmann Verlag.

Diese neue, flexible Büroarchitektur der Wissensökonomie flexibilisiert den Raum, weil eine starre, monotone und hierarchische Raumeinteilung für projektförmiges Arbeiten nicht mehr angemessen erscheint. Auf Grundlage von kommunikationstheoretischen und kybernetischen Modellen soll die Kommunikation zwischen den Mitarbeiter*innen verbessert werden.[57] Als Landschaft soll das Büro eine ideale Umwelt für die Verdichtung und Steigerung von Kommunikation schaffen. Einer der Architekten des Quickborner Teams, Eberhard Schnelle, formuliert seine Vision der idealen Arbeitsumgebung so: »Kommunikationen, die nicht zustande kommen, [sind] als Störungen aufzufassen.«[58] Dies bedeutet eine Potentialisierung des Störungsbegriffs, der sich nun in erster Linie präventiv auf die Einschränkung kommunikativer Möglichkeiten bezieht, und nicht mehr nur auf Probleme in bereits laufenden Kommunikationsprozessen. Bereits das Nichtzustandekommen von Kommunikation gilt als Störung, und wenn als Ziel festgehalten wird, dass die Büroarchitektur eine »störungsfreie und anregende Arbeitsumwelt«[59] schaffen soll, dann sind damit also immer sowohl aktuelle wie auch potentielle Störungen gemeint. Damit schlägt sich das Ethos der Konnektivität, das nichtrealisierte Verbindungen als Störung, ja geradezu als Versagen begreift, unmittelbar in der Büroarchitektur nieder.

Die 1960er Jahre waren aber nicht uneingeschränkt vom Vertrauen in eine kybernetische, netzwerkförmige Environmentalisie-

57 Joachim Freimuth, »Wirtschaftliche Demokratie und moderatorische Beteiligungskultur«, in: ders., Fritz Straub (Hg.), *Demokratisierung von Organisationen*, Wiesbaden 1996, S. 19-41, hier S. 26.

58 Zit. nach: Ebd., S. 27.

59 Kurd Alsleben, »Bürolandschaft und ihre subjektiven Räume«, in: *Kommunikation. Zeitschrift für Planungs- und Organisationskybernetik* 11 (1965), S. 75-81, zit. nach: Andreas Rumpfhuber, »Raum der Informationsflüsse. Die Bürolandschaft ›Buch und Ton‹ der Gebrüder Schnelle«, in: Ákos Moravánszky, Albert Kirchengast (Hg.), *Experiments. Architektur zwischen Wissenschaft und Kunst*, Berlin 2011, S. 200-225, hier S. 210.

rung des Arbeitens geprägt. Besonders in Europa etablieren sich geschlossene Arbeitsräume (sei es als Einzel- oder Zweierbüro), die den einzelnen Mitarbeiter*innen einen störungsfreien persönlichen Bereich bieten. In den USA entwickelte Robert Propst 1964 für den Büromöbelhersteller Herman Miller, Inc. mit dem *Action Office* eine erste Vorform des *cubicle*, dem wie dem Quickborner Modell die Einsicht zugrunde liegt, dass Büroarbeit zunehmend flexible Räume benötigt.[60] Dieses Bürokonzept bot große Arbeitsoberflächen, da Propst davon ausging, dass nichtsichtbare Gegenstände und Akten (etwa in Schubladen und Schränken) für die Angestellten nicht existieren. Die leeren Oberflächen verbanden sich mit einer auf den individuellen Arbeitsprozess bezogenen Transparenzidee. Gleichzeitig schufen bewegliche Stellwände halbprivate Räume, ohne die Idee eines geteilten großen Raums aufzugeben. Vielmehr sollte das Bürokonzept die Mitarbeitenden regelrecht in Bewegung setzen, was auch die dynamisch verwischten Werbefotos für das Konzept signalisieren.[61] Jedoch wurden erst die Nachfolgemodelle, die das anspruchsvolle Designkonzept auf die Idee des standardisierten und somit betriebswirtschaftlich attraktiveren *cubicle* reduzierten, zum durchschlagenden Erfolg – und zum architektonischen Pendant der Modularisierung, deren Siegeszug in der Arbeitsorganisation und der Informationstechnologie bereits Thema war. Bei den üblichen, in US-amerikanischen Spielfilm nicht selten persiflierten und häufig kritisierten *cubicles* (auf Deutsch würde man deutlich weniger euphemistisch sagen: Kabinen) handelt es sich um partiell räumlich abgeteilten Büros, die die Standardisierung von einzelnen Büros mit einer flexiblen Raumorganisation verbinden, da sie als Module unterschiedlich miteinander kombiniert werden können. Dünne, halbhohe Stellwände isolieren zwar während des Sitzens den Sichtkontakt zu den Kolleg*innen, schaffen aber dennoch keinen persönlichen Bereich, da jede größere Bewegung, jedes Gespräch, ja, selbst der Geruch des Sandwiches oder des Aftershaves für die anderen wahrnehmbar sind. Die Stellwand steht für eine seltsame Form der Diskonnektion. Sie dient als

60 Siehe dazu Herman Miller, Inc., ⟨https://www.hermanmiller.com/products/workspaces/workstations/action-office-system/⟩, letzter Zugriff 05.03.2020. Und zum Folgenden: Nikil Saval, *Cubed. A Secret History of the Workplace*, New York u.a. 2014, S. 219.

61 Ebd., S. 213.

Unterbrechungsmöbel mit vornehmlich symbolischer Wirkung, da sie ihr Abkapselungsversprechen nicht halten kann.

Heutige Open-Office-Modelle sind sowohl vom kybernetisch inspirierten offenen Landschaftsmodell als auch vom modularisierten *Cubicle*-Modell geprägt. Das im Zuge der New Economy besonders populäre *Open Plan Office* – das moderne Großraumbüro – kombiniert unterschiedliche Raumtypen, wobei insbesondere Gemeinschaftsorte (die Teeküche, das Sitzungszimmer, die Pausenlounge) eine wichtige Rolle spielen. Hierarchiegrenzen, aber auch Grenzen zwischen Mitarbeiter*innen auf derselben Hierarchiestufe sollen eingerissen werden, ganz im Sinne der gleichzeitig entstehenden Semantiken dezentraler Netzwerke. Die Raumaufteilung wird flexibilisiert, so dass eine ideale Anpassung an kurzfristig anberaumte Projekt- und Teamarbeit gewährleistet ist.[62] Distanz, die wir bereits bei Georg Simmel als einen Schutzmechanismus gegen Hyperkonnektivität kennengelernt haben, soll im Open Office beständig reduziert werden – entsprechend der Annahme, dass geringere »Interaktionsdistanz« mehr Kontakte schaffe und damit die Vernetzungsaktivität fördere.[63] Netzwerkkontakte selbst sind zwar nicht planbar, aber es lassen sich Umgebungen schaffen, in denen Kontaktmöglichkeiten gesteigert werden, wobei die Verfechter*innen dieses Konzepts insbesondere auf die eher überraschenden Kontakte setzen, die dadurch ermöglicht werden. Die Steigerung der Flexibilitätshoffnungen macht sich auch in einer semantischen Verschiebung bemerkbar: Man spricht nicht mehr vom *Open Plan Office*, sondern nur noch vom *Open Office*. »Das ›Offene‹ annehmen, während man den ›Plan‹ verwirft« wird zur Devise des neuen kreativen Arbeitens.[64]

Das Open-Office-Konzept ist nicht nur zum dominierenden Bürokonzept in amerikanischen und britischen Unternehmen geworden, sondern kennzeichnet auch viele Coworking-Spaces, in denen sich häufig prekär beschäftigte Wissensarbeiter*innen ver-

62 Neal M. Ashkanasy u. a., »Understanding the Physical Environment of Work and Employee Behavior. An Affective Events Perspective«, in: *Journal of Organizational Behavior* 35 (2014), S. 1169-1184.

63 Ebd., S. 1171.

64 Torkild Thanem u. a., »Open Space = Open Minds? The Ambiguities of Pro-Creative Office Design«, in: *International Journal of Work Organisation and Emotion* 4, 1 (2011), S. 78-98.

sammeln, um »alleine, aber zusammen« zu arbeiten.[65] Ohne die Einbettung in eine Unternehmensstruktur setzen diese Arbeitsumgebungen noch stärker auf die Netzwerksemantik – ja, ihre Architektur soll die Leute regelrecht zur Bewegung drängen, um »heterogene Begegnungen« zu produzieren.[66] Die Räume sind in der Regel so angelegt, dass man sich in Küchen, Cafés, Lounges oder Bars zwangsläufig treffen muss, das heißt, die dezentrale Verteilung dieser Gemeinschaftsorte soll die Wahrscheinlichkeit erhöhen, dass es zu ständigen Begegnungen kommt. Ein Sich-Entziehen ist hier weder vorgesehen noch erwünscht, wie eine informelle Regel für Google-Büroarchitekturen deutlich macht, der zufolge niemand mehr als 60 Meter von einer »Mikro-Küche« entfernen sein soll.[67] Auch wenn der Erfolg dieser Konzepte nicht immer ihrer Selbstdarstellung entspricht, so verschärft sich hier das Ethos der Konnektivität. Denn im Vordergrund steht nicht mehr die einzelne Mitarbeiterin, die festen oder auch wechselnden Teams angehört, sondern es geht um die Herstellung neuer flüchtiger, heterogener Kontakte, die gerne mit der Gemeinschaftssemantik verklärt werden.[68]

65 Mikko Jakonen u. a., »Towards an Economy of Encounters? A Critical Study of Affectual Assemblage in Coworking«, in: *Scandinavian Journal of Management* 33 (2017), S. 235-242.

66 Ebd., S. 237. Managen heißt somit vor allem, ungewohnte Verbindungen herzustellen: »Manager können seltsame Verbindungen fördern, Netzwerke verknüpfen, die sich normalerweise nicht vermischen, und davon ausgehen, dass es beim Organisieren genauso um die Befreiung wie um die Kontrolle geht.« (Miguel Pina e Cunha u. a., »On Serendipity and Organizing«, in: *European Management Journal* 28, 5 [2010], S. 319-330, zit. nach: Ebd., S. 236.) Vernetzen meint aus einer solchen Perspektive, nicht innerhalb eines bereits etablierten sozialen Terrains zu vernetzen, sondern überraschende und unwahrscheinliche Vernetzungen herzustellen. Relevant für unseren Zusammenhang ist, dass dazu ein Moment der Entnetzung, das hier als Freisetzung beschrieben wird, nötig ist, wobei dieses Freisetzen immer schon unter dem strategischen Imperativ steht, neue, eben heterogene Verbindungen einzugehen.

67 Jane Wakefield, »Google Your Way to a Wacky Office«, in: *BBC News*, 2008, ⟨http://news.bbc.co.uk/2/hi/7290322.stm⟩, letzter Zugriff 08. 03. 2020, zit. nach: Abe Walker, »›Creativity Loves Constraints‹. The Paradox of Google's Twenty Percent Time«, in: *Ephemera. Theory & Politics in Organization* 11, 4 (2011), S. 369-386, hier S. 373.

68 Jakonen u. a. sprechen von einem »rhizomatischen Organisieren […], wo jeder Punkt des Rhizoms mit jedem anderen Punkt verbunden ist.« (»Towards an Economy of Encounters?«, S. 237). Auch wenn sie kritisieren, dass hier eine Vereinnahmung und Ökonomisierung von Begegnungen stattfindet, übersehen

Das Open-Office-Büro ist eine mustergültige Materialisierung des Netzwerkimperativs: Offenheit, Transparenz und die beständige Suche nach Kontakten kennzeichnen seine Architektur. Kollaboration ist zur Pflicht geworden, die aber alles Pflichthafte abstreifen soll, weil sie spontan und enthusiastisch zu erfüllen ist. Die Loungisierung des ökonomischen Lebens – ein tragischer Abglanz der einst glamourösen Hotellobby – steht exemplarisch für diese Institutionalisierung freudigen Netzwerkens.

Allerdings stößt nicht nur der Verlust privater Räume, sondern auch der in die Gemeinschaftsräume eingeschriebene Vernetzungsimperativ zunehmend auf Kritik. So fordert beispielsweise der Senior Editor des Magazins *FastCompany* in einem leidenschaftlichen Plädoyer Einzelbüros für alle, und zwar auf Kosten der Gemeinschaftsräume:

> Nehmen Sie diese langen Tische, die derzeit bei Start-Ups mit Laptops ausgestattet sind, und geben Sie sie einer Grundschule, damit die Kinder daran zu Mittag essen können. Wir werden all diese entzückenden Gemeinschaftsräume abschaffen müssen, sie waren ohnehin immer ein wenig erniedrigend, ein wenig nicht-ganz Starbucks.[69]

Die Vernetzungsutopie in Gestalt von kollektiv genutzten Zonen und Räumen ist Verschwendung und Imperativ zugleich. Und sie hat sich nicht erfüllt, sondern lediglich dafür gesorgt, dass für private Räume kein Platz mehr ist. Wie schwierig der Einspruch gegen die Offenheits- und Gemeinschaftsidee des Großraumbüros sein kann, zeigt symptomatisch der desillusionierte Bericht eines Mitarbeiters einer US-Firma, der (oder die) unter dem Alias »davidmr« folgenden Eintrag verfasste:

> Ich denke, wir haben den Krieg verloren. Ich wurde sogar gebeten, mich mit den Architekten und Designern meiner Firma für einen neuen Raum, den wir ausbauen wollten, zu treffen. Im Grunde genommen verbrachte ich eine Stunde damit, ihnen in jeder möglichen Form zu sagen, dass ich

sie, dass das Konzept des Rhizoms selbst in die Übersteigerungslogik des Netzwerkdenkens eingebettet ist, ja dieses sogar durch die Feier heterogener Verbindungen verschärft.

69 Jason Feifer, »Offices for All! Why Open-Office Layouts are Bad for Employees, Bosses, and Productivity«, in: *FastCompany*, 2013, ⟨https://www.fastcompany.com/3019758/offices-for-all-why-open-office-layouts-are-bad-for-employees-bosses-and-productivity⟩, letzter Zugriff 06.12.2019.

einen Platz suche, an dem mich die Leute finden können, aber sie müssten an eine Tür klopfen und sie öffnen, um mit mir zu reden, und diese Leute sahen mich an, als käme ich vom verdammten Mars. Als hätten sie in ihrem ganzen Leben noch nie etwas so Absurdes gehört. Ich plädierte sogar für cubicles. Ich kann mich nicht einmal mehr daran erinnern, wie es war, Würde zu haben.

»Wie wäre es mit einer Gesundheitsklinik? Oder mit einer Kaffeebar stattdessen?«

Ich habe so viele Studien wie möglich darüber gesammelt, wie schrecklich diese Pläne für Open Offices sind, und ich habe sie alle ausgedruckt und dort gelassen. Am Ende des Tages überprüfte ich aus einer Laune heraus den Papierkorb im Konferenzraum, in dem sie sich aufgehalten haben. Möchte jemand raten, was ich dort gefunden habe?

Wenn ich sterbe und in die Hölle komme, wird ein Herman-Miller-Stuhl in einem Open Office auf mich warten. Mit kostenlosen Snacks und Getränken in der Küche.[70]

Dieser so verzweifelte wie erfolglose Kampf von davidmr gegen das Open Office zeigt, wie selbstverständlich das Credo der Offenheit geworden ist – so selbstverständlich, dass sogar nostalgisch auf das häufig karikierte *Cubicle*-Modell zurückgegriffen wird als Ort der Wiederherstellung von Würde.

Richtig ist aber auch, dass sich die Kritik am Open-Office-Modell in jüngster Zeit verstärkt hat, und zwar nicht nur vonseiten der Arbeitnehmer*innen.[71] So titelt zum Beispiel das Wirtschaftsmagazin *Fortune* programmatisch »The Open-Office Concept is Dead«,[72]

70 Eintrag von User*in »davidmr« am 5. Februar 2017 im Diskussionsforum der Social-News-Website *Hacker News*, ⟨https://news.ycombinator.com/item?id=13574003⟩. Veröffentlicht wurde dieser Diskussionsbeitrag in einem Thread zu folgendem Artikel: Lindsey Kaufman, »Google Got It Wrong. The Open-Office Trend is Destroying the Workplace«, in: *The Washington Post*, 2014, ⟨https://www.washingtonpost.com/posteverything/wp/2014/12/30/google-got-it-wrong-the-open-office-trend-is-destroying-the-workplace/⟩, letzter Zugriff 12. 10. 2020.

71 Für Großbritannien stellt z. B. die Architekturfirma Gensler in ihrem *UK Workplace Survey 2016* fest, dass die Mehrheit der Angestellten in Open Offices arbeitet, damit aber nur eingeschränkt zufrieden ist. Es wird daher dringend angeraten, alternative persönliche Orte zur Verfügung zu stellen. Siehe dazu: Gensler, »Can We Make U.K. Office Environments Work Better for Everyone?«, in: *U.K. Workplace Survey*, 2016, ⟨https://www.gensler.com/research-insight/gensler-research-institute/u-k-workplace-survey-2016⟩, letzter Zugriff 14. 03. 2020.

72 Laura Entis, »The Open-Office Concept is Dead«, in: *Fortune*, 2016, ⟨https://fortune.com/2016/05/12/the-open-office-concept-is-dead/⟩, letzter Zugriff 10. 03. 2020.

des Weiteren weisen Studien auf die Nachteile dieses Büromodells hin. Betont wird, dass das Großraumbüro einer seiner eigenen ursprünglichen Zielsetzungen nicht gerecht wird: der Ermöglichung störungsfreier Kommunikation. Es findet eine »Reizüberflutung (das heißt ständige Exponierung gegenüber unnötigen sozialen Kontrollen und Unterbrechungen)« statt.[73] Das vernetzte Arbeiten wird als Überreizung beschrieben, mit jenem Vokabular also, das bereits für die frühen Neurastheniediskurse und auch den Burnoutdiskurs zentral war beziehungsweise ist. Das Open Office, ursprünglich angetreten als präventives Entstörungsprojekt, entpuppt sich immer stärker als eigenständige, nur mit Mühe zu kontrollierende Störquelle. Nicht nur produziert es unerwünschte Informationen und Lärm, was die Arbeitsproduktivität massiv sinken lässt, sondern es enttäuscht auch die ursprünglichen Vernetzungshoffnungen. Studien stellen fest, dass es trotz der auf Vernetzung angelegten Anreize und Affordanzen des Open Office häufig nicht zu einer Erhöhung der Kommunikation kommt.[74] Kommunikation soll gefördert, gesteigert und vielseitiger werden, aber heraus kommt vergleichsweise viel, ja zu viel Lärm. Kommunikation als solche gerät nun unter Generalverdacht, da nun jeder Kommunikationsakt zur möglichen Lärmquelle wird. Entgegen der mit dem Quickborner Modell verbundenen Hoffnung erscheint Kommunikation selbst nun immer schon als potentielle Störung. Dass in vielen Open Offices weniger kommuniziert wird als in klassischen geschlossenen Büros, ist daher wenig überraschend.[75]

Die durch die Open-Office-Architektur verursachten Störungen

73 Christina Bodin Danielsson, Lennart Bodin, »Difference in Satisfaction with Office Environment Among Employees in Different Office-Types.«, in: *Journal of Architectural and Planning Research* 26, 3 (2009), S. 241-257, zit. nach: Ashkanasy u. a., »Understanding the Physical Environment of Work and Employee Behavior«, S. 1171.

74 Jungsoo Kim, Richard de Dear, »Workspace Satisfaction: The Privacy-Communication Trade-Off in Open-Plan Offices«, in: *Journal of Environmental Psychology* 36 (2013), S. 18-26.

75 Die Einführung von Großraumbüros in den Firmensitzen von zwei großen Unternehmen hat gemäß einer Studie zu 70% Reduktion der Face-to-face Kommunikation geführt; gleichzeitig wurde aber häufiger digital kommuniziert. Siehe: Ethan S. Bernstein, Stephen Turban, »The Impact of the ›Open‹ Workspace on Human Collaboration«, in: *Philosophical Transactions of the Royal Society B. Biological Sciences* 373, 1753 (2018), S. 1-8.

beschränken sich aber nicht nur auf sinnlich wahrnehmbare Reize, sondern manifestieren sich auch in der entpersonalisierenden Wirkung dieser Büroinfrastruktur.[76] Es wird zunehmend schwierig, sich einen eigenen persönlichen Bereich zu schaffen – einen Ort, der nicht nur dadurch als eigener markiert wird, dass man ein Familienfoto, eine Topfpflanze oder seine verschwitzten Joggingklamotten darin unterbringen, sondern auch dadurch, dass man den Zutritt zu ihm kontrollieren kann.[77] Verschärft wird diese Entpersonalisierung in Konzepten des *Hot-Desking* oder *Hoteling*, wo nicht nur die Wände der Büros wegfallen, sondern auch die Verfügung über einen eigenen Schreibtisch. Die einzelnen Mitarbeiter*innen verfügen über keine festen Arbeitsplätze mehr, sie sind im eigenen Betrieb zu Nomad*innen geworden. Die Figur des idealen Netzwerkers findet hier ihre Entsprechung in der Büroarchitektur, die keine räumliche Verortung mehr vorsieht. Das Hot-Desking soll Teamarbeit und spontane Kontakte fördern und insgesamt die Flexibilität steigern. Allerdings produziert auch diese Strategie immanente Probleme der Adressierbarkeit. Denn die fehlende Verortung bedeutet, dass die einzelne Mitarbeiter*in nicht weiß, wo sich die Kolleg*innen gerade aufhalten. Unternehmen reagieren auf dieses Problem mit elektronischen Ortungssystemen, welche die Einzelnen im physischen Raum wieder adressierbar machen sollen. Dies eröffnet allerdings auch neue taktische Möglichkeiten, sich zu entziehen. Oder anders gesagt: »Einige Mitarbeiter verzichten auf IT-basierte Standortbestimmungssysteme, um nicht unterbrochen zu werden.«[78]

76 Vgl. zur »mangelnden Privatsphäre« und den damit einhergehenden negativen Effekten auf die Arbeitsproduktivität: Wendy C. Regoeczi, »When Context Matters. A Multilevel Analysis of Household and Neighbourhood Crowding on Aggression and Withdrawal«, in: *Journal of Environmental Psychology* 23, 4 (2003), S. 457-470.

77 Jakonen u. a., »Towards an Economy of Encounters?«. Im Kontext der Diskussion von Bürodesigns wird dies als »Privatsphäre« verstanden: »Kontrolle der eingehenden Stimulation und des zwischenmenschlichen Kontakts und Begrenzung der ausgehenden Informationen.« (Irwin Altman, *The Environment and Social Behavior. Privacy, Personal Space, Territory, Crowding*, Monterey 1975, zit. nach: Ashkanasy u. a. »Understanding the Physical Environment of Work and Employee Behavior«, S. 1171)

78 Libby Sander, »The Backlash Against Open-Plan Offices. Segmented Space«, in: *The Conversation*, 2016, ⟨https://theconversation.com/the-backlash-against-open-plan-offices-segmented-space-61506⟩, letzter Zugriff 13. 03. 2020.

Die mit dem Open Office angestrebte Reduktion von Hierarchien bedeutet keineswegs, dass Machtbeziehungen wegfallen würden. Vielmehr findet ein Wechsel statt, nämlich von einem panoptischen Modell der zentralen Überwachung zur wechselseitigen Kontrolle der Mitarbeiter*innen.[79] Hatte Michel Foucault für das Panopticon bereits angemerkt, dass die Sichtbarkeit eine Falle ist,[80] so verschärft sich nun die Bedeutung der Sichtbarkeit. In einer Fallstudie zum Umbau eines klassischen Bürogebäudes in ein Open Office in Schweden wird der Zwang zur sichtbaren Anwesenheit auf den Punkt gebracht: »*[N]icht* gesehen zu werden ist deutlich auffälliger geworden.«[81] Hierbei geht es nicht nur um Anwesenheitskontrolle, sondern primär um die prinzipielle Verfügbarkeit für Kontakte insbesondere der spontanen, ungeplanten Art. Wer sich unsichtbar macht, missachtet gleichsam den Vernetzungsimperativ, wer sich Kommunikationsangeboten präventiv entzieht, verhindert nicht nur die potentielle Kommunikation, sondern macht sich auch verdächtig. Mit dem Einzug der digitalen Medien ins Büro hat sich die Situation zwar verändert, weil physische Sichtbarkeit und Präsenz nicht mehr die Hauptrolle spielen; aber die Veränderung ist nur eine Verschiebung, denn nun gilt, dass das Offlinegehen während der Arbeit in der Regel ausgeschlossen ist. Ein ehemaliger Amazon-Mitarbeiter beschreibt sogar die Toilette als »Erweiterung des Büros«:

> Ich komme aus einem Umfeld, in dem die Toilette ein Ort ist, an dem man eine bestimmte Art von Geschäften in aller Stille erledigt, um ihn danach direkt wieder zu verlassen. Bei Amazon ist die Herrentoilette eine Erweiterung des Büros. Die Leute plaudern über die Arbeit in der Toilette, als ob es nur ein weiterer Besprechungsraum wäre, in dem man überall hinpinkeln kann.[82]

79 Vgl. zur »peer surveillance« Thanem u. a., »Open Space = Open Minds?«, S. 27, und Yiannis Gabriel, »Glass Cages and Glass Palaces. Images of Organization in Image-Conscious Times«, in: *Organization* 12, 1 (2005), S. 9-27.

80 Michel Foucault, *Überwachen und Strafen. Die Geburt des Gefängnisses*, Frankfurt/M. 1994, S. 257.

81 Thanem u. a., »Open Space = Open Minds?«, S. 19.

82 A Former Amazonian, »At Amazon, Employees Treat the Bathroom as an Extension of the Office«, in: *Vice*, 2015, ⟨https://www.vice.com/en_us/article/mgbzbx/at-amazon-employees-treat-the-bathroom-as-an-extension-of-the-office⟩, letzter Zugriff 13. 03. 2020.

In einer weiteren Fallstudie zum Headquarter einer Firma, das ein »fun center« sein will, wird jedoch auch deutlich, dass die Mitarbeiter*innen auf die in die Architektur eingeschriebene Vernetzungsaufforderung mit Taktiken des Entzugs reagieren, ja, es wird aktiv nach Möglichkeiten gesucht, zumindest zeitweise der ständigen Beobachtung zu entkommen.[83] Zum Beispiel werden die Konferenzräume sehr häufig gebucht, wo man sich »offiziell« als kleine Gruppe separieren kann,[84] oder man verlegt Besprechungen in Cafés außerhalb der Firma. Auch im Büromobiliar zeigt sich das Bedürfnis, die Sichtbarkeit partiell einzuschränken, sei es durch Bürostühle mit überhohen Rückenlehnen, sei es durch halbtransparente Trennwände und Büropflanzen.[85]

In Reaktion auf die sich mehrende Kritik an der unbedingten Offenheit und Transparenz des Open Office versuchen Büroprojekte im Bereich der New Economy, das alte Transparenzmodell zu modifizieren. Der Büroraum soll nicht mehr nur einem dogmatischen Prinzip der Offenheit folgen, sondern Transparenz und Intransparenz, Offenheit und Geschlossenheit, Extroversion und Intraversion miteinander verknüpfen. So wird zum Beispiel von einem *layered* oder *segmented* oder *cave office design* gesprochen, das Rückzugszonen systematisch einplant. Dies bedeutet auch, dass die Naturalisierung des Willens zum Netzwerken teilweise zurückgenommen werden muss. Selbst ein Coworking-Anbieter wie Share Your Office erkennt inzwischen die Grenzen der permanenten Vernetzung: »Was Arbeitnehmer*innen wirklich wollen, ist Freiheit, nicht Zusammenarbeit.«[86] Das Architekturbüro Design Blitz hat zum Beispiel die Begegnungsräume der Softwarefirma Malwarebytes mit einem *Zen Den* versehen, »einer akustisch isolierten, sensorischen Entzugszone mit Yogamatten, in der keine Telefone erlaubt sind«.[87] Die Anlage des *Zen Den* erscheint in ihrem Reduk-

83 Thanem u. a., »Open Space = Open Minds?«, S. 17 f.

84 Ebd., S. 28.

85 Ian Roderick, »The Politics of Office Design. Translating Neoliberalism into Furnishing«, in: *Journal of Language and Politics* 15, 3 (2016), S. 274-287, hier S. 279. Die schwedische Firma Kinnarps hat beispielsweise ergonomische Bürostühle mit überlangen Rückenlehnen im Angebot.

86 Stefan Bhagwandin, »What Comes After The Open Office Plan«, in: *SYO Blog*, 2016, ⟨https://www.shareyouroffice.com/blog-syo/comes-open-office-plan/⟩, letzter Zugriff 01. 10. 2020.

87 Melissa Wallin von Design Blitz, zit. nach: Rebecca Leung, »Are Activity Spaces

tionismus als plakative Umkehrung der Hyperkonnektivität. Während die klassischen *Cubicle*-Wände Abgrenzung nurmehr symbolisieren, geht es nun darum, einen durch strikte bauliche Isolierung entnetzten Raum zu schaffen – und zwar nicht nur kommunikativ, sondern auch auf der Sinnesebene. Anhand des *Zen Den* wird auch deutlich, dass Vernetzung und Entnetzung als multimodale Phänomene zu denken sind: Sensorischer Entzug verbindet sich zwanglos mit einem digitalen Detox.

Nicht alle Unternehmen greifen zu solchen radikalen technologischen Mitteln der Entstimulierung, aber viele sehen ebenfalls Orte vor, an die man sich zeitwillig zurückziehen kann, etwa »private, schallkontrollierte Kabinen« und »Code Schränke [*code closets*]« für Programmierer*innen.[88] Die amerikanische Architektur- und Möbelfirma Steelcase bietet eine ganze Serie von Inneneinrichtungslösungen an, mit denen sich »stille Orte« (*quiet spaces*) schaffen lassen und bezieht sich in ihrem dazugehörigen Werbematerial direkt auf Susan Cains Bestseller *Still*, in dem sie eine Rehabilitierung der Introversion auch als organisatorische Ressource fordert.[89] Für Introvertierte sollen Räume geschaffen werden, die »frei von den Blicken und den Unterbrechungen der Anderen« sind, die eine »Erlaubnis [sind], allein zu sein [...]. Introvertierte haben oft das Gefühl, ständig auf der Bühne zu stehen, als wären alle Augen auf sie gerichtet. Manchmal benötigen sie Räume, in denen sie die Wahl haben, unbeobachtet zu sein, und wo sie von anderen nicht gesehen werden können.«[90] Den Mitarbeiter*innen soll die Kontrolle über Sichtbarkeit und Unsichtbarkeit zumindest partiell und zeitweise zurückgegeben werden, ohne dass der Transparenzgedanke vollständig aufgegeben wird. Nicht zurück zum klassischen abgeschlossenen Büro soll es gehen, sondern Hybridformen werden angestrebt: So verfügen diese *caves* beispielsweise über Wände aus einem speziellen Glas, das sich je nach Bedarf als Sichtschutz in Mattglas umwandelt.

the Cure for Open Offices?«, in: *Rework*, 2016, ⟨https://www.cornerstoneondemand.com/rework/are-activity-spaces-cure-open-offices⟩, letzter Zugriff 17.03.2020.

88 Melissa Wallin, zit. nach: Ebd.

89 Susan Cain, *Still. Die Bedeutung von Introvertierten in einer lauten Welt*, München 2011. Siehe dazu auch oben, Teil III, Kap. 1.

90 Steelcase, Inc., »Susan Cain Quiet Spaces«, ⟨https://www.steelcase.com/quiet-spaces/⟩, letzter Zugriff 17.03.2020.

Abb. 2: OSTRICHPILLOW®. Foto: Studio Banana.

Nicht selten sind solche *caves* allerdings nur als temporäre Rückzugsorte in Unternehmen vorgesehen. Nur Tätigkeiten, die besondere Konzentration erfordern, dürfen über längere Zeit an den »privaten Orten« ausgeübt werden. Ansonsten gleicht die Einrichtung der *caves*, *cages* und *hiding zones* einer therapeutischen Wellnesslogik: Privatheit, reduziert auf die Erfahrung von Diskonnektion, wird zu einem Gut, das so kostbar ist, dass es nur zeitweise und in einem speziellem Raum genossen werden kann und darf.

Damit gewinnt auch die Frage an Bedeutung, wie der Zugang zu diesen Zonen organisiert ist und welche Form der Präsenz die Zonen der Unsichtbarkeit im »Glaskäfig« des Open Office einnehmen.[91] Möglich sind zum Beispiel mobile Mittel der Maskierung und des Cocooning, etwa in Gestalt der sogenannten Ostrich Pillows (siehe Abb. 2). Diese machen die Person zwar nicht unsichtbar, aber schotten sie partiell von ihrer Umgebung ab. Jessie, eine Nutzerin, hebt ihre Entnetzungserfahrungen hervor: »Ich war zunächst ein wenig skeptisch, aber als ich es [das Ostrich Pillow] dann bekam, erkannte ich seinen Vorteil. Es ist überraschend angenehm

91 Gabriel, »Glass Cages and Glass Palaces«.

Abb. 3: Vivero Oy, *Tomoko*, 4/5. Entwurf: MottoWasabi/Anna Salonen und Yuki Abe.

zu benutzen und wirklich bequem, um eine Mini-Diskonnektion damit zu haben.«[92] Auch das Modell *Tomoko* des finnischen Möbelherstellers Vivero verspricht eine temporäre, wenn auch gut sichtbare Abkapselung (siehe Abb. 3):

92 Produktbewertung der Nutzer*in Jessie vom 18. Mai 2018, ⟨https://ostrichpillow.com/collections/all/products/original-napping-pillow#shopify-product-reviews⟩, letzter Zugriff 01. 10. 2020.

Tomoko ist ein behütendes, akustisches Büromöbelstück, das in Großraumbüros, Lobbys, Erholungsräumen und anderen offenen Räumen für Privatsphäre und Konzentration sorgt. Tomoko hilft Ihnen, ein eigenes unmittelbares Gebiet zu schaffen, indem Elemente, die Ihre Konzentration stören, wie Lärm oder visuelle Ablenkungen, eliminiert werden.[93]

Wo kein persönlicher Raum mehr existiert, soll durch entsprechendes Mobiliar ein temporärer, beweglicher eigener Raum geschaffen werden – freilich auch hier, trotz aller Auffälligkeit des Mobiliars, ein Raum ohne persönliche Markierung. Denn das Möbel zeichnet sich dadurch aus, dass es an den unterschiedlichsten Orten temporär eingesetzt werden kann, ist also perfekt an die Logik des flexibilisierten Büroraums angepasst. Wie das Ostrich Pillow verfügt auch Tomoko über ein auffälliges Design, wodurch »es anderen [signalisiert], dass Sie nicht gestört werden wollen«.[94] Auch diese Gegenstände folgen also dem Diktat der Sichtbarkeit. Die Person, die sie benutzt, verschwindet nicht einfach, sondern macht ihre temporäre Entnetzung sichtbar – ja, diese muss unter dem Regime der Sichtbarkeit gegenüber anderen auf auffällige Weise signalisiert werden.

Die Designerin Yasmine Benhadj-Djilali nimmt in ihrem »Wall-mounted cubby« aus der Serie *Soft Target* das Problem der permanenten Sichtbarkeit auf. Im Gegensatz zu den markant sichtbaren Entnetzungsmöbeln entwickelt sie in diesem künstlerischen Designprojekt eine alternative Entnetzungsstrategie. In ihrem immersiven Design gehorcht der Akt der Entnetzung nicht mehr dem Diktat der Sichtbarkeit, vielmehr verschwinden die Nutzer*innen im Raum. Die Künstlerin betont: »Abstrakt, geometrisch und mit verspiegelter Oberfläche soll es [das Objekt] mit seiner Umgebung verschmelzen und das Gefühl der Unsichtbarkeit und Sicherheit verstärken.«[95] Die spiegelnde Oberfläche des an die Wand montierten *cubby*, der eine Art bewohnbarer Schrank bildet (*pods*), lässt keinen Einblick in den »temporären Hideaway« zu;[96] das Objekt

93 Vivero Oy, *Tomoko*, ⟨https://www.vivero.fi/en/micro-architecture/acoustic/item/213-tomoko⟩, letzter Zugriff 17.03.2020.

94 Ebd.

95 Yasmine Benhadj-Djilali, zit. nach: Lindsay Samson, »Escape the Stress of Your Workday in these Coffin-like Privacy Pods«, in: *Design Indaba*, 2016, ⟨http://www.designindaba.com/articles/creative-work/escape-stress-your-workday-these-coffin-privacy-pods⟩, letzter Zugriff 17.03.2020.

96 Ebd.

Abb. 4: *Soft Target – Hiding Place*. Yasmine Benhadj-Djilali, 2016 ©YBDD, ⟨www.numah.design⟩, letzter Zugriff 04. 11. 2020.

konfrontiert die Betrachter*in vielmehr mit sich selbst und verunsichert sie aufgrund der Tatsache, dass es den Raum virtuell erweitert. Dieses Design ist auf einige Skepsis gestoßen: »Ich denke, es ist noch erniedrigender, in diesen vertikalen Sarg zu ›flüchten‹! Ganz zu schweigen davon, dass man sich fast das Kreuz bricht, wenn man versucht, in dieses lächerliche Ding hineinzukommen.«[97] Natürlich handelt sich bei diesem künstlerischen Objekt nicht um funktionales Büromobiliar. Gerade die Betonung, wie erniedrigend und umständlich seine Nutzung ist, macht darauf aufmerksam, wie unnatürlich und anstrengend Entnetzung mittlerweile ist.

Kehren wir zurück zur funktionalen, auch Praktikabilitätsanforderungen unterworfenen Büroarchitektur. Das Bedürfnis nach partieller Einschränkung der Konnektivität wird zwar vom Büromobiliar aufgenommen. Aber auch hier ist die Konstruktionsweise darauf ausgerichtet, keinen vollständigen Rückzug, keine Unsichtbarkeit zu erlauben, sondern das eigene partielle Indifferentwerden zu unterstützen. Damit werden neue Zonen der Indifferenz geschaffen; ja, der räumliche Aspekt der Zone wird durch die architektonischen Eingriffe schon fast wörtlich genommen. Es gilt, Zonen der Indifferenz – und damit auch des Unsichtbarwerdens – zu schaffen, die in die ansonsten dem Netzwerkprinzip unterliegende Organisationsarchitektur integriert werden können. »Zonen« bedeutet hier immer auch »Einzonungen« und »Begrenzungen«, weil diese Zonen selbst dort, wo sie ganz in der Logik des Detox als Korrektiv für übergroße Konnektivität eingesetzt werden, noch schwach an ihre Gegenstellung zum Ethos der Konnektivität erinnern. Denn selbst ein technokratisch kontrolliertes Zulassen von Zonen der Indifferenz erfordert wenigstens eine zeitweilige Relativierung des Offenheitspathos von Netzwerkorganisationen, indem es eine Alternative zum Netzwerken realisiert, die mehr als eine bloße Störung ist. Darin liegt das taktische, utopische Moment in solchen Strategien der kontrollierten Erzeugung von Unsichtbarkeit.

Die potentielle Gefahr, die selbst von dieser gezähmt erscheinenden Form der Entnetzung ausgeht, zeigt sich in der gestalterischen Auffälligkeit des Mobiliars und der architektonischen Lösungen. Die Ostrich-Maske ist nicht zu übersehen, sie signalisiert deutlich sichtbar ein Moment des Entzugs, dem durch Karnevalisierung

97 So ein Kommentar von Tony Keith zum Artikel von Sam Clark, »Wall-mounted cubby by Yasmine Benhadj-Djilali provides a private escape for office workers«, in: *Dezeen*, 2016, ⟨https://www.dezeen.com/2016/10/27/soft-targets-privacy-booth-office-installation-yasmine-benhadj-djilali-biennale-interieur-2016/⟩, letzter Zugriff 17.03.2020.

sein Bedrohungspotential genommen werden soll. Gerade das Verspieltwerden – die Gamifizierung – von Unternehmen erlaubt einen ironisch-distanzierenden Umgang mit den Mechanismen der Indifferenz.[98] Indem diese in Themenerfahrungen integriert werden, wird gleichzeitig auch die Indifferenz als spielerisches Moment markiert. Was in älteren Bürokonzepten im Modell des *cubicle* wenig bemerkenswert erschien, wird nun zum spektakulären, damit aber auch klar abgrenzbaren Produkt. Dabei geht es nicht so sehr um die klassischen Formen der Privatheit, die immer auch damit verbunden waren, die Kontrolle über einen eigenen, privaten Raum auszuüben, sondern um die Erfahrung einzelner Aspekte, die früher mit Privatheit verbunden waren. Die klassische Bestimmung von Privatheit als das Recht, allein gelassen zu werden,[99] wird so in die streng kontrollierte Möglichkeit, zeitweise unverbunden zu sein, transformiert.

Chester Barnards »Zonen der Indifferenz«, von denen zu Beginn des Kapitels die Rede war, haben also einen weiten Weg hinter sich gebracht. Wenn sie zu Höhlen – zu *caves* – der Entnetzung werden, dann erlauben sie kein fragloses Befolgen von Anordnungen mehr, ganz im Gegenteil: *Caves* verstehen sich häufig als Orte kalkulierter Unproduktivität inmitten des produktiven Geschehens. Daher rücken die heutigen Zonen der Indifferenz etwas in den Vordergrund, was für Barnard nur ein (möglicherweise bedauerlicher) Nebeneffekt war: die Möglichkeit, gegenüber den Anforderungen, die andere an einen stellen, zeitweise indifferent sein zu können. Diese Indifferenz ist nun als eigenständige Erfahrung entdeckt worden, und zwar nicht nur als pathologische oder zynische Distanznahme, sondern als zu kultivierende Selbstsorge, eine Lebenskunst, die sich in Yogaräumen und Zen Dens als steigerbar und perfektionierbar präsentiert. Die neuen Zonen der Indifferenz unterliegen zahlreichen Disziplinierungs- und Kontrollmechanismen, mit denen nicht nur der temporäre Ausstieg über komplexe Selbsttechniken organisiert, sondern vor allem auch die Begrenzung dieser Zonen sichergestellt werden soll. Auch hier zeigt sich, dass der Ausstieg mehr ist als eine bloße Exit-Entscheidung: Er muss durch

98 Niels Åkerstrøm Andersen, *Power At Play. The Relationships Between Play, Work and Governance*, London 2009.

99 Samuel D. Warren, Louis D. Brandeis, »The Right to Privacy«, in: *Harvard Law Review* 4, 5 (1890), S. 193-220.

ein ganzes Repertoire positiver Praktiken und Architekturen organisiert werden. Es gilt, das Ausbreiten der Zonen der Indifferenz zu verhindern – nun aber gerade dadurch, dass diese schon fast wie Gefahrenzonen plakativ sichtbar gemacht werden. Darin mag denn auch eine der Provokationen von Djilalis immersiven Entnetzungsräumen liegen: Im Gegensatz zum kommerziellen Entnetzungsmobiliar konfrontieren sie uns mit der Möglichkeit, dass sie nicht ohne weiteres identifizierbar sind – dass sie sich buchstäblich in den Spiegelungen der Organisationsräume verbergen.

1.5 *Organizational slack* und die Figur des Slackers

Wir haben gesehen, dass die Krise des Open Office zur Relativierung des für das Netzwerkdenken so entscheidenden Offenheitsgebots führt und sich die Einsicht breitmacht, dass das permanente Anschluss- und Vernetzungsgeschehen Pausen benötigt, dass selbst in einer transparenten Welt nicht jedes Geheimnis immer schon eine Lüge ist, sondern auch in einer solchen Welt Verstecke und Rückzugsräume (*hideaways*) benötigt werden. Das Zuviel der Konnektivität – ihre Übersteigerung – trifft auf Maßnahmen der Reduktion und Kontrolle. Ich habe diese Maßnahmen bislang an zwei verschiedenen Arten der Produktion von Indifferenz dargestellt. Zum einen nutzen die Diskurse zur losen Kopplung Indifferenztechniken, um allzu enge Kausalitätsverhältnisse zu lockern oder sogar zu unterbrechen. Ziel ist neben der Prävention von Kaskadeneffekten eine Ausdünnung des Netzwerks, um dieses aus seiner eigenen zuweilen erstickenden Umarmung zu befreien. Unabhängiges Operieren von einzelnen seiner Einheiten soll das Netzwerk überhaupt erst wieder dazu befähigen, Neues zu schaffen (so die Innovationssemantik der Organisationstheorie). Dazu ist es nötig, nicht immer schon auf eine große Zahl aktueller und potentieller Verbindungen eingestellt zu sein, sondern sich den Zumutungen des Netzwerks zumindest partiell zu entziehen. Die Kausalität – abstrakter noch: die Leitfähigkeit von Netzwerkverbindungen – ist durch entsprechende Indifferenztechniken der Kanalisierung und des Bufferings abzuschwächen. In einem solchen Diskurs der losen Kopplung nehmen Indifferenztechniken eine zentrale Funktion für die Topologie eines Netzwerks ein: Entworfen wird eine

Managementlehre des Indifferentwerdens, der Unterbrechungen, ja sogar der Schnitte. Zum zweiten wird eine Figur der Indifferenz ins Spiel gebracht, die Indifferenz nicht nur als technisches Mittel der Lockerung sieht, sondern sich für die Funktionsweise der Indifferenz selbst interessiert, zum Beispiel als Ruhe und Ungestörtheit, als Unwahrnehmbarkeit und die damit einhergehende Unadressierbarkeit.

So unterschiedlich diese beiden Indifferenztechniken auch sind, so ist ihnen doch gemeinsam, dass sie beide auf ein möglicherweise dysfunktionales und gefährliches Zuviel reagieren. Die Gefahr zu enger Netzwerkverwicklungen oder die Überstimulierung im Open Office werden als mögliches Problem registriert – das Zuviel wird so zu einer problematisierten und damit auch bearbeitbaren Kategorie. Es gibt allerdings eine weitere Form der Indifferenz, die darauf beruht, das Übermaß zunächst nicht zu registrieren, es zu übersehen und vielleicht auch zu dulden. Typischerweise ist das dann der Fall, wenn es sich um einen Überschuss, einen organisatorischen Exzess handelt,[100] der häufig eher undramatisch auftritt, etwa als leere Arbeitsstunden oder vergessene Entscheidungen. Das Zuviel, das durch Organisationen geschaffen wird, verpufft aber nicht einfach, sondern bleibt – ganz ähnlich wie der Ladenhüter im Kreislauf der Waren – in Organisationen präsent, ohne unmittelbar in die Kommunikationskreisläufe eingebunden zu sein.[101]

Ein solcher Overflow – oder technisch: eine solche Fehlallokation von Ressourcen – in Organisationen steht in scharfem Kontrast zu ökonomischen Rationalitätsidealen. Entsprechend setzen hier moralisierende Diskurse der Verschwendung ein, heute in besonders ausgefeilter Form im technokratischen Nachhaltigkeitsdiskurs, der eine Welt ohne Verschwendung mit ökologischem Denken verwechselt. Gerade die starke Moralisierung des Zuviel führt aber auch häufig dazu, dass es gewollt übersehen wird. Denn solange es gelingt, den Überschuss zu ignorieren, müssen keine polarisierenden Debatten über seine Ursachen geführt werden. Aus der Sicht des Netzwerkdiskurses stehen die alten, trägen und bürokratischen Organisationen – insbesondere staatliche Verwaltungen – exem-

100 Vgl. zur Diskussion über Exzess in Organisationen z. B. Alf Rehn, Damian O'Doherty, »The Excess of Organization. Theory and Practice«, in: *Culture and Organization* 13, 2 (2007), S. 99-113.

101 Siehe zum Ladenhüter oben, Teil III, Kap. 2.

plarisch für diese Logik der Verschwendung. Die Netzwerkorganisation zielt dagegen durch ihre erhöhte Anpassungsfähigkeit an volatile Umwelten, ihre flexible Organisation und ihr effizientes Zeitmanagement auf die Reduktion dieses Zuviel. Wenden wir uns zunächst einer klassischen Konzeption des organisatorischen Exzesses zu, die in den 1960er Jahren von den Organisationstheoretikern Richard Michael Cyert und James G. March entwickelt wurde.

Cyert und March sprechen mit Blick auf das Phänomen von einem »organizational slack«.[102] Gemeint ist damit, dass einzelne Teile einer Organisation über einen Exzess von ungenutzten Ressourcen (Zeit, Personal, Infrastruktur etc.) verfügen, den sie nicht verwerten können. Der *slack* – auf Deutsch etwa: der Leerlauf, die ungenutzte Zeit – ist nicht einfach der von Organisationen produzierte materiale oder symbolische Abfall, sondern eine Ressource, die nicht intrinsisch mangelhaft ist und bei richtiger Planung produktiv verwendet werden könnte. *Slacks* sind Ressourcen, die sich zum falschen Zeitpunkt am falschen Platz befinden, Elemente, die zwar vorhanden sind, aber einer noch so sorgfältigen »Regierung der Dinge«,[103] das heißt den Organisationstechniken, zumindest temporär entgehen, etwa weil sie für diese unsichtbar sind oder ihre Organisation zu diesem Zeitpunkt zu aufwändig wäre. Zu diesen Ressourcen gehören Finanzen, Räumlichkeiten, Geräte und Maschinen, aber auch Zeit und Personen. Im Laufe der Diskussion wurde das Spektrum des *slack* ständig erweitert bis hin zu technologischem und regulatorischem *slack*.[104] Man denke etwa an überdimensionierte IT-Netzwerke oder an die ständige Produktion von immer neuen Regularien und die begleitenden bürokratischen Prozeduren, deren zeitnahe Befolgung kaum noch möglich ist.

Während der klassische Begriff des *organizational slack* den Überschuss selbst dann noch als problematische Ansammlung von Dingen präsentiert, wenn er aus Personen besteht, ist die populär-

102 Richard Michael Cyert, James G. March, *A Behavioral Theory of the Firm*, Englewood Cliffs 1963, S. 36.

103 Im Anschluss an Michel Foucault: Thomas Lemke, »Die Regierung der Dinge. Politik, Diskurs und Materialität«, in: *Zeitschrift für Diskursforschung* 2, 3 (2014), S. 250-267.

104 Eduardo Bueno u. a., »Tangible Slack versus Intangible Resources. The Influence of Technology Slack and Tacit Knowledge on the Capability of Organizational Learning to Generate Innovation and Performance«, in: *International Journal of Technology Management* 49, 4 (2010), S. 314-337.

kulturelle Figur des Slackers eine individualisierte Auseinandersetzung mit dem Problem des Überschusses. Der Begriff des Slackers geht nicht auf die einschlägige organisationstheoretische Literatur zurück, sondern stammt aus dem militärischen Kontext. *Slack* ist die Haltung eines Soldaten, der gerade noch so viel leistet, dass er keine Probleme erhält: den »minimalen annehmbaren Aufwand«.[105] Als Figur taucht der Slacker in den Filmen über die Generation X auf, besonders prominent in Richard Linklaters Film *Slacker* aus dem Jahr 1990, in denen die Protagonist*innen längst jene Anstrengung aufgegeben haben, welche im soldatischen Begriff des *slack* noch gegenwärtig war. Der Slacker ist in der Regel gut ausgebildet, kompetent in populärkulturellen Nischenphänomenen und häufig auch ziemlich gewitzt. Er kann sich stundenlang, wenn auch meist richtungslos, über belanglose Dinge mit großem Detailwissen unterhalten. Trotz seiner (etwas fehlgeleiteten) Kompetenzen verweigert er sich nach Möglichkeit der Lohnarbeit. Arbeiten kann er schon deshalb nicht, weil er, nachdem er lange ausgeschlafen hat, über keinen Plan verfügt und sich in Cafés und Plattenläden seine Zeit vertreibt. Was sich jedoch so anstrengungslos anhören mag, ist selbst harte Arbeit: »Wer hat je ein großartiges Werk über den immensen Aufwand geschrieben, der nötig ist, um nicht kreativ zu sein? […] [Über] die Besessenheit des völlig Passiven.«[106] Der Slacker wurde als eine Figur beschrieben, »die die Zeit verkörpert, die totgeschlagen werden muss«[107] – als eine Figur, die, wie Michael Roberts betont, auch lange nach der kurzen Hochzeit der Generation X zumindest für konservative Diskurse ihre Provokationskraft nicht eingebüßt hat.

Diese spezifische Zeitlichkeit des Slackens führt uns direkt zum Problem des *organizational slack* zurück. Denn eine der am häufigsten verschwendeten Ressourcen in Organisationen ist die Zeit der Mitarbeitenden, wobei »verschwendet« aus der Perspektive der Organisation heißt: nicht für die Organisationsziele genutzt. Der Slacker steht im Grunde für genau das Problem, mit dem auch

105 Peter Hanson, *The Cinema of Generation X. A Critical Study of Films and Directors*, Jefferson 2002, S. 61.

106 Richard Linklater, zit. nach: Hanson, *The Cinema of Generation X*, S. 63.

107 Michael J. Roberts, »Occupy the Hammock. The Sign of the Slacker behind Disturbances in the Will to Work«, in: Stanley Aronowitz, Michael J. Roberts (Hg.), *Class. The Anthology*, Hoboken 2017, S. 171-192, hier S. 179.

Unternehmen konfrontiert sind, selbst wenn die Lösung eine andere ist: Er ist der »potentielle (De-)Konstrukteur der Vorstellung, dass unproduktive Zeit etwas ist, das totgeschlagen werden muss«.[108] Der *Organizational-slack*-Diskurs wird sich ebenfalls mit diesem unproduktiven Zuviel an Zeit auseinandersetzen müssen. Im Gegensatz zum klassischen Management, das an eine effiziente Nutzung von Ressourcen ohne Rest glaubt, ist die *Organizational-slack*-Diskussion von der Ahnung geprägt, dass der Slack als Überschussphänomen nützlich sein könnte. Aber auch mit dieser Öffnung hin zur Potentialität des Überschusses bleibt die Frage nach der Existenzweise des Slacks außen vor. Genau diese Frage adressiert die Figur des Slackers, der sich einerseits dem Arbeitsleben entzieht, das für ihn gänzlich unattraktiv ist, andererseits aber auch zeigt, wie aufwändig es ist, unnütze Zeit zu haben und diese verbrauchen zu müssen. Auch wenn der Slacker viel schläft: komplett verschlafen kann selbst er die überflüssige Zeit nicht. Daher entwickelt er unterschiedliche Aktivitäten, die jedoch immer wieder unterlaufen werden müssen, damit sie sich nicht in zielgerichtetes, nützliches Tun verwandeln. Es ist die Ziellosigkeit, die den Slacker und auch die Ästhetik des Slackerfilms dominiert, der sich einem klassischen Spannungsnarrativ oder Plot verweigert. Der typische Slackerfilm folgt den ziellosen Bewegungen seiner Protagonist*innen, ohne ihnen eine Richtung aufzuzwängen. Gewiss schwingt eine Spur Romantizismus in einer solchen »Feier des Nichtstuns«[109] mit. Zum Widerstandshelden will der Slacker nicht so recht taugen, zu indifferent ist er gegenüber der Arbeitswelt, zu zufällig ist sein Tagesablauf.

Die Figur des Slackers ist zeitgleich mit der Netzwerkökonomie entstanden und antwortet auf das entgrenzte, selbstmotivierte Arbeiten, das durch Projektförmigkeit charakterisiert ist. Ein Projekt zu haben und zu verfolgen ist für den apathischen, indifferenten und ironischen Slacker schlicht undenkbar. Aus Sicht der Netzwerkorganisation erscheint der Slacker als Provokation, schon die Semantik des *slacks* ist ihr ein Gräuel. Denn das Wort *slack* meint nicht nur Lustlosigkeit und Leerlauf, sondern im nautischen Sinn auch »stilles Wasser«, »Strömungslosigkeit«, ja »Flaute«, steht also in scharfem Kontrast zur ubiquitären Metapher des Flows im Netz-

108 Ebd., S. 174.

109 Hanson, *The Cinema of Generation X*, S. 66.

werk- und Globalisierungsdiskurs.[110] Warum aber soll es in einer Organisationsweise, die auf die Optimierung von Flows angelegt ist, einen Strömungsabriss und somit ein Abflauen der Dynamik geben? Auf den ersten Blick wirkt die oben erwähnte organisationssoziologische Ahnung der 1960er Jahre, dass Stillstand nützlich sein könnte, vollkommen unangebracht.

Tatsächlich wird jedoch die Netzwerkökonomie implizit an die Figur des Slackers und an den *slack* anknüpfen, um deren Entnetzungspotential strategisch zu nutzen. Wie bereits bei der losen Kopplung wird der Gedanke des Bufferings zentral: *Slack* ist nicht einfach eine sinnlose Verschwendung, sondern kann als ein Puffer dienen, der es einem Unternehmen erlaubt, flexibel auf unvorhergesehene Ereignisse zu reagieren, etwa auf das überraschende Eintreffen eines Großauftrags.[111] *Slack* als Buffer entpuppt sich als ideale Zukunftstechnologie für den Umgang mit Risiken. James March formuliert es so: »Da sich Organisationen nicht immer optimieren, sammeln sie freie Ressourcen und ungenutzte Möglichkeiten an, die dann zu einem Buffer für schlechte Zeiten werden.«[112] Die Temporalökonomie des Bufferings ist – der Logik des digitalen Buffers nicht unähnlich – eine Vorsorgelogik, die zukünftige, noch nicht bekannte Probleme präventiv ausgleicht. Im Unterschied zur Bufferingtechnologie handelt es sich aber hier, in den Anfängen der *Slack*-Diskussionen, um eine ungewollte, dadurch aber nicht

110 Kritisch zur Flow-Metapher: Anna Tsing, »Introduction«, in: dies., *Friction. An Ethnography of Global Connection*, Princeton 2004, S. 1-11; Heinz Bude, Jörg Dürrschmidt, »What's Wrong with Globalization? Contra ›Flow Speak‹. Towards an Existential Turn in the Theory of Globalization«, in: *European Journal of Social Theory* 13, 4 (2010), S. 481-500.

111 Bereits frühe Bestimmungen des *slack* fassen ihn als Mechanismus, der Variabilität in der Form eines Polsters in der Beziehung zur Umwelt schafft: »Der organisatorische Slack absorbiert einen wesentlichen Teil der potentiellen Variabilität im Umfeld des Unternehmens« (Cyert/March, *A Behavioral Theory of the Firm*, S. 38). Die Organisation werde auf diese Weise von Umweltschocks regelrecht isoliert (Jacqueline Zinn, Barry Flood, »Slack Resources in Health Care Organizations. Fat to Be Trimmed or Muscle to Be Exercised?«, in: *Health Service Research* 44, 3 [2009], S. 812-820; vgl. auch L. Jay Bourgeois III, »On the Measurement of Organizational Slack«, in: *Academy of Management Review* 6, 1 [1981], S. 29-39, hier S. 33).

112 James G. March, »Ambiguity and the Engineering of Choice«, in: *International Studies of Management and Organizations* 9, 3 (1979), S. 9-39, zit. nach ebd., S. 30.

minder funktionale Vorsorge. Damit diese Funktion erfüllt werden kann, ist es allerdings notwendig, den *slack*, das heißt den ansonsten häufig nicht wahrgenommenen Überschuss, der sich gerade durch seine Unsichtbarkeit den Vernetzungsanforderungen zu entziehen vermag, zu erfassen. Um ihn bewirtschaften zu können, muss er verortbar und verfügbar werden für die Allokationsmechanismen einer »Regierung der Dinge«; ja, der sichtbar gewordene und domestizierte *slack* wird Teil einer allumfassenden Lagerlogistik – und auf diese Weise wieder zur organisationalen Potentialität, mit der sich rechnen lässt.

Hatte ich bisher vom ungeplanten, nachträglichen Nutzen von *slack* gesprochen, so zeichnen sich zunehmend Strategien der gewollten Erzeugung von *slack* ab. Die Geschichte des Slack-Konzeptes war zunächst von einer großen Zurückhaltung gegenüber einer solchen Strategisierung geprägt. In der klassischen Fassung von Cyert und March rührt *slack* »nicht *grundsätzlich* am Dogma der betriebswirtschaftlichen Effizienzlogik«[113] – eine Auffassung, die heute nicht mehr überall geteilt wird. Zu Beginn der 2000er Jahre veröffentlichte dann M. Buff Lawson einen einflussreichen Aufsatz mit dem programmatischen Titel »In the Praise of Slack«.[114] Laut Lawson machen die höheren Anforderungen an Flexibilität sowie die Beschleunigung des organisatorischen Lebens aufgrund der Entwicklungen in der Informationstechnologie das gezielte Hinzufügen von *slacktime* nötig. Die Unmittelbarkeit von E-Mail- und Whatsapp-Kommunikation vernichte notwendige, potentiell kreative Wartezeiten, die daher nun künstlich geschaffen werden müssten. Auch in der Wissensökonomie funktioniere die projektförmige Entwicklung von Innovationen dann am besten, wenn die Teams über *slacktime* verfügen.[115] Die zusätzliche, planerisch eigentlich nicht notwendige Zeit sei keine bloße Fehlallokation, sondern

113 Gernot Grabher, *Lob der Verschwendung. Redundanz in der Regionalentwicklung. Ein sozioökonomisches Plädoyer*, Berlin 1994, S. 52.

114 M. Buff Lawson, »In the Praise of Slack. Time is of the Essence«, in: *Academy of Management Perspectives* 15, 3 (2001), S. 125-135; siehe auch Tom DeMarco, *Slack. Getting Past Burnout, Busywork, and the Myth of Total Efficiency*, New York 2002, der die Notwendigkeit von *slack* direkt auf die flacheren Hierarchien der Netzwerkorganisation zurückführt. Diese hätten ein mittleres Management geschaffen, das sich als permanent *busy* inszeniert.

115 So auch bereits bei Cyert/March, *A Behavioral Theory of the Firm*, S. 278, wo *slack* als Voraussetzung für Innovation gesehen wird.

Grundlage für Kreativität. Und tatsächlich wird sie auch in diesem Sinne nachträglich rationalisiert. So hat zum Beispiel das australische Softwareunternehmen Atlassian »FedEx-Days« eingeführt, die später in »ShipIt-Days« umbenannt wurden. Konkret heißt das, dass jede Mitarbeiter*in pro Woche 24 Stunden zur freien Verfügung stehen unter der Bedingung, dass am Ende der Zeit irgendein Ergebnis geliefert wird – und sei es nur, dass energieineffiziente Glühbirnen im Büro eingesetzt worden sind oder man sich im Team als Bierbrauer*in betätigte. »Alles kann ein *ShipIt* sein. Und wir bekommen auch alles geboten, von praktisch bis inspirierend, von einfach bis verrückt, von technisch bis nichttechnisch.«[116] Ähnliches gilt für die Zeit zwischen der Beendigung und dem Beginn eines neuen Projekts. Auch hier ist unverplante, frei verfügbare Zeit förderlich, beispielsweise für die Burnoutprävention, aber auch um Routinen zu unterbrechen und Raum für Innovationen zu schaffen. Entsprechend planen Google und andere Unternehmen eine feste Zeitspanne ein, in der sich die Mitarbeiter*innen mit keinem offiziellen Projekt beschäftigen müssen, sondern sich Dingen widmen dürfen, die für sie persönlich von Interesse sind. Nicht selten wird diese aber ergänzt durch ein *slack auditing*, das heißt eine obligatorische Nachbesprechung, in der man berichten muss, wie man mit dem temporalen Overflow umgegangen ist. Selbst wenn nichts getan wurde, muss das Nichtstun sichtbar gemacht und so in ein Produkt des *slack* transformiert werden.[117]

Hinter diesen Maßnahmen steht die Idee, einerseits Räume für zunächst nutzlosen Überschuss zu schaffen, diese aber andererseits,

116 Atlassian, PLC, »ShipIt. 24 hours to innovate. It's like 20% time. On steroids«, ⟨https://www.atlassian.com/company/shipit#⟩, letzter Zugriff: 11.03.2020.

117 Ähnliche Konzepte sind etwa die »10% Dabble Time« bei Gore, »15% Think Time« bei 3M oder Googles »20 Percent Time«, die allerdings 2013 wieder abgeschafft wurde; siehe dazu Ryan Tate, »Google Couldn't Kill 20 Percent Time Even if It Wanted To«, in: *Wired*, 2013, ⟨https://www.wired.com/2013/08/20-percent-time-will-never-die/⟩, letzter Zugriff 11.03.2020; Ähnliches gibt es auch bei Facebook oder LinkedIn. Das Google-Konzept erlaubte Programmierer*innen und Ingenieur*innen 20% ihrer Zeit für ein unabhängiges Projekt einzusetzen – erwartet wird aber, »dass sie interessante Dinge herstellen«; siehe Walker, »›Creativity Loves Constraints‹«, S. 370. Walker zeigt, wie sich hier eine verpflichtende Logik der Gabe mit neuen Kontrolltechniken vermischt. Gerade diese implizite Verpflichtung steht aber im Widerspruch zur Überflüssigkeit des Slacks.

ganz ähnlich wie in der Open-Office-Architektur, durch ihre Einzonung streng zu kontrollieren. Das normale Leben der Organisation muss vor der unproduktiven Zusatzzeit geschützt werden. *Slack* soll seinen Ort finden – als gleichsam stiller Teich, an dem die vielfältigen Flows der Organisation unbehelligt vorüberziehen. Klare Regeln wie bei den FedEx-Days geben eine strikte zeitliche Strukturierung der Slackzeit vor, der Slacker gewinnt eine eigene, partiale Identität, welche die anderen Identitäten im organisatorischen Leben nicht affizieren darf. Diese lokale Bündelung des Exzesses kommt seiner Modularisierung gleich. Damit soll gelingen, was für die frühe *Slack*-Diskussion nahezu unvorstellbar war: Zonen temporärer Nutzlosigkeit einzurichten, diese aber Kontrolltechniken zu unterwerfen. Im günstigen Fall springt am Ende der geplanten Phase der Nutzlosigkeit sogar ein nützliches Ergebnis heraus – was den *slack* wiederum konterkariert.

Wie schon angedeutet, wird *slack* in einer Organisationskultur, die Effizienz, Schnelligkeit und generell eine »geschäftige Haltung«, buchstäblich *busyness*, prämiert, oft lange übersehen, ja, es scheint sich geradezu um ein nichtbewusstes, aber dennoch organisiertes Wegschauen zu handeln. Auf diese Weise etabliert sich eine Indifferenz gegenüber dem Exzess, die dessen Produkte zumindest zeitweise unsichtbar macht. Daher besteht eine der dringlichsten Aufgaben von Organisationen darin, den *slack* überhaupt erst sichtbar zu machen, damit er organisierbar und bearbeitbar wird. Regelrechte *Slack*-Kartographien werden zu diesem Zweck entworfen, in denen sich jedoch eine Unruhe bemerkbar macht, die bereits die frühen Konzeptionen des Überschusses gekennzeichnet hat. Denn nicht jeder Überschuss lässt sich in einen potentiell produktiven *slack* umwandeln. So wird betont, dass es sich beim *slack* nicht um organisatorischen »Abfall« handelt (überflüssige oder veraltete Geräte, Mitarbeiter*innen, die nicht mehr über die nötigen Kompetenzen verfügen). Die Verwertbarkeit von *slack* beruht in der Tat auf einer klaren Abgrenzung von dieser Art »Abfall«, wobei die Sicherheit, mit der diese Unterscheidung gelegentlich getroffen wird, sowohl darüber hinwegtäuscht, wie schnell potentielle Ressourcen zu Abfall werden können, als auch die Möglichkeiten verdeckt, die das Obsolete birgt.[118]

118 Zur überraschenden Nützlichkeit des Obsoleten siehe unten, Teil IV, Kap. 2.2.

Netzwerkorganisationen macht dieses Kartographieren besonders zu schaffen. Aufgrund ihrer lose gekoppelten, dezentralen Struktur ist es nicht leicht, einen Überblick über die diversen *Slack*-Potentiale zu gewinnen. Zudem ist die »Kultur der Geschäftigkeit« in besonderem Maße darauf erpicht, jeden Eindruck der Nutzlosigkeit zu vermeiden, zumindest solange diese Nutzlosigkeit nicht eine produktive Rahmung erhalten hat und so legitimiert wird. So gesehen, scheint nicht primär die Existenz von *slack* das Problem der Netzwerkorganisation zu sein, sondern deren vorauseilende Maskierung als nützlich, ganz im Stile einer Nachhaltigkeitsutopie. Potentiell wertvolle *slacktime* wird regelmäßig in einer nie enden wollenden Folge von Meetings zuverlässig vernichtet. In der Netzwerkorganisation erfordert die strategische Identifizierung von *slack* also auch dessen Demaskierung, das heißt einen Blick hinter die Fassade der Nützlichkeit – nur so kann die Nutzlosigkeit ihr kreatives Potential entfalten. Netzwerken eignet sich also in besonderem Maße dazu, Überschüsse – in Form von Zeit, Wissen oder Personal – zu vernichten, weil das Netzwerk selbst von einer Logik der Übersteigerung lebt, der zufolge es ja nie zu viel Vernetzung geben kann. Diese Gefräßigkeit des Netzwerks lässt daher auch die potentiellen *Slack*-Ressourcen nicht intakt, scheinen diese doch immer schon verwertet in neuen Netzwerkevents. Berücksichtigt man zudem, dass in westlichen Gesellschaften etwa die Hälfte aller Jobs entweder reine »Bullshit Jobs« sind – man denke etwa an die Evaluationsabteilungen von Universitäten – oder über einen großen Bullshit-Anteil verfügen,[119] dann wird deutlich, wie gut sich der Überschuss zumindest auf der Personal-Ebene als sinnvolle Arbeit zu maskieren vermag und so dem *Slack*-Management entgeht. Das durch Entnetzung geschaffene Potential, das sich im temporären Nichtgebrauch manifestiert, geht im Geschehen der Vernetzung verloren. Schaut man aus einer solchen Perspektive auf Bullshit Jobs wird deutlich, dass die manipulationstheoretische Erklärung von David Graeber zu kurz greift. Es sind nicht einfach Eliten, die sich vor der Freizeit der Massen fürchten und diese deshalb zu beschäftigen suchen. Vielmehr ist die Entstehung von Bullshit Jobs integral mit der Übersteigerungslogik des Netzwerks verknüpft, die eine klare Trennung zwischen sinnvoller und sinnloser Arbeit erschwert.

119 David Graeber, *Bullshit Jobs. Vom wahren Sinn der Arbeit,* Stuttgart 2018.

Wir haben schon gesehen, dass neben materiellen Ressourcen auch kommunikative Ressourcen in Form von Regeln und Entscheidungen zu *slack* werden können. Gerade der letztere Fall ist besonders interessant, da das Treffen von Entscheidungen häufig als die Kernoperation von Organisation gesehen wird.[120] Die klassische hierarchische Organisation strebte das umstandslose Befolgen von Entscheidungen an und ging von einer Mäßigung der Entscheider*innen aus: Entscheidungen sollten klar als solche erkennbar sein, und Manager*innen sollten nur solche Entscheidungen treffen, die auch befolgt werden können.[121] Mit der netzwerkförmigen Organisation wurde das Entscheidungsgeschehen dezentriert, wodurch sich die Orte und Anlässe für Entscheidungen vermehrt haben – sei es innerhalb der einzelnen Module, Teams oder Projektgruppen, sei es in der Koordinierung der dezentralen Netzwerke. Diese Vermehrung von Instanzen und Möglichkeiten der Entscheidung führt dazu, dass die Menge der getroffenen Entscheidungen drastisch anschwillt – bis hin zum Entscheidungsexzess. Es mehren sich Entscheidungen, die in den Wirrnissen der Netzwerke ihre Anschlussfähigkeit eingebüßt haben, weil sie entweder nicht mehr als Entscheidungen erkennbar sind oder schlicht vergessen wurden. Jener *slack*, der weder als nützlich getarnt werden kann, noch zum Potential wird, erweist sich als eine Art Ausschuss. In einer Studie über das dänische Gesundheitssystem hat Morten Knudsen gezeigt, dass in der öffentlichen Verwaltung ständig Entscheidungen getroffen werden, die keine Anschlussentscheidung finden.[122] Wie ich in meiner Luhmann-Lektüre vorgeschlagen habe, geht es hierbei um Entscheidungen, die noch keine sind, aber zu welchen werden könnten.[123] Dazu müssen kommunikative Mittel geschaffen werden, die es entweder ermöglichen, die »angefangene« Entscheidung wirkungsvoll zu vergessen, oder die Arbeit an der Entscheidung fortzusetzen, das heißt eine Anschlussentscheidung zu schaffen. Die Vermutung, dass überflüssige Entscheidungen automatisch vergessen werden und dadurch verschwinden, ist sehr

120 Luhmann, *Organisation und Entscheidung.*

121 Nicht zuletzt, um nicht ihre eigene Autorität zu untergraben. Vgl. dazu Barnard, *The Function of the Executives.*

122 Morten Knudsen, »Autolysis within Organizations. A Case Study«, in: *Soziale Systeme* 12, 1 (2006), S. 79-99.

123 Siehe oben, Teil II, Kap. 2.

funktional gedacht und überaus optimistisch. Wenn wir diesen Optimismus nicht teilen, stellt sich die Frage, welche Existenzform solche überschüssigen Entscheidungen annehmen. Werden diese weder spurlos vergessen noch potentialisiert, verharren sie in einer eigentümlichen spektralen Form der Gegenwärtigkeit.[124] Christian De Cock und Damian O'Doherty sprechen (allerdings nicht primär auf Entscheidungen bezogen) von organisatorischen Ruinen, die an vergangene Regeln, Routinen, Erfolge und Misserfolge erinnern können.[125] Man könnte sie auch als organisationelle Trümmer (*rubble*) bezeichnen,[126] die zwischen zukünftiger Konnektivität und endgültiger Diskonnektivität oszillieren. Niemand weiß, ob die momentane Nutzlosigkeit des *slack* zum permanenten Zustand wird.[127] Dieser Zwischenzustand ist einer ungewissen Wartens, und in der Tat entstehen in Organisationen zeitlich-räumliche Grenzzonen (*thresholds*), in denen eine lähmende Ungewissheit über den weiteren Fortgang herrscht.[128] Obwohl Netzwerkorganisationen sich als Echtzeitorganisationen verstehen, erzeugen sie ständig

124 Im Anschluss an Jacques Derrida, *Marx' Gespenster. Der verschuldete Staat, die Trauerarbeit und die neue Internationale*, Frankfurt/M. 1993, hat in den letzten Jahren eine Diskussion vom Geistern und Spuken in Organisationen begonnen. Die seltsame Form einer abwesenden Gegenwart und deren beunruhigende Effekte werden mit Derrida als spektral bezeichnet. Siehe: Justine Grønbæk Pors, »›It Sends a Cold Shiver down My Spine‹. Ghostly Interruptions to Strategy Implementation«, in: *Organization Studies* 37, 11 (2016), S. 1641-1659; Justine Grønbæk Pors u. a., »Ghostly Matters in Organizing«, in: *Ephemera. Theory & Politics in Organization* 19, 1 (2019), S. 1-29, hier S. 29.

125 Christian De Cock, Damian O'Doherty, »Ruin and Organization Studies«, in: *Organization Studies* 38, 1 (2017), S. 129-150.

126 Siehe meine Diskussion von Ruinen und *rubble* oben, Teil II, Kap. 4.

127 Siehe hier die Diskussion zum Standby von Infrastrukturen im Dissertationsprojekt von Annika Kühn, *In Transition. On Standby. Terminal Infrastructures and the Rhythms of (Un-)Weaving*, Hamburg 2020; Laura Kemmer u. a., »Standby as Mode of Organization«, in: *Ephemera. Theory and Politics in Organization*, 2019, ⟨http://www.ephemerajournal.org/content/standby-mode-organization⟩, letzter Zugriff 15. 10. 2020..

128 Zum Konzept des *threshold*: Joanna Latimer, »Afterword. Materialities, Care, ›Ordinary Affects‹, Power, and Politics«, in: *Sociology of Health & Illness* 40, 2 (2018), S. 379-391; dies., Rolland Munro, »The Politics of the Threshold. Power, Motility, and Endless ›Passing‹«, in: *Threshold*, 2017, ⟨https://thresholdyork.wordpress.com/2017/04/04/the-politics-of-the-threshold-power-motility-and-endless-passing/⟩, letzter Zugriff 24. 04. 2020.

Wartezonen für Menschen, Dinge und Ideen,[129] die ihrerseits als Zonen der Indifferenz fungieren; ihre Indifferenz hinsichtlich des organisatorischen Geschehens – ihre momentane Entkopplung – macht sie zu einem Fremdkörper, führen sie doch ein Moment der Passivität, des Stillstands und der Verbindungslosigkeit in das hektische Geschehen der Netzwerkorganisationen ein. Das mag der Grund sein, warum die Organisationen bestrebt sind, sie schnell wieder aufzulösen und ins Netzwerk »zurückzuholen«. Allerdings gelingt dies nicht immer »rückstandsfrei«, es bleiben nicht selten Spuren von wartenden Individuen, von Varianten des Nichtstuns, von ungelesenen und nicht umgesetzten Entscheidungen; auch von leerstehenden Büros, überdimensionierten Räumen und in die Jahre gekommenem Inventar. Diese Überreste, die weder in Optionen überführt noch entsorgt worden sind, mögen für eine Spur des Zuviel stehen – für ein Moment der Beziehungslosigkeit, das einem Unvermögen der Organisation entspringt. Dieses Unvermögen aber ist, wie ich in der Diskussion von Simmels Figur der Vornehmheit zu zeigen versucht habe, keineswegs mit einem organisatorischen Versagen gleichzusetzen. Vielmehr stehen diese Überreste der Organisation für die Grenzen der Netzwerklogik. Sie sind die materialen Überbleibsel, die an die Existenz des Nichtkönnens erinnern.

1.6 Entnetzung zwischen Potential und Störung

Ich habe als ersten großen Schauplatz für die Entwicklung von Konzepten und Techniken der Entnetzung das Feld der Organisationen ausgewählt. Dies mag auf den ersten Blick überraschen, da die Forderungen nach Entnetzung meist im Zusammenhang mit Digitalisierung und Sozialen Medien erhoben werden, man jedenfalls bei diesem Thema nicht spontan an Firmen, Behörden und

129 Klassischerweise wird Warten mit hierarchischen bürokratischen Organisationen verbunden, insbesondere im Bereich der Migration und im Gesundheitswesen, wo die Schwachen auf eine Entscheidung der Mächtigen warten; siehe die Diskussion zum Warten von Migrant*innen, z. B. in Rebecca Sutton u. a., »Waiting in Liminal Space. Migrants' Queuing for Home Affairs in South Africa«, in: *Anthropology Southern Africa* 34, 1-2 (2011), S. 30-37.

Universitäten denkt. Wenn aber meine These richtig ist, dass sich das Problem der Hyperkonnektivität zu jenem Zeitpunkt zu etablieren beginnt, an dem das Netzwerken selbstreferentiell geworden ist, dann dürfte es sich bei der Entnetzung nicht um ein Problem handeln, das erst mit der Etablierung digitalisierter sozialer Beziehungen auftritt. Die Organisationstheorie seit Chester Barnard hat sich als produktiv für die Diskussion meines Themas erwiesen, da sie sich von Beginn an mit dem Problem auseinandergesetzt hat, wie Unternehmen Verbindungen und Verbindungsdichte organisieren. Auch wo die Theorie noch nicht von Konnektivität spricht – und lange bevor das Konnektivitätsparadigma etabliert war –, ist sie implizit mit diesem Problem konfrontiert, wie sich anhand der Überlegungen von Chester Barnard und der *Information-overload*-Semantik gezeigt hat, die bereits in den 1960er Jahren entstanden ist. Die Organisationstheorie hat durch ihre praktische, auf Organisationsprobleme ausgerichtete Perspektive ein umfangreiches, wenn auch häufig vages experimentelles Wissen über das Herstellen, Managen und auch Kappen von Verbindungen geschaffen. In dieser praktischen Nähe und mit ihrem Ziel, Beiträge zu einem verbesserten Verbindungsmanagement zu leisten, verfügt sie über einen epistemologischen Vorteil etwa im Vergleich zu allgemeinen Beiträgen zur Relationalität des Sozialen.

Im Sinne meines Begriffs der Entnetzung hat mich in diesem Kapitel nicht die Grenzziehung einer Organisation zu ihrem Außen interessiert, sondern ich habe mich auf die internen Praktiken der Entnetzung konzentriert. Der für die Entnetzung wichtige Begriff der Indifferenz, den ich in Teil II dieses Buchs in Auseinandersetzung mit dem Werk von Georg Simmel profiliert habe, taucht hier wieder auf im Zusammenhang der Steuerung und Kanalisierung von Konnektivität. Die Zonen der Indifferenz nehmen das Simmel'sche Motiv der Indifferenz auf, wenn auch nur partiell und eingebettet in einen strikten regulatorischen Rahmen: Verzicht auf individuelle Bewertung von Weisungen und ein affektives Desinteressiertwerden – das heißt eine gewisse Gleichgültigkeit und damit auch Abschwächung des individuellen Engagements. Hier schon von Entnetzung zu sprechen wäre jedoch verfrüht, da die Techniken der Indifferenz ein Organisationssubjekt schaffen sollen, das über eine stabile Grenze zwischen seiner Arbeitsleistung und seinen subjektiven Emotionen sowie moralischen Einstellungen verfügt. Interessant aus meiner Perspektive erscheint, dass hier Züge, die Simmel noch dem Dandy zugeschrieben hat, funktionalisiert, entdramatisiert und normalisiert werden. Indifferenz wird zu einer Macht- und Subjektivierungstechnik, die sich aber noch nicht auf die Verbindungsdichte innerhalb einer Organisation bezieht, sondern auf die kanalisierte Erreichbarkeit der Organisationssubjekte in »engen Kopplungen«. Dennoch ist es bemerkenswert, dass Aspekte dieser Indifferenz später dazu dienen werden, den apathischen, ausgebrannten und desengagierten Mitarbeiter zu charakterisieren: den Burnout-Patienten. Der Blick auf die frühe Phase des organisationellen Entnetzungsdiskurses hat zum einen deutlich gemacht, wie anspruchsvoll und prekär es ist, diese Indifferenz auf angemessene Weise einzuhegen. Gelingt das nicht, könnte sie den Mitarbeiter vollständig erfassen und ihn auf diese Weise ungewollt vom Organisationsgeschehen entnetzen. Er mag dann zwar noch physisch präsent sein, entzieht sich aber reziproken Adressierungen. Zum zweiten hat sich gezeigt, dass die Zonen der Indifferenz als Gegenmodell zum späteren Netzwerker dienen, von dem eine affektive Offenheit für den Flow einer Organisation gefordert wird.

Mit Karl Weicks Konzept der »losen Kopplung« habe ich ein alternatives Verständnis der Indifferenz innerhalb von Organisationen eingeführt. Ganz allgemein bedeutet Indifferenz auch hier Einschränkung der Konnektivität. Die entscheidende Wendung besteht aber darin, dass das Indifferenzproblem vom einzelnen Subjekt zur Qualität des Beziehungsgefüges in einer Organisation verschoben und damit verallgemeinert wird. Lange bevor Kulturen der Konnektivität allgemein kritisiert werden, antwortet die Forderung nach der managerialen Herstellung von losen Kopplungen auf das Problem der Hyperkonnektivität. Lose Kopplungen herzustellen bedeutet einerseits eine Flexibilisierung von Organisationen, weil damit auch starre hierarchische Beziehungen gelockert werden; andererseits stehen sie aber auch für eine Alternative zum Ethos der Konnektivität. Die Annahme, dass die Vermehrung und Intensivierung von Verbindungen per se von Nutzen sind, wird damit im Grunde zurückgewiesen. Im Gegensatz zu den Zonen der Indifferenz zeichnet sich hier bereits die paradoxe Natur von Entnetzungsoperationen ab: Ereignisströme werden durch sich selbst unterbrechende oder sogar auflösende Beziehungen verlangsamt und gebremst. Der Mechanismus des Bufferings innerhalb von Beziehungen wird von zentraler Bedeutung und zum Ziel manageriale Gestaltung. Entnetzung bedeutet hier sowohl Abschwächung und Reduktion von Verbindungen als auch Einrichtung von strategisch entnetzten Zonen des Bufferings. Und sie gerät als strategisches organisatorisches Kontrollprojekt in den Fokus, das später mit dem Konzept der Modularität fortgesetzt wird. Entnetzung droht aber in die Logik der Differenzierung überführt zu werden, indem gemäß zu erbringender Leistung spezifizierte Module aufeinander abgestimmt werden. Wie für viele strategische Entnetzungsprojekte typisch, wird der paradoxe Status von Entnetzung in der Vernetzung in eine stabile und standardisierte modulare Grenzziehung überführt.

Die Modularisierung ist aber nur eine, wenn auch besonders wirkmächtige Fortführung und Überwindung von Entnetzung. Die modularisierte Organisation steht als solche nun vor der neuen Aufgabe, die Prozesse innerhalb der Module aufeinander abzustimmen. Ähnliches gilt für die netzförmige Organisation, die sich als ganze kaum noch selbst beobachten kann und diesen Mangel durch Koordinationsinstrumente – und damit zusätzliche Vernetzung – kompensiert. Exemplarisch habe ich hier die gegenwärtige Diskussion zur Proliferation von Meetings rekapituliert, die für ein Unbehagen an diesem Vernetzungsinstrument steht und als negativer Höhepunkt einer selbstreferentiellen und selbstaffirmativen Kultur der Konnektivität gesehen wird. Die Reduktion von Meetings schafft nicht primär neue Grenzziehungen, sondern ist der strategische Versuch, als unnötig erachtete Beziehungen zu reduzieren. Sie ist damit vom Ideal der Mäßigung geprägt und operiert im Glauben an die Beherrschbarkeit des Netzwerkfiebers. Am Beispiel der Krise des Open Office habe ich eine zweite Technik der Entnetzung diskutiert. Der Team- und Transparenzdruck von Open-Office-Büroarchitekturen ist charakteristisch für heutige Netzwerkunternehmen – das Open Office ist das Habitat der Figur des Netzwerkers.[130] Entnetzung wird hier zur Frage, wie sich

130 Solche Räume sind die Grundlage für das Kreativitätsdispositiv, das für die klassische Netzwerkorganisation typisch ist: »Kreative Räume sind so arrangiert, dass das Subjekt dort kreative Tätigkeiten vollziehen, ästhetische Erfahrungen machen und sich als kreatives Selbst entwickeln kann. Räume erscheinen in dieser Hinsicht anziehend, wenn sie als ›Anregungsräume‹ vielfältige Reize und Begegnungen bieten, die für kreative und ästhetische Praktiken nötig schei-

temporäre Orte des Entzugs und der Unsichtbarkeit strategisch herstellen lassen. Und eine Antwort darauf besteht in der Einrichtung von informatorisch isolierten Verstecken. Diese *caves* machen nicht nur deutlich, dass hier mit architektonischen Mitteln auf die Übervernetzung reagiert wird, sondern sie zeigen auch die Ambivalenz von strategischen Entnetzungsprogrammen. Denn diese Form der Entnetzung als Unsichtbarwerden muss ihrerseits kontrolliert werden – und eines der wichtigsten Kontrollinstrumente ist die Sichtbarkeit der Zonen der Entnetzung. Die auffällige Gestaltung der Rückzugsorte steht für die Paradoxie dieser Programme: Das Versteck selbst, also der Ort des Unsichtbarwerdens, muss gestalterisch auffällig markiert werden, denn nur wenn er sichtbar ist, gilt er als legitim.

Einen anderen Weg der Entnetzung schlägt das bereits in den 1960er Jahren entwickelte Konzept des *organizational slack* ein.[131] *Slack* stand zunächst für eine nichtintendierte Nebenwirkung komplexer Organisationen: die Produktion von ungenutzten Ressourcen. Menschen und Dinge am falschen Ort zur falschen Zeit verlieren ihre Verwendbarkeit und damit auch ihre Anschlussfähigkeit. *Slack* ist ein gutes Beispiel für die Insistenz von entnetzten Einheiten, die in einer Organisation gegenwärtig sind und von dieser hervorgebracht wurden, ohne permanent in die organisatorischen Prozesse eingebunden zu sein. Am Beispiel des *slack* habe ich gezeigt, wie die ungeplante Produktion von Diskonnektivität zur Grundlage für strategische und taktische Formen der Entnetzung wird. Denn nun geraten Zonen der Entnetzung nicht nur in ihrer Schutzfunktion in den Blick; vielmehr werden Diskonnektivität und zeitweilige Indifferenz gegenüber dem organisatorischen Leben selbst zu Ressourcen. Durch *slack* kann Neues entstehen, daher der Slogan der organisationalen *Slack*-Aktivist*innen: *»Slack matters!«* Wichtig mit Blick auf den *slack* ist: seine Zufälligkeit muss sowohl bewahrt als auch organisiert werden. Und wir haben gesehen,

nen.« (Andreas Reckwitz, »Die Erfindung der Kreativität. Kreativitätsdispositiv und Kulturpolitik«, in: *kulturpolitische mitteilungen* 141, 2 [2013], S. 23-34, hier S. 27.) Mit der Kritik an der Übervernetzung geraten aber genau diese Räume in eine Krise und stehen für den verblassten Charme der Loungisierung des Arbeitslebens.

131 Ohne dass sich die beiden Entnetzungsstrategien grundsätzlich ausschließen würden.

dass sich an der Bewirtschaftung des *slack* einige typische Erfordernisse zeigen, mit denen strategische Entnetzung konfrontiert ist. So hatte ich schon früh in diesem Buch (in Teil I) auf den Sachverhalt hingewiesen, dass Entnetzung für Netzwerke häufig zunächst unsichtbar ist. Das gilt auch für den *slack* – den Leerlauf, den auf den ersten Blick unproduktiven Überschuss –, der vermutet, vielleicht sogar gespürt, aber erst einmal nicht gewusst wird. Organisationen müssen Techniken der Transparentwerdung entwickeln, um ihren *slack* überhaupt erkennen zu können – übrigens auch den in den eigenständig eingerichteten *safe slack spaces* mit ihrer Doppellogik von gewollter Intransparenz und obligatorischem Reporting. Denn im Produktivmachen von *slack* schlummern auch Gefahren, etwa die Gefahr der ziellosen Vernichtung »leerer Zeit«, wie sie die populärkulturelle Figur des Slackers zelebriert, oder die der Aneignung des *slack* für andere Zwecke.[132]

Meine gewiss nicht vollständige Geschichte der Entnetzung in Organisationen hat sich auf Entnetzung als strategisches Projekt konzentriert. Lange bevor die gegenwärtige Netzwerkorganisation im »neuen Geist des Kapitalismus«[133] entstanden ist, wurde bereits mit ersten Konzepten und Techniken der Entnetzung experimentiert. Konzepte wie »lose Kopplung« und »slack« konnten in der Folge umgedeutet und neu ausgerichtet werden, um die klassische, auch heute noch weitverbreitete Konnektivitätsdoktrin zu relativieren. Aus der Kritik an der Übervernetzung sind praktische Konsequenzen gezogen worden, konkrete Maßnahmen und Techniken wurden entwickelt, die keineswegs immer von Erfolg gekrönt waren. Im Grunde handelt es sich um ein permanentes Experimentieren mit der Abschwächung von Verbindungen, mit der Einrichtung von *buffering spaces*, mit der gezielten Schaffung von (meist nur partieller) Intransparenz. Diese Versuche der strategischen Entnetzung injizieren eine fremde Logik in konnektivitätsorientierte Organisationen, die zwar funktional abgestimmt sein soll, aber dennoch Momente der Abweichung in sich trägt. Die Entnetzungsprojekte selbst scheinen das zu ahnen, wie man beispielsweise am aufwändigen Framing der Entnetzungszonen sieht.

132 Beispielsweise via die Taktik der *perruque*; vgl. Michel de Certeau, *Kunst des Handelns*, Berlin 1988.

133 Boltanski/Chiapello, *Der neue Geist des Kapitalismus*.

Wenn die Diagnose zutrifft, dass es sich beim modernen Netzwerken um eine paranoide Struktur handelt, dann muss die planerische Schaffung von Einheiten und Zonen der Entnetzung immer unter Verdacht stehen.

2. Digitale Netzwerke: Analogisierung

Netzwerke beruhen auf den beiden eng miteinander verwobenen Figuren der Übersteigerung und der Paranoia. In ihnen ist ein implizites Wissen um ihre Fehlbarkeit und Unvollständigkeit eingeschrieben, wodurch ihre Ausbreitung verstärkt wird. Die damit einhergehende Dynamik der gesteigerten Vernetzung wird häufig mit den Begriffen der Hyperkonnektivität entweder gefeiert oder kritisiert. Ein imaginärer Zustand der Entnetzung bildet allerdings den nicht immer offensichtlichen Ausgangspunkt beider Positionen. Die Paranoia der Netzwerkeuphoriker*innen ist von der Vermutung getrieben, dass das Netz instabil und unzuverlässig sein könnte,[134] worauf dieses mit zusätzlicher und intensivierter Vernetzung antwortet. Die Ängste der Netzwerkkritiker*innen kreisen dagegen um den Verlust des vorgeblich reinen Zustands einer analogen Welt, die frei von digitalen Verbindungen wäre. Für beide Positionen ist Entnetzung also eine Triebkraft: sei es als Problem, das die Perfektionierung von Netzwerken motiviert, sei es als Fluchtpunkt einer Bewegung aus dem Netzwerk heraus in die »wirkliche« Welt.

Die Position der Euphoriker*innen wird nicht zuletzt dadurch interessant, dass sie die Möglichkeit einer fehlschlagenden Vernetzung ernst nimmt – ja, dass sie trotz ihrer unbedingten Affirmation des Netzwerkens im Netzwerk immer auch ein Moment des Versagens und Kontrollverlusts vermutet. Im Unterschied dazu nehmen die Kritiker*innen ironischerweise die programmatische Forderung

134 Wendy Hui Kyong Chun unterscheidet zwischen der psychotischen Paranoia im Sinne von Daniel Paul Schreber und der »Glasfaser-Paranoia« (*fiber optics paranoia*). Während die psychotische Paranoia auf die Vermutung, dass »Macht im Kern verrottet ist« mit Techniken der Disziplin reagiert, nutzt die Glasfaserparanoia Techniken der Kontrolle und Freiheit. Glasfaserkabel, die als infrastrukturelle Grundlage des Internets gelten, ermöglichen eine nicht sichtbare Zweiwegkommunikation mit elektrischen Lichtsignalen: »Paranoides Wissen reagiert in ähnlicher Weise auf die Verwundbarkeit von Technologien, auch wenn es diese leugnet. Die Paranoia wächst, während die Sichtbarkeit abnimmt.« Siehe Wendy Hui Kyong Chun, *Control and Freedom. Power and Paranoia in the Age of Fiber Optics*, Cambridge 2006, S. 26 und S. 267; siehe dazu auch meine Diskussion oben in Teil I.

nach einer perfekt vernetzten Welt beim Wort, um diese dann als Schreckensfantasie zu entlarven. Diese seltsame Dialektik wiederholt sich auch in den gegenwärtigen Debatten, wenn etwa Kritiken des Smart-City-Diskurses sich vor allem auf Marketingdiskurse beziehen oder solche an Big Data sich kaum für die technischen Schwierigkeiten von Mustererkennung interessieren, sondern nun die Verwirklichung eines allmächtigen Leviathans vor sich sehen.

Ich möchte in diesem Kapitel diese beiden Formen der Entnetzung diskutieren, also Entnetzung als permanentes Risiko fehlschlagender Verbindungen und Entnetzung als Fluchtpunkt einer heilen analogen Welt. Zunächst werde ich mich auf verschiedene technische und soziale Phänomene beziehen, die immanent die Figur der gelungenen Konnektivität in Frage stellen, indem sie die Reste des Anschlussgeschehens thematisieren. Im Anschluss daran folgt eine Analyse von Entnetzung als imaginärem Ausstieg aus sozialen Netzwerken und digitaler Kommunikation am Beispiel der Digital-Detox-Bewegung.

2.1 Der immanente Zweifel an der geglückten Vernetzung: Das *Cyclades*-Projekt

Die permanente Erweiterung und Intensivierung von Netzwerken verlangt die Herstellung von immer mehr Verbindungen. Dem politischen Ideal der Akteur-Netzwerk-Theorie (ANT) nicht unähnlich, geht es bei den großen Netzwerkprojekten und damit insbesondere bei der Entwicklung des Internets darum, immer mehr Entitäten (oder Aktanten) in ein Netzwerk zu integrieren und so neue Verbindungen zu schaffen. Ein Problem, das dabei überwunden werden muss, ist die Verbindung heterogener Entitäten, deren Verbindungsfähigkeit überhaupt erst hergestellt werden muss. Konnektivität wird zu dem Zeitpunkt, an dem diese Ausweitung der Verbindungsfähigkeit Gegenstand zahlreicher kommunikationstechnischer Projekte wird, zunächst zu einem technischen, dann aber auch zu einem politisch-normativen und theoretischen Begriff.[135] An einem heute fast vergessenen Streit aus der Frühge-

135 So bei Niklas Luhmann im Begriff der Anschlussfähigkeit; siehe dazu oben, Teil II, Kap. 2.

schichte des Internets lässt sich exemplarisch aufzeigen, wie umkämpft der Begriff der Verbindung ist und welche Folgen dies für die Vorstellung von Netzwerken hat.

Die Auseinandersetzung machte sich seinerzeit an der Frage fest, ob einige fehlschlagende Verbindungsoperationen in Kauf zu nehmen sind, um ein effizientes Netzwerk zu schaffen. Es geht damit um das Spannungsverhältnis zwischen überbordender Konnektivität und einzelnen Konnektionen sowie darum, was die glücklosen Verbindungen für die übergreifende Konnektivität eines Netzwerks bedeuten. Damit sind wir wieder bei einem der Kernthemen dieses Buches, nämlich der Existenzweise des Entnetzten, das wir auf einem konkreten Schauplatz wiederaufnehmen können. Auch hier lautet also die Frage: Wie existieren das Anschlusslose und die missglückte Kommunikation in Netzwerken?

Zeitgleich mit der Entwicklung des US-amerikanischen Arpanets, das häufig als Vorgänger des heutigen Internets betrachtet wird, entwickelte Frankreich in den frühen 1970er Jahren unter der Leitung des streitbaren Ingenieurs Louis Pouzin ein großes eigenes Netzwerkprojekt namens *Cyclades*. In Analogie zu den griechischen Zykladen (oder Kykladen) – einer zersplitterten Inselgruppe in der Ägäis – möchte Pouzin ein Kommunikationsprotokoll zum Zwecke der Verbindung ganz unterschiedlicher Einheiten und Netzwerke schaffen. Er spricht von einem »›Heterogenius‹ [sic!] computer network«,[136] das frei von einer zentralen Steuerinstanz möglichst einfache Verbindungen zwischen unterschiedlichen Einheiten schaffen soll.

Pouzin verfolgte mit dem *Cyclades*-Projekt das Ziel, Verbindungen auf Grundlage möglichst minimaler Kommunikationsprotokolle zu schaffen. Zu diesem Zweck entwickelte er kleine Dateneinheiten, *Datagramme*, die paketweise an den Empfänger übertragen werden. Damit gehört Pouzin – zusammen mit den Entwickler*innen des Arpanets – zu den Erfindern der »Paketvermittlung« (*packet switching*), einer gerade für heutige Formen der sogenannten Echtzeitübertragung zentralen Errungenschaft.[137]

Warum aber war das Datagramm so umkämpft? Was bedeutet

136 Andrew L. Russell, Valérie Schafer, »In the Shadow of Arpanet and Internet. Louis Pouzin and the Cyclades Network in the 1970s«, in: *Technology and Culture* 55, 4 (2014), S. 900.

137 Russell/Schafer, »In the Shadow of Arpanet and Internet«.

Abb. 5: Louis Pouzin, *›Heterogenius‹ Computer Network*. Aus: Russell/Schafer, »In the Shadow of Arpanet and Internet.«, S. 900 (Originalquelle: Louis Pouzin, »Network Architectures and Components«, in: Alexander McKenzie [Hg.], *Collection of Computer Networking Development Records, INWG*, Minneapolis 1973, Note #49.)

diese technische Erfindung für den Begriff der Verbindung (in der Datagrammdiskussion: »connection«)? Eine Antwort gibt Pouzin mit dem für heftige Auseinandersetzungen sorgenden Begriff der verbindungslosen Kommunikation: »Der Kern des Datagramms ist verbindungslos [*connectionless*]. Das bedeutet, dass keine Beziehung zwischen Sender und Empfänger hergestellt wurde. Die Dinge laufen einfach getrennt, eins nach dem anderen, wie Photonen.«[138] Das Datagramm sollte also *verbindungslose Verbindungen* möglich machen. Worin aber besteht diese Verbindungslosigkeit? Genau genommen handelt es sich auch hier um eine Verbindung, aber um eine Minimalform. John Day, ein Pionier des Internets und Mitentwickler von Kommunikationsprotokollen, führt eine nützliche Differenzierung unterschiedlicher Verbindungstypen ein:

> Eine Assoziation repräsentiert den kleinsten gemeinsamen Zustand und minimale Kopplung, die oft mit verbindungsloser [*connectionless*] Kommunikation in Zusammenhang gebracht wird.
>
> Ein Flow hat einen stärker geteilten, aber nicht fest gekoppelten Zustand (keine Rückkopplung), wie man ihn in einigen Netzwerkprotokollen findet.
>
> Eine Verbindung [*connection*] weist einen enger gekoppelten gemeinsamen Zustand auf (mit Rückkopplung), wie bei sogenannten End-to-End-Transportprotokollen.
>
> Eine Bindung hat den am engsten gekoppelten gemeinsamen Zustand, allgemein gekennzeichnet durch einen gemeinsamen Speicher [*shared memory*].[139]

Die für die Organisationstheorie wichtige Unterscheidung zwischen losen und festen Kopplungen,[140] die diese den Computerwissenschaften entnommen hat, wird hier weiter differenziert. Kriterien dazu sind die Frage des gemeinsamen Zustands (*shared state* im Sinne eines minimalen gemeinsamen Speichers) und die Form der Rückkopplung. Der Modus »verbindungslos« minimiert die erforderlichen Gemeinsamkeiten und verzichtet vollständig auf Rückkopplungen. Als lose Kopplungen stellt er riskante Verbindungen ohne vorher festgelegten Pfad her und löst sich so von den

138 Louis Pouzin, zit. nach: Andrew L. Russell, *Open Standards and the Digital Age. History, Ideology, and Networks*, New York 2014, S. 177.

139 John Day, *Patterns in Network Architecture. A Return to Fundamentals*, Boston 2008, S. 28.

140 Siehe dazu oben in diesem Teil, Kap. 1.

starren Vorgaben der Transportinfrastrukturen. Eine Analogie mit der alten Kommunikationstechnik des Versendens von Postkarten veranschaulicht die Spezifik der Datagramme:

> Es gibt eine Absender- und eine Empfängeradresse und ein paar Inhalte, die man verschickt und die irgendwie am anderen Ende ankommen [...]. Aber es gibt keine Garantie dafür, dass sie ankommen. Es ist ein *Best-effort*-Service. Und wenn Sie zwei Nachrichten senden, kommen sie vielleicht nicht in der gesendeten Reihenfolge am anderen Ende an. Im Grunde genommen ist es ein sehr schneller, aber nicht unbedingt garantierter oder geordneter Service.[141]

Der Transport der Datenpakete ist lokal gesteuert und benötigt keine zentrale Planung, die spezifische Kommunikationswege vorgeben würde. Die Spezifik der Datagramme (die später einflussreich für die Entwicklung des IP und UDP werden[142]) besteht also darin, dass die zu nutzende Verbindung nicht bereits vorher als Verbindungsweg etabliert sein muss.

Das Gegenmodell zum verbindungslosen Datagramm sind »virtuelle Verbindungen« (*virtual circuits*).[143] Dieses Modell setzt auf die Zuverlässigkeit von Verbindungen und begnügt sich nicht mit dem risikoreichen *Best-effort*-Modell der Datagramme. Bevor Daten gesendet werden, findet eine Datenflusskontrolle, ein sogenanntes *handshaking* statt, das Informationen über die zu erwartende Verbindungsoperation austauscht. Mit beträchtlichem Aufwand wird auf diese Weise sichergestellt, dass die Verbindung erfolgreich ablaufen wird. Datagramme verzichten auf diese Vorkehrungen und damit auch auf die protokollarischen Kontrolltechniken, die mit verbindungsbasierten Protokollen einhergehen. An der Diskussion über Datagramme ist aufschlussreich, dass bereits in den 1970er Jahren die politische Bedeutung der protokollbasierten

141 Vinton Cerf (Mitbegründer des *Arpanets*), zit. nach: Cade Metz, »Say Bonjour to the Internet's Long-Lost French Uncle«, in: *Wired*, 2013, ⟨https://www.wired.com/2013/01/louis-pouzin-internet-hall/⟩, letzter Zugriff 16. 10. 2020.

142 Vinton Cerf, »How the Internet Came to Be«, in: Bernard Aboba (Hg.), *The Online User's Encyclopedia. Bulletin Boards and Beyond*, Reading 1993, S. 5. IP steht für Internet Protocol, UDP für User Datagram Protocol.

143 Louis Pouzin, »Virtual Circuits vs. Datagrams. Technical and Political Problems«, in: *AFIPS Conference Proceedings. National Computer Conference*, New York 1976, S. 483-494.

Kontrolltechniken heftig diskutiert wurde, und auch Pouzin thematisiert in seinen politischen Reflexionen den protokollarischen Liberalismus der Datagramme.[144] Mit seinem Kampf gegen festgefügte Kommunikationskreisläufe hat sich Pouzin den französischen Telekommunikationsunternehmen (besonders der französischen Post) in den Weg gestellt, welche durch diese flexibilisierte und dezentrale Kommunikationsform ihre Monopolstellung gefährdet sahen. Es war nicht zuletzt dieser Widerstand, der schließlich zur Einstellung des vielversprechenden *Cyclades*-Projekts geführt hat.[145]

Das Datagramm steht für eine spezifische Epistemologie der Kommunikation, die sich grundsätzlich von fest gekoppelten Verbindungen (und den entsprechenden Protokollformen) unterscheidet. Die Qualität von Kommunikation wird nicht anhand ihrer Intaktheit bewertet, sondern anhand ihrer Geschwindigkeit. Die gewünschte Schnelligkeit kann nur dadurch erreicht werden, dass auf aufwändige Kontrollmechanismen verzichtet wird. Damit geht ein risikoreiches Kommunikationsverständnis einher, für welches das Fehlschlagen von Verbindungen zur Normalität gehört: Auf dem Kommunikationsweg kann es zum Verlust von Datenpaketen kommen, wenn zum Beispiel zu geringe Buffer-Kapazitäten seitens der unterschiedlichen Hosts zur Verfügung stehen. Die Möglichkeit, dass die Kommunikation nicht oder nicht vollständig zustande kommt, ist immer gegeben.

Für meine Diskussion der Entnetzung ist dies besonders aufschlussreich. Die Abschwächung von Verbindungen (bis hin zur »verbindungslosen Verbindung«) steht zunächst ganz in der Expansions- und Intensivierungslogik von Netzwerken. Das uns heute gut vertraute Argument, dass durch Flexibilisierung Netzwerke erweiterbar werden, ist hier bereits vorbereitet. Gleichzeitig ist aber Verbindungslosigkeit nicht einfach nur eine weitere beliebige Technik zur Erweiterung von Netzwerken. Vielmehr schafft die Abschwächung von Verbindungen das permanente Risiko ihres Abbrechens. Provokativ am Modell des Datagramms musste da-

144 Siehe zu Pouzins politischen Aussagen: Russell/Schafer, »In the Shadow of Arpanet and Internet«. Russell/Schafer stützen sich auf Interviews mit Pouzin und auf seinen Aufsatz »The Network Business – Monopolies and Entrepreneurs«, in: Pramode K. Verma (Hg.), *Proceedings of the Third International Conference on Computer Communication*, Washington, D.C. 1976, 563-567.

145 Russell/Schafer, »In the Shadow of Arpanet and Internet«, S. 895.

mals sein, mit welcher Selbstverständlichkeit dieses Risiko in Kauf genommen wurde.

> Die Idee, dass die Kommunikation auf Wahrscheinlichkeit beruhen kann, dass wir eine zuverlässige Kommunikation aus unzuverlässigen Teilen aufbauen können, das war die Erkenntnis von Louis Pouzin. Das ist es, was die Vorstellungskraft entfacht hat und worauf das Internet aufgebaut ist.[146]

Ein solches Kommunikations- und Verbindungsmodell bestätigt die tiefsten Ängste der Netzwerkparanoia, dass ständig etwas schiefläuft und ständig Daten verloren gehen können. In der Tat denkt Pouzin schon in den 1970er Jahren darüber nach, was mit verlorenen Daten gemacht werden könnte. In einer Diskussion des Überlastungsproblems (*congestion*) durch den unkontrollierten Datenverkehr fragt er unter anderem: »[...] (c) Was geschieht mit Paketen, die der Empfänger nicht akzeptiert; (d) Was geschieht mit Paketen, die aus irgendeinem Grund ihr Ziel nicht erreichen können?« Und seine Antwort ist ebenso klar wie brutal: »Der vernünftigste Weg, mit den Problemen (c) und (d) umzugehen, ist wahrscheinlich die Vernichtung von Paketen.«[147] Das verlorene, gestrandete Datenpaket steht exemplarisch für das Problem der Entnetzung auf der Ebene der Kommunikationstechniken: Es handelt sich um eine anschlusslose, nutzlose Einheit, die sich inmitten der Kommunikationsnetzwerke befindet. Wie für viele andere Phänomene der Entnetzung gilt auch für diese verlorenen Datenpakete, dass ihre Existenz häufig kaum bemerkt wird, dennoch aber eine Spur hinterlässt, wenn auch nur in der Notwendigkeit, sie zu löschen.

Die heftigen Debatten, die sich um den Modus der *connectionless communication* entfaltet haben, lassen sich als ein Symptom der Netzwerkparanoia lesen. Wie gesehen, steht Pouzins fröhlichem Risikodenken die Kontrollversion der *closed circuits* entgegen. Gewiss, auch Pouzin wusste, dass ein ausschließlich aus verbindungslosen Verbindungen bestehendes Netzwerk schnell zusammenbrechen würde und dass Kontrollmechanismen eingeführt werden müssen, die wiederum zwingend verbindungsbasiert sind, denn nur so werden Rückkopplungsprozesse möglich.[148] Dazu ist es allerdings

146 John Day, zit. nach: Russell, *Open Standards and the Digital Age*, S. 90.

147 Pouzin, »Virtual Circuits vs. Datagrams«, S. 487.

148 Pouzin (ebd.) betont deren Komplementarität: »Wie bereits erwähnt, ist das

nötig, die Unabhängigkeit der beiden Protokolltypen zu bewahren, damit diese sich im Zusammenspiel ergänzen können.

Pouzin hat damit und in Zusammenarbeit mit den Entwickler*innen des Arpanets den Grundstein für die Netzwerkstruktur des heutigen Internets geschaffen, auch wenn sein Projekt in Frankreich zunächst gescheitert ist. Das Internet basiert durchgängig auf dem TCP/IP, das die beiden komplementären Mechanismen miteinander verbindet: das verbindungsbasierte TCP und das verbindungslose IP. Das TCP (*Transmission Control Protocol*) stellt nicht nur durch das oben erwähnte *handshaking* sicher, dass es zur Kommunikation kommt, sondern kontrolliert das Kommunikationsgeschehen durch verschiedene Feedback-Mechanismen: Es findet eine Kontrolle des Flows statt, um Staus zu vermeiden. Während für das Datagramm der Empfänger nur eine Adresse ist, wird nun die Ankunft der Daten beim Adressaten zurückgemeldet. Durch diese Rückkopplung sollen Fehler sogleich ausgeglichen werden und zum Beispiel abhandengekommene Datenpakete nachgeliefert werden.

Der über 30 Jahre währende Streit zwischen den beiden Paradigmen – (dezentral) verbindungslos versus (virtuell) verbindungsbasiert – ist durch den Erfolg des IP zugunsten des Ersteren entschieden worden und bestimmt die Grundstruktur des heutigen Internets. Allerdings weist John Day darauf hin, dass auch heute noch nahezu jede Entwicklung von neuen Protokollen durch das alte Lagerdenken bestimmt ist.[149] Im TCP/IP wurde eine komplementäre Verschränkung der beiden Protokolltypen institutionalisiert. Diese Genealogie des TCP/IP ist auch für gegenwärtige medientheoretische Debatten von Bedeutung, und es ist das große Verdienst von Alexander Galloway, die politische Bedeutung dieser Protokolle herausgearbeitet zu haben[150] – eine Bedeutung, der sich Pouzin in seinen Kämpfen gegen die französischen Telekommunikationsgiganten durchaus bewusst gewesen ist. Galloway stellt

DG [*datagram*] im Grunde eine Transporteinrichtung auf niedriger Ebene, die für Transportprotokolle auf höherer Ebene zur Verfügung steht […]. Es wäre vereinfacht, DG und VC [*virtual circuits*] entgegenzusetzen, da sie eigentlich komplementäre Bestandteile in einer hierarchischen Struktur sind.«

149 Day, *Patterns in Network Architecture*, S. 57 f.

150 Alexander R. Galloway, *Protocol. How Control Exists after Decentralization*, Cambridge 2004.

allerdings zwei andere Protokolltypen, die sich auf unterschiedlichen Ebenen (Transport und Anwendung) befinden, gegenüber (»opposing machines«): das TCP/IP und das DNS (Domain Name System). Im TCP/IP sieht er eine lokale »anarchische Logik« am Werk, die auf *Peer-to-peer*-Kontakten beruht, während das DNS hierarchisch organisiert ist und von der Totalität des Netzwerks ausgehend operiert.[151] Diese Gegenüberstellung der beiden Logiken ist für Galloway die manichäische Grundlage der politischen Kontrolllogik des Internets, wobei ihm allerdings entgeht, dass sich bereits im TCP/IP zwei völlig unterschiedliche Verbindungs- und Kontrolltypen verwirklichen,[152] die von der Leitunterscheidung zwischen dezentralem *routing* und zentraler Kontrolle geprägt sind.

Nach Galloway funktionieren DNS und TCP/IP gewiss auf ganz unterschiedliche Weise; sie folgen aber beide einem Modell, das auf einer vorher bestehenden Verbindung (*connection*) beruht, welche erst die auf Rückkopplungen beruhenden Kontrolltechniken ermöglicht.[153] Mit der Unterscheidung zwischen verbindungsbasierter und verbindungsloser Kommunikation werden dagegen auf der gleichen Ebene (Transport) zwei unterschiedliche Konzepte von Verbindungen komplementär eingesetzt: einerseits mit einer Verbindung ohne vorgegebene Garantien, die sich im Zuge des Sich-

151 »Sinnbildlich für die erste maschinelle Technologie, die dem Internet das gängige Bild eines unkontrollierbaren Netzwerks verleiht, ist die Protokollfamilie, die als TCP/IP bekannt ist. TCP und IP sind die führenden Protokolle für die eigentliche Übertragung von Daten von einem Computer zu einem anderen über das Netzwerk. TCP und IP arbeiten zusammen, um Verbindungen zwischen Computern herzustellen und Datenpakete effektiv durch diese Verbindungen zu bewegen. Aufgrund der Art und Weise, wie TCP/IP entwickelt wurde, kann jeder Computer im Netzwerk mit jedem anderen Computer kommunizieren, was zu einer nichthierarchischen *Peer-to-peer-Beziehung* führt.« Ebd., S. 8.

152 Zwar unterscheidet Galloway das TCP und das IP ganz im Sinne meiner obigen Diskussion, misst aber dieser Differenz keine systematische Bedeutung bei; siehe ebd., S. 42 f. und S. 50.

153 Ihrerseits verbindungsbasierte Verbindungen sind der menschlichen Kommunikation deutlich ähnlicher als die verbindungslosen Verbindungen, da für sie diejenigen Zeichen wichtig werden, mit denen die phatische Dimension einer Konversation aufrechterhalten werden soll – also jene Zeichen, die sich auf die reine Faktizität des Verbindungsgeschehens beziehen. Zum Begriff des Phatischen siehe Vincent Miller, »New Media, Networking and Phatic Culture«, in: *Convergence* 14, 4 (2008), S. 387-400; Grant Bollmer, *Inhuman Networks. Social Media and the Archaeology of Connection*, New York 2016.

Verbindens selbst erschafft; andererseits mit einer Verbindung, die sich selbst voraussetzt (etwa durch den virtuellen *handshake*). Zum Tragen kommt dieser Unterschied, wenn wir über die Bedeutung von Entnetzung im Internet nachdenken wollen. Denn die verbindungslose Verbindung rechnet immer schon mit ihrem Scheitern – genau das war, wie wir gesehen haben, der Skandal für die zumindest in ihrer Außendarstellung auf Sicherheit bedachten »bellheads«:[154] die Pakete mögen ihren Adressaten nie erreichen, sie mögen zu spät ankommen, sie können unvollständig oder beschädigt sein. Das Modell der verbindungslosen Verbindung steht damit für eine Strategisierung von Entnetzung, die in Kauf nimmt, dass eine Verbindung, die – mit *best effort* – als solche gestartet ist, sich schlussendlich nicht realisiert. Luhmann hätte wohl von anschlusslosen (Fast-)Ereignissen gesprochen, die nun aber nicht nur als mögliche, sondern auch als versuchte Ereignisse in den Blick treten.[155] Diese Nichtrealisierung verfügt in der heuristischen Abstraktion zunächst über kein systemisches »Fangnetz«; dieses wird erst durch die komplementäre Zusammenfügung von TCP und IP bereitgestellt.

Ich habe bereits angedeutet, dass die Spannung innerhalb von TCP/IP noch vor der je spezifischen Organisationsweise die paranoide Struktur des Internets verkörpert. Diese Paranoia, das wird nun deutlich, kommt durch das Zusammenspiel zwischen der anarchisch anmutenden *connectionlessness* und ihrer Kontrolle durch virtuelle Verbindungen zustande – oder einfacher: Die Semantik der Verbindungslosigkeit weiß davon, dass die Aktanten des Netzwerks diesem nie vertrauen, ja, diese Konzeption geht geradezu gelassen mit dem notwendigen Ungenügen von Netzwerken um: »[D]ie Hosts würden dem Netzwerk sowieso nie vertrauen und würden es trotzdem auf Fehler prüfen, ungeachtet dessen, dass das Netzwerk nicht absolut zuverlässig sein musste und daher kostengünstiger und wirtschaftlicher sein konnte.«[156] Das Datagramm ist also die Reaktion auf das paranoide Misstrauen, das es auf nüchterne Weise ökonomisch wendet. Wenn jeder Aktant sowieso immer schon miß-

154 Day, *Patterns in Network Architecture*, S. 71. *Bellheads* (abgeleitet von der Bell Telephone Company) sind im Gegensatz zu *Netheads* Verfechter traditioneller zentraler Telekommunikationssnetze.

155 Siehe dazu oben, Teil II, Kap. 2.

156 Day, *Patterns in Network Architecture*, S. 96.

trauisch die Qualität von Verbindungen kontrolliert, dann muss das Netzwerk erst recht nicht zuverlässig sein. Gerade diese gelassene Haltung des verbindungslosen Modus wird zur Bestätigung für die Paranoiker*innen – eben weil ein auf diese Weise organisiertes Verbindungsgeschehen auch im Normalbetrieb zu Verlusten, das heißt zu nicht zustande gekommenen Verbindungen führt. Auf der Ebene des TCP/IP zeichnen sich also Spannungen zwischen Sicherheit und Unsicherheit, Vollständigkeit und Unvollständigkeit sowie Knappheit und Überschuss ab. Bereits auf der infrastrukturellen Ebene des Internets ist ein Moment der Verschwendung in die Funktionslogik der flexiblen und minimal kontrollierten Verkehrswege eingebaut. Auf dieser Ebene erweist sich Entnetzung als Überschussphänomen: als die Produktion überschüssiger Datenpakete, die ihre Nützlichkeit selbst dann, wenn die Daten nicht beschädigt worden sind, dadurch eingebüßt haben, dass sie nicht rechtzeitig angekommen sind oder nicht beim richtigen Adressaten.

Im Grunde genommen lässt sich die Auseinandersetzung um die zwei unterschiedlichen Netzwerkvorstellungen auf die Konfrontation eines Modells riskanter Konnektivität mit einem Modell sicherer Konnektivität herunterbrechen. Der Modus der Verbindungslosigkeit nimmt gezielt Verluste in Kauf, um auf diese Weise ein schnelles und flexibles Netzwerk zu schaffen. Während sich dieser Modus am Überfluss (das heißt an der Produktion von immer nur a posteriori überflüssigen Daten) orientiert, geht der verbindungsbasierte Modus von Knappheit aus. Um sicherzustellen, dass die Daten ankommen, wird ein langsames Netzwerk mit fixierten Transportwegen in Kauf genommen. Die starke Kontrolle führt hier zu einer verminderten Effizienz. Man könnte auch sagen: Die beiden Modi unterscheiden sich hinsichtlich ihres Umgangs mit der Netzwerkparanoia. Der verbindungslose Modus weiß immer schon, dass es zu Verlusten kommen wird, dass das Netzwerk also nicht perfekt ist; der verbindungsbasierte Modus ist hingegen von der Paranoia getrieben und daher an einer starken Kontrolle von Netzwerkverbindungen interessiert. Für das Denken der Entnetzung hat sich das Imaginäre des verbindungslosen Modus als relevant erwiesen: Entnetzung wird wahrscheinlichkeitstheoretisch normalisiert, und doch verläuft dieser Prozess nicht ohne Spuren.

2.2 Digitaler Verfall

Datenpakete mögen sich gleichsam in der Leere verlieren, auch wenn dies als fester Bestandteil des normalen Funktionierens nur selten auffällt, weil es sich bei den permanenten Löschvorgängen um Mikroprozesse handelt, die für die User*innen in der Regel nicht wahrnehmbar sind. Ich möchte mich in diesem Abschnitt ebenfalls mit überschüssigen und schadhaften Daten, aber auch mit obsoleter Hardware beschäftigen, die aber im Unterschied zum Paketverlust vormals ein funktionierender Teil des Internet gewesen sind. Diese bleiben als Reste gegenwärtig und sind unter bestimmten Bedingungen, häufig durch künstlerische Praktiken akzentuiert, erfahrbar.

Wenn Daten im Internet fehlen, hat dies Folgen für die Vernetzungsstruktur. Bereits die frühe Internetdiskussion zeigte sich ebenso beunruhigt wie fasziniert von der berühmten »Error 404«-Meldung:[157]

> Die Fehlermeldung HTTP 404, 404 Not Found, 404, 404 Error, Seite nicht gefunden, Datei nicht gefunden oder Server nicht gefunden, ist ein Hypertext Transfer Protocol (HTTP) Standardantwort-Code in der Computernetzwerkkommunikation, der anzeigt, dass der Browser [Client] zwar mit einem bestimmten Server kommunizieren konnte, der Server aber das Gewünschte nicht finden konnte.[158]

Die Definition verdeutlicht den Doppelstatus dessen, was hier vorgeht: Die Fehlermeldung zeigt sowohl eine Kommunikation als auch eine Nichtkommunikation an. Der Server konnte zwar erreicht werden, aber er konnte nichts kommunizieren außer der Tatsache, dass versucht wurde, zu kommunizieren. Auf der Webprotokollebene wird geschätzt, dass in wissenschaftlichen Web-Umgebungen etwa nach drei Jahren bereits 50 Prozent der Links nicht mehr funktionstüchtig sind. Einige Schätzungen gehen sogar davon aus, dass jeden Tag fünf Prozent des Internets »verloren gehen«, weil die Links nicht mehr aktuell sind.[159] Die fehlerhaften

157 Ähnliche Reaktionen evoziert das Buffering-»Rädchen«, wie wir oben gesehen haben, siehe Teil III, Kap. 3.

158 So die Bestimmung im Artikel »HTTP 404« in der englischsprachigen *Wikipedia*, ⟨https://en.wikipedia.org/wiki/HTTP_404⟩, letzter Zugriff 16. 10. 2020.

159 Solche ins Leere führenden Adressierungen sind zum Beispiel für die Wissen

Adressierungen haben zu einer ganzen Reihe von Metaphern geführt. So ist zum Beispiel von »toten Links« (*dead links*), »defekten Links« (*broken links*), »defekten Daten« (*broken data*),[160] »URL decay«, »link rot« oder »reference rot«[161] die Rede. Man könnte also meinen, dass sich das Internet in einem konstanten Zustand des Verfalls und der Zersetzung befindet; auf die Funktion der Verwesungs- und Todesmetaphern werde ich noch zurückkommen. Zunächst aber ist festzuhalten, dass die Existenz von toten Links ein geradezu klassisches Beispiel für Anschlussunfähigkeit darstellt. Ein Kommunikationsakt wird begonnen, eine Adressierung vorgenommen, nur um schließlich ins Leere zu laufen; lediglich eine minimale Form von Feedback findet durch die Rückmeldung »Error 404« statt.[162] Bemerkenswert an diesen fehlgeschlagenen Verbindungen ist, dass diese durch das »Weiterleben« der URLs Spuren im Netz hinterlassen. Die unbrauchbaren Links sind selten beachtete Monumente der beständigen Selbstentnetzung von Kommunikationsnetzwerken.

Die »toten Verbindungen« haben bereits Ende der 1990er Jahre die Medienkunst fasziniert. Denn der *dead link* erscheint als ei-

schaften folgenreich, da dadurch Quellen und Belege schnell nicht mehr auffindbar sind. Siehe: Diomidis Spinellis, »The Decay and Failures of Web References«, in: *Communications of the ACM* 46, 1 (2003), S. 71-77. Es handelt sich dabei keineswegs um ein Ausnahmeproblem. Frühe Studien konnten zeigen, dass bereits nach drei Jahren nur noch 50% der Links funktioniert haben, nach 20 Jahren nur 2,6%. Siehe Fatih Oguz, Wallace Koehler, »URL Decay at Year 20. A Research Note«, in: *Journal of the Association for Information Science and Technology* 67, 2 (2016), S. 477-479. Zwei grundlegende Klassen von Fehlern können dabei unterschieden werden: Entweder existiert die adressierte Datei nicht mehr oder der Inhalt hat sich verändert.

160 Siehe zur Reparaturarbeit an defekten Daten: Sarah Pink u. a., »Broken Data. Conceptualising Data in an Emerging World«, in: *Big Data & Society* 5,1 (2018), S. 1-13.

161 Siehe dazu auch die eindrückliche Darstellung des »link rots« von ⟨www.MillionDollarHomepage.com⟩, einer 2005 gegründeten Webseite, die einzelne Pixel-Blöcke für 1 USD pro Pixel verkauft hat, jeweils mit weiterführenden Links versehen. 10 Jahre später funktioniert nur noch knapp die Hälfte der ursprünglichen Links. Siehe John Bowers, »A Million Squandered: The ›Million Dollar Homepage‹ as a Decaying Digital Artifact«, in: *Library Innovation Lab*, 2017, ⟨https://lil.law.harvard.edu/blog/2017/07/21/a-million-squandered-the-million-dollar-homepage-as-a-decaying-digital-artifact/⟩, letzter Zugriff 16. 10. 2020.

162 Siehe meine Diskussion anschlussloser Kommunikation in Teil II, Kap. 2.

ner der wenigen Momente innerhalb des Internets, die auf dessen Unvermögen hinweisen. Der tote Link ist ein materialisierter Widerspruch gegen die proklamierte nahtlose Konnektivität, indem er den reibungslosen Fluss des Surfens ins Stocken bringt: »Eine tote Verbindung unterbricht den Informationsfluss zum User. Sie ist eine Lüge, eine Korruption des glatten Raums, der im Netz geschaffen wurde.«[163] Mit Hilfe webhygienischer Anordnungen – »Beseitige tote Verbindungen!« und »Beseitige keine Verbindungen!« – versuchen die Netzwerke so schnell wie möglich zum konnektiven Normalgeschehen zurückzukehren.[164] Seine ästhetische Faszinationskraft erhält der tote Link durch seine ins Leere führende Materialität:

> Aber wie Stuart Moulthrop vor etwa zehn Jahren feststellte, kann »Fehler 404« auch »die Bedeutung des Nichtfindens« hervorheben: Dieser Fehler markiert einen eigenständigen Weg und nicht nur einen Fehltritt. Eine solche kritische Perspektive steht im Widerspruch zur herrschenden, kybernetischen Ideologie der Effizienz und Kontrolle. Während wir in der Kunst, Musik oder Literatur vielleicht Fehler, Störungen und Lärm genießen, findet ein solch fehlerhaftes Verhalten in einer Welt, die zunehmend durch Protokolle und vorhersehbare Ergebnisse definiert wird, wenig Anklang.[165]

Dass das durch die Fehlermeldung markierte Verbindungsproblem zum ästhetischen Gegenstand werden kann, führt etwa die von Karin und Shane Denson kuratierte Ausstellung *Making Mining Networking* vor. Sie präsentiert verschiedene Kunstwerke mit QR-Codes, die eigentlich eine Verbindung zwischen den Werken und dem Netz hätten schaffen sollen. Aufgrund von Problemen mit dem Serverbetreiber haben diese Werke aber schnell ihre digitale Anschlussfähigkeit verloren:

> Die auf diese Leinwände gemalten QR-Codes funktionieren nicht mehr; die Stücke werden dann aus den interaktiven physisch/virtuellen Assemblagen, für die sie entworfen wurden, herausgelöst, abgeflacht und als [...] Gemälde wiedergegeben. Oder [...] sie behalten eine ausführbare, wenn auch nicht funktionsfähige Dimension, die durch eine seltsam repräsenta-

163 Galloway, *Protocol*, S. 66.

164 Ebd.

165 Mark Nunes, »Introduction. Error, Noise, and Potential. The Outside of Purpose«, in: ders. (Hg.), *Error. Glitch, Noise, and Jam in New Media Cultures*, London 2011, S. 3-23, hier S. 14.

tive Dimension ergänzt wird: Im Endeffekt werden dies dann Gemälde mit 404 Fehlercodes sein.[166]

Die Ausstellungsmacher*innen spekulieren bereits zu einem Zeitpunkt, als die Links noch funktioniert haben, mit ihrem voraussichtlichen Verfall:

> In der Zwischenzeit existieren diese Werke als Erinnerung an das Verfallsdatum, das implizit in allen unseren Geräten – und möglicherweise auch in unserem Planeten – durch die Hand des globalen digitalen Kapitals eingeschrieben ist. Spiel mit ihnen, denk mit ihnen, erlebe mit ihnen – und warte mit uns auf ihre Obsoleszenz …[167]

Dieses Moment des Wartens auf den Verlust der Verbindungsfähigkeit zeigt, dass sich die Materialität des toten Links nicht darin erschöpft, dass der Code in ein »reines« Bild transformiert wird; vielmehr gehören das Warten und die Ungewissheit zur distribuierten, prozessualen Materialität[168] der leeren Verbindung. Entnetzung bedeutet hier also nicht nur, dass durch das Fehlen einer Verbindung ein Code auf seine – in diesem Falle visuelle – digital unoperative Materialität reduziert wird. Vielmehr erweist sich Entnetzung als komplexer Prozess, zu dem sowohl die Erwartung und Ungewissheit des Verbindungsverlusts gehören als auch die affektiven Erfahrungen, die mit dem ins Leere laufenden Link verbunden sind. Entnetzung kommt hier durch das Zusammenspiel ganz unterschiedlicher Praktiken und Affekte zustande: der enttäuschten Normalitätserwartungen der User*innen mit den ökonomischen Zwängen von Serviceprovidern und Künstler*innengruppen, der Materialität von Codes sowie der ästhetischen Inszenierung dieses Prozesses.

166 Shane Denson, »Making Mining Networking. Exhibition Extended, But Not For Long …«, in: *Medieninitiative*, 2015, ⟨https://medieninitiative.wordpress.com/2015/07/28/making-mining-networking-exhibition-extended-but-not-for-long/⟩, letzter Zugriff 16. 10. 2020.

167 Ebd.

168 Distribuierte Materialität, so Johanna Drucker in Weiterführung von Blanchette, »fokussiert die wechselseitigen Abhängigkeiten, welche erst die basale Existenz eines digitalen Artefakts ermöglichen. In einem distributiven Ansatz ist jede digitale ›Entität‹ von Servern, Netzwerken, Software, Gastgeberumwelten und ihren wechselseitigen Beziehungen abhängig.« (Johanna Drucker, »Performative Materiality and Theoretical Approaches to Interface«, in: *Digital Humanities Quarterly* 7, 1, [2013], ⟨http://www.digitalhumanities.org/dhq/vol/7/1/000143/000143.html#p42⟩, letzter Zugriff 16. 10. 2020).

Die toten Links sind Ausdruck eines allgemeinen digitalen Verfalls. Mit der Metapher *digital decay* beschreibt der Science-Fiction-Autor Bruce Sterling bereits 2001 die permanente Zersetzung des Netzes. *Digital decay* unterscheidet sich für ihn von organischen Verfallsprozessen durch seine Unberechenbarkeit und Plötzlichkeit: »Wenn sich ein Stück Software zersetzt, dann nicht so langsam und nostalgisch wie ein Gemälde. Wenn eine Software versagt, stürzt sie ab; das bedeutet den Blue Screen of Death.«[169] Seit Sterlings Intervention hat sich die Debatte über *digital decay* weit über den Kunstbetrieb hinaus ausgeweitet. Im Netz scheint alles einem immerwährenden Verrottungsprozess zu unterliegen: von den toten Links über *rotten data* bis hin zu nicht mehr funktionsfähiger Software (kein Update) und veralteten Endgeräten. Dieser Zersetzungsprozess ergibt sich aus dem Zusammenspiel unterschiedlicher materieller Techniken und Daten: »Bit-rot zum Beispiel entsteht aus der Assemblage von Speicher- und Verarbeitungstechnologien, wenn sie sich durch die Zeit bewegen.«[170]

Der digitale Verfall, welcher in künstlerischen Projekten sichtbar gemacht wird, stellt für Netzwerke ein permanentes Problem dar. Vier Möglichkeiten, mit diesem Verfall umzugehen, möchte ich unterscheiden: Der Verfall kann durch Instandhaltung abgemildert werden (1); er kann selbst zu einem strategischen Prinzip werden (2) oder die Grundlage für Taktiken der Entnetzung bieten (3). Schließlich kann der Verfall zum Gegenstand von Löschpraktiken und Löschtechniken werden (4).

(1) Was für Bots gilt, gilt auch generell für digitale Netzwerke und digitale Daten: Sie bedürfen permanenter Pflege und Prozeduren der Webhygiene.[171] Gerade weil sich digitale Verfallsprozesse nicht vollständig verhindern lassen, produzieren sie ständig eine große Menge von digitalem Abfall oder Müll. Darunter versteht man gemeinhin ausrangierte digitale Hardware, das heißt Apparate

169 Bruce Sterling, »Digital Decay«, Eröffnungsrede zu: *Preserving the Immaterial: A Conference on Variable Media*, 2001, ⟨http://www.variablemedia.net/e/preserving/html/var_pre_sterling.html⟩, letzter Zugriff 16. 10. 2020.

170 Tom Boellstorff, »Making Big Data, in Theory«, in: *First Monday* 18, 10 (2013), ⟨http://firstmonday.org/ojs/index.php/fm/article/view/4869/3750⟩, letzter Zugriff 16. 10. 2020.

171 Stephen Graham, Nigel Thrift, »Out of Order. Understanding Repair and Maintenance«, in: *Theory, Culture & Society* 24, 3 (2007), S. 1-25.

wie Smartphones oder Notebooks. An dieser Stelle ist der digitale Datenmüll besonders relevant, also jene Daten, die zwar durch digitale Prozesse produziert wurden, aber keine Verwendung mehr finden, etwa weil sie nicht mehr decodierbar sind oder nicht mehr aufgefunden werden können. Genauer geht es es um eine »unzugängliche Statik obsoleter elektronischer Daten«.[172] Große Datensätze werden zum Beispiel via Parsing bereinigt, archivierte Daten und Links werden gepflegt, Software erfährt regelmäßige Updates, die Systeme werden gegen Viren geschützt und Datensätze werden regelmäßig geprüft. Nur die beständige Instandhaltungsarbeit kann den digitalen Verfall verlangsamen, immer bedroht von den ständig ablaufenden Prozessen der Selbstentnetzung von Netzwerken – man könnte auch von einem *network decay* sprechen.

Ein besonders eindrückliches Beispiel für die Rolle von Instandhaltungsarbeiten, um den Verfall aufzuhalten, ist das Phänomen des *bot rot.* Bots sind Bündel von Algorithmen, die automatisch bestimmte Aufgaben in Netzwerken ausführen, zum Beispiel die Kundenbetreuung auf Webseiten oder die Verbreitung von Informationen auf Social Media Plattformen. Social Media Bots sind in den letzten Jahren wegen ihrer Rolle bei der Verbreitung von Fake News zum Gegenstand heftiger öffentlicher Debatten geworden. Der hier interessierende Punkt ist jedoch nicht die hochgradig moralisierte Frage von Fake News, sondern die Zeitlichkeit dieser Bots. Die Aufgabe von *social bots* besteht formal gesehen darin, Verbindungen zwischen User*innen untereinander oder zwischen User*innen und einem Unternehmen herzustellen. Was bedeutet es aber, wenn der Bot gerade diese Fähigkeit verliert – wenn er zu verrotten beginnt? Aufschlussreich ist die Problembeschreibung von Niamh Isobel Reed, einer Bot-Programmiererin, die Tipps gibt, wie *bot rot* verhindert werden kann. Chatbots bedürfen der permanenten Pflege, um ihrer Rolle als Verbindungsoperatoren gerecht zu werden; sie benötigen »laufende Überprüfung, Wartung und Optimierung«. Woran erkennt man, dass sich ein Chatbot in der Krise, im Zustand der Verrottung befindet? Symptome dafür sind, so Reed, das häufigere Auftreten von Missverständnissen in der Kommunikation mit User*innen, das Nichtbeantworten von Fragen und die Unfähigkeit, die Kommunikation an eine mensch-

172 Jennifer Gabrys, *Digital Rubbish. A Natural History of Electronics*, Ann Arbor 2013, S. 107.

liche Teilnehmer*in weiterzuvermitteln, wenn das Problem verzwickt ist.[173]

Diese kleine Anamnese von Chatbots liest sich wie eine Gebrauchsanweisung zur Herstellung von Kommunikationsabbrüchen. Der verrottende Bot (*rotting bot*) ist nicht einfach ein toter Bot, sondern er funktioniert noch partiell, kann aber das Ziel nicht mehr erreichen, eine gewünschte Verbindung herzustellen. Entsprechend brechen User*innen häufig die Kommunikation mit dem Bot verärgert ab. Die Fehler des Bots lassen Kommunikation scheitern, ohne sich ihr einfach zu verweigern. Denn der Bot operiert noch, nur hat er sich zum Beispiel neuen Kontextanforderungen womöglich nicht angepasst. Auch der verrottende Bot produziert ein Moment der Ungewissheit, nun aber nicht als künstlerisches Experiment, sondern als Teilnehmer in einer eigentlich zielgerichteten Kommunikation. Die Präsenz des sich zersetzenden, unverständlichen Bots macht ein Moment der Verbindungslosigkeit in Netzwerken wahrnehmbar. Er ist buchstäblich ein entnetzter Aktant, der gemäß einer nicht erfassbaren Rationalität, die ihren ursprünglichen Kontext verloren hat, weiter operiert.

(2) Stehen der digitale Verfall und Müll klassischerweise für ungeplante und unerwünschte Nebenphänomene von Netzen, die es eigentlich zu verhindern gilt, wird nun zunehmend die Funktionalität der Verrottung entdeckt: sei es als Selbstreinigungsmechanismus überlasteter Netze, sei es als Sicherheitstechnik. Die Strategisierung des Verfalls ist eine Antwort auf den durch die digitalen Netzwerke geschaffenen Exzess an Daten und Verbindungen – ein Exzess, der durch die vergleichsweise einfachen und kostengünstigen Speichermöglichkeiten digitaler Netzwerke möglich geworden ist. Ursprünglich fußte die Idee der grenzenlosen Speicherung auf dem Versprechen der Immaterialität, das für die frühen Netzdiskurse charakteristisch war. Aus der Perspektive des digitalen Exzesses könnte man sogar sagen, dass der digitale Verfall eine im Grunde notwendige, jedenfalls überaus nützliche Reaktion auf die Infor-

173 Niamh Isobel Reed, »Preventing Bot Rot. How to Keep Your Chatbot Healthy«, in: *Chatbotmagazine*, 2018, ⟨https://chatbotsmagazine.com/preventing-bot-rot-how-to-keep-your-chatbot-healthy-18b6724e47a3⟩, letzter Zugriff 16.10.2020. Auch Microsoft erinnert die Hersteller*innen von Bots an diese Erfordernisse zur Instandhaltung, und Hersteller*innen von Bots verkaufen in der Regel nicht nur die Bots, sondern auch monatliche Pflege- und Kontrollpakete.

mationsflut digitaler Netzwerke ist, um die Funktionsfähigkeit des Netzwerks selbst zu sichern.[174] Mehr noch, digitale Netzwerke sind beständig mit dem Management ihrer dauerhaften Vergänglichkeit (»enduring ephemerality«) beschäftigt; in jede Neuerung ist bereits ihr Verfall eingeschrieben. Das Obsolete ist damit ein integraler Bestandteil von digitalen Netzwerken:[175]

> Digitale Medien, die angeblich dauerhafter und beständiger sind als andere Medien (Filmmaterial, Papier usw.), sind auf eine Degeneration angewiesen, die aktiv geleugnet und verdrängt wird. Diese Degeneration, die Ingenieure in eine nützliche und eine schädliche einteilen möchten (Löschbarkeit versus Signalzerlegung, Information versus Rauschen), widerlegt das Versprechen des digitalen Computers als permanente Speichermaschine. Wenn die Speicher unserer Maschinen [...] eine Dauerhaftigkeit ermöglichen, die uns zu fehlen scheint, dann deshalb, weil sie ständig aufgefrischt werden, damit ihre Vergänglichkeit Bestand hat, damit sie die Programme speichern können, die unsere Maschinen betreiben.[176]

Die dauerhafte Vergänglichkeit produziert eine schier unendliche Menge von Daten – und ist damit als politisch-technologisches Dispositiv sehr erfolgreich. Die Kehrseite dieses Erfolgs ist die Produktion eines Zuviel an schmutzigen, das heißt zum Beispiel irreführenden, ungenauen oder fehlformatierten Daten und Duplikaten, etwa durch Fehler beim Management einer Datenbank.[177] Betrachten wir den Verfall aus einer strategischen Perspektive, dann geht es um die technologische Organisation des Vergessens und Zersetzens von Daten und digitalen Medien. Ökonomisch wurde dieses Prinzip als »geplante Obsoleszenz« (*planned obsolescence*) systematisch ausgearbeitet. Geplante Obsoleszenz meint, »dass ein Produkt direkt für eine spezifisch kurze Lebenserwartung entworfen wird, so dass die Kund*innen das Produkt wiederholt kaufen

174 Während es in der klassischen *Information-overload*-Diskussion bekanntlich um die kognitiven Kapazitäten menschlicher Subjekte ging. Siehe dazu oben, Teil I, Kap. 3.

175 Garnet Hertz, Jussi Parikka, »Zombie Media. Circuit Bending«, in: Jussi Parikka (Hg.), *A Geology of Media. Electronic Mediations, Volume 46*, Minneapolis, London 2015, S. 141-168, hier S. 142.

176 Wendy Hui Kyong Chun, »The Enduring Ephemeral, or the Future Is a Memory«, in: *Critical Inquiry* 35, 1 (2008), S. 148-171, hier S. 167.

177 Eintrag zu »Dirty Data«, in: *Techopedia*, ⟨https://www.techopedia.com/definition/1194/dirty-data⟩, letzter Zugriff 16. 10. 2020.

müssen«.[178] Diese Ökonomisierung des Verfalls ist in den letzten Jahren aus ökologischer Perspektive scharf angegriffen worden. Wenn ein Smartphone so gestaltet wird, dass es zu einem Zeitpunkt, an dem es eigentlich technisch noch funktionsfähig wäre, nicht mehr brauchbar ist, liegen entsprechende Konsumkritiken nahe.

Auch die Vision von sich selbst zerstörenden Daten nimmt die Idee der Planbarkeit von Verfall auf; auf die biologisch abbaubaren Tüten folgen nun sich selbst zersetzende Dateien, die möglichst keine Spuren ihrer Existenz hinterlassen sollen.[179] Wie attraktiv der geplante Verfall von Daten auch ökonomisch sein kann, belegen Soziale Medien wie Snapchat: Die verschickten Fotos oder Textbotschaften verfügen über eine Lebenszeit von einigen wenigen Sekunden und werden dann wieder gelöscht, allerdings mit Einschränkungen, denn selbst wenn die Daten für die User*innen nicht mehr greifbar sind, behält sich Snapchat deren zukünftige Auswertung vor.[180] Die verkürzte Lebenszeit der Daten ist so zu einem ökonomischen Produkt geworden, das mit dem Versprechen der kurzen und berechenbaren Lebensdauer wirbt, also gerade nicht mit dem »ewiger« Verfügbarkeit. Datenschutz würde in dieser etwa von Snapchat (wenn auch inkonsequent) durchgeführten Vision nicht mehr bedeuten, dass Zugriffsrechte auf Daten beschränkt werden (also dass Daten der jeweiligen User*in gehören); vielmehr würden durch das Verschwinden dieser Daten jegliche Interaktionsspuren getilgt.

178 So die Definition von Jeremy Bulow, »An Economic Theory of Planned Obsolescence«, in: *The Quarterly Journal of Economics* 101, 4 (1986), S. 729-749, zit. nach: Matteo Zallio, Damon Berry, »Design and Planned Obsolescence. Theories and Approaches for Designing Enabling Technologies«, in: *The Design Journal* 20 (2017) (Ergänzungsband), S. 3749-3761, hier S. 3750. Der Begriff wurde aber bereits in den 1930er Jahren während der Wirtschaftskrise von Bernard London eingeführt. London schlug vor, dass eine Steuer auf die Benutzung alter Gegenstände wie Kleider oder auch Wohnungen erhoben wird, um so die Wirtschaft anzukurbeln. Siehe Parikka (Hg.), *Geology of Media*, S. 143.

179 Ungeachtet der Tatsache, dass es kaum möglich ist, Daten vollständig zu löschen; siehe dazu Christo de Clerk, »Materiality of Deletion«, in *MAS Context* 22 (2014), S. 182-194; und Matthew G. Kirschenbaum, *Mechanisms. New Media and the Forensic Imagination*, Cambridge 2008.

180 Oren Soffer, »The Oral Paradigm and Snapchat«, in: *Social Media + Society* 2, 3 (2016), S. 1-4.

Die strategische Nutzung des so permanenten wie ungesteuerten digitalen Verfallsprozesses beschränkt sich aber nicht nur auf die intentionale Schaffung von kurzlebigen Daten für die eben genannten Zwecke. Wenn Software, Links und Hardware (beispielsweise Server und Router) nicht ständig aktualisiert werden, können ganze Netzwerke ihre Funktionsfähigkeit einbüßen. Die vom *digital decay* dadurch produzierte Nichtanschlussfähigkeit wird meist als ungewünschte und damit problematische Entnetzung gesehen, sie lässt sich aber auch für die Sicherung von Netzwerken nutzen, Stichwort: »Sicherheit durch Obsoleszenz« (*security through obsolescence*). Der Programmierer Brian Aker schlägt zum Beispiel vor, Netzwerke gegen Hackerangriffe durch den gezielten Einsatz veralteter Software und Hardware zu schützen. Das sei »eine interessante Möglichkeit, einen mit dem Internet verbundenen Computer gegen Eindringlinge abzusichern: Stellen Sie sicher, dass das Betriebssystem und die Software, die es verwendet, so alt sind, dass die aktuellen Hackerprogramme darauf nicht laufen.«[181] Das nicht durchgeführte Update wird zum Garanten für eine sicherheitstechnisch gewendete Nichtanschlussfähigkeit, die durch technische Inkompatibilitäten ebenso geschaffen wird wie durch die Verknappung von Wissen. Denn die Diskussionen auf den einschlägigen Hackerforen sind aktualitätsgetrieben, es geht ganz überwiegend um den neuesten Stand der Technik, wohingegen Beiträge zu veralteten oder minderwertigen Technologien dort kaum zu finden sind.[182]

Solche Strategien unterziehen die Endlichkeit digitaler Phänomene einem Planungsprozess und machen den ursprünglich nichtintendierten Verfallsprozess zum Gegenstand intentionaler Kalküle. Sie beruhen damit auf einer radikalisierten Vorstellung, Netzwerke kontrollieren zu können, setzen sie doch die Fähigkeit voraus, selbst noch den Verfall meistern zu können.

(3) Gleichzeitig wohnt dieser Planung des Verfalls aber auch eine eigentümliche, über funktionale Belange (Ökonomie und Sicherheit) hinausreichende Faszination inne. Die vom Science-Fiction- und Cyberpunk-Autor Bruce Sterling begründete (mitt-

181 Brian Aker, zit. nach: Robin Miller, »Security Through Obsolescence«, in: *Linux.com*, 2002, ⟨https://www.linux.com/news/security-through-obsolescence⟩, letzter Zugriff: 16. 10. 2020.

182 Ebd.

lerweile jedoch aufgelöste) Bewegung *Viridian Design* hatte dazu aufgefordert, sich dem Verfall zu widmen und dessen ökonomische Strategisierung zu verschärfen:

> Meide das Zeitlose, Umarme den Verfall. Platonische Visionen der absoluten Realität und christliche Visionen der Ewigkeit sind für zweibeinige Säugetiere in einer Biosphäre sehr ungesund. Nichts Physikalisches ist ewig. Es ist ein sehr schlechtes Design, ein Gerät zu schaffen, welches schnell nicht mehr funktioniert, während seine nutzlosen Bestandteile um uns herum weiterbestehen, hässlich und gefährlich. Die Entropie verdient unseren Respekt und unsere Aufmerksamkeit. Entropieprozesse wie Korrosion, Fäulnis, Rost, Abbau, Zersetzung und Zerfall sollten genau untersucht, für die industrielle Verwendung nutzbar gemacht und sogar ästhetisiert werden. »Geplante Vergänglichkeit«: »Geplante Obsoleszenz« bedeutet, dass ein Produkt innerhalb eines bekannten Zeitrahmens durch eine angebliche Nachbesserung vom Markt gedrängt wird. Das viridianische Prinzip der geplanten Vergänglichkeit erweitert diese Praxis, indem es verlangt, dass das Produkt und alle seine physikalischen Spuren sich anmutig auflösen und vollständig verschwinden.[183]

Die viridianischen Prinzipien sind eine bemerkenswerte Mischung zwischen Technooptimismus und ökologischem Denken. Das viridianische Manifest forderte die Verschärfung des Prinzips der geplanten Obsoleszenz durch dessen konsequente Durchführung. Ein Smartphone sollte nicht einfach unbrauchbar werden, sondern die nutzlos gewordene Hardware soll ebenfalls verschwinden, um nicht zur ökologischen Belastung zu werden. Die Viridianer stützten sich zunächst noch auf den Gegensatz zwischen materiellen Objekten und immateriellen Daten,[184] und auch in seiner Rede »Digital Decay« betont Sterling die Materialität der Hardware, die Verfalls- und Abnutzungsprozessen ausgesetzt ist.[185] Interessanter noch ist aber sein Verweis auf die Materialität der Bits. Diese unterliegen einem eigenen Verfallsprozess, der sich zwar von der kon-

183 Bruce Sterling, »Viridian Principles 1.0«, in: *Viridian*, ⟨http://www.viridiandesign.org/principles.html⟩, letzter Zugriff 18.10.2020.

184 Das macht etwa die Forderung »Less Mass, More Data« deutlich, siehe Sterling, »Viridian Principles 1.0«.

185 Siehe auch Bruce Sterling, *The Dead Media Project*, 1995, ⟨http://www.deadmedia.org/⟩, letzter Zugriff 18.10.2020, und ders., »Embrace the Decay«, in: *LA Museum of Contemporary Art*, 2003, ⟨http://www.moca-la.org/museum/digital_gallery.php⟩, letzter Zugriff 21.10.2020.

tinuierlichen analogen Zersetzung unterscheidet. Die Korruption und Unlesbakeit von Daten sind das Äquivalent zum physikalischen Verfall:

Kompressionsalgorithmen haben die Daten möglicherweise in eine unlesbare Form gepresst. Vielleicht wurden sie verschlüsselt und sorgfältig hinter ein digitales Schloss und Riegel gebracht; aber der Schlüssel kann verschwunden sein, das ganze Verschlüsselungsprogramm kann verschwunden sein. Das System kann nicht starten, weil seine Teile inkompatibel sind. Die Software hat Viren.[186]

Der digitale Verfallsprozess wird hier nicht nur als Instandhaltungsproblem oder ökonomische Ressource gesehen, sondern steht für ein Moment der immanenten Kritik an der Digitalisierung. Denn so lässt sich die klassische Vorstellung einer zeitlosen und immateriellen Sphäre des Digitalen entzaubern. Den Verfallsprozess nicht nur abzufedern, sondern ihn zu ästhetisieren und taktisch zu nutzen, wird nun besonders attraktiv. Die digitale Überproduktion ruft nach Verfahren zu ihrer Bearbeitung und Reduktion, so der Journalist Chris Baraniuk in seinem Aufsatz »Glitchland«:

Und das ist die Macht, die wir mit den digitalen Medien haben. Wir können Obsoleszenz entwerfen, wenn wir wollen, wir können den Verfall vorprogrammieren, wenn wir wollen – aber bis vor kurzem gab es keinen Grund dazu. Im Laufe der Zeit werden wir jedoch immer mehr Vorwände haben, genau das zu tun. Die Glitch-Kunst ist erst der Anfang unserer Kultur, die sich einer Welt annähert, in der die Kontinuität des Digitalen nicht mehr vorausgesetzt wird.[187]

Die organischen Metaphern des Verfalls und Verrottens verweisen auf die Endlichkeit auch digitaler Daten und bringen ein Unbehagen an der vorgeblich immateriellen und zeitlosen Verfasstheit des Digitalen zum Ausdruck.[188] Dass es auch in der digitalen Sphäre

186 Sterling, »Digital Decay«.

187 Chris Baraniuk, »Glitchland. In the Future, the Digital Will Know How to Decay«, in: *The Machine Starts,* 2013, ⟨http://www.themachinestarts.com/read/2013-09-glitchland-future-digital-will-know-how-to-decay⟩, letzter Zugriff 04.02.2020; Glitch-Kunst ist eine künstlerische Praxis, die sich digitaler »Fehler« als ästhetischen Materials bedient.

188 Dazu passt die Idee, dass sich digitale Güter nicht abnutzen, wodurch z. B. erst das nahezu unbegrenzte Teilen von Dateien möglich wird. Siehe aber auch

Analogien zu Fäulnis und Verrottung gibt, hebt die Entropie von Informationen – und Netzwerken – hervor.[189] Was ansonsten häufig unbemerkt bleibt – ein toter Link, der nicht benutzt wird[190] oder ein *rotten bot*, der nur noch als passiver Twitterfollower agiert –, macht deutlich, dass es ständig zur Entnetzung von Daten und Algorithmen kommt. Was aber geschieht mit dem schädlichen digitalen Verfall, welcher den Ingenieuren und der Software entgeht oder von diesen nicht bearbeitet werden kann? Ein knapper Hinweis findet sich bei Chun dort, wo sie von der Rolle von »schmutzigen Daten« (*dirty data*) spricht:

> Digitale Mediennetzwerke basieren nicht auf dem regelmäßigen Obsoletwerden oder der Verfügbarkeit von Informationen, sondern auf der Wiederauffindbarkeit oder dem Untoten von Informationen. […] Verlässlichkeit ist an die Löschung gekoppelt; eine Datenbank gilt als unzuverlässig (»schmutzige Daten« enthaltend), wenn sie ältere oder ungenaue Informationen nicht auf angemessene Weise loswird.[191]

Während Chun hier die geplante Obsoleszenz dem Untoten oder Schmutzigen gegenüberstellt, fasse ich dies als zwei Seiten des Obsoleten. Obsolet sind Apparate, Software oder Daten, die wie aus der Zeit gefallen erscheinen und dadurch ihre Anschlussfähigkeit verloren haben. Solche Entitäten sind nicht als solche beschädigt oder zersetzt, sondern befinden sich nicht mehr im Einklang mit vorherrschenden Zeitlichkeiten, wodurch sie ihre durch Aktualität bestimmte Nützlichkeit verloren haben. Sie sind beharrliche Reste von sich ständig selbsterneuernden Prozessen.[192] Diese spezifische

die Diskussion zur »digitalen Patina«: Olivier Thereaux, »Digital Decay«, in: *2 Neurones & 1 Camera*, 2013, ⟨https://olivier.thereaux.net/2013/01-Digital-Decay⟩, letzter Zugriff 27. 04. 2020; Gil Bartholeyns, »The Instant Past. Nostalgia and Digital Retro Photography«, in: Katharina Niemeyer (Hg.), *Media and Nostalgia. Yearning for the Past, Present and Future*, London 2014, S. 65 f.g

189 Wolfgang Ernst hält dies jedoch gerade für unmöglich, siehe: »Tracing Tempor(e)alities«, in: *Media Theory*, 2018, ⟨http://mediatheoryjournal.org/wolfgang-ernst-tracing-temporealities/⟩, letzter Zugriff 27. 04. 2020.

190 Inzwischen gibt es aber spezielle Software zur Entdeckung von toten Links, z. B. »Xenu's Link Sleuth«, ⟨http://home.snafu.de/tilman/xenulink.html⟩, letzter Zugriff 27. 04. 2020.

191 Chun, »The Enduring Ephemeral«, S. 171.

192 Jussi Parikka, »Remain(s) Scattered«, in: Ioana B. Jucan u. a. (Hg.), *Remain*, Minneapolis 2018, S. 1-48, hier S. 7.

Zeitlichkeit des Obsoletwerdens, ihre Heterochronie,[193] ist das Analogon zur organischen Verwesung, die in den Verfallsmetaphern aufgerufen wird:

> Der Skandal der Obsoleszenz liegt in den Folgen dieser Gleichzeitigkeit [von Zukunft und Vergangenheit], die nicht etwa zur Vergänglichkeit der materiellen Form oder gar notwendigerweise der Verwendbarkeit des obsoleten Objekts führt, sondern vielmehr dazu, dass sein Wert, seine kulturelle Eigentümlichkeit, für uns schwindet.[194]

Der Skandal besteht darin, »dass das Obsolete gerade nicht verschwindet«,[195] sich nicht einfach verflüchtigt, sondern als materialer Rest verbleibt. Damit sprengt das Obsolete auch den Binarismus zwischen dem Neuen und dem Alten;[196] es handelt sich um untote »Zombie Medien«. Einige Figuren des Obsoleten, auf die diese Beschreibung zutrifft, haben wir schon kennengelernt: den Ladenhüter, der seine ökonomische Nützlichkeit verloren hat, das Zuviel des organisationellen Leerlaufs (*slack*), die Vakuolen. Die Beispiele zeigen bereits, dass das Obsolete keineswegs auf digitale Entitäten beschränkt ist, dort aber eine neue Bedeutung erfährt.

Im vorherigen Abschnitt war Obsoleszenz der zentrale Gegenstand entsprechender Strategien, von der *planned obsolescence* bis zur *security through obsolescence*. Könnte es neben der Funktionalisierug auch *resistance through obsolescence* geben? Dazu wird es nötig sein, den Umgang mit dem Obsoleten nicht als souveräne Meisterung von Verfallsprozessen, sondern als situative Gelegenheit zu fassen. Diese Taktiken setzen auf die Widerspenstigkeit des Obsoleten, das heißt die Unmöglichkeit, sich des Obsoleten ganz zu entledigen oder dieses vollständig zu funktionalisieren. Garnet Hertz und Jussi Parikka haben sich mit dem Konzept der »Zombie-Medien« von Sterlings Versammlung der »toten Medien« abge-

193 Ebd.

194 Kathleen Fitzpatrick, »Obsolescence and Innovation in the Age of the Digital«, in: Jentery Sayers (Hg.), *The Routledge Companion to Media Studies and Digital Humanities*, London 2018, S. 329-335, hier S. 330.

195 Babette Tischleder, Sarah Wasserman, »Introduction« in: dies. (Hg.), *Cultures of Obsolescence. History, Materiality, and the Digital Age*, New York 2015, S. 1-17, hier S. 2, zit. nach: Rebecca Schneider, »Slough Media« in: Jucan u. a. (Hg.), *Remain*.

196 Ioana B. Jucan »Remain x Remain(s)«, in: dies. u.a. (Hg.), *Remain*, S. ix-xx, hier S. xii; zum Begriff der Zombie Medien siehe Hertz/Parikka, »Zombie Media«.

grenzt,[197] indem sie forderten, die obsoleten Medien und Daten dem Vergessen zu entreißen, sie »auferstehen zu lassen für neue Gebrauchsweisen«.[198] Das führt allerdings zur Gegenüberstellung von obsoleten Medien entweder als toxische, ungenutzte Reste oder als kreative Wiederaneignung in künstlerischen DIY-Praktiken.[199] Diese utopische Perspektive ist aber noch zu sehr einem Nachhaltigkeitsdenken verpflichtet, das selbst dem Obsoleten wieder einen neuen Nutzen verschaffen möchte. Zwar sind solche Praktiken, gerade in Bezug auf ausgediente Hardware, sicherlich ökologisch sinnvoll; sie lassen aber auch zu schnell den seltsamen Zwischenzustand der untoten Medien und Daten hinter sich.

Davon können wir Taktiken unterscheiden, die im Obsoleten selbst einen Eigenwert sehen. Diese lassen sich genauer umreißen, indem wir aus der Perspektive des digitalen Verfalls zwei wichtige von Alexander Galloway und Eugene Thacker diskutierte Taktiken neu kontextualisieren: die Taktiken der Nichtexistenz und die Taktiken der Hypertrophie. Die »Taktiken der Nichtexistenz«[200] teilen mit dem Obsoleten dessen Unsichtbarkeit. Nichtexistenz (*non-existence*) heißt nicht, dass etwas schlechthin nicht existiert, sondern dass es für die jeweiligen Netzwerklogiken nicht klassifizierbar ist – also aus deren Perspektive obsolet ist. Das Nichtexistente ist keine negative Kategorie: Es verfügt über eine eigene, jedoch unbeobachtete Fülle:[201]

> Die Frage der Nichtexistenz lautet: Wie entwickelt man Techniken und Technologien, um sich selbst unaufspürbar zu machen? Ein einfacher Laserpointer kann eine Überwachungskamera blenden, wenn der Strahl direkt auf das Objektiv der Kamera gerichtet ist. Mit dieser Art der Tarnung versteckt man sich nicht, man ist einfach nicht existent für diesen Knotenpunkt. Das Subjekt ist vollständig präsent, aber es ist einfach nicht auf dem Bildschirm zu sehen. Das ist ein Exploit.[202]

197 Damit ist u. a. Sterlings ›The Dead Media Project‹ gemeint ⟨http://www.deadmedia.org/⟩, letzter Zugriff 18. 10. 2020.

198 Hertz/Parikka, »Zombie Media«, S. 150.

199 Ebd. S. 153.

200 Alexander R. Galloway, Eugene Thacker, *The Exploit. A Theory of Networks*, Minneapolis 2007, S. 135 f.

201 Siehe auch Hito Steyerl, *HOW NOT TO BE SEEN. A Fucking Didactic Educational. MOV file*, Installation, 2013.

202 Galloway/Thacker, *The Exploit*, S. 134 f. Zur Definition von »exploit« siehe weiter unten in diesem Abschnitt.

Galloway und Thacker rahmen ihre Frage nach der Nichtexistenz als Kritik der Repräsentation – und damit (und trotz aller Aufrufe, Deleuze »zu vergessen«)[203] als den euphorischen Versuch, nichtrepräsentierbar zu werden und jede Form von Identität abzustreifen: »So sollten wir uns jeder repräsentierbaren Identität entledigen.«[204] Eine solche Kritik denkt Identität als eine fatale Repräsentation, da Kontrolltechniken Identitätskonstrukte bedürfen, um überhaupt operieren zu können. Gelingt es den zu kontrollierenden Subjekten, den Identitätsimperativen zu entgehen – oder in bester deleuzianischer Manier: einen ständig wechselnden, nicht fixierbaren Strauß von Identitäten zu entwickeln –, dann, so die Annahme, entfällt auch die Grundlage für Kontrolltechniken. Aber warum soll das Nichtexistente primär durch seine Nichtrepräsentierbarkeit bestimmt sein?[205] Das Obsolete dagegen verfügt über seine eigene, nicht mehr operative Materialität, ohne sich maskieren zu müssen.

Fasst man Nichtexistenz als Kritik der Repräsentation, droht man eine nichtrepräsentationale Fülle vorauszusetzen. Nichtexistenz wird so normativ aufgeladen zu einem ontologisch verbürgten Begriff geglückter Existenz, die sich des Zwangs der Repräsentation entledigt hat. Wenn Nichtexistenz als Flucht vor jedweder repräsentationalen Identität verstanden wird, wird diese subjekttheoretisch verengt; sie erscheint dann nurmehr als Rettung einer positiven Multiplizität hinter der aufgezwängten Identität. Diese implizite subjekttheoretische Zuspitzung widerspiegelt ex negativo das große Interesse an Taktiken der Maskierung,[206] die ein vorausgesetztes Subjekt unbeobachtbar oder »falsch« beobachtbar machen sollen – das aber versteckt hinter der Maske als Multiplizität existiert. Die Frage, wie im Kontext von digitalen Netzwerken mit Masken kalkuliert wird und welche Effekte die bloße nicht

203 David M. Berry, Alexander R. Galloway, »A Network is a Network is a Network. Reflections on the Computational and the Societies of Control«, in: *Theory, Culture & Society* 33, 4 (2016), S. 151-172.

204 Galloway/Thacker, *The Exploit*, S. 136.

205 Siehe auch Galloways Aufruf zu einer Ästhetik des Nichtrepräsentierbaren in der Kontrollgesellschaft in: Alexander R. Galloway, *The Interface Effect*, Cambridge 2012, S. 78-100 (Kap. »Are Some Things Unrepresentable?«).

206 Etwa in der Internetkunst von Zach Blas. Siehe seine Arbeiten *Face Cages*, 2013-2016, ⟨https://zachblas.info/works/face-cages/⟩, und *Contra-Internet*, 2014-2018, ⟨http://www.zachblas.info/projects/contra-internet/⟩, letzter Zugriff jeweils 18. 10. 2020.

adressierbare Existenz – in meinem Sinne: Obsoleszenz – für das Funktionieren solcher Netzwerke hat, gerät aber auch hier aus dem Blick. In seinen jüngeren Arbeiten reagiert Alexander Galloway auf die Kritik an der problematischen Annahme einer Ontologie der Virtualität und setzt an die Stelle der ontologischen Fülle nun eine »Unvermögen« (*insufficiency*), das erst der Grund für jede medial und sozial strukturierte Potentialität ist. Mit Giorgio Agamben und Georges Bataille gelte es, eine »Negativität ohne Nutzen« zu pflegen – eine Negativität, die sich im »Brachliegen« und in der »Inaktivität« zeige.[207] Damit nähern wir uns dem Obsoleten an, das sich nicht maskieren muss, sondern durch seine meist unauffällige Anwesenheit immer schon übersehen wird.

Einer zweiten politischen Taktik geht es nicht um ein Sichentziehen, wie sie jene der »Nichtexistenz« jedenfalls auf den ersten Blick darstellt, sondern um ein Übersteigern der technischen Möglichkeiten. Ausgehend von der Annahme, dass der Begriff des Widerstands heute ausgedient habe, tritt der Begriff der Hypertrophie an dessen Stelle. Anstatt sich den Protokolllogiken zu entziehen, seien diese weiter zu steigern: »Wir müssen hochskalieren, nicht den Stecker ziehen [*unplug*].«[208] Wie sich das bewerkstelligen lässt, zeigt Anna Munster anhand der Applikation *TrackMeNot*, die darauf abzielt, die Verwertbarkeit von Suchanfragen zu reduzieren.[209] Diese erzeugt randomisierte Anfragen an Suchmaschinen, welche die eigentliche Frage in einer »Wolke aus ›Geister‹-Anfragen« verstecken sollen.[210] Daniel Howe und Helen Nissenbaum, die die Browsererweiterung entwickelt haben, betonen, dass es nicht um Verschlüsselung, sondern um Vernebelung gehe.[211] Howe beschreibt die Vorteile dieser Strategie wie folgt:

207 Alexander R. Galloway, Jason R. LaRiviere, »Compression in Philosophy«, in: *Boundary 2: An International Journal of Literature and Culture* 44, 1 (2017), S. 125-147, hier S. 136. Siehe auch oben, Teil II, Kap. 5, zum »Unvermögen«.

208 Galloway/Thacker, *The Exploit*, S. 98.

209 Ebd. Siehe auch: Daniel C. Howe, Helen Nissenbaum, »TrackMeNot: Resisting Surveillance in Web Search«, in: Ian Kerr u. a. (Hg.), *Lessons from the Identity Trail. Anonymity, Privacy, and Identity in a Networked Society*, Oxford 2009; dies., *TrackMeNot*, Softwareprojekt, 2009, ⟨https://trackmenot.io/⟩, letzter Zugriff 19. 10. 2020.

210 Ebd.

211 Ebd.

Das Ausmaß, in dem das Rauschen [im Sinne von Störungen], das durch die Tools zur Vernebelung erzeugt wurde, den Wert der gesammelten Daten in Systemen mindert, kann dazu dienen, auch diejenigen zu schützen, die die Tools selbst nicht benutzen. Selbst in Fällen, in denen die Beseitigung dieses Rauschens möglich ist, muss man die dafür erforderlichen Ressourcen berücksichtigen. Jüngste Forschungen zum Data-Mining zeigen, dass die Entfernung von Rauschen aus Data-Mining-Systemen bereits erhebliche Ressourcen in Anspruch nimmt, wobei über 80 Prozent der Projektzeit für die Reinigung und Aufbereitung der Daten aufgewendet wird.[212]

Auch wenn es also durch Algorithmen möglich ist, die randomisierten, wertlosen Daten auszusortieren, so macht eine solche Technik die Auswertung der Daten schwieriger und kostspieliger. Es handelt sich bei solchen Techniken nicht um klandestine Taktiken des Entzugs, denn diese benutzen selbst sichtbare Software, um die Überproduktion von nutzlosen, schmutzigen Daten zu automatisieren.[213]

Der medizinische Ausdruck der Hypertrophie bezeichnet eine pathologische Übersteigerung, eine ungesunde Erweiterung eines Organs, man könnte auch sagen: eine Krise. In das Konzept der Hypertrophie ist damit auch eine Krisentheorie eingelassen, und einige Aspekte dieser Taktik haben eine gewisse Nähe zum Akzelerationismus, was Galloway auch mit etwas Zögern eingesteht, um dann schnell die Begrenztheit dieser Taktik zu benennen: Sie könne, da der Kapitalismus auf Beschleunigung beruht, nie zur emanzipatorischen Strategie werden, sondern nur als situationale Taktik nützlich sein.[214]

Die beiden Taktiken der Nichtexistenz und der Hypertrophie unterscheiden sich im Hinblick darauf, wie ein Entkommen aus

212 Daniel C. Howe, »Surveillance Countermeasures: Expressive Privacy via Obfuscation«, in: *APRJA* 4, 1 (2015), S. 88-98, hier S. 93.

213 Dass diese Überproduktion von schmutzigen Daten selbst ökologische Probleme schaffen kann, deuten Howe/Nissenbaum in einem anderen Aufsatz an: Finn Brunton, Helen Nissenbaum, »Vernacular Resistance to Data Collection and Analysis. A Political Theory of Obfuscation«, in: *First Monday* 16 (5), 2011, ⟨https://firstmonday.org/ojs/index.php/fm/article/download/3493/2955⟩, letzter Zugriff 24. 10. 2020.

214 Alexander R. Galloway, »Brometheanism«, in: *Culture and Communication*, 2017, ⟨http://cultureandcommunication.org/galloway/brometheanism⟩, letzter Zugriff 19. 10. 2020.

Netzwerklogiken gedacht wird, das heißt hinsichtlich ihrer Immanenz. Die Nichtexistenz verweist auf ein Außerhalb innerhalb von Netzwerken, während sich die Hypertrophie auf die Konnektivitäts- und Beschleunigungslogik der Netzwerke einlässt, um diese durch ihr Wachstum in eine Krise zu führen. Beide Taktiken werden als Exploits gelesen, da sie Schwachstellen innerhalb eines Netzwerks ausnutzen: »Bei den Protokoll-Kämpfen geht es nicht darum, Technologien zu verändern, sondern darum, Löcher in bestehenden Technologien zu entdecken und potentielle Veränderungen durch diese Löcher zu projizieren. Hacker nennen diese Löcher ›Exploits‹.«[215] So attraktiv das Konzept des Exploits etwa für die Analyse dessen ist, was Hacker*innen und Viren tun, so sehr bleibt es dem paranoiden Modell des Netzwerks verhaftet. Exploits stehen für die Unmöglichkeit sowohl eines perfekten Protokolls als auch einer lückenlosen Kontrolle, nehmen also genau die Ängste auf, welche in die moderne Logik des Netzwerkens eingelassen sind.

Wie verhält sich eine von Exploits ausgehende politische Analyse zum digitalen Verfall? Nun, es kommt darauf an, welche Konzeption der Kontrollgesellschaft einer solchen Analyse zugrunde liegt. Ist sie deleuzianisch, so läuft sie Gefahr, die Wirksamkeit von Kontrolltechnologien (und damit insbesondere auch von Protokollen) zu überschätzen. Gehen wir vom *digital decay* aus, dann befinden sich Netzwerke ohnehin in einem permanenten Auflösungszustand, und zwar ganz ohne das Zutun von widerständigen Handlungsweisen. Dieser digitale Verfall zeigt sich, so habe ich dargelegt, nicht nur im Fehlschlagen von Prozessen, sondern in der beständigen Schaffung von digitalem Abfall: toten Links, verlorenen und korrupten Datenpaketen und unnötigen Prozessen. All diese Abfallprodukte habe ich unter den Begriff des Obsoleten gebracht. Sie teilen mit den Modi der Nichtexistenz deren Positivität: Sie sind anwesend und abwesend zugleich, da sie häufig nicht beobachtet werden können. Allerdings entsteht ihre Positivität nicht aus einem Kampf gegen Identität, sondern – undramatischer – durch ihre Materialität, die ihre Operativität temporär eingebüßt hat. Sie zeichnen sich also nicht schlechthin durch einen Mangel an Repräsentierbarkeit und Identitätsbezug aus, sondern durch einen Mangel an Anschlussfähigkeit. Das Obsolete kann durchaus durch eine Art von Hyper-

215 Galloway/Thacker, *The Exploit*, S. 81.

trophie hervorgebracht werden, aber es ist eine Hypertrophie ohne Krise, ohne die Dramatik einer pathologischen Verformung. Vielmehr wird ein Zuviel an Nichtanschlussfähigkeit mit eigener Positivität produziert, eine Impotentialität oder »opake Indifferenz«,[216] die nicht subjektbezogen zu lesen wäre. Galloway und LaRiviere sprechen von der »generischen Kompression des Subjekts«, durch welche dessen Existenz *lossy* wird.[217] Aus meiner Sicht geht es jedoch nun um die generische Kompression des Netzwerks (und nicht des Subjektes), die andauernd unvermögende analoge und digitale Entitäten, Obsoleszenz, produziert.[218] Denn wenn das Subjekt im Anschluss an eine »Bartleby-Politik« zum Fluchtpunkt einer Politik des Entzugs wird, läuft man Gefahr, die beständige Produktion des Obsoleten durch und in den Netzwerken aus dem Blick zu verlieren.

(4) Reparieren, strategisch planen oder taktisch nutzen – das sind die drei skizzierten Umgangsweisen mit dem digitalen Verfall. Für all diese Modalitäten ist die Praxis des Löschens, der ich mich nun widmen möchte, von großer Wichtigkeit. Löschen mag auf den ersten Blick als eine Möglichkeit erscheinen, die Spuren des Verfalls zu tilgen. Das Löschen ist eine Antwort auf die grenzenlose Erweiterung von Netzwerken und den so erzeugten Datenüberfluss. Der Imperativ der Vernetzung übersetzt sich in das Erfordernis, die durch Vernetzung erzeugten Daten zu bewahren. Solange die Vorstellung digitaler Daten von Bildern ihrer Immaterialität geprägt war, war das Löschen nur ein untergeordnetes Problem. Riesige Datenmengen müssen jedoch in energieintensiven Serverfarmen gespeichert und gepflegt werden. Erst in jüngster Zeit wird das allumfassende Speichern von Daten problematisiert, und zwar nicht nur aus rechtlicher Sicht. Auf individueller Ebene gilt Data-Hoarding als problematisches, ja sogar als gefährliches und pathologisches Verhalten (in Analogie zum Messie-Diskurs), auf kollektiver Ebene als ökologische Belastung und Sicherheitsproblem.[219]

216 Galloway/LaRiviere, »Compression in Philosophy«, S. 137.

217 Ebd.

218 Die Fokussierung auf die »Verschleierung« (*obfuscation*) des Subjekts zeigt sich auch, wenn betont wird, dass durch Widerstandstechniken das Individuum unidentifizierbar werden soll: »Hier könnte man die jüngsten kritischen Bemühungen anführen, die das Subjekt deprädikatisieren, indem verschiedene Arten von Datenpunkten entfernt werden, die das Individuum möglicherweise verfolgen [*track*] und ›fixieren‹ [›*enframe*‹] könnten.« Ebd.

219 Siehe Jo Ann Oravec, »Virtual Hoarding«, in: Mehdi Khosrow-Pour (Hg.), *En-*

Das Löschen von Daten übernimmt hier eine ambivalente Funktion: einerseits als notwendiger Vorgang, um effiziente Vernetzung zu ermöglichen und die ökologischen Effekte des Speicherns großer Datenmengen zu reduzieren, andererseits als eine Einschränkung der Konnektivitätsdoktrin und ihrer Vorstellung vom unendlichen Gedächtnis. Denn gelöschte Daten gelten als verschwendete Daten und damit auch als verlorene Verbindungschancen (wie beispielsweise die Nutzung großer Datenmengen für prädiktive Modelle).

Die gegenwärtige Medientheorie[220] ebenso wie künstlerische Projekte haben die Vorstellungen des Löschens verkompliziert. Mag Löschen auf den ersten Blick als einfache Form des Beseitigens von schadhaften oder überflüssigen Daten erscheinen, das diese ohne Spuren verschwinden lassen kann, so treten zunehmend die Spuren des Löschens in den Vordergrund des Interesses. Löschen wird nun selbst als eine materiale Praxis gesehen.

Aus politischer und rechtlicher Sicht interessiert das Löschen als Strategie zum Schutz der Privatsphäre und allgemeiner noch als Mittel gegen den Daten- und Informations-*Overload.* Der Rechtstheoretiker Viktor Mayer-Schönberger schlägt zum Beispiel vor, dass Mechanismen der Selbstlöschung in Datenformate eingebaut werden sollen, um das Vergessen wieder möglich zu machen.[221] Dateien sollen obligatorisch über ein von der User*in gewähltes Verfallsdatum verfügen. Implizit wird so das Konzept der geplanten Obsoleszenz nicht nur auf Geräte, sondern auch auf die Daten selbst übertragen. Dem digitalen Verrotten wird nun ein technologisch kontrolliertes, auf einer individuellen Entscheidung basierendes Verrotten zur Seite gestellt.[222]

cyclopedia of Information Science and Technology, Bd. 4, Hershey 2017, S. 4306-4314; Mél Hogan, »The Archive as Dumpster«, in: *Pivot* 4, 1 (2015), S. 7-38; Cynthia J. Gormley, Samantha J. Gormley, »Data Hoarding and Information Clutter. The Impact on Cost, Life Span of Data, Effectiveness, Sharing, Productivity, and Knowledge Management Culture«, in: *Issues in Information Systems* 13, 2 (2012), S. 90-95. Zur Messieanalogie siehe »Data Hoarding ist gefährlich«, in: *IT SecCity.de*, 2016, ⟨http://www.itseccity.de/markt/studien/veritas-technologies221116.html⟩, letzter Zugriff 19. 10. 2020.

220 Jean-François Blanchette, »A Material History of Bits«, in: *Journal of the Association for Information Science and Technology* 62, 6 (2011), S. 1042-1057.

221 Viktor Mayer-Schönberger, *Delete. Die Tugend des Vergessens in digitalen Zeiten*, Berlin 2010.

222 Siehe auch zum »Machine Unlearning« und zum »systemischen Vergessen«,

Mél Hogan bezieht sich in ihrem Aufsatz »The Archive as Dumpster« auf exemplarische künstlerische Projekte des Löschens,[223] darunter die Webseite deletefrominternet.com, die User*innen dazu aufruft, Webseiten einzureichen, die »des Internets unwürdig« seien, um so eine »Säuberung des Netzes« zu unterstützen; oder theuseless.web, wo sinnlose Seiten gesammelt werden, um deren ästhetisches Potential auszustellen.[224] Diese Ästhetik der Überproduktion feiert nicht nur in fast klassischer Manier den Reiz des Nutzlosen, sondern macht auch auf diese Überproduktion von Daten aufmerksam: »Diese Beispiele können Fragen zur Bedeutung eines sauberen Codes aufwerfen, der effizienter verarbeitet wird und somit weniger Energie von den Servern benötigt.«[225] Das Löschen überflüssiger oder beschädigter Daten und Links wird zum Projekt einer »Cyberhygiene«,[226] das aus der Einsicht in deren Ressourcenverbrauch und die dadurch entstehenden Sicherheitsrisiken entsteht, wie Mél Hogan und Jo Ann Oravec betonen. Zugleich ist der Löschvorgang aber auch mit einem eigentümlichen Genuss verbunden, und zwar nicht nur im Rahmen medienkünstlerischer Projekte, sondern auch alltäglicher Praktiken – wenn man etwa alte unwillkommene Mails oder die eigene Browsergeschichte löscht.

Der Vorschlag, Ablauffristen von Daten individuell zu konfigurieren oder überflüssige Daten einfach verschwinden zu lassen, birgt allerdings neue Probleme. Denn obwohl Daten gelöscht werden sollen, werden im Zuge dieser Löschung neue Daten produziert, nämlich Metadaten mit Angaben über das Löschverhalten. »Daher ist der Zugriff auf Informationen mit der Absicht, sie zu löschen, immer noch eine Handlung, die aufgezeichnet oder der Informationsinfrastruktur hinzugefügt werden kann.«[227] Vorstell-

dokumentiert in: Yinzhi Cao, Junfeng Yang, »Towards Making Systems Forget with Machine Unlearning«, in: *2015 IEEE Symposium on Security and Privacy* (2015), S. 463-480.

223 Hogan, »The Archive as Dumpster«.

224 Ebd., S. 25.

225 Ebd., S. 26.

226 Jo Ann Oravec, »Emerging ›Cyber Hygiene‹ Practices for the Internet of Things (IoT). Professional Issues in Consulting Clients and Educating Users on IoT Privacy and Security«, in: *IEEE International Professional Communication Conference (ProComm)*, Madison 2017, S. 1-5.

227 Eric Kula, »Deletion Practices in the Era of Permanent Digital Memory«, in: *Fast*

bar ist sogar, dass Algorithmen entwickelt werden, die sich auf die Auswertung von Löschpraktiken spezialisieren:

> Indem Muster erkannt werden, wann, wie oft, mit welcher Häufigkeit, in welchem Kontext und in Verbindung mit welchen anderen Aktivitäten die Löschung stattfindet, können Algorithmen ins Spiel kommen, die [...] darauf abzielen, ein völlig anderes und enorm differenziertes Datenprofil von Personen zu erzeugen.[228]

Der Versuch, durch Löschakte Informationen unsichtbar zu machen, mag dann sogar zu einem besonders aussagekräftigen Profil der Unsichtbarkeit einzelner User*innen führen, man könnte auch sagen: zu Phantombildern. Auch in diesem Sinne ist Julian Reids These zu verstehen, dass in einer hyperkonnektiven Gesellschaft der Versuch, unverbunden zu sein und keine Datenspuren zu produzieren, als Sicherheitsrisiko zu werten ist.[229]

Die Sichtbarkeit von Löschakten steht damit der Idee einer einfachen Beseitigung überflüssiger, gefährlicher oder beschädigter Daten im Weg. Stellt aus rechtlicher Perspektive diese Sichtbarkeit ein zu regulierendes Problem dar, so thematisieren künstlerische Projekte die mit dem Glauben an die Immaterialität des Digitalen verbundene Spurlosigkeit des Löschens. Dort geht es nun geradezu darum, diese Spuren zum ästhetischen Gegenstand zu machen.

Audrey Samson hat in ihren Medienkunstprojekten *ne.me.quitte.pas* und *Goodnight Sweetheart* digitale Datenbegräbnisse veranstaltet:

> *Goodnight Sweetheart* ist ein Einbalsamierungsservice für Daten und Geräte. Die Geräte werden in Flüssigplastik gegossen und die Daten werden auf ne.me.quitte.pas-USB-Sticks übertragen, die in Epoxidharz gegossen werden. Der Service ist ein Begräbnis für digitale Daten, ein Ritual, um symbolisch der Datafizierung zu entkommen und unser datafiziertes Selbst zur Ruhe zu bringen.[230]

Capitalism, 11, 1 (2014), ⟨https://www.uta.edu/huma/agger/fastcapitalism/11_1/kula11_1.html⟩, letzter Zugriff 19.10.2020.

228 Ebd.

229 Julian Reid, »Politicizing Connectivity. Beyond the Biopolitics of Information Technology in International Relations«, in: *Cambridge Review of International Affairs* 22, 4 (2009). S. 607-623.

230 Audrey Samson, »Goodnight Sweetheart«, in: *digital funerals*, ⟨http://digitaldatafunerals.com/⟩, letzter Zugriff 19.10.2020. Siehe auch dies., »Goodnight

In einem geradezu anachronistischen Prozess laden die Teilnehmer*innen Daten, von denen sie sich trennen möchten, auf einen USB-Stick. Dieser wird dann entweder in einem aufwändigen Verfahren physisch zerstört, so dass als Rest nur ein aufgelöster Chip mit der Inschrift *ne.me.quitte.pas* übrig bleibt und an die User*in zurückgeschickt wird; oder die Datenträger werden einbalsamiert und versiegelt. Selbstverständlich handelt es sich hier um kein effektives Löschverfahren, dazu müsste noch die eigene Festplatte und die Bereiche der Cloudserver, auf denen diese Daten gespeichert sind, vollständig zerstört werden.[231] Dennoch wird in diesen Performances die Bedeutung der Speicherpolitik – nicht nur in rechtlicher und sicherheitspolitischer Sicht – verhandelt. Das Löschen von Daten wird so als materieller Prozess inszeniert, der gerade durch seine Unzeitgemäßheit an die medientechnischen Bedingungen des Löschens erinnert.

Die Mediendesignerin und -künstlerin Tanne van Bree sah sich ebenfalls mit dem Problem konfrontiert, dass ein Löschvorgang selbst immer auch Spuren erzeugt. Sie hatte ursprünglich die Idee, *digital decay* und Löschvorgänge zum Gegenstand ihrer Arbeiten zu machen, musste aber bald erkennen, dass ihr Ansinnen gegen die Logik digitaler Archive verstößt. »Daher kam ich zu dem Schluss, dass mein digitales Äquivalent des Vergessens nicht eine Form des *digital decay* oder des Löschens sein sollte, sondern eher eine Form des unzulänglichen Wiederfindens oder der begrenzten Erinnerung.«[232] Auf diese Weise verändert sich die Bedeutung des Löschens. Es geht nun nicht mehr um das (letztlich unmögliche) physische Auslöschen von Datenspuren, sondern um die Nichtlokalisierbarkeit von Daten. Durch digitalen Datenabfall wird auf

Sweetheart«, in: *esc medien kunst labor*, ⟨https://esc.mur.at/en/projekt/good night-sweetheart⟩, letzter Zugriff 19.10.2020, sowie: Bastien Kerspern, Léa Lippera, »Requiem for a Data, a Design Fiction Workshop«, in: *interaction18*, 2019, ⟨https://interaction18.ixda.org/program/workshop-requiem-for-a-data-bastien-kerspern/⟩, letzter Zugriff 19.10.2020.

231 Linda Kronman, »Digital Data Funerals«, in: *servus.at*, 2016, ⟨https://publi cations.servus.at/2016-Behind_the_Smart_World/html/iwasddf.html⟩, letzter Zugriff 29.04.2020.

232 Tanne van Bree, »Digital Hyperthymesia-On the Consequences of Living with Perfect Memory«, in: Liisa Janssens (Hg.), *The Art of Ethics in the Information Society. Mind you*, Amsterdam 2016, S. 28-33, hier S. 32.

diese Weise die »Epistemologie des Suchens« verlangsamt und gestört.[233]

In der frühen Netzkunst der 1990er Jahre hat Mark Napier in seinem Werk *Digital Landfill* zur »Kompostierung« überflüssiger Daten aufgerufen: »Reinige das Netz! Werfe Deine unerwünschten E-Mails, obsoleten Daten, HTML, Spam oder alle anderen Formen von digitalem Abfall weg, indem Du den ›Add to Landfill‹ Button drückst.«[234] Die Daten werden alle auf der Webseite kompostiert und verschmelzen mit dem digitalen Müll von anderen User*innen. Die Kompostierungsmetapher stellt sich gegen einen Strang der Verfallsdiskussion, der sich bislang hauptsächlich mit der Frage beschäftigt hat, auf welche Weise sich der Verfall aufhalten lässt – insbesondere mit Blick auf digitale Archive und die Gefahr des digitalen Gedächtnisverlusts einer Gesellschaft.[235] Im Gegensatz zu einem geordneten, auf Konservation ausgerichteten Archiv zeigt das *Landfill*-Projekt exemplarisch die Sammlung dessen, was ich als entnetzte Daten bezeichnen möchte: einzelne Elemente wie etwa Links oder Formulare bleiben funktionsfähig, sind nun aber herausgerissen aus jedem intelligiblen Zusammenhang.

Der Datenabfall kann so gesammelt, aber nicht mehr durchsucht werden. Daher schlagen auch Diana Kamin und Ella Klik vor, Unauffindbarkeit als dritte Kategorie zwischen Speichern und Löschen einzuführen:

> Mithilfe von *As Yet Untitled* und den Diskussionen, die es in Bezug auf Erinnern, Bewahren und vorgefundene Fotografien aufwirft, schlagen wir vor, das Löschen als eine Verlagerung von Daten (ob beabsichtigt oder nicht) aus dem ursprünglichen Kontext der ursprünglichen Einschreibung zu denken. Das Gelöschte kann im Hinblick auf seine Unauffindbarkeit [*irretrievability*] neu konzipiert werden. Dieses Verständnis von Löschen

233 So das Argument von Nils Jean (»Digital Debris in Internet Art: A Resistance to the Epistemology of Search«, in: *Ekphrasis. Images, Cinema, Theory, Media* 10, 2 [2013]: S. 212-221).

234 Mark Napier, »The Digital Landfill«, in: *Potatoland*, ⟨http://www.potatoland.org/landfill/⟩, letzter Zugriff 19. 10. 2020; Carl Goodman, »›Shredder‹ and ›Digital Landfill‹ by Mark Napier«, ⟨https://www.marknapier.com/articles/pbs_reelnewyorkweb/pbs_description.html⟩, letzter Zugriff 19. 10. 2020.

235 Siehe zur Diskussion: Eva J. Nesselroth-Woyzbun, *Dematerializing Digital Objects. Denial, Decay, Detritus and Other Matters of Fact*, Toronto 2013 (Dissertation).

erlaubt es, *lost/found* als eine dritte Kategorie zu denken, die in die traditionelle Dyade von Speichern und Löschen eingreift.[236]

Das Unauffindbare (*irretrievable*) charakterisiert in einer Installation von Max Dean (s. Abb. 6) sowohl die Datengewinnung als auch die Löschung (*erasure*) von Daten.[237] Die Installation nutzt zufällig gefundene Familienphotographien, die der Besucher*in von einer Maschine zur Entscheidung vorgelegt werden: archivieren oder zerstören? Die zu zerstörenden Photographien stapeln sich in geschredderter Form; sie verschwinden nicht einfach, sondern bilden gleichsam eine materialisierte Unauffindbarkeit oder schlicht: *rubble*.

2.3 Der Traum vom Ausstieg

Tote Links, verlorene Datenpakete, *dirty data*: Aus Sicht der Netzwerkparanoia sind Netzwerke immer schon mit ihrer eigenen Entnetzung konfrontiert. Die eben genannten und zuvor analysierten Phänomene der Entnetzung führen zur Entwicklung neuer

236 Ella Klik, Diana Kamin, »Between Archived, Shredded, and Lost/Found. Erasure in Digital and Artistic Contexts«, in: *Media-N. New Media Caucus*, 2015, ⟨http://median.newmediacaucus.org/the_aesthetics_of_erasure/between-archived-shredded-and-lostfound-erasure-in-digital-and-artistic-contexts/⟩, letzter Zugriff 19. 10. 2020.

237 Unauffindbarkeit prägt nicht nur künstlerische Interventionen, sondern allgemeiner auch gegenwärtige rechtliche und politische Löschpraktiken. Das Grundsatzurteil zum »Recht auf Vergessenwerden« verlangt zum Beispiel keine letztlich unmögliche vollständige Löschung problematischer Daten EuGH 13. 05. 2014, C-131/12, einsehbar unter *Info Curia. Rechtsprechung*, ⟨http://curia.europa.eu/juris/document/document.jsf?docid=152065&mode=req&pageIndex=1&dir=&occ=first&part=1&text=&doclang=DE&cid=597942⟩, letzter Zugriff 19. 10. 2020. Google löscht nicht Daten auf fremden Servern (dazu wäre die Suchmaschine gar nicht berechtigt), sondern listet die entsprechenden Einträge lediglich aus (delisting), so dass sie nicht mehr auffindbar sind. Auf diese Weise wird eine rechtlich-politisch kontrollierte Unsichtbarkeit geschaffen, nun aber nicht von Subjekten, die sich beispielsweise maskieren oder verstecken, um unwahrnehmbar zu werden, sondern von Daten. Siehe Paul de Hert, Vagelis Papakonstantinou, »Google Spain. Addressing Critiques and Misunderstandings One Year Later«, in: *Maastricht Journal of European and Comparative Law* 22 (2015), S. 624-638.

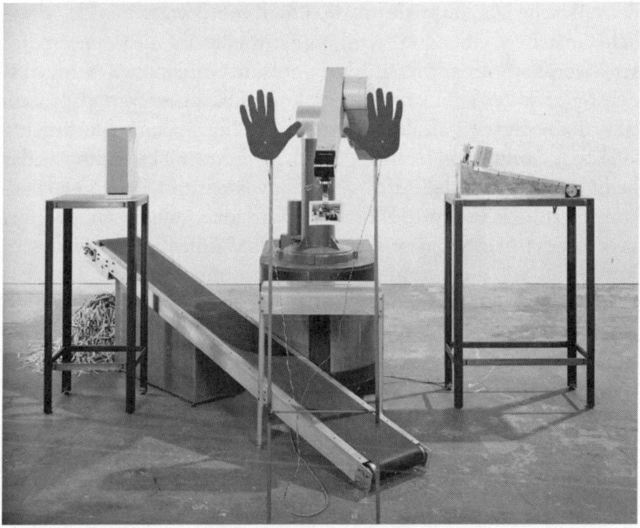

Abb. 6: Max Dean. *As Yet Untitled*, 1992-1995. Metal, rubber, electronic and mechanical components, photographs, Plexiglas, archival paper board box, installed: 157 x 267 x 256 cm. Art Gallery of Ontario. Gift of Jay Smith, David Fleck, Gilles Ouellette and Terry Burgoyne, 2007. 2007/670 © Max Dean, courtesy Stephen Bulger Gallery.

Wartungs-, Pflege- und Kontrollstrategien,[238] bieten aber auch als Indikatoren der Fragilität von Netzwerken Ansatzpunkte für politisch-ästhetische Projekte, die die Möglichkeiten einer immanenten Kritik von Netzwerken erproben. Wir haben gesehen, dass die Möglichkeit des Nichtfunktionierens von Netzwerken nicht nur in technischen Begriffen beschrieben wird, sondern ein ganzes Arsenal von häufig organischen Metaphern hervorgebracht hat: Es ist von digitalem Verfall und Degeneration die Rede, von *bot rot* und toten Links sowie von Schmutz und Reinheit (*dirty data* und *clutter*). Diese Metaphern entstammen einer imaginären analogen Welt, in

238 Siehe zu Praktiken des »data caring«: Clémence Pinel (u. a.), »Caring for Data. Value Creation in a Data-Intensive Research Laboratory«, in: *Social Studies of Science* 50, 2 (2020), S. 175-197.

der es solche Verfallsprozesse, die unter dem Vorzeichen der Endlichkeit stehen, gibt. Zwar wird immer wieder auf die Grenzen dieser Metaphern hingewiesen, wenn etwa hervorgehoben wird, dass der *digital decay* kein organischer, kontinuierlicher Verfallsprozess ist – dennoch wird an ihnen festgehalten. Zuweilen schleicht sich auch ein Anflug von Trauer über den Verlust eines »echten«, das heißt analogen Verfalls ein, der beispielsweise in dem Vorschlag zum Ausdruck kommt, Daten wie Gedanken vergessen zu können[239], oder in dem, eine »digitale Patina« künstlich zu erzeugen. Vorschläge wie diese, und die Metaphern, mit denen sie arbeiten, beziehen ihre Kraft daraus, dass sie zum einen das Digitale durch eine überraschende Ähnlichkeit mit dem Analogen zu entzaubern suchen, und zum anderen eine Verlusterfahrung artikulieren. Sie stehen für die verlorene Welt des Verfalls, ja, für den Verlust einer emphatisch gedachten Endlichkeit.

Dass solche Semantiken eine gewisse Zugkraft entwickeln, jedenfalls in den entsprechenden Diskursen nicht selten anzutreffen sind, hat auch mit der Schwierigkeit, Netzwerke immanent zu kritisieren, zu tun. Die der Sphäre des organischen und physikalischen Analogen entliehenen Metaphern eröffnen eine partielle Außenposition, von der aus die Endlichkeit von digitalen Netzwerken beschreibbar wird. Trotz dieser Affizierung durch eine Rhetorik des Analogen weisen die meisten kritischen Positionen eine schlichte Flucht ins Analoge zurück. Es geht, so etwa Galloway und Thacker, nicht um ein *unplugging*, sondern um neue Formen der Nichtexistenz innerhalb von Netzwerken[240] – nicht um einen Ausstieg, sondern die Hoffnung auf Formen der Kollektivität jenseits der kulturkritisch beklagten »Antisozialität« der Sozialen Medien.[241] Auch diese Ansätze erliegen gelegentlich der Versuchung, das Andere von digitalen Netzwerken in analogen Begrifflichkeiten zu denken. So träumen deleuzianische Medientheoretiker*innen von einem Ort unverstellter Virtualität, während andere sich für das Dazwischen oder die Löcher in Netzwerken interessieren[242] oder bezogen auf

239 Mayer-Schönberger, *Delete*.

240 Galloway/Thacker, *The Exploit*, S. 98.

241 Siva Vaidhyanathan, *Antisocial Media. How Facebook Disconnects Us and Undermines Democracy*, Oxford 2018.

242 Ulises Ali Mejias, *Off the Network. Disrupting the Digital World*, Minneapolis 2013.

die materiellen Infrastrukturen von digitalen Netzwerken die »formale Materialität« von Daten um eine »forensische Materialität« ergänzen.[243]

In diesem Abschnitt werde ich mich auf eine zweite Gruppe von Strategien der Entnetzung konzentrieren, die auf eine derartig zögerliche und selbstreflexive Auseinandersetzung mit dem Analogen verzichtet. *Unplugging*, Detox oder Diskonnektion verstehen sich weniger als theoretisch anspruchsvolle immanente Strategien der Entnetzung, sondern vielmehr als praktische Exit-Optionen, also als Versuch, aus Netzwerken, zumindest für einige Zeit, auszusteigen. Ausganspunkt für diese Entnetzungsversuche ist in der Regel das Individuum, das sich etwa im luxuriösen Digital-Detox-Resort eine Auszeit genehmigt oder mithilfe von Entnetzungssoftware wie *Offtime* oder *Lifehacker* sich zeitweise den Vernetzungsanforderungen und -verlockungen entziehen möchte. Bei aller Unterschiedlichkeit fußen diese Strategien in der Regel auf einem »digitalen Dualismus«, das heißt auf der Gegenüberstellung von digitaler und analoger Welt, von einem virtuellen Raum und einer realen Wirklichkeit (IRL).[244] Formuliert wird dabei keine grundlegende Kritik an der Vernetzung: »Disconnect to Reconnect!«, lautet etwa das Motto zahlreicher Digital-Detox-Anbieter.[245] Die digitale Entnetzung soll die Voraussetzung für eine analoge Wiedervernetzung mit »echten« Freunden schaffen – oder mit sich selbst im Sinne eines Selbstfindungsprojekts. Einer antisozialen Vernetzung wird ein empathischer Begriff einer authentischen sozialen Vernetzung entgegengehalten.

Diesen Dualismen lässt sich zunächst entgegenhalten, dass die Vorstellung vom Analogen als dem Ort der Authentizität erst nach der erfolgreichen Etablierung des Digitalen entstanden ist,[246] es sich also um eine imaginäre Struktur handelt, die in diesen Dualis-

243 Kirschenbaum, *Mechanisms*, S. 9-11.

244 Nathan Jurgenson, »Digital Dualism versus Augmented Reality«, in: *The Society Pages*, 2011, ⟨https://thesocietypages.org/cyborgology/2011/02/24/digital-dualism-versus-augmented-reality/⟩, letzter Zugriff 19. 10. 2020; ders., »The Disconnectionists«, in: *The New Inquiry*, 13. 11. 2013, ⟨https://thenewinquiry.com/the-disconnectionists/⟩, letzter Zugriff 19. 10. 2020.

245 Zum Beispiel: *Camp Grounded*, ⟨https://www.digitaldetox.com/experiences/camp-grounded⟩, letzter Zugriff 19. 10. 2020.

246 Jonathan Sterne, »Analog«, in: Benjamin Peters (Hg.), *Digital Keywords. A Vocabulary of Information Society and Culture,* Princeton 2016, S. 31-44.

men am Werk ist. Anders formuliert: Das Analoge ist zum Mythos der Netzwerkgesellschaft geworden, mit dem diese sich einen ursprünglichen Ort echter Verbindungen ersinnt. Das ist nicht ganz frei von Widersprüchen, denn die Sphäre des Analogen fungiert hier als utopisches Gegenmodell zur digitalen Übervernetzung und zugleich als Heimstätte richtiger und natürlicher Konnektivität, das heißt: Das Analoge dient sowohl einer nostalgisch getönten Kritik an der Netzwerkgesellschaft als auch der affirmativen Begründung des Konnektivitätsethos. Dieser Blick auf die Funktion des Analogen darf aber nicht zu einer voreiligen Analyse führen, denn gerade weil das Analoge als ein derartiger Ort oder Bereich geschaffen werden muss, interessiert dessen Fabrikationsprozess. Ich werde auf diesen Prozess, den ich *Analogisierung* nenne, noch zurückkommen, will mich aber zunächst damit beschäftigen, welche Anforderungen und Bürden mit der individualisierten Aufgabe einhergehen, sich zu entnetzen.

In meist kommerziellem Rahmen bieten Detox-Konzepte und Entnetzungs-Apps die Möglichkeit, Vernetzung individuell zu regulieren.[247] Mit dieser Antwort auf die Krise der Übervernetzung wird die in Netzwerke eingebaute Paranoia zumindest partiell anerkannt. Denn Voraussetzung dieser Angebote ist die Diagnose, dass digitale Vernetzung überborden kann und dann die einzelne User*in derart überlastet, dass sie Unterstützung benötigt. Damit einher geht in der Regel die Vorstellung, dass exzessive Vernetzung zwar toxisch wirken mag, richtig dosiert jedoch unbedenklich sei. Diese Auffassung vertritt auch Randi Zuckerberg, die lange für Facebook, die Firma ihres Bruders, tätig war und sich inzwischen als Unternehmerin in der Detox-Welt bewegt:

> Im Allgemeinen ist die Technik eine große positive Kraft in unserem Leben – als berufstätige Mutter mit zwei sehr kleinen Jungs könnte ich 80 Prozent dessen, was ich mache, ohne sie nicht tun. Technik ist ein überwältigend positiver Einfluss, aber ich finde, in meinem eigenen Leben […] ist es immer schwieriger, mit einigen ein Gespräch zu führen, bei dem man ihre ungeteilte Aufmerksamkeit genießt.[248]

247 Theodora Sutton, »Disconnect to Reconnect. The Food/Technology Metaphor in Digital Detoxing«, in: *First Monday*, 2017, ⟨https://firstmonday.org/ojs/index.php/fm/article/view/7561/6310⟩, letzter Zugriff 19. 10. 2020.

248 Randi Zuckerberg, »ET GBS. Emergence of Virtual and Augmented Reality to Exceed all Technological Expectations«, in: *Economic Times*, 2016, ⟨https://m.

Für den (kommerziellen) Mainstream der Detox-Bewegung darf temporäre Entnetzung nicht mit einer Fundamentalkritik an der Konnektivität einhergehen. Die von Zuckerberg geradezu beschworene »große positive Kraft« der Konnektivität soll keinesfalls in Zweifel gezogen werden, schon gar nicht dadurch, dass man die Grenzen der Konnektivität anerkennt. Entsprechende Praktiken temporärer Entnetzung werden so zu Techniken des erfolgreichen Selbstmanagements vernetzter Subjekte und fügen sich nahtlos in einen Individualisierungs- und Kontrolldiskurs ein. »Stay focused!« lautet etwa die Aufforderung einer Entnetzungs-App.[249]

Implizit wird auf diese Weise das undisziplinierte Netzwerkverhalten der Individuen zum Hauptproblem gemacht: Zu sehr lässt sich die Einzelne vom permanenten Vernetzungsangebot faszinieren, alles andere als vernünftig ist ihr Umgang mit dem »Schatz« digitaler Konnektivität. Es wird eine perfide Logik losgetreten, denn das bereits durch die Konnektivitätsanforderungen erschöpfte und ausgebrannte Selbst ist nun auch noch mit der Aufforderung konfrontiert, selbst Verantwortung für die Kontrolle seiner Konnektivität zu übernehmen. Nostalgisch imaginiert wird also nicht nur eine »gesündere« analoge Welt, sondern auch ein trotz aller Erschöpfung souveränes Subjekt, das die für es konstitutive Privatheit, in der es – angeblich – sicher verortet ist, zu verteidigen hat. Allerdings ist gerade diese Vorstellung von Privatheit durch die digitalen Netzwerke zutiefst erschüttert worden.[250] Es handelt sich hierbei um eine klassische Logik der Responsibilisierung, die noch dadurch verschärft wird, dass sie eine imaginäre Grundlage – nämlich die Illusion eines authentischen analogen Subjekts – für das Ausüben von Eigenverantwortlichkeit entwirft und auf diese Weise die netzwerkförmigen Individuen überfordert. Zu Recht ist deshalb von verschiedenen Seiten betont worden, dass derartige Vorstellungen von eigenverantwortlicher Entnetzung weniger

economictimes.com/news/company/corporate-trends/et-gbs-emergence-of-virtual-and-augmented-reality-to-exceed-all-technological-expectations-says-randi-zuckerberg/articleshow/50584471.cms?from=desktop⟩, letzter Zugriff: 19.10.2020.

249 ⟨https://freedom.to/stayfocusd/?rfsn=311154.5a98f⟩, letzter Zugriff 19.10.2020.

250 Siehe dazu: Zizi Papacharissi, »Privacy as a Luxury Commodity«, in: *First Monday* 15, 8 (2010), ⟨https://journals.uic.edu/ojs/index.php/fm/article/view/3075/2581⟩, letzter Zugriff 19.10.2020.

eine Kritik der Netzwerkgesellschaft formulieren, als dass sie neue Macht- und Kontrollmechanismen schaffen.[251]

Es überrascht daher nicht, dass die Pionier*innen der Detox-Bewegung nicht etwa technikskeptischen und kapitalismuskritischen Bewegungen entstammen, sondern der Tech- und Medien-Avantgarde. Randi Zuckerberg hat sich vor einigen Jahren von Facebook getrennt, um mit ihrer Kommunikationsagentur Dot-Complicated zu einer prominenten Vertreterin der Detox-Bewegung zu werden,[252] ebenso wie Arianna Huffington, die Gründerin der Online-Zeitung *The Huffington Post*.[253] Entnetzung erscheint hier nicht als Bedrohung digitaler Konnektivität, sondern als notwendige Regulierung, mehr noch: Sie lässt sich hervorragend mit dem Pioniergeist der Netzunternehmer*innen vereinbaren. Die klassische Expansionsstrategie der Neuen Ökonomie suchte nach Möglichkeiten, noch unerschlossene Gebiete für die Vernetzung zu erobern. Mit großer Einfallsgabe denken etwa RFID-Chip-Entwickler*innen darüber nach, welche Gegenstände mit Chips ausgestattet werden könnten; Soziale Medien versuchen die Attraktivität von Konnektivität weiter zu steigern, nicht zuletzt durch persuasive Techniken. All diesen Versuchen ist aber die Auffassung gemeinsam, dass nach der erfolgreichen digitalen Expansion – der allgegenwärtigen Cloud, die alles mit allem verbinden soll – nur noch die Möglichkeit der Intensivierung (also die stärkere Nutzung von Verbindungen) besteht. Die Detox-Diskurse verschieben diese Logik: Weil es richtig ist, dass die Räume der Entnetzung immer stärker schwinden, gilt es, so das paradox anmutende Argument, genau solche Räume zu schaffen. In die Logik der Vernetzung wird damit

251 Vgl. dazu Laura Portwood-Stacer, »Media Refusal and Conspicuous Nonconsumption. The Performative and Political Dimensions of Facebook Abstention«, in: *New Media & Society*, 15 (2013), S. 1041-1057; sowie Jurgenson, »The Disconnectionists«, und Tero Karppi, *Disconnect. Facebook's Affective Bonds*, Minneapolis 2018.

252 Siehe ⟨http://dotcomplicated.co/content/⟩, letzter Zugriff 19. 10. 2020. Siehe auch Poorna Bell, »Digital Guru Randi Zuckerberg On Leading The Digital Detox (And Managing Two Small Kids)«, in: *The Huffington Post*, 2015, ⟨https://www.huffingtonpost.co.uk/2015/01/26/randi-zuckerberg-facebook-unplugging_n_6531356.html⟩, letzter Zugriff 19. 10. 2020.

253 So lautet das programmatische Motto auf Huffingtons Webseite *Thrive Global*: »Thrive Global beendet die Stress- und Burnout-Epidemie«, siehe ⟨https://thriveglobal.com/⟩, letzter Zugriff 19. 10. 2020.

ihr Gegenbild eingeschrieben – nicht um diese Logik zu kritisieren, sondern um der Expansion von Vernetzung durch die kommerzielle Bereitstellung von Inseln der Entnetzung eine weitere Dimension hinzuzufügen. Wenn Randi Zuckerberg fordert, sich »für einen Zeitblock [*block of time*] auszustöpseln«,[254] benutzt sie die Sprache digitaler Technologien (*information blocks, blockchain*), um so den Ausstieg zu beschreiben. Als letzte Grenze der Netzwerkgesellschaft erweist sich damit das Unvernetzte – und zwar nicht als ein zu schützendes Residuum einer fast schon vergangenen analogen Welt, sondern als speziell gefertigte Inseln der Nichterreichbarkeit. Entnetzung ist nun selbst zu einer Ware geworden, zu einem modularen Produkt, das besonders effizient mit Hilfe digitaler Medien vermarktet werden kann. Es gilt, die letzte *frontier* einer vernetzten Welt, die kein Außen mehr kennt, zu erobern und zu besiedeln: ihr vermeintliches Gegenbild in Form von Entnetzungseinheiten.[255]

Es geht nicht darum, entnetztes Leben zu entdecken, sondern passende Umgebungen für dieses Leben vorzubereiten. Die Entnetzungsindustrie weiß sehr genau, dass Entnetzung nicht einfach das zeitweilige Durchtrennen aller digitaler Verbindungen ist – dass Entnetzung mehr als ein bloßer Schnitt im Netzwerk ist. Gewiss, auch das Trennen oder Suspendieren gehört dazu und wird entsprechend ritualisiert durchgeführt. Tatsächlich zeichnen sich touristische und künstlerische Entnetzungsangebote durch eine Sensibilität für das ästhetische, ja zuweilen sogar spektakuläre Potential von Entnetzung aus. Man zelebriert in den Detox-Camps die Abgabe des Smartphones und sein Verstautwerden in einer hübschen Schachtel. Auch das Blockieren der digitalen Verbindungsfähigkeit wird zum Ereignis – vorbereitet durch häufig in Sozialen Medien geteilte Erzählungen, die eine entsprechende Erwartungshaltung aufbauen oder rückblickend an das Ereignis erinnern und es reflektieren. Das temporäre oder gar dauerhafte Kappen von Verbindun-

254 Randi Zuckerberg, »Randi Zuckerberg Reveals 5 Ways To Unplug From Technology (and Work)«, in: *The Hollywood Reporter*, 2014, ⟨https://www.hollywoodreporter.com/news/randi-zuckerberg-reveals-5-ways-754662⟩, letzter Zugriff 19.10.2020.

255 Siehe dazu die Rolle der »Frontier« bei der Entstehung des »Empires« bei Michael Hardt, Antonio Negri, *Empire. Die neue Weltordnung*, Frankfurt/M. 2003, S. 172-194. Sie schließen damit indirekt an den amerikanischen *Frontier*-Mythos an.

gen in Sozialen Medien (indem man etwa seinen Twitter-Account schließt) ist allerdings noch keine Entnetzung im emphatischen Sinne. Denn es geht nicht so sehr um das Überschreiten einer Grenze, sondern darum, einer ins Unbekannte laufenden Linie zu folgen. Aus einem Knäuel sollen Fäden herausgelöst werden, ohne sie gleich wieder zu vermaschen, so dass sie aus der Perspektive des Netzwerks ins Nichts führen, verloren sind. Eine derartige Entnetzung findet in der Laufmasche ein passendes Bild:

> Durch Bruch mindestens eines Fadens geht der Zusammenhalt an mindestens einer Masche verloren. Dadurch verliert die genau darunterliegende Masche ebenfalls ihren Halt und bietet nun ihrerseits der genau darunterliegenden auch keinen mehr. Unter leichtem Zug setzt sich dieser »Zusammenhangsverlust« nach unten fort, man spricht von einer *Laufmasche*.[256]

Im Bild der Laufmasche findet sich beides: die Widerstandsfähigkeit von Netzwerken (Resilienz) und die Gefahr von Entnetzung als Kettenreaktion. Allerdings: Selbst wenn die Ausbreitung der Laufmasche gestoppt ist, bleibt die defekte Masche sichtbar – und mag sogar zum Modeaccessoire werden, das nun symbolisch auf die Möglichkeit der weiteren Auflösung verweist. Kommerzielle Entnetzungsangebote sind von der Ästhetik des gerissenen Fadens fasziniert und zugleich von der Befürchtung geprägt, dass es zur Kettenreaktion kommen könnte. Daher spielen bei ihnen klare Rahmungen eine wichtige Rolle, ähnlich wie bei den Entnetzungsangeboten im Büro, wie wir im vorangegangenen Kapitel gesehen haben.[257]

Die Bedeutung dieser Rahmungen von Entnetzung variiert je nach Perspektive. Aus der Perspektive von Social Media Plattformen kommt längere oder gar dauerhafte Entnetzung einer Gefährdung des eigenen Geschäftsmodells gleich, das auf der Auswertung von Konnektivität und der beständigen Produktion von Daten beruht. Tero Karppis Studie *Disconnect* konzentriert sich vor allem auf diese Perspektive und zeigt, wie im Rahmen einer Nekropolitik der Konnektivität sogar tote Facebook-Profile aktiviert werden.[258] Er zitiert Richard Grusin: »Soziale Netzwerke existieren

256 So die Bestimmung der »Laufmasche« auf *Wikipedia*, ⟨https://de.wikipedia.org/wiki/Laufmasche⟩, letzter Zugriff 19.10.2020.

257 Siehe oben in diesem Teil, Kap. 1.

258 Karppi, *Disconnect*.

zum Zweck der Prämediation von Konnektivität, indem sie die Erwartung fördern, dass eine Verbindung hergestellt wird […]. Es ist die Konnektivität selbst, die man antizipiert, nicht unbedingt eine spezifische Verbindung.«[259] Die Politik von Plattformen ist von der ständigen Angst vor Entnetzung geprägt (einer Variante der Netzwerkparanoia), weshalb Strategien zur Aufrechterhaltung und Prämediation von Konnektivität präventiv entwickelt werden.

Jedoch haben auch die Plattformen mittlerweile erkannt, dass die Konnektivitätssteigerung ihre Grenzen hat. Aus diesem Grund gehört inzwischen entsprechende Plug-Off-Software oder Monitoring-Software (die etwa die wöchentliche Online-Zeit erfasst) zur Prämediationsgrundausstattung; zur Rettung von Konnektivität werden nun gut kontrollierte, geschlossene Zonen der Entnetzung offeriert. Das Kappen einzelner Verbindungen kann sich durchaus im Rahmen der prämediatisierten Konnektivität bewegen – ja, es mag sich geradezu in deren Dienst stellen, denn zu den gewünschten Effekten der zeitweiligen Entnetzung gehört ja auch, dass sich danach die Verbindungsfähigkeit verbessert. Die strikte Rahmung des Detoxes, etwa durch Übergangsrituale in Detox-Camps oder die Ankündigung des Detoxes über Soziale Medien, funktioniert als Markierung dieser Konnektivitätsnormalität. Sie soll Gewissheit schaffen, dass auch der temporäre Ausstieg sich im Rahmen der prämediatisierten Konnektivität bewegt.

Was damit aber nur am Rande erfasst wird, ist die affektive Struktur der Entnetzung. Wie wird die Entnetzungssituation erfahren? Die bisherige Forschung zur digitalen Nichtpartizipation hat sich, möglicherweise implizit geprägt von der Konnektivitätsdoktrin, hauptsächlich für die negativen Momente der Entnetzungserfahrung interessiert, etwa für die Motive, sich zum Beispiel aus Facebook oder Twitter zurückzuziehen, und für die Medienkompetenzen, die notwendig sind, um den Löschvorgang technisch zu meistern.[260] In dieser Perspektive bleibt Entnetzung reduziert auf

259 Richard Grusin, *Premediation. Affect and Mediality after 9/11*, London 2010, zit. nach: Karppi, *Disconnect*, S. 122.

260 Nathalie Casemajor u. a. »Non-Participation in Digital Media: Toward a Framework of Mediated Political Action.«, in: *Media, Culture & Society*, 37, 6 (2015), S. 850-866. Zu den Praktiken des *non-use*: Eric P. S. Baumer u. a., »Why Study Technology Non-use?«, in: *First Monday* 20, 11 (2015), ⟨https://firstmonday.org/ojs/index.php/fm/article/view/6310⟩, letzter Zugriff 20. 10. 2020.

ein reaktives Verhalten, auf ein Nicht-mehr-Können, dessen Erfahrung sich vor allem durch die Abwesenheit von Konnektivität, nicht aber durch eigene Qualitäten auszeichnet. Einen anderen Ansatz hat das französische DEVOTIC-Projekt verfolgt.[261] Im Rahmen dieses Projekts wurden Entnetzer*innen nach ihren Erfahrungen befragt, und zwar nicht nur nach ihrer Verlusterfahrung, sondern auch nach der Erfahrung der Entnetzung als solcher. Überraschend für die Forscher*innen war, dass in den Antworten zwar zunächst häufig das praktische Management des *information overload* im Vordergrund stand, zunehmend aber Erfahrungsinhalte und -situationen wie Stille, Nichtaktivität und Einsamkeit hervorgehoben wurden. In diesen Situationen, so die französischen Forscher*innen etwas überschwänglich, sei das Subjekt auf sich selbst zurückgeworfen und mit einer existentiellen Angst konfrontiert.[262] Entnetzung werde so zu einem Test, der zeige, ob in der hypermodernen Gesellschaft ein authentisches Selbst etabliert werden kann: »Die Diskonnektion hat mit diesem Bedürfnis nach Bewahrung zu tun, und weil es nicht einfach ist, kann sie als ein Test angesehen werden.«[263] So interessant die Ergebnisse dieser breit angelegten Studie auch sind, die subjekttheoretische Rahmung wirft auch Fragen auf. Denn wird auf diese Weise der Heroismus der Entnetzungsnarrative, nun als ultimativer Test, nicht selbst zur theoretischen Kategorie der Responsibilisierung? Letztlich halten die Autor*innen der Studie an einem starken Begriff der Erzählbarkeit und der sprachlichen Reflexion von Entnetzungserfahrungen fest, so dass ihnen aber auch die zentralen nichtsprachlichen Aspekte von »Gesten der Diskonnektion« entgehen.[264]

Auch wenn man die Entnetzungserfahrung nicht als Ausdruck eines authentischen Subjektes lesen möchte, so sollte die eigenständige Erfahrung von Entnetzung in Kommunikationsnetzwerken ernst genommen werden. Selbst kommerzielle Entnetzungsan-

261 Im DEVOTIC-Projekt haben 20 Wissenschaftler*innen von 2010 bis 2014 insbesondere die Erfahrungen von sich freiwillig Entnetzenden untersucht. Siehe *DEVOTIC* (Déconnexions volontaires aux TIC), ⟨https://anr.devotic.univ-pau.fr⟩, letzter Zugriff 19. 10. 2020.

262 Francis Jauréguiberry, »La déconnexion aux technologies de communication«, in: *Réseaux* 186, 4 (2014), S. 15-49, hier S. 15.

263 Ebd., S. 18.

264 Jauréguiberry liest diese Reflexionsfigur nicht nur emanzipatorisch, sondern als Zwang, aus dem übervernetzten Leben Sinn zu ziehen, vgl. ebd., S. 28.

gebote sind nicht bloße Täuschungen, welche ein Unbehagen an Vernetzung instrumentalisieren. Denn zum einen zeigen diese Entnetzungsangebote an, dass es ein reales Unbehagen an der (Über-)Vernetzung gibt, zum anderen machen die Praktiken der Entnetzung deutlich, dass Eingriffe ins Vernetzungsgeschehen überhaupt möglich sind. Diese Möglichkeiten nehmen nie reine Formen der Entnetzung an. Ben Light spricht in seiner Studie *Disconnecting with Social Networking Sites* von Diskonnektion als »etwas, das wir im Zusammenhang mit der Verbindung tun«.[265] Genau dies gilt auch hier, weshalb der Verweis auf diese Unreinheit (wie so häufig die Kritik an den Detox-Angeboten) zu kurz greift. Gewiss ist es richtig, dass auch die Tatsache, dass ich offline bin, registriert wird – und meine Datenprofile existieren ganz unabhängig von meinem momentanen Status weiter. Wer von einem analytischen Begriff der Entnetzung die Möglichkeit einer sauberen Entnetzung erwartet, muss daher enttäuscht werden oder sich in seiner totalisierenden Rede von einer Netzwerkgesellschaft ohne Außen bestätigt fühlen.

Entnetzung ist kein bloßer Ausstieg und kein einfaches *unplugging*, sondern eine Praxis, die gleichzeitig innerhalb und außerhalb von Netzwerken stattfindet. Sie bleibt unordentlich, ja chaotisch, auch wenn sie als Produkt oder Widerstandstaktik glorifiziert werden mag. Die Vorstellung einer klaren und sauberen Entnetzung mag zwar die Detox- und *Unplugging*-Angebote regieren: die Idee, dass kurze Offline-Slots (Randi Zuckerberg spricht von 15 bis 20 Minuten[266]) oder dass die vorübergehende Nutzung eines *Unplugged*-Raums echte Entnetzungserfahrungen ermöglichen.

Trotz aller Verflochtenheit in Netzwerke verfügen Praktiken der Entnetzung über eine gewisse Eigenständigkeit, denn es handelt sich um ein Tun, das Vernetzung für einige Momente (wie (in)effizient auch immer) suspendiert – und damit aber auch ein Wissen der Übervernetzung schafft. Oder in den Worten Tero Karppis: »[D]ie Praktiken und Grenzen der Plattform [werden] sichtbar gemacht, wenn Social-Media-Seiten mit der Diskonnektion konfrontiert sind.«[267] Entnetzung ist eine epistemische Praxis, wenn auch

265 Ben Light, *Disconnecting with Social Networking Sites*, Basingstoke 2014, S. 3.

266 Zuckerberg, »ET GBS«.

267 Tero Karppi, *Disconnect. Me. User Engagement and Facebook*, Turku 2014 (Dissertation), S. 21.

nicht zwingend im klassisch reflexiven Sinn. Dies gilt sowohl für außeralltägliche, kommodifizierte Formen der Entnetzung (zum Beispiel Digital Detox) wie auch für alltägliche Praktiken während der Nutzung von Social Media Plattformen. Die oben skizzierten Detox-Angebote müssen den Zustand der Vernetzung als Normalzustand markieren, um sich gegen diesen zu wenden; nur so gewinnen sie ihre eigene Besonderheit, das heißt ihre Außeralltäglichkeit. Touristischen Techniken ähnlich, mit deren Hilfe eine außeralltägliche *Escape*-Erfahrung geschaffen werden soll, beruhen auch diese auf einer aufwändigen Logistik und Infrastruktur. Seien es isolierte Detox-Camps in abgelegenen Orten, gerne in der »unberührten« Natur, sei es das unbarmherzige Zeitmanagement der Entnetzungs-Apps: Immer geht es um die Etablierung einer Grenze zwischen einer Welt der Netze und einer Welt des Entnetzten; und um die körperliche Erfahrung der Überschreitung dieser Grenze, die die von Hektik geprägte Sphäre der permanenten Ansprechbarkeit von einem Bereich der Stille und Leere trennt.

Lesen wir die Grenzziehung mit Brett Neilson und Sandro Mezzadra als eine soziale Methode (und damit auch als Epistemologie),[268] dann wird deutlich, dass erst durch die Grenzziehung der entnetzte Zustand geschaffen und so erkennbar wird. Dieser entnetzte Zustand ist nicht einfach der Einstieg in eine andere verloren geglaubte Welt; er kann nicht durch den Ausstieg aus den Netzen erreicht werden, indem man sich in deren Löcher zurückzieht. Die Löcher sind selbst Bestandteil des Netzwerkdiskurses, ohne dass deren Bedeutung immer schon fixiert wäre. Wenn beispielsweise touristische Resorts bewusst in Gegenden errichtet werden, wo es Funklöcher gibt, werden infrastrukturelle Grenzen genutzt, um Entnetzung sichern zu können.[269] Während Funklöcher im Netzwerkparanoiadiskurs für das Ungenügen eines allumfassenden Netzes stehen, werden sie hier in ihrer eigenständigen Qualität entdeckt: Sie ermöglichen, ja erzwingen Entnetzung, ganz unabhängig davon, ob die Individuen aus eigener Kraft zur digitalen Enthaltsamkeit fähig sind.[270] Das Loch als Defizienz wird nun zum Ort einer neuen Fül-

268 Brett Neilson, Sandro Mezzadra, *Border as Method, or, the Multiplication of Labor*, Durham 2013.

269 Lea Zierott, »Scenes of Disconnection. The Dead Zone« (unveröffentlichtes Vortragsms.).

270 Philip L. Pearce, Ulrike Gretzel, »Tourism in Technology Dead Zones. Docu-

le. Das passt zu jenen netzwerkkritischen Studien, die ebenfalls die Bedeutung von Löchern für das Denken von Entnetzung hervorheben. Ulises Ali Mejias zum Beispiel wirft dem Netzwerkdenken »Nodozentrismus« vor – also die Konzentration auf die Knoten und Fäden der Netzwerke bei Vernachlässigung ihrer Löcher.[271] Diese *paranodes* sind für Mejias nicht bloß leere Räume, sondern bevölkert von nichtknotenförmigen Vielheiten,[272] die für klassische nodozentrische Ansätze unsichtbar bleiben und irrelevant sind. Aus meiner Sicht ist die Gegenüberstellung von Sichtbarkeit und Unsichtbarkeit allerdings zu einfach gedacht und die utopische Aufladung der Löcher zu schwärmerisch. Funklöcher zum Beispiel werden häufig in den Netzwerken registriert, ja, die Beobachtung der eigenen Grenzen gehört zu den zentralen Zügen des Netzwerkfiebers. Man könnte sagen, dass in diesem Fall ein technisches Netzwerk sein Ungenügen registriert, ohne es dadurch zu beseitigen. Diese Ambivalenz machen sich auch künstlerische Projekte wie die App *White Spots* zunutze, die – natürlich nur, solange man selbst vernetzt ist – zuverlässig das nächste Funkloch identifizieren und individuelle Narrative über Entnetzungserfahrungen sammeln.[273] In diesem Sinne ist es den Netzwerken keineswegs gleichgültig, was in ihren Löchern geschieht, im Gegenteil: Sie sind beständig damit beschäftigt, kritische Löcher zu markieren. Anders als Mejias vermutet, ist es nicht das deleuzianische Werden, das sich in den Löchern verbirgt, sondern vielmehr die ins Utopische gewandte Netzwerkparanoia: Im durch Entnetzungsinfrastrukturen kontrollierten Ungenügen des Netzes wird die zeitweilige Errettung vor den Konnektivitätsanforderungen erhofft – gleichzeitig jedoch bleibt diese eingebettet in die Gewissheit, dass die Rückkehr in die Welt des Netzes jederzeit möglich ist.[274] Auch bei dieser Figur kommen wir mit dem einfachen Dualismus »Knoten versus Lö-

menting Experiential Dimensions«, in: *International Journal of Tourism Sciences* 12, 2 (2012), S. 1-20.

271 Mejias, *Off the Network*.

272 Ebd., S. 153.

273 Richard Vijgen, *White Spots*, Softwareprojekt, 2015, ⟨http://www.white-spots.net⟩, letzter Zugriff 19. 10. 2020.

274 Siehe hierzu auch die Studie von Pearce/Gretzel (»Tourism in Technology Dead Zones«) zum Umgang von Tourist*innen mit gewollter und ungewollter Diskonnektion. Die ungeplante Entnetzung wird als bedrohlich erlebt, weil die Reversibilität des Zustandes nicht garantiert ist.

cher« nicht sehr weit. Wir begreifen sie nur, wenn wir die Löcher in ihrer gleichzeitig paranoiden und utopischen Logik verstehen. Das bewahrt dann auch die Analyse davor, sich ihrerseits entweder der Netzwerkparanoia oder der deleuzianischen Euphorie des Werdens in den Löchern zu verschreiben.

Wenn die Löcher nicht einfach immer schon da sind, dann muss danach gefragt werden, was getan werden muss, damit eine – stets unsaubere – Form der Entnetzung überhaupt möglich wird. Entnetzung muss, wie im Detox-Urlaub, erwartbar gemacht, um nicht als störend erlebt zu werden. Dazu bedarf es einer Rahmung, wie sie beispielsweise durch die ritualisierte Abgabe des Smartphones vor dem Eintritt ins Detox-Camp, durch die Installation und Aktivierung einer Entnetzungssoftware oder durch die sorgfältige individuelle Planung einer individuellen »Auszeit« hergestellt wird. Im letztgenannten Fall signalisieren die Abwesenheitsmeldungen bereits im Voraus, dass man nicht erreichbar sein wird – und dass dies ein erwünschter Zustand sein wird, der sogar als Ausweis der eigenen disziplinierten Lebensführung gelten mag. Gerade an solchen Praktiken lässt sich die Verschränkung von Imaginären der Entnetzung mit der Organisation von Entnetzung beobachten: Der zu erreichende entnetzte Zustand wird utopisch aufgeladen und dadurch als äußerst erstrebenswert darstellbar, wodurch auch der beträchtliche Organisationsaufwand (und die häufig hohen Kosten) legitimiert werden können.

Wie sieht das kurzfristig entnetzte Leben aus? Schauen wir in die Detox-Camps, so sind dort Handys, Digitalkameras und beruflicher Vernetzungssmalltalk zwar verboten, aber das Imaginäre der Konnektivität bleibt allgegenwärtig, etwa im Mantra »Disconnect to Reconnect!« oder in der medialen Ausstattung der Camps. Diese sind nämlich keineswegs medienfreie Räume, sondern werden zu Räumen dessen, was ich als Analogisierung bezeichnen möchte und worunter ich den Prozess der aktiven Herstellung von Analogem verstehe. Während die Rede von der Digitalisierung allgegenwärtig ist, wird kaum von Analogisierung gesprochen. Das hat mit einem Problem zu tun, das bereits in den Begriff der Digitalisierung eingelassen ist. Diese muss nämlich als ein Prozess verstanden werden, der etwas, das zuvor nicht digital war, in etwas Digitales transformiert. Und dieses zu transformierende nichtdigitale Etwas wird häufig als analog (miss)verstanden – als integraler Teil einer echten, narrativ aufgebauten und sinnlich erfahrbaren Welt. Ein derartiges Verständnis ist, wie wir gesehen haben, imaginär und gerade dadurch sozial und politisch wirkmächtig. Aus einer solchen Perspektive der Digitalisierung wäre Analogisierung nicht möglich; möglich wäre allenfalls eine Rückkehr zum analogen Urzustand. Analogisierung im oben bezeichneten Sinne dagegen interessiert sich für die Prozesse, mit Hilfe derer das Analoge hergestellt wird, wozu auch die Vorstellungen und affektive Aufladungen des Analogen gehören.

Veranschaulichen lassen sich die Praktiken der Analogisierung am Beispiel von Camp Grounded, einem der ersten Unternehmen, das seit 2011 unterschiedliche Digital-Detox-Sommerlager anbietet und den Weg für zahlreiche Nachahmer vorbereitet hat.[275] Das Camp ist keineswegs ein medienfreier Raum, nur digitale Medien (genauer: elektronische Medien) sind verboten. Dieses Verbot steht aber nicht für eine bloße Abwesenheit, sondern eröffnet die Bühne für die analoge Neuerfindung digitaler Medien. Beispielsweise gibt es anstelle einer elektronischen Suchmaschine (wie Google) eine menschliche: Wer eine Frage hat, schreibt sie auf einen Zettel und wirft ihn in eine große Schachtel; die anderen wühlen in der Schachtel, schauen sich die Zettel an, und wer eine Antwort weiß, fügt sie dem entsprechenden Zettel handschriftlich hinzu. In ähnlicher Weise ersetzt das ironisch mit FMO (Akronym von *fear of missing out*) betitelte *bulletin board*, auf dem die unzähligen Aktivitäten im Camp handschriftlich aufgeführt sind, eine Mailingliste oder Kalender-App. Analogisierung bedeutet hier ganz buchstäblich, digitale Medien in analoge umzuwandeln. Ähnliche Praktiken der Analogisierung finden wir im *Unplugged*-Tourismus: Den Verzicht auf das Smartphone, die Digitalkamera und Karten-Apps empfinden viele Reisende nur als Zumutung und als eine enorme Herausforderung. Blogs über *Unplugged*-Reisen mildern diese

275 Camp Grounded, ⟨https://www.digitaldetox.com/experiences/camp-grounded⟩, letzter Zugriff 19.10.2020. Dank seiner Pionierrolle haben sich zahlreiche populäre und wissenschaftliche Artikel mit Camp Grounded beschäftigt. Siehe u.a.: Trine Syvertsen, Gunn Enli, »Digital Detox. Media Resistance and the Promise of Authenticity«, in: *Convergence* 26, 5-6 (2019), S. 1269-1283. Die folgende Passage zu Camp Grounded und Unplugged-Tourismus beruht auf: Urs Stäheli, Luise Stoltenberg, *Digital Detox Tourism. Practices of Analogization*, Hamburg 2020 (unveröffentlichtes Ms.).

durch eine Analogisierung, welche die »alten« Medien neu verzaubert.[276] Ist es nicht viel schöner, sich die Zeit für ein Gespräch mit Fremden zu nehmen, um sich in der fremden Stadt zu orientieren? Erlebt man nicht ein Foto, das nicht sofort auf Instagram hochgeladen werden kann, als etwas Besonderes? Und ist es nicht etwas ganz anderes, ein »gutes Buch« in aller Ruhe zu lesen, anstatt sich im endlosen Scrollen zu verlieren?

Analogisierung bedeutet hier eine Neuartikulation alter Medien, denn der Zauber des Analogen als Alternative zur digitalen Welt entsteht nicht von allein, sondern durch eine aktiv hergestellte affektive Beziehung zu schon fast vergessenen analogen Medien und den dazugehörigen Praktiken: die Langsamkeit des Reisens, die haptische Beziehung zu den medialen Apparaten (wobei immer vergessen wird, dass die Beziehung zum Smartphone ebenfalls primär haptisch ist), das Medium des Stadtplans als Anstoß, echte Gespräche zu führen, die Unabhängigkeit von elektrischen Infrastrukturen beim klassischen Buch (versus E-Reader). Mittels dieser Praktiken samt der sie ermöglichenden Infrastrukturen wird das Analoge fabriziert, sie sind konstitutiv für das, was ich Analogisierung nenne.[277] In diesen Praktiken, obgleich sie häufig kommerzialisiert und von Analogfantasien begleitet sind, findet immer auch eine Auseinandersetzung mit dem Digitalen statt. Sie sind der Versuch, zumindest für einige Zeit, eine andere Welt auszuprobieren – auch wenn diese funktionalisiert in die Prämediation von Konnektivität eingebettet sind. Gerade weil das Analoge nicht einfach da ist, sondern geschaffen werden muss, erfordert dies mitunter trickreiche Praktiken. Analogisierung, so stellt sich heraus, lässt das Analoge als ein prekäres Tun erkennbar werden.

Die analoge Wiedererfindung von digitalen Medien lässt sich auch als ein spielerisches Experiment verstehen sowie als ein ironischer Umgang mit dem Phantasma des reinen Ausstiegs. Dadurch,

276 Die Unterscheidung zwischen »alten« und »neuen« Medien ergibt sich nicht aus deren inhärenten Eigenschaften, sondern wird relational in unterschiedlichen Feldern hergesellt, wobei sich die jeweiligen Konfigurationen verändern können. Siehe: Paolo Magaudda, Sergio Minniti, »Retromedia-in-practice: A practice theory approach for rethinking old and new media technologies«, in: *Convergence* 25, 4 (2019), S. 673-693.

277 Hier liegt auch kein ideologischer Fehlschluss vor, wie es die Rede vom digitalen Dualismus gelegentlich suggeriert. Siehe Jurgenson, »Digital Dualism versus Augmented Reality«.

dass sie die digitale Konnektivitätsforderung aufnimmt, macht sie eine temporäre Distanz zu dieser deutlich – so unbefriedigend dann auch die diskursive Feier einer echten, nicht-digital vermittelten Konnektivität anmuten mag. Man könnte hier mit Pepita Hesselberth von einer »Geste zur Diskonnektivität« sprechen:

> [W]as, wenn das *Bedeutsamste* in der Geste zur Diskonnektivität, wie öffentlich auch immer [sie stattfindet], nicht das ist, was in der Sprache oder in irgendeiner Repräsentationsform ausgeführt wird, sondern das, was sich in (seinem anschließenden) Schweigen, im Experiment, in der Handlung abspielt.[278]

Dieser Hinweis auf die Praktiken der Diskonnektion ist für meine Lesart der Analogisierung wichtig. Es geht also nicht so sehr um die fast immer romantisierenden Analogdiskurse (»Analog ist das neue Bio«[279]), sondern um das Tun der Entnetzung. Reflexivität in Beziehung zur Netzwerkgesellschaft entsteht damit nicht primär diskursiv, sondern über verkörperte Praktiken und die damit einhergehenden Affekte. Dazu passt, dass fehlende Vernetzung häufig als eine Art Amputationsschmerz empfunden wird[280] und das Ausbleiben der Verbindung beim Buffering das körperliche Stressempfinden deutlich erhöht.[281]

Formen der Analogisierung stehen in engem Zusammenhang mit Techniken der Individualisierung, insbesondere der Selbstsorge (*self care*). Da das Individuum für die Mäßigung seines digitalen Lebens selbst verantwortlich ist, muss es sich therapeutische Detox-Unterstützung holen, um seine Konnektivität nicht einzubüßen. Allerdings hat nicht jeder die Möglichkeit, sich eine Auszeit, in welcher Form auch immer, zu nehmen. Ein Detox-Urlaub in einem so idyllisch gelegenen wie teuren kalifornischen Resort ist ein Luxusprodukt; nicht jede kann es sich leisten, einen Monat *unplugged* durch die Welt zu reisen. Da diese Formen der Entnetzung aufwändig hergestellt werden müssen, sind sie ihrerseits ein

278 Pepita Hesselberth, »Discourses on Disconnectivity and the Right to Disconnect«, in: *New Media & Society* 20, 5 (2018), S. 1994-2010, hier S. 2002.

279 Andre Wilkens, *Analog ist das neue Bio. Eine Navigationshilfe durch unsere digitale Welt*, Berlin 2015.

280 Susanna Paasonen, »As Networks Fail. Affect, Technology, and the Notion of the User«, in: *Television & New Media* 16, 8 (2014), S. 701-716.

281 Siehe oben Teil III, Kap. 3.

knappes Gut, das der Logik des Marktes gehorcht. Mehr noch: Das Detoxen ist selbst in eine symbolische Ökonomie eingelassen, die Distinktionsgewinne verspricht,[282] es ist eine zunehmend wichtiger werdende Praxis in einer »Gesellschaft der Singularitäten«.[283] Nicht nur kann Entnetzung – und nur dann, wenn sie auch beobachtbar gemacht wird und nicht selbst unsichtbar als private Erfahrung bleibt – als Distinktionspraxis fungieren, sie kann auch bestehende Ungleichheiten verstärken. Entsprechend betont auch die erwähnte DEVOTIC-Studie, dass die Möglichkeit, sich zu entnetzen, nicht gleich verteilt ist:

> In aller Kürze könnte man sagen, dass auf der einen Seite diejenigen stehen, die die Macht haben, die Verbindung zu trennen und damit anderen ihre eigene Unverfügbarkeit aufzuzwingen [...], und auf der anderen Seite diejenigen, die ebendiese Macht nicht haben.[284]

Die Kreativmanagerin mag ihre Flow-E-Mails auch einmal unbeachtet lassen oder sogar eine Twitter-Sommerpause ankündigen, während der Sachbearbeiter weiter verpflichtet ist, auf jede Kommunikationsanfrage sofort zu reagieren – und unter Umständen auch noch zu erklären hat, warum seine Vorgesetzte gerade nicht erreichbar ist. In der Tat zeigt die französische Studie, dass diejenigen, die sich freiwillig entnetzen, nicht die »Abgehängten«, nicht die von der Digitalisierung Ausgeschlossenen sind, sondern Personen, die in der Regel gut ausgebildet und hochkompetent im Umgang mit digitalen Medien sind. Ähnliches gilt auch für das immer breiter werdende Angebot der Entnetzungsindustrie: Es richtet sich an eine hochvernetzte Elite, der sich die Notwendigkeit der Entnetzung für ihr psychisches Wohlbefinden gerade wegen der Einbettung in den ansonsten hochgradig vernetzten Alltag sofort erschließt, ja die ihren Reiz genießen kann. Man könnte hier von einer Neuauflage des »digital divide« sprechen: Während die digitale Spaltung meist als zu überwindendes Zugangsproblem verstanden wird und von entsprechenden Semantiken des Inklusionsuniversalismus begleitet wird, geht es nun um eine Diskonnektion seitens derjenigen, die schon immer inkludiert, das heißt verbun-

282 Portwood-Stacer, »Media Refusal and Conspicuous Non-consumption«.

283 Andreas Reckwitz, *Die Gesellschaft der Singularitäten. Zum Strukturwandel der Moderne*, Berlin 2017.

284 Jauréguiberry, »La déconnexion aux technologies de communication«, S. 20.

den sind. In diesem Sinne einer Diskonnektion zweiter Ordnung, wenn auch nicht auf digitale Netzwerke beschränkt, spreche ich von Entnetzung.

Was allerdings durch all diese Formen individualisierter Entnetzung unsichtbar gemacht wird, ist der kollektive – und damit auch potentiell politische – Charakter von Entnetzung. Der Architekturtheoretiker Malcom McCullough spricht von »ambient commons«, um zu unterstreichen, wie nicht nur klassische Wohlfahrtsstaatsgüter, sondern auch die Informationsökologie einer Stadt als kollektives Gut zu fassen ist.[285] Als Ambiente wird die materiell-informatorische Umwelt, bei McCullough insbesondere die architektonische, verstanden, welche für körperliche Praktiken der Aufmerksamkeit zentral sind. In digitalen vernetzten Städten entwickeln sich neue netzwerkförmige Umgebungen (*ambients*), die durch das Zusammenspiel von klassischen städtebaulichen Strukturen, digitalen Plattformen, mobilen Geräten und informatorischen Signalen die Aufmerksamkeit sozialer Akteure binden. Die städtische Umwelt werde zunehmend durch eine große Menge häufig peripherer Signale gefüllt, wodurch eine unerwünschte Informationsflut entstehe. Das informatorische Ambiente – auch das Konnektivitätsambiente – öffentlicher Räume ist ähnlich wie der Verkehrslärm weder naturgegeben noch ein bloß individuelles Problem. Der permanenten Vernetzungsaufforderung kann ich mich nicht einfach dadurch entziehen, dass ich im Alleingang entscheide (und mich dann auch dafür rechtfertigen muss), mein Smartphone abzuschalten oder gar nicht erst mitzunehmen. Es ist daher wichtig, die Fähigkeit, sich zu entnetzen, nicht als eine individuelle zu sehen, sondern als Bestandteil einer Konnektivitätsökologie – als eine Fähigkeit, die relational und in der Bewegung durch öffentliche Räume ermöglicht und hergestellt wird. Die Selbstverantwortung, die eiserne Disziplin, das Wissen und nicht zuletzt auch die ökonomischen und zeitlichen Ressourcen, die zur Entnetzung nötig sind, brauchen ein Milieu oder ein Ambiente, um überhaupt erst entstehen zu können. Indem städtische Räume als Commons gefasst werden, werden die Art und das Ausmaß der digitalen Vernetzung, die sich ein Kollektiv wünscht, zu einer politischen Frage.

285 Malcolm McCullough, *Ambient Commons. Attention in the Age of Embodied Information*, Cambridge 2013.

Dies ist mit einem Kampf gegen die gegenwärtigen digitalen Formen der Landnahme verbunden – sei es für andere Formen der digitalen Konnektivität, sei es aber auch für deren Reduktion. So fordert McCullough am Ende seines Buches sogar eine medienökologische Version des Rechts zu schweigen: »Sie sollten das Recht haben, dass Ihre Umwelt schweigt.«[286] Wie diese Commons gestaltet werden und welchen kollektiven Zwecken sie dienen sollen, ist damit nicht von vornherein festgelegt. Diese Konzeption der Commons ist unmittelbar für das Problem der Entnetzung relevant, indem es die Einrichtung von Zonen der Entnetzung zu einer kollektiven Angelegenheit macht – und diese damit auch nicht nur als manageriale Techniken fasst.[287] Um die Einrichtung, Nutzung und Regelung solcher Commons wird gestritten und damit auch um die Imaginäre der Entnetzung. Sie mögen, wie bei McCullough, von sentimentalen Vorstellungen eines einst reinen analogen Raums getragen sein; aber dies ist nur eine mögliche Position in den Auseinandersetzungen und Verhandlungen darüber, was es heißen könnte, weniger und anders vernetzt zu sein.

War das von McCullough geforderte Recht auf eine schweigende Umwelt noch eine offene Forderung, so zeichnet sich heute eine Verrechtlichung der Entnetzung im engeren Sinne ab. Man denke nur an das französische »droit à la déconnexion«,[288] das Arbeitnehmer*innen das Recht auf Nichterreichbarkeit in ihrer Freizeit zuspricht, oder an die Anfang der 2000er Jahre formulierte EU-Richtlinie zur Notwendigkeit gelegentlicher Diskonnektion. Auch auf der Ebene einzelner Unternehmen finden wir lokale Entnetzungspolitiken, zum Beispiel das Verbot, in der Freizeit dienstliche E-Mails zu schreiben. Wie schwierig es ist, eine solche Regelung in Gesetzesform zu gießen, zeigt Hesselberth am Beispiel des erwähnten französischen Gesetzes auf: Zwar wird ein Recht auf Diskonnektion formuliert, dieses ist aber nicht bindend, ja

286 Ebd., S. 287. Bereits Anfang der 1990er Jahre hat Ivan Illich von »Schweigen als Commons« gesprochen, damals noch gegen die Belastung des öffentlichen Raums durch die Ankunft der ersten Lautsprecher in den 1920er Jahren. Siehe: Ivan Illich, »Silence is a Commons«, in: *CoEvolution Quarterly* 40 (1983), S. 5-9.

287 So etwa die *Slack*-Zonen in Unternehmen, siehe Kap. 1.5 in diesem Teil.

288 Das Gesetz, Artikel 55 im französischen Arbeitsgesetz, trat im Januar 2017 in Kraft; siehe dazu Hesselberth, »Discourses on Disconnectivity and the Right to Disconnect«, S. 2006.

man könnte es sogar so interpretieren, dass es die Freizeit gerade dadurch zur potentiellen Arbeitszeit macht, dass es sie als schutzbedürftig ausweist.[289] Ziel dieser Entnetzungspolitik ist nicht so sehr die Herstellung eines Commons, sondern der möglicherweise nicht besonders wirkungsvolle Schutz von Arbeitnehmer*innen vor berufsbedingter Vernetzung in ihrer Freizeit, um ihre berufliche Leistungsfähigkeit zu erhalten. Ich bezeichne solche Maßnahmen als funktionale Entnetzungspolitiken, da deren Ziel auf die Sicherstellung und Optimierung eines Funktionsbereichs ausgerichtet ist. Ähnliche funktionale Politiken treffen wir auch in anderen Bereichen an. Es gibt sicherheitsspezifische Politiken etwa bei Grenzkontrollen und in Gefängnissen oder Schul- und Universitätspolitiken wie zum Beispiel das Handyverbot an bayrischen Schulen.[290] Auch im Kulturbereich stoßen wir auf entsprechende Beispiele, wenn etwa in französischen Kinos Wifi-Jammer installiert werden.[291] Zum beliebten Gegenstand von Kulturkritikern ist die Verwendung von Handys beim Gehen geworden; erste Städte haben inzwischen sogar Gesetze gegen das Gehen mit Handys (»distracted walking«) erlassen, um Unfällen vorzubeugen.[292] Zur

289 Ebd.

290 Ein gesetzliches Handyverbot an deutschen Schulen gilt bisher allein in Bayern und ist dort seit 2006 im BayEUG, Art. 56, verankert: »Im Schulgebäude und auf dem Schulgelände sind Mobilfunktelefone und sonstige digitale Speichermedien, die nicht zu Unterrichtszwecken verwendet werden, auszuschalten. Die unterrichtende oder die außerhalb des Unterrichts Aufsicht führende Lehrkraft kann Ausnahmen gestatten. Bei Zuwiderhandlung kann ein Mobilfunktelefon oder ein sonstiges digitales Speichermedium vorübergehend einbehalten werden.« Siehe *Bayern. Recht*, ⟨http://www.gesetze-bayern.de/Content/Document/BayEUG-56?AspxAutoDetectCookieSupport=1⟩, letzter Zugriff 19. 10. 2020. In Frankreich hingegen wurde im Sommer 2018 ein landesweit geltendes, gesetzliches Verbot internetfähiger Geräte an französischen Schulen (ausschließlich gymnasiale Mittel-/Oberstufe) für Schüler*innen bis 15 Jahren erlassen. Siehe dazu: »Parlament beschließt Handyverbot an Schulen«, in: *Zeit Online*, 2018, ⟨https://www.zeit.de/politik/ausland/2018-07/frankreich-parlament-schulen-handyverbot-mobiltelefon⟩, letzter Zugriff 19. 10. 2020.

291 Wifi-Jammer sind Störsender, welche den Mobilfunkempfang verunmöglichen. Ihr Einsatz ist auch in Frankreich verboten, allerdings mit Ausnahmen, wie zum Beispiel in Kinos. Siehe Jérôme Bouteiller, »Brouilleurs GSM dans les salles de spectacle: une légalité en doute«, in: *clubic*, 2004, ⟨https://www.clubic.com/actualite-50048-.html⟩, letzter Zugriff 19. 10. 2020.

292 So zum Beispiel in Kalifornien, siehe Alene Tchekmedyian, »In this Pomona Valley city, it's now illegal to cross the street while on the phone«, in: *Los An-*

Legitimierung von Entnetzung dient hier der Verweis auf Sicherheits- und Gesundheitsrisiken. Diese Formen der vorgeschriebenen Entnetzung ordnen die Entnetzung äußeren Zwecken unter, so dass die Zonen und Zeiten der Entnetzung kaum in ihrer eigenen Positivität in Erscheinung treten. Das muss nicht heißen, dass die eigenständige Qualität von Entnetzung auf diese Weise nebenbei nicht dennoch erlebt werden kann. Dass man erzwungene Diskonnektivität (»kein Netz«) und die damit verbundene Ruhe in öffentlichen Verkehrsmitteln auch genießen kann (zum Beispiel in der New Yorker U-Bahn, wo es kein Mobilnetz gibt, oder bis vor kurzem zumindest auf Flugreisen), liegt auf der Hand. Dennoch erscheint bei den funktionalen Politiken Entnetzung in der Regel in einem anderen Licht als bei den individualisierten Selbstsorgeangeboten. In solchen Politiken überwiegt ihr Zwangscharakter, als Verbot erscheint Entnetzung als repressive Machttechnik, wodurch sie ironischerweise der Produktivität der Konnektivität einen positiveren Anstrich zu geben vermag.

Erst durch die Schaffung von kollektiven Räumen oder Umgebungen der Entnetzung (*ambient commons*), die ihre Existenz nicht allein Verboten verdanken, können diese eine eigenständige Wertigkeit erhalten. Gewiss, auch diese Entnetzungsräume bedürfen eigener Regulationsweisen (bis hin zur problematischen Moralisierung von Entnetzung, wenn zum Beispiel auf einem Musikfestival das Herumspielen mit dem Handy, gleichwohl es nicht offiziell verboten ist, als Zerstörung der *vibes* angesehen wird und der »Delinquent« sogar entsprechend ermahnt werden mag). Dennoch unterscheidet sich die Idee der Entnetzungscommons sowohl vom individualisierten Detox als auch von der kollektiven Zwangsentnetzung. Sie zeigt, was es zu vermeiden gilt: Entnetzung entweder auf eine psychologische Frage (wie häufig in der Medienabstinenzforschung) oder auf eine rein formal-regulative Frage zu reduzieren. Die erste Option macht es unmöglich, Entnetzung als ein politisches Problem zu fassen, indem sie Entnetzung subjek-

geles Times, 2018, ⟨https://www.latimes.com/local/lanow/la-me-ln-montclair-texting-walking-20180225-story.html⟩, letzter Zugriff 19.10.2020; sowie in Honolulu, siehe Bill Chappell, »Honolulu's ›Distracted Walking‹ Law Takes Effect, Targeting Phone Users«, in: *NPR*, 2017, ⟨https://www.npr.org/sections/thetwo-way/2017/10/25/559980080/honolulus-distracted-walking-law-takes-effect-targeting-phone-users?t=1588325127199⟩, letzter Zugriff 19.10.2020.

tiviert und individualisiert. Die zweite Option folgt einer häufig bevormundenden regulatorischen Perspektive, welche jede relational gedachte Fähigkeit zur Entnetzung aus dem Blick verliert. Entnetzung wird damit auf das bloße Verbot der Vernetzung reduziert, wodurch die offene und umkämpfte Natur dessen, was Entnetzung heißen mag, aus dem Blick gerät.

Mit dem Begriff der Commons wird dagegen der politische Charakter von Entnetzung in den Vordergrund gestellt und der Weg für eine Debatte über die Vernetzung von Kollektiven geebnet. Es ist auch eine Debatte darüber, ob es jenseits von Individualisierung und Moralisierung Formen der Entnetzung geben kann. Ein berühmtes Diktum von Michel Foucault variierend, geht es um die Kunst, nicht dermaßen vernetzt zu werden.[293] Eine solche Politisierung kann an die Mikropolitiken, welche mit den individuellen Gesten zur Diskonnektivität einhergehen, anknüpfen. Sie geht aber insofern darüber hinaus, indem sie, selbst wiederum paradox, aus der Frage der Entnetzung ein kollektives »mattering« (in Latours Sinne von »matters of concern«) macht.[294] Das gelingt jedoch nur dann, wenn Entnetzung nicht sogleich in ein Projekt der Wiedervernetzung übersetzt, sondern eine Aufmerksamkeit für die vielfältigen Formen der Entnetzung entwickelt wird.

293 Foucault spricht von der »Kunst, nicht dermaßen regiert zu werden«, siehe: Michel Foucault, *Was ist Kritik?*, Berlin 1992, S. 28.

294 Siehe oben, Teil II, Kap. 1.

3. Infrastrukturen: Zur Technopolitik der Entnetzung

Zwei Formen der Entnetzung aus digitalen Netzwerken standen im letzten Kapitel im Vordergrund. Erstens habe ich Entnetzung als immanente Analogisierung des Überschusses von Kommunikation verstanden und mich dabei an analogen Metaphern wie jener des Verfalls oder der Verrottung orientiert, um die Entstehung und die Existenzweise von nichtanschlussfähigen Elementen zu erfassen. Zweitens habe ich mich mit Entnetzung als externer Analogisierung befasst, das heißt mit jenen Techniken, mittels deren – etwa im Digital-Detox-Tourismus – analoge Zonen des temporären Ausstiegs geschaffen werden sollen. Das eine Mal stand also die in die Netzwerke eingeschriebene Überschusslogik im Vordergrund, das andere Mal ging es um kontrollierte Versuche des Entzugs aus diesen Netzwerken. In diesem Kapitel möchte ich mich nun der Entnetzung als Sicherheitsstrategie zum Schutz kritischer Infrastrukturen zuwenden. Diesen Strategien fehlt zwar der romantisierende Ausblick auf das Analoge als entnetzter Ort, dennoch geht es auch hier um strategische Versuche, sich vor Übervernetzung zu schützen.

Bereits im ersten Teil hatte ich die Imaginäre der Vernetzungskritik in Sicherheitsdiskursen skizziert und bin dabei auf die Paradoxie gestoßen, dass der Versuch, Netzwerke sicherer und resilienter zu machen, häufig zum Antriebsmotor für eine weitere Steigerung der Vernetzung wird – etwa in Form des diskutierten ängstlichen Staates, der im Wissen über die Unzulänglichkeit seiner Daten immer mehr Daten schafft und hortet. Ich werde mich im Folgenden auf Sicherheitsmaßnahmen konzentrieren, welche dieser Paradoxie zu entkommen suchen, indem sie explizit auf Strategien der Entnetzung setzen. Solche in Sicherheitsdispositive eingelassenen Strategien sind weit entfernt von den Kulturkritiken der Übervernetzung, die ein erschöpftes hyperkonnektives Selbst monieren oder nostalgisch nach letzten Momenten einer verklärten analogen Welt suchen. Vielmehr geht es ihnen um den Schutz kritischer Infrastrukturen, indem deren Konnektivität eingeschränkt wird. Entnetzung fungiert somit als Präventionstechnik, welche selbst im Krisenfall Vernetzung aufrechterhalten soll. Kritische Infrastrukturen wie militärische Kommandozentralen, Atomkraftwerke oder nationale Datenbanken sind gerade durch ihre Vernetzung physisch angreifbar geworden. Die Annahme einer durch und durch vernetzten Welt, in welcher auch scheinbar nichtdigitale Bereiche kein Außen mehr bilden, prägt das Sicherheitsimaginäre. »Entnetzt Euch!« – diese Losung stammt denn auch ursprünglich nicht aus der Kulturkritik oder der politischen Theorie, sondern aus der IT-Sicherheit.[295]

Die Forderung nach Entnetzung von kritischen Infrastrukturen erscheint auf den ersten Blick ein lokales, rein technisches Sicherheitsproblem zu sein, mit dem sich die IT-Abteilungen und vielleicht noch einige Netzaktivist*innen beschäftigen. Dennoch kristallisiert sich selbst in den trockenen sicherheitstechnischen Abhandlungen ein Amalgam aus Entnetzungswünschen und Entnetzungsängsten heraus, das sich nicht auf technische Fragen reduzieren lässt. Es wäre gewiss ein lohnendes Unterfangen, diesen Vorstellungen in den Spezialdiskursen der IT- und Sicherheitswissenschaften nachzugehen. Ich werde diese hier zwar streifen, aber im Vordergrund stehen populäre und populärkulturelle Beobachtungen der Sicherheitstechniken und -risiken. Diese Herangehensweise speist sich aus der Annahme, dass in populären Diskursen sowohl typische Ängste als auch mögliche Lösungen thematisiert werden, und zwar häufig lange bevor sie Eingang in die Spezialdebatten gefunden haben. Nicht zuletzt leben sicherheitspolitische Vorstellungen von populärkulturellen apokalyptischen Szenarien, in denen der Zusammenbruch der vernetzten Welt drastisch dargestellt und erzählt wird.

Ich werde zunächst kurz in Vorstellungen von Hypervernetzung als Sicherheitsrisiko einführen, um mich dann vier Entnetzungsszenarien zuzuwenden. Mit dem Modell des Air Gaps – also eines Luftgrabes – wurde noch bis Anfang der 2000er Jahre unter IT-Sicherheitsexpert*innen nach einer Möglichkeit gesucht, kritische Infrastrukturen vor Cyberangriffen zu schützen. Air Gaps interessieren mich nicht als geglückte Form der Entnetzung, sondern als imaginärer Versuch, entnetzte Zonen herstellen zu können – ja, als häufig geradezu verzweifelte Anstrengung, die Logik der Konnek-

295 Sandro Gaycken, *Cyberwar. Das Internet als Kriegsschauplatz*, München 2011.

tivität zu meistern. Das zweite Szenario schließt daran unmittelbar an. Wenn jede Form digitaler Vernetzung das Risiko eines Angriffs birgt, dann muss nicht nur über die (Un-)Möglichkeit von Grenzziehungen nachgedacht werden, sondern auch über alternative Formen der Vernetzung. Die gerade auch (aber nicht ausschließlich) in der Populärkultur prominente Vorstellung eines Sneakernets versucht, eine Antwort auf dieses Problem zu geben. An die Stelle von Datenkabeln als Vernetzungsinfrastrukturen treten die Sneakers der menschlichen Kuriere, die ein alternatives, auf den ersten Blick anachronistisches Netzwerk schaffen sollen. Der Mensch, der in den digitalen Utopien abgedankt zu haben schien, erscheint hier wieder als Hoffnungsträger. Ist es vielleicht gerade die Obsoleszenz des Menschen, welche ihm eine neue Kraft der Anschluss*un*fähigkeit verleiht?

Nur auf den ersten Blick beschränkt sich Entnetzung als Sicherheitstechnik auf lokale Probleme der Sicherheit von Netzwerken und Daten. Anhand von zwei weiteren Szenarien untersuche ich totalisierende Vorstellungen der Entnetzung, die nicht nur einzelne Infrastrukturen, sondern ganze Regionen und Gesellschaften betreffen. Zunächst steht die Idee eines Kill Switches, mit dem sich das Internet abschalten ließe, im Vordergrund. Mit ihm und anders als bei den zuvor diskutierten Figuren steht nun ein Netzwerk als Ganzes auf dem Spiel. Der Kill Switch fußt auf einem rückwärtsgewandten politischen Mythos, der in Widerspruch zur dezentralen Topologie von Netzwerken einen imaginären Punkt der Kontrolle entwirft. Die Kontrollierbarkeit von Netzwerken beruht in diesen Vorstellungen darauf, diese im Ausnahmezustand mit einem zentralen Schalter abschalten zu können. Damit kündigt sich eine tiefgreifende Neuformulierung von Souveränität als das Recht und die Fähigkeit, Netzwerke abzuschalten, an. Wie aber ließe sich ein derartiges »abgeschaltetes« Netzwerk beschreiben? Hier setzt die Diskussion der vierten Szene der Entnetzung an. Ich lese zu diesem Zweck Cyberthriller als infrastrukturelle Visionen einer Endzeit von Netzwerken.

3.1 Von der Resilienz zum Sicherheitsrisiko

Die Erfindung des Internets beruhte indirekt auf dem Kampf gegen mögliche Entnetzung. Sicherheit wurde nicht in der Isolierung einzelner Teilnetzwerke gesehen, sondern in einer dezentralen Topologie, welche das Netz sogar vor einem Nuklearangriff schützen sollte.[296] Paul Baran, ein Informatiker in den Diensten der RAND Corporation, hatte eine Netzwerktopologie entworfen, welche die Zentrierung auf sicherheitskritische Einheiten vermeiden sollte. Jeder Knotenpunkt sollte drei bis vier Verbindungen aufweisen, um genügend Redundanz zu schaffen, so dass das Netzwerk im Angriffsfall überlebt. Oder in den Worten von Leonard Kleinrock, der als einer der Erfinder des Internets gilt:

> Dies haben wir spezifiziert, indem wir festlegten, dass der topologische Entwurf ein »zweifach verbundenes Netz« erzeugen muss, wodurch gewährleistet wird, dass kein einziger Ausfall dazu führt, dass ein noch funktionsfähiger Teil des Netzes seine Konnektivität verliert.[297]

Im Sinne der bereits diskutierten modularen Logik wird die Robustheit eines Netzwerks – und so auch in diesem speziellen Fall – also dadurch erzeugt, dass dieses beim Ausfall einzelner Komponenten funktionsfähig bleibt. Dies sollte auf operativer Ebene durch *packet switching* erreicht werden.[298] Einzelne Botschaften werden in unterschiedliche Datenpakete aufgeteilt, die kontextuell den jeweils besten Pfad wählen, wodurch etwa ausfallende Knotenpunkte oder Verstopfungen umgangen werden können. Eine solcherart hergestellte Robustheit wartet mit dem Sicherheitsversprechen auf, dass

296 Zu den teils militärischen Möglichkeitsbedingungen des Internets siehe John Naughton, »The Evolution of the Internet. From Military Experiment to General Purpose Technology«, in: *Journal of Cyber Policy* 1, 1 (2016), S. 5-28. Klassisch hierzu: Bruce Sterling, »Short History of the Internet«, in: *Internet Society*, 1993, ⟨https://www.internetsociety.org/internet/history-internet/short-history-of-the-internet/⟩, letzter Zugriff 13. 10. 2020. Ursprünglich erschienen unter dem Titel »Internet« in: *The Magazine of Fantasy and Science Fiction*, 84, 2 (1993), S. 99-107.

297 Leonard Kleinrock, »Early History of the Internet«, in: *IEEE Communications Magazine* 48, 8 (2010), S. 26-36, hier S. 29.

298 Siehe zum *packet switching* in diesen Teil, Kap. 2.1.

das Netz qua *distributed routing* auch unter Stress weiter operieren kann.[299]

Inzwischen wird zwar von einigen Autor*innen diese militärische Ursprungsgeschichte des Internets kritisch gesehen, nämlich als Mythos einer zu sehr auf politische Institutionen fixierten Geschichtsschreibung.[300] Dennoch werden an dieser Geschichte zentrale Elemente des Sicherheitsversprechens für kritische Infrastrukturen sichtbar, deren Faszinationskraft zu ihrer erfolgreichen Kanonisierung beigetragen hat. Wenn Vernetzung immer schon ein Sicherheitsversprechen innewohnt, dann hat dies Konsequenzen für die (Un-)Denkbarkeit von Entnetzung. Netzwerke gleichen immer wieder auferstehenden, unkaputtbaren Figuren, die sich weder durch die Isolierung und Eliminierung von einigen wenigen Zentren zerstören noch ohne weiteres in klar voneinander getrennte Teilnetzwerke aufteilen lassen. Während bei hierarchisch strukturierten Netzwerken der gezielte Angriff auf die Spitze der Hierarchie eine wichtige strategische Option darstellte, liegt die Stärke der neuen Netzwerktopologie gerade darin, dass sie keine derartigen privilegierten Knotenpunkte mehr aufweist. Aus diesem Grunde war es für solche topologischen Modelle auch nicht denkbar, dass Entnetzung einen strategischen Wert haben könnte (zum Beispiel die von sicherheitsrelevanten Teilnetzwerken). Denn diese Logik der Subtraktion würde der Vorstellung von Sicherheit

299 National Research Council, *The Internet's Coming of Age*, Washington, D.C. 2001, S. 82.

300 Martin Campbell-Kelly, Daniel D. Garcia-Swartz, »The History of the Internet. The Missing Narratives«, in: *Journal of Information Technology* 28, 1 (2013), S. 18-33. Die Autoren plädieren dafür, sich bei der Historisierung des Internets nicht – im Sinne einer Whig-History – nur auf das ARPANET zu konzentrieren. Dieses sei zwar ein zündender Funke gewesen, aber gleichzeitig muss die Bedeutung einer Vielzahl von unterschiedlichen Netzen, wie z. B. Flugreservierungssysteme und Bankennetzwerke, beachtet werden. Paul Edwards identifiziert drei Historien des Internets: eine Mikrogeschichte der User-Aneignung von Technologien, eine auf militärische Institutionen konzentrierte ARPANET-Mesogeschichte und eine an weiteren Netzwerken und IT-Technologien interessierte Makrogeschichte. Nur aus einer solchen integrativen Perspektive sei die von militärischen Zwecken unabhängige Verbreitung des PCs und die dezentrale Funktionsweise des Internets zu erklären: Paul N. Edwards, »Infrastructure and Modernity. Force, Time, and Social Organization in the History of Sociotechnical Systems«, in: *Modernity and Technology* 1 (2003), S. 185-226.

und Resilienz qua Vernetzung widersprechen. Hinzu kommt, dass die dezentrale Netzwerkstruktur – zusammen mit der Standardisierung von Interfaces – selbst zur nahezu unbeschränkten Ausweitung des Netzwerks einlädt. Wir haben es also mit einer dreifachen »Abwehr« von Entnetzung in der Topologie des Internets zu tun: Das Netz schützt sich erstens durch dezentrale Vernetzung, verzichtet zweitens auf präventive Strategien der Entnetzung und verfügt drittens auf der Ebene der Protokolle durch deren Standardisierungsleistung über die technische Affordanz zur Herstellung von weiterer Vernetzung.

Mittlerweile wissen wir, dass dieses ursprüngliche Sicherheitsversprechen des Internets zu hochfliegend war. Der Report *Trust in Cyberspace* kam bereits 1999 zur Diagnose, dass durch die Beschädigung von Unterseekabeln »Verbindungsausfälle« (»link failures«) entstehen können.[301] Trotz der modularen Struktur reichen häufig die übrigen Kapazitäten des Netzes nicht aus, den zusätzlichen Datenverkehr aufzufangen.[302] Ein weiteres Problem hat mit der Energieversorgung des Internets zu tun, genauer gesagt damit, dass diese nicht über dieselbe modulare Sicherheitsorganisation wie die Kommunikationsnetzwerke verfügt.[303] Allerdings leidet die modulare Netzstruktur nicht nur an solchen äußeren Abhängigkeiten, sondern sie hat sich auch selbst von der ursprünglich erhofften Dezentralisierung deutlich entfernt. Das Internet verfügt inzwischen über eine »*Far-from-random*-Topologie, die ein dezentralisiertes, gebündeltes und sehr anfälliges Muster komplexer Konnektivität aufweist«.[304]

Aber nicht nur durch die Schwierigkeiten, eine entsprechende dezentrale Netzstruktur zu schaffen, wurden die Hoffnungen auf umfassende Sicherheit gedämpft:

301 Fred B. Schneider, Committee on Information Systems Trustworthiness, *Trust in Cyberspace,* Washington 1999, zit. nach: National Research Council, *The Internet's Coming of Age*, S. 86 f. Zu einer Medienarchäologie von Unterseekabeln siehe: Nicole Starosielski, *The Undersea Network*, Durham 2015.

302 Ebd., S. 86.

303 Ebd., S. 87.

304 Tony D. Sampson, »The Accidental Topology of Digital Culture. How the Network Becomes Viral«, in: *Transformations Journal of Media & Culture* 14 (2007), S. 1-13, hier S. 2, mit Bezug auf Baran, ⟨http://www.transformationsjournal.org/wp-content/uploads/2017/01/Sampson_Transformations14.pdf⟩, letzter Zugriff 13. 10. 2020.

Es ist die von allen gewollte Vernetzung, die paradoxerweise als eine der größten Gefahren angesehen wird; denn die Vernetzung erhöht das Potential für eine Superkatastrophe, indem sie die Voraussetzung dafür schafft, dass lokale Schadensereignisse globale Konsequenzen haben können.[305]

Gerade für kritische Infrastrukturen wie Atomkraftwerke, Wasserwerke, Krankenhäuser oder militärische Einrichtungen erweist sich die globale Vernetzung zunehmend als Sicherheitsrisiko. Standardisierte SCADA-Systeme werden zur Überwachung und Steuerung solcher Infrastrukturen auf der Basis von »Echtzeitdaten« eingesetzt, wobei SCADA (Supervisory Control and Data Acquisition) zunehmend TCP benutzt, um so anschlussfähig ans Internet zu werden.[306] Diese globale Vernetzung macht die Teilnetzwerke verletzlich, insbesondere für Cyberangriffe: »Rechner bieten aufgrund systemisch bedingter Schwächen latent gute Angriffsvektoren und viele Angriffsoptionen.«[307] Die neuen Gefahrenvorstellungen entwerfen neue politische Kräfteverhältnisse, ja, Cyberangriffe kehren klassische Kräfteverhältnisse zwischen großen und kleinen Spielern um, gut etablierte militärische Abschreckungsroutinen und -narrative verlieren ihre Wirkung, der Gegner wird durch seine Anonymität und Unsichtbarkeit zu einer nicht mehr greifbaren Gestalt, über seine Motive kann bloß noch gerätselt werden.[308]

Man mag diese Beschwörung einer neuen Verletzlichkeit durch globale Vernetzung für ein übertriebenes Szenario halten, das eine sehr unwahrscheinliche Cyberkatastrophe heraufbeschwört, um so neue politische Kontrollformen des Internets durchzusetzen.[309] Aber auch für eine solche Einschätzung gilt, dass das Szenario globaler Vernetzung als Sicherheitsrisiko performativ wirksam ist. Auf seiner Grundlage werden Strategien entwickelt, die auf die Gefahr einer epidemischen Ansteckung (etwa durch Computer-

305 Langdon Winner, »Trust and Terror. The Vulnerability of Complex Sociotechnical Systems«, in: *Science as Culture* 13, 2 (2004), S. 155-172. Kritisch zit. in: Myriam Dunn Cavelty, »Gesellschaft im Daueralarm. Gefahrendarstellungen im Cybersecurity-Diskurs«, in: Christopher Daase u. a. (Hg.), *Verunsicherte Gesellschaft – überforderter Staat. Zum Wandel der Sicherheitskultur*, Frankfurt/M. 2013, S. 133-150, hier S. 133.

306 Thomas Brandstetter, »Die Zeit der getrennten Systeme ist vorüber« (Interview), in: *Zeitschrift für Automation und Security* 1 (2012), S, 10-13, hier S. 10.

307 Gaycken, *Cyberwar*, S. 45

308 Ebd.

309 Siehe Dunn Cavelty, »Gesellschaft im Daueralarm«.

viren) präemptiv antworten sollen.[310] Dieses Imaginäre fasst Entnetzung nicht nur als pragmatische Maßnahme zur Überwindung von Lücken in bestehenden Netzwerken, sondern sieht in ihr eine eigenständige Qualität zur Steigerung von Resilienz. Nur durch strategisch kontrollierte Entnetzung können Angriffe, die zur katastrophalen Entnetzung führen würden, wirksam abgewehrt werden. Entnetzung verbindet sich auf diese Weise mit dem Traum nahezu vollständiger Sicherheit. Diese versicherheitlichte Entnetzung kann zwei Formen annehmen: als präventive Entnetzung besonders kritischer Infrastrukturen und als Ad-hoc-Entnetzungsmanagement während des Ausnahmezustands.[311]

3.2 Air Gaps: Der Traum der Isolierbarkeit

Die Diskussion der Entnetzung hatte bei IT-Expert*innen Ende der 1990er Jahre ihren Höhepunkt in der Forderung nach sogenannten Air Gaps gefunden. Da in Hochrisikobereichen klassische Mittel des Netzwerkschutzes, zum Beispiel Verschlüsselung oder Firewalls, nicht genügen, um entsprechenden Angriffen standzuhalten, wird gefordert, dass kritische Netze zu selbstgenügsamen, möglichst geschlossenen Netzen werden. Als sicherste Strategie galt hier lange die Einführung von Air Gaps, durch die ein *plug off* erreicht werden kann. Damit ist eine physische Isolierung des kritischen Netzwerks von anderen Netzwerken gemeint. Es geht also nicht mehr nur darum, auf der Basis von Software Schutzvorrichtungen zu errichten, sondern auch darum, die Verbindungswege selbst zu kappen, indem buchstäblich ein »Luftgraben« die Hardware-Komponenten, das heißt die Infrastrukturen der entsprechenden Netzwerke, physikalisch voneinander trennt. Es wird

310 Matteo Pasquinelli, *Animal Spirits. A Bestiary of the Commons*, Rotterdam 2008.

311 Auch das Wiederaufkommen von Survival-Semantiken und der *Prepper*-Bewegung ist von der Idee geprägt, dass die Herstellung selbstgenügsamer Einheiten im Katastrophenfall ein Überleben ermöglichen soll. So sollen zum Beispiel Permakulturen mit dem »perfekten, dauerhaften-Prepper-Garten« auch in der Katastrophe ein unabhängiges, selbstreguliertes Leben gewährleisten. Siehe Kylene Jones, »Gaia's Garden. A Priceless Permaculture Reference«, in: *The Provident Prepper*, 2014, ⟨https://theprovidentprepper.org/gaias-garden-a-priceless-permaculture-reference/⟩, letzter Zugriff 13. 10. 2020.

gleichsam versucht, mit topographischen Mitteln der Grenzziehung im geographischen Raum auf Gefahren in der Topologie von Netzwerkarchitekturen zu reagieren.

Der deutsche IT-Sicherheitstheoretiker Sandro Gaycken ist ein prominenter Vertreter dieser auf den ersten Blick radikalen physischen Entnetzung:

> [Air Gaps] trennen Systeme in physische distinkte Einheiten, ohne jede Verbindung. Kein Kabel, kein Funk, keine tragbaren Medien wie Flashdrives oder CDs verbinden physikalische getrennte Systeme noch mit externen Netzwerken.[312]

Für kritische Infrastrukturen sei die physische Entnetzung »unabwendbar«: »Wichtige Rechner müssen vom Netz – vollständig und kompromisslos. [...] Aber die große Vernetzung nähert sich ihrem Ende.«[313] Ohne einen physischen Luftgraben könne die sowohl in die Software als auch in die Hardware eingeschriebene Konnektivität nicht mehr kontrolliert werden; ohne einen derartigen Graben lasse sich die Herstellung ungewollter Anschlüsse nicht verhindern. Für Gaycken handelt es sich nicht nur um eine kurzfristige, rein technologische Strategie, sondern insgesamt um eine Neufassung und Neubewertung von Vernetzung.

Air Gaps sollen dadurch funktionieren, dass die vormalige technische Verbindung unterbrochen ist – und zwar nicht nur auf der Ebene von stockenden oder gestörten Datenströmen, sondern auf der Ebene der materialen Infrastrukturen, hier insbesondere der Kabel. Air Gaps führen ein »Nichts« zwischen den zerschnittenen Kabeln ein; sie legen einen Raum frei, der nichts weiter enthält als Luft. Im Grunde lässt sich die Air-Gap-Idee in der langen medientheoretischen Diskussion um das Konzept des Äthers situieren. Diese kreiste um die Fragen, ob es einen lediglich mit einer unsichtbaren Substanz gefüllten Raum der Übertragung geben kann und wie die Materialität des Äthers als Medium zu erfassen sei.[314] Der Air Gap kehrt die klassische Argumentation um, da er als An-

312 Gaycken, *Cyberwar*, S. 166.

313 Ebd., S. 80.

314 Lohnend kann hier ein Rückblick auf ältere Konzeptionen des Äthers sein, die von einer Verzögerung der Ausbreitung von Schall und Licht durch die Beschaffenheit des Äthers ausgehen; vgl. auch Albert Kümmel-Schnur, Jens Schröter (Hg.), *Äther. Ein Medium der Moderne*, Bielefeld 2015.

timedium funktionieren soll, das Übertragung verunmöglicht, indem Kabel und Maschinen voneinander getrennt werden. Hatte Latour die Löcher der Netzwerke mit einem Plasma der Verbindungsmöglichkeiten gefüllt, so bestehen diese nun aus trennenden Luftgräben, die Konnektivität reduzieren und Datenströme zum Versiegen bringen sollen.

Der Traum vom Air Gap als Antimedium wird allerdings zunehmend als eine trügerische Sicherheitsvorstellung kritisiert, die auf einem ebenso falschen wie gefährlichen Glauben an die Möglichkeit der Isolation von Netzwerken beruht und diesen nährt. So hat beispielsweise Siemens die vor einigen Jahren formulierte Sicherheitsempfehlung: »Isolieren Sie das Automatisierungsnetzwerk von allen anderen Netzwerken durch einen Air-Gap«, inzwischen zurückgezogen; der IT-Sicherheitsexperte Eric Byres kommentiert die Wirksamkeit von Air Gaps und den Glaube an deren Sicherheitsversprechen lakonisch:

> Sicherlich können Sie einfach die Verbindung zwischen dem Steuerungssystem und dem Unternehmensnetzwerk trennen und schon haben Sie einen »Air Gap«. […] Moderne Kontrollsysteme benötigen [aber] eine ständige Versorgung mit elektronischen Informationen aus der Außenwelt. Die Trennung der Netzwerkverbindung durch einen Air Gap bringt einfach neue Wege hervor – Wege wie den tragbaren Laptop und den USB-Stick, die schwieriger zu kontrollieren und ebenso leicht zu infizieren sind.[315]

Selbst dann, wenn ein Air Gap informationstechnisch wirksam wäre, kollidiert diese Maßnahme mit der basalen Eigenschaft von Netzwerken, für ihr Überleben neue Verbindungen und Daten zu empfangen und zu produzieren. Auch Hochsicherheitsnetzwerke benötigen Software-Updates und Patches, auch diese rufen nach neuen Daten und auch deren Daten müssen weiterverarbeitet werden.[316] Vertreter*innen der Air-Gap-Ideen sehen zwar dieses Problem, glauben aber an eine Trennung, die letztlich keine vollständige Trennung ist:

315 Eric Byres, »The Air Gap. SCADA's Enduring Security Myth«, in: *Communications of the ACM* 56, 8 (2013), S. 29-31, hier S. 31.

316 Zu einer Medientheorie des Updatings siehe Wendy Hui Kyong Chun, *Updating to Remain the Same. Habitual New Media*, Cambridge 2016.

Die Wahrheit ist, dass niemand einen Computer will, der niemals Dateien aus dem Internet empfängt und niemals Dateien ins Internet verschickt. Was man will, ist ein Computer, der nicht direkt mit dem Internet verbunden ist, wenn auch mit einer Möglichkeit, Dateien sicher hin und her zu bewegen.[317]

Die Idee des Air Gaps trifft also auf drei Probleme: Erstens werden die Luftgräben so schnell, wie sie entstehen, wieder durch andere Verbindungen überbrückt. Gegen die Erweiterungs- und Einvernehmungslogik moderner Netzwerke muss die Idee des Air Gaps daher hoffnungslos romantisch wirken, ja, sie ist letztlich in ihrem Vertrauen auf die Zerstörbarkeit physischer Verbindungen gar nicht so weit von der Analognostalgie entfernt. Zweitens scheitert der Air Gap daran, dass er Entnetzung als Grenzziehungsprojekt definiert, damit aber der Funktionsweise von Netzwerken nicht mehr gerecht werden kann. Denn die Kontrolle von kritischen Infrastrukturen kann nicht außerhalb der Netzwerke in vollständiger Isolation stattfinden. Sie braucht, wie wir gesehen haben, selbst beständig neue Daten, Software und Updates. Die Air-Gap-Strategie hat also letztlich Entnetzungsfragen in Grenzziehungsfragen verwandelt und muss auf diese Weise verfehlen, was eine erfolgreiche Entnetzungsstrategie ausmacht: nicht die vollständige Isolation des Entnetzten, sondern die Herstellung einer Kopräsenz von Vernetzung und Entnetzung. Die Entnetzungsstrategie des Air Gaps dunkelt dieses Problem ab und erzeugt so ein trügerisches Sicherheitsversprechen. Gerade weil das Air-Gapping auf den ersten Blick größtmögliche Sicherheit verspricht, wird es selbst zu einer Gefahrenquelle. Denn wer sich durch diese Form der Entnetzung in Sicherheit wiegt, vernachlässigt andere Sicherheitsmaßnahmen zum Schutz von Kommunikationsinfrastrukturen.[318]

Ein drittes Moment des Scheiterns des Air Gaps ist dessen schnelle medientechnische Obsoleszenz. Der zunächst »leere« Air Gap hat sich zunehmend gefüllt. Bis Ende der 1990er Jahre konnte

317 Bruce Schneier, »Air Gaps«, 2013, ⟨https://www.schneier.com/blog/archives/2013/10/air_gaps.html⟩, letzter Zugriff 13. 10. 2020.

318 Byres (»The Air Gap«, S. 31) spricht von einer »gefährlichen Illusion« (»dangerous illusion«) und zitiert Chris Blask von ICS Cybersecurity: »Keine Sicherheitslücke [...] stellt ein so großes Risiko dar, wie der Glaube, dass dein System isoliert ist«; siehe auch: Deirdre K. Mulligan, Fred B. Schneider, »Doctrine for Cybersecurity«, in: *Daedalus* 140, 4 (2011), S. 70-92.

die Luft in den IT-Sicherheitsdiskursen noch als ein leerer, signalloser Raum fungieren.[319] Der Luftgraben war ein Pufferraum, ein Abwehrgraben, weil durch seine Leere keine Übertragungskanäle für Daten verlaufen konnten. Mit den Wireless-Technologien hat sich der Status dieses Nichtkanals jedoch verändert. Die Luft wird nun selbst zu einem Kommunikationsmedium, das in der Lage ist, Signale zu transportieren – und so auch neue Vernetzungen zu ermöglichen: »Mit dem Aufkommen der drahtlosen Vernetzung hat sich die Bedeutung des Begriffs [»Air Gap«] erweitert und bezeichnet nun die Isolation, die entsteht, wenn die Gesetze der Physik keine Signale ermöglichen.«[320] Das Problem verschärft sich dadurch, dass heute bereits die Hardware die Möglichkeit von Wifi-Kommunikation bereithalten kann: »Wifi-Fähigkeiten auf Mikroprozessorebene, die von Angreifern ausgenutzt werden können – das reicht vom ausgebildeten Cyberterroristen bis hin zum verärgerten Angestellten mit Kenntnissen über drahtlose Technologie.«[321] Dass der Air Gap mit Wifi-Techniken nicht mehr unüberbrückbar ist, zeigt sich auch daran, dass *jump the air gap* zu einer Kernstrategie des Cyberkrieges geworden ist. Eine ganze Abteilung der US-amerikanischen Cyberabwehr I2WD (Intelligence and Information Warfare Directorate) hat ein geheimes Tactical Electromagnetic Cyber Warfare Demonstrator (TECWD) Programm entwickelt, das elektromagnetisch Air Gaps überbrücken soll:[322]

319 Techniken der Wireless-Kommunikation sind allerdings keine Erfindung digitaler Kommunikation, sondern greifen auf eine lange Tradition elektromagnetischer Kommunikation zurück. Siehe dazu: Erik C. Born, *Sparks to Signals. Literature, Science, and Wireless Technology, 1800-1930*, Berkeley 2016 (Dissertation), ⟨https://escholarship.org/uc/item/9qs9703w⟩, letzter Zugriff 14.10.2020.

320 Mulligan/Schneider, »Doctrine for Cybersecurity«, S. 25. Siehe auch diese Warnung vor Wireless-Konnektivität: »Zwei beliebige Geräte mit drahtlosen Antennen sollten, unabhängig davon, ob sie eine logische Verbindung zu dem betreffenden drahtlosen Netzwerk haben, als ›physikalisch‹ verbunden betrachtet werden […]. Um zwei drahtlos-fähige Geräte auf physikalischer Ebene wirklich zu trennen, müssten die Antennen eines Geräts deaktiviert werden, oder es müsste eine Barriere zwischen den beiden Geräten platziert werden, die die drahtlose Verbindung unterbrechen kann.« (Eric D. Knapp, Joel Langill, *Industrial Network Security. Securing Critical Infrastructure Networks for Smart Grid, SCADA, and Other Industrial Control Systems*, Rockland 2011, S. 149.)

321 Ebd., S. 305.

322 Zachary Fryer-Biggs, Aram Roston, »Cyber's Next Chapter. Penetrating Sealed

Aber zu den Zielsetzungen gehören auch diese: das Einfügen und Extrahieren von Daten aus versiegelten, verkabelten Netzwerken. Die Möglichkeiten sind bemerkenswert. Stellen Sie sich vor, Sie könnten ein Fahrzeug in die Nähe eines Gebäudes lenken und für eine kurze Zeit sitzenbleiben, während Sie einen Worm einpflanzen, und das Gelände dann verlassen, ohne dass Sie einen Mitarbeiter bestechen oder etwas an einer aufmerksamen Wache vorbeischmuggeln mussten. Besser noch, ein getarntes, unbemanntes Luftfahrzeug könnte geräuschlos und großräumig über ein Gelände geflogen werden, um selbst im umkämpften Luftraum einen Code einschleusen zu können.[323]

Zwar bleibt hier auch räumliche Nähe wichtig, aber es ist nicht mehr erforderlich, den Air Gap durch den Transport von Daten (etwa mit einem USB-Stick) zu überbrücken. Netzwerke müssen nun so abgeschirmt werden, dass sie keine kabellos übertragenen Daten empfangen und versenden können.[324] Gegenüber den ursprünglichen, an Sabotagetechniken erinnernden und direkt an den Übertragungskanälen ansetzenden Modellen des Unterbrechens und Durchschneidens (von Kabeln) hat sich Entnetzung zu einer Kombination von Trennungs- und Protektionstechniken gewandelt.

So betont etwa Admiral Jon Greenert: »Wenn Sie das elektromagnetische Spektrum kontrollieren, kontrollieren Sie den Kampf.«[325] Selbst wenn es gelänge, mit geeigneten elektromagnetischen Stör- und Abwehrtechniken ein Äquivalent der zerronnenen Utopie des Air Gaps zu schaffen, so hätte sich dann der Status des antimedia-

Networks«, in: *Fisma News*, 2012, ⟨https://www.thecre.com/fnews/?p=3866⟩, letzter Zugriff 14.10.2020.

323 Zachary Fryer-Biggs, »DoD Looking to ›Jump the Gap‹ Into Adversaries' Closed Networks«, in: *The Quote*, 2013, ⟨http://thequote.org/?p=158⟩, letzter Zugriff 14.10.2020.

324 Damit nähert sich die Abschottung eines Netzwerkes dem Modell des Faradayschen Käfigs an. Für einen Überblick zu Faraday-Kunstprojekten siehe den Feel Sound Blog ⟨https://feelsoundproject-blog.tumblr.com⟩, letzter Zugriff 14.10.2020. Bereits 1973 hat der kanadische Künstler Tom Sherman einen Faradayschen Käfig aus Aluminium geschaffen, der Schutz gegen äußere Strahlen bietet. Weitere wichtige Projekte sind Catherine Richards' *Curiosity Cabinet at the End of the Millennium* (1995) wie auch *Oasis* (2000) und *Faradayurt* (2001) von Jana Sterbak.

325 Jon Greenert, zit. in: Fryer-Biggs/Roston, »Cyber's Next Chapter. Penetrating Sealed Networks«.

len Zwischenraums grundlegend verändert. In der Vorstellung von Luft als Entnetzungsmedium war diese nach dem Zerschneiden eines Kabels automatisch anwesend; sie füllte wie selbstverständlich die neu geschaffene Leerstelle. Nun muss aber dieses Antimedium erst geschaffen werden und wird so zum kritischen Gegenstand von technologischen und politischen Kontrollversuchen. Stets droht sein Nichtfunktionieren und damit die unkontrollierte Vernetzung und Weiterleitung von Daten. All diese Probleme haben nicht zum vollständigen Verzicht auf das Air Gapping geführt, wenngleich es zunehmend durch andere Techniken wie zum Beispiel lasergeschützte Einwegdatensysteme ersetzt wird.[326] Aber selbst wenn die prekäre Kombination von Trennungs- und Schutzmedien funktionieren sollte, bleibt die zuvor beschriebene Problematik virulent: Wie kann die Gleichzeitigkeit von Trennung und Verbindung organisiert werden? Wie ist eine partielle Entnetzung möglich, die nicht zur vollständigen Isolierung und damit auch Desavouierung von Kontrolle führen würde?

3.3 Sneakernet

Die Vorstellung eines »leeren« Luftgrabens hat sich als Illusion und Sicherheitsrisiko erwiesen; ein solcher Graben fungiert als Aufforderung, ihn zu umgehen oder zu bevölkern. Hier setzt mit dem *Sneakernet* die zweite Antwort der partiellen Entnetzung ein. Das Wort bezeichnet im IT-Slang ein Turnschuh-Netzwerk, in dem sicherheitsrelevante Daten von menschlichen Kurieren transportiert werden. Das Modell des Sneakernet ist komplementär zum Air Gap angelegt: Wenn die Kabel buchstäblich zerschnitten sind, wenn der Luftraum erfolgreich kontrolliert werden kann, dann

326 Solche Lösungen befinden sich aber im Widerspruch zu »return channels« in der Hardware und den meisten Datenprotokollen, die bidirektional organisiert sind. Das Konnektivitätsethos ist keineswegs nur eine Semantik, sondern ist in die Hard- und Software von Netzwerken eingeschrieben. Dessen Modifizierung und Eingrenzung erzeugen daher große technologische Probleme. Stets droht die Gefahr »der vorsätzlichen oder unbeabsichtigten Einführung neuer Verbindungen«; siehe Dale G. Peterson, »Air Gaps Dead, Network Isolation Making a Comeback«, in: *Digital Bond*, 2011, ⟨http://www.digitalbond.com/blog/2011/07/19/air-gaps-dead-network-isolation-making-a-comeback/⟩, letzter Zugriff 20.09.2019.

müssen Daten mit »alten« physischen Speichermedien, etwa USB-Sticks, externen Festplatten oder gar CDs, transportiert werden. Diese Speichermedien nehmen nun einen ganz klassischen, prä-elektronischen Weg: Sie müssen zu Fuß von einem Netzwerk zum nächsten gelangen. Die Daten haben die Kabel verlassen und sich auf die Straße begeben; sie sind nun in andere Verkehrsinfrastrukturen eingebettet – in Korridore, Straßen oder U-Bahnen.

Auch dieser Versuch der Entnetzung generiert neue Netzwerke, die sich aber in einer wichtigen Hinsicht von der zuvor als Problem identifizierten Übervernetzung unterscheiden. Das hier kreierte neue Netzwerk nutzt ein anderes Medium, das sich zumindest nicht unmittelbar an die Medien des betroffenen Netzwerks anschließen kann: »Informationen müssen per Hand eingegeben werden oder können allenfalls per Videokamera als Klarinformation übertragen werden.«[327] Entnetzung soll nun durch einen Medienwechsel zustande kommen. Ein berühmtes Beispiel für die Kombination eines Air Gaps mit dem Sneakernet ist die Kommunikationsstrategie von Osama bin Laden. Nachdem die US-amerikanischen Navy Seals dessen Versteck ausgehoben hatten, entdeckten sie 100 USB-Sticks, auf denen bin Ladens umfangreiche Kommunikation gespeichert war:

> Versteckt in seinem ummauerten Gelände im Nordosten Pakistans ohne Telefon- oder Internetanschluss, tippte bin Laden eine Nachricht auf seinem Computer ohne Internetverbindung und speicherte sie dann auf einem daumengroßen USB-Stick. Dann gab er den Stick an einen vertrauenswürdigen Kurier weiter, der zu einem weit entfernten Internet-Café fuhr. An diesem Ort schloss der Kurier das Speichermedium an einen Computer an, kopierte Bin Ladens Nachricht in eine E-Mail und schickte sie ab. Umgekehrt kopierte der Kurier alle eingehenden E-Mails auf den Stick und kehrte auf das Gelände zurück, wo bin Laden seine Nachrichten offline lesen konnte.[328]

Diese einfache Methode war überraschend erfolgreich, blieb bin Ladens Kommunikation doch lange Zeit unentdeckt. Der USB-Stick rückt in die Position eines privilegierten Speichermediums, das im Sneakernet den Datentransport ermöglicht, und zwar kei-

327 Gaycken, *Cyberwar*, S. 167.

328 Bruce Schneier, »Bin Laden Maintained Computer Security with an Air Gap«, in: *Schneier on Security*, 2011, ⟨https://www.schneier.com/blog/archives/2011/05/bin_laden_maint.html⟩, letzter Zugriff 15. 04. 2020.

neswegs nur für terroristische Gruppen. So war das NSA-Intranet durch einen Air Gap von anderen Netzen isoliert, aber gerade diese vermeintliche Sicherheit gab Edward Snowden die Möglichkeit, mit einem USB-Stick geheime Daten zu transportieren. Entsprechend bezeichnete der damalige NSA-Direktor, General Keith Alexander, die Verbindung von USB-Stick und menschlichen Akteuren als gravierendes Sicherheitsrisiko und plädierte dafür, menschliche Systemadministratoren und den Datentransfer nach Möglichkeit durch Maschinen zu ersetzen.[329]

USB-Sticks sind ein unscheinbares Speichermedium aus der Frühzeit der Digitalisierung, deren Geschichte noch geschrieben werden müsste. Sie stehen gleichermaßen für die Bedrohung von isolierten Netzwerken (von Snowden bis zum Stuxnet-Virus) und für das Unterlaufen der Sichtbarkeit in Netzwerken (von bin Laden bis zu aktuellen Kunstprojekten[330]). Der USB-Stick ist ein mobiles Speichermedium, das von einem Netzwerk gelöst und an ein anderes angeschlossen werden kann. Damit verbindet er materiell und symbolisch das Speichern digitaler Daten mit Bewegungen im physischen Raum. Ein isolierter USB-Stick hat keine Funktion, er ist ein Datenspeicher, der aber materiell von möglichen Datenprozessen getrennt ist; seine Existenz ist prekär, nicht zuletzt besteht beständig die Möglichkeit, ihn zu verlieren oder zu beschädigen. Er ist eine beständige Aufforderung, ein Interface zu schaffen, um wieder Teil eines digitalen Netzwerks zu werden, und zugleich der Verweis auf die medialen Inkompatibilitäten, die dies zu unterlaufen drohen. Letztere stehen der Vorstellung eines bruchlosen globalen Netzwerks entgegen; eine Idee, die von der jüngsten Diskussion zur »Archäologie von Netzwerken« nachdrücklich kritisiert wurde,

329 Adam Mazmanian, »How Snowden Exploited NSA IT Security Gaps«, in: *Federal Computer Week*, 2013, ⟨https://fcw.com/articles/2013/08/27/snowden-breach-details.aspx⟩, letzter Zugriff 14. 10. 2020.

330 Siehe z. B. das Projekt von Aram Bartholl, *Deaddrops*, das USB-Sticks im urbanen Raum verteilt, um so ein anonymes, unabhängiges Netzwerk zu schaffen – und sich so allerdings verstärkt der Gefahr von Viren aussetzt: Aram Bartholl, *Deaddrops*, 2010, ⟨https://arambartholl.com/de/blog/tag/deaddrops/⟩, letzter Zugriff 14. 10. 2020. Anonymität kommt in solchen Projekten durch eine gleichzeitige Loslösung und Neugründung von Netzwerken zustande. Siehe auch: Danja Vasiliev, »Netless«, 2012, ⟨http://koa1a.net/netless⟩, letzter Zugriff 14. 10. 2020, zit. in: Jussi Parikka, »Wireless Politics«, in: *Culture Machine* 14 (2013), S. 1-26.

da sie zu stark von der Annahme eines standardisierten Informationsnetzwerks geprägt ist, das Anschlussfähigkeit über alle Grenzen hinweg ermöglicht.[331] Was eine solche Vorstellung des Netzwerks vernachlässigt, ist die Tatsache, dass wir es mit vielfältigen, materiell vollständig unterschiedlichen Netzwerkinfrastrukturen zu tun haben. Entnetzung wird damit zu einem Interface-Problem – wobei es nicht nur, wie in den klassischen Konzeptionen, um ein Interface zwischen einem Netzwerk und seinem User geht, sondern um eines zwischen unterschiedlichen, ja sogar untereinander inkompatiblen Netzwerken.

Die Science-Fiction-Literatur zu Datenkurieren und dem Sneakernet zeigt sich von solchen Interfaces fasziniert – von der Frage also, wie digitale Daten so übersetzt werden können,[332] dass sie sich in einem fremden urbanen Netzwerk transportieren lassen. Der Datenkurier benutzt die klassischen städtischen Infrastrukturen: Straßen, U-Bahnen, Autos, Briefkästen usw. Gerade in der Heterogenität dieser Netzwerke wird die Möglichkeit der Anschlussunfähigkeit verhandelt, wie bereits in den oben erwähnten Entnetzungsempfehlungen Sandro Gayckens deutlich geworden ist: Daten, die von einem Netzwerk zu einem anderen transportiert werden, sollen durch einen Medienwechsel (etwa indem digitale Daten in analoge Filme umgewandelt werden) ihre sofortige Anschlussfähigkeit verlieren.

Dass im Zeitalter globaler digitaler Netzwerke plötzlich wieder Boten in urbanen Netzwerken wichtig werden, ist etwa für den Vater eines Kuriers in Sam A. Patels Roman *Data Runner* überraschend, ist dieser doch noch im Zeitalter der Netzneutralität aufgewachsen, einem Zeitalter, »als alles sicher war und man tatsächlich Informationen über offene Kanäle senden konnte, ohne befürchten

331 Nicole Starosielski u. a., »Amodern 2. Network Archaeology«, in: *AMODERN* 2 (2013), ⟨https://amodern.net/article/network-archaeology/⟩, letzter Zugriff 12. 10. 2020.

332 Übersetzung meint hier nicht die bloße Umwandlung von Daten in ein anderes Medium (etwa als Analog-Digital-Wandler), sondern die netzwerkförmigen und machtvollen Prozesse, durch die Akteure eingebunden und verändert werden. Dieser Übersetzungsbegriff ist prominent in Latours Arbeiten; siehe: Michel Callon, Bruno Latour, »Die Demontage des großen Leviathans. Wie Akteure die Makrostruktur der Realität bestimmen und Soziologen ihnen dabei helfen«, in: Andréa Bellinger, David Krieger (Hg.), *ANThology. Ein einführendes Handbuch zur Akteur-Netzwerk-Theorie*, Bielefeld 2006, S. 75-102.

zu müssen, dass sie gestohlen werden«.[333] Der Slogan des (neben der etwas weniger gut aufgestellten Hermes Agency) führenden Datenkurierunternehmens Arcadian Transport, für das sein Sohn arbeitet, macht die Unsicherheit von digitalen Netzwerken zu seiner Existenzgrundlage: »Arcadian Transport – wenn Sicherheit die einzige Option ist.«[334] Fiktive Unternehmen wie Arcadian Transport oder Hermes Agency unterscheiden sich in ihren Tätigkeiten gar nicht so sehr von aktuellen Logistikern. So wurde zum Beispiel die Kommunikation zwischen Flughäfen und Flugzeugen noch zu Beginn der 2000er Jahren über ein Sneakernet organisiert: Updates und Daten werden von Kurieren ins überwiegend papierlose Cockpit übermittelt.[335] Cockpits sind in besonderem Maße gegen fremde Signale abgeschirmt, wodurch kabellose Kommunikation erschwert wird, was auch den schlechten Mobilfunkempfang im vorderen Teil von Flugzeugen erklärt.[336]

Verschiedene kommerzielle Unternehmen, wie zum Beispiel die Data Security Corporation bieten Kurierservices mit speziell ausgebildeten Boten an, welche Daten in unauffälligen und gepanzerten Fahrzeugen transportieren.[337] Amazon hat den Snowmobile-Dienst gegründet, der eine Gesamtlösung zum Transport von riesigen Datenmengen in Containern anbietet:

Im Grunde bietet Amazon an, einen 45 Fuß langen Container voller Festplatten in Ihr Rechenzentrum zu befördern, sich über Glasfaser an Ihre Server anzuschließen und bis zu 100 Petabyte (ein Petabyte entspricht 1 Million Gigabyte) an Daten abzuschöpfen. Dieser Schiffscontainer wird

333 Sam A. Patel, *Data Runner*, New York 2013, S. 9.

334 Ebd., S. 32.

335 John Croft, »Eliminating the Sneakernet. Gatelink Technology Offers Airlines a Way to Move Data into Cockpits«, in: *Air Transport World* 8 (2004), S. 32-34.

336 Christopher Schaberg beschreibt die Erfahrung des Funklochs im Flugzeug analog zu jener des Bufferings: »Wenn das Gespenst der schlechten Netzabdeckung Ihre Anrufe vor und nach dem Flug entgegennimmt, […] nehmen Sie es als eine weitere neue Gewissheit. Es gibt nichts, was Sie tun können, außer zu warten. Es geht nicht mehr um Sie, sondern um einen Unfall der Infrastruktur.« Siehe Christopher Schaberg, »The Mobile Dead Zone on Airplanes«, in: *The Atlantic*, 2019, ⟨https://www.theatlantic.com/technology/archive/2019/12/why-cell-reception-so-bad-after-boarding-plane/602812/⟩, letzter Zugriff 14. 10. 2020.

337 »DSC Vault. Transport«, in: *Data Security Corporation*, ⟨https://www.datasecuritycorp.com/vault_tran.php⟩, letzter Zugriff 14. 10. 2020.

dann zu einem Amazon-Rechenzentrum transportiert, wo alle Daten auf S3 oder Amazon Glacier, Amazons Cloud-Datenspeicherdienste, hochgeladen werden.[338]

Auf diese Weise kann ein Petabyte Daten in sechs Monaten transportiert werden; würde man dazu eine 10-Gbit-Leitung benutzen, würde dies 26 Jahre dauern. Für kleinere Datenmengen bietet Amazon den »Snowballservice« auf einem mobilen Speichergerät an, das mit der klassischen Post versendet wird.[339] Es sind gerade die unendlich großen Datenmengen digitaler Gesellschaften, welche die digitalen Infrastrukturen an ihre Grenzen bringen und die klassischen physischen Transportlösungen wieder attraktiv machen.

Das Sneakernet und die menschlichen Datenkuriere machen heute angesichts der Bandweitenprobleme von Big Data und der Sicherheitsrisiken digitaler Netzwerke eine überraschende Karriere, finden aber ihre fiktionalen Vorläufer in der Cyberpunkliteratur. Exemplarisch für viele der Sneakernet-Romane und -Filme ist William Gibsons Erzählung *Johnny Mnemonic*, die von Richard Longo (1995) unter demselben Titel verfilmt worden ist (der deutsche Verleihtitel weicht ab, lautet aber treffend: *Vernetzt!*).[340] Der Film spielt in der dystopischen Zukunft des Jahres 2021, in der ein riesiges Netz (eine Art Vorläufer des Internets) allgegenwärtig geworden ist. Zahlreiche Cyborgs bevölkern diese Welt, die von einigen wenigen globalen Unternehmen beherrscht wird. Fast die Hälfte der Weltbevölkerung leidet unter der fatalen Epidemie des NAS (Nerve Attentuation Syndrome); ein von der Neurasthenie inspiriertes Krankheitsbild, das von starken körperlichen Schmerzen und Störungen des Nervensystems geprägt ist. Die Krankheit, so einer der in der Widerstandsbewegung Lotek tätigen Ärzte, werde durch die umfassende Technologisierung und Vernetzung verursacht, in anderen Worten: sie ist Ausdruck einer der Krisen der Hyperkonnektivität. Wissenschaftler des multinationalen Unternehmens Pharmakon haben ein

338 Paul Miller, »Amazon Wants to Ship Your Data to the Cloud Using a Literal Truck«, in: *The Verge*, 2016, ⟨https://www.theverge.com/circuitbreaker/2016/11/30/13797212/amazon-aws-snowmobile-snowball-cloud-storage-truck⟩, letzter Zugriff 14. 10. 2020.

339 »AWS Snowball. Datenübertragung im Petabyte-Bereich mit integrierten Speicher- und Datenverarbeitungssfunktionen«, in: *Amazon Web Services*, ⟨https://aws.amazon.com/de/snowball/⟩, letzter Zugriff 20. 03. 2020.

340 William Gibson, *Johnny Mnemonic* [Orig. 1981], Toronto 1996.

effizientes Heilmittel gegen diese Krankheit entwickelt. Das Unternehmen will dieses aber nicht produzieren, da der Verkauf von bloß die Symptome lindernden Medikamenten viel einträglicher ist und auch langfristig großen Profit verspricht. Die Wissenschaftler versuchen die gesamten digitalen Forschungsunterlagen geheim an die Widerstandsbewegung weiterzugeben, um gegen ihr Unternehmen das Heilmittel für die leidende Weltbevölkerung zugänglich zu machen.

Das ist der Einsatzpunkt für Johnny Mnemomic, ein »mnemomischer Kurier«, der in seinem »wet-wired« Gehirnimplantat geheime und heikle Daten sicher durchs Sneakernet zu transportieren verspricht.[341] Eigentlich stellt sein Gehirnimplantat nur 80 Gigabyte zur Verfügung, durch eine Kompressionssoftware kann er 160 Gigabyte speichern. Um für das Implantat Platz zu schaffen, musste Johnny einen Großteil seiner Kindheitserinnerungen zumindest zeitweilig löschen. Und trotzdem stoßen seine Speicherkapazitäten bei diesem Auftrag an ihre Grenzen. Denn dic Datenmenge, die er transportieren muss, ist doppelt so groß wie vorgesehen, was die Speicherung und den Transport der Daten noch riskanter macht. Denn nun droht »synaptic seepage«, eine Art Überflutung des menschlichen Gedächtnisses mit digitalen Daten.[342] Durch die hohe Datenbelastung setzt sich Johnny großen körperlichen Strapazen aus, ihm droht sogar der Tod, falls es ihm nicht gelingen sollte, rechtzeitig einen Download der Daten zu organisieren. Hinzu treten äußere Gefahren. Er wird von der Mafia, von Geschäftsleuten, ja sogar von Lotek gejagt und umworben.[343]

341 Die Datenkurier- und Sneakernetliteratur nutzt die Figur des Boten, die Sybille Krämer ins Zentrum ihres Kommunikationsmodells gestellt hat. Ebenso wie der klassische Bote versucht der Datenkurier, eine Distanz zu überwinden und eine Verbindung herzustellen. Und ebenso fremdbestimmt wie der klassische Bote ist auch der Datenkurier; allerdings ist er nicht völlig indifferent gegenüber den transportierten Daten und Speichermedien. Zwar kann nicht davon gesprochen werden, wie von medienanthropologischen Cyborg-Lesarten nahegelegt wird, dass das Gehirn des Boten eine Verlängerung der technischen Netzwerke darstellt und gar in der Lage ist, diese Daten zu prozessieren. Siehe: Sybille Krämer, *Medium, Bote, Übertragung. Kleine Metaphysik der Medialität*, Frankfurt/M. 2008.

342 Die Cyberpunkidee des »synaptic seepage« scheint dem Konzept des Buffer-Overflows nachempfunden zu sein, siehe oben, Teil III, Kap. 3.

343 Der Film wurde meist in den Kontext der Diskussion über einen Übergang

Neben den klassischen Verfolgungsjagden beschäftigen sich zentrale Episoden des Films mit den Interfaces zwischen den unterschiedlichen medialen Netzwerken. Eine der Anfangsszenen zeigt, wie von den dissidenten Wissenschaftlern in China die Daten in Johnnys Hirnimplantat hochgeladen werden. Dies erfordert einen mehrfachen Übersetzungsprozess: Die Daten mussten zuerst von den Servern des Unternehmens kopiert, auf eine CD gebrannt und danach in den Servern gelöscht werden. Sie werden so aus ihrem ursprünglichen Netzwerk entfernt und als CD in ein mobiles Format überführt. Die hochsensiblen Daten der CD werden nun an eine Interface-Apparatur angeschlossen, um sie in Johnnys Speicherimplantat hochzuladen.

Dieser Vorgang des Hochladens ist hochriskant – zum einen für den Kurier, der während des Ladevorgangs große körperliche Schmerzen erleidet; zum anderen für die Daten selbst, die entwendet werden könnten. Der Zwischenzustand, in dem die aus dem Unternehmensnetzwerk »befreiten«, aber noch nicht ins Netz der Widerstandsbewegung hochgeladenen Daten sich befinden, ist heikel und bedarf besonderer Sicherheitsvorkehrungen – ganz zu Recht, denn die ebenfalls an den Daten interessierte japanische Mafia, die Yakuza, stürmt das Zimmer, kurz nachdem der Upload- beziehungsweise Downloadvorgang abgeschlossen ist. Zu diesem Zeitpunkt sind die Dateien bereits durch drei zufällige TV-Bilder, die als Passcode dienen, gesichert und Johnny kann entkommen. Als Bote weiß Johnny nicht, welche Daten er transportiert, und er verfügt auch nicht über alle Passwörter, um diese decodieren zu können. Er kann nur eines der drei als Passwort dienenden Bilder retten; die anderen beiden wurden von den Wissenschaftlern an den Adressaten von Johnnys wertvollen Daten gefaxt, kommen

von analoger zu digitaler Identität, der damit einhergehenden Entkörperung und der Auflösung eines autonomen Subjekts gestellt. Siehe dazu Allison Muri, »Of Shit and the Soul. Tropes of Cybernetic Disembodiment in Contemporary Culture«, in: *Body & Society* 9, 3 (2003), S. 73-92; Martina Mittag, »Cyberidentitäten. Von resonierenden und räsonierenden Subjekten«, in: Jürgen Straub, Joachim Renn (Hg.), *Transitorische Identität. Der Prozesscharakter des modernen Selbst*, Frankfurt/M., New York 2002, S. 441-457. Durch die übergroße Fokussierung auf Subjektivierung und Identität gerät die Medialität der Vernetzung aber aus dem Blick. Interessant an der Studie von Martina Mittag ist für unsere Zwecke, dass sie neben der Diskussion der Cyberidentität auch auf die materielle Dimension des Körpers eingeht.

aber dort nicht an. Als gut informierter Experte ist Johnny mit der hier bereits diskutierten Technik des Bufferings vertraut und weiß, dass die Daten im Buffer eines Druckers zwischengespeichert werden. Er versucht nun, Zugriff auf den Buffer des Empfangsgeräts zu gewinnen, um dort die Bilder im Zwischenspeicher zu finden. Allerdings erfolglos, wie sich zeigen wird. Die Daten bleiben dadurch vorerst undecodierbar. In diesem Sinne können wir von entnetzten Daten sprechen – sie sind unlesbar, temporär nicht mehr anschlussfähig und doch gegenwärtig in Johnnys Körper.

Die monströse Verbindung zwischen Datenchip und Gehirn ist beileibe nicht friktionslos. Das Chipimplantat ist ein Fremdkörper in Johnnys Gehirn, der dann zu einem störenden Element wird, wenn Daten hoch- oder runtergeladen werden und wenn seine Speicherkapazität erschöpft ist. Die Datenzufuhr (und -abfuhr) ist schmerzhaft, Johnnys Körper zuckt, er schreit. Das Speichern der Daten muss durch Johnnys Körper prozessiert werden, und dieser Prozess ist für beide Seiten höchst gefährlich. Der Körper könnte durch die Datenlast zusammenbrechen, und die Daten können durch Fehlfunktionen des Körpers dauerhaft korrumpiert werden. Bemerkenswert an *Johnny Mnemomic* ist in der Tat die Relevanz des menschlichen Körpers. Die Cyberpunkliteratur der 1990er Jahre und die davon beeinflusste Kulturtheorie wurden dafür kritisiert, ein allzu affirmatives *Disembodiment*-Narrativ entwickelt zu haben. So wurde ein neues virtuelles »Post-flesh«-Zeitalter ausgerufen, in dem der menschliche Körper an Bedeutung verliert, ja gleichsam transzendiert wird.[344] Dieses Narrativ der Entkörperung verhieß gleichzeitig eine – von den einen gefürchtete, von den anderen erhoffte – unbeschränkte Vernetzbarkeit: Alles kann in Daten aufgelöst werden, auch der menschliche Körper, und die Daten sind untereinander beliebig verknüpfbar. Johnny funktioniert aber als Datenkurier gerade deshalb, weil Körper- und Datenströme zwar interferieren, aber nicht per se kompatibel sind und daher auch nicht eins werden können.[345] Selbst dort, wo eine symbiotische Beziehung zwischen Daten und Körper angedeutet wird, wird dies ironisch gebrochen. Als Johnny in die Hände seiner Verfolger fällt, sollen nicht nur die Da-

344 Kritisch dazu: Muri, »Of Shit and the Soul«, S. 74-76.

345 Dies übersieht Muri (ebd., S. 86) in ihrer kurzen Analyse von *Johnny Mnemomic* und reduziert das Narrativ auf ein romantisches Motiv der Überwindung einer »Welt der Dunkelheit, des Chaos, der Sterilität und der Krankheiten«.

ten runtergeladen, sondern auch gleich sein ganzer Kopf entfernt werden. Denn, so die Begründung seiner Gegner, nur durch das Konstanthalten der Umweltbedingungen, also ihrer Platzierung in einem menschlichen Kopf mit zum Beispiel entsprechenden Temperaturen, kann dem »digitalen Verfall« vorgebeugt werden. Mit dem digitalen Verfall treffen wir auf eine weitere, uns bereits bekannte Metapher, die ich als diskursives Ringen um die Endlichkeit digitaler Artefakte gelesen habe. Diese vielfältigen Inszenierungen der Grenzen zwischen biologischem Körper und technischen Chips steht in einem starken Gegensatz zu Cyborg-Theorien, die euphorisch das Aufbrechen der Grenzen zwischen Mensch und Maschine und die Vervielfältigung von Beziehungen fordern.[346] Damit verstärken sie zum einen das Ethos der Konnektivität, wenn auch emanzipativ gewendet durch den Verweis auf Heterogenität, und konzentrieren sich zum anderen immer noch zu sehr auf die Figur des Cyborgs als *subjekt*theoretisches Konstrukt und nicht als asubjektives Geschehen der (Dis-)Konnektion.

Wenn wir uns aber nicht primär für Fragen der Subjektivierung interessieren, dann tritt die unterschiedliche mediale Verfassung der beiden Netzwerke in den Vordergrund: Kabel werden durch Straßen und Turnschuhe, Maschinenspeicherung durch biologische Gehirnspeicherung ersetzt. Im Sneakernet soll also eine Verbindung geschaffen werden, indem die digitale Konnektivität suspendiert wird. Als menschlicher Körper und Geist befindet sich der Datenkurier außerhalb des informationstechnischen Netzwerks; die Bits können nicht ungehindert in seinen Körper fließen und diesen dann wieder verlassen. Genau diese materielle Widerständigkeit des Körpers schafft seine Entnetzungsqualität, sie macht den Körper des Boten zum halbwegs sicheren Gehäuse für

346 Siehe auch die enge Verbindung von Körper und Maschine im Cyberfeminismus: Jessica E. Brophy, »Developing a Corporeal Cyberfeminism. Beyond Cyberutopia«, in: *New Media & Society* 12, 6 (2010), S. 929-945. Das Motiv der Steigerung von Verbindungen durchzieht Donna Haraways Schaffen von der Figur des Cyborgs bis zum Aufruf »Make Kin, not Babies«. Siehe Donna J. Haraway, »Ein Manifest für Cyborgs. Feminismus im Streit mit den Technowissenschaften« [Orig. 1985], in: dies., *Die Neuerfindung der Natur. Primaten, Cyborgs und Frauen*, Frankfurt/M., New York 1995, S. 33-72; dies., *Staying with the Trouble. Making Kin in the Chthulucene*, Durham 2016.

den Datenchip.[347] Das Problem der Entnetzung erfährt hier eine überraschende Lösung, indem durch einen Medienwechsel unterschiedliche mediale Widerständigkeiten als Sicherheitsmechanismus genutzt werden. Die Entnetzung profitiert gleichsam von den Kompatibilitätsproblemen unterschiedlicher Medien. Entnetzung wird in dem Film – aber auch in unternehmerischen und militärischen Entnetzungsdiskursen – zu einem Problem, das nach einer *anderen* Art der Vernetzung ruft.

Dies wird von Patel in seinem bereits erwähnten Roman *Data Runner* besonders deutlich ausformuliert. Patels Datenkurier-Hauptfigur ist kein einsamer Held, sondern Teil einer netzwerkförmigen Community von Kurieren, die als Jugendliche, noch bevor sie Datenkuriere wurden, das New Yorker U-Bahn-System perfekt ausgekundschaftet haben und sich in dieser städtischen Untergrundinfrastruktur souverän bewegen. Die Datenkuriere vereint eine »Philosophie der Bewegung. Ein System zur Navigation durch die Welt«.[348] Es ist diese Beweglichkeit, welche das Botennetzwerk zu einem Fluchtnetzwerk macht; die Flucht (und damit die permanente Bewegung) wird hier gleichsam zur Sicherheitstechnik, die dadurch funktioniert, dass sie sich vom Paradigma des Kampfes gelöst hat. Die Navigationskünste sowie die schnelle Beweglichkeit ermöglichen Kampf- und Konfliktvermeidung: »Wenn dein einziges Training die Flucht ist, dann ist Kampf niemals eine Option.«[349] Es ist die Logik des Exodus als Technik der Defektion, die hier zur Entnetzungstechnik wird.[350] Wir müssen daher das Sneakernet von seinen Bewegungen und Rhythmen her denken, als einen Fluchtraum mit eigenen Strukturen, deren genaue Kenntnis den erfolgreichen Kurier ausmacht.[351]

347 Gewiss wäre Johnnys Körper heute, nach der Entwicklung von Wireless-Technologien, ganz anderen Abhörangriffen ausgesetzt.

348 Patel, *Data Runner*, S. 23.

349 Ebd., S. 34.

350 Paolo Virno, *Exodus*, Wien 2010.

351 Der auf textile Muster spezialisierte Modedesigner Joost de Cock erhofft sich sogar eigene Protokolle für das Sneakernet: »Damit das Sneakernet wirklich nützlich ist, braucht es eine gewisse Organisation. Ein Protokoll, wenn Sie so wollen. Wer geht wohin und kann möglicherweise meine Daten mitnehmen? Wer möchte Daten senden, die ich mitnehmen kann?« Nur so bestehe die Möglichkeit »vollständig offline und damit immun gegen Internet-Überwachung«

Durch diese Rhythmen und Bewegungen entsteht im städtischen Netzwerk ein neues Netzwerk – gleichsam ein drittes Netz zwischen dem digitalen und dem der urbanen Infrastrukturen. Dieses dritte Netzwerk ist nicht nur für die digitalen Netze unsichtbar, sondern auch für den urbanen Raum. Die Fahrgäste in der U-Bahn können den Kurier als solchen nicht erkennen, seine Bewegungen nutzen zwar die Infrastrukturen, aber nur um so ein eigensinniges und unsichtbares Kuriernetzwerk zu etablieren. Entnetzung heißt hier also nicht, Verbindungstätigkeit zum Stillstand zu bringen, sondern beinhaltet eine Steigerung von Beweglichkeit, die an die deleuzianische Beschwörung des Werdens erinnert. Es ist aber eine Beweglichkeit, die sich zugleich durch ihre Anschlussunfähigkeit auszeichnet – durch die als Fremdkörper isolierten Daten sowie durch deren doppelte Unsichtbarkeit sowohl für die digitalen als auch für die urbanen Netzwerke.

3.4 Kill Switch

Die Entnetzungsstrategien des Air Gaps und des Sneakernets gelten, wie wir gesehen haben, dem Schutz vernetzter kritischer Infrastrukturen und Datenbestände und sind stets auf spezifische, lokale Einheiten bezogen. Deutlich »globaler« ist das Konzept des *Kill Switch* angelegt, das auf der Vorstellung beruht, das Internet (aber auch andere technische Systeme) buchstäblich mit einem Handgriff – per Knopfdruck – ausschalten zu können. Das Internet wird so in Analogie zu einer Maschine gebracht, deren Energiezufuhr mit einem zentralen Schalter geregelt wird. Die Metapher mag insofern anachronistisch anmuten, als sie die dezentrale Struktur von Netzwerken außer Acht lässt. Aber ähnlich wie das Bild des Air Gaps bezieht die Metapher des Schalters (*switch*) aus ihrer Einfachheit ihre diskursive und politische Evidenz. Sie suggeriert die Möglichkeit, auch komplexe Netzwerke auf der basalen Ebene des Ein- und Ausschaltens kontrollieren zu können. Letztlich macht sie

zu sein. Der hier ausgesprochene Traum einer absoluten Grenze führt allerdings dazu, dass das Sneakernet von de Cock in Analogie zu den Kontrollmechanismen des Digitalen gedacht wird: »Can Sneakernet Beat the Nasa?«, in: *All Things Joost*, 2013, ⟨http://joost.decock.org/post/58908794432/can-sneakernet-beat-the-nsa⟩, letzter Zugriff 14.10.2020.

sich die digitale On-off-Logik zu eigen, um diese nun totalisierend auf ganze Netzwerke zu beziehen. Sie steht für die Suche nach Kontrolle – ja sogar für die nach Souveränität – in netzwerkförmigen Gesellschaften.

Ich hatte bereits darauf hingewiesen, dass das Internet anfänglich aus Visionen der Unzerstörbarkeit entsprungen ist: Man träumte von einem Netz, das dank seiner distribuierten Struktur auch nach dem Ausfall einzelner Module überleben kann. Das Konzept des »Notschalters« kreiert einen imaginären Punkt, von dem aus ein Netzwerk in seiner Gesamtheit kontrollierbar ist. Entnetzung wird damit auf radikale Form zum Thema: Wie lässt sich ein Netzwerk für immer oder für einen bestimmten Zeitraum komplett ausstellen – also in einen Aus- oder Ruhezustand versetzen, währenddessen keine Datenpakete mehr verschickt werden, die Telefonleitungen stumm bleiben, die Verbindung zum Internet stillgelegt ist und Infrastrukturen wie Krankenhäuser oder Verkehrssysteme von ihren Netzumgebungen isoliert sind? Diese Frage stellt sich aus zwei Perspektiven: einerseits aus der Perspektive von Angreifer*innen, die ein Netz lahmlegen wollen; andererseits aus der sicherheitspolitischen Perspektive von Nationalstaaten, die (wie zum Beispiel in den USA) über eine Kill Switch-Doktrin diskutieren. Ich möchte mich zunächst Cyberangriffen zuwenden, die durch Schadsoftware ein feindliches Netzwerk auszuschalten beabsichtigen. Die Abwehr eines solchen Angriffs muss versuchen, die ansteckende Konnektivität des feindlichen Virus oder anderer Malware einzudämmen.

3.4.1 Viren und die Fiktionalität von Kill Switches

Am 12. Mai 2017 sitzen zwei junge IT-Sicherheitsspezialisten der Firma Kryptos Logic verzweifelt vor ihren Rechnern. Sie müssen zunächst hilflos der Verbreitung des *WannaCry*-Worm zuschauen,[352] der sich in rasender Geschwindigkeit verbreitet und bereits das britische Gesundheitssystem und zahlreiche europäische Transportinfrastrukturen lahmgelegt hat:

352 Worms sind eine Form der Schadsoftware, die sich im Gegensatz zu Viren selbst replizieren können und die dadurch über eine größere Unabhänigkeit von der betroffenen Software verfügen (siehe: Jussi Parikka, *Digital Contagions. A Media Archaeology of Computer Viruses*, New York 2016, S. 19). Ich verwende im Folgenden den Begriff »Virus« pars pro toto für Schadsoftware.

Die Chyrons [Durchlaufbänder eines Nachrichtensenders] berichteten von Störungen in mehreren großen Londoner Krankenhäusern. Die Mitarbeiter wurden aus ihren Computersystemen ausgesperrt, Dateien wurden verschlüsselt, und auf ihren Bildschirmen wurde Lösegeld verlangt, während ein Timer ablief. Der NHS [National Health Service] hatte einen schweren Vorfall gemeldet. Auch der Telekommunikationsgigant Telefonica war betroffen, ebenso der Spediteur FedEx, der Autohersteller Renault, das deutsche Eisenbahnwesen und mehrere russische Regierungsbehörden.[353]

Überraschend schnell gelingt es den beiden Experten, die Funktionsweise der Malware zu entziffern. Deren Code beinhaltet einen fiktiven Knotenpunkt im Netzwerk, eine Webdomain, die nicht existiert (iuqerfsodp9ifjaposdfjhgosurijfaewrwergwea.com), zu der aber eine Verbindung aufgebaut werden soll.[354] Diese Nichtexistenz ist die Grundlage für die rasante Verbreitung des Virus, denn der Versuch, diese Seite zu erreichen, sorgt dafür, dass die Domain, von der aus dieser Versuch gestartet wird, verschlüsselt und so funktionsuntüchtig gemacht wird. Das Virus macht von der immanenten Übersteigerungslogik des Internets Gebrauch, indem es auf eine zusätzliche, aber inexistente Verbindung verweist. Die n+1-Logik des Netzes ist somit direkt in das Zerstörungskalkül eingelassen. Die beiden Sicherheitsexperten wollen zunächst die Funktionsweise der Malware und das Ausmaß der bisherigen Infektion analysieren, indem sie ein »sinkhole« konstruieren.[355] Beim *sinkhole* handelt es sich um einen Knotenpunkt, der für den Datenverkehr

353 Zack Whittaker, »The Sinkhole that Saved the Internet«, in: *Techcrunch*, 2019, ⟨https://techcrunch.com/2019/07/08/the-wannacry-sinkhole/?guccounter=1⟩, letzter Zugriff 14. 10. 2020.

354 Martijn Grooten, »The WannaCry Kill Switch Wasn't Inserted to Make Someone a Hero«, in: *Virusbulletin*, 2017, ⟨https://www.virusbulletin.com/blog/2017/08/wannacry-kill-switch-wasnt-inserted-make-someone-hero/⟩, letzter Zugriff 14. 10. 2020.

355 »Bei einem *Sinkhole*-Angriff ist es das Ziel des Angreifers, nahezu den gesamten Verkehr aus einem bestimmten Gebiet durch einen kompromittierten Knotenpunkt zu locken, wodurch ein metaphorisches *sinkhole*, mit dem Angreifer in der Mitte, entsteht. *Sinkhole*-Angriffe funktionieren in der Regel so, dass ein kompromittierter Knoten für die umliegenden Knoten im Hinblick auf den Routing-Algorithmus besonders attraktiv aussieht.« Vinay Soni u. a., »Detecting Sinkhole Attack in Wireless Sensor Network«, in: *International Journal of Application or Innovation in Engineering & Management* 2, 2 (2013), S. 29-32, hier S. 30.

besonders attraktiv gemacht wird, aber letztlich eine Sackgasse ist, in der sich die umgeleiteten Datenmengen wie in einem Trichter mit verschlossenem Hals sammeln. Damit wird eine bemerkenswerte Form der entnetzenden Vernetzung geschaffen: eine ins Leere laufende Verbindung und ein Sammelbecken, das der Isolierung der so erworbenen Daten dient. Solche *sinkholes* gleichen damit ihren geologischen Namensgebern: Erdlöchern (oder Kratern), in denen sich Wasser sammelt. Für die IT-Sicherheit ist es ein etabliertes Verfahren, solche *sinkholes* anzulegen, um über einen gesicherten und isolierten Bereich zu verfügen, in dem Schadsoftware zum Zwecke der Entwicklung von Gegenmaßnahmen in Ruhe untersucht werden kann.

MalwareTech (*aka* Marcus Hutchins) von Kryptos Logic ist es gelungen, die Effekte der Malware durch ihr *sinkhole* zu analysieren und sogar zu stoppen. Das legt eine auf den ersten Blick überraschende Abwehrstrategie nahe. Die fiktive »Honigtopf«-Domain, zu welcher das Virus unentwegt Verbindungen aufbaut, musste schnell registriert werden, um sie zu einer realen Domain zu machen. Denn die Vireninfektion kann nur dann aufgehalten werden, wenn der fiktive Charakter der Domain durch ihr Realwerden zerstört wird. Der imaginäre Überschuss von Konnektivität wird so in eine konkrete Verbindung umgewandelt, die zum Gegenstand von Abwehrmaßnahmen werden kann. Diese Strategie ist mit Risiken verbunden, denn zunächst weiß man nicht, ob durch die Registrierung der Domain die Infektion nicht erst recht beschleunigt wird. Diese Befürchtung hat sich in diesem Fall als unbegründet erwiesen. Mehr noch, das *sinkhole* – also die neu registrierte Domain, die den Datenverkehr auf einen von der Sicherheitsfirma kontrollierten Server umlenkt – ist sogar zum Kill Switch für die Verbreitung des Virus geworden: »Das endgültige Ziel war es, den schädlichen Verkehr ins Niemandsland zu lenken, um die Opfer zu identifizieren und weitere Infektionen zu verhindern.«[356] Die neue

356 Ebd. »Als er am Freitag an einem Reverse-Engineering der Samples von WannaCry arbeitete, entdeckte MalwareTech, dass die Programmierer der Ransomware WannaCry gebaut hatten, um zu prüfen, ob eine bestimmte Kauderwelsch-URL zu einer aktiven Webseite führt. Aus Interesse, warum die Lösegeldforderung nach dieser Domain suchen sollte, meldete MalwareTech sie selbst an. Wie sich herausstellte, reichte diese Investition von 10,69 Dollar aus, um das Ganze abzuschalten – zumindest vorerst.« Lily Hay Newman, »How an Accidental ›Kill

Domain fungierte als Netzwerkknotenpunkt, der nun die Funktion hatte, die virale Kommunikation zu konzentrieren und vom restlichen Netzwerk zu isolieren. Ins Netzwerk wird damit aber kein gewöhnlicher Knotenpunkt eingebaut, sondern einer, dessen einzige Funktion es ist, als *Capturing*-Mechanismus für die überbordende Konnektivität zu dienen. Kurz: Der fiktive hyperkonnektive Knotenpunkt, der von der Schadsoftware adressiert wird, steht einem realen diskonnektiven Knotenpunkt gegenüber. Entnetzung bezeichnet hier genau diesen ambivalenten Einfang-Mechanismus. Der neu geschaffene Knotenpunkt muss real vernetzt sein, um die epidemische Vernetzung stoppen zu können; er fungiert als schwarzes Loch inmitten des Netzwerks. Um das Virus aufzuhalten, muss man dieses also von innen, das heißt im Netz bekämpfen.

Die registrierte neue Domain wurde zum Mittelpunkt eines regelrechten Netzwerkkampfes. Denn die Zerstörungswelle konnte nur aufgehalten werden, wenn die Domain funktionstüchtig im Netz bleibt. Die Sicherheitsexperten bei Kryptos Logic hatten mit zwei Problemen zu kämpfen. Zum einen wurde die Funktion des Kill Switch von den Sicherheitsbehörden zuerst nicht verstanden, und MalwareTech und sein Kollege gerieten sogar unter Verdacht, selbst an der Verbreitung des Virus beteiligt zu sein. Zum anderen mussten sie mit einer ganzen Armee von Bots kämpfen, die durch *Denial-of-service*-Attacken versuchten, den als Kill Switch fungierenden Knotenpunkt lahmzulegen:

> Mirai, ein mächtiges Bot-Netzwerk, das aus hunderttausenden gekaperten Internet-der-Dinge-Geräten besteht und für den »größten jemals durchgeführten« *Denial-of-service*-Angriff verantwortlich ist, fing an, die Kill-Switch-Domain mit einer Flut von Junk-Internet-Verkehr zu überfluten.[357]

Switch‹ Slowed Friday's Massive Ransomware Attack«, in: *Wired*, 2017, ⟨https://www.wired.com/2017/05/accidental-kill-switch-slowed-fridays-massive-ransomware-attack/⟩, letzter Zugriff 14.10.2020. Es ist ungewöhnlich, dass die Domain gleichzeitig als *sinkhole* und als Kill Switch funktionieren konnte. MalwareTech und die Presse haben denn auch von einem »accidental hero« gesprochen: Nadia Khomami, Olivia Solon, »›Accidental Hero‹ Halts Ransomware Attack and Warns: This is Not Over«, in: *The Guardian*, 2017, ⟨https://www.theguardian.com/technology/2017/may/13/accidental-hero-finds-kill-switch-to-stop-spread-of-ransomware-cyber-attack⟩, letzter Zugriff 14.10.2020.

357 Ebd.

Dabei handelte es sich nicht um einen einmaligen und inzwischen beendeten Kampf. Die Malware schlummert immer noch in Millionen von Computern. Sollte es nicht gelingen, den Kill Switch aufrechtzuerhalten, ist mit Millionen von Attacken zu rechnen (für 2019 werden 60 Millionen verhinderte Attacken geschätzt).

Nach der Aktivierung des Kill Switch ist eine Debatte darüber entbrannt, warum die Macher*innen der Malware diesen überhaupt eingebaut haben. MalwareTech hat vermutet, dass es sich um ein schlecht gebautes Anti-Analyse-Feature handelte. Durch die Antwort auf eine fiktive Verbindung könnten forensische Tests in einem isolierten »Sandkasten« (*sandbox*) unterlaufen werden.[358] Darien Huss von der Firma Proofpoint dagegen geht davon aus, dass der Kill Switch bewusst als Sicherheitsmechanismus integriert worden ist. Denn das würde es den Schöpfer*innen der Malware erlauben, im schlimmsten Fall das von ihnen geschaffene Monster zu zähmen.[359] Dieses Argument beschwört letztlich das Moment der Kontrolle, für das der Kill Switch steht, denn er vermittelt die Hoffnung, dass auch die ansteckende Konnektivität der Virenattacke mit seiner Hilfe zum Stillstand gebracht werden kann. Das Rätsel um den Existenzmodus des Kill Switch ist jedoch kein rein kriminologisches oder technologisches; vielmehr verweist es auf eine imaginäre Ebene, auf der sich Entnetzungsvorstellungen und neu konfigurierte politische Rationalitäten miteinander vermischen. Denn zu seiner Funktionsweise gehört die Ungewissheit darüber, ob und warum ein solcher Kill Switch überhaupt existiert. So wurde zum Beispiel vermutet, dass die Macher*innen ihr »Werk« durch einen leicht zu entdeckenden Kill Switch unnötig eingeschränkt haben. Diese Offensichtlichkeit des Kill Switch führte schnell zu netzwerkparanoiden Erklärungsmodellen: Handelte es sich vielleicht nur um einen Test, mit dessen Hilfe die Sicherheitstechniken ausgespäht werden, um bald einen umso wirkungsvolleren, desaströseren Angriff ohne Kill Switch zu starten? Das paranoide Motiv

358 Der Begriff des Sandkastens (*sandbox*) wird in der IT-Sicherheit verwendet, um einen geschützten Bereich zu benennen, in dem möglicherweise gefährliche Programme getestet werden können.

359 Newman, »How an Accidental ›Kill Switch‹ Slowed Friday's Massive Ransomware Attack«. Es wäre technisch durchaus möglich gewesen, keine statische, das heißt detektierbare Adresse in die Malware zu integrieren, sondern dynamisch wechselnde Domains.

zeigt sich in der Annahme, dass es sich, gerade weil der Angriff kontrollierbar ist, um keinen richtigen Angriff handeln kann. Der *accidental hero*[360] wäre dann wohl eher ein *intentional hero* gewesen.

Das Motiv des Tests wird, wie ich noch ausführlicher zeigen werde, die gesamte Debatte über Cyberangriffe prägen. Solche Tests sind integraler Bestandteil der Souveränität des Kill-Switch-Imaginären. Entscheidend ist der Unglauben, der jeden Versuch einer großangelegten Entnetzung strukturiert: Gerade weil wir den Angriff überlebt haben, kann es sich um keine richtige Diskonnektion handeln. Auch hier funktioniert der apokalyptische Diskurs maximalistisch. Die vollständige Entnetzung, die wir bereits im friedlicheren Kontext des Digital-Detox-Tourismus kennengelernt haben, ist von einer totalisierenden und totalitären Struktur geprägt. Diese mag angestrebt werden (etwa von Digitaltherapeut*innen oder Digitalterrorist*innen), aber sie wird nie erreicht werden – zumindest so lange nicht, wie noch über sie gesprochen werden kann.

Drei zentrale Momente von Entnetzung lassen sich am Beispiel von *WannaCry* festmachen. Erstens: Die Malware ist eine Technik der Unwahrnehmbarkeit, denn sie kann zwar entdeckt werden, aber ihr Funktionieren wird durch Anti-Analyse-Features abgedunkelt. Zweitens: Das *sinkhole* exemplifiziert die Gleichzeitigkeit von Vernetzung und Entnetzung, weil es einerseits Teil des Netzwerks ist, andererseits eine Sackgasse bildet, die Daten der weiteren Zirkulation entzieht; es ist ein toter, inaktiver, nicht mehr verbindungsfähiger Knotenpunkt. Drittens: Der Existenzmodus des Kill Switch ist fundamental ungewiss und auch über seine Funktionsfähigkeit herrscht Unsicherheit. Beides zusammen lässt ihn zu einer Unterstellung politischer Souveränität werden. Der Kill Switch verweist darauf, was Souveränität heißen könnte: die Fähigkeit, eine malware-induzierte Netzwerkkatastrophe zu stoppen, auch wenn offenbleibt, wer die leere Stelle des Souveräns einnimmt: Sind es die Virenhersteller*innen, die ihr Werk kontrollieren möchten, oder die heroischen Sicherheitsexpert*innen, die mit dem Kill Switch die Ansteckungslogik eindämmen können? Diesen Fragen liegt die grundlegendere Ungewissheit zu Grunde, ob es den Schalter, mit dem der Angriff aufgehalten werden könnte, überhaupt gibt.

360 Siehe oben, Fn. 356 in diesem Kap.

3.4.2 Die Souveränität des Tests

In den Debatten zur Cybersicherheit fungiert der Kill Switch als populäres Bild für die Möglichkeit von Staaten, das Internet innerhalb ihres eigenen Territoriums abzuschalten – für ein nun nationalstaatlich gefasstes »Recht auf Diskonnektion«. Hier trifft die topologische Struktur des Internets auf die topographisch gefasste Territorialität von Nationalstaaten, wodurch sich beide Formen der Räumlichkeit verändern.[361] Die Territorialisierung des Internets verlangt den Schutz des eigenen Cyberspace vor äußeren Angriffen, aber auch vor intrinsischen Risiken.[362] Die ultimative Maßnahme ist dabei, das Internet auf dem eigenen Gebiet auszuschalten (*shutdown*) oder den Zugang zumindest massiv einzuschränken. Der australische Thinktank Lowy Institute spricht von einem neuen »digitalen Autoritarismus«, der neben zahlreichen Formen der Zensur, der Überwachung und der Zugangsbeschränkung den temporären Shutdown des Internets als Regierungstechnologie einsetzt.[363] Von der partiellen Blockierung internationaler Webseiten etwa in China und Venezuela bis hin zum vollständigen Abschalten des Internets in politischen Krisensituationen wie zum Beispiel in Äthiopien, im Sudan und in Ägypten reichen die neuen Praktiken des digitalen Autoritarismus.[364]

361 Ähnlich formuliert es Sven Opitz in Bezug auf Pandemien; siehe Sven Opitz, »Simulating the World. The Digital Enactment of Pandemics as a Mode of Global Self-Observation«, in: *European Journal of Social Theory* 20, 3 (2017), S. 392-416.

362 Zu dieser Unterscheidung siehe: Ronald Deibert, Rafal Rohozinski, »Liberation vs. Control. The Future of Cyberspace.«, in: *Journal of Democracy* 21, 4 (2010), S. 43-57.

363 Dirk van Graver, »The ›New Era‹ of Digital Authoritarianism«, in: *The Interpreter*, 2019, 〈https://www.lowyinstitute.org/the-interpreter/new-era-digital-authoritarianism〉, letzter Zugriff 14. 10. 2020.

364 Dirk van Graver (ebd.) verweist auf eine Fülle von Diskonnektionspolitiken: »Allein im letzten Monat: China blockierte die Websites von zwölf großen internationalen Nachrichtenagenturen aus fünf verschiedenen Ländern im Vorfeld des Jahrestages des Massakers auf dem Tiananmen-Platz; die Behörden im Sudan schalteten das Internet des Landes ab, um gewalttätige Aufstände niederzuschlagen; Venezuelas staatlicher Internet-Provider schränkte den Zugang zu YouTube, Twitter und Instagram vorübergehend ein, um politische Debatten zu unterdrücken; und Äthiopien verhängte ein totales Internet-Blackout,

In den USA wurden noch unter der Regierung von Barack Obama Entwürfe zu einer Kill-Switch-Doktrin ausgearbeitet. Die sogenannte Lieberman-Doktrin (»Protecting Cyberspace as a National Asset Act«[365]) sah vor, dass der Präsident im Ausnahmezustand über das Recht verfügt, das Internet abzuschalten. Auf diese Weise soll die Regierung »jedes Computersystem, dessen Zerstörung oder Beeinträchtigung [...] katastrophale Auswirkungen [...] haben würde« präventiv ausschalten können.[366] Nach heftiger Kritik an der Gesetzesvorlage von Unternehmen und liberalen Kräften verteidigte Lieberman sie mit dem Verweis auf ähnliche Projekte anderer Staaten:

> Der Präsident muss die Befugnis haben, zu sagen: »Internet Service Provider, wir müssen das amerikanische Internet von allem Verkehr trennen, der aus einem anderen Land hereinkommt.« [...] Im Augenblick kann die Regierung in China Teile ihres Internets im Kriegsfall abschalten. Das müssen wir hier auch haben.[367]

In Abänderung der ursprünglichen Gesetzesvorlage soll die Anwendbarkeit des Rechts auf Diskonnektion nun bestimmten Kriterien unterworfen werden, insbesondere ökonomischen Kalkülen. Nur wenn der voraussichtliche Schaden 25 Milliarden US-Dollar und 2500 Tote übersteigt, darf der Präsident den Kill Switch betätigen.[368] Souveränität wird hier einer Logik der Prävention unterstellt, die im präemptiven Ausschalten – bei allen zu erwartenden Schäden ökonomischer und politischer Art – den ultimativen Schutzmechanismus vor einem möglichen Angriff sieht. Aber die

nachdem eine Gruppe von Soldaten einen erfolglosen Putsch im Bundesstaat Amhara versucht hatte.«

365 Siehe dazu den entsprechenden Gesetzesentwurf: Senator Joseph I. Lieberman, »Protecting Cyberspace as a National Asset Act of 2010«, 2010, ⟨https://www.congress.gov/bill/111th-congress/senate-bill/3480⟩, letzter Zugriff 15. 04. 2020.

366 Larry Greenemeier, »What is the Best Way to Protect US Critical Infrastructure from a Cyber Attack«, in: *Scientific American*, 2011, ⟨https://www.scientificamerican.com/article/critical-infrastructure-kill-switch/⟩, letzter Zugriff 14. 10. 2020.

367 Senator Lieberman, zit. nach: Marouf Hasian u. a., *The Rhetorical Invention of America's National Security State*, London u. a. 2015, S. 144.

368 Siehe dazu Deborah Beth Medows, »The Sound of Silence. The Legality of the American ›Kill Switch‹ Bill«, in: *Journal of Law, Technology & The Internet* 4, 1 (2012), S. 59-79, hier S. 67.

sicherheitspolitische Vorstellung eines radikalen Netzwerk-Shutdowns lebt ebenfalls von der Idee eines imaginären »Off« – der Möglichkeit, das Internet wie eine klassische Maschine via An- und Ausschalter kontrollieren zu können. Auch Donald Trump sinnierte über die Möglichkeit, das Internet ausschalten zu können, um als extremistisch eingestufte Botschaften zu verhindern: »Wir müssen Bill Gates und viele andere Menschen sehen, die wirklich verstehen, was geschieht. Wir müssen mit ihnen darüber reden, wie wir das Internet, vielleicht in einigen Bereichen, abschalten können.«[369] Die dezentrale Struktur des Internets lässt diese letztlich totalitäre Vision eines vollständigen Ausschaltens jedoch unwahrscheinlich werden: »Es gibt keinen ›Internet-Kill Switch‹. Selbst wenn man jeden Server in einem Land abschaltet, weicht das menschliche Internet dem Schaden einfach aus.«[370] Diese Dynamik der Substitution von unterbrochenen Verbindungen haben wir bereits kennengelernt – am Beispiel des Sneakernets.

Einige Anhänger der Lieberman-Doktrin – so etwa James Lewis vom Center for Strategic & International Studies – haben von der Idee eines zentralen Kill Switch Abstand genommen und fordern stattdessen, dass »Diskonnektionsfähigkeit« (*disconnect ability*) sichergestellt wird.[371] Es soll nicht darum gehen, das gesamte Internet abzuschalten, sondern das US-amerikanische Segment des Internets gegebenenfalls zu isolieren und einzelne strategisch wichtige Unternehmen und Infrastrukturen vom Netz nehmen zu können. Die auf diese Weise relativierte Idee eines zentralen Kill Switch setzt also nicht mehr auf vollständige Entnetzung, sondern primär auf die spezifische und gezielte Erzeugung von Diskonnektivität; nur in letzter Instanz soll der totalisierende Kill Switch zum Einsatz kommen. So wurde nach langen Debatten der Lieberman-Doktrin die Neuauflage eines Kill Switch ausgeschlossen. Gleichzeitig wur-

369 Nick Statt, »Donald Trump thinks he can call Bill Gates to ›close up‹ the Internet«, in: *The Verge*, 2015, ⟨https://www.theverge.com/2015/12/7/9869308/donald-trump-close-up-the-internet-bill-gates⟩, letzter Zugriff 14. 10. 2020.

370 Mike Elgan, »Why There's No Such Thing as an Internet Kill Switch«, in: *Computerworld*, 2011, ⟨https://www.computerworld.com/article/2513040/why-there-s-no-such-thing-as-an--internet-kill-switch-.html⟩, letzter Zugriff 14. 10. 2020.

371 Siehe Greenemeier, »What is the Best Way to Protect US Critical Infrastructure from a Cyber Attack«.

de aber die geheime Verordnung SOP 303 erlassen (SOP steht für Standard Operation Procedure), die sich mit dem Internet- und Mobilfunknetz-Shutdown auf operativer Ebene beschäftigt, mit einem »Shutdown- und Wiederherstellungsprozess zur Nutzung durch kommerzielle und private drahtlose Netzwerke während einer nationalen Krise«.[372] Auch hier zeigt sich die bereits zuvor erwähnte Unsichtbarkeit des »Schalters«: Er ist diskursiv da, auch in der Formulierung präsent, aber ob es ihn gibt und, falls ja, in welcher Form, wird geheim gehalten. Diese Form der digitalen Souveränität – also: der Macht, radikale Entnetzung herbeizuführen – wird durch diese Ungewissheit ambivalent: Einerseits steht das einfache Bild vom Schalter für die Konzentration von Macht im Akt des Aus- und Einschaltens; andererseits bleibt es eine bloße Behauptung. Diese Ambivalenz wirft letztlich die Frage auf, ob der Befehl des Ausschaltens im Ausnahmezustand überhaupt umgesetzt werden und, falls ja, wie?

Diese Fragen lassen sich weder allein aus juristischer Perspektive noch allein aus der Perspektive der Technik beantworten. An Stelle eines zentralen Schalters treten Entscheidungsketten, in denen zum Beispiel unterschiedliche Internet Service Provider (ISP) angewiesen würden, ihre Server und Router auszustellen – ein Prozess, der im Krisenfall wohl noch vor der präsidialen Anweisung von den ISP eigenständig ausgeführt werden würde.[373] Wir haben gesehen, inwiefern sich das Bild des Schalters mit Blick auf digitale Netzwerke als Anachronismus erweist. Ebenso anachronistisch wäre es, die neue Figur digitaler Souveränität in subjekttheoretischen Begriffen zu verstehen. Sie lässt sich nicht mehr personalisieren und auf einen zentralen Entscheidungsträger konzentrieren, sondern diese Figur ist ihrerseits netzwerkförmig angelegt und in infrastrukturelle Affordanzen und deren Organisation eingeschrieben. Um

372 So zitiert das gemeinnützige Forschungszentrum EPIC (Electronic Privacy Information Center) aus dem Geheimdokument zu SOP 303, siehe »EPIC v. DHS –SOP 303«, ⟨https://epic.org/foia/dhs/internet-kill-switch/⟩, letzter Zugriff 14. 10. 2020. Im Jahr 2011 reichte EPIC zudem Klage gegen das Department of Homeland Security ein, mit der die Freigabe des Dokuments zu den Abschaltbestimmungen erzwungen werden sollte. Eine zensierte/gekürzte Version des Protokolls zu SOP 303 ist auf der Webseite von EPIC einsehbar, siehe ⟨https://epic.org/foia/dhs/internet-kill-switch/25.1-SOP-303-Updated-Release.pdf⟩, letzter Zugriff 14. 10. 2020.

373 Medows, »The Sound of Silence«, S. 68.

zu ermitteln, ob die genannten Befehls- und Organisationsketten funktionieren, ob es nicht doch latente Formen unkontrollierter Konnektivität gibt, reicht es nicht aus, den »Ernstfall« mittels entsprechender Modelle zu simulieren. Es bedarf eines Testlaufs, um zu sehen, wie ein überaus komplexes, distribuiertes Netzwerk auf einen solchen Shutdown reagiert.

Ein solcher Test war in den USA für den 3. Oktober 2018 geplant, ist allerdings dann verschoben worden:

> Das Heimatschutzministerium [Department of Homeland Security] und die FCC [Federal Communications Commission] haben einen umstrittenen Test verschoben, der es dem Präsidenten erlaubt, den Mobiltelefondienst auszusetzen und direkt mit den Mobilfunkteilnehmern in den Vereinigten Staaten zu kommunizieren. Die Kopfzeile der Testnachricht lautet: »Presidential Alert«, und die Nachricht wird folgenden Text enthalten: »DIES IST EIN TEST des National Wireless Emergency Alert System. Es besteht kein Handlungsbedarf.«[374]

Auch über diese Tests herrscht Ungewissheit. So ist nicht bekannt, wie umfangreich sie sind und ob sie überhaupt jemals stattgefunden haben. Als am 2. Juni 2019 plötzlich in den USA Google und alle Dienste, welche die Google-Cloud benutzen (Facebook, Instagram, Uber etc.), heruntergefahren sind, wurde im Netz darüber spekuliert, ob die Regierung gerade ihren Kill Switch getestet habe.[375] Man mag dies als typische paranoide Verschwörungstheorie abtun, aber der darin zum Ausdruck kommende Zweifel ist für die Funktionsweise digitaler Souveränität entscheidend, da die Fähigkeit, den Kill Switch zu betätigen, notwendig intransparent bleiben muss. Das Souveränitätsvertrauen ist gleichermaßen in sich selbst gestört, muss es sich doch über Tests (selbst dann, wenn diese nur angekündigt sind) der eigenen Leistungsfähigkeit vergewissern.[376]

374 Siehe EPIC, 〈https://epic.org/foia/dhs/internet-kill-switch/〉, letzter Zugriff 14.10.2020; vgl. die Information der FEMA (Federal Emergency Management Agency) über einen neuen Test im August 2019: »National Incident Management System«, in: *FEMA,* 〈https://www.fema.gov/emergency-alert-test〉, letzter Zugriff 14.10.2020.

375 Tyler Durden, »Did the Government Just Test the Internet Kill Switch?«, in: *ZeroHedge*, 2019, 〈https://www.zerohedge.com/news/2019-06-02/did-government-just-test-internet-kill-switch〉, letzter Zugriff 14.10.2020.

376 Die politische theoretische Bedeutung einer solchen Souveränität des Testens wird dann offensichtlich, wenn wir diese mit Schmitts Vorstellung vergleichen, dass derjenige souverän ist, der über den Ausnahmezustand gebietet, siehe Carl

Diese Praktiken und Vorstellungen des Testens charakterisieren auch andere nationalstaatliche Kill Switches. Besonders prominent ist hier Russland, das schon seit längerer Zeit an einem eigenen, streng kontrollierten Netz – dem RuNet – arbeitet. Für den 1. April 2019 war ein erster Diskonnektionstest in Zusammenhang mit einem laufenden Diskonnektionsgesetzgebungsverfahren geplant. Das Gesetz wurde schließlich am 1. November 2019 von der Duma verabschiedet und soll die ganzheitliche Kontrolle über das russische Internet gewährleisten.[377] Alexander Zharow von der staatlichen Kommunikationskontrollbehörde Roskomnadzor bestätigt, dass eine ganze Reihe von »disconnection tests« geplant sei; die russischen Telekommunikationsunternehmen seien bereits mit entsprechendem Equipment ausgestattet. Zuerst sollen »vorsichtige« Tests stattfinden, um diese dann bis zum »Gefechtsmodus« (*combat mode*) zu steigern, worunter vermutlich die vollständige Isolation des russischen Internets zu verstehen ist.[378] Entnetzung wird so in eine Grenzziehung transformiert – in den Versuch, ein Netzwerk innerhalb eines umfassenderen Netzwerks einzuzonen. Sollten diese Pläne erfolgreich umgesetzt werden, dann ginge es im strengen Sinne nicht mehr um Entnetzung, sondern um Netzdifferenzierung oder Netzfragmentierung.

Schmitt, *Politische Theologie. Vier Kapitel zur Lehre der Souveränität* [1922], Berlin 1993. Dieser klassischen Vorstellung zufolge wäre ein Testen der Souveränität nahezu ausgeschlossen, da dieses als Selbstzweifel der Möglichkeit souveränen Handelns gedeutet würde.

377 Ksenia Koroleva u. a., »RuNet Law comes into Force: What is Next«, in: *JD Supra*, 2019, ⟨https://www.jdsupra.com/legalnews/runet-law-comes-into-force-what-is-next-72937/⟩, letzter Zugriff 14. 10. 2020.

378 Justin Sherman, »Russia's Domestic Internet Is A Threat To The Global Internet«, in: *Slate*, 2019, ⟨https://slate.com/technology/2019/10/russia-runet-disconnection-domestic-internet.html⟩, letzter Zugriff 05. 10. 2020. Allerdings ist ein solcher Kill Switch nicht nur defensiver Natur. So gilt die Diskonnektionsfähigkeit zunehmend als entscheidender militärischer Vorteil. Da das Abschalten des Internets also selbst zu einer mächtigen Waffe werden kann, ist es von Vorteil, erstschlagfähig zu werden, das heißt Cyberangriffe organisieren und sich gleichzeitig vor den fatalen globalen Wirkungen solcher Angriffe schützen zu können. Siehe Jamie Seidel, »What If the Internet Suddenly Stopped?«, in: *news.com.au*, 2019, ⟨https://www.news.com.au/technology/innovation/military/what-if-the-internet-suddenly-stopped-russian-tests-raise-devastating-prospect-of-cyber-war/news-story/82ee5b0b5b473d15082fd7c8e60f.900d⟩, letzter Zugriff 15. 10. 2020.

Entnetzung meint also auch hier nicht primär das Ergebnis eines Entnetzungsprozesses, sondern dessen Vorbereitung für zukünftige Entnetzungsakte – kurz: für die Herstellung von Diskonnektionsfähigkeit. Das RuNet soll so konfiguriert werden, dass es abgeschaltet werden kann, und damit dies möglich ist, sind zur Vorbereitung aufwändige infrastrukturelle und auch rechtlich-politische Modifikationen nötig. Beispielsweise verlangt das RuNet-Gesetz von den Telekommunikationsfirmen die Installation von Entnetzungssoftware und Entnetzungshardware (sogenannte CTT, *counter cyber threats*),[379] zudem gilt es, die Anzahl der ISP möglichst gering zu halten, um diese gut kontrollieren und den Zugang zum Netz zentralisieren zu können.[380] Digitale Souveränität manifestiert sich hier nicht in einem einfachen Akt des Umlegens eines Schalters, sondern als großangelegter infrastruktureller, rechtlicher und politischer Umbau, der überhaupt erst Abschaltbarkeit herstellen soll. Es handelt sich somit um eine potentialisierte Entnetzung, welche die Struktur des Netzwerks verändert und das reguläre Netzwerkgeschehen auf neue Weise rahmt. Wenn Entnetzung zur Affordanz von Netzwerken wird, dann bedeutet dies auch, dass diese ihre Topologie verändern müssen. Denn die strategische Abschaltbarkeit kann nur durch die Zentralisierung des eigenen Netzes geschaffen werden, das heißt durch den Verzicht auf eine weitverzweigte, großflächige Netztopologie, die eigentlich vor Angriffen schützen soll.[381] Die neue Rahmung des Netzwerkgeschehens führt zu einer beständigen Haltung des Verdachts, wodurch reguläre Störungen als Effekte des Abschaltdispositivs interpretiert werden. Die Un-

379 Robert Morgus, Justin Sherman, »Is the Russian Internet a Lost Cause?«, in: *Slate*, 2019, ⟨https://slate.com/technology/2019/03/russian-internet-runet-fragmentation-isolation.html⟩, letzter Zugriff 15. 10. 2020.

380 Zu einer Nationenübersicht in Bezug auf die Zentralisierung von ISPs und der damit einhergehenden Möglichkeiten, das nationale Internet zu isolieren, siehe die noch aus 2012 stammenden Angaben von Jim Cowie, Chief Scientist von Dyn: »Could It Happen In Your Country?«, in: *Dyn*, 2012, ⟨https://hub.dyn.com/dyn-research/could-it-happen-in-your-country⟩, letzter Zugriff 15. 10. 2020; siehe auch Violet Blue, »Russia is Going to Test an Internet ›Kill Switch‹, and its Citizens Will Suffer«, in: *Engadget*, 2019, ⟨https://www.engadget.com/2019-02-28-russia-putin-internet-kill-switch-cybersecurity.html⟩, letzter Zugriff 15. 10. 2020.

381 Blue, »Russia is Going to Test an Internet ›Kill Switch‹, and its Citizens Will Suffer«.

terstellung, es existiere ein digitaler Souverän, wird auf diese Weise zum Erklärungsmodell für ansonsten als zufällig erscheinende Vorfälle.

Die russischen und US-amerikanischen Pläne zu einem Kill Switch sind weit fortgeschritten, ohne bisher aber zu einem umfassenden Shutdown geführt zu haben. Unmöglich ist das aber nicht, zumal für kleinere Nationen, wie ein bekanntes Beispiel zeigt. Am 28. Januar 2011, drei Tage nach dem »Tag des Zorns«, der den Beginn des Arabischen Frühlings in Ägypten markierte, traf die Regierung die Entscheidung, das gesamte ägyptische Internet auszuschalten, um die immer stärker werdenden Proteste zu bremsen. Auch wenn der Arabische Frühling gemeinhin als Sternstunde von Sozialen Medien und ihrer mobilisierenden Kraft gilt, möchte ich hier den Blick auf die kollektive Erfahrung des Shutdowns lenken. Der ägyptischen Regierung war es gelungen, den gesamten Netzzugang in Ägypten (mit Ausnahme der Börse) sowie den Mobilfunk auszustellen, weil die Zugangsstruktur zum Internet auf wenige ISP zentralisiert war. Dieser technische Erfolg habe sich aber, so Paulo Gerbaudo, als »Suizid-Schalter« herausgestellt, weil es zu zwei überraschenden Effekten gekommen sei: Zum einen brachte die ägyptische Führung dadurch in kürzester Zeit die zuvor häufig unpolitische netzaffine Jugend gegen sich auf,[382] die ihr »Recht« auf permanente Konnektivität bedroht sah und entsprechend verärgert reagierte. Ungewollt hatte die Regierung gegen das Ethos der Konnektivität verstoßen und damit das Netzwerkvertrauen untergraben. Zum anderen führte gerade die digitale Diskonnektivität zu Versammlungen und Demonstrationen auf der Straße. Es kam zu einer politischen Wendung der Digital-Detox-Parole »Disconnect to Reconnect«. Der Wegfall von digitalen Verbindungen wurde – sei es aus Sorge, Empörung oder Neugier – durch die klassischen Formate von körperlicher Kopräsenz kompensiert, ja, die Intensität des Zusammenseins in der Masse konnte sogar gesteigert werden, da nun auch das Smartphone nicht mehr als Zerstreuungsmechanismus zur Verfügung stand.[383] Digitale Entnetzung hatte hier also

382 Paolo Gerbaudo, »The ›Kill Switch‹ as ›Suicide Switch‹. Mobilizing Side Effects of Mubarak's Communication Blackout«, in: *Westminster Papers in Communication and Culture* 9, 2 (2013), S. 25-46, hier S. 28.

383 Ebd., S. 37. Siehe zur Körperlichkeit von Versammlungen: Judith Butler, *Anmerkungen zu einer performativen Theorie der Versammlung*, Berlin 2016; Eric

den Effekt, andere Formen der Vernetzung zu befördern und zu intensivieren. Dies ist ein klassisches Beispiel dafür, dass Entnetzung aus digitalen Netzwerken zur Grundlage für nichtdigitale Vernetzung werden kann. Eine bloße Gegenüberstellung von digitaler und analoger Vernetzung würde jedoch zu kurz greifen. Denn der analoge Ausnahmezustand ist durch den politisch induzierten Ausfall digitaler Infrastrukturen gerahmt, das heißt, er beruht auf einer politisch organisierten Absenz von digitaler Konnektivität, die aber noch in ihrem Fehlen eine organisierende und sinnschaffende Kraft entfaltet.

Eine weitere wichtige mediale Dynamik lässt sich am Ägypten-Beispiel beobachten. Der Shutdown führte nicht einfach zum vollständigen Medienverzicht, sondern zur Wiederentdeckung von »alten« Medien.[384] Die Tatsache, dass die Festnetztelefonie noch funktionierte, nutzte der US-amerikanische Doktorand John Scott-Railton zur Organisation alternativer Kommunikationswege. Er rief zunächst seine ägyptischen Freund*innen an, um deren Berichte über seinen Twitter-Account weltweit zu verbreiten und immer weitere Festnetznummern zu sammeln. Auf diese Weise wurde er zu einer menschlichen Relaisstelle der ägyptischen Proteste. Auch andere teils schon fast vergessene Medien feierten eine Auferstehung: Telefaxe wurden mit alten Modems über die Festnetzlinien verschickt, Google entwickelte einen eigenen Service, »SayNow«, über den via Festnetz getweetet werden konnte.[385] Der Zustand der digitalen Entnetzung, so zeigt dieses Beispiel, macht für obsolet gehaltene Medien plötzlich zu Widerstandsmedien, die gerade wegen ihres Veraltetseins gegenwärtigen Kontrolldispositiven entgehen können. Obsoleszenz eröffnet hier den Spielraum für neue mediale Taktiken. Wie dargestellt, kann das Obsolete, so überflüssig es erscheinen mag, aufgrund seiner geringen Konnektivität als Sicherheitstechnik eingesetzt werden.[386] Das gilt in diesem Fall auch für die »alten« Medien wie Telefax und Festnetztelefonie, da sie wegen ihres Veraltetseins zunächst nicht Gegenstand staatlicher

Kluitenberg, »Affect Space. Witnessing the Movement(s) of the Squares«, in: *open!*, 2015, ⟨https://onlineopen.org/affect-space⟩, letzter Zugriff 16.10.2020.

384 Siehe zum Folgenden: Elgan, »Why there's No Such Thing as an ›Internet Kill Switch‹«. Zum Begriff der »alten Medien« siehe Teil IV, Kap. 3.

385 Ebd.

386 Siehe oben, Teil IV, Kap. 2.2.

Überwachung waren. Diese Unwahrnehmbarkeit von obsoleten Medien – eine Unwahrnehmbarkeit, die sich nicht ihrer durchaus vorhandenen Sichtbarkeit, sondern ihrer situativen Irrelevanz und Vernachlässigung verdankt – verleiht ihnen ein neues Leben als alternatives Vernetzungsinstrument.

Ging es bei den bisherigen Versionen des politischen Kill Switches um einen möglichst umfassenden Shutdown, so möchte ich nun auf zunehmend kleinteilige, maßgeschneiderte Formen von Kill Switches zu sprechen kommen. Diese sind weniger spektakulär, aber möglicherweise umso wirkungsvoller. Im politischen Feld zeichnet sich ein fein dosierter Einsatz der Diskonnektionsfähigkeit ab. So schreibt etwa Matt Perault, Head of Global Policy von Facebook:

> Meine Hauptsorge im Moment ist, dass wir uns auf eine Welt zubewegen, in der es immer raffiniertere kleine Blockaden [gibt]. […] Ich würde davon ausgehen, dass das, wovor wir am meisten Angst hätten, eine Regierung wäre, die in der Lage wäre, Ihren Zugang zu einem bestimmten Produkt für fünfzehn Minuten abzuschalten. Denn die Möglichkeit, dies in großem Maßstab zu tun, könnte Ihre Fähigkeit, auf bestimmte Dienste zuzugreifen, so stark beeinträchtigen, dass sich Ihre Beziehung zum Internet verändern würde, und dies [die Blockade] wäre sehr schwer zu diagnostizieren.[387]

Es überrascht kaum, dass ein Manager eines Social Media Unternehmens sich für die Möglichkeiten von personalisierten Formen des Kill Switches interessiert, für das etwa der regionale Internet-Shutdown in Indien während Universitätsprüfungen ein Beispiel ist.[388] Das klassische Bild eines totalen Ausfalls scheint letztlich einer noch nicht netzwerkförmigen Gesellschaft zu entstammen. Passt sich Entnetzung jedoch den Möglichkeiten von digitalen Netzwerken an, so könnte man Peraults Gedanken weiterdenken, dann müsste sie sich ähnlich personalisieren lassen wie etwa die Werbebanner auf Facebook. Entnetzung würde dann ihre Allgemeinheit und damit auch ihre Eindeutigkeit verlieren; sie würde sich vervielfältigen, diversifizieren und parzellisieren, in »kleine

387 Rachel Courtland, »SXSW 2017. If the Internet Has a Kill Switch, We Are it«, in: *IEEE Spectrum*, 2017, ⟨https://spectrum.ieee.org/tech-talk/telecom/internet/sxsw-2017-if-the-internet-has-a-kill-switch-we-are-it⟩, letzter Zugriff 15. 10. 2020.

388 Ebd.

Blockadeeinheiten« (*small-scale blocks*) zerfallen und wäre dadurch auch schwieriger zu greifen und zu benennen. Es geht dann nicht mehr um das große nationale Plug-Off, sondern um ein lokales, geradezu chirurgisches Management von Zugänglichkeit und Konnektivität – um lokale Strategien mit jedoch potentiell weitreichenden Konsequenzen. So jedenfalls ist Peraults Hinweis zu verstehen, dass auf diese Weise die »Beziehung zum Internet« gestört werden könnte, was sich aus der Perspektive von Social Media Unternehmen als ernstes Problem darstellen muss. Die Sorge ist, dass lokale, willkürliche und daher schwer zu prognostizierende Blockierungen des Netzzugangs am Ethos der Konnektivität kratzen, das heißt, dass sie Imaginäre der Konnektivität dadurch verändern, dass die Netzwerkparanoia in den politisch herbeigeführten Zwangsentnetzungen einen perfekten Nährboden für ihre Suche nach dem »verdorbenen« (*rotten*) Zustand des Netzes findet.

Solche individualisierten und kontextualisierten Kill Switches finden wir inzwischen nicht mehr nur in nationalstaatlichen Sicherheitskontexten, vielmehr sind sie zu einem festen Bestandteil des »Internets der Dinge« geworden.[389] Eine Vorreiterrolle haben in dieser Hinsicht Smartphones übernommen, die es der User*in erlauben, bei Verlust des Geräts die Daten per Fernzugriff zu löschen und das Gerät unbrauchbar zu machen[390] – also einen kleinen Kill Switch zu betätigen. Auch das Smart Home hat Anwendungsmöglichkeiten für Kill Switches. Denn was soll man tun, wenn die über das Netz gesteuerte Heizung sich zur falschen Zeit einschaltet oder der eigene Fernseher im Verdacht steht, einen auszuspionieren? Die Idee eines Notfallschalters, der das Smart Home oder zumindest einige seiner Geräte schnell aus dem Netz entfernt, ist verlockend. Allerdings kann ein geeigneter Kill Switch auch vom Stromversorger benutzt werden, wenn etwa die Stromrechnung nicht rechtzeitig bezahlt wurde, oder vom Hersteller eines Produkts, wenn dessen Nutzung gegen Richtlinien zu verstoßen scheint.[391] Auch für die-

389 Siehe zum Folgenden: Jo Ann Oravec, »Kill Switches, Remote Deletion, and Intelligent Agents. Framing Everyday Household Cybersecurity in the Internet of Things«, in: *Technology in Society* 51 (2017), S. 189-198.

390 Ebd.

391 Die Ausstattung mit Smart Meters (»intelligente Messsysteme«) erlaubt Energieunternehmen nicht nur die Vergabe von gezielten Rabatten (zum Beispiel, wenn darauf verzichtet wird, die Klimaanlage in bestimmten Zeiten zu nutzen),

se Veralltäglichung des Kill Switch gilt, was ich zuvor generell für das Löschen skizziert hatte. Das Ausschalten ist selbst ein Vorgang, der Spuren hinterlässt, und in der Regel findet auch ein genaues Tracking des Betätigens von solchen kleinen Kill Switches statt, zumindest wenn es von der User*in ausgeht. Auch hier kann der Versuch des Löschens oder Abschaltens neue Formen der Sichtbarkeit der Diskonnektion hervorbringen und darüber hinaus schnell zum Verdachtsmoment werden.

Zusammenfassend lässt sich festhalten, dass sich Kill-Switch-Technologien breit in den Netzwerken institutionalisiert haben, um Angriffe und Störungen aller Art gegebenenfalls auch präventiv abzuwehren oder zu unterbinden – seien es Cyberattacken, die aufs Ganze gehen, sei es die Toaster-Attacke aufs eigene Zuhause. In der Regel geht es nicht um das Abschalten eines gesamten Netzes,[392] sondern um ein auf die Fähigkeit zur Diskonnektion beruhendes Netzwerkmanagement. Abschalten ist in ein potentiell konflikthaftes Feld eingelassen, in dem um die Verteilung und Kontrolle der Abschaltfähigkeit gerungen wird. Wir haben gesehen, dass Diskonnektivität strategisch eingesetzt wird und eigener komplexer politischer Prozeduren und technischer Protokolle bedarf, um überhaupt durchgeführt werden zu können. Die zunächst banal anmutende Frage nach dem Abschalten ist auf diese Weise ins Zentrum gegenwärtiger staatlicher und alltäglicher Netzimaginäre gerückt. Wie bedeutsam diese Prominenz des Abschaltens ist, macht bereits seine Distanz zum klassischen Ethos der Konnektivität deutlich. Denn dieses war, ganz wie die ihm sekundierenden theoretischen Doktrinen der Anschlussfähigkeit (Luhmann) und Assoziationen (Latour), von der Frage der stets gefährdeten Fortsetzung und Erweiterung geprägt. Die Kill Switch-Debatten schreiben in die Konnektivitätsinfrastrukturen nun aber die Diskonnektionsfähigkeit ein und relativieren damit die optimistische Netzwerkrhetorik. Gewiss steht diese Fähigkeit im Dienste der Netzwerkpflege, aber sie

sondern auch das Kappen der Energiezufuhr bei ausstehenden Rechnungen. Siehe Ross Anderson, Shailendra Fuloria, »Who Controls the Off Switch?«, in: *2010 First IEEE International Conference on Smart Grid Communications* (2010), S. 96-101.

392 Wobei gerade die Einführung von Smart Meters breitangelegte Angriffe auf die Energieversorgung ganzer Regionen ermöglicht; siehe Anderson/Fuloria, »Who Controls the Off Switch?«, S. 96.

zeigt auch immanent die Grenzen des klassischen Konnektivitätsparadigmas auf, gerade in den verzweifelten Versuchen, Diskonnektion herzustellen, wo sie zunächst nicht vorgesehen war. Aus der Perspektive solcher Entnetzungsstrategien verändert sich die Geschichte vernetzter Infrastrukturen und des Internets grundlegend. Es geht nun nicht mehr um die affirmative oder die kritische Analyse der Durchsetzung von ständig gesteigerter Konnektivität, sondern um eine Geschichte von »politischen Blockaden und Engpässen«, von »scharfen Brüchen, Sackgassen und Hintertüren«.[393] Die Möglichkeit der Diskonnektionen, des Schnittes und der Organisation von sich verlierenden Verbindungen ist gleichermaßen die Grundlage für politische Sicherheitsstrategien wie auch für Formen des Entzugs und der Widerständigkeit.

3.5 Nach der Entnetzung?

In diesem Kapitel habe ich mich auf ein Bündel von auf Sicherheit abzielenden Strategien der Entnetzung konzentriert. Wäre es nicht möglich, das Programm dieser Strategien, Entnetzung nicht nur als apokalyptisches Szenario zu sehen, gezielt zur Sicherung von kritischen Infrastrukturen einzusetzen? Ich bin dabei auf eine ähnliche Logik wie in den anderen bisher diskutierten Bereichen gestoßen. Entnetzung ist nicht mehr das zu vermeidende Andere des Konnektivitätsethos, sondern wird daraufhin überprüft, ob sie nicht Ressourcen für eine hyperkonnektive Gesellschaft zur Verfügung stellen könnte (zuvor etwa als Digital Detox oder als geplante Entnetzung in Organisationen in *slack spaces*). Einigen dieser Versuche bin ich exemplarisch nachgegangen: der Idee des Air Gaps, dem Sneakernet und dem Kill Switch. Der Durchgang durch diese drei Modelle war durch eine Steigerung geprägt: Sollten zunächst Verbindungen innerhalb eines Netzwerks lediglich punktuell gekappt werden, wurde mit dem Kill Switch das Netz als Ganzes zum möglichen Gegenstand von Entnetzung. All diese

393 Zach Blas, »Contra-Internet«, in: *E-flux Journal* 74 (2016), ⟨https://www.e-flux.com/journal/74/59816/contra-internet/⟩, letzter Zugriff 15. 10. 2020; siehe auch Hito Steyerl, »Too Much World: Is the Internet Dead?«, in: *E-flux Journal* 49 (2013), ⟨https://www.e-flux.com/journal/49/60004/too-much-world-is-the-internet-dead/⟩, letzter Zugriff 15. 10. 2020.

Modelle beruhen ihrerseits auf handlungsleitenden Imaginären der Entnetzung – Imaginäre, die überhaupt erst die Möglichkeit der Entnetzung vorstellbar machen sollen, so unrealistisch ihre Durchführung auch sein mag.

Hatte ich zu Beginn ein konstitutives Unvermögen als Grundlage für Entnetzung herausgearbeitet,[394] so sind die zuvor geschilderten Modelle von einer Figur des Vermögens geprägt. Entnetzung wird als beherrschbar gefasst, als eine weitere, ja sogar als die ultimative Kontroll- und Machttechnologie. Mit dem Kill Switch hat sie zu einem neuen Verständnis von Souveränität geführt: Souverän ist, wer über die Möglichkeit verfügt, Netzwerke abzustellen. Allerdings hat sich auch gezeigt, dass diese Souveränität sich ihrer selbst ungewiss wird. Auch wenn sie sich auf zentralisierte Machtmittel stützen mag (wie zum Beispiel im RuNet), muss sie sich im Modus des Testens vergewissern. In diesen Strategien ging es um den Entwurf von kontrollierbarer Entnetzung – auch wenn sich diese Vorstellungen immer wieder als unrealisierbar erwiesen haben. Sie stellten sich in den Dienst von Konnektivität, um mit meist kleinen Dosierungen kontrollierter Entnetzung diese auch in Zukunft aufrechterhalten zu können. Sie positionieren sich damit gegen zwei Szenarien: gegen eine wild gewordene, virale Konnektivität und gegen den vollständigen Ausfall von Konnektivität.

Ich möchte nun im letzten Abschnitt dieses Kapitels fragen, welche Vorstellungen eines solchen Ausfalls entworfen werden. Was wäre ein »entnetztes Netzwerk« – das heißt eines, das seine Konnektivität eingebüßt hat? Bereits zu Beginn dieses Kapitels hatte ich die klassische ideologiekritische Position erwähnt, die fiktive apokalyptische Cyberangriffsszenarien als Motor und Legitimation für die Perfektionierung von Sicherheitstechniken sieht. Demgegenüber möchte ich eine Perspektive vorschlagen, welche sich auf diese Szenarien einlässt, sie also nicht nur hinsichtlich ihrer Legitimationsfunktion bewertet; und dies in der Erwartung, dass solche Szenarien einen Beitrag zu meiner kleinen Phänomenologie der Entnetzung leisten, weil wir von ihnen lernen können, wie im Zusammenbruch von Netzwerken Bilder der Entnetzung entworfen werden.

In den letzten Jahren hat sich im Bereich des Literaturgenres des Thrillers ein neues Subgenre etabliert, in dem Szenarien einer

394 Siehe oben, Teil II, Kap. 5.3.

Welt nach dem Kollaps ihrer Netzwerkinfrastrukturen, insbesondere des Internets, verhandelt werden.[395] Diese von der Kritik meist nicht sehr geschätzten, aber populären Bücher sind häufig nicht von klassischen Thriller-Autoren, sondern von Experten aus dem IT-Sicherheitsbereich verfasst worden.[396] Im Gegensatz zur klassischen Hacker- und IT-Spionageliteratur, aber auch zur Cyberpunkliteratur stehen in diesen Thrillern nicht einzelne heroische und subversive Hackerfiguren im Vordergrund, sondern Szenarien des Zusammenbruchs. Meine Lektüre konzentriert sich auf drei zentrale Motive dieser Fiktionen einer unfreiwillig entnetzten Welt: den unscheinbaren Beginn (1), die entnetzten Infrastrukturen und toten Infrastrukturen (2) sowie die Auferstehung »alter« Infrastrukturen und Medien (3).

(1) Die Cyberkatastrophe beginnt in diesen Thrillern unmerklich, ist zunächst kaum von anderen Störungen des alltäglichen Lebens zu unterscheiden. So setzt John Mariottis Roman *The Chinese Conspiracy* nicht mit der Beschreibung eines vollständigen Ausfalls von digitalen Netzwerken ein, sondern mit einem Verkehrsunfall. In Manhattan funktionieren die Ampeln nicht mehr, sie sind alle plötzlich auf Grün gestellt und produzieren ein Verkehrschaos; das Internet stockt oder fällt zweitweise aus; der Scanner im Supermarkt fällt aus; das Smartphone findet keinen Anschluss mehr. Solche Störungen werden zwar als ärgerlich erlebt, gehören aber auch zur Normalität des Funktionierens von medialen Infrastrukturen. Entsprechend groß ist die Erwartung, dass diese Fehler schnell behoben werden können. Die Katastrophe setzt unscheinbar ein, sie zeigt sich zunächst nur als bloße zeitgleiche Häufung von vielen kleinen, an sich banalen Störungen. Erst später nährt die Häufung den Verdacht, dass zwischen den Störungen ein Zusammenhang bestehen könnte – ein Zusammenhang, der von den meisten Protagonisten des Romans lange Zeit nicht erkannt wird. Nur die Parano-

395 Ich beziehe mich in meiner verallgemeinernden Analyse auf: John Mariotti, *The Chinese Conspiracy*, Bloomington 2010; Matthew Mather, *Cyberstorm*, München 2014; Mark Russinovich, *Zero Day*, New York 2011; Tim Washburn, *Cyber Attack*, New York 2018.

396 So ist zum Beispiel Mark Russinovich, Autor von *Zero Day*, Chief Technology Officer bei der Cloud-Computing Plattform Microsoft Azure; und der kanadische Bestsellerautor Matthew Mather (*Cyberstorm*) strebte ursprünglich eine Karriere in der IT-Sicherheitsindustrie (am Centre for Intelligent Machines der McGill University in Montreal) an.

iker und Verschwörungstheoretiker ahnen bereits das Schlimmste und verkörpern insofern die Netzwerkparanoia, die ich zu Beginn dieses Buches als charakteristisch für das Funktionieren moderner Netzwerke bezeichnet habe. Da sie als Apophäniker immer schon davon ausgehen, dass alles mit allem zusammenhängt, müssen ihnen die vereinzelten Störfälle als verdächtig erscheinen. Sie sehen ein sinnhaftes Muster in den Störungen, das eine schwerwiegende Katastrophe ankündigt.

Während der Apophäniker also immer schon ahnt, dass sich eine Katastrophe anbahnt, gestaltet sich die »rationale« Erhärtung des Verdachtes als schwierig. Wie lässt sich der immanente Zusammenhang von einer zunächst irregulär anmutenden Häufung von Störungen bestätigen? Ähnlich wie bei der digitalen Mustererkennung müssen kontingente Konstellationen von echten, das heißt systematisch induzierten, sich verstetigenden Mustern unterschieden werden. Eine Überprüfung der potentiellen Muster, welche eine Netzwerkkatastrophe ankündigen, müsste nun allerdings auf ebendie Netzwerkinfrastrukturen zurückgreifen können, die gestört, unterbrochen oder ausgefallen sind. Jemanden via Handy anzurufen, um sich über das Ausmaß der Störung auszutauschen, ist dann nicht mehr möglich. Klassischerweise wird in solchen Situationen auf den *meatspace* (also den Raum lebendiger Körper) oder das Sneakernet zurückgegriffen. Es sind nun die lokalen *Face-to-face*-Kontakte, in deren Rahmen über das mögliche infrastrukturelle Versagen gesprochen wird – wodurch diese dann auch validiert werden. Wir begegnen hier also einer meiner Ausgangsbeobachtungen wieder: Entnetzung ist, solange sie sich noch nicht zum totalen Shutdown entwickelt hat, für die betroffenen Netzwerke nur sehr schwer zu beobachten. Bevor Entnetzung gewusst werden kann, wird sie geahnt, kündigt sie sich im seltsamen Gefühl an, dass etwas nicht stimmt. Und nur der Paranoiker verfügt über die Gabe, dieses Gefühl lesen zu können. Diesen Modus des paranoiden Mustererkennens und Musterlesens finden wir nicht nur in der Science-Fiction-Literatur. Auch in der Cybersecurity-Diskussion gibt es Stimmen, die mahnen, dass wir uns möglicherweise bereits in einem fatalen Cyberkrieg befinden, ohne es zu wissen.[397]

397 Siehe die Kritik an dieser Worst-Case-Szenario-Technik von Myriam Dunn Cavelty, »Gesellschaft im Daueralarm. Gefahrendarstellungen im Cybersecurity-Diskurs«, in: Christopher Daase u. a. (Hg.), *Verunsicherte Gesellschaft – über-*

Die Erkenntnis, dass die Akteure sich inmitten einer Katastrophe befinden, ergibt sich aus der Zusammenschau einzelner Ereignisse. In *The Chinese Conspiracy* heißt es:

> Das verdammte Zeug reagiert auf nichts. Der Strom ist eingeschaltet. Die Verbindungen sind in Ordnung. Aber die Computer, die Mikrowelle, die Glasfaser und die altmodischen Kupferschaltungen funktionieren einfach nicht. Es ist, als hätte jemand die Kontrolle über alle Rechner übernommen, die Mikrowellen- und Netzwerkkabel blockiert und uns alle in einen gigantischen »HOLD«-Zustand versetzt.[398]

Die Infrastrukturen der Konnektivität scheinen eigentlich noch in Ordnung zu sein, aber dennoch funktioniert nichts mehr. Das Versagen der Netzwerkverbindungen schafft eine temporäre Ruhe, die in einem scharfen Kontrast zur schnellen, geradezu epidemischen Verbreitung der Netzwerkstörungen steht. Diese Situationen erinnern an die alltäglichen Bufferingerfahrungen, nun aber überspitzt und verallgemeinert in der Form einer ganzen Gesellschaft im Bufferzustand. Ein Moment fast erhabener Erkenntnis stellt sich ein sowohl der immensen Vernetztheit des alltäglichen Lebens als auch der Möglichkeit, dass diese selbstverständlich gewordene Vernetztheit sich gerade in diesem Augenblick auflösen könnte. Es wirkt wie ein Buffering, das jedoch seines Kontinuitätsversprechens beraubt ist.

(2) In den Cyberthrillern stehen nicht die menschlichen Protagonisten, sondern Infrastrukturen der Konnektivität im Vordergrund. Das Soziale ist wesentlich von seiner Logistik und deren Ausfall geprägt. Diese Narrative interessieren sich auch nicht mehr für die klassische Gegenüberstellung einer virtuellen und realen Welt, sondern dafür, was der Ausfall von digitalen Verbindungen für das Funktionieren von anderen »materiellen« Infrastrukturen bedeutet. Nach dem Ausfall digitaler Netzwerke funktioniert der »materielle« Alltag nicht mehr – die Steuerung des Parkhauses, die

forderter Staat. Zum Wandel der Sicherheitskultur, Frankfurt/M., New York 2013, S. 133-150.

398 Mariotti, *The Chinese Conspiracy*, S. 189. Dieses Motiv der Ungewissheit taucht immer wieder auf. Es ist den digitalen Infrastrukturen von außen nicht anzusehen, ob sie funktionstüchtig sind: »Er schaute auf die Batterieanzeige, die besagte, dass das Telefon fast vollständig aufgeladen war. Der Signalstärke-Indikator zeigte ein starkes Signal – aber es funktionierte nicht.« Ebd., S. 319.

Heizungen in Smart Homes, die Ampeln, die den Verkehr regeln, usw. Solche Infrastrukturthriller, wie man sie auch nennen könnte, spielen durch, welche Effekte der Ausfall von Infrastrukturen hat: auf menschliche Akteure, aber auch auf das gesamte infrastrukturelle System. Sie entwerfen Szenarien, wie Akteure versuchen, mit dem Ausfall umzugehen, und wie sich infrastrukturelle Fehler verketten und kaskadenförmig steigern. Die Logik des Netzwerkfiebers, die ich als allumfassend und ansteckend beschrieben habe, ist bei der katastrophalen Entnetzung potenziert am Werk. Entsprechend verdankt der logistische Ausfall einen Gutteil seiner Faszination der Tatsache, dass er sich nicht mehr lokal begrenzen lässt. In *Cyberstorm* sind zunächst FedEx und UPS durch ein Virus infiziert, das aber rasch auf nahezu alle Logistikunternehmen überspringt, mit Folgen für nahezu die ganze Welt: »[D]ie Nachschubkette [wurde] weltweit zum Erliegen gebracht.«[399]

Dieses Motiv ist auch sehr erfolgreich in der nichtfiktionalen Cyberkrieg-Literatur. In Karen Greenbergs Aufsatz »Will the Apocalypse Arrive Online?« wird die Apokalypse als kaskadenförmiges Zusammenbrechen vernetzter Infrastrukturen beschrieben:

> Zuerst bricht das Finanzsystem zusammen, und es ist unmöglich, an das eigene Geld heranzukommen. Dann hören die Strom- und Wassersysteme auf zu funktionieren. Binnen weniger Tage beginnt der Kollaps der Gesellschaft. In den Städten streifen Mütter und Väter auf der Suche nach Nahrung durch die Straßen. Das Land ist zersplittert und zerstückelt – kaum wiederzuerkennen. Es mag wie eine Szene aus einem Zombie-Apokalypse-Film klingen … aber es könnte dein Leben sein.[400]

399 Mather, *Cyberstorm*, S. 58

400 Karen J. Greenberg, »Will the Apocalypse Arrive Online? How Fear of Cyber Attack Could Take Down Your Liberties and the Constitution«, in: *TomDispatch.com*, 2012, ⟨http://www.tomdispatch.com/post/175607/tomgram%3A_karen_greenberg%2C_preparing_for_a_digital_9_11⟩, letzter Zugriff 15. 10. 2020. Diese epidemische Verkettungsdiagnose zirkuliert zwischen Literatur, populärem IT-Wissen und Politik. So formulierte der damalige Präsident Obama in einem Meinungsbeitrag im *Wall Street Journal*: »Der Zusammenbruch wichtiger Bankensysteme könnte eine Finanzkrise auslösen. […] Der Mangel an sauberem Wasser oder funktionierenden Krankenhäusern könnte einen öffentlichen Gesundheitsnotstand auslösen. Und wie wir bei früheren Stromausfällen gesehen haben, kann der Stromausfall Unternehmen, Städte und ganze Regionen zum Stillstand bringen.« (Barack Obama, »Taking the Cyberattack Threat Seriously«, in: *Wall Street Journal*, 2012, ⟨https://www.wsj.com/articles/SB10000087239

Genauso wie Vernetzung durch ihre Übersteigerungslogik als ansteckend gefasst wird, dominiert die Ansteckungslogik auch die Dynamiken der Entnetzung.

Ganz nebenbei wird hier eine bemerkenswerte Sozialtheorie angedeutet. Das Soziale kommt weder durch die menschliche Fähigkeit, Verbindungen herzustellen, zustande, noch durch soziale Normen und auch nicht, wie ein bedeutender Strang in der klassischen politischen Theorie annimmt, durch einen Vertrag. Vielmehr ist das Soziale infrastrukturell verfasst – man könnte von einer Logistik des Sozialen oder einer Soziologistik sprechen. Mit Blick auf die Vorstellung eines entnetzten Zustands heißt das, dass der logistische Zusammenbruch zurück in eine Art Naturzustand führt, da die menschlichen und nichtmenschlichen Aktanten aus ihren infrastrukturell gefestigten Verbindungen entlassen werden. Zuvor disziplinierte Bürger werden zu marodierenden Horden, das Soziale ist fragmentiert, ja, es löst sich nach und nach auf. Die unsichtbare, normalerweise infrastrukturell garantierte Konnektivität des Sozialen ist zusammengebrochen. Was übrig bleibt, sind die ehemals vernetzten Einheiten in ihren unkontrollierten Bewegungen. Anders als relationale Sozialtheorien meinen, verflüchtigen sie sich nicht, sondern entfalten einen atomisierten, eigensinnigen Überlebenskampf.

In der Apokalypse der Netzwerke gerät somit die für Netzwerke eigentlich nicht denkbare Existenzform entnetzter Einheiten in den Fokus, also das, was nach dem Durchschneiden des sozialen Bandes »überlebt«. Gäbe es keine solchen Überlebenden und würden sich

639044433090457753549269304465o⟩, letzter Zugriff 15. 10. 2020. Ganz ähnlich beschreibt John Mariotti in seinem Blog die Ausgangssituation seines Thrillers: »WHWNW: WHAT HAPPENS WHEN NOTHING WORKS? Was wäre, wenn alles Elektronische, von Computern Gesteuerte sofort aufhören würde zu funktionieren? Wie würde jemand überhaupt anfangen, herauszufinden, was passiert ist oder wer die Ursache dafür ist? Telefone funktionieren nicht. E-Mail funktioniert nicht. Radio und TV funktionieren nicht. Das Internet funktioniert nicht. Flugverkehrssysteme funktionieren nicht. Electronic-Banking-Systeme funktionieren nicht. GPS-Systeme funktionieren nicht. Nichts, was von Computern gesteuert wird, funktioniert, und ES HÖRT ALLES ZUR GLEICHEN ZEIT AUF ZU FUNKTIONIEREN.« John Mariotti, »WHWNW: What Happens When Nothing Works?«, in: *mariotti.blogs.com*, 2010, ⟨https://mariotti.blogs.com/my_weblog/2010/10/whwnw-what-happens-when-nothing-works.html⟩, letzter Zugriff 15. 10. 2020.

also mit dem Zerfall der Netzwerke auch die vernetzten Einheiten einfach auflösen, würden die Thriller ihren Gegenstand verlieren. Mittels der Überbleibsel der Netzwerke – der Ruinen der Vernetzung – eröffnet sich jedoch ein neuer dramatischer Raum. Hier spielt der ambivalente Status des Entnetzten eine wichtige Rolle. Denn dem Entnetzten ist nicht immer anzusehen, ob es (schon) seine Verbindungen verloren hat; die Ampel, die auf »Grün« steht, könnte auch, jedenfalls auf den ersten Blick, eine funktionstüchtige Ampel sein.

Häufig wird betont, dass Infrastrukturen, wie zum Beispiel ein Generator, isoliert – im Stand-Alone-Modus – gut funktionieren könnten. Da sie in diesem fiktionalen Fall aber in Kommunikationsnetzwerke integriert sind, sind sie entweder überhaupt nicht mehr steuerbar oder durch Viren fehlgesteuert. Damit thematisieren die Thriller den seltsamen Existenzmodus nicht nur von kritischen Infrastrukturen, sondern auch von alltäglichen medialen Apparaten. Ihre Funktionsfähigkeit – gar das »Leben der Dinge« – erlöscht durch die Loslösung aus den lebenspendenden Netzwerken; ohne diese Verbindungen sterben sie, ohne jedoch zu verschwinden.

Solche Infrastrukturen sind im apokalyptischen Ausnahmezustand häufig anwesend und abwesend zugleich (bevor sie dann möglicherweise doch noch zerstört werden). Sie werden durch die Entnetzung erst sichtbar gemacht, sind aber als sichtbare Infrastrukturen funktionslos geworden. Daher auch die Rede von den »leblos« gewordenen oder toten Infrastrukturen und Geräten: Sie werden durch die Entnetzung gleichsam eingefroren.

Die entnetzten Elemente wirken wie infrastrukturelle Untote – wie Zombies[401] –, weshalb Entnetzung hier zu einer traumatischen Freisetzung wird. Dass sie nicht mehr funktionstüchtig sind und ihre Lebendigkeit verloren haben, wird eher atmosphärisch erfahrbar: »Leblos. So fühlte es sich an, ohne das beruhigende, leise Hintergrundsummen der Maschinen, ohne das Blinken ihrer kleinen Lämpchen, ohne ihre sirrenden Motoren – Geräusche, die in meinem elektronischen Kokon immer gegenwärtig waren, auch wenn

401 Siehe zum Begriff der Zombie-Medien oben in diesem Teil IV, Kap. 2.2: Garnet Hertz, Jussi Parikka, »Zombie Media. Circuit Bending Media Archaeology into an Art Method«, in: Parikka (Hg.), *A Geology of Media*, S. 141-168.

ich sie häufig nicht wahrgenommen habe.«[402] In der Katastrophe, so scheint es, kehrt das, was etwa Bruno Latour optimistisch das Plasma genannt hat, eine Ursuppe der unverbundenen Vielheiten,[403] als Albtraum wieder zurück. Was wir am Beispiel des Ladenhüters in wenig spektakulärer und kaum beunruhigender Form kennengelernt haben, wird hier zum apokalyptischen Motiv: schwer lesbare Entitäten, die sich im Zwischenzustand zwischen Aktantsein und Obsoletsein befinden.[404]

(3) Im katastrophischen Zustand umfassender Entnetzung, der in den genannten Büchern die Hauptrolle spielt, verändert sich auch der Blick auf veraltete mediale Infrastrukturen. Gewollt oder ungewollt beginnen die Akteure ihre mediale Umwelt daraufhin zu beobachten, ob ein Gerät vernetzt ist oder sich als Element für ein autarkes Netzwerk eignet. Nachdem er vergeblich versucht hat, einen Ort auf Google Maps zu finden, entdeckt Jim, eine der Hauptfiguren in *Cyberstorm*, mehr oder weniger zufällig in einer Schublade eine alte Landkarte, die er längst vergessen hatte.[405] In anderen Szenen wird durch eine App ein Point-to-Point-Mesh-Netzwerk auf Handys eingerichtet, das zwar nur wenige hundert Meter weit reicht, aber dafür unabhängig vom Internet ist.[406] Wie in kleinen Epiphanien erstrahlen die alten Medien plötzlich in neuem Glanz und werden dem Schlummer der Obsoleszenz entrissen. Während die vormals hochvernetzten Infrastrukturen untergehen, feiern die vormals obsoleten, ja bisweilen sogar störenden Überbleibsel ein Comeback. Wir kennen dieses Motiv bereits aus dem Kontext der Analognostalgie, wie sie beispielsweise im Digital Detox-Tourismus gefeiert wird: via (allerdings willentlichem) Verzicht auf digitale Medien zugunsten des Griffs zum klassischen Stadtplan.[407] Es ist bemerkenswert, dass Detox-Literatur und Cyberthriller trotz ihrer gegensätzlichen Ausrichtung nahezu identische Bilder des Analogen verwenden.

Sieht man vom zufälligen Landkarten-Fund in der Schublade einmal ab, bedarf es einiger Tricks, um diese alten Infrastrukturen

402 Mather, *Cyberstorm*, S. 78 (Übersetzung verändert).

403 Siehe dazu oben, Teil II, Kap. 1.

404 Siehe zur Figur des Ladenhüters oben, Teil III, Kap. 2.

405 Mather, *Cyberstorm*, S. 66.

406 Ebd., S. 168 f.

407 Siehe dazu oben in diesem Teil, Kap. 2.3.

wieder handlungsfähig zu machen.[408] In *Cyberstorm* muss beispielsweise die Gemeinschaft in einem luxuriösen Apartmenthaus, das in den Verkaufsbroschüren noch als Smart Home angepriesen wurde, eine unabhängige Selbstversorgungsinfrastruktur aufbauen. Den Bewohner*innen gelingt es nicht, einen smarten Notstromgenerator zu aktivieren, da dieser nur über ein Netzwerk gesteuert werden kann. Zur Rettung wird ein zuvor als Spinner und Apokalyptiker verlachter Hausbewohner, der den vernetzten Techniken nie vertraut und daher einen autonomen Notgenerator angeschafft hat. In seinem Besitz findet sich nun die einzige lokale Energiequelle, was ihn und den Generator zum Mittelpunkt des Geschehens macht. Bald schon wird aber deutlich, dass die Benzinvorräte für den Generator nicht ausreichen. Da auch die Tankstellen an Netzwerke angeschlossen sind, ist an eine normale Beschaffung nicht zu denken. Wiederum ist die Erfindungsgabe des Tricksters gefragt. Parkenden Autos (im New Yorker Wintersturm) wird nun manuell Benzin abgezapft, um den Generator am Laufen zu halten. In einer anderen Szene geht es ebenfalls um die Frage, wie den entnetzten Infrastrukturen minimale Reste von Funktionalität entlockt werden könnten, wobei es sich häufig um Affordanzen handelt, die völlig unsichtbar oder sogar dysfunktional waren. So funktioniert zum Beispiel während einer wilden Verfolgungsjagd die Handykommunikation nicht mehr auf dem klassischen Weg. Dennoch bleibt ein inhaltsloser konnektiver Rest erhalten: das reine Vibrieren des Mobiltelefons, das eine neue Botschaft ankündigt, ohne diese noch übermitteln zu können. Eine der verfolgten Figuren erkennt diese Restfunktionalität, die für sich genommen keinen Nutzen hat. Erst mit der Erinnerung an den lange Zeit obsoleten Morsecode gelingt es, mit dem Pulsieren ein SOS-Signal zu verschicken – ohne zu wissen, ob es jemals jemand wird decodieren können.

Die Cyberthriller versammeln in konzentrierter Form zahlreiche Elemente einer Soziologie der Entnetzung, die in weniger katastrophischer Form, zuweilen sogar als hoffnungsvolle Momente von

408 Die Figur des Tricksters ist nach Michel de Certeau ein Taktiker, der die Chancen der Situation erkennen muss. Siehe Michel de Certeau, *Kunst des Handelns*, Berlin 1988. Diese Figur wurde von der frühen Diskussion über taktische Medien aufgenommen, siehe David Garcia, Geert Lovink, »The ABC of Tactical Media«, 1997, ⟨http://www.tacticalmediafiles.net/articles/3160/The-ABC-of-Tactical-Media⟩, letzter Zugriff 15. 10. 2020. Siehe dazu auch oben, Teil II, Kap. 6.

Entnetzung in meinen vorherigen Analysen thematisch geworden sind. Entnetzung ist stets in Politiken der Sichtbarkeit eingebettet. Der Ausfall von Verbindungen wird zunächst als bloße Störung erlebt, die erst nachträglich als der Anfang vom Ende der Konnektivität sichtbar wird. Nur die paranoiden Apophäniker sehen bereits zu einem Zeitpunkt ein Muster in den Verbindungsabbrüchen, zu dem andere noch an die Normalität des Vernetzens glauben. Der Paranoiker verfügt über einen Lektürevorsprung, der allerdings auch mit epistemischen Kosten verbunden ist.[409] Denn das Muster ist für ihn Ausdruck einer Konspiration; es ist für ihn immer schon Ausdruck einer Strategie, wodurch er sich in geheimer Komplizenschaft mit den von ihm bekämpften Verschwörungen befindet.

Die Soziologie der Entnetzung ist mit einem ähnlichen Problem konfrontiert. Der klassische Soziologe ist ein Spezialist der Mustererkennung[410] und in diesem Sinne ganz Apophäniker, auch wenn er die personalisierten Verschwörungstheorien durch gesellschaftliche Logiken – etwa der Ökonomisierung oder der funktionalen Differenzierung – zu ersetzen versucht. Was ihm dadurch aber entgeht, sind die Momente der Arelationalität, des nicht mehr oder noch nicht in Mustern Verbundenen. Um diese Momente in den Blick zu bekommen, muss sich die Analyse der Entnetzung zwischen der normalisierenden Konstatierung von Störungen und der paranoiden Identifikation von Mustern ansiedeln. Anschaulich illustrieren dies die fiktiven Szenen entnetzter Apparaturen, indem sie uns die Frage stellen lassen, wie jene Einheiten, denen ihre durch Vernetzung geschaffene Handlungsfähigkeit abhandengekommen ist, gedacht werden können. Während den meisten relationalen Theorien die begrifflichen Ressourcen fehlen, um diese Frage zu stellen, finden die literarischen Beschreibungen zumindest eindrückliche Bilder für den ebenso banalen wie unheimlichen Zwischenzustand entnetzter Entitäten.

Es schlägt die Stunde obsoleter Aktanten, die in den digitalen Netzwerken ihre Funktion und Handlungsfähigkeit verloren haben und an deren Existenz sich kaum noch jemand erinnern kann. Jetzt, in der Krise apokalyptischen Ausmaßes, wird eine neue Sicht-

409 Eve Kosofsky Sedgwick, »Paranoid Reading and Reparative Reading, or, You're So Paranoid, You probably Think this Essay is about You«, in: dies., *Touching Feeling. Affect, Pedagogy, Performativity*, Durham, London 2003, S. 123-152.

410 Armin Nassehi, *Muster. Theorie der digitalen Gesellschaft*, München 2019.

barkeit des ehemals unspektakulär Entnetzten geschaffen, und Obsoleszenz erweist sich als Qualität und Grundlage für Handlungsfähigkeit. Auch wenn es sich in diesen Fällen häufig um analoge Medien handelt, werden diese nicht in erster Linie Gegenstand einer Analognostalgie, sondern sie entfalten einen Nutzen, der erst durch ihr Vergessen und durch den Entzug aus Netzwerken geschaffen worden ist. Die Szenen ihrer Auferstehung sind letztlich pragmatischer Natur. Als Hoffnungsschimmer stehen sie für neue zukünftige Arten der Entnetzung; als katastrophischer *rubble* für eine nahe vollständig entnetzte Welt.

Epilog

Eine der Urszenen der Netzwerktheorie beschreibt Bruno Latour im aphoristischen zweiten Teil seines Buchs *The Pasteurization of France*:

> Ich lehrte während eines Jahrs in Gray in der französischen Provinz. Ende des Winters 1972 sah ich mich auf der Landstraße von Dijon nach Gray dazu gezwungen anzuhalten; nach einer Überdosis Reduktionismus war ich zu Verstand gekommen […]: »Nichts kann auf etwas anderes reduziert werden, nichts kann von etwas anderem deduziert werden, alles kann mit allem anderen verbunden [*allied*] werden«.[1]

Gleichsam in Form einer Epiphanie war so das Credo der ANT geboren: die Möglichkeit, alles mit allem zu verbinden, ohne es voneinander abzuleiten. Und spätestens damit ist auch das Ethos der Konnektivität in den Sozialwissenschaften angekommen.

Ich möchte dies mit einer zweiten Epiphanie kontrastieren.[2] Im Jahre 1908 isst der japanische Chemieprofessor Kikunae Ikeda eine Nudelsuppe. Sie ist köstlich und begeistert fragt er seine Frau, die die Suppe zubereitet hat, welcher Zutat dies zu verdanken sei. Sie weist auf das Regal mit getrockneten Kombu-Algen, durch welche die fünfte Geschmacksnote des Umami erzeugt wird. Als Chemiker interessierte sich Ikeda für die Funktionsweise dieses Geschmacks und stößt dabei auf das Verfahren der Hydrolyse. Durch den Einsatz von Wasser und Wärme können Moleküle auseinandergebrochen und so Peptide und freie Aminosäuren freigesetzt werden, wobei Letztere für den Umami-Geschmack ausschlaggebend sind.[3]

1 Bruno Latour, *The Pasteurization of France*, Cambridge 1988, S. 162 f.

2 Alex Renton, »If MSG is so Bad for You, Why Doesn't Everyone in Asia have a Headache?«, in: *The Guardian*, 10.7.2005, ⟨https://www.theguardian.com/lifeandstyle/2005/jul/10/foodanddrink.features3⟩, letzter Zugriff 15. 10. 2020; Ole G. Mouritsen, Klavs Styrbæk, *Umami. Unlocking the Secrets of the Fifth Taste,* New York 2014, S. 23.

3 Ebd., S. 169. Dies gilt auch für Techniken der Fermentierung; eine sozialtheoretische Analyse der Fermentierung bietet: Elena Beregow, »Cooked or Fermented? The Thermal Logic of Social Transfromation«, in: *Culture Machine* 17 (2018), ⟨https://culturemachine.net/vol-17-thermal-objects/cooked-or-fermented⟩, letzter Zugriff 15. 10. 2020.

Ikeda erkannte, dass der von ihm benannte Geschmack des Umami genau auf einen solchen Prozess der Auflösung von Verbindungen zurückgeht. Dieser Prozess setzt nicht eine bloße Zerstörung in Gang, sondern lässt mit dem Umami etwas Neues entstehen. Ikeda war nicht nur ein glänzender Chemiker, sondern auch geschäftstüchtig. Er entwickelte industrielle Verfahren, um die aufgelösten Moleküle in der Form von Glutamat vermarkten zu können. Auf diese Weise wurde eine in kulinarischen Routinen immer schon aktive Lysis zum Gegenstand industrieller Strategien der Glutamatproduktion. Dieses Beispiel zeigt: Das Lösen von Verbindungen – Entnetzung – kann quasi natürlich und beiläufig stattfinden oder Gegenstand von spezifischen Strategien der Entnetzung werden.

Während es in Latours Epiphanie um die Steigerung von Verbindungsfähigkeit geht, stellt Ikeda den Prozess der Lysis, das heißt des Lösens und der Dekomposition, in den Vordergrund – und zwar nicht als bloße Verfallserscheinung, sondern als eigenständiges Phänomen. Latour und Ikeda stehen für zwei unterschiedliche Sichtweisen auf die Welt der Verbindungen: der eine für die ihrer Vermehrung, der andere für die ihrer Dekomposition. Meine Überlegungen zu einer Soziologie der Entnetzung sind von der Lysis geprägt, ja, ich neige sogar dazu, von einer Soziolyse sprechen. Dieser Begriff ist kaum gebräuchlich, taucht jedoch in einem Kybernetikwörterbuch auf, allerdings nur als Ausdruck für die Zersetzung eines Systems:

> Soziolysis: die Disaggregation eines sozialen Systems. Dieser der Soziogenesis entgegengesetzte Prozess impliziert das Verschwinden der Beziehungen zwischen konstitutiven Elementen, von denen jedes, sofern es allein überlebensfähig ist, unabhängig und autonom wird. Soziolysis zieht jedoch meist die Zerstörung der meisten losgelösten Elemente nach sich. Der biologische Tod ist in einer gewissen Weise ein Phänomen der Soziolysis.[4]

Das scheint aus der Perspektive einer relationalen Sozialwissenschaft geschrieben worden zu sein, denn dieser zufolge kann das Auftrennen und Abschwächen von Verbindungen nur zu zwei Ergebnissen führen: zur unkontrollierten Freisetzung der Elemente oder zum Tod des Systems und damit auch seiner Elemente.

4 Charles François (Hg.), *International Encyclopedia of Systems and Cybernetics* [1997], München 2004, S. 543 (Hervorhebung entfernt). Der Eintrag hat nicht verhindern können, dass der Begriff sogleich wieder in Vergessenheit geraten ist.

Meine Soziologie der Entnetzung steht den kulinarischen Techniken des Umami näher als den kybernetischen Kontrolltechniken. Sie sieht Entnetzung nicht nur als Verlust und Destruktion, sondern will den Blick öffnen für die eigenständigen Qualitäten von Entnetzung. Die Soziolyse, die ich in diesem Buch entwickelt habe, ist keine Verfallsgeschichte, die freie, dem Untergang geweihte Elemente hervorbringt, vielmehr erzählt sie von der Hartnäckigkeit des Entnetzten, das im neuen Format auf eigentümliche Weise weiter lebt, weiter präsent ist; und auch von der aktiven Arbeit des Entnetzens. Morten Knudsen – einer der wenigen Autoren, die das Lysis-Vokabular aufgenommen haben – spricht treffend von Nichtverbindungen als dem Ergebnis der Autolyse sozialer Systeme.[5] Während sich Knudsen vor allem (wenn auch nicht nur) für die Selbstauflösung von Systemen interessiert, ging es mir in diesem Buch primär darum, wie Autolyse zum Gegenstand von Taktiken und Strategien der Entnetzung werden kann. Diese finden selbst wieder ihre Grundlage in der permanenten Selbstzersetzung von Netzwerken. In diesem Sinne verweist Entnetzung auch auf die Endlichkeit von Verbindungen, wie sie zum Beispiel in den Metaphern rund um den *digital decay* zum Ausdruck kommt. Solche Zersetzungsmetaphern reagierten auf den gesteigerten Konnektivitätsdruck in digitalen Netzwerken mit einer dem Organischen entliehenen Sprache. Ich habe dies als Analogisierung des Digitalen bezeichnet, in welcher der *rubble* der Netzwerke romantisierend aufgeladen wird. Entnetzung kann nicht ohne diese Aufladungen, ohne affektive Bilder des Entnetzten funktionieren, weshalb eine Soziologie der Entnetzung gut beraten ist, sich mit ihnen zu beschäftigen.

Gleichzeitig muss sie sich aber der Grenzen einer solchen Ästhetisierung bewusst sein. Hier beginnt meine Inszenierung von Vernetzung und Entnetzung als Konfrontation von zwei Epiphanien problematisch zu werden, da sie die theoretische Einsicht in einem seltsam nichtsozialen Raum verankert: als göttliche Offenbarung oder als zufälliges Heureka-Erlebnis des Gelehrten, unsichtbar unterstützt vom kulinarischen Wissen seiner Frau. Ausgeblendet werden so die sozialen Möglichkeitsbedingungen dieser jähen Erkenntnismomente. Gerade dies muss aber eine Soziologie

5 Morten Knudsen, »Autolysis within Organizations. A Case Study«, in: *Soziale Systeme* 12, 1 (2006), S. 79-99, hier S. 97 f.

der Entnetzung kümmern: die Ermöglichung des Netzwerkdenkens durch die Ausbreitung von Vernetzungsimperativen in den unterschiedlichsten sozialen Bereichen wie auch die Etablierung von Entnetzung auf Grundlage eines zunächst häufig übersehenen Entnetzungswissens. Entnetzung und Vernetzung sind in Politiken der Sichtbarkeit und Unsichtbarkeit eingelassen, die mit Pathologisierung, Naturalisierung und Romantisierung einhergehen. Das große Projekt der relationalen Theorien bestand darin, die häufig übersehenen Verbindungen sichtbar zu machen und die Muster dieser Verbindungen zu identifizieren. Darin liegt die Nähe zwischen relationaler Soziologie und algorithmischer Mustererkennung begründet, aber auch deren tiefe Verwandtschaft mit der Apophänie, der Lust am Schaffen immer neuer Verbindungen. Eine Soziologie der Entnetzung kann sich davon nicht befreien: Sie bedarf dieser Muster, um danach fragen zu können, wie diese Verbindungen wieder verschwinden können. Sie muss ähnlich wie die Virenjäger in ihrem Kampf gegen *WannaCry* analytische *sinkholes* errichten, um Beziehungen ins Leere laufen lassen zu können und das Entnetzte für die Analyse zu versammeln. In diesem Sinne geht eine Soziologie der Entnetzung selbst taktisch und strategisch vor: Sie sucht dort, wo die Konnektivitätsimperative besonders wirksam sind, nach taktischen Einsatzpunkten, um Verbindungslinien sich verlieren zu lassen. Dazu muss sie aber auch strategisch angelegt sein, denn nur so kann sie eine Analytik der Entnetzung entwerfen. Ihre Paradoxie, wie die jeder Entnetzungsstrategie, liegt darin, dass sie Entnetzung zu einem sichtbaren Gegenstand machen muss, um sie bearbeiten zu können. Sie muss ihre eigenen Verstecke, Vakuolen und Erdlöcher errichten, mit deren Hilfe sie in der Lage ist, in der Vernetzung über Entnetzung zu sprechen.

Dank

Teile dieses Buchs gehen auf meine Arbeiten innerhalb des DFG-Projekts »Entnetzung. Imaginäre, Medientechnologien, Politiken« (Timon Beyes/Urs Stäheli, 2018-2021) sowie des DFG-Projekts »Mediale Kulturen des Streamings« (Urs Stäheli 2018-2021) im Rahmen der Forschergruppe »Mediale Teilhabe« zurück. Dem IFK (Internationales Forschungszentrum Kulturwissenschaften) in Wien danke ich für eine Fellowship (2015) und die fruchtbaren Diskussionen. Die Universität Hamburg hat das Buchprojekt durch die Gewährung eines Forschungssemesters unterstützt.

Ich möchte herzlich Johanna Gandl, Jan Hildebrandt, Kyan Pur-Djandaghi und Niels Schnitt für die Unterstützung bei Recherche und Korrekturarbeiten danken. Eva Gilmer hat das Buch als Lektorin von Anfang an mit viel Enthusiasmus begleitet; von ihrer genauen und kritischen Lektüre hat das Buch sehr profitiert.

Nachweise

Bei den nachfolgend aufgeführten Kapiteln dieses Buches habe ich auf von mir bereits publizierte Vorarbeiten zurückgegriffen.

Teil I

Kapitel 1: »Entnetzt Euch! Praktiken und Ästhetiken der Anschlusslosigkeit«, in: *Mittelweg 36* 22:4 (2013), S. 3-28.

Teil II

Kapitel 1: »Das Recht zu schweigen. Von einer Politik der Konnektivität zu einer Politik der Diskonnektivität?«, in: *Soziale Welt* 67:3 (2016), S. 299-312.

Kapitel 5: »Distanz und Indifferenz«, in: Lautmann, Rüdiger/Wienold, Hanns (Hg.), *Georg Simmel und das Leben in der Gegenwart*, Wiesbaden: Springer 2018, S. 169-191.

–, »Aus dem Rhythmus fallen«, in: Nassehi, Armin (Hg.), *Kursbuch Nr. 177. Privat 2.0*, Hamburg: Murmann 2014, S. 66-77.

Teil III

Kapitel 1: »Die Angst vor der Gemeinschaft«, in: *Merkur* 67:773 (2013), S. 928-940.

Kapitel 2: »Der Ladenhüter«, in: *POP. Kultur & Kritik* 8 (2016), S. 65-71.

Kapitel 3: »Die Zeitökonomie des Buffering«, in: *POP. Kultur & Kritik* 12 (2018), S. 132-145.

Teil IV

Kapitel 2.1: »The Mediality of Looseness«, in: *Cybernetics & Human Knowing* 25:4 (2018), S. 15-24.

Literatur

Abbott, Andrew, »The Problem of Excess«, in: *Sociological Theory* 32:1 (2014), S. 1-26.

Adorno, Theodor W., *Minima Moralia. Reflexionen aus dem beschädigten Leben* [1951], in: ders., *Gesammelte Schriften*, Bd. 4, Frankfurt/M.: Suhrkamp 2003.

Ainsworth, Janet, »Silence, Speech, and the Paradox of the Right to Remain Silent in American Police Interrogation«, in: Freeman, Michael/Smith, Fiona (Hg.), *Law and Language. Current Legal Issues*, Bd. 15, Oxford: Oxford University Press 2013, S. 371-385.

Alexander, Neta, »Rage against the Machine. Buffering, Noise, and Perpetual Anxiety in the Age of Connected Viewing«, in: *Cinema Journal* 56:2 (2017), S. 1-24.

–, »›Buffering‹ as a Cultural Metaphor. Postscript to ›Rage against the Machine‹«, in: *SCMS*, 2017, ⟨https://www.cmstudies.org/page/CJ_after562_Alexande#_edn11⟩, letzter Zugriff 12. 10. 2020.

Alsleben, Kurd, »Bürolandschaft und ihre subjektiven Räume«, in: *Kommunikation. Zeitschrift für Planungs- und Organisationskybernetik* 11 (1965), S. 75-81.

Altman, Irwin, *The Environment and Social Behavior. Privacy, Personal Space, Territory, Crowding*, Monterey: Brooks Cole 1975.

Amar, Akhil Reed/Lerner, Renee Lettow, »Fifth Amendment First Principles. The Self-Incrimination Clause«, in: *Faculty Scholarship Series* 1 (1995), S. 857-927.

Amoore, Louise, »Data Derivatives. On the Emergence of a Security Risk Calculus for Our Times«, in: *Theory, Culture & Society* 28:6 (2011), S. 24-43.

Andersen, Niels Åkerstrøm, *Discursive Analytical Strategies. Understanding Foucault, Koselleck, Laclau, Luhmann*, Bristol u. a.: Bristol University Press 2003.

–, *Power at Play. The Relationships Between Play, Work and Governance*, London: Palgrave Macmillan 2009.

–, *Managing Intensity and Play at Work*, Cheltenham: Edward Elgar 2013.

– /Sand, Inger-Johanne (Hg.), *Hybrid Forms of Governance. Self-suspension of Power*, London: Palgrave Macmillan 2011.

– /Stenner, Paul, »Social Immune Mechanisms. Luhmann and Potentialization Technologies«, in: *Theory, Culture & Society* 37:2 (2019), S. 79-103.

Anderson, Ben, »Time-stilled Space-slowed. How Boredom Matters«, in: *Geoforum* 35:6 (2004), S. 739-754.

Anderson, Benedict, *Die Erfindung der Nation. Zur Karriere eines folgenreichen Konzepts*, Frankfurt/M.: Campus 1988.

Anderson, Chris, *The Long Tail. Why the Future of Business is Selling Less of More*, New York: Hyperion 2006.

Anderson, Ross/Fuloria, Shailendra, »Who Controls the Off Switch?«, in: *2010 First IEEE International Conference on Smart Grid Communications* (2010), S. 96-101.

Andrejevic, Mark, *iSpy. Surveillance and Power in the Interactive Era*, Lawrence: University Press of Kansas 2007.

Anonym., »A Man Who has been One. Selling Talks with Clerks«, in: *Trade. A Journal for Retail Agents* 23 (1916), S. 8-10.

Aradau, Claudia/Blanke, Tobias, »The (Big) Data-Security Assemblage. Knowledge and Critique«, in: *Big Data & Society* 2:2 (2015), S. 1-12.

Arditi, Benjamin, *Politics on the Edges of Liberalism. Difference, Populism, Revolution, Agitation*, Edinburgh: Edinburgh University Press 2007.

Ashkanasy, Neal M., u. a., »Understanding the Physical Environment of Work and Employee Behavior. An Affective Events Perspective«, in: *Journal of Organizational Behavior* 35:8 (2014), S. 1169-1184.

Auster, Paul, *4321*, Reinbek: Rowohlt 2017.

Badiou, Alain, »On Subtraction«, in: Brassier, Ray/Toscano, Alberto (Hg.), *Theoretical Writings. Alain Badiou*, London: Continuum 2004, S. 103-118.

Baecker, Dirk, *Studien zur nächsten Gesellschaft*, Frankfurt/M.: Suhrkamp 2007.

Barad, Karen, »Posthumanist Performativity. Toward an Understanding of How Matter Comes to Matter«, in: *Signs. Journal of Women in Culture and Society* 28:3 (2003), S. 801-831.

Barabási, Albert-László, *Linked. The New Science of Networks*, New York: Perseus Publishing 2002.

Baraniuk, Chris, »Glitchland. In the Future, the Digital Will Know How to Decay«, in: *The Machine Starts*, 2013, ⟨http://www.themachinestarts.com/read/2013-09-glitchland-future-digital-will-know-how-to-decay⟩, letzter Zugriff 04. 02. 2020.

Barnard, Chester, *The Function of the Executives* [1938], Cambridge (Mass.): Harvard University Press 1968.

Bartholeyns, Gil, »The Instant Past. Nostalgia and Digital Retro Photography«, in: Niemeyer, Katharina (Hg.), *Media and Nostalgia. Yearning for the Past, Present and Future*, London: Palgrave Macmillan 2014, S. 51-69.

Bartholl, Aram, *Deaddrops* (Kunstprojekt), 2010, ⟨https://arambartholl.com/de/blog/tag/deaddrops/⟩, letzter Zugriff 14. 10. 2020.

Bataille, Georges, *Die Aufhebung der Ökonomie* [Orig. 1933], München: Matthes & Seitz 1985.
Baudrillard, Jean, *Im Schatten der schweigenden Mehrheiten oder das Ende des Sozialen*, Berlin: Matthes & Seitz 2010.
Baumer, Eric P.S., u.a., »Why Study Technology Non-use?«, in: *First Monday* 20:11 (2015), ⟨https://firstmonday.org/ojs/index.php/fm/article/view/6310⟩, letzter Zugriff 20.10.2020.
Beasley-Murray, Jon, *Posthegemony. Political Theory and Latin America*, Minneapolis: University of Minnesota Press 2010.
Belias, Dimitrios/Varsanis, Konstantinos, »Organizational Culture and Job Burnout. A Review«, in: *IMPACT International Journal of Research in Business Management* 2:1 (2014), S. 43-62.
Bell, Poorna, »Digital Guru Randi Zuckerberg On Leading The Digital Detox (And Managing Two Small Kids)«, in: *The Huffington Post*, 2015, ⟨https://www.huffingtonpost.co.uk/2015/01/26/randi-zuckerberg-facebook-unplugging_n_6531356.html⟩, letzter Zugriff 19.10.2020.
Benjamin, Walter, *Das Passagen-Werk* [1940], Frankfurt/M.: Suhrkamp 1983.
Bennett, Jane, *Vibrant Matter. A Political Ecology of Things*, Durham: Duke University Press 2010.
Beregow, Elena, »Cooked or Fermented? The Thermal Logic of Social Transformation«, in: *Culture Machine* 17 (2018), ⟨https://culturemachine.net/vol-17-thermal-objects/cooked-or-fermented⟩, letzter Zugriff 15.10.2020.
–, *Fermente des Sozialen*, Hamburg: Universität Hamburg 2020 (Dissertationsprojekt).
Berger, Edmund, »Sound Hacking. Further Reflections on Noise and Noncommunication«, in: *Deterritorial Investigations*, 2014, ⟨https://deterritorialinvestigations.wordpress.com/2014/05/26/sound-hacking-further-reflections-on-noise-and-noncommunication/⟩, letzter Zugriff 12.10.2020.
Berger, Johannes, »Autopoiesis. Wie ›systemisch‹ ist die Theorie sozialer Systeme?«, in: Haferkamp, Hans/Schmid, Michael (Hg.), *Sinn, Kommunikation und soziale Differenzierung*, Frankfurt/M.: Suhrkamp 1987, S. 129-153.
Bernstein, Ethan S./Turban, Stephen, »The Impact of the ›Open‹ Workspace on Human Collaboration«, in: *Philosophical Transactions of the Royal Society B: Biological Sciences* 373:1753 (2018), S. 1-8.
Berry, David M./Galloway, Alexander R., »A Network is a Network is a Network. Reflections on the Computational and the Societies of Control«, in: *Theory, Culture & Society* 33:4 (2016), S. 151-172.
Bhagwandin, Stefan, »What Comes after the Open Office Plan«, in: *SYO*

Blog, 2016, ⟨https://www.shareyouroffice.com/blog-syo/comes-open-office-plan/⟩, letzter Zugriff 01. 10. 2020.

Biernacki, Arkadiusz, u. a., »On the Influence of Network Impairments on YouTube Video Streaming«, in: *Journal of Telecommunications and Information Technology* 2012:3 (2012), S. 83-90.

Billig, Michael, *Banal Nationalism*, London u. a.: Sage 1995.

Bjerg, Ole, »Accelerating Luhmann. Towards a Systems Theory of Ambivalence«, in: *Theory, Culture & Society* 23:5 (2006), S. 49-68.

Blanchette, Jean-François, »A Material History of Bits«, in: *Journal of the Association for Information Science and Technology* 62:6 (2011), S. 1042-1057.

Blanchot, Maurice, »Everyday Speech«, in: *Yale French Studies* 73 (1987), S. 12-20.

Blas, Zach, *Face Cages* (Kunstprojekt), 2013-2016, ⟨https://zachblas.info/works/face-cages/⟩ letzter Zugriff 18. 10. 2020.

–, *Contra-Internet* (Kurzfilmprojekt), 2014-2018, ⟨http://www.zachblas.info/projects/contra-internet/⟩, letzter Zugriff 18. 10. 2020.

–, »Contra-Internet«, in: *E-flux Journal* 74 (2016), ⟨https://www.e-flux.com/journal/74/59816/contra-internet/⟩, letzter Zugriff 18. 10. 2020.

Blue, Violet, »Russia is Going to Test an Internet ›Kill Switch‹, and its Citizens Will Suffer«, in: *Engadget*, 2019, ⟨https://www.engadget.com/2019/02/28/russia-putin-internet-kill-switch-cybersecurity/?guccounter=1⟩, letzter Zugriff 15. 10. 2020.

Bodin Danielsson, Christina/Bodin, Lennart, »Difference in Satisfaction with Office Environment Among Employees in Different Office-types«, in: *Journal of Architectural and Planning Research*, 26:3 (2009), S. 241-257.

Boellstorff, Tom, »Making Big Data, in Theory«, in: *First Monday* 18:10 (2013), ⟨http://firstmonday.org/ojs/index.php/fm/article/view/4869/3750⟩, letzter Zugriff 16. 10. 2020.

Bogost, Ian, *Alien Phenomenology. Or What It's Like to Be a Thing*, Minneapolis: University of Minnesota Press 2012.

Bollmer, Grant, *Inhuman Networks. Social Media and the Archaeology of Connection*, New York: Bloomsbury Academic 2016.

Boltanski, Luc/Chiapello, Ève, *Der neue Geist des Kapitalismus* [Orig. 1999], Konstanz: UVK 2003.

–, *The New Spirit of Capitalism*, London: Verso 2005.

Borradori, Giovanna, »On the Presence of Bergson in Deleuze's Nietzsche«, in: *Philosophy Today* 43 (1999), Supplement, S. 140-145.

Borch, Christian, »Tensional Individuality. A Reassessment of Gabriel Tarde's Sociology«, in: *Distinktion. Scandinavian Journal of Social Theory* 18:2 (2017), S. 153-172.

Born, Erik C., *Sparks to Signals. Literature, Science, and Wireless Techno-*

logy, 1800-1930, Berkeley: University of California 2016 (Dissertation), https://escholarship.org/uc/item/9qs9703w⟩, letzter Zugriff 14.10.2020.
Bourgeois III., L. Jay, »On the Measurement of Organizational Slack«, in: *Academy of Management Review* 6:1 (1981), S. 29-39.
Bourriaud, Nicolas, *Relational Aesthetics* [1998], Dijon: Les Presses du Réel 2002.
Bouteiller, Jérôme, »Brouilleurs GSM dans les salles de spectacle: une légalité en doute«, in: *clubic*, 2004, ⟨https://www.clubic.com/actualite-50048-.html⟩, letzter Zugriff 19.10.2020.
Bowers, John, »A Million Squandered: The ›Million Dollar Homepage‹ as a Decaying Digital Artifact«, in: *Library Innovation Lab*, 2017, ⟨https://lil.law.harvard.edu/blog/2017/07/21/a-million-squandered-the-million-dollar-homepage-as-a-decaying-digital-artifact/⟩, letzter Zugriff 16.10.2020.
boyd, danah, »Love to Apophenia«, in: *Apophenia*, 2004, ⟨http://www.zephoria.org/thoughts/archives/2004/02/27/love_to_apophenia.html⟩, letzter Zugriff 12.12.2019.
– /Crawford, Kate, »Critical Questions for Big Data. Provocations for a Cultural, Technological, and Scholarly Phenomenon«, in: *Information, Communication & Society* 15:5 (2012), S. 662-679.
Brandstetter, Thomas, »Die Zeit der getrennten Systeme ist vorüber« (Interview), in: *Zeitschrift für Automation und Security* 1 (2012), S. 10-13.
Braun, Andreas Christian, *Latours Existenzweisen und Luhmanns Funktionssysteme*, Wiesbaden: Springer VS 2017.
Braunstein, Dirk, *Adornos Kritik der politischen Ökonomie*, Bielefeld: Transcript 2011.
Bratton, Benjamin, »Some Trace Effects of the Post-Anthropocene. On Accelerationist Geopolitical Aesthetics«, in: *E-Flux Journal* 46 (2013), ⟨http://www.e-flux.com/journal/46/60076/some-trace-effects-of-the-post-anthropocene-on-accelerationist-geopolitical-aesthetics/⟩, letzter Zugriff 05.12.2019.
Bröckling, Ulrich, »Der Mensch als Akku, die Welt als Hamsterrad. Metaphern im Burnout-Diskurs«, in: *Merkur* 67:768 (2013), S. 400-411.
Brophy, Jessica E., »Developing a Corporeal Cyberfeminism. Beyond Cyberutopia«, in: *New Media & Society* 12:6 (2010), S. 929-945.
Brotheridge, Céleste M./Grandey, Alicia A., »Emotional Labor and Burnout. Comparing two Perspectives of ›People Work‹«, in: *Journal of Vocational Behavior* 60:1 (2002), S. 17-39.
Brugger, Peter, »From Haunted Brain to Haunted Science. A Cognitive Neuroscience View of Paranormal and Pseudoscientific Thought«, in: Houran, James/Lange, Rense (Hg.), *Hauntings and Poltergeists. Multidisciplinary Perspectives*, Jefferson: McFarland & Co 2001, S. 195-213.

Brunton, Finn/Nissenbaum, Helen, »Vernacular Resistance to Data Collection and Analysis. A Political Theory of Obfuscation«, in: *First Monday* 16:5 (2011), ⟨https://firstmonday.org/ojs/index.php/fm/article/download/3493/2955⟩, letzter Zugriff 24.10.2020.
Buchanan, Ian, »Deleuze and the Internet«, in: Poster, Mark/Savat, David (Hg.), *Deleuze and New Technology*, Edinburgh: Edinburgh University Press 2009.
Bucher, Taina, »The Algorithmic Imaginary. Exploring the Ordinary Affects of Facebook Algorithms«, in: *Information, Communication & Society* 20:1 (2017), S. 30-44.
Bude, Heinz/Dürrschmidt, Jörg, »What's Wrong with Globalization? Contra ›Flow Speak‹. Towards an Existential Turn in the Theory of Globalization«, in: *European Journal of Social Theory* 13:4 (2010), S. 481-500.
Bueno, Eduardo, u. a., »Tangible Slack versus Intangible Resources. The Influence of Technology Slack and Tacit Knowledge on the Capability of Organizational Learning to Generate Innovation and Performance«, in: *International Journal of Technology Management* 49:4 (2010), S. 314-337.
Bulow, Jeremy, »An Economic Theory of Planned Obsolescence«, in: *The Quarterly Journal of Economics* 101:4 (1986), S. 729-749.
Bush, Vannevar, »As We May Think«, in: *The Atlantic Magazine*, 1945, S. 101-108.
Butler, Judith, *Anmerkungen zu einer performativen Theorie der Versammlung*, Berlin: Suhrkamp 2016.
Byres, Eric, »The Air Gap. SCADA's Enduring Security Myth«, in: *Communications of the ACM* 56:8 (2013), S. 29-31.

Cain, Susan, *Still. Die Bedeutung von Introvertierten in einer lauten Welt*, München: Riemann 2011.
Callebaut, Werner, »The Ubiquity of Modularity«, in: ders./Rasskin-Gutman, Diego (Hg.), *Modularity*, Cambridge (Mass.): MIT Press 2005, S. 3-28.
Callon, Michel, »Elements of a Sociology of Translation. Domestication of the Scallops and the Fishermen of St Brieuc Bay«, in: *The Sociological Review* 32:1 (1986), S. 196-233.
– /Rabeharisoa, Vololona, »Gino's Lesson on Humanity. Genetics, Mutual Entanglements and the Sociologist's Role«, in: *Economy and Society* 33:1 (2004), S. 1-27.
– /Latour, Bruno, »Die Demontage des großen Leviathans. Wie Akteure die Makrostruktur der Realität bestimmen und Soziologen ihnen dabei helfen«, in: Bellinger, Andréa/Krieger, David (Hg.), *ANThology. Ein ein-*

führendes Handbuch zur Akteur-Netzwerk-Theorie, Bielefeld: Transcript 2006, S. 75-102.
Campbell-Kelly, Martin/Garcia-Swartz, Daniel D., »The History of the Internet. The Missing Narratives«, in: *Journal of Information Technology* 28:1 (2013), S. 18-33.
Candea, Matei, u. a., »Introduction. Reconsidering Detachment«, in: dies. (Hg.), *Detachment. Essays on the Limits of Relational Thinking*, Manchester: Manchester University Press 2015, S. 1-46.
Cao, Kang/Hillier, Jean, »Deleuzian Dragons. Thinking Chinese Strategic Spatial Planning with Gilles Deleuze«, in: *Deleuze and Guattari Studies* 7:3 (2013), S. 390-405.
Cao, Yinzhi/Yang, Junfeng, »Towards Making Systems Forget with Machine Unlearning«, in: *2015 IEEE Symposium on Security and Privacy*, San Jose: IEEE 2015, S. 463-480.
Carr, Nicholas, *The Shallows. How the Internet is Changing the Way We Think, Read and Remember*, London: Atlantic Books 2010.
Casemajor, Nathalie, u. a., »Non-Participation in Digital Media. Toward a Framework of Mediated Political Action«, in: *Media, Culture & Society* 37:6 (2015), S. 850-866.
Castells, Manuel, *Der Aufstieg der Netzwerkgesellschaft. Das Informationszeitalter. Wirtschaft, Gesellschaft, Kultur. Band 1* [Orig. 1996], Wiesbaden: Springer VS 2017.
Cerf, Vinton, »How the Internet Came to Be«, in: Aboba, Bernard (Hg.), *The Online User's Encyclopedia. Bulletin Boards and Beyond*, Reading: Addison Wesley 1993.
Cerwall, Patrik (Hg.), *Ericsson Mobility Report*, 2016, ⟨http://mb.cision.com/Main/15448/2245189/661253.pdf⟩, letzter Zugriff 01. 04. 2020.
Chabot, Pascal, *Global Burnout*, New York: Bloomsbury 2018.
Chappell, Bill, »Honolulu's ›Distracted Walking‹ Law Takes Effect, Targeting Phone Users«, in: *NPR*, 2017, ⟨https://www.npr.org/sections/thetwo-way/2017/10/25/559980080/honolulus-distracted-walking-law-takes-effect-targeting-phone-users?t=1588325127199⟩, letzter Zugriff 19. 10. 2020.
Christl, Wolfie/Spickermann, Sarah, *Networks of Control. A Report on Corporate Surveillance, Digital Tracking, Big Data & Privacy*, Wien: Facultas 2016.
Chun, Wendy Hui Kyong, *Control and Freedom. Power and Paranoia in the Age of Fiber Optics*, Cambridge (Mass.): MIT Press 2006.
–, »The Enduring Ephemeral, or the Future Is a Memory«, in: *Critical Inquiry* 35:1 (2008), S. 148-171.
–, *Updating to Remain the Same. Habitual New Media*, Cambridge (Mass.): MIT Press 2016.

– /Friedland, Sarah, »Habits of Leaking. Of Sluts and Network Cards«, in: *Differences* 26:2 (2015), S. 1-28.

Ciarelli, Sara, »Pre-Arrest Silence. Minding the Gap between Fourth Amendment Stops and Fifth Amendment Custody«, in: *Journal of Criminal Law and Criminology* 93:2 (2003), S. 651-680.

Citton, Yves, *L'Avenir des humanités. Économie de la connaissance ou cultures de l'interprétation?*, Paris: La Découverte 2010.

Clark, Sam, »Wall-mounted Cubby by Yasmine Benhadj-Djilali Provides a Private Escape for Office Workers«, in: *Dezeen*, 2016, ⟨https://www.dezeen.com/2016/10/27/soft-targets-privacy-booth-office-installation-yasmine-benhadj-djilali-biennale-interieur-2016/⟩, letzter Zugriff 17.03.2020.

Cohen, Michael D., u. a., »A Garbage Can Model of Organizational Choice«, in: *Administrative Science Quarterly* 17:1 (1972), S. 1-25.

Cole, Andrew, »The Call of Things. A Critique of Object-Oriented Ontologies«, in: *Minnesota Review* 80 (2013), S. 106-118.

Colebrook, Claire, »Certeau and Foucault. Tactics and Strategic Essentialism«, in: *The South Atlantic Quarterly* 100:2 (2001), S. 543-574.

Conrad, Klaus, *Die beginnende Schizophrenie. Versuch einer Gestaltanalyse des Wahns*, Stuttgart: Thieme 1958.

Conry, Chris, »What Does it Mean to Not Participate?«, in: *Walkerart*, 2013, ⟨https://walkerart.org/magazine/on-nonparticipation-chris-conry-nabil-ahmed-keli-garrett⟩, letzter Zugriff 02.05.2020.

Constable, Marianne, *Just Silences. The Limits and Possibilities of Modern Law*, Princeton: Princeton University Press 2005.

Couldry, Nick, »The Price of Connection. ›Surveillance Capitalism‹«, in: *The Conversation*, 2016, ⟨https://theconversation.com/the-price-of-connection-surveillance-capitalism-64124⟩, letzter Zugriff 16.12.2019.

Courtland, Rachel, »SXSW 2017. If the Internet Has a Kill Switch, We Are it«, in: *IEEE Spectrum*, 2017, ⟨https://spectrum.ieee.org/tech-talk/telecom/internet/sxsw-2017-if-the-internet-has-a-kill-switch-we-are-it⟩, letzter Zugriff 15.10.2020.

Coward, Martin, »Network-Centric Violence, Critical Infrastructure and the Urbanization of Security«, in: *Security Dialogue* 40:4-5 (2009), S. 399-418.

–, »Against Network Thinking. A Critique of Pathological Sovereignty«, in: *European Journal of International Relations* 24:2 (2018), S. 440-463.

Cowie, Jim, »Could It Happen In Your Country?«, in: *Dyn*, 2012, ⟨https://hub.dyn.com/dyn-research/could-it-happen-in-your-country⟩, letzter Zugriff 15.10.2020.

Coyne, Richard, »The Net Effect. Design, the Rhizome, and Complex Philosophy«, in: *Futures* 40:6 (2008), S. 552-561.

Croft, John, »Eliminating the Sneakernet. Gatelink Technology Offers Airlines a Way to Move Data into Cockpits«, in: *Air Transport World* 8 (2004), S. 32-34.
Cross, Robb, u. a., »Collaborative Overload«, in: *Harvard Business Review* 94:1 (2016), S. 74-79.
Culp, Andrew, *Dark Deleuze*, Hamburg: Laika 2017.
Cunha, Miguel Pina e, u. a., »On Serendipity and Organizing«, in: *European Management Journal* 28:5 (2010), S. 319-330.
Cyert, Richard Michael/March, James G., *A Behavioral Theory of the Firm*, Englewood Cliffs: Prentice-Hall 1963.

Dalton, Ormonde Maddock, *Apologia Diffidentis* [1908], London, New York: John Lane 2010.
Darwin, Charles, *Der Ausdruck der Gemüthsbewegungen bei dem Menschen und den Thieren* [1872], Stuttgart: Schweizerbart 1877.
Day, John, *Patterns in Network Architecture. A Return to Fundamentals*, Boston: Pearson Education 2008.
de Certeau, Michel, *The Practice of Everyday Life*, Berkeley: University of California Press 1984.
–, *Kunst des Handelns*, Berlin: Merve 1988.
de Clerk, Christo, »Materiality of Deletion«, in: *MAS Context* 22 (2014), S. 182-194.
De Cock, Christian/O'Doherty, Damian, »Ruin and Organization Studies«, in: *Organization Studies* 38:1 (2017), S. 129-150.
de Cock, Joost, »Can Sneakernet Beat the Nasa?«, in: *All Things Joost*, 2013, ⟨http://joost.decock.org/post/58908794432/can-sneakernet-beat-the-nsa⟩, letzter Zugriff 14. 10. 2020.
de Goede, Marieke, »Fighting the Network. A Critique of the Network as a Security Technology«, in: *Distinktion. Scandinavian Journal of Social Theory* 13:3 (2012), S. 215-232.
de Hert, Paul/Papakonstantinou, Vagelis, »Google Spain. Addressing Critiques and Misunderstandings One Year Later«, in: *Maastricht Journal of European and Comparative Law* 22:4 (2015), S. 624-638.
de Sutter, Laurent, »Plasma! Notes on Bruno Latour's Metaphysics of Law«, in: McGee, Kyle (Hg.), *Latour and the Passage of Law*, Oxford: Oxford University Press 2015, S. 197-208.
Dean, Derek/Webb, Caroline, »Recovering from Information Overload«, in: *McKinsey & Company*, 2011, ⟨https://www.mckinsey.com/business-functions/organization/our-insights/recovering-from-information-over load⟩, letzter Zugriff 16. 10. 2019.
Deckard, Jason, *Buffer Overflow Attacks. Detect, Exploit, Prevent*, Amsterdam: Elsevier 2005.

Deibert, Ronald/Rohozinski, Rafal, »Liberation vs. Control. The Future of Cyberspace«, in: *Journal of Democracy*, 21:4 (2010), S. 43-57.

Delanda, Manuel, *A New Philosophy of Society. Assemblage Theory and Social Complexity*, New York: Continuum International 2006.

Deleuze, Gilles, »Contrôle et Devenir« (Entretien avec Toni Negri), in: ders., *Pourparlers 1972-1990*, Paris: Minuit 1990, S. 229-239.

–, *Unterhandlungen 1972-1990*, Frankfurt/M.: Suhrkamp 1993.

–, »Die Fürsprecher«, in: ders., *Unterhandlungen 1972-1990*, S. 175-196.

–, »Postskriptum über die Kontrollgesellschaft«, in: ders., *Unterhandlungen 1972-1990*, S. 254-261.

–, »Kontrolle und Werden«, in: ders., *Unterhandlungen 1972-1990*, S. 243-253.

–, *Bartleby oder die Formel*, Berlin: Merve 1998.

– /Guattari, Félix, *Anti-Ödipus. Kapitalismus und Schizophrenie I*, Frankfurt/M.: Suhrkamp 1977.

– /Guattari Fèlix, *Tausend Plateaus. Kapitalismus und Schizophrenie*, Berlin: Merve 1992.

– /Uhlmann, Anthony, »The Exhausted«, in: *SubStance* 24:3 (1995), S. 3-28.

Deleyto, Celestino, »From Among the Dead. Identity and Truth in Filmic Letters«, in: Punzi, Maddalena Pennacchia (Hg.), *Literary Intermediality. The Transit of Literature Through the Media Circuit*, Bern: Peter Lang 2007, S. 43-64.

Deligny, Fernand, *Œuvres*, hg. von Alvarez de Toledo, Sandra, Paris: L'Arachnéen 2007.

–, *The Arachnean and Other Texts* [1975-1980], Minneapolis: Univocal 2015.

DeMarco, Tom, *Slack. Getting Past Burnout, Busywork, and the Myth of Total Efficiency*, New York: Crown Business 2002.

Dembling, Sophia, *The Introvert's Way. Living a Quiet Life in a Noisy World*, New York: Perigee Trade 2012.

Denecke, Mathias, »Eine kleine historische Skizze zum Buffer«, Hamburg: Universität Hamburg 2019 (unveröffentlichtes Arbeitspapier).

Denk, Felix, »Voll die Hirndisco. Heilige Jahre, schräge Versionsnummern, der Club der jung verstorbenen Musiker und der Fluch der zweiten Platte. Die Popmusik pflegt ihre ganz eigene Zahlenmystik. Und wie könnte man die besser abbilden als in einer Top 10?«, in: *Fluter*, 2015, ⟨https://www.fluter.de/voll-die-hirndisco⟩, letzter Zugriff 04.04.2020.

Denson, Shane, »Making Mining Networking. Exhibition Extended, But Not For Long …«, in: *Medieninitiative*, 2015, ⟨https://medieninitiative.wordpress.com/2015/07/28/making-mining-networking-exhibition-extended-but-not-for-long/⟩, letzter Zugriff 16.10.2020.

Derrida, Jacques, *Die Schrift und die Differenz*, Frankfurt/M.: Suhrkamp 1976.
–, »Kraft und Bedeutung«, in: ders., *Die Schrift und die Differenz*, S. 9-52.
–, *Marx' Gespenster. Der verschuldete Staat, die Trauerarbeit und die neue Internationale*, Frankfurt/M.: Suhrkamp 1993.
Dobrian, Florin, u. a., »Understanding the Impact of Video Quality on User Engagement«, in: *Proceedings of the ACM SIGCOMM 2011 Conference*, 2011, S. 362-373.
Doey, Laura, u. a., »Bashful Boys and Coy Girls. A Review of Gender Differences in Childhood Shyness«, in: *Sex Roles* 70:7-8 (2014), S. 255-266.
Douglas, Mary, »Autonomy and Opportunism«, in: dies., *Risk and Blame. Essays in Cultural Theory*, London: Taylor & Francis 1994, S. 187-210.
Drucker, Johanna, »Performative Materiality and Theoretical Approaches to Interface«, in: *Digital Humanities Quarterly* 7:1 (2013), ⟨http://www.digitalhumanities.org/dhq/vol/7/1/000143/000143.html#p42⟩, letzter Zugriff 16. 10. 2020.
Dugas, Ludovic, *Les grands timides*, Paris: Alcan 1922.
Dunn Cavelty, Myriam, »Gesellschaft im Daueralarm. Gefahrendarstellungen im Cybersecurity-Diskurs«, in: Daase, Christopher, u. a. (Hg.), *Verunsicherte Gesellschaft – überforderter Staat. Zum Wandel der Sicherheitskultur*, Frankfurt/M., New York: Campus 2013, S. 133-150.
Durden, Tyler, »Did the Government Just Test the Internet Kill Switch?«, in: *ZeroHedge*, 2019, ⟨https://www.zerohedge.com/news/2019-06-02/did-government-just-test-internet-kill-switch⟩, letzter Zugriff 14. 10. 2020.

Edmondson, George/Mladek, Klaus, »Natural History. Towards a Politics of Crisis«, in: dies. (Hg.), *Sovereignty in Ruins*, S. 21-62.
(Hg.), *Sovereignty in Ruins. A Politics of Crisis*, Durham: Duke University Press 2017.
Edwards, Paul N., »Infrastructure and Modernity. Force, Time, and Social Organization in the History of Sociotechnical Systems«, in: *Modernity and Technology* 1 (2003), S. 185-226.
Ehrenberg, Alain, *Das erschöpfte Selbst. Depression und Gesellschaft in der Gegenwart*, Frankfurt/M.: Campus 2004.
Elgan, Mike, »Why There's No Such Thing as an Internet Kill Switch«, in: *Computerworld*, 2011, ⟨https://www.computerworld.com/article/2513040/why-there-s-no-such-thing-as-an--internet-kill-switch-.html⟩, letzter Zugriff 14. 10. 2020.
Emirbayer, Mustafa, »Manifesto for a Relational Sociology«, in: *American Journal of Sociology* 103:2 (1997), S. 281-317.
Entis, Laura, »The Open-Office Concept is Dead«, in: *Fortune*, 2016, ⟨https://fortune.com/2016/05/12/the-open-office-concept-is-dead/⟩, letzter Zugriff 10. 03. 2020.

Erdelyi, Peter, *The Prince and the Wolf. Latour and Harman at the LSE*, Alresford: John Hunt 2011.
Ernst, Wolfgang, *Chronopoetik. Zeitweisen und Zeitgaben technischer Medien*, Berlin: Kadmos 2012.
–, *Gleichursprünglichkeit. Zeitwesen und Zeitgegebenheiten technischer Medien*, Berlin: Kadmos 2012.
–, »Die Scheinbarkeit des ›Live‹. Irritationen der Gegenwartswahrnehmung durch präsenzerzeugende Medien«, in: *map*, 2012, ⟨http://www.perfomap.de/map3/kapitel4/scheinbarkeit⟩, letzter Zugriff 21.04.2020.
–, »Tracing Tempor(e)alities«, in: *Media Theory*, 2018, ⟨http://mediatheoryjournal.org/wolfgang-ernst-tracing-temporealities/⟩, letzter Zugriff 27.04.2020.
Esteve, Mary, *The Aesthetics and Politics of the Crowd in American Literature*, Cambridge: Cambridge University Press 2003.

Fairbrother, Nichole, »The Treatment of Social Phobia. 100 Years Ago«, in: *Behavior Research and Therapy* 40:11 (2002), S. 1291-1304.
Farías, Ignacio, »Virtual Attractors, Actual Assemblages. How Luhmann's Theory of Communication Complements Actor-Network Theory«, in: *European Journal of Social Theory* 17:1 (2014), S. 24-41.
Farman, Jason, *Delayed Response. The Art of Waiting from the Ancient to the Instant World*, New Haven: Yale University Press 2019.
Farzin, Sina/Laux, Henning (Hg.), *Gründungsszenen soziologischer Theorie*, Wiesbaden: Springer VS 2014.
Fédida, Pierre, *Des bienfaits de la dépression. Éloge de la psychothérapie*, Paris: Odile Jacob 2001.
Feifer, Jason, »Offices for All! Why Open-Office Layouts are Bad for Employees, Bosses, and Productivity«, in: *FastCompany*, 2013, ⟨https://www.fastcompany.com/3019758/offices-for-all-why-open-office-layouts-are-bad-for-employees-bosses-and-productivity⟩, letzter Zugriff 06.12.2019.
Ferguson, James, *Global Shadows. Africa in the Neoliberal World Order*, Durham: Duke University Press 2006.
Ferguson, Niall, *The Square and the Tower. Networks and Power, from the Freemasons to Facebook*, London: Penguin Books 2019.
Fischer, Joachim, »Plessners ›vital turn‹. Ekstatik der ›exzentrischen Positionalität‹«, in: Delitz, Heike, u.a. (Hg.), *Soziologien des Lebens. Überschreitung – Differenzierung – Kritik*, Bielefeld: Transcript 2018, S. 167-198.
Fitzpatrick, Kathleen, »Obsolescence and Innovation in the Age of the Digital«, in: Jentery Sayers (Hg.), *The Routledge Companion to Media Studies and Digital Humanities*, London: Routledge 2018, S. 329-335.
Fjäder, Christian O., »National Security in a Hyper-connected World«,

in: Masys, Anthony J. (Hg.), *Exploring the Security Landscape. Non-Traditional Security Challenges*, Basel: Springer International Publishing 2016, S. 31-58.

Flaxman, Seth, u. a., »Filter Bubbles, Echo Chambers, and Online News Consumption«, in: *Public Opinion Quarterly* 80:1 (2016), S. 298-320.

Fleming, David, *Unbecoming Cinema. Unsettling Encounters with Ethical Event Films*, Bristol: Intellect 2017.

Floridi, Luciano, *The Onlife Manifesto. Being Human in a Hyperconnected Era*, Heidelberg, New York: Springer 2015.

Fodor, Jerry A., *The Modularity of Mind*, Cambridge (Mass.): MIT Press 1983.

Foucault, Michel, *Was ist Kritik?* [Orig. 1978], Berlin: Merve 1992.

–, *Überwachen und Strafen. Die Geburt des Gefängnisses* [Orig. 1977], Frankfurt/M.: Suhrkamp 1994.

–, *Archäologie des Wissens* [Orig. 1973], Frankfurt/M.: Suhrkamp 1981.

Franck, Karen A./Stevens, Quentin, »Tying Down Loose Space«, in: dies. (Hg.), *Loose Space. Possibility and Diversity in Urban Life*, Abingdon: Routledge 2007, S. 1-33.

François, Charles, *International Encyclopedia of Systems and Cybernetics* [1997], München: K.G. Sauer 2004.

Frank, Jason, »Aesthetic Democracy. Walt Whitman and the Poetry of the People«, in: *Review of Politics* 69:2 (2007), S. 402-430.

Freimuth, Joachim, »Wirtschaftliche Demokratie und moderatorische Beteiligungskultur«, in: ders./Straub, Fritz (Hg.), *Demokratisierung von Organisationen*, Wiesbaden: Gabler 1996, S. 19-41.

Fryer-Biggs, Zachary, »DoD looking to ›Jump the Gap‹ into Adversaries' Closed Networks«, in: *The Quote*, 2013, ⟨http://thequote.org/?p=158⟩, letzter Zugriff 14. 10. 2020.

– /Roston, Aram, »Cyber's Next Chapter. Penetrating Sealed Networks«, in: *Fisma News*, 2012, ⟨https://www.thecre.com/fnews/?p=3866⟩, letzter Zugriff 14. 10. 2020.

Fuchs, Christian, *Digital Labour and Karl Marx*, Abingdon: Routledge 2014.

Fuhse, Jan/Mützel, Sophie (Hg.), *Relationale Soziologie. Zur kulturellen Wende der Netzwerkforschung*, Wiesbaden: Springer VS 2010.

Gabriel, Yiannis, »Glass Cages and Glass Palaces. Images of Organization in Image-Conscious Times«, in: *Organization* 12:1 (2005), S. 9-27.

Gabrys, Jennifer, *Digital Rubbish. A Natural History of Electronics*, Ann Arbor: University of Michigan Press 2013.

Galloway, Alexander R., *Protocol. How Control Exists after Decentralization*, Cambridge (Mass.): MIT Press 2004.

–, *The Interface Effect*, Cambridge: Polity Press 2012.
–, *Laruelle. Against the Digital*, Minneapolis: University of Minnesota Press 2014.
–, »Brometheanism«, in: *Culture and Communication*, 2017, ⟨http://cultureandcommunication.org/galloway/brometheanism⟩, letzter Zugriff 19.10.2020.
– /Thacker, Eugene, *The Exploit. A Theory of Networks*, Minneapolis: University of Minnesota Press 2007.
– /Thacker, Eugene/Wark, McKenzie, *Excommunication. Three Inquiries in Media and Mediation*, Chicago: Chicago University Press 2013.
– /LaRiviere, Jason R., »Compression in Philosophy«, in: *Boundary 2. An International Journal of Literature and Culture* 44:1 (2017), S. 125-147.
Garcia, David, »From Tactical Media to the Neo-pragmatists of the Web«, in: *Leonardo Electronic Almanac* 20:1 (2014), S. 124-135.
– /Lovink, Geert, »The ABC of Tactical Media«, in: *Tactical Media Files*, 1997, ⟨http://www.tacticalmediafiles.net/articles/3160/The-ABC-of-Tactical-Media⟩, letzter Zugriff 15.10.2020.
Garton, Eric, »Employee Burnout is a Problem with the Company, Not the Person«, in: *Harvard Business Review*, 2017, ⟨https://hbr.org/2017/04/employee-burnout-is-a-problem-with-the-company-not-the-person⟩, letzter Zugriff 05.04.2020.
Gaycken, Sandro, *Cyberwar. Das Internet als Kriegsschauplatz*, München: Open Source Press 2011.
Gehl, Robert W., »The Archive and the Processor. The Internal Logic of Web 2.0«, in: *New Media & Society* 13:8 (2011), S. 1228-1244.
Gerbaudo, Paolo, »The ›Kill Switch‹ as ›Suicide Switch‹. Mobilizing Side Effects of Mubarak's Communication Blackout«, in: *Westminster Papers in Communication and Culture* 9:2 (2013), S. 25-46.
Gerlitz, Carolin, »Acting on Data. Temporality and Self-Evaluation in Social Media«, in: *tbc*, 2012, S. 1-18, ⟨https://core.ac.uk/download/pdf/6117669.pdf⟩, letzter Zugriff 07.02.2020.
Gibson, William, *Johnny Mnemonic* [1981], Toronto: Harper 1995.
–, *Pattern Recognition*, New York: G. P. Putnam's Sons 2003.
Gießmann, Sebastian. *Netze und Netzwerke. Archäologie einer Kulturtechnik. 1740-1840*, Bielefeld: Transcript 2015.
Gill, Nick, *Nothing Personal? Geographies of Governing and Activism in the British Asylum System*, Hoboken: Wiley-Blackwell 2016.
Gitelman, Lisa (Hg.), *»Raw Data« Is an Oxymoron*, Cambridge (Mass.): MIT Press 2013.
Goffman, Erving, *Wir alle spielen Theater. Die Selbstdarstellung im Alltag* [Orig. 1969], München: Piper 2019.
–, *Behavior in Public Places. Notes on the Social Organization of Gatherings*, New York: The Free Press 1963.

–, *Verhalten in sozialen Situationen. Strukturen und Regeln der Interaktion im öffentlichen Raum* [Orig. 1963], Gütersloh: Bertelsmann 1971.

Goodman, Carl »›Shredder‹ and ›Digital Landfill‹ by Mark Napier«, ⟨https://www.marknapier.com/articles/pbs_reelnewyorkweb/pbs_description.html⟩, letzter Zugriff 19.10.2020.

Goodstein, Elizabeth S., *Experience without Qualities. Boredom and Modernity*, Stanford: Stanford University Press 2004.

Gordillo, Gastón R., *Rubble, The Afterlife of Destruction*, Durham: Duke University Press 2014.

Gormley, Cynthia J./Gormley, Samantha J., »Data Hoarding and Information Clutter. The Impact on Cost, life Span of Data, Effectiveness, Sharing, Productivity, and Knowledge Management Culture«, in: *Issues in Information Systems* 13:2 (2012), S. 90-95.

Grabher, Gernot, *Lob der Verschwendung. Redundanz in der Regionalentwicklung. Ein sozioökonomisches Plädoyer*, Berlin: Edition Sigma 1994.

Graeber, David, *Bullshit Jobs, Vom wahren Sinn der Arbeit*, Stuttgart: Klett-Cotta 2018.

Graham, Stephen, »Postmortem City«, in: *City. Analysis of Urban Trends, Culture, Theory, Policy, Action* 8:2 (2004), S. 165-196.

– /Thrift, Nigel, »Out of Order: Understanding Repair and Maintenance«, in: *Theory, Culture & Society* 24:3 (2007), S. 1-25.

Greenberg, Karen J., »Will the Apocalypse Arrive Online? How Fear of Cyber Attack Could Take Down Your Liberties and the Constitution«, in: *TomDispatch.com*, 2012, ⟨http://www.tomdispatch.com/post/175607/tomgram%3A_karen_greenberg%2C_preparing_for_a_digital_9_11⟩, letzter Zugriff 15.10.2020.

Greenemeier, Larry, »What is the Best Way to Protect US Critical Infrastructure from a Cyber Attack«, in: *Scientific American*, 2011, ⟨https://www.scientificamerican.com/article/critical-infrastructure-kill-switch/⟩, letzter Zugriff 14.10.2020.

Gregg, Melissa/Seigworth, Gregory J., *The Affect Theory Reader*, Durham: Duke University Press 2010.

Greimas, Algirdas J./Rastier, François, »The Interaction of Semiotic Constraints«, in: *Yale French Studies* 41 (1968), S. 86-105.

Groes, Sebastian, »Information Overload in Literature«, in: *Textual Practice* 31:7 (2007), S. 1481-1508.

Grønbæk Pors, Justine, »›It Sends a Cold Shiver down My Spine‹. Ghostly Interruptions to Strategy Implementation«, in: *Organization Studies*, 37:11 (2016), S. 1641-1659.

– /Olaison, Lena/Otto, Birke, »Ghostly Matters in Organizing«, in: *Ephemera. Theory & Politics in Organization*, 19.1 (2019), S. 1-29

Grooten, Martijn, »The WannaCry Kill Switch wasn't Inserted to make

Someone a Hero«, in: *Virusbulletin*, 2017, ⟨https://www.virusbulletin.com/blog/2017/08/wannacry-kill-switch-wasnt-inserted-make-someone-hero/⟩, letzter Zugriff 14. 10. 2020.

Gross, Bertram Myron, *The Managing of Organizations. The Administrative Struggle*, New York: Free Press of Glencoe 1964.

Grubor, Petar, *Der Supermarkt. 100 Prinzipien, um erfolgreich zu sein*, Norderstedt: Books on Demand 2015.

Grusin, Richard, *Premediation. Affect and Mediality after 9/11*, London: Palgrave Macmillan 2010.

Habermas, Jürgen, *Faktizität und Geltung. Beiträge zur Diskurstheorie des Rechts und des demokratischen Rechtsstaats*, Frankfurt/M.: Suhrkamp 1992.

Hafner, Kornelia, »›Daß der Bann sich löse‹. Annäherungen an Adornos Marx-Rezeption«, in: Behrens, Diethard (Hg.), *Materialistische Theorie und Praxis. Zum Verhältnis von Kritischer Theorie und Kritik der politischen Ökonomie*, Freiburg, Wien: ça ira 2005.

Haldane, Andrew G., »Rethinking the Financial Network«, in: Jansen, Stephan A., u. a. (Hg.), *Fragile Stabilität – Stabile Fragilität*, Wiesbaden: Springer 2013, S. 243-278.

Han, Byung-Chul, *Müdigkeitsgesellschaft*, Berlin: Matthes & Seitz 2015.

Hancock, Jeffrey T., u. a., »Butler Lies. Awareness, Deception and Design«, in: *CHI ›09. Proceedings of the SIGCHI Conference on Human Factors in Computing Systems* (2009), S. 517-526.

Hanson, Peter, *The Cinema of Generation X. A Critical Study of Films and Directors*, Jefferson: McFarland & Co 2002.

Haraway, Donna J., »Ein Manifest für Cyborgs. Feminismus im Streit mit den Technowissenschaften«, in: dies., *Die Neuerfindung der Natur. Primaten, Cyborgs und Frauen* [Orig. 1985], Frankfurt/M., New York: Campus 1995, S. 33-72.

–, *Staying with the Trouble. Making Kin in the Chthulucene*, Durham: Duke University Press 2016.

Hardt, Michael/Negri, Antonio, *Empire. Die neue Weltordnung*, Frankfurt/M.: Campus 2003.

Harman, Graham, *Prince of Networks. Bruno Latour and Metaphysics*, Melbourne: Re Press 2010.

Hartenberg, Paul, *Les timides et la timidité*, Paris: Alcan 1901.

Hart, Hannah, *Buffering. Unshared Tales of a Life Fully Loaded*, New York City: Dey Street Books 2016.

Harvey, Eric, »Station to Station. The Past, Present, and Future of Streaming Music«, in: *Pitchfork*, 2014, ⟨https://pitchfork.com/features/cover-story/reader/streaming/⟩, letzter Zugriff 21. 04. 2020.

Hasian, Marouf, u. a., *The Rhetorical Invention of America's National Security State*, London, u. a.: Lexington Books 2015.
Hassan, Robert/Purser, Ronald E. (Hg.), *24/7. Time and Temporality in the Network Society*, Stanford: Stanford University Press 2007.
Häußling, Roger, *Nietzsche und die Soziologie. Zum Konstrukt des Übermenschen, zu dessen anti-soziologischen Implikationen und zur soziologischen Reaktion auf Nietzsches Denken*, Würzburg: Königshausen und Neumann 2001.
Hecken, Thomas, »Pop-Konzepte der Gegenwart«, in: *Pop. Kultur und Kritik* 1 (2012), S. 88-106.
Helbing, Dirk, *Thinking Ahead. Essays on Big Data, Digital Revolution, and Participatory Market Society*, Heidelberg, New York: Springer 2015.
Helmreich, Stefan, *Alien Ocean. Anthropological Voyages in Microbial Seas*, Berkeley: University of California Press 2009.
Hemp, Paul, »Death by Information Overload«, in: *Harvard Business Review* 9 (2009), ⟨https://hbr.org/2009/09/death-by-information-overload⟩, letzter Zugriff 16. 12. 2019.
Hertz, Garnet/Parikka, Jussi, »Zombie Media. Circuit Bending«, in: Parikka (Hg.), *Geology of Media*, S. 141-168.
Hesselberth, Pepita, »Discourses on Disconnectivity and the Right to Disconnect«, in: *New Media & Society* 20:5 (2018), S. 1994-2010.
High, Peter, »Half Of All Meetings Are A Waste Of Time – Here's How To Improve Them«, in: *Forbes*, 2019, ⟨https://www.forbes.com/sites/peterhigh/2019/11/25/half-of-all-meetings-are-a-waste-of-timeheres-how-to-improve-them/⟩, letzter Zugriff 22. 04. 2020.
Highmore, Ben, *Everyday Life and Cultural Theory. An Introduction*, London: Routledge 2002.
Hilton, Leon, »Mapping the Wander Lines. The Quiet Revelations of Fernand Deligny«, in: *Los Angeles Review of Books*, 2005, ⟨https://lareviewofbooks.org/article/mapping-the-wander-lines-the-quiet-revelations-of-fernand-deligny/⟩, letzter Zugriff 28. 12. 2020.
Hinds, Rebecca/Sutton, Bob, »Dropbox's Secret for Saving Time in Meetings«, in: *Inc*, 2015, ⟨https://www.inc.com/rebecca-hinds-and-bob-sutton/dropbox-secret-for-saving-time-in-meetings.html⟩, letzter Zugriff 22. 04. 2020.
Hirschi, Caspar/Spoerhase, Carlos, »Kommerzielle Bücherzerstörung als ökonomische Praxis und literarisches Motiv«, in: *Kodex. Jahrbuch der Internationalen Buchwissenschaftlichen Gesellschaft* 3 (2013), S. 1-23.
Hirschman, Albert O., *Exit, Voice, and Loyalty. Responses to Decline in Firms, Organizations and States*, Cambridge (Mass.): Harvard University Press 1970.
–, *The Passions and the Interests. Political Arguments for Capitalism Before its*

Triumph [1977], Westport: Greenwood Publishing Group 1997.
Hoffmann-Thoma, Gudrun, »Recycling und Entsorgung in der Pflanzenzelle. Die Vakuole«, in: *Biologie in unserer Zeit* 31:5 (2001), S. 313-322.
Hogan, Mél, »The Archive as Dumpster«, in: *Pivot* 4:1 (2015), S. 7-38.
Holbraad, Martin/Pedersen, Morten A., *The Ontological Turn. An Anthropological Exposition*, Cambridge: Cambridge University Press 2017.
Holland, Eugene W., *Nomad Citizenship. Free-Market Communism and the Slow-Motion General Strike*, Minneapolis: University of Minnesota Press 2011.
Hope, Wayne, »Global Capitalism and the Critique of Real Time«, in: *Time and Society* 15:2-3 (2006), S. 275-302.
Howarth, David, *Discourse*, Buckingham: Open University Press 2000.
Howe, Daniel C., »Surveillance Countermeasures. Expressive Privacy via Obfuscation«, in: *APRJA* 4:1 (2015), S. 88-98.
– /Nissenbaum, Helen, »TrackMeNot. Resisting Surveillance in Web Search«, in: Kerr, Ian u. a. (Hg.), *Lessons from the Identity Trail. Anonymity, Privacy, and Identity in a Networked Society*, Oxford: Oxford University Press 2009.
– /Nissenbaum, Helen, *TrackMeNot* (Softwareprojekt), 2009, ⟨https://trackmenot.io/⟩, letzter Zugriff 19. 10. 2020.
Hu, Tung-Hui, *A Prehistory of the Cloud*, Cambridge (Mass.): MIT Press 2015.
Huyssen, Andreas, »Mass Culture as Woman. Modernism's Other«, in: Modleski, Tania (Hg.), *Studies in Entertainment. Critical Approaches to Mass Culture*, Bloomington: Indiana University Press 1986, S. 188-208.
Hyysalo, Sampsa, »Representations of Use and Practice-Bound Imaginaries in Automating the Safety of the Elderly«, in: *Social Studies of Science* 36 (2006), S. 599-626.

Illich, Ivan, »Silence is a Commons«, in: *CoEvolution Quarterly* 40 (1983), S. 5-9.
Ingold, Tim, »When ANT meets SPIDER. Social Theory for Anthropods«, in: Knappett, Carl/Malafouris, Lambros (Hg.), *Material Agency*, Berlin: Springer 2008, S. 209-215.

Jackson, Norman/Carter, Pippa, »In Praise of Boredom«, in: *Ephemera Theory and Politics in Organization* 11:4 (2011), S. 387-405.
Jakonen, Mikko, u. a., »Towards an Economy of Encounters? A Critical Study of Affectual Assemblage in Coworking«, in: *Scandinavian Journal of Management* 33 (2017), S. 235-242.
Jami, Criss, *Venus in Arms*, Scotts Valley: CreateSpace Independent 2012.
Jandl, Paul, »Die Schublade des Soziologen ist seine verborgene Denkma-

schine«, in: *Neue Zürcher Zeitung*, 2019, ⟨https://www.nzz.ch/feuilleton/niklas-luhmann-und-seine-zettelkaesten-nun-sind-sie-online-nzz-ld.1476925⟩, letzter Zugriff 08.02.2020.

Jannasch, Jens, »Bin ich Highend oder Ladenhüter?«, in: *Karriereschritte*, 2017, ⟨https://www.karriereschritte.com/highend-oder-ladenhueter/⟩, letzter Zugriff 03.04.2020.

Jasanoff, Sheila, »Future Imperfect. Science, Technology, and the Imaginations of Modernity«, in: dies./Kim, Sang-Hyun (Hg.), *Dreamscapes of Modernity. Sociotechnical Imaginaries and the Fabrication of Power*, Chicago: Chicago University Press 2015, S. 1-33.

Jauréguiberry, Francis, »La déconnexion aux technologies de communication«, in: *Réseaux* 186:4 (2014), S. 15-49.

Jean, Nils, »Digital Debris in Internet Art: A Resistance to the Epistemology of Search« in: *Ekphrasis. Images, Cinema, Theory, Media* 10:2 (2013), S. 212-221.

Johnsen, Rasmus, »On Boredom. A Note on Experiences without Qualities«, in: *Ephemera Theory and Politics in Organization* 11:4 (2011), S. 482-489.

Jones, Kylene, »Gaia's Garden. A Priceless Permaculture Reference«, in: *The Provident Prepper*, 2014, ⟨https://theprovidentprepper.org/gaias-garden-a-priceless-permaculture-reference/⟩, letzter Zugriff 13.10.2020.

Joselit, David, *After Art*, Princeton: Princeton University Press 2013.

Jourde, Pierre, »Le cauchemar du pilon«, in: *Nouvel Observateur*, 2008, ⟨https://bibliobs.nouvelobs.com/actualites/20081030.BIB2308/le-cauchemar-du-pilon.html⟩, letzter Zugriff 04.04.2020.

Jucan, Ioana B., »Remain x Remain(s)«, in: dies. u. a. (Hg.), *Remain*, S. ix-xx.

– u. a. (Hg.), *Remain*, Minneapolis: University of Minnesota Press 2018.

Jullien, François, *Über das Fade. Eine Eloge. Zu Denken und Ästhetik in China*, Berlin: Merve 1999.

–, *Über die Wirksamkeit*, Berlin: Merve 1999.

Jung, Carl G., »Psychologischer Kommentar zu ›Das tibetische Buch der großen Befreiung‹« [1963], in: ders., *Gesammelte Werke*, Bd. 11: *Zur Psychologie westlicher und östlicher Religionen*, Düsseldorf: Patmos Verlag 1983, S. 511-549.

Jung, Theo (Hg.), *Zwischen Handeln und Nichthandeln. Unterlassungspraktiken in der europäischen Moderne*, Frankfurt/M.: Campus 2019.

Jurgenson, Nathan, »Digital Dualism versus Augmented Reality«, in: *The Society Pages*, 2011, ⟨https://thesocietypages.org/cyborgology/2011/02/24/digital-dualism-versus-augmented-reality/⟩, letzter Zugriff 19.10.2020.

–, »The Disconnectionists«, in: *The New Inquiry* 22 (2013), ⟨https://thenewinquiry.com/the-disconnectionists/⟩, letzter Zugriff 19.10.2020.

Karppi, Tero, *Disconnect.Me. User Engagement and Facebook*, Turku: University of Turku 2014 (Dissertation).

–, *Disconnect. Facebook's Affective Bonds*, Minneapolis: University of Minnesota Press 2018.

Kaufman, Lindsey, »Google got it wrong. The open-office trend is destroying the workplace«, in: *The Washington Post*, 2014, ⟨https://www.washingtonpost.com/posteverything/wp/2014/12/30/google-got-it-wrong-the-open-office-trend-is-destroying-the-workplace/⟩, letzter Zugriff 12.10.2020.

Kaufmann, Mareile, »Emergent Self-Organisation in Emergencies. Resilience Rationales in Interconnected Societies«, in: *Resilience* 1:1 (2013), S. 53-68.

Kay, John, u.a., »The History of Strategy and Some Thoughts about the Future«, in: Campbell, Andrew/Faulkner, David O. (Hg.), *The Oxford Handbook of Strategy. A Strategy Overview and Competitive Strategy*, Oxford: Oxford University Press 2006, S. 27-52.

Keen, Andrew, *The Cult of the Amateur*, New York: Crown 2007.

Kelty, Christopher M., »Against Networks«, in: *Journal for Digital Cultures* 1 (2014), ⟨http://spheres-journal.org/against-networks/⟩, letzter Zugriff 19.10.2020.

Kemmer, Laura, u.a., »Standby as Mode of Organization«, in: *Ephemera. Theory and Politics in Organization*, 2019, ⟨http://www.ephemerajournal.org/content/standby-mode-organization⟩, letzter Zugriff 15.10.2020.

Kerspern, Bastien/Lippera, Léa, »Requiem for a Data. A Design Fiction Workshop«, in: *interaction18*, 2019, ⟨https://interaction18.ixda.org/program/workshop-requiem-for-a-data-bastien-kerspern/⟩, letzter Zugriff 19.10.2020.

Khomami, Nadia/Solon, Olivia, »›Accidental Hero‹ Halts Ransomware Attack and Warns. This is Not Over«, in: *Guardian*, 2017, ⟨https://www.theguardian.com/technology/2017/may/13/accidental-hero-finds-kill-switch-to-stop-spread-of-ransomware-cyber-attack⟩, letzter Zugriff 14.10.2020.

Kim, Jungsoo/de Dear, Richard, »Workspace Satisfaction. The Privacy-Communication trade-off in Open-Plan Offices«, in: *Journal of Environmental Psychology* 36 (2013), S. 18-26.

Kirschenbaum, Matthew G., *Mechanisms. New Media and the Forensic Imagination*, Cambridge (Mass.): MIT Press 2008.

Kleinrock, Leonard, »Early History of the Internet«, in: *IEEE Communications Magazine* 48:8 (2010), S. 26-36.

Klik, Ella/Kamin, Diana, »Between Archived, Shredded, and Lost/Found. Erasure in Digital and Artistic Contexts«, in: *Media N. New Media Caucus*, 2015, ⟨http://median.newmediacaucus.org/the_aesthetics_of_

erasure/between-archived-shredded-and-lostfound-erasure-in-digital-and-artistic-contexts/⟩, letzter Zugriff 19. 10. 2020.
Kluitenberg, Eric, »Affect Space Witnessing the Movement(s) of the Squares«, in: *open!*, 2015, ⟨https://onlineopen.org/affect-space⟩, letzter Zugriff 16. 10. 2020.
Knapp, Eric D./Langill, Joel, *Industrial Network Security. Securing Critical Infrastructure Networks for Smart Grid, SCADA, and Other Industrial Control Systems*, Rockland: Syngress 2011.
Knudsen, Morten, »Autolysis within Organizations. A Case Study«, in: *Soziale Systeme* 12:1 (2006), S. 79-99.
Koch, Lars, u. a., »Imaginationen der Störung. Ein Konzept«, in: *Behemoth. A Journal on Civilisation* 9:1 (2016), S. 6-23.
Kolb, Darl G., »Exploring the Metaphor of Connectivity. Attributes, Dimensions and Duality«, in: *Organization Studies* 29:1 (2008), S. 127-144.
– /Caza, Arran/Collins, Paul D., »States of Connectivity. New Questions and New Directions«, in: *Organization Studies* 33:2 (2012), S. 267-273.
Koroleva, Ksenia, u. a., »RuNet Law comes into Force: What is Next«, in: *JD Supra*, 2019, ⟨https://www.jdsupra.com/legalnews/runet-law-comes-into-force-what-is-next-72937/⟩, letzter Zugriff 14. 10. 2020.
Krämer, Sybille, *Medium, Bote, Übertragung. Kleine Metaphysik der Medialität*, Frankfurt/M.: Suhrkamp 2008.
Krishnan, Shunmuga/Sitaraman, Ramesh K., »Video Stream Quality Impacts Viewer Behavior. Inferring Causality Using Quasi-Experimental Designs«, in: *IEEE/ACM Transactions on Networking* 21:6 (2013), S. 2001-2014.
Kronman, Linda, »Digital Data Funerals«, in: *servus.at*, 2016, ⟨https://publications.servus.at/2016-Behind_the_Smart_World/html/iwasddf.html⟩, letzter Zugriff 19. 10. 2020.
Kucharski, Adam, »Post-truth. Study Epidemiology of Fake News«, in: *Nature* 540:7634 (2016), S. 525.
Kühn, Annika, *In Transition. On Standby. Terminal Infrastructures and the Rhythms of (Un-)Weaving*, Hamburg: Universität Hamburg 2020 (Dissertation).
Kümmel-Schnur, Albert/Schröter, Jens (Hg.), *Äther. Ein Medium der Moderne*, Bielefeld: Transcript 2015.
Kula, Eric, »Deletion Practices in the Era of Permanent Digital Memory«, in: *Fast Capitalism* 11:1 (2014), ⟨https://www.uta.edu/huma/agger/fastcapitalism/11_1/kula11_1.html⟩, letzter Zugriff 19. 10. 2020.
Kulwin, Noah, »›There's a Little Bit of Well, We're All Just at Harvard, So What Could Happen?‹. A conversation with former Zuckerberg speechwriter Kate Losse on how the Facebook founder thinks and what is hardest for him to wrap his mind around«, in: *New York Magazine*,

2018, ⟨http://nymag.com/intelligencer/2018/04/kate-losse-former-zucker berg-speechwriter-interview.html⟩, letzter Zugriff 03. 12. 2019.

Kury, Patrick, *Der überforderte Mensch. Eine Wissensgeschichte vom Stress zum Burnout*, Frankfurt/M.: Campus 2012.

Lacan, Jacques, *Das Seminar über E. A. Poes ›Der entwendete Brief‹* [Orig. 1957], in: ders., *Schriften I*, Frankfurt/M.: Suhrkamp 1975, S. 7-60.

Laclau, Ernesto, *Politik und Ideologie im Marxismus. Kapitalismus, Faschismus, Populismus* [Orig. 1977], Hamburg: Argument 1995.

–, *New Reflections on the Revolution of Our Time*, London: Verso 1990.

–, *Emanzipation und Differenz* [Orig. 1996], Wien: Turia & Kant 2002.

–, *On Populist Reason*, London: Verso 2005.

– /Mouffe, Chantal, *Hegemonie und radikale Demokratie. Zur Dekonstruktion des Marxismus* [Orig. 1985], Wien: Passage 2000.

Lammert, Christian, u. a. (Hg.), *Handbuch Politik USA*, Wiesbaden: Springer 2016.

Langenohl, Andreas, »Imaginäre Grenzen. Zur Entstehung impliziter Kollektivität in EU-Europa«, in: *Berliner Journal für Soziologie* 20:1 (2010), S. 45-63.

Laruelle, François, *Principles of Non-Philosophy*, London: A&C Black 2013.

Latimer, Joanna, »Afterword. Materialities, Care, ›Ordinary Affects‹, Power, and Politics«, in: *Sociology of Health & Illness*, 40:2 (2018), S. 379-391.

– /Munro, Rolland, »The Politics of the Threshold. Power, Motility, and Endless ›Passing‹«, in: *Threshold*, 2017, ⟨https://thresholdyork.wordpress.com/2017/04/04/the-politics-of-the-threshold-power-motility-and-endless-passing/⟩, letzter Zugriff 24. 04. 2020.

Latour, Bruno, *Science in Action. How to Follow Scientists and Engineers Through Society*, Cambridge (Mass.): Harvard University Press 1987.

–, *The Pasteurization of France*, Cambridge (Mass.): Harvard University Press 1988.

–, »On Recalling ANT«, in: *The Sociological Review* 47 (1999), Supplement, S. 15-25.

–, »Gabriel Tarde und das Ende des Sozialen«, in: *Soziale Welt* 52:3 (2001), S. 361-376.

–, »Scientific Objects and Legal Objectivity«, in: Mundy, Martha/Pottage, Alain (Hg.), *Law, Anthropology and the Constitution of the Social. Making Persons and Things*, Cambridge: Cambridge University Press 2004, S. 73-113.

–, »From Realpolitik to Dingpolitik«, in: ders./Weibel, Peter (Hg.), *Making Things Public. Atmospheres of Democracy*, Cambridge (Mass.): MIT Press 2005.

–, *Elend der Kritik. Vom Krieg um Fakten zu Dingen von Belang*, Zürich: Diaphanes 2007.
–, *Eine neue Soziologie für eine neue Gesellschaft. Einführung in die Akteur-Netzwerk-Theorie*, Frankfurt/M.: Suhrkamp 2007.
–, *Wir sind nie modern gewesen*, Frankfurt/M.: Suhrkamp 2008.
–, *Das Parlament der Dinge*, Frankfurt/M.: Suhrkamp 2010.
–, *Enquête sur les modes d'existence. Une anthropologie des Modernes*, Paris: La Découverte 2012.
–, *Existenzweisen. Eine Anthropologie der Modernen*, Berlin: Suhrkamp 2014.
–, »Über Akteur-Netzwerk-Theorie. Einige Klarstellungen« [Orig. 1996], in: Knapp, Lore (Hg.), *Literarische Netzwerke im 18. Jahrhundert*, Bielefeld: Aisthesis 2019, S. 45-66.
Lawson, M. Buff, »In the Praise of Slack. Time is of the Essence«, in: *Academy of Management Perspectives* 15:3 (2001), S. 125-135.
Leaman, Oliver, »Abd Al-Jabbar and the Concept of Uselessness«, in: *Journal of the History of Ideas* 41:1 (1980), S. 129-131.
Lemke, Thomas, »Die Regierung der Dinge. Politik, Diskurs und Materialität«, in: *Zeitschrift für Diskursforschung* 2:3 (2014), S. 250-267.
Leong, Susan, u. a., »The Question Concerning (Internet) Time«, in: *New Media & Society* 11:8 (2009), S. 1267-1285.
Leung, Rebecca, »Are Activity Spaces the Cure for Open Offices?«, in: *Rework*, 2016, ⟨https://www.cornerstoneondemand.com/rework/are-activity-spaces-cure-open-offices⟩, letzter Zugriff 16. 03. 2020.
Leschke, Rainer, »Die Figur als mediale Form. Überlegungen zur Funktion der Figur in den Medien«, in: ders./Heidbrink, Henriette (Hg.), *Formen der Figur. Figurenkonzepte in Künsten und Medien*, Konstanz: UVK 2010, S. 29-49.
Levy, David M., »Information Overload«, in: Himma, Kenneth Einar/Tavani, Herman T. (Hg.), *The Handbook of Information and Computer Ethics*, Hoboken: John Wiley & Sons 2008, S. 497-516.
Lieberman, Joseph I., »Protecting Cyberspace as a National Asset Act of 2010«, 2010, ⟨https://www.congress.gov/bill/111th-congress/senate-bill/3480⟩, letzter Zugriff 14. 10. 2020.
Lichtblau, Klaus, »Das ›Pathos der Distanz‹ – Präliminarien zur Nietzsche-Rezeption bei Georg Simmel«, in: ders. (Hg.), *Die Eigenart der kultur- und sozialwissenschaftlichen Begriffsbildung*, Wiesbaden: Springer 2011, S. 97-124.
Light, Ben, *Disconnecting with Social Networking Sites*, Basingstoke: Palgrave Macmillan 2014.
Lindemann, Gesa, »Bruno Latour. Von der Wissenschaftsforschung zur Expertokratie«, in: *Zeitschrift für Kulturwissenschaften* 6:2 (2009), S. 113-118.

Linstead, Stephen/Thanem, Torkild, »Multiplicity, Virtuality and Organization. The Contribution of Gilles Deleuze«, in: *Organization Studies* 28:10 (2007), S. 1483-1501.

Logan, Sarah, »The Needle and the Damage Done: Of Haystacks and Anxious Panopticons«, in: *Big Data & Society* 4:2 (2017), S. 1-21.

Lovink, Geert, *Zero Comments. Blogging and Critical Internet Culture*, New York: Routledge 2007.

–, *Das halbwegs Soziale. Eine Kritik der Vernetzungskultur*, Bielefeld: Transcript 2012.

Lozano, Lee, *Notebooks. 1967-70*, New York: Primary Information 2010.

Luhmann, Niklas, *Soziale Systeme. Grundriß einer allgemeinen Theorie*, Frankfurt/M.: Suhrkamp 1984.

–, *Die Wissenschaft der Gesellschaft*, Frankfurt/M.: Suhrkamp 1992.

–, *Organisation und Entscheidung*, Opladen: Westdeutscher Verlag 2000.

– /Fuchs, Peter, *Reden und Schweigen*, Frankfurt/M.: Suhrkamp 1989.

Lunden, Ingrid/Russell, Jon, »Amazon's AWS acquired meeting productivity startup Do to expand Chime«, in: *TechCrunch*, 2017, ⟨https://techcrunch.com/2017/03/08/amazon-can-do-chime/⟩, letzter Zugriff 25. 02. 2020.

Lyon, David (Hg.), *Surveillance as Social Sorting. Privacy, Risk, and Digital Discrimination*, London: Routledge 2003.

Mackay, David/Zundel, Mike, »Recovering the Divide. A Review of Strategy and Tactics in Business and Management«, in: *International Journal of Management Reviews* 19:2 (2017), S. 175-194.

Magaudda, Paolo/Minniti, Sergio, »Retromedia-in-practice: A Practice Theory Approach for Rethinking Old and New Media Technologies«, in: *Convergence* 25:4 (2019), S. 673-693.

Mankins, Michael C./Garton, Eric, *Time. Talent. Energy. Overcome Organizational Drag and Unleash Your Team's Productive Power*, Boston: Harvard Business Review Press 2017.

Mannell, Kate, »Technology Resistance and de Certeau. Deceptive Texting as a Tactic of Everyday Life«, in: *Platform. Journal of Media & Communication* 8:1 (2017), S. 40-55.

Manning, Erin, *Always More than One. Individuation's Dance*, Durham: Duke University Press 2013.

Manovich, Lev, *The Language of New Media*, Cambridge (Mass.): MIT Press 2001.

Mao, Hongzi, u. a., »Neural Adaptive Video Streaming with Pensieve«, in: *SIGCOMM '17. Proceedings of the 2017 Conference on the ACM Special Interest Group on Data Communication* (2017), ⟨http://web.mit.edu/pensieve/⟩, letzter Zugriff 01. 04. 2020.

March, James G., »Ambiguity and the Engineering of Choice«, in: *International Studies of Management and Organizations* 9:3 (1979), S. 9-39.
Marchart, Oliver, *Die politische Differenz. Zum Denken des Politischen bei Nancy, Lefort, Badiou, Laclau und Agamben*, Berlin: Suhrkamp 2010.
Mariotti, John, *The Chinese Conspiracy*, Bloomington: iUniverse 2010.
–, »WHWNW: What Happens When Nothing Works?«, in: *mariotti.blogs.com*, 2010, ⟨https://mariotti.blogs.com/my_weblog/2010/10/whwnw-what-happens-when-nothing-works.html⟩, letzter Zugriff 15. 10. 2020.
Marx, Karl, *Das Kapital. Kritik der politischen Ökonomie.* Erster Band [1867], Berlin: Dietz 2005 (= *MEW*, Bd. 23).
Maslach, Christina, u. a., *Maslach Burnout Inventory*, Palo Alto: Consulting Psychologists Press 1986.
Massumi, Brian, »The Autonomy of Affect«, in: *Cultural Critique* 31 (1995), S. 83-109.
–, »Fear (the spectrum said)«, in: *Positions. East Asia Cultures Critique* 13:1 (2005), S. 31-48.
Mather, Matthew, *Cyberstorm*, München: Heyne 2014.
Matile, Philippe, »Vacuoles. Discovery of Lysosomal Origin«, in: Kung, Shain-Dow/Yang, Shang-Fa (Hg.), *Discoveries in Plant Biology*, Singapur: World Scientific 1998, S. 279-286.
Mayer-Schönberger, Viktor, *Delete. Die Tugend des Vergessens in digitalen Zeiten*, Berlin: Berlin University Press 2010.
Mazmanian, Adam, »How Snowden Exploited NSA IT Security Gaps«, in: *Federal Computer Week*, 2013, ⟨https://fcw.com/articles/2013/08/27/snowden-breach-details.aspx⟩, letzter Zugriff 14. 10. 2020.
McCarthy, Tom, *Satin Island*, München: DVA 2016.
McCullough, Malcolm, *Ambient Commons. Attention in the Age of Embodied Information*, Cambridge (Mass.): MIT Press 2013.
McHugh, Adam, *Introverts in the Church. Finding Our Place in an Extroverted Culture*, Downers Grove: IVP Books 2009.
McKinlay, Alan, u. a., »Using Foucault to Make Strategy«, in: *Accounting, Auditing & Accountability Journal* 23:8 (2009), S. 1012-1031.
McPherson, Tara, »Why Are the Digital Humanities So White? Or, Thinking the Histories of Race and Computation«, in: Gold, Matthew K. (Hg.), *Debates in Digital Humanities*, Minneapolis: University of Minnesota Press 2012, S. 139-160.
Medows, Deborah Beth, »The Sound of Silence. The Legality of the American ›Kill Switch‹ Bill«, in: *Journal of Law, Technology & The Internet* 4:1 (2012), S. 59-79.
Meckel, Miriam, *Das Glück der Unerreichbarkeit. Wege aus der Kommunikationsfalle*, Hamburg: Murmann 2008.
Mejias, Ulises Ali, *Off the Network. Disrupting the Digital World*, Minneapolis: University of Minnesota Press 2013.

Mersch, Dieter, »Kritik der Operativität«, in: *Internationales Jahrbuch für Medienphilosophie* 2:1 (2016), S. 31-52.

Metz, Cade, »Say Bonjour to the Internet's Long-Lost French Uncle«, in: *Wired*, 2013, ⟨https://www.wired.com/2013/01/louis-pouzin-internet-hall/⟩, letzter Zugriff 16. 10. 2020.

Mignolo, Walter D./Escobar, Arturo (Hg.), *Globalization and Decolonial Option*, Abington: Routledge 2010.

Miller, Paul, »Amazon Wants to Ship Your Data to the Cloud Using a Literal Truck«, in: *The Verge*, 2016, ⟨https://www.theverge.com/circuit breaker/2016/11/30/13797212/amazon-aws-snowmobile-snowball-cloud-storage-truck⟩, letzter Zugriff 14. 10. 2020.

Miller, Robin, »Security Through Obsolescence«, in: *Linux.com*, 2002, ⟨https://www.linux.com/news/security-through-obsolescence⟩, letzter Zugriff 16. 10. 2020.

Miller, Vincent, »New Media, Networking and Phatic Culture«, in: *Convergence* 14:4 (2008), S. 387-400.

Milton, Damian, »Tracing the Influence of Fernand Deligny on Autism Studies«, in: *Disability & Society* 31:2 (2016), S. 285-289.

Mittag, Martina, »Cyberidentitäten. Von resonierenden und räsonierenden Subjekten«, in: Straub, Jürgen/Renn, Joachim (Hg.), *Transitorische Identität. Der Prozesscharakter des modernen Selbst*, Frankfurt/M., New York: Campus 2002, S. 441-457.

Miyazaki, Hirokazu, *The Method of Hope. Anthropology, Philosophy, and Fijian Knowledge*, Stanford: Stanford University Press 2006.

Miyazaki, Shintaro, »Algorhythmics. Understanding Micro-Temporality in Computational Cultures«, in: *Computational Culture* 2 (2012), ⟨http://computationalculture.net/algorhythmics-understanding-micro-tempo rality-in-computational-cultures/⟩, letzter Zugriff 01. 04. 2020.

Moebius, Stephan/Schroer, Markus, »Einleitung«, in: dies. (Hg.), *Diven, Hacker, Spekulanten. Sozialfiguren der Gegenwart*, Berlin: Suhrkamp 2010, S. 7-10.

Mol, Annemarie/Law, John, »Regions, Networks and Fluids. Anaemia and Social Topology«, in: *Social Studies of Science* 24:4 (1994), S. 641-671.

Moldzio, Andrea, *Schizophrenie – eine philosophische Erkrankung?*, Würzburg: Königshausen und Neumann 2004.

Moran, Joe, *Shrinking Violets. The Secret Life of Shyness*, New Haven: Yale University Press 2017.

Morgus, Robert/Sherman, Justin, »Is the Russian Internet a Lost Cause?«, in: *Slate*, 2019, ⟨https://slate.com/technology/2019/03/russian-internet-runet-fragmentation-isolation.html⟩, letzter Zugriff 15. 10. 2020.

Morton, Timothy, »›Twinkle, Twinkle, Little Star‹ as an Ambient Poem. A Study of a Dialectical Image. With Some Remarks on Coleridge and

Wordsworth«, in: *Romanticism and Ecology. A Romantic Circle Praxis Volume*, 2001, ⟨https://romantic-circles.org/praxis/ecology/morton/morton.html⟩, letzter Zugriff 02. 04. 2020.

Moser, Ingunn, »Against Normalization. Subverting Norms of Ability and Disability«, in: *Science as Culture* 9:2 (2000), S. 201-240.

Moser, Sebastian J./Schlechtriemen, Tobias, »Sozialfiguren. Zwischen gesellschaftlicher Erfahrung und soziologischer Diagnose«, in: *Zeitschrift für Soziologie* 47:3 (2018), S. 164-180.

Mouffe, Chantal, *Über das Politische. Wider die kosmopolitische Illusion*, Frankfurt/M.: Suhrkamp 2007.

–, *Für einen linken Populismus*, Berlin: Suhrkamp 2018.

Mouritsen, Ole G./Styrbæk, Klavs, *Umami. Unlocking the Secrets of the Fifth Taste*, New York: Columbia University Press 2014.

Müller, Ernst, »Denkfiguren«, in: Borgards, Roland, u. a. (Hg.), *Literatur und Wissen. Ein interdisziplinäres Handbuch*, Wiesbaden: Springer 2016, S. 28-32.

Müller Nielaba, Daniel, u. a., »Figur/a/tion. Möglichkeiten einer Figurologie im Zeichen E.T.A. Hoffmanns«, in: dies. (Hg.), *Figur. Figura. Figuration. E.T.A. Hoffmann*, Würzburg: Königshausen und Neumann 2011, S. 7-14.

Mulgan, Geoff, *Connexity. How to Live in a Connected World*, London: Chatto & Windus 1997.

Mulligan, Deirdre K./Schneider, Fred B., »Doctrine for Cybersecurity«, in: *Daedalus* 140:4 (2011), S. 70-92.

Munro, Rolland, »Connection/Disconnection. Theory and Practice in Organization Control«, in: *British Journal of Management* 8 (1997), Special Edition, S. 43-63.

Muri, Allison, »Of Shit and the Soul. Tropes of Cybernetic Disembodiment in Contemporary Culture«, in: *Body & Society* 9:3 (2003), S. 73-92.

Musso, Pierre, »Network Ideology. From Saint-Simonianism to the Internet«, in: Garcia, José Luís (Hg.), *Pierre Musso and the Network Society*, Basel: Springer 2016, S. 19-66.

Myhre, Knut Christian, »Introduction. Cutting and Connecting. ›Afrinesian‹ Perspectives on Networks, Relationality, and Exchange«, in: ders. (Hg.), *Cutting and Connecting*, S. 1-24.

– (Hg.), *Cutting and Connecting. ›Afrinesian‹ Perspectives on Networks, Relationality, and Exchange*, New York, Oxford: Berghahn 2016.

Napier, Mark, »The Digital Landfill«, in: *Potatoland*, ⟨http://www.potatoland.org/landfill/⟩, letzter Zugriff 19. 10. 2020.

Nassehi, Armin, *Muster. Theorie der digitalen Gesellschaft*, München: C. H. Beck 2019.

National Research Council, *The Internet's Coming of Age*, Washington, D.C.: National Academies Press 2001.
Naughton, John, »The Evolution of the Internet. From Military Experiment to General Purpose Technology«, in: *Journal of Cyber Policy* 1:1 (2016), S. 5-28.
Nechvatal, Joseph, *Immersion into Noise*, London: Open Humanities 2011.
Neckel, Sighard/Wagner, Greta (Hg.), *Leistung und Erschöpfung. Burnout in der Wettbewerbsgesellschaft*, Berlin: Suhrkamp 2013.
Neilson, Brett/Mezzadra, Sandro, *Border as Method, or, the Multiplication of Labor.* Durham: Duke University Press 2013.
Nesselroth-Woyzbun, Eva J., *Dematerializing Digital Objects. Denial, Decay, Detritus and Other Matters of Fact*, Toronto: Ryerson University 2013 (Dissertation).
Newman, Lily Hay, »How an Accidental ›Kill Switch‹ Slowed Friday's Massive Ransomware Attack«, in: *Wired*, 2017, ⟨https://www.wired.com/2017/05/accidental-kill-switch-slowed-fridays-massive-ransomware-attack/⟩, letzter Zugriff 14.10.2020.
Njio, Lody/Burinșkas, Titas, »My 9 Comics that show how Introverts Feel right at Home in this Pandemic«, in: *Bored Panda*, 2020, ⟨https://www.boredpanda.com/comics-funny-introverts-corona-lody-njio/⟩, letzter Zugriff 18.04.2020.
Norton, Quinn, »Seeing Like a Network. Don't Call it Threat Modeling«, in: *Medium. The Message*, 2014, ⟨https://medium.com/message/seeing-like-a-network-114c5a13feod⟩, letzter Zugriff 16.03.2020.
Nunes, Mark, »Introduction. Error, Noise, and Potential. The Outside of Purpose«, in: ders. (Hg.), *Error. Glitch, Noise, and Jam in New Media Cultures*, London: Bloomsbury Publishing, 2011.

Obama, Barack, »Taking the Cyberattack Threat Seriously«, in: *Wall Street Journal*, 2012, ⟨https://www.wsj.com/articles/SB10000872396390444330904577535492693044650⟩, letzter Zugriff 15.10.2020.
Oguz, Fatih/Koehler, Wallace, »URL Decay at Year 20. A Research Note«, in: *Journal of the Association for Information Science and Technology* 67:2 (2016), S. 477-479.
Ohlheiser, Abby, »Lockdown was Supposed to be an Introvert's Paradise. It's Not«, in: *MIT Technology Review*, 2020, ⟨https://www.technologyreview.com/2020/04/02/998440/lockdown-was-supposed-to-be-an-introverts-paradise-its-not/⟩, letzter Zugriff 18.04.2020.
Opitz, Sven, »Regulating Epidemic Space. The Nomos of Global Circulation«, in: *Journal of International Relations and Development* 19:2 (2016), S. 263-284.
–, »Simulating the World. The Digital Enactment of Pandemics as a Mode

of Global Self-Observation.«, in: *European Journal of Social Theory* 20:3 (2017), S. 392-416.
Oravec, Jo Ann, »Kill Switches, Remote Deletion, and Intelligent Agents. Framing Everyday Household Cybersecurity in the Internet of Things«, in: *Technology in Society* 51 (2017), S. 189-198.
–, »Emerging ›Cyber Hygiene‹ Practices for the Internet of Things (IoT). Professional Issues in Consulting Clients and Educating Users on IoT Privacy and Security«, in: *2017 IEEE International Professional Communication Conference (ProComm)* (2017), S. 1-5.
–, »Virtual Hoarding«, in: Khosrow-Pour, Mehdi (Hg.), *Encyclopedia of Information Science and Technology*, Bd. 4, Hershey: IGI Global 2017, S. 4306-4314.
Ordine, Nuccio, *The Usefulness of the Useless*, Philadelphia: Paul Dry Books 2017.
Orton, J. Douglas/Weick, Karl E., »Toward a Theory of the Loosely Coupled System«, Working Paper, Michigan: University of Michigan, 1988, ⟨https://deepblue.lib.umich.edu/bitstream/handle/2027.42/35964/b1411810.0001.001.pdf⟩, letzter Zugriff 22. 04. 2020.
– /, »Loosely Coupled Systems. A Reconceptualization«, in: *Academy of Management Review* 15:2 (1990), S. 203-223.

Paasonen, Susanna, »As Networks Fail. Affect, Technology, and the Notion of the User«, in: *Television & New Media* 16:8 (2015), S. 701-716.
Page-Jones, Meilir, *The Practical Guide to Structured Systems Design*, New York: Yourdon 1980.
Palladino, Paolo/Moreira, Tiago, »On Silence and the Constitution of the Political Community«, in: *Theory & Event* 9:2 (2006), ⟨https://muse.jhu.edu/article/198811⟩, letzter Zugriff 24. 03. 2020.
Papacharissi, Zizi, »Privacy as a Luxury Commodity«, in: *First Monday* 15:8 (2010), ⟨https://journals.uic.edu/ojs/index.php/fm/article/view/3075/2581⟩, letzter Zugriff 19. 10. 2020.
Papadopoulos, Dimitris, »Alter-Ontologies. Towards a Constituent Politics in Technoscience«, in: *Social Studies of Science* 41:2 (2010), S. 177-201.
– /Stephenson, Niamh/Tsianos, Vassilis, *Escape Routes. Control and Subversion in the 21st Century*, London: Pluto 2008.
Paredes Maldonado, Miguel, *Ugly, Useless, Unstable Architectures. Phase Spaces and Generative Domains*, Abington: Routledge 2019.
Parikka, Jussi, »Wireless Politics«, in: *Culture Machine* 14 (2013), S. 1-26.
– (Hg.), *Geology of Media. Electronic Mediations, Volume 46*, Minneapolis, London: University of Minnesota Press 2015.
–, *Digital Contagions. A Media Archaeology of Computer Viruses*, New York: Peter Lang 2016.

–, »The Underpinning Time. From Digital Memory to Network Microtemporality«, in: Hoskins, Andrew (Hg.), *Digital Memory Studies. Media Pasts in Transition*, London: Routledge 2017, S. 168-184.

–, »Remain(s) Scattered«, in: Jucan, Ioana B., u. a. (Hg.), *Remain*, Minneapolis: University of Minnesota Press 2018, S. 1-48.

Pariser, Eli, *The Filter Bubble. What the Internet Is Hiding from You*, London: Penguin Books 2011.

Pasquinelli, Matteo, *Animal Spirits. A Bestiary of the Commons*, Rotterdam: NAi Publishers 2008.

Patel, Sam A., *Data Runner*, New York: Diversion Books 2013.

Pattinson, Telford-Anthony W., *Anti-Hermes*, Calgary: Universität Calgary 2017 (Ph.D.-Thesis), ⟨https://prism.ucalgary.ca/handle/11023/4099⟩, letzter Zugriff 27. 02. 2020.

Pearce, Philip L./Gretzel, Ulrike, »Tourism in Technology Dead Zones. Documenting Experiential Dimensions«, in: *International Journal of Tourism Sciences* 12:2 (2012), S. 1-20.

Pedersen, Morten A., »The Fetish of Connectivity«, in: Harvey, Penny, u. a. (Hg.), *Objects and Materials. A Routledge Companion*, London: Routledge 2013, S. 197-207.

Pelbart, Peter Pál, »Modes of Exhaustion. Modes of Existence«, in: *Inflexions* 10 (2017), ⟨www.inflexions.org/exhaustion/main.html⟩, letzter Zugriff 27. 02. 2020, S. 137-162.

Perrow, Charles, *Normal Accidents. Living with High-Risk Technologies* [1984], Princeton: Princeton University Press 2011.

Peterson, Dale G., »Air Gaps Dead, Network Isolation Making a Comeback«, in: *Digital Bond*, 2011, ⟨http://www.digitalbond.com/blog/2011/07/19/air-gaps-dead-network-isolation-making-a-comeback/⟩, letzter Zugriff 20. 09. 2019.

Pettys, Geoffrey S., *The Connectivity Doctrine. A Critique of Techno-Utopian Discourse, Liberal Governmentality, and the Colonization of Cyberspace*, Chicago: DePaul University 2012 (Dissertation).

Piette, Albert, *Anthropologie existentiale*, Paris: Éditions Pétra 2009.

–, *Existence in the Details. Theory and Methodology in Existential Anthropology*, Berlin: Duncker & Humblot 2015.

Pinchevski, Amit/Peters, John Durham, »Autism and New Media. Disability between Technology and Society, in: *New Media & Society* 18:11 (2016), S. 2507-2523.

Pinel, Clémence, u. a., »Caring for Data. Value Creation in a Data-intensive Research Laboratory«, in: *Social Studies of Science* 50:2 (2020), S. 175-197.

Pink, Sarah, u. a., »Broken Data. Conceptualising Data in an Emerging World«, in: *Big Data & Society* 5:1 (2018), S. 1-13.

Portwood-Stacer, Laura, »Media Refusal and Conspicuous Non-consumption. The Performative and Political Dimensions of Facebook Abstention«, in: *New Media & Society* 15:7 (2013), S. 1041-1057.

Poster, Mark, *What's the Matter with the Internet*, Minneapolis: University of Minnesota Press 2001.

Potter, Beverly A., *Overcoming Job Burnout. How to Renew Enthusiasm for Work*, Berkeley: Ronin 1998.

Pouzin, Louis, »Network Architectures and Components«, in: McKenzie, Alexander (Hg.), *Collection of Computer Networking Development Records, INWG*, Minneapolis: University of Minnesota 1973, Note #49.

–, »Virtual Circuits vs. Datagrams. Technical and Political Problems«, in: *AFIPS Conference Proceedings. National Computer Conference*, New York: AFIPS Press 1976, S. 483-494.

–, »The Network Business – Monopolies and Entrepreneurs«, in: Verma, Pramode K. (Hg.), *Proceedings of the Third International Conference on Computer Communication*, Washington 1976, S. 563-567.

Prestogeorge, Ted, »We Won't Get Cubed Again. The History Of The Open Office«, in: *Fentress Blog*, 2017, ⟨https://blog.fentress.com/blog/we-wont-get-cubed-again-the-history-of-the-open-office⟩, letzter Zugriff 25. 02. 2020.

Quan-Haase, Anabel/Wellman, Barry, »Hyperconnected Net Work. Computer-Mediated Community in a High-Tech Organization«, in: Heckscher, Charles/Adler, Paul (Hg.), *The Firm as a Collaborative Community. The Reconstruction of Trust in the Knowledge Economy*, New York: Oxford University Press 2006, S. 281-333.

Quirk, Vanessa, »In Defense of Introverts«, in: *Archdaily*, 2012, ⟨http://www.archdaily.com/215055/in-defense-of-introverts/⟩, letzter Zugriff 02. 04. 2020.

Rajchman, John, *The Deleuze Connections*, Cambridge (Mass.): MIT Press 2000.

Rancière, Jacques, »Ten Theses on Politics«, in: *Theory & Event* 5:3 (2001), ⟨https://muse.jhu.edu/article/32639⟩, letzter Zugriff 05. 03. 2020.

Rauch, Jonathan, »Caring for Your Introvert. The Habits and Needs of a Little-understood Group«, in: *The Atlantic Magazine*, 2003, S. 1-2.

Rayburn, Dan/Hoch, Michael, *The Business of Streaming and Digital Media*, Waltham: Focal Press 2005.

Reckwitz, Andreas, *Die Erfindung der Kreativität. Zum Prozess gesellschaftlicher Ästhetisierung*, Berlin: Suhrkamp 2012.

–, »Die Erfindung der Kreativität. Kreativitätsdispositiv und Kulturpolitik«, in: *kulturpolitische mitteilungen* 141:2 (2013), S. 23-34.

–, *Die Gesellschaft der Singularitäten. Zum Strukturwandel der Moderne*, Berlin: Suhrkamp 2017.

Reed, Niamh Isobel, »Preventing Bot Rot. How to Keep Your Chatbot Healthy«, in: *Chatbotmagazine*, 2018, ⟨https://chatbotsmagazine.com/preventing-bot-rot-how-to-keep-your-chatbot-healthy-18b6724e47a3⟩, letzter Zugriff 16.10.2020.

Regoeczi, Wendy C., »When Context Matters. A Multilevel Analysis of Household and Neighbourhood Crowding on Aggression and Withdrawal«, in: *Journal of Environmental Psychology* 23:4 (2003), S. 457-470.

Rehn, Alf/O'Doherty, Damian, »The Excess of Organization. Theory and Practice«, in: *Culture and Organization* 13:2 (2007), S. 99-113.

Reid, Julian, »Politicizing Connectivity. Beyond the Biopolitics of Information Technology in International Relations«, in: *Cambridge Review of International Affairs* 22:4 (2009), S. 607-623.

Reiss, Michael »Entnetzung. Ein Ansatz zur Netzwerkoptimierung«, 2004 (Arbeitspapier).

–, »Entnetzung – Erscheinungsformen und Erklärungsansätze«, in: Stahl, Heinz K. (Hg.), *Vernetzte Unternehmen*, Berlin: Erich Schmidt Verlag 2005, S. 101-120.

Renton, Alex, »If MSG is so Bad for You, Why Doesn't Everyone in Asia have a Headache?«, in: *The Guardian*, 2005, ⟨https://www.theguardian.com/lifeandstyle/2005/jul/10/foodanddrink.features3⟩, letzter Zugriff 15.10.2020.

Riles, Annelise, *The Network Inside Out*, Ann Arbor: University of Michigan Press 2001.

Rivlin-Nadler, Max, »Looking for Lewis«, in: *Maxim*, 2015, ⟨https://www.maxim.com/entertainment/looking-lewis⟩, letzter Zugriff 21.04.2020.

Roberts, Michael J., »Occupy the Hammock. The Sign of the Slacker behind Disturbances in the Will to Work«, in: Aronowitz, Stanley/Roberts, Michael J.: *Class. The Anthology*, Hoboken: John Wiley & Sons 2017, S. 171-192.

Rochlin, Gene I., *Trapped in the Net. The Unanticipated Consequences of Computerization*, Princeton: Princeton University Press 1997.

Roderick, Ian., »The Politics of Office Design. Translating Neoliberalism into Furnishing«, in: *Journal of Language and Politics* 15:3 (2016), S. 274-287.

Rogers, Jude, »The Sound of Shyness. The XX, winners of the Mercury Prize 2010, have invented an urban sound at once intimate and familiar«, in: *New Statesman*, 2010, ⟨https://www.newstatesman.com/music/2010/12/madley-croft-sim-band-music⟩, letzter Zugriff 02.04.2020.

Rosa, Hartmut, *Beschleunigung. Die Veränderung der Zeitstrukturen in der Moderne*, Frankfurt/M.: Suhrkamp 2005.

Rose, Nikolas, »The Death of the Social? Re-figuring the Territory of Government«, in: *Economy and Society* 25:3 (1996), S. 327-356.

Rosen, Rebecca J., »Forgotify. The Tool for Discovering Spotify's 4 Million Unheard Tracks. For Fans of Truly Obscure Music«, in: *The Atlantic*, 2014, ⟨https://www.theatlantic.com/technology/archive/2014/01/forgotify-the-tool-for-discovering-spotifys-4-million-unheard-tracks/283484/⟩, letzter Zugriff 04.04.2020.

Rumpfhuber, Andreas, »Raum der Informationsflüsse. Die Bürolandschaft ›Buch und Ton‹ der Gebrüder Schnelle«, in: Morvánszky, Ákos/Kirchengast, Albert (Hg.), *Experiments. Architektur zwischen Wissenschaft und Kunst*, Berlin: Jovis 2011, S. 200-225.

Russell, Andrew L., »Histories of Networking vs. the History of the Internet«, in: *SIGCIS Workshop* 7 (2012), S. 68-70.

–, »Modularity. An Interdisciplinary History of an Ordering Concept«, in: *Information & Culture* 47:3 (2012), S. 257-287.

–, *Open Standards and the Digital Age. History, Ideology, and Networks*, New York: Cambridge University Press 2014.

– /Schafer, Valérie, »In the Shadow of Arpanet and Internet. Louis Pouzin and the Cyclades Network in the 1970s«, in: *Technology and Culture* 55:4 (2014), S. 880-907.

Russeth, Andrew, »The Fall of Relational Aesthetics«, in: *New York Observer*, 2011, ⟨https://observer.com/2011/09/the-fall-of-relational-aesthetics/⟩, letzter Zugriff 21.10.2020.

Russinovich, Mark, *Zero Day*, New York: Thomas Dunne Books 2011.

Ryan, Meaghan Elizabeth, »Do You Have the Right to Remain Silent. The Substantive Use of Pre-Miranda Silence«, in: *Alabama Law Review* 58 (2006), S. 903-918.

Sampson, Tony D., »The Accidental Topology of Digital Culture. How the Network Becomes Viral«, in: *Transformations Journal of Media & Culture* 14 (2007), S. 1-13. ⟨http://www.transformationsjournal.org/wp-content/uploads/2017/01/Sampson_Transformations14.pdf⟩, letzter Zugriff 13.10.2020.

–, *Virality. Contagion Theory in the Age of Networks*, Minneapolis: University of Minnesota Press 2012.

Samson, Audrey, *Goodnight Sweetheart*, ⟨http://digitaldatafunerals.com/⟩, letzter Zugriff 19.10.2020.

– *Goodnight Sweetheart*, ⟨https://esc.mur.at/en/projekt/goodnight-sweetheart⟩, letzter Zugriff 19.10.2020.

Samson, Lindsay, »Escape the Stress of Your Workday in These Coffin-Like Privacy Pods«, in: *Design Indaba*, 2016, ⟨http://www.designindaba.com/articles/creative-work/escape-stress-your-workday-these-coffin-privacy-pods⟩, letzter Zugriff 06.12.2019.

Sanchez, Ron/Mahoney, Joseph T., »Modularity, Flexibility, and Knowledge Management in Product and Organization Design«, in: *Strategic Management Journal* 17:S2 (1996), S. 63-76.

Sander, Libby, »The Backlash Against Open-Plan Offices. Segmented Space«, in: *The Conversation*, 2016, ⟨https://theconversation.com/the-backlash-against-open-plan-offices-segmented-space-61506⟩, letzter Zugriff 13. 03. 2020.

Sandvig, Christian, »The Internet as the Anti-Television. Distribution Infrastructure as Culture and Power«, in: Parks, Lisa/Starosielski, Nicole (Hg.), *Signal Traffic. Critical Studies of Media Infrastructures*, Chicago: Chicago University Press 2015, S. 225-245.

Saval, Nikil, *Cubed. A Secret History of the Workplace*, New York, u. a.: Doubleday 2014.

Schaberg, Christopher, »The Mobile Dead Zone on Airplanes«, in: *The Atlantic*, 2019, ⟨https://www.theatlantic.com/technology/archive/2019/12/why-cell-reception-so-bad-after-boarding-plane/602812/⟩, letzter Zugriff 14. 10. 2020.

Schaffner, Anna K., *Exhaustion. A History*, New York: Columbia University Press 2016.

Schirrmacher, Frank, *Payback. Warum wir im Informationszeitalter gezwungen sind zu tun, was wir nicht tun wollen, und wie wir die Kontrolle über unser Denken zurückgewinnen*, München: Blessing 2010.

Schlechtriemen, Tobias, *Bilder des Sozialen. Das Netzwerk in der soziologischen Theorie*, Paderborn: Fink 2014.

Schmidt, Eric/Cohen, Jared, *The New Digital Age. Reshaping the Future of People, Nations and Business*, London: Hachette 2013.

Schmitt, Carl, *Politische Theologie. Vier Kapitel zur Lehre der Souveränität* [1922], Berlin: Duncker & Humblot 1993.

Schneider, Fred B./Committee on Information Systems Trustworthiness, *Trust in Cyberspace*, Washington, D.C.: National Academy Press 1999.

Schneider, Rebecca, »Slough Media«, in: Jucan u. a. (Hg.), *Remain*, S. 49-107.

Schneier, Bruce, »Bin Laden Maintained Computer Security with an Air Gap«, in: *Schneier on Security*, 2011, ⟨https://www.schneier.com/blog/archives/2011/05/bin_laden_maint.html⟩, letzter Zugriff 14. 10. 2020.

–, »Air Gaps«, in: *Schneier on Security*, 2013, ⟨https://www.schneier.com/blog/archives/2013/10/air_gaps.html⟩, letzter Zugriff 13. 10. 2020.

Schrey, Dominik, *Analoge Nostalgie in der digitalen Medienkultur*, Berlin: Kulturverlag Kadmos 2017.

Schwarz, Thomas, »COEN 152 Computer Forensics. Buffer Overflow Attack«, 2004, ⟨http://www.cse.scu.edu/~tschwarz/coen152_05/Lectures/BufferOverflow.html⟩, letzter Zugriff 03. 04. 2020.

Scott, Susan, *Shyness and Society. The Illusion of Competence*, London: Palgrave Macmillan 2007.

Sedgwick Kosofsky, Eve, *Touching Feeling. Affect, Pedagogy, Performativity*, Durham: Duke University Press 2003.

Seidel, Jamie, »What If the Internet Suddenly Stopped?«, in: *news.com.au*, 2019, ⟨https://www.news.com.au/technology/innovation/military/what-if-the-internet-suddenly-stopped-russian-tests-raise-devastating-prospect-of-cyber-war/news-story/82ee5b0b5b473d15082fd7c8e60f.900d⟩, letzter Zugriff 15. 10. 2020.

Selznick, Philip, *The Moral Commonwealth. Social Theory and the Promise of Community*, Berkeley: University of California Press 1992.

Serres, Michel, *Der Parasit*, Frankfurt/M.: Suhrkamp 1981.

Seyfert, Robert, *Beziehungsweisen. Elemente einer relationalen Soziologie*, Weilerswist: Velbrück 2019.

Shaw, Ian G. R./Meehan, Katharine, »Force-full. Power, Politics and Object-Oriented Philosophy«, in: *Area* 45:2 (2013), S. 216-222.

Sherman, Justin, »Russia's Domestic Internet is a Threat to the Global Internet«, in: *Slate*, 2019, ⟨https://slate.com/technology/2019/10/russia-runet-disconnection-domestic-internet.html⟩, letzter Zugriff 15. 10. 2020.

Shrivastava, Paul/Persson, Sybille, »A Theory of Strategy. Learning from China. From Walking to Sailing«, in *M@n@gement* 17:1 (2014), S. 38-61.

Siebers, Tobin, *Disability Theory*, Ann Arbor: University of Michigan Press 2008.

Simmel, Georg, *Über sociale Differenzierung* [1890], in: ders., *Gesamtausgabe*, Bd. 2, hg. von Dahme, Heinz-Jürgen, Frankfurt/M.: Suhrkamp 1998, S. 115-295.

–, *Philosophie des Geldes* [1901], in: ders., *Gesamtausgabe*, Bd. 6, hg. von Frisby, David P./Köhnke, Klaus Christian, Frankfurt/M.: Suhrkamp 1989.

–, *Die Großstädte und das Geistesleben* [1903], in: ders., *Gesamtausgabe*, Bd. 7: *Aufsätze und Abhandlungen 1901-1908. Band I*, hg. von Kramme, Rüdiger u. a., Frankfurt/M.: Suhrkamp 1995, S. 116-131.

–, *Schopenhauer und Nietzsche* [1907], in: ders., *Gesamtausgabe*, Bd. 10: *Philosophie der Mode. Die Religion. Kant und Goethe. Schopenhauer und Nietzsche*, hg. von Behr, Michael u. a., Frankfurt/M.: Suhrkamp 1995, S. 167-408.

–, *Soziologie. Untersuchung über die Formen der Vergesellschaftung* [1908], in: ders., *Gesamtausgabe*, Bd. 11, hg. von Rammstedt, Otthein, Frankfurt/M.: Suhrkamp 1992.

–, *Soziologie der Geselligkeit* [1910], in: ders., *Gesamtausgabe*, Bd. 12: *Aufsätze und Abhandlungen 1909-1918. Band I*, hg. von Kramme, Rüdiger/Rammstedt, Angela, Frankfurt/M.: Suhrkamp 2001, S. 177-193.

–, *Grundfragen der Soziologie* [1917], in: ders., *Gesamtausgabe*, Bd. 16: *Der Krieg und die geistigen Entscheidungen. Grundfragen der Soziologie. Vom*

Wesen des historischen Verstehens. Der Konflikt der modernen Kultur. Lebensanschauung, hg. von Fitzi, Gregor/Rammstedt, Otthein, Frankfurt/M.: Suhrkamp 1999, S. 59-149.
Simon, Herbert A., »The Architecture of Complexity«, in: *Proceedings of the American Philosophical Society* 106:6 (1962), S. 467-482.
–, *Administrative Behavior. A Study of Decision-making Processes in Administrative Organisations* [1947], New York: Free Press 1997.
Sims, Christopher A., »Implications of Rational Inattention«, in: *Journal of Monetary Economics*, 50:3 (2003), S. 665-690.
Skott-Myhre, Hans/Taylor, Christina, »Autism. Schizo of Postmodern Capital«, in: *Deleuze Studies* 5:1 (2011), S. 35-48.
Soffer, Oren, »The Oral Paradigm and Snapchat«, in: *Social Media + Society* 2:3 (2016), S. 1-4.
Sommerfelt, Tone, »From Cutting to Fading. A Relational Perspective on Marriage Exchange and Sociality in Rural Gambia«, in: Myhre (Hg.), *Cutting and Connecting*, S. 58-75.
Soni, Vinay, u. a., »Detecting Sinkhole Attack in Wireless Sensor Network«, in: *International Journal of Application or Innovation in Engineering & Management* 2:2 (2013), S. 29-32.
Soon, Winnie, »Microtemporality. At the Time when Loading-in-progress«, in: Leino, Olli Tapio (Hg.), *Proceedings of the 22nd International Symposium on Electronic Art ISEA2016*, Hong Kong: School of Creative Media City University of Hong Kong 2016.
Spadafora, Anthony, »Microsoft Workplace Analytics Lets Enterprises Track Employee Productivity«, in: *BetaNews*, 2017, 〈https://betanews.com/2017/07/07/microsoft-workplace-analytics/〉, letzter Zugriff 19. 02. 2020.
Spinellis, Diomidis, »The Decay and Failures of Web References«, in: *Communications of the ACM* 46:1 (2003), S. 71-77.
Sprenger, Florian, *Politik der Mikroentscheidungen. Edward Snowden, Netzneutralität und die Architekturen des Internets*, Lüneburg: meson press 2015.
Stäheli, Urs, »Die Nachträglichkeit der Semantik. Zum Verhältnis von Sozialstruktur und Semantik«, in: *Soziale Systeme* 4:2 (1998), S. 315-339.
–, »Political Epidemiology and the Financial Crisis«; in: Kjaer, Poul F., u. a. (Hg.), *The Financial Crisis in Constitutional Perspective. The Dark Side of Functional Differentiation*, Oxford: Hard 2011, S. 113-130.
–, »Das Soziale als Liste. Zur Epistemologie der ANT«, in: Balke, Friedrich, u. a. (Hg.), *Die Wiederkehr der Dinge*, Berlin: Kulturverlag Kadmos 2012, S. 83-101.
–, »Entnetzt Euch! Praktiken und Ästhetiken der Anschlusslosigkeit«, in: *Mittelweg 36. Zeitschrift des Hamburger Instituts für Sozialforschung* 22:4 (2013), S. 3-28.

–, »Die Angst vor der Gemeinschaft«, in: *Merkur* 67:773 (2013), S. 928-940.
–, »Aus dem Rhythmus fallen«, in: Nassehi, Armin (Hg.), *Kursbuch Nr. 177. Privat 2.0*, Hamburg: Murmann 2014, S. 66-77.
–, »Hoffnung als ökonomischer Affekt«, in: Klein, Inga/Windmüller, Sonja (Hg.), *Kultur der Ökonomie. Zur Materialität und Performanz des Wirtschaftlichen*, Bielefeld: Transcript 2014, S. 283-299.
–, »Das Recht zu schweigen. Von einer Politik der Konnektivität zu einer Politik der Diskonnektivität?«, in: *Soziale Welt* 67:3 (2016), S. 299-312.
–, »Der Ladenhüter«, in: *POP. Kultur & Kritik* 8 (2016), S. 65-71.
–, »Distanz und Indifferenz«, in: Lautmann, Rüdiger/Wienold, Hanns (Hg.), *Georg Simmel und das Leben in der Gegenwart*, Wiesbaden: Springer VS 2018, S. 169-191.
–, »Die Zeitökonomie des Buffering«, in: *POP. Kultur & Kritik* 12 (2018), S. 132-145.
–, »The Mediality of Looseness«, in: *Cybernetics & Human Knowing* 25:4 (2018), S. 15-24.
–, »Antisoziale Beziehungen. Figuren der mimetischen Indifferenz bei Gabriel Tarde und Georg Simmel«, in: Linseisen, Elisa/Balke, Friedrich (Hg.), *Mimesis Expanded*, Paderborn: Fink 2020 (im Ersch.).
– /Stoltenberg, Luise, *Digital Detox Tourism. Practices of Analogization*, Hamburg: Universität Hamburg 2020 (unveröffentlichtes Manuskript).
Stanitzek, Georg, *Blödigkeit. Beschreibung des Individuums im 18. Jahrhundert*, Tübingen: Niemeyer 1989.
Star, Susan Leigh, »The Ethnography of Infrastructure«, in: *American Behavioral Scientist* 43:3 (1999), S. 377-391.
Starosielski, Nicole, *The Undersea Network*, Durham: Duke University Press 2015.
– /Soderman, Braxton/Cheek, Cris, »Amodern 2. Network Archaeology«, in: *AMODERN* 2, 2013, ⟨https://amodern.net/article/network-archaeology/⟩, letzter Zugriff 12. 10. 2020.
Statt, Nick, »Donald Trump thinks he can call Bill Gates to ›close up‹ the Internet«, in: *The Verge*, 2015, ⟨https://www.theverge.com/2015/12/7/9869308/donald-trump-close-up-the-internet-bill-gates⟩, letzter Zugriff 14. 10. 2020.
Stavrakakis, Yannis, »Post-hegemonic Challenges. Discourse, Representation and the Revenge(s) of the Real«, Vortrag zur Eröffnung der Konferenz »Thinking the Political. The Work of Ernesto Laclau« in Brighton 2013, ⟨https://www.academia.edu/8727856/Post_hegemonic_Challenges_Discourse_Representation_and_the_Revenge_s_of_the_Real⟩, letzter Zugriff 08. 11. 2020.
Stead, Naomi, »The Value of Ruins. Allegories of Destruction in Benjamin and Speer«, in: *Form/Work. An Interdisciplinary Journal of the Built Environment* 6 (2003), S. 51-64.

Steiner, Helmut, *Einführung in die Theorie der wirtschaftlichen Werbeleistung*, Berlin: Duncker & Humblot 1971.

Stephenson, Niamh/Papadopoulos, Dimitris, *Analysing Everyday Experience. Social Research and Political Change*, Basingstoke: Palgrave Macmillan 2006.

Sterling, Bruce, »Internet«, in: *The Magazine of Fantasy and Science Fiction* 84:2 (1993), S. 99-107.

–, »Short History of the Internet«, in: *Internet Society*, 1993, ⟨https://www.internetsociety.org/internet/history-internet/short-history-of-the-internet/⟩, letzter Zugriff 13. 10. 2020.

–, *The Dead Media Project* (Kunstprojekt), 1995, ⟨http://www.deadmedia.org/⟩, letzter Zugriff 18. 10. 2020.

–, »Digital Decay«, Eröffnungsrede zu: *Preserving the Immaterial: A Conference on Variable Media*, New York: Solomon R. Guggenheim Museum, 2001, ⟨http://www.variablemedia.net/e/preserving/html/var_pre_sterling.html⟩, letzter Zugriff 16. 10. 2020.

–, »Embrace the Decay«, in: *LA Museum of Contemporary Art*, 2003, ⟨http://www.moca-la.org/museum/digital_gallery.php⟩, letzter Zugriff 21. 10. 2020.

–, »Viridian Principles 1.0«, in: *Viridian*, ⟨http://www.viridiandesign.org/principles.html⟩, letzter Zugriff 18. 10. 2020.

Stern, Christoph, u. a., *Foundations of Security. What Every Programmer Needs to Know*, New York: Apress 2007.

Sterne, Jonathan, »Analog«, in: Peters, Benjamin (Hg.), *Digital Keywords. A Vocabulary of Information Society and Culture*, Princeton: Princeton University Press 2016, S. 31-44.

Stewart, Kathleen, *Ordinary Affects*, Durham: Duke University Press 2007.

Steyerl, Hito, *HOW NOT TO BE SEEN. A Fucking Didactic Educational. MOV file*, 2013 (Installation).

–, »Too Much World: Is the Internet Dead?«, in: *E-flux Journal* 49 (2013), ⟨https://www.e-flux.com/journal/49/60004/too-much-world-is-the-internet-dead/⟩, letzter Zugriff 15. 10. 2020.

Stichweh, Rudolf, »Von der Soziologie des Fremden zur Soziologie der Indifferenz. Zur Zugehörigkeit des Fremden in Politik und Gesellschaft«, in: Bluhm, Harald, u. a. (Hg.), *Ideenpolitik. Geschichtliche Konstellationen und gegenwärtige Konflikte*, Berlin: Akademie Verlag 2011, S. 421-432.

Strathern, Marilyn, »Cutting the Network«, in: *Journal of the Royal Anthropological Institute* 2:3 (1996), S. 517-535.

–, *Partial Connections*, Walnut Creek: Altamira 2005.

Susman, Warren I., *Culture as History. The Transformation of American Society in the Twentieth Century*, New York: Pantheon 1984.

Sutton, Rebecca, u. a., »Waiting in Liminal Space. Migrants' Queuing for Home Affairs in South Africa«, in: *Anthropology Southern Africa* 34:1-2 (2011), S. 30-37.
Sutton, Theodora, »Disconnect to Reconnect. The Food/Technology Metaphor in Digital Detoxing«, in: *First Monday*, 2017, ⟨https://firstmonday.org/ojs/index.php/fm/article/view/7561/6310⟩, letzter Zugriff 19. 10. 2020.
Syvertsen, Trine/Enli, Gunn, »Digital Detox. Media Resistance and the Promise of Authenticity«, in: *Convergence* 26: 5-6 (2019), S. 1269-1283.

Tarde, Gabriel, *Die Gesetze der Nachahmung* [Orig. 1890], Frankfurt/M.: Suhrkamp 2003.
–, *Fragment einer Geschichte der Zukunft* [Orig. 1896], Konstanz: Konstanz University Press 2015.
–, *Die sozialen Gesetze. Skizze einer Soziologie* [Orig. 1898], Marburg: Metropolis 2009.
Tate, Ryan, »Google Couldn't Kill 20 Percent Time Even if It Wanted To«, in: *Wired*, 2013, ⟨https://www.wired.com/2013/08/20-percent-time-will-never-die/⟩, letzter Zugriff 11. 03. 2020.
Tchekmedyian, Alene, »In this Pomona Valley city, it's now illegal to cross the street while on the phone«, in: *Los Angeles Times*, 2018, ⟨https://www.latimes.com/local/lanow/la-me-ln-montclair-texting-walking-20180225-story.html⟩, letzter Zugriff 19. 10. 2020.
Terranova, Tiziana, *Network Culture. Politics for the Information Age*, London: Pluto Press 2004.
Thanem, Torkild, u. a., »Open Space = Open Minds? The Ambiguities of Pro-creative Office Design«, in: *International Journal of Work Organisation and Emotion* 4:1 (2011), S. 78-98.
Thereaux, Olivier, »Digital Decay«, in: *2 Neurones & 1 Camera*, 2013, ⟨https://olivier.thereaux.net/2013/01-Digital-Decay⟩, letzter Zugriff 27. 04. 2020.
Thoburn, Nicholas, »Vacuoles of Non-Communication«, in: Buchanan, Ian/Parr, Adrian (Hg.), *Deleuze and the Contemporary World*, Edinburgh: Edinburgh University Press 2006, S. 42-56.
Thomassen, Lasse, »Antagonism, Hegemony and Ideology after Heterogeneity«, in: *Journal of Political Ideologies* 10:3 (2005), S. 289-309.
Tipton, Harold F./Krause, Micki, *Information Security Management Handbook*, Boca Raton: CRC 2007.
Tischleder, Babette/Wasserman, Sarah, »Introduction«, in: dies. (Hg.), *Cultures of Obsolescence. History, Materiality, and the Digital Age*, New York: Palgrave Macmillan 2015.
Toffler, Alvin, *Future Shock*, New York: Random House 1970.
Tonkiss, Fran, »The Ethics of Indifference. Community and Solitude in

the City«, in: *International Journal of Cultural Studies* 6:3 (2003), S. 297-311.

–, »The Ethics of Indifference. An Exchange«, 2010, ⟨http://www.lse.ac.uk/sociology/pdf/Tonkiss%20-%20The%20Ethics%20of%20Indifference.pdf⟩, letzter Zugriff 09. 03. 2020.

Tönnies, Ferdinand, *Gemeinschaft und Gesellschaft. Grundbegriffe der reinen Soziologie* [1887], Darmstadt: Wissenschaftliche Buchgesellschaft 2005.

Torra-Mattenklott, Caroline, »Denkfiguren«, in: Küpper, Joachim, u. a. (Hg.), *The Beauty of Theory. Zur Ästhetik und Affektökonomie von Theorien*, München, Paderborn: Wilhelm Fink 2013, S. 59-76.

Tsing, Anna, »Introduction«, in: dies., *Friction. An Ethnography of Global Connection*, Princeton: Princeton University Press 2004, S. 1-11.

Turkle, Sherry, *Alone Together. Why We Expect More from Technology and Less from Each Other*, New York: Basic Books 2012.

Vaidhyanathan, Siva, *Antisocial Media. How Facebook Disconnects Us and Undermines Democracy*, Oxford: Oxford University Press 2018.

van Bree, Tanne, »Digital Hyperthymesia-On the Consequences of Living with Perfect Memory.«, in: Janssens, Liisa (Hg.), *The Art of Ethics in the Information Society. Mind You*, Amsterdam: Amsterdam University Press 2016, S. 28-33.

Van der Sar, Ernesto, »Spotify Starts Shutting Down Its Massive P2P Network«, in *TorrentFreak*, 2014, ⟨https://torrentfreak.com/spotify-starts-shutting-down-its-massive-p2p-network-140416/⟩, letzter Zugriff 04. 04. 2020.

van der Wielen, Julie, »Living the Intensive Order. Common Sense and Schizophrenia in Deleuze and Guattari«, in: *Nursing Philosophy* 19:4 (2018), S. 1-8.

van Dijk, Jan, *The Network Society*, London, u. a.: Sage 2012.

van Dijck, José, *The Culture of Connectivity. A Critical History of Social Media*, Oxford: Oxford University Press 2013.

–, »Datafication, Dataism and Dataveillance. Big Data between Scientific Paradigm and Ideology«, in: *Surveillance & Society* 12:2 (2014), S. 197-208.

van Graver, Dirk, »The ›New Era‹ of Digital Authoritarianism«, in: *The Interpreter*, 2019, ⟨https://www.lowyinstitute.org/the-interpreter/new-era-digital-authoritarianism⟩, letzter Zugriff 14. 10. 2020.

Vasiliev, Danja, »Netless«, 2012, ⟨http://koa1a.net/netless⟩, letzter Zugriff 14. 10. 2020.

Vijgen, Richard, *White Spots* (Softwareprojekt), 2015, ⟨http://www.white-spots.net⟩, letzter Zugriff 19. 10. 2020.

Virno, Paolo »Virtuosity and Revolution. The Political Theory of Exodus«,

in: ders./Hardt, Michael (Hg.), *Radical Thought in Italy*, Minneapolis: University of Minnesota Press 1996, S. 189-209.
–, *Exodus*, Wien: Turia & Kant 2010.
Visser, Joeri, *To Believe in this World. Artaud, Deleuze and the Healing Practices of Language*, Utrecht: Universität Utrecht 2011 (Master-Thesis), ⟨http://dspace.library.uu.nl/handle/1874/206837⟩, letzter Zugriff 18.02.2020.
Vogl, Josef, *Über das Zaudern*, Zürich: Diaphanes 2007.

Wainwright, Joel, »Politics of Nature. A Review of Three Recent Works by Bruno Latour« in: *Capitalism, Nature, Socialism* 16:1 (2005), S. 115-122.
Waldman, Katy, »It's All Connected. What Links Creativity, Conspiracy Theories, and Delusions? A Phenomenon Called Apophenia«, in: *Slate*, 2014, ⟨http://www.slate.com/articles/health_and_science/science/2014/09/apophenia_makes_unrelated_things_seem_connected_metaphors_paranormal_beliefs.html⟩, letzter Zugriff 20. 12. 2019.
Walker, Abe, »›Creativity Loves Constraints‹. The Paradox of Google's Twenty Percent Time«, in: *Ephemera. Theory & Politics in Organization* 11:4 (2011), S. 369-386.
Wakefield, Jane, »Google Your Way to a Wacky Office«, in: *BBC News*, 2008, ⟨http://news.bbc.co.uk/2/hi/7290322.stm⟩, letzter Zugriff 08. 03. 2020.
Wark, McKenzie, »Theory in a Pandemic«, in: *Identities Journal*, 2020, ⟨https://identitiesjournal.edu.mk/index.php/IJPGC/announcement/view/20⟩, letzter Zugriff 19. 10. 2020.
Warren, Samuel D./Brandeis, Louis D., »The Right to Privacy«, in: *Harvard Law Review* 4:5 (1890), S. 193-220.
Washburn, Tim, *Cyber Attack*, New York: Pinnacle Books 2018.
Watts, Duncan, *Six Degrees. The Science of a Connected Age*, London, New York: Norton & Company 2003.
Weber, Max, *Wirtschaft und Gesellschaft. Grundriss der verstehenden Soziologie* [1922], hg. von Winckelmann, Johannes, Tübingen: Mohr Siebeck 1976.
Weber, Vanessa, *Filtern. Eine mediale Praxis*, Hamburg: Universität Hamburg 2020 (unveröffentlichtes Dissertationsprojekt).
Weick, Karl E., »Educational Organizations as Loosely Coupled Systems«, in: *Administrative Science Quarterly* 21:1 (1976), S. 1-19.
Wellman, Barry, »Physical Place and Cyber Place. The Rise of Networked Individualism«, in: *International Journal of Urban and Regional Research* 25:2 (2001), S. 227-252.
Werner, Florian, *Schüchtern. Bekenntnis zu einer unterschätzten Eigenschaft*, Zürich: Nagel & Kimche 2012.
Whimster, Sam, »Pure Relationality as a Sociological Theory of Commu-

nication«, in: *Frontiers in Sociology*, 2018, ⟨https://www.frontiersin.org/articles/10.3389/fsoc.2018.00001/full⟩, letzter Zugriff 16. 03. 2020.
Whittaker, Zack, »The Sinkhole That Saved the Internet«, in: *Techcrunch*, 2019, ⟨https://techcrunch.com/2019/07/08/the-wannacry-sinkhole/?guccounter=1⟩, letzter Zugriff 14. 10. 2020.
Wieghorst, Clara, *Analognostalgie in Kritiken sozialer Medien. Zur Funktionsweise einer kulturkritischen Argumentationsfigur*, Hamburg: Universität Hamburg 2018 (Master-Thesis).
Wigley, Mark, »Network Fever«, in: *Grey Room* 4 (2001), S. 82-122.
Williams, Paul, »What Is Buffering? A Simple Buffering Definition«, in: *Bandwidth Place*, 2013, ⟨https://www.bandwidthplace.com/what-is-buffering-a-simple-buffering-definition-article/⟩, letzter Zugriff 30. 03. 2020.
Wilkens, Andre, *Analog ist das neue Bio. Eine Navigationshilfe durch unsere digitale Welt*, Berlin: Metrolit 2015.
Winner, Langdon, »Trust and Terror. The Vulnerability of Complex Sociotechnical Systems«, in: *Science as Culture* 13:2 (2004), S. 155-172.
Witte, Daniel, u. a., »Geordnete Verhältnisse? Vielfalt und Einheit relationalen Denkens in der Soziologie«, in: *Berliner Journal für Soziologie* 27:3-4 (2017), S. 347-376.
Wittel, Andreas, »Toward a Network Sociality«, in: *Theory, Culture & Society* 18:6 (2001), S. 51-76.
Woloschuk, Tara, »Social Distancing is Business as Usual for Introverts«, in: *Introvert, Dear*, 2020, ⟨https://introvertdear.com/news/social-distancing-is-business-as-usual-for-introverts/⟩, letzter Zugriff 18. 04. 2020.
Wolzogen, Christoph von, »Relation IV. 20. Jahrhundert«, in: Gründer, Karlfried/Ritter, Joachim, *Historisches Wörterbuch der Philosophie*, Bd. 8, Basel: Schwabe 1993, S. 602-606.
Wrightsman, Lawrence/Pitman, Mary L., *The Miranda Ruling. Its Past, Present, and Future*, Oxford: Oxford University Press 2010.

Yanggratoke, Rerngvit, u. a., »On the Performance of the Spotify Backend«, in: *Journal of Network and Systems Management* 23:1 (2015), S. 210-237.
Yates, Simeon, »›Fake News‹ – Why People Believe it and What Can Be Done to Counter it«, in: *The Conversation*, 2016, ⟨https://theconversation.com/fake-news-why-people-believe-it-and-what-can-be-done-to-counter-it-70013⟩, letzter Zugriff 03. 12. 2019.
Young, Eugene B., u. a., *The Deleuze and Guattari Dictionary*, London: Bloomsbury Publishing 2013.

Zallio, Matteo/Berry, Damon, »Design and Planned Obsolescence. Theories and Approaches for Designing Enabling Technologies«, in: *The Design Journal* 20 (2017), Supplement, S. 3749-3761.

Zierott, Lea, *Organizing the Absence of Technology. Techno Clubs as Unplugged Spaces*, Hamburg: Universität Hamburg 2020 (unveröffentlichtes Manuskript).

–, »Scenes of Disconnection. The Dead Zone« (unveröffentlichtes Vortragsmanuskript).

Zimbardo, Philip, *Shyness. What it is, What to Do About It* [1977], Boston: Da Capo 1990.

Zinn, Jacqueline/Flood, Barry, »Slack Resources in Health Care Organizations. Fat to Be Trimmed or Muscle to Be Exercised?«, in: *Health Service Research* 44:3 (2009), S. 812-820.

Žižek, Slavoj, *For They Know Not What They Do. Enjoyment as a Political Factor*, London: Verso 2008.

–, »Why does a Letter always arrive at its Destination?«, 2013, ⟨https://www.lacan.com/symptom16/why.html⟩, letzter Zugriff 15. 04. 2020.

Zuboff, Shoshana, *Das Zeitalter des Überwachungskapitalismus*, Frankfurt/M.: Campus 2018.

Zuckerberg, Randi, »Randi Zuckerberg Reveals 5 Ways To Unplug From Technology (and Work)«, in: *The Hollywood Reporter*, 2014, ⟨https://www.hollywoodreporter.com/news/randi-zuckerberg-reveals-5-ways-754662⟩, letzter Zugriff 19. 10. 2020.

–, »ET GBS. Emergence of Virtual and Augmented Reality to Exceed all Technological Expectations, Says Randi Zuckerberg«, in: *Economic Times*, 2016, ⟨https://m.economictimes.com/news/company/corporate-trends/et-gbs-emergence-of-virtual-and-augmented-reality-to-exceed-all-technological-expectations-says-randi-zuckerberg/articleshow/50584471.cms?from=desktop⟩, letzter Zugriff 19. 10. 2020.

Zurstiege, Guido, *Taktiken der Entnetzung. Die Sehnsucht nach Stille im digitalen Zeitalter*, Berlin: Suhrkamp 2019.

Namenregister

Ausführliches Inhaltsverzeichnis

III. Figuren der Entnetzung

IV. Felder der Entnetzung

Wolfgang Streeck. Gekaufte Zeit. Die vertagte Krise des demokratischen Kapitalismus. stw 2133. 351 Seiten

Hartmut Winkler. Diskursökonomie. Versuch über die innere Ökonomie der Medien. stw 1683. 258 Seiten

NF 163/2/6.16

Soziologie
im Suhrkamp Verlag
Eine Auswahl

Dirk Baecker
- Beobachter unter sich. Eine Kulturtheorie. Gebunden. 309 Seiten
- Form und Formen der Kommunikation. stw 1828. 285 Seiten
- Neurosoziologie. Ein Versuch. eu 52. 262 Seiten
- Organisation und Management. stw 1614. 348 Seiten
- Organisation und Störung. stw 2012. 336 Seiten
- Studien zur nächsten Gesellschaft. stw 1856. 229 Seiten
- Womit handeln Banken? stw 946. 207 Seiten
- Wozu Theorie? stw 2177. 292 Seiten

Ulrich Beck
- Nachrichten aus der Weltinnenpolitik. es 2619. 150 Seiten
- Reflexive Modernisierung. Eine Kontroverse. Zusammen mit Anthony Giddens und Scott Lash. es 1705. 368 Seiten
- Risikogesellschaft. es 1365. 396 Seiten
- Weltrisikogesellschaft. Auf der Suche nach der verlorenen Sicherheit. st 4038. 439 Seiten

Herbert Blumer. Symbolischer Interaktionismus. Aufsätze zu einer Wissenschaft der Interpretation. Herausgegeben von Heinz Bude und Michael Dellwing. stw 2069. 187 Seiten

Pierre Bourdieu
- Entwurf einer Theorie der Praxis. stw 291. 493 Seiten
- Die feinen Unterschiede. Kritik der gesellschaftlichen Urteilskraft. stw 659. 912 Seiten
- Homo academicus. stw 1002. 455 Seiten
- Die männliche Herrschaft. stw 2031. 211 Seiten

NF 178/1/6.16

- Manet. Eine symbolische Revolution. Gebunden. 921 Seiten
- Sozialer Sinn. Kritik der theoretischen Vernunft. stw 1066. 512 Seiten
- Über den Staat. Gebunden. 722 Seiten

Ulrich Bröckling. Das unternehmerische Selbst. Soziologie einer Subjektivierungsform. stw 1832. 327 Seiten

Eva Illouz
- Die Errettung der modernen Seele. Therapien, Gefühle und die Kultur der Selbsthilfe. stw 1997. 412 Seiten
- Gefühle in Zeiten des Kapitalismus. stw 1857. 170 Seiten
- Israel. Soziologische Essays. es 2683. 229 Seiten
- Der Konsum der Romantik. Liebe und die kulturellen Widersprüche des Kapitalismus. stw 1858. 343 Seiten
- Warum Liebe weh tut. stw 2057. 467 Seiten

Stefan Kühl. Ganz normale Organisationen. Zur Soziologie des Holocaust. stw 2130. 411 Seiten

Jörn Lamla. Verbraucherdemokratie. Politische Soziologie der Konsumgesellschaft. stw 2072. 507 Seiten

Bruno Latour
- Eine neue Soziologie für eine neue Gesellschaft. stw 1967. 488 Seiten
- Existenzweisen. Eine Anthropologie der Modernen. Gebunden. 665 Seiten
- Die Hoffnung der Pandora. Untersuchungen zur Wirklichkeit der Wissenschaft. stw 1595. 386 Seiten
- Jubilieren. Über religiöse Rede. stw 2186. 247 Seiten
- Die Ökonomie als Wissenschaft der leidenschaftlichen Interessen. Eine Einführung in die ökonomische Anthropologie Gabriel Tardes. Zusammen mit Vincent Lépinay. Broschur. 120 Seiten

NF 178/2/6.16

- Das Parlament der Dinge. Für eine politische Ökologie. stw 1954. 364 Seiten
- Wir sind nie modern gewesen. Versuch einer symmetrischen Anthropologie. stw 1861. 205 Seiten

Martina Löw
- Prostitution. Herstellungsweisen einer anderen Welt. Zusammen mit Renate Ruhne. es 2632. 215 Seiten
- Raumsoziologie. stw 1506. 320 Seiten
- Soziologie der Städte. stw 1976. 289 Seiten

Niklas Luhmann
- Die Gesellschaft der Gesellschaft. stw 1360. 1164 Seiten
- Kontingenz und Recht. Gebunden. 348 Seiten
- Die Kunst der Gesellschaft. stw 1303. 517 Seiten
- Liebe als Passion. stw 1124. 231 Seiten
- Liebe. Eine Übung. Gebunden. 94 Seiten
- Macht im System. stw 2089. 156 Seiten
- Die Moral der Gesellschaft. stw 1871. 402 Seiten
- Der neue Chef. Gebunden. 120 Seiten
- Politische Soziologie. stw 2068. 499 Seiten
- Das Recht der Gesellschaft. stw 1183. 598 Seiten
- Soziale Systeme. Grundriß einer allgemeinen Theorie. stw 666. 675 Seiten
- Die Wirtschaft der Gesellschaft. stw 1152. 360 Seiten

Hans-Peter Müller. Pierre Bourdieu. Eine systematische Einführung. stw 2110. 372 Seiten

Armin Nassehi
- Geschlossenheit und Offenheit. Studien zur Theorie der modernen Gesellschaft. stw 1636. 352 Seiten
- Gesellschaft der Gegenwarten. Studien zur Theorie der modernen Gesellschaft II. stw 1996. 362 Seiten
- Der soziologische Diskurs der Moderne. stw 1922. 481 Seiten

NF 178/3/6.16

Andreas Reckwitz. Die Erfindung der Kreativität. Zum Prozess gesellschaftlicher Ästhetisierung. stw 1995. 408 Seiten

Hartmut Rosa
- Beschleunigung. Die Veränderung der Zeitstrukturen in der Moderne. stw 1760. 537 Seiten
- Beschleunigung und Entfremdung. Entwurf einer kritischen Theorie spätmoderner Zeitlichkeit. Broschur. 145 Seiten
- Resonanz. Gebunden. 816 Seiten
- Weltbeziehungen im Zeitalter der Beschleunigung. Umrisse einer neuen Gesellschaftskritik. stw 1977. 446 Seiten

Robert Schmidt. Soziologie der Praktiken. Konzeptionelle Studien und empirische Analysen. stw 2030. 288 Seiten

Georg Simmel. Gesamtausgabe in 24 Bänden. Gebunden oder Broschur.

Silke Steets. Der sinnhafte Aufbau der gebauten Welt. Eine Architektursoziologie. stw 2139. 274 Seiten

Rudolf Stichweh
- Der Fremde. Studien zu Soziologie und Sozialgeschichte. stw 1924. 213 Seiten
- Die Weltgesellschaft. Soziologische Analysen. stw 1500. 274 Seiten

Wolfgang Streeck. Gekaufte Zeit. Die vertagte Krise des demokratischen Kapitalismus. stw 2133. 351 Seiten

Gabriel Tarde
- Die Gesetze der Nachahmung. stw 1883. 400 Seiten
- Monadologie und Soziologie. stw 1884. 153 Seiten

Gunter Weidenhaus. Soziale Raumzeit. stw 2138. 240 Seiten

NF 178/4/6.16